中華古籍保護計劃

ZHONG HUA GU JI BAO HU JI HUA CHENG GUO

·成果·

廣西壯族自治區桂林圖書館

古籍研究整理成果

廣西壯族自治區桂林圖書館古籍普查登記目錄

全國古籍普查登記目錄

國家圖書館出版社
National Library of China Publishing House

圖書在版編目（CIP）數據

廣西壯族自治區桂林圖書館古籍普查登記目錄/廣西壯族自治區桂林圖書館編. —北京：國家圖書館出版社,2019.9
　（全國古籍普查登記目錄）
　ISBN 978 - 7 - 5013 - 6833 - 4

　Ⅰ.①廣…　Ⅱ.①廣…　Ⅲ.①公共圖書館—古籍—圖書館目錄—桂林　Ⅳ.①Z838

中國版本圖書館 CIP 數據核字（2019）第 171223 號

書　　名	廣西壯族自治區桂林圖書館古籍普查登記目錄	
著　　者	廣西壯族自治區桂林圖書館　編	
責任編輯	王　雷	

出版發行　國家圖書館出版社（北京市西城區文津街 7 號　　100034）
　　　　　　（原書目文獻出版社 北京圖書館出版社）
　　　　　　010 - 66114536　63802249　nlcpress@ nlc. cn（郵購）
網　　址　http://www. nlcpress. com
排　　版　凡華（北京）文化傳播有限公司
印　　裝　河北三河弘翰印務有限公司
版次印次　2019 年 9 月第 1 版　2019 年 9 月第 1 次印刷

開　　本　787×1092（毫米）　1/16
印　　張　31. 5
字　　數　650 千字
書　　號　ISBN 978 - 7 - 5013 - 6833 - 4
定　　價　300. 00 圓

《全國古籍普查登記目錄》
工作委員會

主　　任：周和平
副主任：張永新　詹福瑞　劉小琴　李致忠　張志清
委　　員（按姓氏筆畫排序）：

于立仁　王水喬　王　沛　王紅蕾　王筱雯
方自今　尹壽松　包菊香　任　競　全　勤
李西寧　李　彤　李忠昊　李春來　李　培
李曉秋　吳建中　宋志英　努　木　林世田
易向軍　周建文　洪　琰　倪曉建　徐欣祿
徐　蜀　高文華　郭向東　陳荔京　陳紅彥
張　勇　湯旭岩　楊　揚　賈貴榮　趙　嫄
鄭智明　劉洪輝　歷　力　鮑盛華　韓　彬
魏存慶　鍾海珍　謝冬榮　謝　林　應長興

1

《全國古籍普查登記目録》

序　言

　　全國古籍普查登記工作是“中華古籍保護計劃”的首要任務,是全面開展古籍搶救、保護和利用工作的基礎,也是有史以來第一次由政府組織、參加收藏單位最多的全國性古籍普查登記工作。

　　2007年國務院辦公廳發布《關於進一步加强古籍保護工作的意見》(國辦發〔2007〕6號),明確了古籍保護工作的首要任務是對全國公共圖書館、博物館和教育、宗教、民族、文物等系統的古籍收藏和保護狀況進行全面普查,建立中華古籍聯合目録和古籍數字資源庫。2011年12月,文化部下發《文化部辦公廳關於加快推進全國古籍普查登記工作的通知》(文辦發〔2011〕518號),進一步落實了全國古籍普查登記工作。根據文化部2011年518號文件精神,國家古籍保護中心擬訂了《全國古籍普查登記工作方案》,進一步規範了古籍普查登記工作的範圍、内容、原則、步驟、辦法、成果和經費。目前進行的全國古籍普查登記工作的中心任務是通過每部古籍的身份證——“古籍普查登記編號”和相關信息,建立古籍總臺賬,全面瞭解全國古籍存藏情況,開展全國古籍保護的基礎性工作,加强各級政府對古籍的管理、保護和利用。

　　《全國古籍普查登記工作方案》規定了全國古籍普查登記工作的三個主要步驟:一、開展古籍普查登記工作;二、在古籍普查登記基礎上,編纂出版館藏古籍普查登記目録,形成《全國古籍普查登記目録》;三、在古籍普查登記工作基本完成的前提下,由省級古籍保護中心負責編纂出版本省古籍分類聯合目録《中華古籍總目》分省卷,由國家古籍保護中心負責編纂出版《中華古籍總目》統編卷。

　　在黨和政府領導下,在各地區、各有關部門和全社會共同努力下,古籍普查登記工作得以扎實推進。古籍普查已在除臺、港、澳之外的全國各省級行政區域開展,普查内容除漢文古籍外,還包括各少數民族文字古籍,特別是於2010年分別啓動了新疆古籍保護和西藏古籍保護專項,因地制宜,開展古籍普查登記工作;國家古籍保護中心研製的“全國古籍普查登記平臺”已覆蓋到全國各省級古籍保護中心,並進一步研發了“中華古籍索引庫”,爲及時展現古籍普查成果提供有力支持;截至目前,已有11375部古籍進入《國家珍貴古籍名録》,浙江、江蘇、山東、河北等省公布了省級《珍貴古籍名録》，古籍分級保護機制初步形成。

《全國古籍普查登記目録》是古籍普查工作的階段性成果，旨在摸清家底，揭示館藏，反映古籍的基本信息。原則上每申報單位獨立成册，館藏量少不能獨立成册者，則在本省範圍內幾個館目合并成册。無論獨立成册還是合并成册，均編製獨立的書名筆畫索引附於書後。著録的必填基本項目有：古籍普查登記編號、索書號、題名卷數、著者（含著作方式）、版本、册數及存缺卷數。其他擴展項目有：分類、批校題跋、版式、裝幀形式、叢書子目、書影、破損狀況等。有條件的收藏單位多著録的一些擴展項目，也反映在《全國古籍普查登記目録》上。目録編排按古籍普查登記編號排序，内在順序給予各古籍收藏單位較大自由度，可按分類排列古籍普查登記編號，也可按排架號、按同書名等排列古籍普查登記編號，以反映各館特色。

此次全國古籍普查登記工作，克服了古籍數量多、普查人員少、普查難度大等各種困難，也得到了全國古籍保護工作者的極大支持。在古籍普查登記過程中，國家古籍保護中心、各省古籍保護中心爲此舉辦了多期古籍普查、古籍鑒定、古籍普查目録審校等培訓班，全國共 1600 餘家單位參加了培訓，爲古籍普查登記工作培養了大量人才。同時在古籍普查登記工作中，也鍛煉了普查員的實踐能力，爲將來古籍保護事業發展奠定了良好的基礎。

《全國古籍普查登記目録》的出版，將摸清我國古籍家底，爲古籍保護和利用工作提供依據，也將是古籍保護長期工作的一個里程碑。

國家古籍保護中心

2013 年 10 月

《全國古籍普查登記目録》

編纂凡例

一、收録範圍爲我國境内各收藏機構或個人所藏,産生於 1912 年以前,具有文物價值、學術價值和藝術價值的文獻典籍,包括漢文古籍和少數民族文字古籍以及甲骨、簡帛、敦煌遺書、碑帖拓本、古地圖等文獻。其中,部分文獻的收録年限適當延伸。

二、以各收藏機構爲分册依據,篇幅較小者,適當合并出版。

三、一部古籍一條款目,複本亦單獨著録。

四、著録基本要求爲客觀登記、規範描述。

五、著録款目包括古籍普查登記編號、索書號、題名卷數、著者、版本、册數、存缺卷等。古籍普查登記編號的組成方式是:省級行政區劃代碼—單位代碼—古籍普查登記順序號。

六、以古籍普查登記編號順序排序。

1

《廣西壯族自治區桂林圖書館古籍普查登記目録》

前　言

　　廣西壯族自治區桂林圖書館前身爲廣西圖書館,始建于清宣統元年(1909),爲廣西第一家公共圖書館,亦爲全國省級公共圖書館中創建最早者之一,先後榮獲"全國古籍重點保護單位""自治區級古籍重點保護單位"。百餘春秋,搜求庋藏古籍十五萬册,善本近千種,于中可見中華傳統文化、廣西歷史文化根基與發展脉絡。

　　積聚百餘年公私精華之廣西壯族自治區桂林圖書館古籍,經、史、子、集諸部齊全,并兼及新學;刻本、石印本、鉛印本、活字本、套印本、鈐印本等皆備,加之學人認真,抄校、稿本繁多;收納廣泛,碑帖拓本、字畫入藏,頗爲可觀。贅言之,自元泰定四年(1327)刊刻之《詩集傳》至清中期之珍善本,乃至清代大衆古籍,規模頗具。

　　桂林圖書館肇基,古籍彙聚地方公私所藏,後又以廣西鄉梓文獻保存與傳播爲重任,故地方性濃重,可爲廣西歷史文化之管窺。

　　以方志言之,爲求地方典籍重鎮之實,全國各省方志皆有藏,而尤以廣西方志爲重。建館以來,本館發起大規模收集方志行動數次,以求購、借抄、複印等法,致力增加館藏方志規模。時至今日,館藏古舊方志二百餘種,占存世古舊廣西方志八成有餘,爲瞭解、研究廣西地情不可或缺之重要資源。

　　再言地方先賢著述豐富與映射廣西地方歷史文化之關係。如"嶺西五大家"者吕璜、朱琦、彭昱堯、龍啓瑞、王拯等,延"桐城派"之緒,擴古文學家之影響,所涉大作皆有館藏;再如領袖晚清全國詞壇之"臨桂詞派",始于臨桂人王鵬運、况周頤,有關之著述如《半塘定稿》《四印齋所刻詞》《惠風詞》等,列于架上,且有刻本、抄校、稿本等珍藏,可謂其詞派研究之資料中樞;如標示有清一代廣西文化世家之盛者臨桂龍氏、全州蔣氏、永福李氏、灌陽唐氏等家族,皆有館藏古籍可證;如彰顯近代教育文化之興,本館有源出榕湖經舍、桂垣書局及其藏書樓藏書等古籍;如廣西社會歷史進程之史實,于役清末抗法及主政臺灣者唐景崧,清末廣西諮議機構改革,諸如此類,皆有館藏文獻可徵。此類古籍之富,以廣西先賢著述而言,本館所占亦八成有餘,溯往撫今,紙上觀近代廣西文化之進步傳播之波瀾,缺本館所藏相關古籍而不可得。

　　古籍有文化載體與文物收藏雙重屬性,注定其保存及傳承并非易事。本館民國間三遭兵燹,尤以民國卅三年(1944)桂林城因日軍入侵致淪陷之危而疏散最爲驚險。時任代理館長黄遠智,鑒于運力窘迫,優先搶運特藏部等含古籍者"精要圖書"

七萬餘冊。幸得館員王家德、馬安壽、舒旭旺、黄振東等悉心搶救,亂兵攔截、饑餓威脅、痛失親人、局勢惡化、經費無着、再三遷移等磨難之餘,書籍終得保存,而未得遷運之圖書與館舍則均成焦土。抗戰勝利,本館重建,飄搖外遷圖書方得回歸桂林,鈐以藍色"廣西省立桂林圖書館民國卅四年劫後存書",以示不可忘却。數代先輩館員愈磨難愈堅韌,今人得睹此古籍遺産,有賴此輩金剛以堅毅为之護持。

"中華古籍保護計劃"于2007年肇始,廣西壯族自治區桂林圖書館借此東風,外爭資金,置器保護,新建標準之庫,以求收藏條件之改善,并致力于古籍修復增强,注意于人才培養,使來之不易之古籍,步入規範、專業之庇護,可得更善之永久傳承。

我館列位廣西古籍保護工作辦公室成員于2007年,獲批廣西壯族自治區古籍保護中心桂林分中心于2008年,古籍紙本普查登記工作始于2010年,館藏古籍六項即普查編號、索書號、題名卷數、著者、版本、存卷冊數著録初成于2013年,獲6911條古籍數據,館藏古籍之全貌,由是得窺一斑。是時,我館亦派精幹館員赴桂北各館輔導,如梧州市圖書館、賀州市圖書館、鍾山縣圖書館、平樂縣圖書館、平樂中學圖書館、全州縣圖書館、桂林師範專科學校圖書館等,指導古籍平臺著録,授以古籍業務技能,終全功以上八館館藏古籍普查平臺著録并初校于2018年底。藉此古籍普查登記工作,古籍家底得以摸清,古籍保存與傳承得以有據可依。

本書之編成,賴于上級部門、各級領導鼎力支持古籍保護與普查工作,得力于全體館員而特別得力于歷史文獻部古籍普查工作組之辛勤付出,受助于業界專家與兄弟館同仁之無私幫助,銘感于關心圖書館事業發展之社會各界人士,特此致謝!

囿于普查人員學識之淺薄,限于編纂時間之緊迫,難免挂一漏萬,懇請諸位專家及讀者大衆不吝指正。

廣西壯族自治區桂林圖書館

2019年5月

目　　録

450000－2601－0000001　綫 S279/2544（2）

痘疹集成四卷 （清）朱楚芬輯　清道光十七年(1837)朱氏破愚齋家刻本　三冊　存三卷（一至三）

450000－2601－0000002　綫 S28/3160（3）

醫方集解本草備要合刻三十一卷 （清）汪昂撰　清光緒十三年(1887)鴻文書局石印本　六冊

450000－2601－0000003　綫 S279/3003

痘疹正宗三卷 （清）宋麟祥著　清光緒十年(1884)弘晙翰苑閣刻蘇州掃葉山房永記印本　二冊

450000－2601－0000004　綫 S28/3160（2）

增補醫方本草合編三十一卷 （清）汪昂著輯　（清）李保常批點　（清）費伯雄加評　清光緒三十年(1904)上海六藝書局石印本　四冊　存二十三卷（增評童氏醫方集解一至二十三）

450000－2601－0000005　綫 S279/8022（1）

增補秘傳痘疹玉髓金鏡錄真本四卷 （明）翁仲仁輯著　（清）陸南暘補遺　（清）陸明暘糸補　清光緒十六年(1890)鎮江文成堂刻本　二冊

450000－2601－0000006　綫 S28/3160（1）

醫方集解三卷 （清）汪昂撰　清道光二十八年(1848)刻本　六冊

450000－2601－0000007　綫 S28/3160（5）

增訂醫方集解六卷本草備要六卷 （清）汪昂著輯　清尚德堂刻本　六冊

450000－2601－0000008　綫 S279/2544（1）

麻疹集成二卷 （清）朱楚芬輯　清刻本　一冊

450000－2601－0000009　綫 S279/2524（1）

痘疹定論四卷 （清）朱純嘏編輯　（清）趙克宜校定　清咸豐四年(1854)丹徒趙克宜角山樓刻本（卷四抄配）　二冊

450000－2601－0000010　綫 S28/3160（4）

增訂醫方集解六卷本草備要六卷 （清）汪昂著輯　清文光堂刻本　六冊

450000－2601－0000011　綫 S279/2524（2）

刪訂痘疹定論四卷 （清）朱純嘏著　（清）王世潤刪訂　清乾隆四十年(1775)三吾王世潤刻本　一冊

450000－2601－0000012　綫 S279/1099

痘疹心法歌訣一卷附看痘法一卷麻疹一卷 （明）聶尚恒撰　（清）必良齋主人改編　清光緒五年(1879)順邑潭村松竹梅軒刻河南省城太平新街以文堂印本　一冊

450000－2601－0000013　綫 S279/1020

痘疹世醫心法十二卷附碎金賦一卷 （明）萬全集　清光緒十六年(1890)姜雪舫抄本　三冊

450000－2601－0000014　綫廿 615/2654

增訂痘疹輯要四卷 （清）白振斯撰　清刻本　一冊　存二卷（一至二）

450000－2601－0000015　綫 S279/0220

痘疹全書不分卷 （清）劉璽撰　清咸豐七年(1857)文耀堂刻本　一冊

450000－2601－0000016　綫＋015/4010

續博物志十卷 （唐）李石撰　清光緒元年(1875)湖北崇文書局刻本　一冊

450000－2601－0000017　綫廿 954/4445

歐陽文忠公五代史抄二十卷 （明）茅坤批評　（明）茅闇叔重訂　明末刻本　四冊

450000－2601－0000018　綫廿 953/6031（2）

晉書地理志新補正五卷 （清）畢沅撰　清乾隆四十九年(1784)鎮洋畢氏靈巖山館刻經訓堂叢書本　一冊

450000－2601－0000019　綫 S279/3731（1）

馮氏錦囊秘錄痘疹全集十五卷 （清）馮兆張纂輯　清康熙四十一年(1702)刻本　六冊

450000－2601－0000020　綫 S28/6039（6）

增訂醫門初學萬金一統要訣分類九卷 （明）羅必煒參訂　**四言舉要一卷** （宋）崔嘉彥著

（明）李言聞刪補　清刻本　一冊　缺五卷
（一至五）

450000－2601－0000021　綫Y55/2672
兵船汽機六卷附一卷　（英國）息尼德撰
（英國）傅蘭雅口譯　（清）華備鈺筆述　清光
緒二十年（1894）江南製造局刻本　七冊　缺
一卷（兵船汽機一）

450000－2601－0000022　綫S279/3731（2）
秘錄痘疹全集十五卷　（清）馮兆張纂輯　清
刻本　六冊

450000－2601－0000023　綫S279/3731（3）
秘錄痘疹全集十五卷　（清）馮兆張纂輯　清
刻本　二冊　存六卷（一至二、十一至十四）

450000－2601－0000024　綫△Z16/4444
宋元舊本書經眼錄三卷附錄二卷　（清）莫友
芝撰　清刻本　二冊

450000－2601－0000025　綫S279/7730
痘疹精詳十卷音註一卷　（清）周冠編輯　清
嘉慶十年（1805）三讓堂刻本　一冊　缺九卷
（二至十）

450000－2601－0000026　綫S279/1620
痘證寶筏六卷　（清）強健纂著　清同治元年
（1862）醉六堂刻本　二冊

450000－2601－0000027　綫S279/7773
痘證慈航附補遺一卷　（明）歐陽調律撰
（清）金文彬訂　（清）郭士玶編輯　種子金丹
一卷　（清）徐士玶編輯　清同治四年（1865）
資陽澹雅書局刻本　一冊

450000－2601－0000028　綫S208/3731（4）
馮氏錦囊秘錄八種五十六卷　（清）馮兆張纂
輯　清嘉慶至同治匯刻本　二十三冊　存四
種五十卷（内經纂要二卷，雜症大小合參二十
卷，痘疹全集十五卷，雜症痘疹藥性主治合參
十二卷、首一卷）

450000－2601－0000029　綫S279/8042（1）
翁仲仁先生痘科金鏡賦六卷　（明）翁仲仁撰
（清）俞茂鯤集解　（清）於人龍參評　清雍

正五年（1727）松蔭堂刻本　四冊

450000－2601－0000030　綫S26/3037（1）
瘡瘍經驗全書六卷　（宋）竇漢卿輯著　清三
讓堂刻本　六冊

450000－2601－0000031　綫S26/3037（2）
瘡瘍經驗全書六卷　（宋）竇漢卿輯著　清刻
本　三冊　存三卷（三至四、六）

450000－2601－0000032　綫S26/0028
瘍科臨證心得集三卷　（清）高秉鈞纂輯　清
光緒二十七年（1901）無錫日升山房刻本　一
冊　存一卷（上）

450000－2601－0000033　綫S279/3050
痘科百問一卷　（清）寬夫校抄　清道光二十
三年（1843）寬夫抄本　一冊

450000－2601－0000034　綫S26/7431（1）
外科正宗四卷　（明）陳實功纂著　清刻本
六冊　存卷四葉一至九十

450000－2601－0000035　綫廿818.8/3104
（1）
病榻夢痕錄二卷　（清）汪輝祖口述　（清）汪
繼培　（清）汪繼壕記錄　清光緒江蘇書局刻
龍莊遺書本　二冊

450000－2601－0000036　綫廿920.5/3193
病榻夢痕錄二卷錄餘一卷　（清）汪輝祖撰
清同治十一年（1872）汪世金刻本　三冊

450000－2601－0000037　綫±041.5/3193
（1）
龍莊遺書四種十五卷　（清）汪輝祖撰　清光
緒江蘇書局刻本　六冊

450000－2601－0000038　綫±041.5/3193
（2）
龍莊遺書四種十五卷　（清）汪輝祖撰　清光
緒江蘇書局刻本　六冊

450000－2601－0000039　綫S25/4440（1）
痧症全書三卷　（清）林森傳授　（清）王凱編
輯　（清）何江　（清）何浦刪訂　清光緒二年
（1876）中湘王文德書坊刻本　一冊

450000－2601－0000040　綫 S25/8030

痧證指微一卷　（清）釋普淨著　（清）奚佳揀述　（清）邱天序輯　清光緒三十四年(1908)刻本　一冊

450000－2601－0000041　綫 S279/8042(2)

翁仲仁先生痘科金鏡賦六卷　（明）翁仲仁撰　（清）俞茂鯤集解　（清）於人龍參評　清光緒十一年(1885)李芸刻維揚教場大街李松壽號印本　八冊

450000－2601－0000042　綫 S279/8042(3)

翁仲仁先生痘科金鏡賦六卷　（明）翁仲仁撰　（清）俞茂鯤集解　（清）於人龍參評　清光緒十一年(1885)李芸刻維揚教場大街李松壽號印本　四冊

450000－2601－0000043　綫 S25/0747

痧脹玉衡書三卷後一卷　（清）郭志邃著　清蘇州綠蔭堂刻本　四冊

450000－2601－0000044　綫 S272/7453(1)

疫痧草三卷　（清）陳耕道撰　清光緒六年(1880)劉卓齋刻宏文齋印本　一冊

450000－2601－0000045　綫 S272/7453(2)

疫痧草三卷　（清）陳耕道撰　清光緒六年(1880)劉卓齋刻宏文齋印本　一冊

450000－2601－0000046　綫 S272/1010

疫喉淺論二卷補遺一卷　（清）夏春農撰　清光緒三年(1877)刻本　一冊

450000－2601－0000047　綫 S26/3037(3)

瘡瘍經驗全書十三卷　（宋）竇漢卿輯著　清康熙五十六年(1717)浩然樓刻本　二冊　存四卷(一至四)

450000－2601－0000048　綫 S279/3411(1)

痲科活人全書四卷　（清）謝玉瓊纂輯　清咸豐元年(1851)龍溪彭思忠刻慎詒書局印本　四冊

450000－2601－0000049　綫 S279/3411(2)

痲科活人全書四卷　（清）謝玉瓊纂輯　清刻本　二冊　存二卷(二、四)

450000－2601－0000050　綫 S279/3411(3)

痲科活人全書四卷　（清）謝玉瓊纂輯　清寶仁堂刻本　一冊　存一卷(二)

450000－2601－0000051　綫 K234.66/7191(1)

顧亭林先生詩箋注十七卷首一卷　（清）徐嘉輯　（清）顧雲臣等彙校　**顧詩箋注校補一卷**　（清）李詳等校補　清光緒二十二年(1896)徐氏味靜齋刻二十七年(1901)補刻本　六冊

450000－2601－0000052　綫 K234.66/7191(2)

顧亭林先生詩箋注十七卷首一卷　（清）徐嘉輯　（清）顧雲臣等彙校　**顧詩箋注校補一卷**　（清）李詳等校補　清光緒二十二年(1896)徐氏味靜齋刻二十七年(1901)補刻本　三冊

450000－2601－0000053　綫 K234.66/7191(3)

亭林詩集五卷　（清）顧炎武撰　清刻本　一冊

450000－2601－0000054　綫 K226.6/7191(1)

亭林文集六卷　（清）顧炎武撰　清嘉慶蓬瀛閣刻亭林遺書本　一冊　存三卷(四至六)

450000－2601－0000055　綫 Z824.66/7191(2)

亭林遺書十種二十七卷　（清）顧炎武撰　清嘉慶蓬瀛閣刻本　五冊　缺十一卷(左傳杜解補正三卷、亭林文集四至六、亭林詩集五卷)

450000－2601－0000056　綫 Z824.66/7191(3)

亭林先生遺書補遺十二種十五卷　（清）席威　（清）朱記榮搜輯　清光緒十一年(1885)吳縣孫谿吳記榮槐廬家塾刻上海埽葉山房印本　二冊　存五種六卷(顧亭林年譜一卷、同志贈言一卷、亭林先生神道表一卷、亭林軼詩一卷、聖安紀事二卷)

450000－2601－0000057　綫 Z824.66/7191

(1)

亭林先生遺書補遺十二種十五卷 （清）席威
（清）朱記榮搜輯 清光緒十一年（1885）吳
縣孫谿吳記榮槐廬家塾刻上海埽葉山房印本
六冊 存七種九卷（五經同異三卷、山東攷
古錄一卷、京東攷古錄一卷、救文格論一卷、
亭林餘集一卷、亭林雜錄一卷、菰中隨筆一
卷）

450000－2601－0000058 綫廿 427/5640(1)
輶軒使者絕代語釋別國方言十三卷 （漢）揚
雄記 （晉）郭璞注 **續方言二卷** （清）杭世
駿纂輯 **續方言補一卷** （清）程際盛補纂
清光緒十七年（1891）思賢講舍刻本 二冊

450000－2601－0000059 綫廿 427/5640(2)
輶軒使者絕代語釋別國方言疏證十三卷
（清）戴震疏證 **續方言二卷** （清）杭世駿搜
集 清刻本 二冊

450000－2601－0000060 綫廿 427/8326(2)
輶軒使者絕代語釋別國方言箋疏十三卷
（清）錢繹撰 **方言箋疏校勘記十三卷** （清）
何翰章學 清光緒十六年至十七年（1890－
1891）廣雅書局刻本 四冊

450000－2601－0000061 綫廿 427/8326(1)
輶軒使者絕代語釋別國方言箋疏十三卷
（清）錢繹撰 **方言箋疏校勘記十三卷** （清）
何翰章學 清光緒十六年至十七年（1890－
1891）廣雅書局刻本 四冊 存二十二卷（輶
軒使者絕代語釋別國方言箋疏一至十一、方
言箋疏校勘記一至十一）

450000－2601－0000062 綫 ±912/3132
方輿全圖總說五卷 （清）顧祖禹輯 （清）浦
錫齡校訂 清光緒二十七年（1901）圖書集成
局石印本 四冊

450000－2601－0000063 綫 ±041.2/0024
帝王經世圖譜十六卷附錄一卷 （宋）唐仲友
撰 （清）胡鳳丹校梓 清同治十二年（1873）
永康胡鳳丹退補齋刻金華叢書本 六冊

450000－2601－0000064 特綫 B31/8745(1)

愚一錄十二卷 （清）鄭獻甫著 （清）周幹臣
訂 清光緒三年（1877）桂林存元堂刻本 四
冊 存八卷（一至二、五至六、九至十二）

450000－2601－0000065 特綫 B311/2540
周易本義一卷首一卷 （宋）朱熹本義 清光
緒十六年（1890）桂垣書局刻本 二冊

450000－2601－0000066 綫廿 954/7772(1)
唐書二百二十五卷 （宋）歐陽修等撰 清同
治、光緒間浙江書局刻本 三十九冊 存二
百二十二卷（四至二百二十五）

450000－2601－0000067 綫廿 954/7772(2)
唐書二百二十五卷 （宋）歐陽修等撰 清同
治十二年（1873）浙江書局刻本 三十八冊
缺十四卷（九十一至九十八、一百六十六至一
百七十一）

450000－2601－0000068 綫 ±353.091/1033
唐會要一百卷 （宋）王溥撰 清光緒十年
（1884）江蘇書局刻本 二十四冊

450000－2601－0000069 綫廿 426/7548(1)
廣韻五卷首一卷 （宋）陳彭年等修 清同治
十二年（1873）粵東書局刻古經解彙函小學彙
函本 四冊

450000－2601－0000070 綫廿 426/7548(3)
廣韻五卷 （宋）陳彭年等修 清道光三十年
（1850）新化鄧氏邵州東山精舍刻本 二冊

450000－2601－0000071 綫廿 426/7548(2)
廣韻五卷 （宋）陳彭年等修 清道光三十年
（1850）新化鄧氏邵州東山精舍刻本 五冊

450000－2601－0000072 綫廿 426/7548(4)
古逸叢書二十六種二百九卷附敍目一卷
（清）黎庶昌輯 清光緒遵義黎氏日本東京使
署影刻本 二冊 存二種六卷（廣韻景宋本
四至五、校札一卷,廣韻景元泰定本一至三）

450000－2601－0000073 藏綫 J22/7191
音學五書三十八卷 （清）顧炎武纂著 清康
熙六年（1667）山陽張弨符山堂刻本 十二冊

450000－2601－0000074 藏綫 Z9/2485(4)

大易象數鉤深圖三卷　（元）張理撰　清同治
十二年（1873）粵東書局刻通志堂經解本
一冊

450000－2601－0000075　特綫 D26/1712(2)

西南紀事十二卷　（清）邵廷采撰　清光緒刻
邵武徐氏叢書初刻本　二冊

450000－2601－0000076　特綫 B311/7740

周易貫義六卷　（清）卿彬注　清咸豐三年
(1853)灌邑劉象恒刻本　六冊

450000－2601－0000077　特綫廿 111/7742

周易貫義六卷　（清）卿彬注　清咸豐三年
(1853)灌邑劉象恒刻本　六冊

450000－2601－0000078　特綫 B312/0250

增訂圖像典故二論引端詳解四卷　（清）劉忠
輯　清桂林鍾全文堂石印本　三冊　存三卷
（一至二、四）

450000－2601－0000079　特綫 B312/3093
(1)

四書章句集注附攷四卷　（清）吳志忠輯　清
光緒十六年(1890)桂林蔣存遠堂刻本　一冊

450000－2601－0000080　特綫 B312/3093
(2)

四書章句集注附攷四卷　（清）吳志忠輯　清
光緒十六年(1890)桂林蔣存遠堂刻本　一冊

450000－2601－0000081　綫 J23/1250(1)

廣雅十卷　（三國魏）張揖撰　（隋）曹憲音
清同治十二年(1873)粵雅書局刻古經解彙函
本　一冊

450000－2601－0000082　綫廿 427/2626

廣續方言四卷　（清）程先甲輯　清宣統二年
(1910)程先甲刻千一齋全書本　一冊

450000－2601－0000083　特綫 D26/1712(1)

東南紀事十二卷　（清）邵廷采撰　清光緒刻
邵武徐氏叢書初刻本　二冊

450000－2601－0000084　綫廿 915.5/3150
(1)

廣陵通典十卷　（清）汪中撰　清同治八年

(1869)揚州書局刻本　二冊

450000－2601－0000085　綫廿 915.5/3150
(2)

廣陵通典十卷　（清）汪中撰　清同治八年
(1869)揚州書局刻本　二冊

450000－2601－0000086　綫 ±915/7407

增訂廣輿記二十四卷全圖一卷　（明）陸應陽
纂　（清）蔡方炳增輯　清康熙五十六年
(1717)聚錦堂刻本　十二冊

450000－2601－0000087　綫 D98/4494

廣金石韻府五卷附玉篇字略一卷　（明）朱雲
編纂　（清）林尚葵廣輯　（清）張鳳藻增訂篆
刊　清咸豐七年(1857)巴郡理董軒張鳳藻家
刻本　一冊

450000－2601－0000088　綫 D34/6033

庚子海外紀事四卷　（清）呂海寰編次　清光
緒二十七年至二十八年（1901－1902）上海辦
理商約行轅鉛印本　四冊

450000－2601－0000089　綫 L81/2141

廣和錄二卷　（清）何夢瑤撰　清道光三十年
(1850)南海伍崇曜粵雅堂刻嶺南遺書本
二冊

450000－2601－0000090　綫 351.84/2761

欽定康濟錄四卷　（清）倪國璉輯　清同治八
年(1869)楚北崇文書局刻本　四冊

450000－2601－0000091　特綫 B312/7430
(1)

四書考輯要二十卷　（清）陳宏謀輯　清乾隆
三十六年(1771)培遠堂刻本　十冊

450000－2601－0000092　特綫 B312/7430
(2)

四書考輯要二十卷　（清）陳宏謀輯　清乾隆
三十六年(1771)培遠堂刻本　三冊　存四卷
（一至二、十九至二十）

450000－2601－0000093　綫 J26/1215(2)

康熙字典十二卷備考一卷　（清）張玉書等纂
修　清光緒二十年(1894)上海點石齋石印本

六册

450000－2601－0000094　綫J26/1215(1)
康熙字典十二卷備考一卷 (清)張玉書等纂修　清光緒二十年(1894)上海寶善書局石印本　五册　存十一卷(子集至戌集)

450000－2601－0000095　特綫廿112.4/7530(1)
四書考輯要二十卷 (清)陳宏謀輯　清光緒四年(1878)岑毓英桂林蔣存遠堂刻賓興局印本　十册

450000－2601－0000096　特綫B79/7430
學仕遺規四卷補四卷 (清)陳宏謀輯　清光緒五年(1879)江蘇書局刻本　五册

450000－2601－0000097　綫J26/1215(3)
康熙字典十二卷備考一卷補遺一卷 (清)張玉書等纂修　清光緒十三年(1887)上海點石齋石印本　六册

450000－2601－0000098　綫D97/2636(1)
文廟上丁禮樂備考四卷 (清)吳祖昌等輯　清同治九年(1870)江右乙藜齋董刻本　四册

450000－2601－0000099　藏綫D98/1030(1)
泊如齋重修宣和博古圖錄三十卷 (宋)王黼等纂修　(明)丁南羽　(明)吳左幹繪　(明)劉季然書　明萬曆十六年(1588)泊如齋刻本　二十四册

450000－2601－0000100　藏綫D98/1030(2)
泊如齋重修宣和博古圖錄三十卷 (宋)王黼等纂修　(明)丁南羽　(明)吳左幹繪　(明)劉季然書　明萬曆十六年(1588)泊如齋刻本　十六册

450000－2601－0000101　藏綫D98/1030(3)
泊如齋重修宣和博古圖錄三十卷 (宋)王黼等纂修　(明)丁南羽　(明)吳左幹繪　(明)劉季然書　明萬曆本立堂刻本　三十册

450000－2601－0000102　藏綫D98/1030(4)
泊如齋重修宣和博古圖錄三十卷 (宋)王黼等纂修　明萬曆十六年(1588)泊如齋刻本

二十册

450000－2601－0000103　藏綫D98/1030(5)
東書(亦政)堂重修宣和博古圖錄三十卷 (宋)王黼等纂修　(明)墨卿繪　明萬曆三十一年(1603)吳公弘刻清乾隆十七年(1752)亦政堂補刻本　十册

450000－2601－0000104　綫D98/1030(6)
東書堂重修宣和博古圖錄三十卷 (宋)王黼等纂修　明萬曆三十一年(1603)吳公弘刻清乾隆十七年(1752)亦政堂補刻本　八册　存十六卷(十二至二十七)

450000－2601－0000105　綫D97/1294
廣釋親一卷 (清)梁□輯　張慎儀補輯　**廣釋親坿錄一卷** 張驥輯　清光緒刻菱園叢書本　一册

450000－2601－0000106　綫廿920.1/8344
文獻徵存錄十卷 (清)錢林輯　(清)王藻編　清咸豐八年(1858)有嘉樹軒刻本　十二册

450000－2601－0000107　綫廿920.2/8344(1)
文獻徵存錄十卷 (清)錢林輯　(清)王藻編　清咸豐八年(1858)有嘉樹軒刻本　十二册

450000－2601－0000108　綫廿920.2/8344(2)
文獻徵存錄十卷 (清)錢林輯　(清)王藻編　清咸豐八年(1858)有嘉樹軒刻本　十册

450000－2601－0000109　綫303/3643(1)
三通攷輯要七十六卷 湯壽潛編輯　清光緒二十六年(1900)圖書集成局鉛印本　三十册

450000－2601－0000110　綫303/3643(2)
三通攷輯要七十六卷 湯壽潛編輯　清光緒二十八年(1902)雅成書局石印本　十册　存二十四卷(文獻通考輯要一至二十四)

450000－2601－0000111　綫303/3643(3)
皇朝文獻通考輯要二十六卷 湯壽潛輯　清末石印本　九册　存二十二卷(一至二十上、二十五至二十六)

450000－2601－0000112　綫303/7107（1）

文獻通考三百四十八卷　（元）馬端臨著　清咸豐九年（1859）崇仁謝氏刻三通本　九十八冊

450000－2601－0000113　綫303/7107（2）

文獻通考詳節二十四卷　（元）馬端臨著（清）嚴虞惇錄　清光緒元年（1875）清來堂刻本　十二冊

450000－2601－0000114　綫303/7107（3）

三通攷詳節七十六卷　（元）馬端臨著　（清）嚴虞惇錄　清光緒二十七年（1901）鴻寶齋書局石印本　十二冊　存五十卷（文獻通考詳節一至二十四、欽定續文獻通考詳節一至二十六）

450000－2601－0000115　綫303/7107（4）

文獻通考纂二十二卷　（元）馬端臨著　（明）郎星等定　**續文獻通考纂二十二卷**　（明）王圻著　（清）郎星等纂定　清末心遠堂刻本　十九冊　缺四卷（文獻通考纂二至五）

450000－2601－0000116　綫F229/4409（2）

廣治平略三十六卷　（清）蔡方炳輯　清末小琅嬛館刻本　十冊

450000－2601－0000117　綫F220.43/4441

廣治平略三十六卷　（清）蔡方炳輯　清末小琅嬛館刻本　六冊

450000－2601－0000118　綫F229/4409（1）

廣治平略三十六卷補八卷　（清）蔡方炳輯　清毛文生堂刻本　十六冊

450000－2601－0000119　藏綫B312/1230

四書注疏大全合纂三十七卷　（明）張溥纂　明崇禎刻本　十八冊　存二十三卷（大學注疏大全合纂一卷、中庸注疏大全合纂一至二、論語注疏大全合纂一至二十）

450000－2601－0000120　藏綫B311/2210

易鏡□□卷圖解一卷　（清）任元衷著　清康熙三十四年（1695）刻本　一冊　存二卷（易鏡一、圖解一卷）

450000－2601－0000121　藏綫B311/4438

易學象數論六卷　（清）黃宗羲論　（清）黃百家圖後　清康熙汪瑞齡西麓堂刻本　二冊

450000－2601－0000122　藏綫B311/4023

李氏易傳十七卷　（唐）李鼎祚集解　**經典釋文周易音義一卷**　（唐）陸德明音義　清乾隆二十一年（1756）德州盧見曾雅雨堂刻雅雨堂藏書本　六冊

450000－2601－0000123　特綫D212/1343（1）

尚書因文六卷首一卷末一卷　（清）武士選學　清光緒十七年（1891）桂垣書局刻本　二冊

450000－2601－0000124　特綫D212/1343（2）

尚書因文六卷首一卷末一卷　（清）武士選學　清光緒十七年（1891）桂垣書局刻本　二冊

450000－2601－0000125　藏綫B312/8080

四書體註合講十九卷　（宋）朱熹集註　（清）翁復編次　清雍正八年（1730）刻本　六冊

450000－2601－0000126　藏綫B312/1271

重刻張閣老經筵四書直解二十七卷　（明）張居正輯著　（明）焦閎增校　**四書鄒魯指南二十七卷**　（明）楊文奎著　明萬曆常郡何敬塘刻本　六冊

450000－2601－0000127　特綫D21/1050

歸方評點史記合筆六卷　（清）王拯纂　清同治五年（1866）王拯廣州刻本　四冊

450000－2601－0000128　特綫D223/4210

惜抱軒漢書平點一卷　（清）姚鼐閱　清光緒臨桂龍氏北平刻經德堂全集本　一冊

450000－2601－0000129　特綫D212/4430（1）

書經集傳六卷　（宋）蔡沈集傳　清光緒十六年（1890）桂垣書局桂林蔣存遠堂刻本　四冊

450000－2601－0000130　特綫D212/4430（2）

書經集傳六卷　（宋）蔡沈集傳　清光緒十六

年(1890)桂垣書局桂林蔣存遠堂刻本　四冊

450000－2601－0000131　特綫 B31/8745(2)

愚一錄十二卷　(清)鄭獻甫著　清光緒四年
(1878)仁和葛元煦刻嘯園叢書本　六冊

450000－2601－0000132　藏綫 D6/4730

禹貢錐指二十卷禹貢圖一卷　(清)胡渭學
清康熙四十四年(1705)漱六軒刻本　十冊

450000－2601－0000133　藏綫 D218/1223

春秋春王正月考一卷辨疑一卷　(明)張以寧
學　清康熙十六年(1677)納蘭成德通志堂刻
通志堂經解本　一冊

450000－2601－0000134　藏綫 D212/4430
(3)

書經集註六卷　(宋)蔡沈集註　明初刻本
六冊

450000－2601－0000135　藏綫 D97/1044

儀禮商二卷附錄一卷　(清)萬充宗學　清乾
隆二十六年(1761)孫福刻萬充宗先生經學五
書本　一冊

450000－2601－0000136　藏綫 D97/1931

檀弓二卷　(清)孫濩孫評訂　清康熙六十年
至六十一年(1721－1722)泗濱林居仁刻本
二冊

450000－2601－0000137　藏綫 D98/4494

廣金石韻府五卷字略一卷　(明)朱雲輯篆
(清)林尚葵廣輯　(清)朱臣甫輯　明崇禎九
年(1636)蓮庵刻清康熙九年(1670)祥符周亮
工大業堂重修朱墨套印本　六冊

450000－2601－0000138　藏綫 D97/2540(1)

朱子家禮八卷首一卷　(宋)朱熹撰　(明)丘
濬輯　(明)楊廷筠補　清康熙四十年(1701)
新安汪鑑刻本　五冊

450000－2601－0000139　藏綫 J22/2042

康熙甲子史館新刊古今通韻十二卷　(清)毛
奇齡撰　清康熙二十四年(1685)學者堂刻本
六冊

450000－2601－0000140　藏綫 J22/1990

音韻正訛四卷　(明)孫耀輯　清乾隆五十四
年(1789)書業堂刻本　二冊

450000－2601－0000141　藏綫 J22/7448

廣韻五卷　(宋)陳彭年等修　清康熙四十三
年(1704)吳郡查山張士俊澤存堂刻本　三冊

450000－2601－0000142　藏綫 J23/1713

爾雅正義二十卷　(清)邵晉涵撰　**爾雅釋文
三卷**　(唐)陸德明撰　清乾隆五十三年
(1788)餘姚邵氏刻本　十二冊

450000－2601－0000143　藏綫 J253/7702

六書通十卷　(清)閔齊伋撰　(清)畢弘述篆
訂　清康熙五十九年(1720)刻本　六冊

450000－2601－0000144　藏綫 J252/7714

汲古閣說文訂一卷　(清)段玉裁撰　清嘉慶
二年(1797)吳縣袁廷檮五硯樓刻本　一冊

450000－2601－0000145　藏綫 J254/2344

六書分類十二卷首一卷　(清)傅世垚輯
(清)傅世磊考訂　(清)周天辰補校　清康熙
汝南周氏聽松閣刻本　十四冊

450000－2601－0000146　藏綫 J25/5030

急就篇四卷　(漢)史游撰　(唐)顏師古注
(元)王應麟補注　元刻明正德元年(1506)、
嘉靖三十二年(1553)、嘉靖三十六年(1557)、
萬曆十一年(1583)、萬曆十五年至十七年
(1587－1589)、崇禎十年(1637)、清康熙二十
六年(1687)遞修玉海本　二冊

450000－2601－0000147　特綫 D26/1712(3)

西南紀事十二卷　(清)邵廷采撰　清光緒刻
邵武徐氏叢書初刻本　二冊

450000－2601－0000148　藏綫 J253/7448(1)

大廣益會玉篇三十卷　(宋)陳彭年等修　清
康熙四十二年至四十三年(1703－1704)吳郡
查山張士俊澤存堂刻本　六冊

450000－2601－0000149　藏綫 J26/7144

隸辨八卷　(清)顧藹吉撰　清康熙五十七年
(1718)玉淵堂刻本　八冊

450000－2601－0000150　綫卄 422/3144(1)

隸辨八卷 （清）顧藹吉撰 清光緒十三年
（1887）上海蜚英館石印本 八冊

450000－2601－0000151 藏綫 Z9/2485（1）
周易經傳集程朱附錄纂註十四卷首一卷附一
卷 （元）董真卿編集 清同治十二年（1873）
粵東書局刻通志堂經解本 六冊 缺三卷
（十三至十四、附一卷）

450000－2601－0000152 藏綫 J253/7721
六書正譌五卷 （元）周伯琦編注 （明）胡正
言訂篆 清十竹齋刻本 四冊

450000－2601－0000153 藏綫 Z9/2485（2）
周易本義集成十二卷首一卷 （元）熊良輔編
清同治十二年（1873）粵東書局刻通志堂經
解本 三冊

450000－2601－0000154 藏綫 Z9/2485（3）
易圖變通五卷 （宋）雷思齊學 清同治十二
年（1873）粵東書局刻通志堂經解本 一冊

450000－2601－0000155 藏綫 Z9/2485（6）
周易參義十二卷 （元）梁寅參義 清同治十
二年（1873）粵東書局刻通志堂經解本 四冊
存十卷（經參義上下、傳參義一至八）

450000－2601－0000156 藏綫 Z9/2485（5）
書蔡氏傳輯錄纂註六卷首一卷 （元）董鼎撰
清同治十二年（1873）粵東書局刻通志堂經
解本 一冊 存二卷（一、首一卷）

450000－2601－0000157 特綫 D97/2636（2）
文廟上丁禮樂備考四卷 （清）吳祖昌等輯
清同治九年（1870）江右乙藜齋董刻本 四冊

450000－2601－0000158 特綫 D204.4/0014
歷代帝王年表不分卷 （清）齊召南編 清光
緒二十年（1894）桂垣書局刻本 一冊

450000－2601－0000159 特綫 D261/2723
（1）
明鑑擇要經世略二卷 （清）侯紹瀛輯論 清
光緒十三年（1887）侯紹瀛寥山草堂刻本
二冊

450000－2601－0000160 特綫 D261/2723
（2）
明鑑擇要經世略二卷 （清）侯紹瀛輯論 清
光緒十三年（1887）侯紹瀛寥山草堂刻本 一
冊 存一卷（下）

450000－2601－0000161 特綫 D265/4438
行朝錄六卷 （清）黃宗羲編撰 清光緒三十
四年（1908）國學保存會鉛印國粹叢書本
一冊

450000－2601－0000162 特綫 D265/1053
（1）
永曆實錄二十六卷 （清）王夫之撰 清同治
四年（1865）湘鄉曾國荃金陵刻船山遺書本
三冊 存十八卷（一至十五、十七至十九）

450000－2601－0000163 特綫 D265/7191
明季三朝野史四卷 （清）顧炎武編輯 清光
緒三十四年（1908）上海石印本 一冊

450000－2601－0000164 特綫 D32/2522
閩師進剿紀略二卷 （清）朱穎白撰 清同治
十二年（1873）刻本 一冊 存一卷（上）

450000－2601－0000165 特綫 D261/2422
明季稗史彙編十六種二十七卷 （清）留雲居
士輯 清都琉璃廠刻本 一冊 存二種二卷
（兩廣紀略一卷、東明聞見錄一卷）

450000－2601－0000166 特綫 D266.6/4711
東瀛紀事一卷 （清）楊廷理采輯 清道光十
七年（1837）擁書樓刻本 一冊

450000－2601－0000167 特綫 廿 958.4/1033
（1）
湘軍記二十卷 （清）王定安撰 清光緒十五
年（1889）江南書局刻本 十二冊

450000－2601－0000168 特綫 廿 958.4/1033
（2）
湘軍記二十卷 （清）王定安撰 清光緒十五
年（1889）江南書局刻本 十二冊

450000－2601－0000169 特綫 D32/1033
湘軍志十六卷 王闓運撰 清長沙李集古堂
刻本 四冊

450000－2601－0000170　特綫廿 958.4/4403

平定粵匪紀略十八卷附記四卷　（清）杜文瀾撰　清同治八年(1869)群玉齋木活字印本　八冊

450000－2601－0000171　特綫 D32/4403（1）

平定粵寇紀略十八卷附記四卷　（清）杜文瀾撰　清光緒元年(1875)詒穀堂刻本　八冊

450000－2601－0000172　特綫 D32/1032

平定粵匪紀略十八卷附記四卷　（清）杜文瀾撰　清刻本　三冊　缺十卷(一至三、七至十、十五至十七)

450000－2601－0000173　特綫 D32/4403（2）

平定粵匪紀略十八卷附記四卷　（清）杜文瀾撰　清刻本　十冊

450000－2601－0000174　特綫 D673/4454（1）

桂海虞衡志一卷　（宋）范成大撰　清同治十一年(1872)嶺南蘇氏刻御覽知不足齋叢書本　一冊

450000－2601－0000175　綫＋010.1/8380

讀書敏求記四卷　（清）錢曾撰　清雍正四年(1726)趙孟升刻乾隆十年(1745)沈尚傑雙桂草堂乾隆六十年(1795)沈炎耆英堂遞修本　二冊

450000－2601－0000176　特綫 D673/4454（2）

祕書廿一種九十四卷　（清）汪士漢輯　清康熙七年(1668)新安汪氏刻本　一冊　存三種五卷(桂海虞衡志一卷、博異記一卷、高士傳三卷)

450000－2601－0000177　特綫 D673/1233（1）

粵西筆述一卷　（清）張祥河輯　清光緒二十二年(1896)桂林蔣存遠堂刻本　一冊

450000－2601－0000178　特綫廿 958.4/7520

武昌紀事二卷遺詩一卷附錄一卷　（清）陳徽言撰　清咸豐七年(1857)刻本　一冊

450000－2601－0000179　特綫廿 958.4/5023

平浙紀畧十六卷　（清）秦緗業　（清）陳鍾英纂輯　清光緒元年(1875)申報館鉛印本　四冊

450000－2601－0000180　特綫 D69/1235

粵游小志八卷　（清）張心泰學　清光緒十年(1884)鉛印本　二冊

450000－2601－0000181　特綫 D32/4475

平定粵匪功臣戰蹟圖附題詠一卷　（清）艾颺春輯　清光緒二十年(1894)石印本　一冊

450000－2601－0000182　特綫 D673/0018

廣西鄉土地理一卷　（清）廣西第一巡警教練所撰　清光緒三十一年(1905)鉛印本　一冊

450000－2601－0000183　特綫 D673/1233（2）

粵西筆述一卷　（清）張祥河輯　清光緒二十二年(1896)桂林蔣存遠堂刻本　一冊

450000－2601－0000184　特綫 ± 915.01/1133（1）

粵西筆述一卷　（清）張祥河輯　清光緒二十二年(1896)桂林蔣存遠堂刻本　一冊

450000－2601－0000185　特綫 ± 915.01/1133（2）

粵西筆述一卷　（清）張祥河輯　清光緒二十二年(1896)桂林蔣存遠堂刻本　一冊

450000－2601－0000186　特綫 D921/4022

古賢名錄一卷　（清）□□輯　清末稿本　一冊

450000－2601－0000187　特綫 915.9/2722（1）

安南志畧二十卷首一卷　（越南）黎崱編　清光緒十年(1884)岸吟香上海樂善堂鉛印本(卷二十原缺)　四冊

450000－2601－0000188　特綫 D697.3/6648

明季稗史匯編十六種二十七卷　（清）留雲居士輯　清都城琉璃廠刻本　一冊　存三種三卷(粵游見聞一卷、賜姓始末一卷、兩廣紀畧

一卷）

450000－2601－0000189　特綫 D69/6660

御覽知不足齋叢書一帙三十集一百九十九種八百十五卷　（清）鮑廷博輯　（清）鮑志祖續輯　清乾隆至道光長塘鮑氏刻同治十一年（1872）嶺南蘇氏補修本　一冊　存二種四卷（粵行紀事三卷、滇黔土司婚禮記一卷）

450000－2601－0000190　特綫 915.9/2814（1）

越南輯略二卷　（清）徐延旭編輯　清光緒三年（1877）梧州郡署刻本　二冊

450000－2601－0000191　特綫 D844.16/2814

越南輯略二卷　（清）徐延旭編輯　清光緒三年（1877）梧州郡署刻本　二冊

450000－2601－0000192　特綫 D69/4454

御覽知不足齋叢書一帙三十集一百九十九種八百十五卷　（清）鮑廷博輯　（清）鮑志祖續輯　清乾隆至道光長塘鮑氏刻同治十一年（1872）嶺南蘇氏補修本　一冊　存二種二卷（攬轡錄一卷、驂鸞錄一卷）

450000－2601－0000193　綫 ±915.34/2570

吳郡圖經續記三卷校勘記一卷　（宋）朱長文撰　清同治十二年（1873）刻本　一冊

450000－2601－0000194　特綫廿 952/7481

書經精義彙鈔六卷　（清）陸錫璞輯　清道光十八年（1838）平南武城書院刻本　六冊

450000－2601－0000195　特綫廿 920.5355/3114

粵師萃亭馮公事蹟紀實二卷　（清）都啟模（清）郭炳光編　清光緒二十九年（1903）稿本　一冊

450000－2601－0000196　特綫廿 952.6/1057（1）

歸方評點史記合筆六卷　（清）王拯纂　清同治五年（1866）王拯廣州刻本　四冊

450000－2601－0000197　特綫 D921/0012

光緒捌年舉行壬午科廣西鄉試錄題名錄一卷拾肆年舉行戊子科廣西鄉試錄題名錄一卷拾玖年舉行癸巳科廣西鄉試錄題名錄一卷　（清）□□撰　清光緒刻本　三冊

450000－2601－0000198　特綫廿 925.6/1057（2）

歸方評點史記合筆六卷　（清）王拯纂　清同治五年（1866）王拯廣州刻本　三冊　存四卷（三至六）

450000－2601－0000199　特綫廿 952.6/1057（3）

歸方評點史記合筆六卷　（清）王拯纂　清光緒元年（1875）吳棠錦城節署刻本　四冊

450000－2601－0000200　特綫廿 950.4/4432

讀史管見八卷　（清）蘇宗經著　清光緒十九年（1893）鬱林蘇氏家刻本　三冊　存六卷（一至四、七至八）

450000－2601－0000201　特綫 ±920.1/4470（1）

廣西昭忠錄八卷首一卷　（清）蘇鳳文等編（清）王惠琛增輯　清光緒十五年（1889）桂林唐九如堂刻本　四冊

450000－2601－0000202　特綫 ±920.1/4432（1）

坊表錄十六卷　（清）蘇宗經輯　清光緒十六年（1890）刻本　四冊

450000－2601－0000203　特綫 ±920.1/4470（2）

廣西昭忠錄八卷首一卷　（清）蘇鳳文等編（清）王惠琛增輯　清光緒十五年（1889）桂林唐九如堂刻本　四冊

450000－2601－0000204　特綫 ±920.1/4470（3）

廣西昭忠錄八卷首一卷　（清）蘇鳳文等編（清）王惠琛增輯　清光緒十五年（1889）桂林唐九如堂刻本　四冊

450000－2601－0000205　特綫 ±920.1/4432（2）

坊表錄十六卷 （清）蘇宗經輯 清光緒十六年(1890)刻本 四冊

450000－2601－0000206 特綫 ±920.1/4470(4)

廣西昭忠錄八卷首一卷 （清）蘇鳳文編 （清）王惠琛增輯 清光緒十五年(1889)桂林唐九如堂刻本 二冊 缺三卷(六至八)

450000－2601－0000207 特綫廿 920.5355/2284(3)

[岑毓英]行狀一卷 （清）岑春蓂等狀 清末刻本 一冊

450000－2601－0000208 特綫 ±920.1/4470(5)

廣西昭忠錄八卷首一卷 （清）蘇鳳文編 （清）王惠琛增輯 清光緒十五年(1889)桂林唐九如堂刻本 二冊 缺五卷(三至七)

450000－2601－0000209 特綫廿 920.1/8725

張氏家傳誌狀合刻四卷 （清）鄭獻甫撰 清末鉛印本 一冊

450000－2601－0000210 特綫廿 920.5355/2284(1)

岑襄勤公勳德介福圖一卷 （清）陳鵲等繪 （清）岑春榮等輯 清光緒十七年(1891)上海包家吉石印本 一冊

450000－2601－0000211 特綫廿 920.5355/2284(2)

岑襄勤公勳德介福圖一卷 （清）陳鵲等繪 （清）岑春榮等輯 清光緒十七年(1891)上海包家吉石印本 一冊

450000－2601－0000212 特綫廿 920.5/4414

崇祀鄉賢稿一卷 （清）□□撰 清末刻本 一冊

450000－2601－0000213 特綫廿 920.3/3632(1)

使秦紀程集二卷 （清）況澄著 清同治十三年(1874)登善堂刻本 二冊

450000－2601－0000214 綫廿 920.42/1066

上虞桂林夏氏松夏支系七卷 （清）夏翼籲輯 清光緒三十三年(1907)木活字印本 一冊

450000－2601－0000215 特綫廿 920.3/3632(2)

使秦紀程集二卷 （清）況澄著 清同治十三年(1874)登善堂刻本 二冊

450000－2601－0000216 特綫廿 920.5/6015

易衡樵行狀一卷 （清）馮德材撰 清末桂林蔣存遠堂刻本 一冊

450000－2601－0000217 特綫廿 951.1/7530(1)

綱鑑正史約三十六卷 （明）顧錫疇編 （清）陳宏謀增訂 甲子紀元一卷 （清）陳宏謀輯 （清）高式亮等訂 清光緒九年(1883)湖南官書局刻本 二十冊

450000－2601－0000218 特綫廿 958/4437

東華錄三十二卷(天命朝至雍正朝) （清）蔣良騏撰 清末刻本 十二冊

450000－2601－0000219 特綫廿 952.04/2673

史記論文一百三十卷 （清）吳見思評點 清光緒二十二年(1896)桂垣書局刻本 二十四冊

450000－2601－0000220 特綫廿 951.1/7530(2)

綱鑑正史約三十六卷 （明）顧錫疇編 （清）陳宏謀增訂 甲子紀元一卷 （清）陳宏謀輯 （清）高式亮等訂 清道光十七年(1837)培遠堂刻培遠堂全集本 十六冊

450000－2601－0000221 特綫廿 958/1073

皇朝諡法考五卷 （清）鮑康輯 皇朝諡法考續編五卷 （清）王鵬運輯 熙朝宰輔錄二卷 （清）潘世恩 （清）沈桂芬輯 清光緒十七年(1891)刻本 二冊

450000－2601－0000222 特綫廿 951.1/7530(3)

綱鑑正史約三十六卷 （明）顧錫疇編 （清）陳宏謀增訂 清刻本 十六冊 存三十二卷

（一至二、五至二十六、二十八至二十九、三十一至三十六）

450000－2601－0000223　特綫±915.010/0436

[嘉慶]廣西通志二百七十九卷首一卷　（清）謝啟昆等纂修　（清）曹馴　（清）趙藹臣校勘　清嘉慶五年(1800)刻光緒十七年(1891)桂林書局補修本　八十冊

450000－2601－0000224　特綫D6/0436(1)

[嘉慶]廣西通志二百七十九卷首一卷　（清）謝啟昆等纂修　（清）曹馴　（清）趙藹臣校勘　清嘉慶五年(1800)刻光緒十七年(1891)桂林書局補修本　八十冊

450000－2601－0000225　特綫廿920.5/7530

先文恭公[陳宏謀]年譜十二卷　（清）陳鍾珂輯　清乾隆四十年(1775)至嘉慶刻本　四冊

450000－2601－0000226　特綫±915.0123/2740

[宣統]南寧府志五十六卷　（清）蘇士俊撰　（清）何鯤纂　（清）紀堪謹等續纂　清宣統元年(1909)羊城澄天閣石印本　十六冊

450000－2601－0000227　特綫D6/0436(2)

[嘉慶]廣西通志二百七十九卷首一卷　（清）謝啟昆纂修　清刻本　二十二冊　存八十卷（八至十二、二十八至三十、一百五十一至一百六十五、一百六十九至一百七十八、二百五至二百八、二百十二至二百十四、二百十八至二百二十、二百二十五至二百二十九、二百三十四至二百四十五、二百五十八至二百七十七）

450000－2601－0000228　特綫±915.01/0710

赤雅三卷　（明）鄺露纂　清乾隆三十四年(1769)長塘鮑氏刻知不足齋叢書本　一冊

450000－2601－0000229　特綫±915.0116/2723

[道光]武緣縣志十卷　（清）詹作述編纂　清道光二十四年(1844)嶺山書院刻本　六冊

缺二卷（八至九）

450000－2601－0000230　特綫廿112/3730

嶺學祠諸先生事蹟學術考一卷　（清）祁永膺撰　清光緒三十二年(1906)襄武挂勿軒刻本　一冊

450000－2601－0000231　特綫±915.003/4997

棲霞寺志二卷　（清）趙煙等修　清光緒八年(1882)刻本　二冊

450000－2601－0000232　特綫廿112.4/2824

四書質疑十九卷　（清）徐紹楨學　清光緒九年(1883)梧州蔣三信堂刻本　二冊

450000－2601－0000233　特綫廿112.4/2824

孝經質疑一卷　（清）徐紹楨學　清光緒十年(1884)梧州蔣三信堂刻本　一冊

450000－2601－0000234　特綫±915.0112/4418

[宣統]武緣縣圖經八卷　（清）黃君鉅述　黃誠沅編次　清宣統三年(1911)鉛印本　八冊

450000－2601－0000235　特綫廿112.44/1290

孟子要略集註五卷首一卷　（清）孫光庭輯註　清光緒二十九年(1903)雲南官書局刻本　四冊

450000－2601－0000236　特綫D68/4490

棲霞寺志二卷　（清）趙煙等修　清光緒八年(1882)刻本　一冊　存一卷（下）

450000－2601－0000237　特綫±327.5/7227(1)

越事備考十三卷　劉名譽編輯　清光緒二十一年(1895)桂林劉名譽慕盦氏刻本　三冊　存九卷（奏議三卷、芻言四至六、案畧二卷、首一卷）

450000－2601－0000238　特綫±327.5/7227(2)

越事備考十三卷　劉名譽採輯　清光緒二十一年(1895)桂林劉名譽慕盦氏刻本　一冊

存二卷(案署二卷)

450000 – 2601 – 0000239　特綫 D673/2847
(1)

[光緒]臨桂縣志三十二卷首一卷　（清）黃泌
等纂　清光緒三十年至三十二年（1904 –
1906）蔣存遠堂刻宣統元年（1909）補刻奎光
樓印本　十六冊

450000 – 2601 – 0000240　特綫 172.2/6007

帝鑑圖說二卷　（明）張居正等編　清刻本
四冊

450000 – 2601 – 0000241　綫 F229.166/6700
(3)

欽定中樞政考四十卷　（清）納蘇泰等纂修
清刻本　十七冊　存十四卷（二十五至三十
八）

450000 – 2601 – 0000242　特綫 ±915.0182/
3136

[康熙]養利州志一卷　（清）傅天龍纂
(清)汪溶日輯　清抄本　一冊

450000 – 2601 – 0000243　特綫 172.2/7530
(1)

從政遺規二卷　（清）陳宏謀輯　清光緒二十
一年（1895）浙江書局刻五種遺規本　二冊

450000 – 2601 – 0000244　特綫 D673/2847
(2)

[光緒]臨桂縣志三十二卷首一卷　（清）黃泌
等纂　清光緒三十年至三十二年（1904 –
1906）蔣存遠堂刻宣統元年（1909）補刻奎光
樓印本　十五冊　缺二卷（十九至二十）

450000 – 2601 – 0000245　特綫 ±915.0124/
7742(1)

[光緒]上林縣志十卷首一卷末一卷　（清）周
世德纂　清光緒二年（1876）上林縣衙刻本
四冊

450000 – 2601 – 0000246　特綫 172.2/7530
(2)

在官法戒錄四卷　（清）陳宏謀編輯　清光緒
二十一年（1895）浙江書局刻五種遺規本

二冊

450000 – 2601 – 0000247　特綫 ±915.0174/
4433(1)

[光緒]臨桂縣志三十二卷首一卷　（清）黃泌
等纂　清光緒三十年至三十二年（1904 –
1906）蔣存遠堂刻宣統元年（1909）補刻奎光
樓印本　十六冊

450000 – 2601 – 0000248　特綫 ±915.0133/
7424

[光緒]賓州志二十四卷　（清）陸生蘭纂
(清)楊椿修　清光緒十二年（1886）刻本　十
二冊

450000 – 2601 – 0000249　特綫 172.2/7530
(3)

在官法戒錄摘鈔四卷　（清）陳宏謀編輯　清
光緒十八年（1892）桂林蔣存遠堂刻本　二冊

450000 – 2601 – 0000250　特綫 ±915.0174/
4433(3)

[光緒]臨桂縣志三十二卷首一卷　（清）黃泌
等纂　清光緒三十年至三十二年（1904 –
1906）蔣存遠堂刻宣統元年（1909）補刻奎光
樓印本　十六冊

450000 – 2601 – 0000251　特綫 ±915.0143/
2695(1)

[光緒]柳州府馬平縣志十卷首一卷　（清）吳
光升編纂　清光緒二十一年（1895）刻本
六冊

450000 – 2601 – 0000252　特綫 ±915.0143/
2695(2)

[光緒]柳州府馬平縣志十卷首一卷　（清）吳
光升編纂　清光緒二十一年（1895）刻本　三
冊　缺六卷（三至六、八至九）

450000 – 2601 – 0000253　特綫 338.1/5099

南寧農務局集股啟一卷　（清）惠榮啟　清光
緒二十五年（1899）石印本　一冊

450000 – 2601 – 0000254　特綫 +347/0010

廣西調查民事習慣報告書二卷　（清）廣西調
查局輯　清宣統三年（1911）廣西官書局鉛印

本　二冊

450000 - 2601 - 0000255　特綫 ±915.0113/
4631

[光緒]天河鄉土志不分卷　（清）楊家珍纂
清末抄本　二冊

450000 - 2601 - 0000256　特綫 ±915.0126/
8725

[同治]象州志二卷　（清）鄭獻甫纂修　清同
治九年(1870)鴻文堂刻光緒補刻本　二冊

450000 - 2601 - 0000257　特綫 ±343/6046
(1)

律法須知二卷　（清）呂芝田撰　清光緒十九
年至二十年(1893 - 1894)桂林蔣存遠堂刻本
二冊

450000 - 2601 - 0000258　特綫 ±343/6046
(2)

律法須知二卷　（清）呂芝田撰　清光緒十九
年至二十年(1893 - 1894)桂林蔣存遠堂刻本
二冊

450000 - 2601 - 0000259　特綫 +336.5/7241

兩廣鹽法志五十五卷首一卷　（清）劉坤一等
纂修　清光緒十年(1884)刻本　四十冊　缺
二卷(五十四至五十五)

450000 - 2601 - 0000260　特綫 ±915.0174/
4433(2)

[光緒]臨桂縣志三十二卷　（清）黃泌等纂
清宣統元年(1909)蔣存遠堂刻本　十四冊
缺四卷(七至八、二十五至二十六)

450000 - 2601 - 0000261　特綫 ±915.0143/
2642(1)

[同治]梧州府志二十四卷首一卷　（清）史鳴
皋纂修　清同治十二年(1873)鳳台書院刻本
二冊

450000 - 2601 - 0000262　特綫 ±915.0144/
2642(2)

[同治]梧州府志二十四卷首一卷　（清）史鳴
皋纂修　清同治十二年(1873)鳳台書院刻本
十五冊　缺一卷(首一卷)

450000 - 2601 - 0000263　特綫 D673/2847
(3)

[光緒]臨桂縣志三十二卷首一卷　（清）黃泌
等纂　清光緒三十年至三十二年(1904 -
1906)蔣存遠堂刻宣統元年(1909)補刻奎光
樓印本　一冊　存二卷(三十一至三十二)

450000 - 2601 - 0000264　特綫 +390/6045
(1)

呂叔簡先生四禮翼一卷　（明）呂坤撰　清光
緒二十一年(1895)桂林蔣存遠堂刻本　一冊

450000 - 2601 - 0000265　特綫 +390/6045
(2)

呂叔簡先生四禮翼一卷　（明）呂坤撰　清光
緒二十一年(1895)桂林蔣存遠堂刻本　一冊

450000 - 2601 - 0000266　特綫 D673/2847
(4)

[光緒]臨桂縣志三十二卷首一卷　（清）黃泌
等纂　清光緒三十年至三十二年(1904 -
1906)蔣存遠堂刻宣統元年(1909)補刻奎光
樓印本　一冊　存二卷(二十三至二十四)

450000 - 2601 - 0000267　特綫 +390/6045
(3)

呂叔簡先生四禮翼一卷　（明）呂坤撰　清光
緒二十一年(1895)桂林蔣存遠堂刻本　一冊

450000 - 2601 - 0000268　特綫 +390/6045
(4)

呂叔簡先生四禮翼一卷　（明）呂坤撰　清光
緒二十一年(1895)桂林蔣存遠堂刻本　一冊

450000 - 2601 - 0000269　特綫 ±915.0174/
4433(4)

[光緒]臨桂縣志三十二卷首一卷　（清）黃泌
等纂　清光緒三十年至三十二年(1904 -
1906)蔣存遠堂刻宣統元年(1909)補刻奎光
樓印本　一冊　存四卷(十五至十六、二十三
至二十四)

450000 - 2601 - 0000270　特綫 ±915.0174/
4433(5)

[光緒]臨桂縣志三十二卷首一卷　（清）黃泌

等纂 清光緒三十年至三十二年(1904 – 1906)蔣存遠堂刻宣統元年(1909)補刻奎光樓印本 一冊 存二卷(二十三至二十四)

450000 – 2601 – 0000271 特綫 395/7281

文廟祀位考略六卷 (清)劉榘撰 清同治九年至光緒五年(1870 – 1879)桂林楊鴻文堂刻本 四冊

450000 – 2601 – 0000272 綫 F229.3/6417

作吏要言一卷 (清)葉鎮著 (清)朱椿增輯 附刊檢骨圖格一卷 (清)刑部編 清道光二十三年(1843)上元王鼎淳刻三色套印本 一冊

450000 – 2601 – 0000273 特綫廿 422/0192 (1)

字學舉隅二卷敬避字樣一卷附摘誤一卷 (清)龍光甸 (清)龍啟瑞輯 清道光二十六年(1846)龍啟瑞京師刻本 一冊

450000 – 2601 – 0000274 特綫廿 422/3630 (1)

六書管見二十卷 (清)況祥麟撰 清光緒二年至三年(1876 – 1877)登善堂刻況氏叢書本 八冊

450000 – 2601 – 0000275 特綫 ±915.0174/ 2524

[嘉慶]臨桂縣志三十二卷 (清)胡虔等纂 清光緒六年(1880)保甲總局補刻本 十六冊

450000 – 2601 – 0000276 特綫 ±915.0146/ 4494

[光緒]賀縣志八卷 (清)蘇煜坡等纂修 清光緒十六年(1890)賓興局刻本 六冊

450000 – 2601 – 0000277 特綫廿 422/3630 (2)

六書管見二十卷 (清)況祥麟撰 清光緒二年至三年(1876 – 1877)登善堂刻況氏叢書本 十六冊

450000 – 2601 – 0000278 特綫 ± 371.61/ 0017(2)

廣西學務處章程一卷 (清)廣西學務處編

清光緒三十二年(1906)兩廣學務處印刷所鉛印本 一冊

450000 – 2601 – 0000279 綫 +015.1/3127

彙刻書目初編十卷續編五卷補編一卷 (清)顧脩輯 (清)陳光照增輯 清光緒元年(1875)長洲陳氏無夢園刻本 十四冊

450000 – 2601 – 0000280 特綫 ± 370.95/ 1007

廣西學務提要七卷 (清)廣西學務公所輯 清宣統元年(1909)鉛印本 二冊

450000 – 2601 – 0000281 特綫 372.92/0014

廣西桂林府官立中學堂重訂現行章程一卷 (清)廣西桂林官立中學堂編 清宣統二年(1910)廣華石印室石印本 一冊

450000 – 2601 – 0000282 特綫 ± 353.21/ 0010(1)

廣西諮議局籌辦處第一次報告書七卷 (清)廣西諮議局籌辦處編 清光緒三十四年至宣統元年(1908 –1909)鉛印本 二冊

450000 – 2601 – 0000283 特綫 ±915.0141/ 2688

[同治]潯州府志三十九卷 (清)魏篤等修 清同治十三年(1874)潯州府學刻本(卷三十九原缺) 二十冊

450000 – 2601 – 0000284 特綫 ± 353.21/ 0010(2)

廣西諮議局籌辦處第二次報告書三卷 (清)廣西諮議局籌辦處編 清宣統元年(1909)鉛印本 二冊

450000 – 2601 – 0000285 特綫 ±915.0174/ 4721

[嘉慶]臨桂縣志三十二卷 (清)胡虔等纂 清光緒六年(1880)保甲總局補刻本 四冊 存八卷(一至四、七至八、十八至十九)

450000 – 2601 – 0000286 綫 016.63/2341

農務要書簡明目錄一卷 (英國)傅蘭雅口譯 (清)陳樹善筆述 清光緒二十七年(1901)上海製造局刻本 一冊

450000－2601－0000287　特綫 ±353.21/0010（3）

廣西諮議局籌辦處第三次報告書三卷 （清）廣西諮議局輯　清宣統元年（1909）鉛印本　二冊

450000－2601－0000288　特綫 ±353.21/0010（4）

廣西諮議局第一屆會議提議建議決議案一卷 （清）廣西諮議局編　清宣統元年（1909）鉛印本　一冊

450000－2601－0000289　特綫 ±353.21/0010（5）

廣西諮議局第二屆會議提議建議決議案彙編一卷 （清）梁清平編校　清宣統二年（1910）桂林官書局鉛印本　二冊

450000－2601－0000290　特綫 ±353.21/0010（6）

廣西諮議局第一次報告書九卷 （清）廣西諮議局編　清宣統元年（1909）鉛印本　二冊

450000－2601－0000291　特綫 D68/2830（1）

纂集通覽湘山志二卷 （清）徐泌撰　清道光二十八年（1848）刻本　二冊

450000－2601－0000292　特綫 ±353.21/0010（7）

廣西諮議局第二次報告書六卷 （清）廣西諮議局編　清宣統二年（1910）鉛印本　一冊

450000－2601－0000293　特綫 D673/8037

［道光］廉州府志二十六卷首一卷 （清）張堉春等纂修　清道光十二年至十三年（1832－1833）高州登雲樓刻海門書院文昌閣印本　十冊　缺十二卷（十至十一、十七至二十六）

450000－2601－0000294　特綫 ±353.21/0010（8）

廣西諮議局第三次報告書九卷 （清）廣西諮議局編　清宣統二年（1910）鉛印本　五冊

450000－2601－0000295　特綫 ±353.21/0010（9）

廣西諮議局第三次報告書九卷 （清）廣西諮議局編　清宣統二年（1910）鉛印本　二冊　存六卷（上諭、奏摺、文牘、電信、章則、議案葉一至七十八）

450000－2601－0000296　綫 017.1/1085

欽定天祿琳瑯書目十卷後編二十卷 （清）于敏中等輯　清光緒十年（1884）長沙王氏刻本　十冊

450000－2601－0000297　綫 017.2/1010

善本書室藏書志四十卷附錄一卷 （清）丁丙輯　清光緒二十七年（1901）錢塘丁氏刻本　十六冊

450000－2601－0000298　特綫 ±353.21/0010（10）

廣西諮議局第四次報告書六卷 （清）廣西諮議局編　清宣統三年（1911）鉛印本　一冊

450000－2601－0000299　綫 017.4/0015（1）

廣雅書局書目一卷 （清）廣雅書局編　清宣統元年（1909）廣東廣雅書局刻本　一冊

450000－2601－0000300　綫 017.4/0015（2）

廣雅書局書目一卷 （清）廣雅書局編　清宣統元年（1909）廣東廣雅書局刻本　一冊

450000－2601－0000301　特綫 ±915.0112/4454（1）

［光緒］百色廳志八卷首一卷 （清）華本松編纂　（清）陳如金等修　清光緒十七年（1891）刻本　八冊

450000－2601－0000302　特綫 ±915.0112/4454（2）

［光緒］百色廳志八卷首一卷 （清）華本松編纂　（清）陳如金等修　清光緒十七年（1891）刻本　四冊

450000－2601－0000303　特綫 D923/1223（1）

［廣西］桂林張氏族譜一卷 （清）張希呂輯　清光緒十二年至十八年（1886－1892）桂林張氏宗祠刻本　一冊

450000－2601－0000304　綫 017.2/7433

皕宋樓藏書志一百二十卷　（清）陸心源編
清光緒八年（1882）歸安陸氏十萬卷樓刻本
三十二冊

450000－2601－0000305　綫 028/0022

父師善誘法二卷讀書作文譜十二卷　（清）唐
彪輯著　清康熙四十七年（1708）光啟堂刻本
　四冊

450000－2601－0000306　綫 028/2603（1）

程氏家塾讀書分年日程三卷綱領一卷　（元）
程端禮述　清同治七年（1868）湖北崇文書局
刻本　二冊

450000－2601－0000307　綫 028/2603（2）

程氏家塾讀書分年日程三卷綱領一卷　（元）
程端禮述　清同治八年（1869）江蘇書局刻本
　一冊

450000－2601－0000308　特綫 ±915.0142/
2240

［道光］博白縣志十六卷備覽二卷　（清）任士
謙等纂修　清道光十二年（1832）環玉書院刻
本　五冊

450000－2601－0000309　綫 028/3002

正本學社講學類鈔第一冊不分卷　宋育仁等
輯　清光緒三十一年（1905）同文社鉛印本
一冊

450000－2601－0000310　特綫 ±371.61/
0017（1）

學部奏定增訂各學堂管理通則一卷　（清）學
部輯　清宣統元年（1909）桂林學院街蔣國文
堂刻本　一冊

450000－2601－0000311　綫 028/3334

讀西學書法一卷　梁啟超撰　清光緒二十二
年（1896）上海時務報館石印本　一冊

450000－2601－0000312　綫 028/7772（1）

點勘記二卷附省堂筆記一卷　（清）歐陽泉撰
　清同治九年（1870）皖城刻本　二冊

450000－2601－0000313　綫 028/7772（2）

點勘記二卷附省堂筆記一卷　（清）歐陽泉撰

清光緒四年（1878）江蘇書局刻本　二冊

450000－2601－0000314　綫 028/7738

先正讀書訣一卷　（清）周永年輯　清同治五
年（1866）王鵠刻本　一冊

450000－2601－0000315　綫 028/8060

讀新學書法十章　（日本）矢野文雄著　（清）
張相譯　清光緒三十二年（1906）金陵江楚編
譯官書局石印本　一冊

450000－2601－0000316　綫 030/1744

西學啟蒙十六種九十一卷　（英國）赫德輯
（英國）艾約瑟譯　清光緒二十四年（1898）上
海盈記書莊石印本　十五冊　缺一種十三卷
（歐洲史畧一至十三）

450000－2601－0000317　綫 030/2511

西學輯存六種六卷　（清）王韜輯　清光緒十
六年（1890）長洲王韜淞隱廬鉛印本　二冊

450000－2601－0000318　綫 030/4469

西學啟蒙十六種八十六卷　（英國）赫德輯
（英國）艾約瑟譯　清光緒二十二年（1896）上
海著易堂書局鉛印本　六冊　存六種十七卷
（辨學啟蒙一卷、化學啟蒙一卷、富國養民策
一卷、格致質學啟蒙一卷、西學畧述十卷、格
致總學啟蒙三卷）

450000－2601－0000319　特綫 ±371.61/
1007

兩廣學務處章程一卷　（清）兩廣學務處編
清光緒三十年至三十二年（1904－1906）惠愛
四約文茂館鉛印本　一冊

450000－2601－0000320　綫 +031/1076

續廣事類賦三十卷　（清）王鳳喈譔註　（清）
王仕偉校錄　清刻本　十冊

450000－2601－0000321　特綫 D923/8010
（1）

［廣西桂林靈川］全氏宗譜一卷　（清）全氏合
族續修　清宣統元年至三年（1909－1911）廣
西桂林靈川全氏刻本　一冊

450000－2601－0000322　特綫 D923/8010

（2）

[廣西桂林靈川]全氏宗譜一卷　（清）全氏合族續修　清宣統元年至三年(1909－1911)廣西桂林靈川全氏刻本　一冊

450000－2601－0000323　特綫 D923/8010（3）

[廣西桂林靈川]全氏宗譜一卷　（清）全氏合族續修　清宣統元年至三年(1909－1911)廣西桂林靈川全氏刻本　一冊

450000－2601－0000324　特綫廿 422/7211

楷體蒙求八卷　（清）劉廷玉編輯　清同治十年(1871)常郡一枝山房刻本　四冊

450000－2601－0000325　特綫 D673/3160（1）

[光緒]富川縣志十二卷　（清）顧國誥等纂修　清光緒十六年(1890)富江書院刻本　九冊

450000－2601－0000326　特綫廿 422/0192（2）

字學舉隅二卷敬避字樣一卷附摘誤一卷（清）龍光甸　（清）龍啟瑞輯　清光緒十四年(1888)四川蓬溪縣署刻本　一冊

450000－2601－0000327　特綫 D673/3160（2）

[光緒]富川縣志十二卷　（清）顧國誥等纂修　清光緒十六年(1890)富江書院刻本　五冊　缺一卷(一)

450000－2601－0000328　特綫 ±915.0132/7247(1)

[光緒]富川縣志十二卷　（清）顧國誥等纂修　清光緒十六年(1890)富江書院刻本　六冊

450000－2601－0000329　特綫 D68/2830(2)

纂集通覽湘山志二卷　（清）徐泌撰　清道光二十八年(1848)刻本　一冊　存一卷(下)

450000－2601－0000330　特綫 ±915.0122/0162(1)

[光緒]歸順直隸州志六卷　（清）顏嗣徽修（清）顏永迪等纂　清光緒二十五年(1899)刻本　六冊

450000－2601－0000331　綫 031/1115

佩文韻府一百六卷　（清）蔡升元等纂修　清康熙五十年(1711)武英殿刻本　九十四冊缺一卷(一百上)

450000－2601－0000332　綫 +031/1144

淵鑑類函四百五十卷目錄四卷　（清）張英等輯　清刻本　一百五十九冊

450000－2601－0000333　特綫 D923/4483

[廣西鬱林容縣]洛村黃氏譜略十六卷　（清）黃金詔等修　清光緒十六年(1890)廣西鬱林容縣洛村黃氏刻本　一冊　存二卷(十五至十六)

450000－2601－0000334　特綫 ±915.0122/0162(2)

[光緒]歸順直隸州志六卷　（清）顏嗣徽修（清）顏永迪等纂　清光緒二十五年(1899)刻本　三冊　存三卷(一至三)

450000－2601－0000335　綫 +031/1147

事類賦補遺十四卷　（清）張均編譔　清嘉慶十六年(1811)刻本　六冊

450000－2601－0000336　綫 031/1739

皇朝經世文統編一百七卷　（清）邵之棠編輯　清光緒二十七年(1901)上海寶善齋石印本五十一冊　缺一卷(一百一)

450000－2601－0000337　綫 +031/2600

子史精華一百六十卷　（清）吳襄等纂修　清刻本　三十一冊　缺四卷(八十七至九十)

450000－2601－0000338　綫 +031/3503(1)

皇朝文獻通考三百卷　（清）曹仁虎等纂修清光緒二十七年(1901)上海圖書集成局石印本　四十冊

450000－2601－0000339　特綫 D923/1034

[廣西桂林]灌陽縣寧江坊太原郡王氏族譜十五卷首一卷　（清）王師成修　（清）王運蔚等續修　清同治九年(1870)廣西桂林灌陽甯江坊王氏敦睦堂刻本　十二冊　缺二卷(二、十一)

450000 - 2601 - 0000340　綫 + 031/3503（2）

皇朝通志一百二十六卷　（清）曹仁虎等纂修
清光緒二十七年（1901）上海圖書集成局石
印本　十二冊

450000 - 2601 - 0000341　綫 + 031/3503（3）

皇朝通典一百卷　（清）曹仁虎等纂修　清光
緒二十七年（1901）上海圖書集成局鉛印本
十二冊

450000 - 2601 - 0000342　綫 + 031/3503（4）

欽定續文獻通考二百五十卷　（清）曹仁虎等
纂修　清光緒二十七年（1901）上海圖書集成
局石印本　三十六冊

450000 - 2601 - 0000343　綫 + 031/3503（5）

欽定續通典一百五十卷　（清）曹仁虎等纂修
清光緒二十七年（1901）上海圖書集成局石
印本　十二冊

450000 - 2601 - 0000344　綫 + 031/3503（6）

欽定續通志六百三十四卷　（清）曹仁虎等纂
修　清光緒二十七年（1901）上海圖書集成局
石印本　六十冊

450000 - 2601 - 0000345　綫 + 031/3714（1）

七修類藁五十一卷　（明）郎瑛著述　清光緒
六年（1880）廣州翰墨園刻本　十二冊

450000 - 2601 - 0000346　綫 + 031/3714（2）

七修類藁五十一卷　（明）郎瑛著述　清光緒
六年（1880）廣州翰墨園刻本　十二冊

450000 - 2601 - 0000347　綫 + 031/4024（1）

皇朝經世文新編三十二卷　麥仲華輯　清光
緒二十八年（1902）上海書局石印本　十六冊

450000 - 2601 - 0000348　綫 + 031/4024（2）

皇朝經世文新編三十二卷　麥仲華輯　清末
石印本　十五冊　缺二卷（一至二）

450000 - 2601 - 0000349　綫 + 031/4060（1）

太平御覽一千卷目錄十五卷　（宋）李昉等纂
（清）鮑崇城校　清嘉慶至光緒十九年
（1893）刻本　六十冊

450000 - 2601 - 0000350　綫 + 031/4060（2）

太平御覽一千卷目錄十五卷　（宋）李昉等纂
清光緒十八年（1892）南海李氏刻學海堂印
本　八十冊

450000 - 2601 - 0000351　綫 + 031/4418（1）

欽定古今圖書集成一萬卷目錄三十二卷
（清）蔣廷錫等輯　清光緒十年（1884）上海圖
書集成鉛版印書局鉛印本　一千二十七冊
缺五卷（八十六至九十）

450000 - 2601 - 0000352　特綫 ± 915.0183/
8023（1）

[光緒]鎮安府志二十五卷首一卷　（清）羊複
禮纂修　清光緒十七年至十八年（1891 -
1892）刻本　十二冊

450000 - 2601 - 0000353　特綫 D926.74/
2284（1）

[岑毓英]行狀一卷　（清）岑春蓂等狀　清末
刻本　一冊

450000 - 2601 - 0000354　特綫 ± 915.0183/
8023（2）

[光緒]鎮安府志二十五卷首一卷　（清）羊複
禮纂修　清光緒十七年至十八年（1891 -
1892）刻本　十二冊

450000 - 2601 - 0000355　特綫 D926.74/
2284（2）

[岑毓英]行狀一卷　（清）岑春蓂等狀　清末
刻本　一冊

450000 - 2601 - 0000356　綫 + 031/4240

類腋五十五卷類腋補遺一卷　（清）姚培謙集
（清）張隆孫採輯　清乾隆檢香齋聚業堂刻
本　十冊

450000 - 2601 - 0000357　綫 + 031/4443

皇朝經世文續編一百二十卷　（清）葛士濬輯
清末石印本　三十二冊　缺四卷（一至四）

450000 - 2601 - 0000358　綫 + 031/4672

皇朝經世文編一百二十卷　（清）賀長齡輯
清末石印本　二十四冊　缺十四卷（一至十
四）

450000 – 2601 – 0000359　綫 +031/7510(1)

格致鏡原一百卷　（清）陳元龍輯　清雍正十三年(1735)刻本　二十冊

450000 – 2601 – 0000360　綫 ± 041.1/7110(1)

十三經注疏並校勘記一百五十卷附識語四卷　（清）阮元撰　（清）盧宣旬摘錄　清光緒十三年至十四年(1887－1888)上海點石齋石印本　二十五冊

450000 – 2601 – 0000361　綫 ± 041.1/7110(2)

重刊宋本十三經注疏附校勘記一百二十三卷識語四卷　（清）阮元校勘　（清）盧宣旬摘錄　清光緒十三年(1887)上海脈望仙館石印本　三十一冊　缺三卷(附釋音毛詩注疏一至三)

450000 – 2601 – 0000362　綫 ±041.1/7426

經典釋文十五種三十一卷攷證十四種二十九卷　（唐）陸德明音義　（清）盧文弨攷證　清同治十年(1871)粵秀山文瀾閣刻本　十二冊

450000 – 2601 – 0000363　綫 +031/4694

小嫏嬛山館彙刊類書十二種二十三卷　（清）□□輯　清咸豐元年(1851)刻本　八冊

450000 – 2601 – 0000364　特綫 D926/4440

[黃式度]行狀一卷書後一卷　（清）黃維申狀　（清）陳同禮等識　清光緒刻本　一冊

450000 – 2601 – 0000365　特綫 D97/8770

儀禮喪服經傳並記一卷　（漢）鄭玄註　（清）張爾岐句讀　清宣統二年(1910)桂林全文書局刻本　一冊

450000 – 2601 – 0000366　藏綫 D61/2621

[光緒]宸垣識畧十六卷　（清）吳長元輯　清光緒二年(1876)刻本　八冊

450000 – 2601 – 0000367　特綫 D98/3436

粵西金石略十五卷　（清）謝啟昆撰　清嘉慶六年(1801)銅鼓亭刻本　四冊

450000 – 2601 – 0000368　特綫 卅 426/0131(1)

古韵通說二十卷　（清）龍啟瑞撰　清同治十年(1871)方濬頤粵東省城西湖街富文齋刻本　四冊

450000 – 2601 – 0000369　綫 +031/4753

子史輯要詩賦題解四卷續編四卷　（清）胡本淵編輯　清刻本　二冊

450000 – 2601 – 0000370　綫 +031/7107

文獻通考三百四十八卷　（元）馬端臨著　清光緒二十七年(1901)上海圖書集成局石印本　四十四冊

450000 – 2601 – 0000371　綫 ± 041.2/0043(1)

新學偽經攷十四卷　康有為撰　清光緒十七年(1891)武林望雲樓刻本　八冊

450000 – 2601 – 0000372　綫 ± 041.2/1013(1)

經傳釋詞十卷　（清）王引之撰　（清）錢熙祚校　清末木活字印本　二冊

450000 – 2601 – 0000373　綫 ± 041.2/1013(2)

經義述聞三十二卷　（清）王引之撰　清道光七年(1827)京師刻本　二十四冊

450000 – 2601 – 0000374　特綫 D673/3160(3)

[光緒]富川縣志十二卷　（清）顧國誥等纂修　清光緒十六年(1890)富江書院刻本　一冊　存一卷(十二)

450000 – 2601 – 0000375　綫 040/2733

通學齋叢書五十種三百一卷　（清）鄒凌沅輯　清末通學齋鉛印本（東方兵事紀畧卷六原缺）　四十四冊

450000 – 2601 – 0000376　綫 ±041/1220(1)

新學商兌一卷　（清）孫德謙辨正　張采田申義　清光緒三十四年(1908)木活字多伽羅香館叢書印本　一冊

450000 – 2601 – 0000377　綫 ±041/2510(1)

無邪堂答問五卷　（清）朱一新撰　清光緒二十二年(1896)上海鴻寶齋石印本　三冊

450000－2601－0000378　綫±041.2/1020

皇清經解續編二百九種一千四百三十卷　王先謙輯　清光緒十四年(1888)南菁書院刻本　三百二十冊

450000－2601－0000379　綫±041.2/1013（3）

經義述聞十五卷　（清）王引之撰　清嘉慶二十一年至二十二年(1816－1817)綠樹山房刻本　四冊

450000－2601－0000380　綫±041/2510（2）

無雅堂答問五卷　（清）朱一新撰　清光緒二十二年(1896)上海鴻寶齋石印本　五冊

450000－2601－0000381　綫±041.2/2101

經典釋文十五種三十卷攷證十五種三十卷　（唐）陸德明音義　（清）盧文弨攷證　清乾隆五十六年(1791)常州龍城書院刻本　十二冊

450000－2601－0000382　綫±041.1/1350（1）

十三經注疏三百四十七卷考證三百四十六卷附三十六種六十二卷　（清）瑞麟等纂修　清同治十年(1871)廣東書局刻菊坡精舍印本　一百二十冊　缺二種二十四卷(尚書注疏一至十二、尚書注疏考證一至十二)

450000－2601－0000383　綫±041.2/3143（1）

雪樵經解(五經集解)五種三十卷附錄六種六卷　（清）馮世瀛采輯　清光緒十一年(1885)馮祖憲辨齋氏畊餘樓錫活字印本　八冊

450000－2601－0000384　藏綫D624/4300

［雍正］重修太原縣志十六卷　（清）龔新等修　（清）高若岐等纂　清雍正九年(1731)刻本　四冊

450000－2601－0000385　綫＋721/2022

羣經宮室圖二卷　（清）焦循學　清嘉慶五年(1800)半九書塾刻本　二冊

450000－2601－0000386　特綫D97/3442

謝疊山先生批點檀弓一卷　（宋）謝枋得批點　清光緒二十二年(1896)桂垣書局桂林蔣存遠堂刻本　一冊

450000－2601－0000387　綫±041.1/1350（3）

十三經注疏三百三十三卷附二十三種二十五卷十三經注疏校勘記三百三十三卷附十六種十六卷　（清）阮元輯　清同治十三年(1874)湖南書局刻本　一百五十一冊　缺二十六卷(尚書注疏二十、春秋左傳注疏一至二十五)

450000－2601－0000388　綫±041.1/3137

十三經紀字一卷附字典紀字一卷韻府紀字一卷　（清）汪汲錄　清乾隆五十九年(1794)古愚山房刻本　一冊

450000－2601－0000389　綫±041.1/4094（1）

欽定七經二百九十一卷　（清）□□輯　清光緒十九年(1893)湖南省城漱芳閣刻本　一百二十冊　缺四十六卷(欽定書經傳說彙纂十三至十四，欽定詩經傳說彙纂一、七至八，欽定周官義疏六至十五，欽定儀禮義疏五至十三，欽定禮記義疏三十九至四十、四十三至六十、六十九至七十)

450000－2601－0000390　藏綫D61/7734

光緒順天府志一百三十卷　（清）張之洞等纂　清光緒十五年(1889)刻二十八年(1902)補刻本　六十四冊

450000－2601－0000391　綫±041.2/3143（2）

雪樵經解(五經集解)五種三十卷附錄六種六卷　（清）馮世瀛采輯　清光緒十五年(1889)著易堂書局鑄板邗江晉銅古齋主人鉛印本　八冊

450000－2601－0000392　綫±041.2/3144（2）

經解入門八卷　（清）江藩纂　清光緒二十年(1894)上海文林書局石印本　一冊　存四卷（一至四）

450000－2601－0000393　綫 ±041.2/4082

經書源流歌訣一卷三禮儀制歌訣一卷歷代姓系歌訣一卷 （清）李鍾倫著　清乾隆十三年（1748）成雲山房刻本　一冊

450000－2601－0000394　藏綫 D624/4442

[同治]渾源州志十一卷 （清）桂敬順纂修　清同治九年（1870）孔廣培增修本　五冊

450000－2601－0000395　綫 ± 041.2/4433（1）

白虎通義考一卷附白虎通闕文一卷白虎通目錄一卷 （清）莊述祖撰　清光緒九年（1883）刻本　一冊

450000－2601－0000396　特綫 D97/7581

禮記精義鈔署十卷 （清）陸錫璞輯　清道光二十一年（1841）平南學署刻本　一冊　存二卷（一至二）

450000－2601－0000397　藏綫 D624/2422

[光緒]續修嶂縣志八卷 （清）趙冠卿等修（清）潘肯堂纂　清光緒八年（1882）刻本　一冊　存一卷（七）

450000－2601－0000398　綫 ± 041.2/4433（2）

五經小學述二卷 （清）莊述祖著　**五經小學述校勘記一卷** （清）王銘西等校　清光緒九年（1883）刻本　一冊

450000－2601－0000399　綫 ± 041.2/4433（3）

經學不厭精五卷 （德國）花之安撰　清光緒二十二年至二十四年（1896－1898）上海美華書館鉛印本　二冊　存一卷（一）

450000－2601－0000400　綫 ±041.2/5045

九經古義十六卷 （清）惠棟學　清乾隆三十八年（1773）益都李文藻刻五十四年（1789）歷城周永年竹西書屋印貸園叢書初集本　二冊

450000－2601－0000401　綫 ± 041.2/5511（1）

經學文鈔十五種十五卷首三卷 （清）梁鼎芬撰集 （清）曹元弼校補　清光緒三十四年（1908）江蘇存古學堂木活字印本　十七冊存八種十一卷（周易文鈔一卷、尚書文鈔一卷、毛詩文鈔一卷、周禮文鈔一卷、大戴禮記文鈔一卷、公羊傳文鈔一卷、論語文鈔一卷、小學文鈔一卷，首三卷）

450000－2601－0000402　綫 ± 041.2/7110（1）

皇清經解一百七十二種一千四百八卷續刻七種八卷首一卷 （清）阮元輯　清道光九年（1829）廣東學海堂刻咸豐十年至十一年（1860－1861）補刻本　三百六十冊　缺一卷（仲氏易一）

450000－2601－0000403　綫 ± 041.2/7110（2）

皇清經解一百七十二種一千四百八卷續刻七種八卷首一卷 （清）阮元輯　清道光九年（1829）廣東學海堂刻咸豐十年至十一年（1860－1861）補刻本　八冊　存四種三十八卷（春秋公羊通義十二卷、敘一卷，禮學卮言六卷，大戴禮記補注十三卷，經學卮言六卷）

450000－2601－0000404　綫 ± 041.2/7110（3）

皇清經解一百六十八種一百八十一卷 （清）阮元輯　清光緒十三年（1887）上海書局石印本　六十三冊

450000－2601－0000405　綫 ± 041.2/7110（4）

皇清經解續編二百九種二百九卷 王先謙輯清光緒石印本　三十二冊　缺二十一種二十一卷（九經誤字一卷、周易稗疏一卷、詩經稗疏一卷、春秋稗疏一卷、四書稗疏一卷、春秋占筮書一卷、續詩傳鳥名一卷、白鷺洲主客說詩一卷、郊社禘祫問一卷、大小宗通繹一卷、孝經問一卷、禮記偶箋一卷、詩經異文釋一卷、春秋左傳異文釋一卷、春秋公羊傳異文釋一卷、春秋穀梁傳異文釋一卷、夏小正分箋一卷、夏小正異義一卷、春秋左氏古義一卷、春秋左氏傳補注一卷、春秋左氏傳地名補注

一卷）

450000－2601－0000406　綫±041.2/7224

經學教科書二卷　劉師培編著　清光緒三十二年(1906)上海國粹學報館鉛印本　二冊

450000－2601－0000407　綫±041.2/7229

漢魏石經攷三卷　(清)劉茉雲輯　清光緒十二年(1886)沌城黃元吉試館刻本　一冊

450000－2601－0000408　綫±041.2/7544

潛室陳先生木鐘集十一卷　(宋)陳埴撰　清刻本　四冊

450000－2601－0000409　綫±041.2/7744

五經類編二十八卷　(清)周世樟編輯　清雍正二年(1724)穀詒堂刻本　十二冊

450000－2601－0000410　綫±041.3/3255

子書二十二種二十三種九十九卷　(清)浙江書局輯　清光緒二十三年(1897)上海圖書集成局鉛印本　四十冊

450000－2601－0000411　藏綫D62/7475

[乾隆]河套志六卷　(清)陳履中纂定　清乾隆七年(1742)刻本　四冊

450000－2601－0000412　綫Z821.66/1222

正誼堂全書六十四種四百八十七卷首一卷　(清)張伯行輯　(清)楊浚重輯　清同治五年(1866)福州正誼書院刻本　二百冊　缺四種三十一卷(陸稼書先生文集二卷,道統錄二卷,附錄一卷,二程語錄十八卷,朱子語類輯略八卷)

450000－2601－0000413　藏綫D624/2862

[嘉慶]介休縣志十四卷　(清)徐品等修　(清)熊兆占等纂　清嘉慶二十四年(1819)刻本　八冊

450000－2601－0000414　綫±041.3/3235

二十二子三百三十八卷　(清)浙江書局輯　清光緒元年至三年(1875－1877)浙江書局刻本　六十九冊　缺五十一卷(荀子二十卷,附校勘補遺一卷,韓非子二十卷,附識誤三卷,墨子一至三,附篇目考一卷,老子道德經二

卷、附音義一卷）

450000－2601－0000415　特綫D97/7430

禮記集說十卷　(元)陳澔集說　清光緒十六年(1890)桂垣書局桂林蔣存遠堂刻本　九冊　缺一卷(六)

450000－2601－0000416　綫±041.3/3002

桐城先生點勘荀子讀本二十卷　(唐)楊倞注　(清)吳汝綸點勘　清宣統二年(1910)衍星社鉛印桐城吳先生點勘諸子七種本　八冊

450000－2601－0000417　藏綫D624/4004

[乾隆]汾陽縣志十四卷首一卷　(清)李文起修　(清)戴震纂　清乾隆三十七年(1772)刻本　六冊

450000－2601－0000418　綫±041.4/0017
（1）

式訓堂叢書初集十五種五十六卷　(清)章壽康輯　清光緒四年至六年(1878－1880)會稽章氏刻本(乾道臨安志卷四至十五原缺)　十二冊

450000－2601－0000419　綫±041.4/0031

稗海六函四十八種二百八十七卷續四函二十二種一百六十一卷　(明)商濬輯　明萬曆會稽商氏半埜堂刻清康熙至乾隆振鷺堂補修本　七十八冊　缺七卷(摭言一卷、小名錄二卷、大唐新語五至八)

450000－2601－0000420　綫±041.4/0139

螺樹山房叢書五種四十卷　(清)龍裕光校栞　清光緒二十七年(1901)順德龍氏刻粵垣元妙觀明義書局印本　十二冊

450000－2601－0000421　綫±041.4/1004

增訂漢魏叢書八十六種四百五十一卷　(清)王謨輯　清乾隆五十四年至五十七年(1789－1792)金谿王氏刻本　六十六冊　缺四十八卷(獨斷一卷,十六國春秋前燕錄一卷、蜀錄一卷、前涼錄一卷、西涼錄一卷、北涼錄一卷、後涼錄一卷、後燕錄一卷、南涼錄一卷、南燕錄一卷、西秦錄一卷、北燕錄一卷、夏錄一卷,淮南鴻烈

解十八至二十一,顏氏家訓二卷,握奇經續圖一卷,八陣總述一卷,詩品三卷,書品一卷,尤射一卷,拾遺記一至三,述異記二卷,續齊諧記一卷,搜神記一至二,海內十洲記一卷,別國洞冥記四卷,枕中書一卷,佛國記一卷,竹譜一卷,禽經一卷,古今刀劍錄一卷,鼎錄一卷,天祿閣外史一至三)

450000－2601－0000422　綫±041.4/1010

武林掌故叢編二十六集一百八十六種六百二十二卷　(清)丁丙輯　清光緒錢塘丁氏嘉惠堂刻本　十冊　存十二種四十四卷(武林理安寺志八卷,湣祐臨安志五至十,游明聖湖日記一卷,客越志略一卷,清波小志二卷,清波小志補一卷,大昭慶律寺志十卷,定鄉雜二卷,武林元妙觀志四卷,武林游記一卷,雲居聖水寺志六卷、補遺一卷、西湖詩一卷)

450000－2601－0000423　特綫 E228.74/9280

桂林餉押減息答客問一卷　(清)惱公著　清光緒三十四年(1908)刻本　一冊

450000－2601－0000424　特綫 E93/0019

廣西抽厘例則一卷　(清)□□輯　清末刻本　一冊

450000－2601－0000425　綫±041.4/1122

正誼堂全書六十四種四百八十七卷續刻五種四十六卷首一卷　(清)張伯行輯　(清)楊浚重輯　清同治五年(1866)福州正誼書院刻八年至九年(1869－1870)、光緒十三年(1887)增修本　一百五十九冊　缺一種四卷(諸葛武侯文集四卷)

450000－2601－0000426　綫±041.4/1133

漢魏六朝百三名家集一百二十一卷　(明)張溥輯　清光緒十八年(1892)善化章經濟堂刻本　一百冊

450000－2601－0000427　綫±041.4/1137

昭代叢書十九集五百五十九種五百六十二卷附一種一卷　(清)沈楙悳輯　清道光十三年至二十四年(1833－1844)吳江沈氏世楷堂刻本　二冊　存七種七卷(昭代樂章恭紀一卷、讀史記札記一卷、讀明史札記一卷、廬山紀游一卷、黔山紀游一卷、桂鬱巖洞記一卷、淳化秘閣法帖源流考一卷)

450000－2601－0000428　綫±041.4/1262

重刻平津館叢書十集三十二種二百六十卷　(清)孫星衍輯　清光緒十年至十一年(1884－1885)、十五年(1889)吳縣朱氏槐廬家塾刻本　五十冊

450000－2601－0000429　綫±041.4/2112(1)

嶺南遺書六集五十九種三百四十四卷　(清)伍元薇等輯　清道光十一年至同治二年(1831－1863)南海伍氏粵雅堂文字歡娛室刻本　四十冊　存三十五種二百五卷(翰林記七至十九,春秋別典一至六、十二至十五,百越先賢志四卷,劉希仁文集一卷,理學簡言一卷,平定交南錄一卷,白沙語要一卷,甘泉新論一卷,元祐黨籍碑考附慶元偽學逆黨籍一卷,疑耀五至七,海語三卷,算迪八卷,崔清獻公集五卷,崔清獻公言行錄三卷,昭代經濟言十四卷,周易爻物當名二卷,周易本義註二至四,重訂三家詩拾遺十卷,五山志林一至六,測天約術一卷,呂氏春秋正誤一卷,楚詞辨韻一卷,嶺南荔支譜六卷,南漢紀五卷,南漢地理志一卷,南漢金石志二卷,端溪硯史三卷,春秋古經說二卷,穀梁禮證二卷,補後漢書藝文志四卷,補三國藝文志四卷,毛詩通攷三十卷,毛詩識小一至十二,蠡勺編四十卷,紀夢編年續編一卷)

450000－2601－0000430　綫±041.4/2112(2)

嶺南遺書六集五十九種三百四十四卷　(清)伍元薇等輯　清道光十一年至同治二年(1831－1863)南海伍氏粵雅堂文字歡娛室刻本　八十冊

450000－2601－0000431　特綫 I204.7/0017

廣西省教育統計一卷　清宣統元年(1909)鉛印本　一冊

450000－2601－0000432　綫±041.4/2112(3)

嶺南遺書六集五十九種三百四十四卷　（清）
伍元薇等輯　清道光十一年至同治二年
(1831－1863)南海伍氏粵雅堂文字歡娛室刻
本　八十八冊

450000－2601－0000433　綫±041.4/2126
(1)

粵雅堂叢書二十一集一百七十種一千八十卷
（清）伍崇曜輯　清道光二十九年至光緒元
年(1849－1875)南海伍氏刻本(春秋五禮例
宗卷四至六、乾道臨安志卷四至十五原缺)
三百二十冊

450000－2601－0000434　藏綫 D621/4702

[光緒]濼州志十八卷首一卷　（清）楊文鼎修
（清）王大本等纂　清光緒二十四年(1898)
河北關上毘廬室內義合堂刻海陽書院印本
十四冊

450000－2601－0000435　綫±041.4/2126
(2)

粵雅堂叢書二十一集一百七十種一千八十卷
（清）伍崇曜輯　清道光二十九年至光緒元
年(1849－1875)南海伍氏刻本(春秋五禮例
宗卷四至六、乾道臨安志卷四至十五原缺)
三百四十二冊

450000－2601－0000436　藏綫 D621/4013

[道光]新城縣志十八卷首一卷　（清）李廷棨
纂修　清道光十八年(1838)刻本　十二冊

450000－2601－0000437　藏綫 D622/2110
(1)

[萬曆]安邱縣志二十八卷　（明）熊元修
（明）馬文煒撰　清抄本　四冊

450000－2601－0000438　綫±041.4/2126
(3)

粵十三家集一百九十二卷　（清）伍元薇輯
清道光二十年(1840)南海伍氏詩雪軒刻本
三十冊

450000－2601－0000439　綫±041.4/2126
(4)

粵十三家集一百九十二卷　（清）伍元薇輯

清道光二十年(1840)南海伍氏詩雪軒刻本
四十冊

450000－2601－0000440　綫±041.4/2126
(5)

粵十三家集一百九十二卷　（清）伍元薇輯
清道光二十年(1840)南海伍氏詩雪軒刻本
三十冊

450000－2601－0000441　綫±041.4/2323

湖北叢書三十種二百九十四卷　（清）趙尚輔
輯　清光緒十七年(1891)三餘艸堂刻本　一
百冊

450000－2601－0000442　特綫 I366.3/0012

廣西優級師範學堂同學錄不分卷　（清）廣西
優級師範選科學堂輯　清宣統二年(1910)鉛
印本　一冊

450000－2601－0000443　綫±041.4/2630

重刊拜經樓叢書七種二十五卷　（清）吳騫輯
清光緒十一年(1885)會稽章氏鄂渚刻本
六冊

450000－2601－0000444　綫±041.4/2706

古逸叢書二十六種二百九卷附敘目一卷
(清)黎庶昌輯　清光緒遵義黎氏日本東京使
署刻本　四十九冊

450000－2601－0000445　綫±041.4/2714
(1)

**御覽知不足齋叢書一帙三十集一百九十九種
八百十五卷**　（清）鮑廷博輯　（清）鮑志祖續
輯　清乾隆至道光長塘鮑氏刻同治十一年
(1872)嶺南蘇氏補修本　二百三十六冊　缺
十七卷(鐵圍山叢談四至六,今水經一卷、表
一卷,文苑英華六至十,馮汝言詩紀匡謬一
卷,西塘集耆舊續聞一至六)

450000－2601－0000446　綫±041.4/2714
(2)

**御覽知不足齋叢書一帙三十集一百九十九種
八百十五卷**　（清）鮑廷博輯　（清）鮑志祖續
輯　清光緒八年(1882)嶺南芸林仙館刻本
二百四十冊　缺一卷(示兒編覆校一卷)

450000－2601－0000447　　特綫 I91/0013

廣西學界第一次游藝會全案一卷　（清）廣西
官報處編輯　清光緒三十三年（1907）鉛印本
一冊

450000－2601－0000448　　綫 ±041.1/4094
（2）

篆文六經四書十種四十卷　（清）李光地等校
閱　清光緒九年（1883）上海同文書局石印篆
文六經四書本　八冊　存十五卷（毛詩一至
四、尚書一至四、周禮一至六、春秋一）

450000－2601－0000449　　綫 ±041.4/2832

春暉堂叢書十二種三十七卷　（清）徐渭仁輯
清道光二十年至咸豐元年（1840－1851）上
海徐氏刻同治九年至十一年（1870－1872）補
刻本　八冊

450000－2601－0000450　　綫 ±041.4/3049

台州叢書九種九十三卷　（清）宋世犖輯　清
嘉慶二十一年至道光元年（1816－1821）臨海
宋氏刻本　二十冊　缺二種十二卷（道南書
院錄五卷、台學源流七卷）

450000－2601－0000451　　綫 ±041.4/3136

小石山房叢書四十一種六十四卷　（清）顧湘
輯　清同治十三年（1874）虞山顧氏刻本　十
五冊　缺一種一卷（勿藥須知一卷）

450000－2601－0000452　　綫 ±041.4/3141
（1）

元和江氏靈鶼閣叢書六集五十六種九十七卷
（清）江標輯　清光緒二十一年至二十三年
（1895－1897）元和江氏長沙湖南使院刻本
四十八冊

450000－2601－0000453　　藏綫 D621/3881

[光緒]樂亭縣志十五卷首一卷末一卷　（清）
蔡志修等修　（清）史夢蘭纂　清光緒三年
（1877）刻本　六冊

450000－2601－0000454　　綫 ±041.4/3141
（2）

元和江氏靈鶼閣叢書六集五十六種九十七卷
（清）江標輯　清光緒二十一年至二十三年

（1895－1897）元和江氏長沙湖南使院刻蘇州
觀西振新書社印本　四十八冊

450000－2601－0000455　　綫 ±041.4/3228
（1）

海山仙館叢書五十六種四百八十九卷　（清）
潘仕成輯　清道光二十五年至咸豐元年
（1845－1851）番禺潘氏海山僊館刻本　一百
二十冊

450000－2601－0000456　　綫 ±041.4/3234
（1）

功順堂叢書十八種八十一卷　（清）潘祖蔭輯
清光緒吳縣潘氏刻本　二十冊　缺四卷
（周人經說五至八）

450000－2601－0000457　　綫 ±041.4/3234
（2）

滂喜齋叢書四函五十種九十二卷　（清）潘祖
蔭輯　清同治六年至光緒十年（1867－1884）
吳縣潘氏滂喜齋京師刻本　二十九冊

450000－2601－0000458　　特綫 J23/0436

小學考五十卷　（清）謝啟昆編　清光緒十四
年（1888）浙江書局刻本　二十冊

450000－2601－0000459　　綫 ±041.4/3234
（3）

滂喜齋叢書四函四十七種八十九卷　（清）潘
祖蔭輯　清同治六年至光緒十年（1867－
1884）吳縣潘氏滂喜齋京師刻雙門底心香閣
印本　二十四冊

450000－2601－0000460　　綫 ±041.4/3503
（1）

**武英殿聚珍版書十六函五十四種四百二十八
卷**　（清）高宗弘曆敕輯　清同治十三年
（1874）江西書局刻本　一百二十八冊

450000－2601－0000461　　綫 B311/1943

讀易大旨五卷　（清）孫奇逢纂　（清）耿極較
訂　清刻本　四冊

450000－2601－0000462　　綫 ±041.4/3503
（2）

武英殿聚珍版書一百十八種一千九百七十一

卷 （清）高宗弘曆敕輯 清乾隆四十二年
(1777)福建刻道光八年（1828）、道光十年
(1830)、二十七年(1847)補修本 六百八十九冊

450000 - 2601 - 0000463 綫 ± 041.4/3503
(3)

武英殿聚珍版書一百四十三種二千七百七十五卷首一卷
（清）高宗弘曆敕輯 清乾隆四十二年(1777)福建刻道光、同治、光緒補修光緒二十年(1894)增補本（小畜外集卷一至五原缺） 一千冊

450000 - 2601 - 0000464 綫 ± 041.4/4424
(1)

遜敏堂叢書三十二種三十二卷
（清）黃秩模編輯 清道光二十七年至二十九年（1847 - 1849)宜黃黃氏木活字初印本 六冊

450000 - 2601 - 0000465 綫 ± 041.4/4429
(1)

觀古堂叢書三十四種九十五卷
葉德輝輯或撰 清光緒二十年至三十四年（1894 - 1908)長沙葉氏刻三十三至三十四年（1907 - 1908)印本 四十冊 缺一種二卷（消夏百一詩二卷）

450000 - 2601 - 0000466 綫 ± 041.4/4429
(2)

觀古堂全集三十六種九十六卷
葉德輝輯或撰 清光緒二十年至三十四年（1894 - 1908)湘潭葉氏刻三十三年至三十四年（1907 - 1908)印本 二十九冊

450000 - 2601 - 0000467 綫 ± 041.4/4429
(3)

翠琅玕館叢書四集五十一種一百三十卷
（清）馮兆年輯 清光緒羊城馮氏刻本 二十九冊 存二十九種七十九卷（飛鴻堂印人傳八卷，南漢金石志二卷，九曜石燒錄一卷，錢譜一卷，漫堂墨品一卷，水坑石記一卷，琴學八則一卷，觀石錄一卷，紅術軒紫泥法定本一卷，陽羨茗壺系一卷，洞山岕茶系一卷，南村觴政一卷，桐階副墨一卷，幽夢影二卷，獸經一卷，虎苑上下二卷，夏小正傳二卷，大誓答

問一卷，小學鉤沈十九卷，歷代世系紀年編一卷，顏書編年錄四卷，南海百詠續編四卷，藝舟雙楫六卷，說文管見三卷，說文辨疑一卷、附條記一卷，說文釋例二卷，周櫟園印人傳三卷，丹溪朱氏脈因證治二卷，惲南田畫跋四卷）

450000 - 2601 - 0000468 綫 ± 041.4/4430

長恩書室叢書二集十六種五十二卷
（清）莊肇麟輯 清咸豐四年至五年（1854 - 1855)新昌莊氏過客軒刻初印本 十二冊

450000 - 2601 - 0000469 綫 ± 041.4/4457

三長物齋叢書二十六種二百六十四卷
（清）黃本驥輯 清道光湘陰蔣瓛刻本 三十冊
存十五種一百卷（郡縣分韻考十卷，朝邑韓志一卷、武功康志三卷、靈壽陸志節三卷、避諱錄五卷、補正一卷，古誌石華一至三，姓氏解紛十卷，湖南方物志八卷，詩韻檢字並辨似一卷，癡學八卷，集古錄跋尾十卷，集古錄目三至五，金石錄一至十六，三十六灣草廬稿十卷，茶香閣遺草一卷、附錄一卷，嶧山甜雪四至六，三長物齋詩略三至五）

450000 - 2601 - 0000470 綫 422/1200(3)

名原二卷
（清）孫詒讓記 清光緒三十一年(1905)刻本 一冊

450000 - 2601 - 0000471 綫 ± 041.4/4738

漸學廬叢書第一集十六種四十五卷
（清）胡祥鑅輯 清光緒二十三年至二十五年（1897 - 1899)中元胡氏石印本 五冊 存十五種十五卷（塞北紀行一卷、西北域記一卷、甯古塔紀略一卷、西游記金山以東釋一卷、帕米爾圖說一卷、帕米爾輯畧一卷、澳大利亞洲志譯本一卷、元書後妃公主列傳一卷、琿牘偶存一卷、中越東西定議全界約文一卷、美利加英屬地小志一卷、外交餘勢一卷、斷腸記一卷、立方奇法一卷、求一捷術附古歌解一卷）

450000 - 2601 - 0000472 綫 ± 041.4/7164
(1)

玉函山房輯佚書三編五百九十一種七百八卷
（清）馬國翰輯 清同治十年(1871)濟南皇

華館書局補刻本　六十三冊　缺春秋左氏函
傳義正文

450000 - 2601 - 0000473　綫 ± 041.4/7164
(2)

玉函山房目耕貼三十一卷　(清)馬國翰輯
清同治十年(1871)濟南皇華館書局補刻本
十六冊

450000 - 2601 - 0000474　綫 ± 041.4/7164
(3)

**重刻玉函山房輯佚書三編五百九十一種七百
八卷附一種三十一卷**　(清)馬國翰輯　清光
緒十年(1884)楚南湘遠堂刻本　八十冊

450000 - 2601 - 0000475　綫 ± 041.5/7285

唐代叢書六集一百六十五種一百七十一卷
(清)王文誥輯　清嘉慶十一年(1806)海鹽馬
緯雲刻本　十八冊　缺六十種六十一卷(松
窗雜記一卷、雲溪友議一卷、國史補一卷、因
話錄一卷、劇談錄一卷、摭言一卷、記事珠一
卷、諧噱錄一卷、雜纂一卷、龍城錄一卷、北里
志一卷、迷樓記一卷、海山記一卷、開河記一
卷、湘中怨詞一卷、詩品一卷、本事詩一卷、比
紅兒詩一卷、貞娘墓詩一卷、書法一卷、學畫
秘訣一卷、後畫品錄一卷、公私畫錄一卷、歌
者葉志一卷、虯髯客傳一卷、奇男子傳一卷、
蔣子文傳一卷、杜子春傳一卷、墨崑崙傳一
卷、陶峴傳一卷、申宗傳一卷、睦仁蒨傳一卷、
靈應傳一卷、柳毅傳一卷、仙吏傳一卷、英雄
傳一卷、紅綫傳一卷、劉無雙傳一卷、霍小玉
傳一卷、牛應貞傳一卷、謝小娥傳一卷、李娃
傳一卷、楊倡傳一卷、章臺柳傳一卷、步非煙
傳一卷、揚州夢記一卷、杜秋傳一卷、龍女傳
一卷、妙女傳一卷、神女傳一卷、雷民傳一卷、
會真記一卷、黑心符一卷、南柯記一卷、枕中
記一卷、酉陽雜俎二卷、才鬼記一卷、靈鬼志
一卷、妖妄傳一卷、東陽夜怪錄一卷)

450000 - 2601 - 0000476　綫 ± 041.5/1000
(2)

玉海二百卷辭學指南四卷附刻十三種六十卷
(元)王應麟撰　(清)陳勉甫　(清)胡聖
畿校勘　清嘉慶十一年(1806)康基田江寧刻

本　八冊　存二十四卷(玉海一百四十七至
一百七十)

450000 - 2601 - 0000477　綫 ± 041.4/7738

貸園叢書初集十二種四十九卷　(清)周永年
輯　清乾隆三十六年至四十年(1771 - 1775)
益都李文藻刻五十四年(1789)歷城周氏竹西
書屋印本　十六冊

450000 - 2601 - 0000478　綫 ± 041.4/8013

粟香室叢書二十種五十七卷　金武祥輯　清
光緒七年至十四年(1881 - 1888)江陰金氏刻
本　二十五冊

450000 - 2601 - 0000479　藏綫 K224.2/4580
(1)

五百家注音辨韓昌黎先生全集四十卷　(唐)
韓愈著　清乾隆四十九年(1784)陳昌齊刻本
十四冊　缺四卷(一、二十七至二十九)

450000 - 2601 - 0000480　綫 K224.2/4450

杜工部集二十卷　(唐)杜甫撰　(清)錢謙益
箋注　清宣統二年(1910)鉛印本　八冊

450000 - 2601 - 0000481　綫 K223.6/3413

謝康樂集四卷　(南朝宋)謝靈運著　清宣統
三年(1911)上海文明書局鉛印漢魏六朝名家
集初刻本　一冊

450000 - 2601 - 0000482　綫 K224.2/0147
(1)

顏魯公文集十五卷補遺一卷　(唐)顏真卿撰
清嘉慶七年(1802)曲阜顏崇榘刻本　四冊

450000 - 2601 - 0000483　特綫 J253/3630

六書管見二十卷　(清)況祥麟撰　清光緒二
年至三年(1876 - 1877)登善堂刻況氏叢書本
三冊　存三卷(一至三)

450000 - 2601 - 0000484　綫 K223.6/3470

謝宣城集五卷　(南朝齊)謝朓撰　清宣統三
年(1911)上海文明書局鉛印漢魏六朝名家集
初刻本　一冊

450000 - 2601 - 0000485　藏綫 ± 915.31/
4448

[同治]畿輔通志三百卷首一卷 （清）李鴻章等修 （清）黃彭年等纂 清宣統二年(1910)北洋官報兼印刷局石印本 二百四十冊

450000－2601－0000486 特綫 J253/2645

四書不二字一卷 （清）吳蒼虯輯 清道光七年(1827)桂林省城賀文堂刻字店刻本 一冊

450000－2601－0000487 綫 K223.6/4420

梁昭明太子集四卷 （南朝梁）蕭統著 清宣統三年(1911)上海文明書局鉛印漢魏六朝名家集初刻本 一冊

450000－2601－0000488 綫 K223.6/0113

顏延年集四卷 （南朝宋）顏延之著 清宣統三年(1911)上海文明書局鉛印漢魏六朝名家集初刻本 一冊

450000－2601－0000489 綫 K223.6/2260

漢魏六朝名家集初刻四十種一百七十九卷 丁福保輯 清宣統三年(1911)上海文明書局鉛印本 一冊 存二種七卷(任彥昇集五卷、陳後主集二卷)

450000－2601－0000490 綫 K223.6/2760

鮑明遠集三卷 （南朝宋）鮑照著 清宣統三年(1911)上海文明書局鉛印漢魏六朝名家集初刻本 一冊

450000－2601－0000491 綫 K223.6/3130

江醴陵集二卷 （南朝梁）江淹著 清刻漢魏六朝一百三家集本 二冊

450000－2601－0000492 綫 K223.6/3310

梁武帝集八卷 （南朝梁）武帝蕭衍著 清宣統三年(1911)上海文明書局鉛印漢魏六朝名家集初刻本 一冊

450000－2601－0000493 綫 K233.6/3380

梁簡文帝御製集二卷 （南朝梁）簡文帝蕭綱著 清刻漢魏六朝一百三家集本 三冊

450000－2601－0000494 綫 K223.6/0020（2）

庚子山集十六卷附[庚信]年譜一卷總釋一卷 （北周）庚信著 （清）倪璠註釋并編 清刻本 十二冊

450000－2601－0000495 綫 K223.6/0020（1）

庚子山集十六卷總釋一卷 （北周）庚信撰 （清）倪璠註釋 清光緒儒雅堂刻本 十一冊

450000－2601－0000496 綫 K223.2/7730（1）

宋本陶集一卷 （晉）陶潛撰 清光緒元年(1875)影印本 一冊

450000－2601－0000497 綫 K223.2/7730（2）

陶淵明集八卷首一卷末一卷 （晉）陶潛著 清光緒五年(1879)廣州翰墨園刻朱墨套印本 一冊

450000－2601－0000498 綫 K223.2/7730（3）

陶淵明文集十卷 （晉）陶潛撰 清光緒五年(1879)刻本 三冊

450000－2601－0000499 綫 K223.12/0440（1）

諸葛武侯集四卷首一卷 （三國蜀）諸葛亮撰 清同治七年(1868)楚醴景萊書室刻本 四冊

450000－2601－0000500 綫 K223.12/0440（2）

諸葛武侯文集六卷首一卷 （三國蜀）諸葛亮撰 （清）張澍編輯 諸葛忠武侯故事五卷 （清）張澍纂輯 清光緒三十四年(1908)金溪周氏刻本 四冊

450000－2601－0000501 綫 K219.8/4430

三蘇文選不分卷 （宋）蘇洵等撰 清宣統二年(1910)上海石竹山房石印本 一冊

450000－2601－0000502 綫 K222.3/4420（1）

蔡中郎文集十卷 （漢）蔡邕撰 清光緒七年(1881)吳興陸氏十萬卷樓刻本 二冊

450000－2601－0000503 綫 K217.4/1202

普天忠憤集十四卷首一卷 （清）孔廣德編定
清光緒二十四年（1898）經濟書莊石印本
十冊

450000－2601－0000504　綫 K222.3/4420
（2）
蔡中郎集六卷補遺一卷 （漢）蔡邕著　清雍
正耆英堂刻本　二冊

450000－2601－0000505　綫 K217.1/4429
欽定殿試策不分卷 （清）趙以炯等撰　清光
緒石印本　一冊

450000－2601－0000506　綫 K217.1/8001
[光緒十八年]會試朱卷不分卷 （清）□□輯
清光緒刻本　一冊

450000－2601－0000507　綫 K216.9/2770
文章游戲四編三十二卷 （清）繆艮選　清道
光元年（1821）緯文堂刻本　十六冊

450000－2601－0000508　綫 K217.1/0260
臨池新編四卷 （清）劉昭撰　清同治十二年
（1873）刻本　一冊　存二卷（一至二）

450000－2601－0000509　綫 K216.6/7110
（1）
詁經精舍文集十四卷 （清）阮元訂　清嘉慶
六年（1801）揚州阮氏琅嬛仙館刻本　八冊

450000－2601－0000510　特綫 J253/4331（1）
臨文便覽二卷附敬避字樣一卷摘誤一卷續編
一卷 （清）龍光甸 （清）龍啟瑞增輯　清光
緒二年（1876）徐文祥刻本　一冊

450000－2601－0000511　綫 K216.6/7110
（2）
詁經精舍四集十六卷續選一卷 （清）俞樾編
清光緒五年（1879）刻本　八冊

450000－2601－0000512　藏綫 D621/7574
[康熙]靈壽縣志十卷末一卷 （清）陸隴其修
（清）傅維橒纂　清康熙二十五年（1686）刻
本　四冊

450000－2601－0000513　特綫 J253/4392（1）
重校字學舉隅二卷附敬避字樣一卷摘誤一卷

（清）龍光甸 （清）龍啟瑞輯　清同治十三
年（1874）湖北崇文書局刻本　一冊

450000－2601－0000514　綫 K216.6/7110
（3）
詁經精舍三集十一卷 （清）俞樾編　清同治
六年至九年（1867－1870）刻本　十冊

450000－2601－0000515　綫 K216.6/7110
（4）
詁經精舍課藝五集八卷 （清）俞樾編　清光
緒九年（1883）刻本　三冊　缺二卷（三至四）

450000－2601－0000516　綫 K216.6/7110
（5）
詁經精舍文集續集八卷 （清）羅文俊訂　清
同治十二年（1873）錦江書院刻本　四冊

450000－2601－0000517　綫 B312/4608
論語發隱一卷孟子發隱一卷 （清）楊文會註
清末刻本　一冊

450000－2601－0000518　藏綫 D624/8001
[光緒]代州志十二卷首一卷 （清）俞廉三修
（清）楊篤纂　清光緒八年（1882）刻本
六冊

450000－2601－0000519　特綫 J253/4392（2）
重校字學舉隅二卷附敬避字樣一卷摘誤一卷
（清）龍光甸 （清）龍啟瑞輯　清同治十三
年（1874）湖北崇文書局刻本　一冊

450000－2601－0000520　藏綫 D621/6032
[同治]深州風土記二十二卷附國朝貞節表五
卷 （清）吳汝綸纂　清光緒二十六年（1900）
文瑞書院刻本　八冊

450000－2601－0000521　綫 B312/6052
四書備旨遵註詳解一卷附擡頭字樣一卷近科
分韻館詩一卷 （清）沈祖榮輯　清光緒二十
一年（1895）上海石印本　二冊

450000－2601－0000522　綫 K216.6/7110
（6）
詁經精舍課藝六集十二卷 （清）俞樾編　清
光緒十一年（1885）刻本　四冊

450000－2601－0000523　綫 B312/6055

四書典倉一卷 （清）□□輯　清末石印本
二冊

450000－2601－0000524　綫 B312/8044

自怡軒四書便蒙十九卷 （清）俞長城等註
清道光二十六年(1846)自怡軒刻朱墨套印本
六冊

450000－2601－0000525　綫 B312/8733

論語意原四卷 （宋）鄭汝諧撰　清刻本
二冊

450000－2601－0000526　綫卅 111/0700

郭氏傳家易說十一卷首一卷 （宋）郭雍著
清同治十三年(1874)江西書局刻武英殿聚珍
版書本　八冊

450000－2601－0000527　特綫 J253/4392（3）

**字學舉隅二卷附敬避字樣一卷摘誤一卷新增
校□一卷** （清）龍光甸 （清）龍啟瑞輯　清
光緒十二年(1886)榆蔭書屋刻本　一冊

450000－2601－0000528　綫卅 111/8700

易緯通卦驗二卷 （漢）鄭玄注　清同治十三
年(1874)江西書局刻武英殿聚珍版書本
一冊

450000－2601－0000529　綫 B111/7517

周易傳義合闡十二卷 （清）陳璉著　清刻本
四冊

450000－2601－0000530　綫 K216.6/7110
（7）

詁經精舍課藝七集十二卷 （清）俞樾編　清
光緒二十一年(1895)刻本　四冊

450000－2601－0000531　特綫 D673/3160
（4）

[光緒]富川縣志十二卷 （清）顧國誥等修
（清）劉樹賢等纂　清光緒十六年(1890)富江
書院刻本　二冊　存二卷(十一至十二)

450000－2601－0000532　綫 K216.7/7110
（8）

詁經精舍課藝八集十二卷 （清）俞樾編　清

光緒二十三年(1897)刻本　四冊

450000－2601－0000533　綫 K216.6/6000
（2）

同人集十二卷 （清）冒襄輯　清光緒八年
(1882)雨人氏刻本　十二冊

450000－2601－0000534　綫 D624/6000

[光緒]平遙縣志十二卷 （清）恩端修
（清）王舒葶纂　清光緒八年(1882)刻本
八冊

450000－2601－0000535　綫 K216.6/6000
（1）

同人集十二卷 （清）冒襄輯　清康熙十四年
(1675)刻本　八冊　缺四卷(二、五至六、九)

450000－2601－0000536　綫 K216.6/3494

國朝文匯六集二百卷 （清）沈粹芬等輯　清
宣統元年至二年(1909－1910)上海國學扶輪
社石印本　一百一冊

450000－2601－0000537　綫 K216.6/3133

蜀秀集九卷 （清）譚宗浚輯　清光緒五年
(1879)成都試院刻本　九冊

450000－2601－0000538　綫 K216.6/3430

松陵文錄二十四卷 （清）凌淦撰　清同治十
三年(1874)刻本　八冊

450000－2601－0000539　綫 K216.6/3030

湖海文傳七十五卷 （清）王昶輯　清道光十
九年(1839)經訓堂刻本　十八冊

450000－2601－0000540　綫 K216.6/2812
（1）

國朝二十四家文鈔二十四卷 （清）徐斐然輯
　清道光十年(1830)文光堂刻本　二冊　存
八卷(十至十五、二十三至二十四)

450000－2601－0000541　綫 K216.6/2812
（2）

國朝二十四家文鈔二十四卷 （清）徐斐然輯
　清道光十年(1830)文光堂刻本　八冊

450000－2601－0000542　綫 K216.6/2178

國朝山左詩鈔六十卷 （清）盧見曾纂　清乾

隆二十三年(1758)雅雨堂刻本　二十冊

450000－2601－0000543　綫112/2574

六書叚借經徵四卷　(清)朱駿聲紀錄　清光緒十八年(1892)朱孔彰金陵刻本　三冊

450000－2601－0000544　綫廿112.1/4082

大學古本一卷　(清)來知德輯　清刻本　一冊

450000－2601－0000545　綫K216.6/1030

江左校士錄六卷　(清)王述庵　(清)孫伯淵主講　清光緒十二年(1886)上洋書局石印本　一冊

450000－2601－0000546　綫K216.6/1053

徐州二遺民集十卷　馮煦輯　清光緒十九年(1893)臨川桂中行刻本　五冊

450000－2601－0000547　綫K216.6/1010

西泠五布衣遺著三十二卷　(清)丁丙輯　清同治十二年(1873)錢塘丁氏當歸草堂刻本　十冊

450000－2601－0000548　特綫J253/4392(4)

臨文便覽二卷附敬避字樣一卷　(清)龍光甸　(清)龍啟瑞輯　(清)王維珍考訂　清光緒二年(1876)懿文齋刻本　一冊

450000－2601－0000549　綫廿111/3503

御纂周易述義十卷　(清)吳鼎等纂修　清同治福建布政司補修武英殿聚珍版書刻本　八冊

450000－2601－0000550　綫廿111/1017

周易集解略例一卷　(晉)王弼著　(唐)邢璹註　明崇禎三年至十五年(1630－1642)海虞毛氏汲古閣刻津逮秘書本　一冊

450000－2601－0000551　綫K216.1/3417

百大家批評文選十二卷　(明)沈一貫輯　清末石印本　八冊　存八卷(五至十二)

450000－2601－0000552　綫K216.1/0241

貴池二妙集五十一卷　劉世珩編　清光緒二十六年(1900)貴池劉世珩唐石簃刻本　十二冊

450000－2601－0000553　綫K215.1/4423

宋范文正忠宣二公全集六十七卷首二卷　(宋)范仲淹　(宋)范純仁撰　清宣統二年(1910)歲寒堂刻本　十六冊

450000－2601－0000554　綫K215.1/3030

景文集六十二卷　(宋)宋祁撰　清道光八年(1828)南海吳榮光刻本　七冊　存二十一卷(四十二至六十二)

450000－2601－0000555　綫K214.2/7731

唐人三家集二十六卷　(唐)駱賓王等撰　清宣統三年(1911)石印本　八冊

450000－2601－0000556　綫K214.2/3503

御選唐宋文醇五十八卷　(清)高宗弘曆輯　清刻本　十六冊

450000－2601－0000557　綫K214.2/3706

初唐四傑文集二十一卷　(清)□□輯　清光緒五年(1879)淮南書局刻本　三冊

450000－2601－0000558　綫K214.2/2470(1)

唐宋八大家類選十四卷　(清)儲欣評　清光緒十八年(1892)湖北官書處刻本　六冊

450000－2601－0000559　綫K214.2/2470(2)

唐宋八大家類選十四卷　(清)儲欣評　清光緒元年(1875)湖北崇文書局刻本　八冊

450000－2601－0000560　綫K213/4777

六朝四家全集十七卷　(清)胡鳳丹輯　清刻本　五冊　缺一種六卷(陶彭澤集六卷)

450000－2601－0000561　藏綫±915.71/3452

[雍正]陝西通志一百卷　(清)劉于義修　(清)沈青崖纂　清雍正十三年(1735)刻本　九十九冊　缺一卷(三十四)

450000－2601－0000562　特綫J253/4420

校增字學舉隅四卷　(清)黃虎癡輯　(清)龍光甸　(清)龍啟瑞增輯　(清)譚鍾麟校增　清同治十三年(1874)譚鍾麟西安藩署刻本

一冊

450000－2601－0000563　綫 K214/4400
欽定全唐文一千卷目錄三卷　（清）杜諤等纂
　　清嘉慶十九年(1814)刻本　二百冊

450000－2601－0000564　藏綫 D622/1297
[乾隆]濰縣志六卷首一卷末一卷　（清）張耀
璧修　（清）王誦芬纂　清乾隆二十五年
(1760)刻本　六冊

450000－2601－0000565　綫 K212/1032
漢魏六朝名家集一百十一種一百七十卷　丁
福保輯　清宣統三年(1911)上海文明書局鉛
印本　三十冊

450000－2601－0000566　綫 K213.6/3435
漢魏六朝名家集一百十一種一百七十卷　丁
福保輯　清宣統三年(1911)上海文明書局鉛
印本　一冊　存二種五卷(謝法曹集二卷、謝
希逸集三卷)

450000－2601－0000567　綫 K210.5/5022
紅樓夢紀略一卷紅樓夢廣義二卷紅樓夢論贊
一卷　（清）黃見三輯　清末石印本　一冊

450000－2601－0000568　綫 K211/4514
古文苑九卷　（宋）韓元吉編　清光緒五年
(1879)飛青閣刻本　二冊

450000－2601－0000569　綫 K21/8064（1）
經史百家雜鈔二十六卷　（清）曾國藩纂　清
光緒三十二年(1906)上海商務印書館鉛印本
　十二冊

450000－2601－0000570　藏綫 D622/1728
[同治]黃縣志十四卷首一卷末一卷　（清）尹
繼美等纂修　清同治十年(1871)刻本　四冊

450000－2601－0000571　綫 D631/0030
武功縣志三卷首一卷　（明）康海纂　（清）孫
景烈評註　清同治十二年(1873)湖北崇文書
局刻本　一冊

450000－2601－0000572　綫 K21/6030
古文關鍵二卷　（宋）呂祖謙編　清同治十年
(1871)胡鳳丹退補齋刻本　二冊

450000－2601－0000573　綫 K21/4880（1）
古文詞略二十四卷　（清）梅曾亮識　清光緒
三十四年(1908)學部圖書局鉛印本　五冊
存二十二卷(一至二十二)

450000－2601－0000574　綫 K21/4880（2）
古文詞略讀本二十四卷　（清）梅曾亮編　清
光緒三十一年(1905)北京宏道學舍作新社鉛
印再版本　四冊

450000－2601－0000575　綫 K21/4880（3）
古文詞畧二十四卷　（清）梅曾亮識　清同治
六年(1867)合肥李氏刻本　五冊

450000－2601－0000576　綫 K216.6/6720
（1）
仁在堂全集十四種十四卷　（清）路德輯　清
光緒上海圖書集成局鉛印本　十六冊

450000－2601－0000577　特綫 J253/4331（2）
字學舉隅二卷附敬避字樣一卷承用字一卷誤
用字一卷　（清）龍啟瑞等輯　清咸豐三年
(1853)恭壽堂刻本　一冊

450000－2601－0000578　綫廿 956.4/1185
西夏紀事本末三十六卷附年表一卷　（清）張
鑑著　范文正公集附錄西夏堡寨并地圖一卷
　　（宋）范仲淹撰　西夏疆理節略一卷　（元）
馬端臨撰　沈華植增輯　清光緒十年(1884)
江蘇書局刻本　四冊

450000－2601－0000579　綫 K21/4420（1）
文選五卷首一卷　（南朝梁）蕭統撰　文選考
異一卷　（清）胡克家撰　清光緒二十三年
(1897)上海書局石印本　六冊

450000－2601－0000580　綫 K21/4420（2）
文選六十卷　（南朝梁）蕭統輯　（唐）李善注
　　清羊城翰墨園刻朱墨套印本　十二冊

450000－2601－0000581　藏綫 D631/0030
武功縣志三卷首一卷　（明）康海纂　（清）孫
景烈　（清）瑪星阿評註　清光緒十三年
(1887)張世英補修本　一冊

450000－2601－0000582　綫 K21/4420（3）

文選六十卷　（南朝梁）蕭統輯　（唐）李善注
　　明崇禎毛氏汲古閣刻本　四冊　存二十一
　　卷（一至九、四十九至六十）

450000－2601－0000583　綫 K21/4420（4）

文選六十卷　（南朝梁）蕭統輯　（唐）李善注
　　清光緒元年（1875）尊經書院刻本　十二冊

450000－2601－0000584　綫 K21/4420（5）

文選六十卷　（南朝梁）蕭統輯　（唐）李善注
　　清乾隆三十四年至三十七年（1769－1772）
　　海錄軒刻朱墨套印本　十四冊　缺七卷（十
　　六至十八、三十一至三十四）

450000－2601－0000585　綫 K21/4420（6）

文選六十卷　（南朝梁）蕭統輯　（唐）李善注
　　清光緒上海鴻文書局石印本　一冊　存八
　　卷（一至八）

450000－2601－0000586　綫 K21/4418

古文析義六卷　（清）林雲銘評注　清刻本
　　二冊

450000－2601－0000587　綫 K21/4210（1）

古文辭類纂七十四卷　（清）姚鼐纂　清光緒
　　二十年（1894）上海圖書集成印書局鉛印本
　　四冊　存十卷（一至十）

450000－2601－0000588　綫 K21/4210（2）

古文辭類纂七十四卷　（清）姚鼐纂集　清光
　　緒三十三年（1907）上海商務印書館鉛印本
　　一冊　存九卷（一至九）

450000－2601－0000589　綫 K21/4037

金元明八大家文選五十三卷　（清）李祖陶評
　　點　清道光二十五年（1845）刻本　十冊　存
　　四種二十三卷（宋景濂先生文選五至七、王陽
　　明先生文選七卷、唐荊川先生文選七卷、歸震
　　川先生文選六卷）

450000－2601－0000590　綫 K21/2683

涵芬樓古今文鈔一百卷　吳曾祺纂錄　清宣
　　統三年（1911）鉛印本　一百冊

450000－2601－0000591　綫 K21/2510

文選集釋二十四卷　（清）朱珔撰　清光緒元

年（1875）涇川朱氏梅村家塾刻本　十二冊

450000－2601－0000592　綫 K21/2489

古文披金二十四卷　（清）納蘭常安評撰　清
　　刻本　二十冊

450000－2601－0000593　綫 K21/1962（1）

續古文苑二十卷　（清）孫星衍撰　清光緒十
　　一年（1885）朱氏槐廬刻本　八冊

450000－2601－0000594　綫 K21/1962（2）

續古文苑二十卷　（清）孫星衍撰　清光緒九
　　年（1883）江蘇書局刻本　六冊

450000－2601－0000595　綫 K21/1700

文選集腋六卷　（清）胥斌纂輯　（清）胥飛濤
　　纂　清嘉慶十八年（1813）寶寧堂刻問渠書屋
　　印本　二冊

450000－2601－0000596　綫 K21/1748

海虞文徵三十卷目二卷　邵松年編輯　清光
　　緒三十一年（1905）鴻文書局石印本　十六冊

450000－2601－0000597　綫 K21/1360

古文約選不分卷　（清）弘晝輯　清刻本　三
　　十二冊

450000－2601－0000598　綫廿 954/2889

五代史七十四卷　（宋）歐陽修撰　（宋）徐無
　　黨注　清同治十一年（1872）湖北書局刻本
　　六冊

450000－2601－0000599　綫 K21/1094

重訂文選集評十五卷首一卷末一卷　（清）于
　　光華編　清乾隆四十五年（1780）經綸堂刻本
　　十六冊

450000－2601－0000600　特綫 J253/4331（3）

字學舉隅二卷附摘誤一卷　（清）龍光甸
　　（清）龍啟瑞輯　（清）郝普霖增補　清同治十
　　二年（1873）刻本　一冊

450000－2601－0000601　藏綫 D631/1030

[正德]朝邑縣志二卷　（明）王道修　（明）
　　韓邦靖纂　清同義文會刻本　一冊

450000－2601－0000602　綫 ±041.4/8292

漢魏六十名家六十一種八十六卷　（明）張運

泰 （明）余元熹彙評 （明）沈鼎科 （明）黃國琦鑒定 明末文海樓刻本 六十冊

450000－2601－0000603 綫 ±041.4/8373

守山閣叢書一百十二種六百七十三卷 （清）錢熙祚輯 清光緒十五年（1889）上海鴻文書局石印本 一百冊 缺一卷（籀史下）

450000－2601－0000604 綫 ±041.5/0044

抗希堂十六種一百四十四卷 （清）方苞撰 清光緒二十四年（1898）娜嬛閣刻本 六十四冊 缺一種（望溪先生文外集不分卷）

450000－2601－0000605 綫 ± 041.5/1000（1）

玉海二百卷辭學指南四卷附刻十三種六十卷 （元）王應麟撰 （清）陳勉甫 （清）胡聖幾校勘 清嘉慶十一年（1806）康基田江寧刻本 七十七冊 缺三卷（一百四十七至一百四十九）

450000－2601－0000606 綫廿 113.4/2720

南華真經評注五卷 （戰國）莊周著 （晉）郭象評 （晉）向秀註 （明）方虛名輯注（明）孫平仲音校 清刻本 五冊

450000－2601－0000607 綫 ±041.5/1009

湖墅叢書六種二十七卷 （清）王麟輯 清光緒五年（1879）錢塘王麟刻本 五冊 缺五卷（草閣詩集五至六、拾遺一卷、文集一卷,筠穀詩集一卷）

450000－2601－0000608 特綫 J253/4331（4）

字學舉隅四卷續編五卷 （清）龍光甸 （清）龍啟瑞輯 清光緒二年（1876）懿文齋刻本 二冊

450000－2601－0000609 藏綫 D631/3110

[道光]重修暑陽縣志四卷 （清）譚瑀修（清）黎成德等纂 清光緒三十年（1904）刻本 四冊

450000－2601－0000610 藏綫 D622/4319

[道光]商河縣志八卷首一卷 （清）龔廷煌等纂修 清道光十六年（1836）刻本 八冊

450000－2601－0000611 藏綫 D631/3130

[光緒]續耀州志十一卷 （清）汪灝修（清）鍾麟書纂 清光緒十六年（1890）增修本 二冊

450000－2601－0000612 特綫 J253/4331（6）

續字學舉隅二卷 （清）汪敘疇輯 清光緒二年（1876）汪敘疇刻本 一冊

450000－2601－0000613 綫 ±041.5/1042

弇山堂別集一百卷 （明）王世貞著 清光緒廣雅書局刻本 二十冊

450000－2601－0000614 特綫 J253/4331（5）

增廣字學舉隅四卷 （清）鐵珊輯 清同治十三年至光緒元年（1874－1875）鐵珊蘭州郡署刻本 四冊

450000－2601－0000615 綫 ± 041.5/1053（1）

重刊船山遺書六十二種三百卷 （清）王夫之譔 清同治四年（1865）湘鄉曾國荃金陵節署刻本 一百冊 缺一卷（永厤實錄十六）

450000－2601－0000616 綫 D631/2304

[乾隆]韓城縣志十六卷首一卷 （清）傅應奎修 （清）錢坫等纂 清乾隆四十九年（1784）刻本 八冊

450000－2601－0000617 藏綫 D631/2014

[光緒]三原縣新志八卷 （清）焦雲龍修（清）賀瑞麟纂 清光緒六年（1880）刻本 四冊

450000－2601－0000618 綫 K21/0044

文壇幟不分卷 （清）經史閣書局主人輯 清光緒十二年（1886）經史閣書局刻本 三冊

450000－2601－0000619 藏綫 ±915.2553/5343

[乾隆]泰安府志二十卷前一卷首一卷 （清）成城編纂 清乾隆二十五年（1760）刻本 十冊

450000－2601－0000620 藏綫 D631/4719

[道光]重修輞川志六卷 （清）胡元焞編 清

道光十八年(1838)刻本　一冊

450000－2601－0000621　藏綫 D622/2650
[道光]重修平度州志二十七卷　(清)保忠等修　(清)李圖等纂　清道光二十九年(1849)刻本　八冊

450000－2601－0000622　藏綫 D631/7141
[乾隆]興平縣志二十五卷　(清)顧聲雷修
[光緒]士女續志三卷　(清)王權撰　清光緒二年(1876)刻本　七冊

450000－2601－0000623　綫 K21/0884
古文集遺四卷　(明)施策輯　清刻本　一冊

450000－2601－0000624　綫 K21/0442
謝疊山先生文章軌範七卷　(宋)謝枋得輯
清光緒二十一年(1895)湖北官書處刻本
二冊

450000－2601－0000625　藏綫 D622/1221
[順治]招遠縣志十二卷　(清)張作礪修
(清)張鳳羽纂　[道光]招遠縣續志四卷
(清)陳國器等修　(清)李蔭等纂　清道光二十六年(1846)刻本　八冊

450000－2601－0000626　特綫 K231/2540
(1)
詩經增訂旁訓四卷　(清)徐立綱撰　清同治桂林石渠書局刻本　四冊

450000－2601－0000627　藏綫 D631/4440
[光緒]新續畧陽縣志一卷　(清)桂超修
(清)侯龍光纂　清光緒三十年(1904)刻本
一冊

450000－2601－0000628　綫 K204.4/1729
中國文學指南二卷　邵伯棠撰　清宣統二年(1910)上海會文堂石印本　二冊

450000－2601－0000629　特綫 K231/4430
詩經精義彙鈔三十卷首一卷　(清)陸錫璞輯
清道光十八年(1838)龍川陸錫璞桂林湯三新堂刻平南武城書院印本　一冊　缺二十七卷(四至三十)

450000－2601－0000630　綫 D631/4013

[嘉靖]耀州志十一卷五臺山志一卷　(明)李廷寶修　(明)喬世寧輯　清乾隆二十七年(1762)汪灝刻本　二冊

450000－2601－0000631　藏綫 D622/4493
[乾隆]平原縣志十卷首一卷　(清)黃懷祖修
(清)黃兆熊纂　清乾隆十四年(1749)刻本
四冊

450000－2601－0000632　綫 D631/4015
咸豐初朝邑縣志三卷志例一卷　(清)李元春纂　清咸豐元年(1851)華原書院刻本　二冊

450000－2601－0000633　藏綫 D622/2272
(1)
[康熙]續安邱縣志二十五卷　(清)任周鼎修
(清)王訓撰　清光緒十一年(1885)松蔭草堂抄本　二冊

450000－2601－0000634　綫 K21/0040
古文苑二十一卷　(宋)章樵注　清光緒十二年(1886)江蘇書局刻本　四冊

450000－2601－0000635　綫 K202/4426
中國文學史一卷　林傳甲撰　清光緒三十年(1904)鉛印本　一冊

450000－2601－0000636　藏綫 D622/2272
(2)
[康熙]續安丘縣志二十五卷　(清)任周鼎修
(清)王訓撰　清宣統元年(1909)寶生抄本
二冊

450000－2601－0000637　藏綫 D622/4430
[同治]即墨縣志十二卷　(清)林溥修
(清)周翕鏐纂　清同治十二年(1873)刻本
八冊

450000－2601－0000638　藏綫 D631/3417
[乾隆]重修鳳翔府志十二卷首一卷　(清)達靈阿修　(清)周方炯等纂　清乾隆三十一年(1766)刻本　二冊

450000－2601－0000639　特綫 K231/2540
(2)
詩經集傳八卷　(宋)朱熹集傳　清光緒十六

年(1890)桂垣書局桂林蔣存遠堂刻本　四冊

450000 - 2601 - 0000640　藏綫 D642/5048

[光緒]吉林輿地畧二卷　（清）秦世銓等纂
清光緒二十四年(1898)石印本　二冊

450000 - 2601 - 0000641　特綫 Z14/0017

涵通樓藏書目錄一卷　（清）唐岳撰　清道光
至同治間稿本　一冊

450000 - 2601 - 0000642　綫 ±915.44/4044

[光緒]吉林通志一百二十二卷　（清）長順等
修　（清）李桂林等纂　清光緒十七年(1891)
刻本　四十九冊

450000 - 2601 - 0000643　綫 K201.3/9430

增廣詩句題解彙編四卷　（清）□□撰　清光
緒二十二年(1896)上海慎記莊石印本　四冊

450000 - 2601 - 0000644　綫 D632/8035

[光緒]重纂秦州直隸州新志二十四卷首一卷
　（清）余澤春修　（清）王權等纂　清光緒十
五年(1889)隴南書院刻本　二十四冊

450000 - 2601 - 0000645　藏綫 D623/1234

[乾隆]祥符縣志二十二卷　（清）張淑載修
（清）魯曾煜纂　清乾隆四年(1739)刻本　十
冊　存二十卷(一至二十)

450000 - 2601 - 0000646　綫 K201.3/8060
(1)

詩韻集成十卷　（清）余照輯　清光緒二十一
年(1895)富記書局刻本　二冊

450000 - 2601 - 0000647　綫 K201.3/8060
(2)

詩韻集成十卷　（清）余照輯　清末上海三元
堂鉛印本　四冊

450000 - 2601 - 0000648　平 ±342.1/0070

九年籌備憲政一覽表一卷　高鳳謙編輯　清
宣統二年(1910)上海商務印書館八版鉛印本
　一張

450000 - 2601 - 0000649　綫 K201.3/8023

仰止子詳考古今名家潤色詩林正宗十八卷
(明)余象斗輯　清末刻本　十冊

450000 - 2601 - 0000650　綫 K201.3/7734
(1)

佩文詩韻釋要五卷　（清）周兆基撰　（清）朱
蘭輯　清光緒元年(1875)崇文書局刻本
一冊

450000 - 2601 - 0000651　綫 K201.3/7734
(2)

佩文詩韻釋要五卷　（清）周兆基撰　（清）朱
蘭輯　清光緒元年(1875)崇文書局刻本
一冊

450000 - 2601 - 0000652　綫 K201.3/7419
(1)

白雨齋詞話八卷　（清）陳廷焯箸　清光緒二
十年(1894)刻本　一冊

450000 - 2601 - 0000653　綫 K201.3/7419
(2)

白雨齋詞話八卷詞存一卷詩鈔一卷　（清）陳
廷焯撰　清光緒二十年(1894)刻本　四冊

450000 - 2601 - 0000654　綫 ±041.5/1073

湘綺樓全書十九種二百四十四卷　王闓運撰
　清光緒二十二年至宣統三年(1896 - 1911)
刻本　八十冊

450000 - 2601 - 0000655　綫 ±041.5/1067

義停山館集七種二十七卷　（清）王景賢撰
清同治十三年(1874)三山王氏刻本　四冊
缺一種一卷(溺女警心錄一卷)

450000 - 2601 - 0000656　綫 K201.3/4782

四家纂文敘錄彙編五卷　（清）胡念修輯　清
光緒二十五年(1899)刻鵠齋印本　一冊

450000 - 2601 - 0000657　綫 ±041.5/1081

王氏四種一百三十四卷　（清）王念孫撰　清
光緒二十一年(1895)上海鴻文書局石印本
十四冊

450000 - 2601 - 0000658　綫 K201.3/4744

詩賦捷途二卷　（清）胡南英訂　清光緒十三
年(1887)經元堂刻本　一冊

450000 - 2601 - 0000659　綫 K201.3/4720

（1）

苕溪漁隱叢話前集六十卷後集四十卷 （宋）
胡仔纂集　清乾隆耘經堂刻本　八冊

450000 – 2601 – 0000660　綫 K201.3/4720
（2）

苕溪漁隱叢話前集六十卷後集四十卷 （宋）
胡仔纂集　清乾隆耘經堂刻本　十冊

450000 – 2601 –0000661　綫 ±041.5/1243

孫夏峰全集十二種一百四十六卷附一種二卷
（清）孫奇逢撰　清康熙刻道光至光緒遞修
本　十一冊　存六種二十七卷(徵君孫先生
年譜二卷、孝友堂家規附家訓一卷、讀易大旨
五卷、晚年批定四書近指十七卷、游譜一卷、
夏峯問答一卷)

450000 – 2601 – 0000662　綫 201.3/4720（3）

南濠詩話一卷　（明）都穆撰　清刻本　一冊

450000 – 2601 – 0000663　綫 K201..3/4671

詩筏不分卷　（清）賀貽孫著　清道光二十六
年(1846)刻本　一冊

450000 – 2601 – 0000664　綫 K201.3/4436

詩韻類從十卷　（清）黃澍國撰　清咸豐六年
(1856)黃氏愛日堂家刻本　四冊

450000 – 2601 – 0000665　綫 K201.3/4462

海天琴思錄四卷　（清）林昌彝輯　清同治三
年(1864)刻本　二冊

450000 – 2601 – 0000666　綫 ± 041.5/2221
（1）

倭文端公遺集八卷首一卷末一卷續刊三卷
（清）倭仁撰　清光緒元年(1875)六安求我齋
刻本　四冊

450000 – 2601 – 0000667　綫 ± 041.5/2221
（2）

倭文端公遺集八卷首一卷末一卷續刊三卷
（清）倭仁撰　清光緒元年(1875)六安求我齋
刻本　四冊

450000 – 2601 – 0000668　綫 K201.3/4040

分類詩腋八卷　（清）李禎編　清刻本　三冊

　　缺二卷(五至六)

450000 – 2601 – 0000669　綫 ± 041.5/2574
（1）

朱氏羣書六種二十五卷　（清）朱駿聲撰　清
光緒八年(1882)刻本　四冊

450000 – 2601 – 0000670　綫 ± 041.5/2574
（2）

朱氏羣書六種二十五卷　（清）朱駿聲撰　清
光緒八年(1882)刻本　二冊

450000 – 2601 – 0000671　綫 K201.3/4097

重訂主客圖二卷　（清）李懷民撰　清刻本
二冊

450000 – 2601 – 0000672　綫 K201.3/4300
（2）

重訂全唐詩話八卷　（宋）尤袤輯　（清）孫濤
訂　清宣統三年(1911)上海朝記書莊三樂堂
石印本　一冊

450000 – 2601 – 0000673　綫 K201.3/4300
（1）

重訂全唐詩話八卷　（宋）尤袤輯　（清）孫濤
訂　清宣統三年(1911)上海朝記書莊三樂堂
石印本　四冊

450000 – 2601 – 0000674　綫 ±041.5/4022

西山先生真文忠公讀書記四十卷　（宋）真德
秀撰　清乾隆四年至八年(1739 – 1743)刻本
三十冊

450000 – 2601 – 0000675　綫 K201.3/4030
（1）

蠹莊詩話十卷　（清）袁潔著　清刻本　十冊

450000 – 2601 – 0000676　綫 K201.3/3703
（1）

詩韻合璧五卷　（清）湯文潞輯　**虛字韻藪一
卷**　（清）潘維城輯　清光緒六年(1880)上海
淞隱閣刻本　五冊

450000 – 2601 – 0000677　綫 K201.3/3483

名媛詩話十二卷　（清）沈善寶著　清光緒二
年(1876)鴻雪樓刻本　四冊

450000－2601－0000678　綫 K201.3/3491

唐詩金粉十卷　（清）沈炳震纂輯　清雍正二年(1724)刻本　四冊

450000－2601－0000679　綫 K201.3/3435

唐詩諧律二卷　（清）沈寶青選　清光緒十六年(1890)歸安官舍刻本　二冊

450000－2601－0000680　綫 K201.3/2611

詩韻全璧五卷附虛字韻藪一卷初學檢韻一卷　（清）□□撰　清光緒十年(1884)上海積山書局第十三次石印本　六冊

450000－2601－0000681　綫 K201.3/2626

詩韻瑤林八卷　（清）程伊園撰　清乾隆五十二年(1787)尋樂齋刻本　八冊

450000－2601－0000682　綫 K201.3/3346

十二石齋詩話四卷　（清）梁九圖著　清同治五年(1866)刻本　二冊

450000－2601－0000683　綫 K201.3/2042

西河詩話一卷詞話一卷襟箋一卷　（清）毛奇齡著　清宣統三年(1911)上海文瑞樓石印本　二冊

450000－2601－0000684　綫廿 920.1/2510 (1)

中興將帥別傳續編六卷　朱孔彰撰　清光緒三十二年(1906)江甯刻本　二冊

450000－2601－0000685　綫 K201.3/2133

分韻詩賦題解統編一百五卷　（清）□□輯　清光緒二十年(1894)上海寶善書局石印本　三冊　存四十二卷(一至十九、二十七至四十九)

450000－2601－0000686　綫 K201.3/1940

四六叢話三十三卷選詩叢話一卷　（清）孫梅輯　清光緒七年(1881)吳下刻本　十二冊

450000－2601－0000687　綫 K201.3/1227

藝談錄二卷　（清）張維屏撰　清刻本　二冊

450000－2601－0000688　綫 K201.3/1255

御覽知不足齋叢書一帙三十集一百九十九種八百十五卷　（清）鮑廷博輯　（清）鮑志祖續

輯　清乾隆至道光長塘鮑氏刻同治十一年(1872)嶺南蘇氏補修本　一冊　存三種三卷(江西詩社宗派圖錄一卷、江西詩派小序一卷、萬栁溪邊舊話一卷)

450000－2601－0000689　綫 K201.3/1261

尊西詩話二卷　（清）張曰斑撰　清道光十五年(1835)刻本　二冊

450000－2601－0000690　綫 K201.3/1279

剪花小譜十二卷　（清）張履恒輯　清光緒二十二年(1896)張履恒同潁書齋稿本　六冊

450000－2601－0000691　綫 K201.3/1043

帶經堂詩話三十卷首一卷　（清）王士禎撰　清同治十二年(1873)廣州藏修堂刻本　八冊

450000－2601－0000692　綫 K201.3/1042 (1)

新刻重校增補圓機活法詩學全書二十四卷附詩韻活法全書十四卷　（明）王世貞撰　清刻本　二十四冊

450000－2601－0000693　綫 K201.3/1042 (2)

新刻重校增補圓機活法詩學全書二十四卷附詩韻活法全書十四卷　（明）王世貞撰　清嘉慶三年(1798)刻本　十六冊

450000－2601－0000694　綫 K201.3/1040 (1)

詞律二十卷　（清）萬樹論次　清康熙二十六年(1687)刻本　十二冊

450000－2601－0000695　綫 K201.3/0874

詩法萃編十五卷　（清）許印芳選抄并校刊　清光緒二十一年(1895)石屏許氏樸學齋刻本　十冊

450000－2601－0000696　綫 K201/7730

浩然齋雅談三卷　（宋）周密撰　清刻本　一冊

450000－2601－0000697　綫 K201.3/0204 (1)

詩韻含英十卷　（清）劉文蔚輯　清刻本　一

冊 存四卷(三至六)

450000－2601－0000698 綫 K201.3/0204
(2)
詩學含英十四卷 (清)劉文蔚輯 清刻本
一冊 存七卷(八至十四)

450000－2601－0000699 綫 K201.3/0724
詩韻類錦十一卷 (清)郭化霖編 清咸豐十
一年(1861)三讓堂刻本 四冊

450000－2601－0000700 綫 K201/0240(1)
文心雕龍十卷 (南朝梁)劉勰撰 (清)黃叔
琳注 (清)紀昀評 清光緒二十年(1894)麟
書閣昌記刻朱墨套印本 三冊 缺二卷(四
至五)

450000－2601－0000701 特綫 Z13/0016
廣西圖書館暫訂簡明書目表一卷 (清)廣西
圖書館編 清宣統廣西圖書館石印本 一冊

450000－2601－0000702 綫 K201/0274
藝概六卷 (清)劉熙載撰 清光緒十五年
(1889)清秘閣刻本 四冊

450000－2601－0000703 綫 D632/1761
[光緒]續修通渭縣志一卷 (清)邢國弼等修
(清)盧敏纂 清光緒三十三年(1907)抄本
一冊

450000－2601－0000704 綫 K201/2740
國文學講義一卷 向楚編 清光緒三十年
(1904)粵東雙門底文明書局石印本 一冊

450000－2601－0000705 綫 K201/3308
制義叢話二十四卷 (清)梁章鉅撰 清咸豐
九年(1859)刻本 八冊

450000－2601－0000706 特 E576/6051
日本北海道造林合資會社業務一斑譯本一卷
(清)張仁任譯述 黃錫銓審定 清光緒三
十四年(1908)鉛印廣西農林試驗場兼講習所
叢書本 一冊

450000－2601－0000707 特綫 ±915.
0132/2143
[光緒]廣西富川縣鄉土志□□卷 (清)熊起

渭撰 清光緒三十三年(1907)稿本 一冊
存三卷(輿地、歷史、格致)

450000－2601－0000708 綫 J28/6027(1)
韻語通不分卷 (明)抱元迂叟輯 清光緒九
年(1883)復真堂刻本 一冊

450000－2601－0000709 綫 J28/6027(2)
小兒語一卷 (明)呂得勝著 清李光明莊刻
本 一冊

450000－2601－0000710 綫 J28/7796
千字文一卷 (南朝梁)周興嗣次韻 清道光
十二年(1832)刻本 一冊

450000－2601－0000711 綫 J28/8030
窺豹軒詞翰法程八卷 (清)姜榮輯 清嘉慶
二十四年(1819)刻本 存一卷(一)

450000－2601－0000712 綫 ±915.01/4042
[宣統]新疆圖志一百十六卷 (清)袁大化修
清宣統三年(1911)刻本 一百十六冊

450000－2601－0000713 綫 J3/3020
三合便覽不分卷 (清)富俊編 清乾隆刻本
十二冊

450000－2601－0000714 藏綫 D623/1063
[康熙]甯陵縣志十二卷首一卷 (清)王圖甯
修 (清)王肇棟纂 清光緒十九年(1893)汪
鈞澤刻本 四冊

450000－2601－0000715 綫 J28/4030(2)
李氏蒙求補注六卷 (唐)李翰撰 (清)金三
俊輯 清刻本 一冊

450000－2601－0000716 綫 J28/4034
雜字七言一卷 (清)□□撰 清光緒三十年
(1904)富記堂刻本 一冊

450000－2601－0000717 特 E542/0014
廣西農林試驗場第一年事業報告一卷成績報
告一卷 (清)廣西農林試驗場編 清宣統元
年(1909)鉛印本 一冊

450000－2601－0000718 特綫 K269/2770
鮑氏日記一卷(清咸豐十一年至同治六年)
(清)鮑氏撰 清咸豐十一年至同治六年

(1861－1867)稿本　　一冊

450000－2601－0000719　綫 J28/4237

啟蒙對語便讀三字錦二卷　　（清）趙暄編輯
清玉尺堂刻本　　二冊

450000－2601－0000720　綫 J28/4440

女小學不分卷　　（清）桂培編輯　　清光緒十六
年(1890)廣東官立女學堂超華齋刻本　　一冊

450000－2601－0000721　綫 J28/4447

廣三字經一卷　　（清）蕉軒氏著　　清光緒九年
(1883)津河廣仁堂刻本　　一冊

450000－2601－0000722　藏綫 D623/1047

[道光]武陟縣志三十六卷　　（清）王榮陛修
（清）方履籛纂　　清道光九年(1829)刻本
八冊

450000－2601－0000723　綫 J28/4460

啟蒙對語便讀三字錦二卷　　（清）趙暄編輯
清玉尺堂刻本　　二冊

450000－2601－0000724　綫 J28/3161

千字文釋義一卷　　（清）汪嘯尹纂輯　　（清）孫
謙益參注　　清歙西徐士業刻本　　一冊

450000－2601－0000725　綫 J28/3442

謝疊山先生文章軌範七卷　　（宋）謝枋得輯
清光緒二十一年(1895)湖北官書處刻三色套
印本　　一冊　　存三卷（一至三）

450000－2601－0000726　綫 J28/4030（1）

李氏蒙求集註八卷　　（唐）李翰撰　　（清）楊迦
懌集注　　清道光刻本　　八冊

450000－2601－0000727　綫 J28/1000（1）

校正蒙學三字經歷史圖說一卷　　（元）王應麟
著　　清光緒三十二年(1906)上海龍文書局石
印本　　一冊

450000－2601－0000728　綫 J28/1000（2）

三字經註解備要一卷　　（元）王應麟著　　（清）
賀興思註解　　清光緒二十年(1894)文光書局
刻本　　一冊

450000－2601－0000729　綫 J28/1000（3）

三字經註解備要二卷　　（元）王應麟著　　（清）

賀興思註解　　清光緒二年(1876)刻本　　一冊
存一卷（上）

450000－2601－0000730　綫 J28/1000（4）

百家姓一卷　　（宋）□□撰　　清光緒十五年
(1889)文順齋刻本　　一冊

450000－2601－0000731　藏綫 D650.1/3345

[光緒]寶山縣志十四卷首一卷　　（清）梁蒲貴
等修　　（清）朱延射等纂　　清光緒八年(1882)
學海書院刻本　　八冊

450000－2601－0000732　綫 J28/1000（5）

三字經訓詁一卷　　（元）王應麟著　　清歙西徐
士業維揚刻本　　一冊

450000－2601－0000733　綫 J28/2172

千字文一卷　　（清）何丹谿著　　清刻本　　一冊

450000－2601－0000734　綫 J28/2526

**傳點陣圖一卷耕讀勤一卷敬孝文一卷真莫學
一卷酒色財氣一卷振家興一卷**　　□□撰　　清
刻本　　一冊

450000－2601－0000735　綫 J28/2732

東亞普通讀本六卷　　（日本）伊藤修二著　　江
亢虎校補　　清光緒三十一年(1905)東京泰東
同文局石印本　　六冊

450000－2601－0000736　綫 ±041.5/4061

二曲全集二十六卷四書反身錄八卷首一卷
（清）李顒著　　清光緒二十六年(1900)湖南荷
花池刻本　　十二冊

450000－2601－0000737　綫 ±041.5/4409

愛海堂叢書□□種□□卷　　（清）林慶炳撰輯
清光緒刻本　　十冊　　存五種二十一卷（說
文字辨十四卷、周易述聞一卷、東關紀畧二
卷、焚餘偶錄二卷、四書批註撮要二卷）

450000－2601－0000738　綫 ±041.5/4421

鹿洲全集八種四十三卷　　（清）藍鼎元撰　　清
光緒五年(1879)藍謙修補刻本　　二十四冊

450000－2601－0000739　綫 ±041.5/4417

霄鵬先生遺著五種八卷　　（清）黃保康撰　　清
宣統三年(1911)刻本　　三冊

450000－2601－0000740　綫 J27/5740

輶軒使者絕代語釋別國方言十三卷　（漢）揚雄撰　（晉）郭璞注　清刻本　二冊

450000－2601－0000741　綫 ±041.5/4427（1）

嬾嫳軒襍箸三卷　（清）黃家岱撰　清光緒二十一年(1895)江蘇南菁講舍刻儆季襍箸本　一冊

450000－2601－0000742　綫 J27/4047

續方言二卷續方言補一卷　（清）杭世駿輯（清）程際盛補纂　清光緒十七年(1891)長沙思賢講舍刻本　一冊

450000－2601－0000743　綫 J26/6095

文科大詞典十二卷　（清）國學扶輪社編輯　清宣統三年(1911)上海國學扶輪社鉛印本　十二冊

450000－2601－0000744　綫 ±041.5/4427（2）

儆季襍箸五種二十一卷附二種二卷　（清）黃以周撰　清光緒二十年(1894)江蘇南菁講舍刻本　七冊　缺六卷(禮說一至三、羣經說一至二、嬾嫳軒襍箸一卷)

450000－2601－0000745　綫 J26/4803

字彙十二卷首一卷末一卷　（明）梅膺祚音釋　清嘉慶五年(1800)經綸堂刻本　十三冊　缺一卷(末一卷)

450000－2601－0000746　綫 J26/4803（1）

韻法直圖一卷　（明）梅膺祚撰　清刻本　一冊

450000－2601－0000747　綫廿 111/4094

御纂周易折中二十二卷首一卷　（清）李光地等纂修　清康熙五十四年(1715)刻本　十二冊

450000－2601－0000748　綫 ±041.5/4690

連筠簃叢書十五種二百二十三卷　（清）楊尚文輯　清道光二十八年(1848)靈石楊氏刻本　七冊　存三種二十二卷(癸巳存稿十五卷,韻補五卷、附錄一卷,韻補正一卷)

450000－2601－0000749　綫 J26/4430

新鎸彙音妙悟全集一卷　（清）黃謙纂輯　清光緒三十一年(1905)上海書局石印本　一冊

450000－2601－0000750　綫廿 112.4/3138

論孟卮言一卷　（清）江瀚撰　清光緒二十八年(1902)鉛印本　一冊

450000－2601－0000751　綫 J26/1222

臨文便覽不分卷　（清）張仰山輯　清同治十三年(1874)刻本　一冊

450000－2601－0000752　綫廿 112.4/2643

籀文論語二卷附錄許氏說文引論語三十六條一卷　（清）吳大澂書　清光緒十一年至十二年(1885－1886)上海同文書局石印本　二冊

450000－2601－0000753　綫 J26/0020

字典考證十二卷　（清）王引之等撰　清光緒十四年(1888)同文書局石印本　一冊

450000－2601－0000754　特綫 ±915.0186/5503

[嘉慶]全州志十二卷首一卷末一卷　（清）曹文深等纂修　清嘉慶四年(1799)刻本　十冊

450000－2601－0000755　綫 ±041.5/4700（1）

少室山房集二種六十四卷　（明）胡應麟撰　清光緒二十二年(1896)廣雅書局刻本　十冊

450000－2601－0000756　綫 J26/1013（1）

字典考證十二卷　（清）王引之等撰　清光緒二年(1876)崇文書局刻本　六冊

450000－2601－0000757　綫 J26/1013（2）

字典考證十二卷　（清）王引之等撰　清光緒二年(1876)崇文書局刻本　六冊

450000－2601－0000758　綫 ±041.5/6031

經訓堂叢書二十一種一百五十卷　（清）畢沅輯　清光緒十三年(1887)大同書局石印本　十六冊　缺一卷(附墨子篇目考一卷)

450000－2601－0000759　綫 ±041.5/7535

番禺陳氏東塾叢書四種三十三卷附一種一卷　（清）陳澧撰　清咸豐八年至光緒十年

(1858－1884)番禺陳氏粵東省城刻本　九冊

450000－2601－0000760　綫 J254/4458

繆篆分韻五卷補一卷　（清）桂馥編　清光緒歸安姚氏咫進齋刻本　二冊

450000－2601－0000761　綫 J254/3240（1）

楷法溯原十四卷所采古碑目錄一卷所采集帖目錄一卷　（清）潘存孺輯　楊守敬編　清光緒三年至四年（1877－1878）刻本　十冊

450000－2601－0000762　綫 J254/4002

字鑑五卷　（元）李文仲編　清光緒十年（1884）刻本　一冊

450000－2601－0000763　綫 J254/2746

篆字彙十二卷　（清）佟世男編　清佐聖堂刻本　六冊

450000－2601－0000764　綫 J254/1240

復古編二卷　（宋）張有撰　清光緒八年（1882）淮南書局刻本　二冊

450000－2601－0000765　綫 J253/5040（1）

班馬字類五卷　（宋）婁機撰　清光緒十七年（1891）思賢書局刻本　一冊

450000－2601－0000766　綫 J253/5040（2）

班馬字類五卷　（宋）婁機撰　清刻本　二冊

450000－2601－0000767　綫 J253/8072

正字略不分卷科名金鍼不分卷　（清）□□撰　清光緒六年（1880）京都琉璃廠懿文齋刻本　一冊

450000－2601－0000768　綫 J253/2120

辨字摘要四卷　（清）楊占鼇　（清）盧銘麒編　清司門口文茂堂刻本　二冊

450000－2601－0000769　綫 J253/0826

繪圖速通虛字法不分卷　（清）施崇恩編　清光緒二十九年（1903）上杭彪蒙書室石印本　一冊

450000－2601－0000770　綫 J253/1080

文字蒙求四卷　（清）王筠撰　清光緒五年（1879）會稽章氏刻本　一冊

450000－2601－0000771　綫 J252/8741（5）

說文續字彙二卷　（清）鈕樹玉編　清光緒十二年（1886）上海積山書局石印本　二冊

450000－2601－0000772　綫 J252/8741（1）

段氏說文注訂八卷　（清）鈕樹玉著　清同治十三年（1874）湖北崇文書局刻本　二冊

450000－2601－0000773　綫 252/8741（2）

段氏說文注訂八卷　（清）鈕樹玉著　清同治十三年（1874）湖北崇文書局刻本　二冊

450000－2601－0000774　綫 J252/8710

說文逸字辨證二卷　（清）鄭珍著　（清）李楨辨證　清宣統元年（1909）思賢書局刻本　二冊

450000－2601－0000775　藏綫 D651/1145（1）

[光緒]無錫金匱縣志四十卷首一卷　（清）裴大中等修　（清）秦緗業纂　清光緒七年（1881）刻本　二十冊

450000－2601－0000776　藏綫 D622/1262

[乾隆]掖縣志八卷首一卷　（清）張思勉修　（清）于始瞻纂　清乾隆二十六年（1761）增修本　八冊

450000－2601－0000777　藏綫 ±915.3423/8043（1）

同治上海縣志三十二卷首一卷敘錄一卷　（清）應寶時等修　（清）俞樾等纂　清同治十一年（1872）上海文廟南園志局刻本　十六冊

450000－2601－0000778　特綫 910/2631（1）

海國圖志一百卷　（清）魏源撰　清光緒六年（1880）邵陽急當務齋刻本　三十二冊

450000－2601－0000779　綫 J252/8741（3）

說文新附考六卷續考一卷　（清）鈕樹玉撰　清同治十三年（1874）湖北崇文書局刻本　二冊

450000－2601－0000780　綫 J252/8741（4）

說文新附考六卷續考一卷　（清）鈕樹玉撰　清同治十三年（1874）湖北崇文書局刻本

二册

450000－2601－0000781　綫J252/7752
說文段注撰要九卷　（清）馬壽齡述　清光緒
十六年(1890)石印本　二册

450000－2601－0000782　綫J252/7714(1)
許氏說文解字雙聲疊韻譜一卷　（清）鄧廷楨
撰　清光緒九年(1883)同文書局石印本
一册

450000－2601－0000783　綫J252/7714(2)
許氏說文解字雙聲疊韻譜一卷　（清）鄧廷楨
撰　清光緒九年(1883)同文書局石印本
一册

450000－2601－0000784　綫J252/7410
說文引經攷證七卷　（清）陳瑑撰　清同治十
三年(1874)湖北崇文書局刻本　二册

450000－2601－0000785　綫J252/7412(1)
說文提要不分卷　（清）陳建侯撰　清光緒元
年(1875)湖北崇文書局刻本　一册

450000－2601－0000786　綫J252/7412(2)
說文提要不分卷　（清）陳建侯撰　清光緒元
年(1875)湖北崇文書局刻本　一册

450000－2601－0000787　綫J252/7412(3)
說文提要不分卷　（清）陳建侯撰　清同治十
二年(1873)湖北崇文書局刻本　一册

450000－2601－0000788　綫J252/4480(1)
苗氏說文四種四十六卷　（清）苗夔著　清道
光二十一年至咸豐元年(1841－1851)壽陽祁
氏漢專亭刻本　八册

450000－2601－0000789　綫J252/4480(2)
苗氏說文四種四十六卷　（清）苗夔著　清道
光二十一年至咸豐元年(1841－1851)壽陽祁
氏漢專亭刻本　九册

450000－2601－0000790　綫J252/4433
說文古籀疏證六卷　（清）莊述祖撰　清光緒
二十年(1894)刻本　四册

450000－2601－0000791　綫J252/4031
說文辨字正俗八卷　（清）李富孫學　清同治

九年(1870)校經廡刻本　四册

450000－2601－0000792　綫J252/4206
說文校議十五卷　（清）姚文田　（清）嚴可均
撰　清同治十三年(1874)歸安姚氏刻本
四册

450000－2601－0000793　綫J252/3872(1)
說文分韻易知錄五卷重文標目五卷　（清）許
巽行撰　清光緒五年(1879)刻本　六册

450000－2601－0000794　綫J252/3872(2)
說文分韻易知錄五卷重文標目五卷　（清）許
巽行撰　清光緒五年(1879)刻本　八册

450000－2601－0000795　綫J252/2643
說文古籀補一卷補遺一卷附錄一卷　（清）吳
大澂撰　清光緒十二年(1886)點石齋石印本
一册

450000－2601－0000796　綫J252/2734(1)
說文通檢十四卷首一卷末一卷　（清）黎永椿
編　清光緒元年(1875)湖北崇文書局刻本
二册

450000－2601－0000797　綫J252/2734(2)
說文通檢十四卷首一卷末一卷　（清）黎永椿
編　清光緒元年(1875)湖北崇文書局刻本
二册

450000－2601－0000798　綫J252/2880
說文解字韻譜十卷　（宋）徐鍇撰　清同治六
年(1867)吳縣馮桂芬刻本　二册

450000－2601－0000799　綫J252/1934
許學叢刻九種九卷　（清）許頌鼎　許湘祥輯
　清光緒十五年(1889)海甯許氏古均閣刻本
　一册　存二種二卷（說文說一卷、轉注古義
考一卷）

450000－2601－0000800　綫J252/2615(1)
說文引經考二卷補遺一卷　（清）吳玉搢箸
清光緒元年(1875)歸安姚氏刻咫進齋叢書本
　一册

450000－2601－0000801　綫J252/2615(2)
說文引經考二卷補遺一卷　（清）吳玉搢箸

清光緒元年(1875)歸安姚氏刻咫進齋叢書本
一冊

450000－2601－0000802　綫 J252/1298

許學叢書三集十四種五十七卷　（清）張炳翔
輯刊　清光緒九年至十年(1883－1884)長洲
張氏儀許廬刻本　十八冊

450000－2601－0000803　綫 J252/1080（3）

說文解字句讀三十卷　（漢）許慎記　（清）王
筠撰集　清光緒八年(1882)四川尊經書局刻
本　十五冊

450000－2601－0000804　綫 J252/1222

說文揭原二卷　（清）張行孚綴　清光緒十一
年(1885)維陽識川居刻本　一冊

450000－2601－0000805　綫 J252/1080（1）

說文韻譜校五卷　（清）王筠撰　清光緒十七
年(1891)濰劉嘉禾素心琴室刻本　二冊

450000－2601－0000806　綫 J252/1080（2）

說文繫傳校録三十卷　（清）王筠撰　清咸豐
七年(1857)安邱劉氏刻本　二冊

450000－2601－0000807　綫 J252/1028

說文段注訂補十四卷　（清）王紹蘭箸　清光
緒十四年(1888)刻本　八冊

450000－2601－0000808　綫 J252/0890（2）

說文解字十五卷　（漢）許慎記　清初毛氏汲
古閣刻本　八冊

450000－2601－0000809　綫 J252/1014

說文拈字七卷補遺一卷　（清）王玉樹箸　清
光緒十九年(1893)石印本　四冊

450000－2601－0000810　綫 J252/0840

讀說文雜識一卷　（清）許槤撰　清光緒七年
(1881)刻本　一冊

450000－2601－0000811　綫 J252/0890（1）

說文解字十五卷　（漢）許慎記　清光緒七年
(1881)淮南書局刻本　五冊

450000－2601－0000812　綫 J251/4491

歷代鐘鼎彝器欵識法帖二十卷　（宋）薛尚功
撰　清嘉慶二年(1797)刻本　四冊

450000－2601－0000813　綫 J25/1127

臨文便覽不分卷　（清）張仰山輯　清光緒二
年(1876)京都松林齋刻本　二冊

450000－2601－0000814　綫 J25/1222

敬避字樣不分卷　（清）張仰山輯　清末刻本
一冊

450000－2601－0000815　綫 J25/2523

字學尋源三卷　（清）峽山退士篹　清光緒二
十三年(1897)守愚齋刻本　一冊

450000－2601－0000816　綫 J23/7530

字義二卷　（清）陳澏著　（清）王雋集編
（清）戴嘉禧增訂　清光緒二十一年(1895)味
道腴軒刻本　二冊

450000－2601－0000817　綫 J23/7526

經典釋文三十卷　（唐）陸德明撰　清刻本
十二冊

450000－2601－0000818　綫 J23/7110

經籍籑詁一百六卷首一卷　（清）阮元譔集
清光緒六年(1880)淮南書局補刻本　四十四
冊　缺十一卷(二十六、三十一至三十四上、
一百一至一百六)

450000－2601－0000819　綫 J23/3143

新爾雅二卷　（清）王榮寶　（清）葉瀾編纂
清光緒鉛印本　二冊

450000－2601－0000820　綫 J23/3404（1）

比雅十九卷　（清）洪亮吉著　清萩林山房刻
本　二冊

450000－2601－0000821　綫 J23/3404（2）

比雅十九卷　（清）洪亮吉著　清刻本　二冊
存十卷(一至十)

450000－2601－0000822　綫 J23/1730

通俗編三十八卷　（清）翟灝撰　清刻本
八冊

450000－2601－0000823　綫 J23/0710（1）

爾雅三卷　（晉）郭璞注　清光緒二十三年
(1897)慎記書莊石印本　二冊

450000－2601－0000824　綫 J23/0710（2）

爾雅三卷　（晉）郭璞注　（唐）陸德明音釋
清光緒十二年(1886)湖北官書處刻本　三冊

450000－2601－0000825　綫J23/0710（3）
爾雅音圖三卷　（晉）郭璞注　清嘉慶六年
(1801)藝學軒刻本　三冊

450000－2601－0000826　綫J23/0710（4）
爾雅音圖三卷　（晉）郭璞注　清嘉慶六年
(1801)藝學軒刻本　一冊

450000－2601－0000827　綫J23/0710（5）
爾雅注疏并校勘記二卷　（晉）郭璞注　（宋）
邢昺疏　清光緒十三年(1887)點石齋石印本
　一冊

450000－2601－0000828　綫J23/0710（6）
爾雅注疏十一卷　（晉）郭璞注　（宋）邢昺疏
　明崇禎毛氏汲古閣刻本　一冊　存四卷
（七至十）

450000－2601－0000829　綫J23/0710（7）
爾雅注疏十一卷　（晉）郭璞注　（宋）邢昺疏
　清大成堂刻本　二冊　存六卷(三至八)

450000－2601－0000830　綫J22/7792
韻府約編二十四卷　（清）鄧愷輯　清刻本
五冊　存五卷(三至五、八至九)

450000－2601－0000831　綫J23/0124（1）
刊謬正俗八卷　（唐）顏師古撰　清光緒元年
(1875)湖北崇文書局刻本　一冊

450000－2601－0000832　特綫±915.0161/
7490（1）
[乾隆]昭平縣志八卷　（清）陸焞纂修　清同
治八年至光緒十七年(1869－1891)刻本
五冊

450000－2601－0000833　綫J23/0124（3）
刊謬正俗八卷　（唐）顏師古撰　清光緒元年
(1875)湖北崇文書局刻本　一冊

450000－2601－0000834　綫J23/0270
釋名四卷　（漢）劉熙著　清乾隆五十四年至
五十七年(1789－1792)金谿王氏刻增訂漢魏
叢書本　一冊

450000－2601－0000835　綫J23/0290（1）
續廣雅三卷　（清）劉燦輯　清道光二十五年
(1845)刻本　一冊

450000－2601－0000836　綫J23/0290（2）
支雅二卷　（清）劉燦編　清道光六年(1826)
刻本　一冊

450000－2601－0000837　綫J22/7734
佩文詩韻釋要五卷　（清）周蓮塘撰　清光緒
十八年(1892)浙江書局刻本　一冊

450000－2601－0000838　綫J22/6407
聽古廬聲學十書二種四卷　（清）時庸勱學
清光緒十八年(1892)河南星使行臺刻聽古廬
聲學十書本　四冊

450000－2601－0000839　綫J22/6007
六書十二聲傳十二卷古律呂考一卷　（清）呂
調陽述　清光緒十四年(1888)葉長高刻觀象
廬叢書本　九冊

450000－2601－0000840　綫J22/4206
古音諧八卷首一卷　（清）姚文田輯　清刻本
六冊

450000－2601－0000841　綫J22/4477
五方母音十二卷　（清）凌虛樊撰　（清）年希
堯增補　清末石印本　二冊

450000－2601－0000842　綫J22/4020
六書系韻二十四卷首一卷檢字二卷　（清）李
貞編輯　清光緒十六年(1890)刻本　二十
四冊

450000－2601－0000843　綫J22/3420
韻學驪珠二卷　（清）沈乘麐輯　清末石印本
　一冊　存一卷(下)

450000－2601－0000844　綫J22/3431
韻辨附文五卷　（清）沈兆霖撰　清同治十二
年(1873)東川書院刻本　五冊

450000－2601－0000845　綫J22/4010
聲律啟蒙撮要二卷習對格式一卷　（清）車萬
育著　清刻本　一冊

450000－2601－0000846　綫J22/3160（1）

韻歧五卷　（清）江昱輯　清光緒七年（1881）刻本　二冊

450000－2601－0000847　綫J22/3160（2）
韻歧五卷　（清）江昱輯　清光緒七年（1881）刻本　二冊

450000－2601－0000848　綫J22/2420（1）
增註字類標韻六卷　（清）華綱撰　（清）范多玨重訂　清宣統元年（1909）上海書局石印本　二冊

450000－2601－0000849　綫J22/2420（2）
增註字類標韻六卷　（清）華綱撰　（清）范多玨重訂　清刻本　一冊

450000－2601－0000850　綫J22/2420（3）
增註字類標韻六卷　（清）華綱撰　（清）范多玨重訂　清光緒二十二年（1896）煥文書局石印本　一冊

450000－2601－0000851　綫J22/2000（1）
韻字略十二卷目錄二卷　（清）毛謨撰　清光緒元年（1875）湖北崇文書局刻本　二冊

450000－2601－0000852　綫J22/2000（2）
韻字略十二卷目錄二卷　（清）毛謨撰　清光緒元年（1875）湖北崇文書局刻本　二冊

450000－2601－0000853　綫J22/2153
韻海大全四種　（清）仁壽室主人編　清光緒十三年（1887）上海積山書局石印本　六冊

450000－2601－0000854　綫J22/1004
字類標韻六卷　（清）華綱撰　（清）王庭楨重訂　清光緒八年（1882）刻本　二冊

450000－2601－0000855　綫J201.4/1222
臨文便覽不分卷　（清）張仰山輯　清光緒十年（1884）羊城海墨樓石印本　二冊

450000－2601－0000856　綫J22/0057
六書賦音義二十卷賦一卷　（明）張士佩撰　明萬曆刻本　一冊　存三卷（一至三）

450000－2601－0000857　綫I86/1233（1）
輶軒語一卷　（清）張之洞撰　清光緒二十一年（1895）湖北官書處刻本　一冊

450000－2601－0000858　綫I86/1233（2）
輶軒語一卷　（清）張之洞撰　清光緒三年（1877）濠上書齋刻本　一冊

450000－2601－0000859　綫I86/6430
初學讀書要略四卷　葉瀚著　清光緒二十八年（1902）瀘州開智書局鉛印本　一冊

450000－2601－0000860　綫I86/7738
先正讀書訣一卷　（清）周永年輯　清光緒四年（1878）雙江刻本　一冊

450000－2601－0000861　綫I5/4430（1）
養蒙金鑒二卷　（清）林之望編輯　（清）沈錫慶刪訂　清光緒元年（1875）鄂垣藩署刻本　二冊

450000－2601－0000862　綫I5/4430（2）
養蒙金鑒二卷　（清）林之望編輯　（清）沈錫慶刪訂　清光緒元年（1875）鄂垣藩署刻本　二冊

450000－2601－0000863　綫I253/2540
小學集解六卷　（清）張伯行輯註　清光緒二十年（1894）澹雅局刻本　四冊

450000－2601－0000864　綫I266.4/0042
磨勘條例摘要一卷　（清）劉廷枚等抄　清刻本　一冊

450000－2601－0000865　特綫±915.0161/7490（2）
［乾隆］昭平縣志八卷　（清）陸焞纂修　清同治八年至光緒十七年（1869－1891）刻本　一冊　存一卷（一）

450000－2601－0000866　綫I209.2/8732（1）
欽定科場條例六十卷　（清）禮部編　清刻本　七冊　存十四卷（四十七至六十）

450000－2601－0000867　綫I209.2/8732（2）
欽定科場條例六十卷　（清）禮部編　清刻本　十冊　存十八卷（三十六至四十六、五十至五十六）

450000－2601－0000868　綫I169/8354
曝書雜記三卷　（清）錢泰吉撰　清同治七年

(1868)刻本　一冊

450000－2601－0000869　綫 I261/5039

奏定學堂章程十六卷　（清）張百熙等編　清末鉛印本　一冊　存六卷（實業學堂通則一卷、任用教員章程一卷、各學堂考試章程一卷、各學堂獎勵章程一卷、實業補習普通學堂章程一卷、藝徒學堂章程一卷）

450000－2601－0000870　綫 I16/3140

宋元本行格表二卷附錄一卷　（清）江標輯　清光緒二十三年（1897）刻　四冊

450000－2601－0000871　綫 H8/5011

水雷秘要五卷圖一卷　（英國）史理孟纂　舒高第口譯　（清）鄭昌棪筆述　清光緒六年（1880）江南製造局刻本　六冊

450000－2601－0000872　綫 H5/1003

欽定工部軍器則例六十卷　（清）劉權之等纂　清嘉慶十七年（1812）刻本　十冊　存十七卷（三至十八、五十）

450000－2601－0000873　綫 H5/0243

欽定工部軍器則例六十卷　（清）劉權之等纂　清嘉慶十七年（1812）刻本　十冊　存十三卷（一至二、三十九至四十九）

450000－2601－0000874　綫 H5/3032

欽定工部軍器則例六十卷　（清）劉權之等纂　清嘉慶十七年（1812）刻本　二十七冊　缺十七卷（二十一至二十三、二十七至三十、五十一至六十）

450000－2601－0000875　綫 H4/4042（2）

訓練操法詳晰圖說二十二卷　袁世凱纂　清光緒二十五年（1899）石印本　十二冊

450000－2601－0000876　綫 H4/7731

列國陸軍制九卷　（美國）歐潑登著　（美國）林樂知　（清）瞿昂來譯　清光緒十五年（1889）江南製造局刻本　三冊

450000－2601－0000877　綫 H4/1137

步兵暫行操法不分卷　（清）北洋陸軍編譯局編　清宣統元年（1909）北洋陸軍編譯局鉛印

本　一冊

450000－2601－0000878　綫 H4/4042（1）

訓練操法詳晰圖說二十二卷　袁世凱纂　清石印本　七冊　存十四卷（四至十七）

450000－2601－0000879　綫 H4/2572

步兵暫行操法不分卷　（清）練兵處軍學司撰　清光緒三十二年（1906）練兵處鉛印本　一冊

450000－2601－0000880　綫 H4/2713

礦法求新六卷附編一卷補編一卷圖一卷　（英國）鳥理治官礦局著　舒高第　（清）鄭昌棪譯　清光緒十六年（1890）江南製造局鉛印本　七冊

450000－2601－0000881　綫 H3/4741

讀史兵略四十六卷　（清）胡林翼纂　清光緒元年（1875）湖北崇文書局刻本　十六冊

450000－2601－0000882　綫 H4/1031

船陣圖說二卷　（清）天津水師學堂繪譯　清光緒十年（1884）天津機器局鉛印本　二冊

450000－2601－0000883　綫 H3/4040

兵鏡類編四十卷首一卷　（清）李蕊編輯　清光緒十年（1884）刻本　十六冊

450000－2601－0000884　綫 H3/4653

臨戰略範一卷　（清）賀忠良著　清光緒三十年（1904）北洋武備研究所刻本　一冊

450000－2601－0000885　綫 H3/4039

兵法入門不分卷　（清）左宗棠校刊　清光緒二十四年（1898）上海源記書莊局石印中外兵法四種本　一冊

450000－2601－0000886　綫 H3/4034（1）

洴澼百金方十四卷首一卷　（清）袁宮桂編　（清）玉扈居士重訂　清道光二十六年（1846）榕城嘉魚堂刻本　八冊

450000－2601－0000887　綫 H3/4034（2）

洴澼百金方十四卷　（清）袁宮桂編　清道光十二年（1832）雅鑒齋木活字印本　八冊

450000－2601－0000888　綫 H3/4020（1）

金湯借箸十二籌十二卷　（清）李盤等撰　清琉璃廠刻本　八冊

450000－2601－0000889　綫H3/4020（2）

金湯借箸十二籌十二卷　（清）李盤等撰　清刻本　十冊

450000－2601－0000890　綫H3/2520

草廬經畧十二卷　（明）無名氏撰　清啟智書局刻本　四冊

450000－2601－0000891　綫H3/4000

衛公兵法輯本三卷附舊唐書李靖傳攷證一卷　（唐）李靖　（清）汪宗沂撰　清光緒二十年（1894）桐廬袁氏刻漸西村舍彙刊本　一冊

450000－2601－0000892　綫H4/1233

西洋兵書五種五十二卷後五種五卷　（清）張之洞編　清光緒二十七年（1901）上海日新書社石印本　十一冊　缺一種十九卷（水師操練十八卷、附一卷）

450000－2601－0000893　綫H3/1910（2）

孫子吳子司馬法合刻八卷　（清）孫星衍校輯　清羊城菊坡精舍刻本　一冊

450000－2601－0000894　綫H3/1910（3）

孫子吳子司馬法合刻八卷　（清）孫星衍校輯　清羊城菊坡精舍刻本　一冊

450000－2601－0000895　綫H3/1910（4）

孫子十家註十三卷　（戰國）孫武撰　（清）孫星衍輯　孫子遺說一卷　（宋）鄭友賢撰　孫子敘錄一卷　（清）畢以珣撰　清咸豐五年（1855）淡香齋木活字印本　一冊　缺十二卷（二至十三）

450000－2601－0000896　綫H3/1045

武備輯要六卷　（清）□□撰　清道光十二年（1832）廣州刻本　二冊

450000－2601－0000897　綫H3/0240

劉伯溫先生重纂諸葛忠武侯兵法心要外集三卷　（明）劉基纂　清刻本　三冊

450000－2601－0000898　綫H243/7934

大日本創辦海軍史二十五卷附日本中西近年

表一卷　（日本）勝安芳著　清光緒三十二年（1906）東京吉川弘文館鉛印本　三冊

450000－2601－0000899　綫H19/6322

萬國國力比較表一卷附錄一卷　（英國）默爾化著　（清）出洋學生編輯所譯述　清光緒二十八年（1902）上海商務印書館鉛印本　一冊

450000－2601－0000900　綫H22/0070

奏定陸軍小學堂章程一卷　（清）奕劻編　清光緒三十一年（1905）鉛印本　一冊

450000－2601－0000901　綫H22/5329

紀効新書十八卷首一卷　（明）戚繼光撰　清咸豐五年（1855）安康張鵬扮刻本　六冊

450000－2601－0000902　綫G43/8390

日本法規解字一卷　錢恂　董鴻禕編纂　清宣統三年（1911）上海商務印書館四版鉛印本　一冊

450000－2601－0000903　綫G9/8032

公法便覽四卷續一卷　（清）□□撰　清末鉛印本　五冊

450000－2601－0000904　綫H1/0027

日本武備教育一卷　商務印書館譯述　清光緒二十九年（1903）上海商務印書館鉛印政學叢書本　一冊

450000－2601－0000905　綫H1/6043（1）

江南將弁學堂學案一卷測繪儀器攷一卷　（清）羅長褀撰　清光緒刻本　一冊

450000－2601－0000906　綫H1/6043（2）

江南陸師學堂學案二卷　（清）羅長褀撰　清光緒刻本　二冊

450000－2601－0000907　綫G295.2/8617

學界罪言不分卷　（清）知恥同人輯　清光緒三十三年（1907）石印本　一冊

450000－2601－0000908　綫G296/2112（1）

學治一得編一卷　（清）何耿繩輯　清同治十三年（1874）湖北崇文書局刻本　一冊

450000－2601－0000909　綫G294/4030

刑部奏刪新律例附欽定大清商律不分卷

（清）律例館輯　清光緒三十一年（1905）北洋書局石印本　一冊

450000 – 2601 – 0000910　綫 G294/1033
五軍道里表不分卷　（清）常泰等纂　清刻本
二冊

450000 – 2601 – 0000911　綫 G294/2757
督捕則例附纂二卷　（清）□□撰　清同治十一年（1872）湖北讞局刻本　一冊

450000 – 2601 – 0000912　綫 G294/2932
秋審比校條欵五卷　（清）□□撰　清刻本
一冊

450000 – 2601 – 0000913　綫 G29/8021（1）
法官考試應用法律章程彙編不分卷　（清）俞紀琦輯　清宣統元年（1909）京師京華印書局鉛印本　一冊　存葉一至七十七

450000 – 2601 – 0000914　綫 G29/8021（2）
法官考試應用法律章程彙編不分卷　（清）俞紀琦輯　清宣統元年（1909）京師京華印書局鉛印本　一冊　存葉七十七至一百三十三

450000 – 2601 – 0000915　綫 G29/3406
重修名法指掌四卷　（清）徐灝撰　清同治九年（1870）湖北崇文書局刻本　四冊

450000 – 2601 – 0000916　綫 G29/2540
粵東成案初編三十八卷補遺一卷　（清）朱樑編次　清道光十二年（1832）刻本　三十八冊　缺一卷（一）

450000 – 2601 – 0000917　綫 G29/0220（1）
讀律心得三卷蜀僚問答二卷　（清）劉衡纂
漁洋山人手鏡一卷　（清）王士禎撰　**代直隸總督勸諭牧文一卷**　（清）黃輔辰撰　清同治七年（1868）楚北崇文書局刻本　一冊

450000 – 2601 – 0000918　綫 G29/0220（2）
讀律心得三卷蜀僚問答二卷　（清）劉衡纂
漁洋山人手鏡一卷　（清）王士禎撰　**代直隸總督勸諭牧文一卷**　（清）黃輔辰撰　清同治七年（1868）楚北崇文書局刻本　一冊

450000 – 2601 – 0000919　綫 G14/3603

刑案匯覽六十卷首一卷末一卷　（清）祝慶祺編　清光緒十九年（1893）上海鴻文書局石印本　二十冊

450000 – 2601 – 0000920　綫 F79/8040
荒政叢書十一卷附錄二卷　（清）俞森撰　清刻本　二冊

450000 – 2601 – 0000921　特綫廿 426/0131（2）
古韻通說二十卷　（清）龍啟瑞撰　清同治十年（1871）方浚頤粵東省城西湖街富文齋刻本　四冊

450000 – 2601 – 0000922　綫 F929.5/4435
出使英法義比四國日記六卷　（清）薛福成纂著　清光緒十八年（1892）石印本　二冊　缺二卷（三至四）

450000 – 2601 – 0000923　綫 F92/4419
約章分類輯要三十八卷首一卷　蔡乃煌纂　清光緒二十六年（1900）湖南商務局刻本　十七冊　缺十七卷（二至五、二十至三十、三十五至三十六）

450000 – 2601 – 0000924　綫 F79/2761
欽定康濟錄四卷　（清）倪國璉撰　清同治八年（1869）楚北崇文書局刻本　三冊

450000 – 2601 – 0000925　綫 F229.974/2807（1）
不慊齋漫存六卷　（清）徐賡陛著　清刻本
三冊　存二卷（二、五）

450000 – 2601 – 0000926　綫 F229.974/2807（2）
不慊齋漫存六卷續集二卷　（清）徐賡陛著　清宣統元年（1909）南洋官書局石印本　三冊　存三卷（二至三、續集一）

450000 – 2601 – 0000927　綫 F229.974/2807（3）
不慊齋漫存六卷　（清）徐賡陛著　清光緒八年（1882）南海官署刻本　六冊

450000 – 2601 – 0000928　綫 F229.5/3753

三通考輯要七十六卷 湯壽潛輯 清光緒二十五年(1899)鉛印本 二十九冊 缺四卷(一至四)

450000－2601－0000929 綫 F229.5/2840(1)

牧令書二十三卷 (清)徐棟輯 清道光二十八年(1848)芝興國李煒刻本 十八冊

450000－2601－0000930 綫 F229.5/2840(2)

牧令書輯要十卷 (清)徐棟編 (清)丁日昌重編 清同治八年(1869)湖北崇文書局刻本 十冊

450000－2601－0000931 綫 F229.5/2840(3)

牧令書二十三卷 (清)徐棟輯 清道光二十八年(1848)刻本 八冊 存十二卷(一至十一、二十)

450000－2601－0000932 綫 F299.3/1223

宦鄉要則七卷 (清)張鑒瀛輯 清刻本 一冊 存三卷(一至三)

450000－2601－0000933 綫 F229.3/2620

麟臺故事五卷首一卷末一卷 (宋)程俱撰 清乾隆四十二年(1777)福建刻道光二十七年(1847)補修武英殿聚珍版書本 一冊

450000－2601－0000934 綫 F229.17/3673

遇見必錄不分卷 (清)□□輯 清光緒抄本 一冊

450000－2601－0000935 綫 F229.171/8046(1)

新經世文編不分卷 (清)羊城日報纂輯 清光緒鉛印本 一冊

450000－2601－0000936 綫 F229.171/8046(2)

新經世文編不分卷 (清)羊城日報纂輯 清光緒鉛印本 二冊

450000－2601－0000937 綫 F229.174/3334(1)

中國魂二卷 梁啟超編 清末刻本 一冊 存一卷(上)

450000－2601－0000938 綫 F229.174/3334(2)

中國魂二卷 梁啟超編 清宣統二年(1910)上海書局石印本 二冊

450000－2601－0000939 綫 F229.3/0220

庸吏庸言二卷庸吏餘談一卷 (清)劉衡存稿 清同治七年(1868)楚北崇文書局刻本 二冊

450000－2601－0000940 綫 F229.3/0043

平平言四卷 (清)方大湜撰 清光緒十六年(1890)鄂省藩署鉛印本 四冊

450000－2601－0000941 綫 F229.166/7730(1)

[癸卯]政藝叢書三篇十四種六十四卷上諭恭錄一卷附錄一種二卷 (清)上海政藝通報社編輯 清光緒二十九年(1903)石印本 一冊 存一種一卷(上諭恭錄一卷)

450000－2601－0000942 綫 F299.166/7730(2)

[癸卯]政藝叢書三篇十四種六十四卷上諭恭錄一卷附錄一種二卷 (清)上海政藝通報社編輯 清光緒二十九年(1903)石印本 十三冊 缺一種一卷(上諭恭錄一卷)

450000－2601－0000943 綫 F93/6028

日俄關係測論二卷 周之楨譯 清宣統元年(1909)陸軍部編譯局鉛印本 一冊 存一卷(下)

450000－2601－0000944 綫 I766.6/4483

東京高等工業學校規則一卷 (清)黃善頌譯 清末鉛印本 一冊

450000－2601－0000945 綫 F229.166/4728(1)

盾墨留芬八卷 (清)胡傳釗編輯 清光緒二十四年(1898)刻本 一冊 存二卷(一至二)

450000－2601－0000946 綫 F229.166/4728

（2）

盾墨留芬八卷 （清）胡傳釗編輯 清光緒二十四年（1898）刻本 二冊 存四卷（三至四、七至八）

450000－2601－0000947 綫 F229.166/0241

江楚會奏變法三摺三卷 （清）劉坤一 （清）張之洞撰 清光緒二十七年（1901）兩湖書院刻本 一冊 存一卷（下）

450000－2601－0000948 綫 F229.166/0242

皇朝謚彙攷五卷 （清）劉長華增輯 清光緒二十五年（1899）槐雲閣刻本 一冊

450000－2601－0000949 綫 B311/5082（1）

新刻來瞿唐先生易註十五卷首一卷末一卷附圖像一卷 （明）來知德撰 （明）高喬映鑒定 （明）凌夫純原點 清刻本 十二冊

450000－2601－0000950 綫 F229.161/4304

明會要八十卷 （清）龍文彬纂 清刻本 十七冊 缺十卷（四十三至四十五、五十四至六十）

450000－2601－0000951 綫 F229.142/7550（6）

唐陸宣公集二十二卷 （唐）陸贄撰 清同治五年（1866）善化楊氏問竹軒家塾刻本 四冊

450000－2601－0000952 綫 F229.151/4460

朝野類要五卷 （宋）趙升撰 清刻本 一冊

450000－2601－0000953 綫 F229.142/7550（2）

唐陸宣公集二十二卷 （唐）陸贄撰 清同治五年（1866）善化楊氏問竹軒家塾刻本 八冊

450000－2601－0000954 綫 F229.1/3753

三通考輯要七十六卷 湯壽潛著 清光緒二十五年（1899）圖書集成局鉛印本 六十冊

450000－2601－0000955 綫 F229.1/2760

欽定續通典一百五十卷 （清）曹仁虎等纂修 清光緒十二年（1886）浙江書局刻本 四十冊

450000－2601－0000956 綫 F229/7410

聖朝名公奏議八卷 （清）陳弢編 清石印本 六冊

450000－2601－0000957 綫 F229/7179

新政策論講義淵海三十四卷首一卷 （清）顧少逸鑒定 清光緒二十八年（1902）石印本 十二冊

450000－2601－0000958 綫 F229/5061

中國現勢論一卷 （法國）愛姆士撰 （清）出洋學生編輯所譯 清光緒二十八年（1902）上海商務印書館鉛印政學叢書本 一冊

450000－2601－0000959 綫 F229/5339

三公奏議二十卷 （清）盛宣懷輯 清光緒二年（1876）思補樓木活字印本 二十冊

450000－2601－0000960 綫 F229/6442（1）

石林燕語十卷燕語校一卷 （宋）葉夢得撰 （清）宇文紹奕攷異 清光緒三十三年（1907）長沙葉氏郎園刻本 二冊

450000－2601－0000961 綫 F229/6442（2）

石林奏議十五卷 （宋）葉夢得撰 清光緒十一年（1885）吳興陸氏皕宋樓刻本 二冊

450000－2601－0000962 綫 F229/4416

明名臣奏議選八卷 （清）趙承恩輯 清同治十三年（1874）繡穀趙承恩刻本 四冊

450000－2601－0000963 綫 F229/4274

洋務新書要言不分卷 （清）彭剛直撰 清光緒二十四年（1898）鴻文書局石印本 一冊

450000－2601－0000964 綫 F229/4020

宋李忠定奏議六十九卷擬撰表本一卷靖康擬詔書一卷建炎擬詔一卷擬制詔四卷首一卷[李綱]年譜一卷 （宋）李綱撰 清光緒二十九年（1903）湖南王龍文愛日堂刻本 二十冊

450000－2601－0000965 綫 F229/3744（1）

校邠廬抗議二卷 （清）馮桂芬著 清光緒二十四年（1898）刻本 二冊

450000－2601－0000966 綫 F229/3744（2）

校邠廬抗議二卷 （清）馮桂芬箸 清光緒十年（1884）吳縣馮芳植豫章刻本 二冊

450000 – 2601 – 0000967　綫 F229/2750

包孝肅奏議十卷附錄一卷　（宋）包拯撰　清刻本　二冊

450000 – 2601 – 0000968　綫 229/2121

自強學齋治平十議十六卷　（清）自強學齋主人輯　清光緒石印本　十冊

450000 – 2601 – 0000969　綫 F229/2211

經遼疏牘十卷　（明）熊廷弼著　清湖北通志局刻本　八冊

450000 – 2601 – 0000970　綫 F229/2111

熊襄湣公集十卷首一卷末一卷　（明）熊廷弼撰　清同治三年（1864）刻本　十冊

450000 – 2601 – 0000971　綫 F21/4338（1）

列國政要一百三十三卷首一卷　（清）戴鴻慈　（清）端方輯　清光緒三十三年（1907）石印本　三十二冊

450000 – 2601 – 0000972　綫 F019/5323

政治泛論四卷　（美國）威爾遜著　（日本）高田早苗譯　商務印書館重譯　清光緒二十九年（1903）上海商務印書館鉛印政學叢書本　一冊

450000 – 2601 – 0000973　綫 F02/8041

政史撮要五卷　（英國）金克司原著　（英國）華立熙鑒定　（清）廣學會譯刊　清光緒二十九年（1903）廣學會上海商務印書館鉛印本　一冊

450000 – 2601 – 0000974　綫 F21/4338（2）

歐美政治要義一卷　（清）戴鴻慈　（清）端方編　清光緒三十三年（1907）石印本　四冊

450000 – 2601 – 0000975　綫 E595.4/4093

農類譯叢三種三卷　李煜瀛譯　清光緒三十一年（1905）濟南農務學堂石印本　一冊

450000 – 2601 – 0000976　綫 E64/3065

亞洲商業地理誌一卷　（日本）悄野耕造著　劉世珩校譯　清光緒二十九年（1903）貴池劉世珩石印五洲艤編譯時務叢書本　一冊

450000 – 2601 – 0000977　綫 E229.71/0744

閩產錄異六卷　（清）郭柏蒼輯　清光緒十二年（1886）刻本　三冊

450000 – 2601 – 0000978　綫 D980.8/2534

行素草堂金石叢書十六種一百五十四卷　（清）朱記榮輯　清光緒十年至二十年（1884 – 1894）吳縣朱記榮槐廬家塾刻本　四十冊

450000 – 2601 – 0000979　綫 D98/8346（1）

潛研堂金石跋尾六卷續七卷又續六卷　（清）錢大昕撰　清刻本　三冊

450000 – 2601 – 0000980　綫 D98/8346（2）

潛研堂金石文字目錄八卷　（清）錢大昕撰　清嘉慶刻本　一冊

450000 – 2601 – 0000981　綫 D98/8002（1）

粵東金石略九卷首一卷九曜石考二卷　（清）翁方綱著　清石洲草堂刻本　四冊

450000 – 2601 – 0000982　綫 D98/8002（2）

粵東金石略九卷首一卷九曜石考二卷　（清）翁方綱著　清石洲草堂刻本　四冊

450000 – 2601 – 0000983　綫 D98/7744

山左碑目四卷　（清）段松苓輯　清光緒六年（1880）抄本　一冊

450000 – 2601 – 0000984　綫 D98/7533

千甓亭古塼圖釋二十卷　（清）陸心源輯　清光緒十七年（1891）吳興陸氏石印本　四冊

450000 – 2601 – 0000985　綫 D98/7460

寶刻叢編二十卷　（宋）陳思纂次　清海豐吳式芬刻本　八冊

450000 – 2601 – 0000986　綫 D98/7110

兩浙金石志十八卷補遺一卷　（清）阮元編錄　清光緒十六年（1890）浙江書局刻本　十二冊

450000 – 2601 – 0000987　綫 D98/6469（1）

語石十卷　葉昌熾撰　清宣統元年（1909）刻本　四冊

450000 – 2601 – 0000988　綫 98/6469（2）

語石十卷　葉昌熾撰　清宣統元年（1909）刻本　四冊

450000 – 2601 – 0000989　綫 D98/6469（3）

語石十卷　葉昌熾撰　清宣統元年（1909）刻本　四冊

450000 – 2601 – 0000990　綫 D98/6054

碑別字五卷　（清）羅振鋆　羅振玉輯　清光緒二十年（1894）刻食舊堂叢書本　二冊

450000 – 2601 – 0000991　綫 D98/6030

關中金石記八卷　（清）畢沅撰　清乾隆四十七年（1782）經訓堂刻本　三冊

450000 – 2601 – 0000992　綫 D98/6010

宣德鼎彝譜八卷宣爐博論一卷　（明）呂震編　（明）項元汴撰　清光緒九年（1883）鉛印本　二冊

450000 – 2601 – 0000993　綫 D98/4734（1）

寰宇貞石圖六卷　楊守敬輯　清末宜都楊氏飛青閣石印本　三冊

450000 – 2601 – 0000994　綫 D229/3444

沈文肅公政書七卷首一卷　（清）沈葆楨撰　清光緒六年（1880）吳門節署木活字印本　十二冊

450000 – 2601 – 0000995　綫 D98/4713

山右石刻叢編四十卷　胡聘之撰　清光緒二十五年至二十七年（1899 – 1901）刻本　二十四冊

450000 – 2601 – 0000996　綫 D98/4460

小蓬萊閣金石文字九種九卷　（清）黃易輯　清嘉慶五年（1800）刻本　五冊

450000 – 2601 – 0000997　綫 D98/4491（1）

歷代鐘鼎彝器款識法帖二十卷　（宋）薛尚功撰　清光緒八年（1882）上海點石齋影印本　四冊

450000 – 2601 – 0000998　綫 D98/4420

石墨鐫華八卷　（明）趙崡著　明萬曆四十六年（1618）刻本　四冊

450000 – 2601 – 0000999　綫 D98/4433（1）

補寰宇訪碑錄五卷失編一卷　（清）趙之謙纂集　（清）沈樹鏞覆勘　清同治三年（1864）刻本　一冊

450000 – 2601 – 0001000　綫 D98/4022

續泉說一卷續叢稿一卷　（清）李佐賢撰　（清）鮑康著　清同治十三年（1874）刻本　一冊

450000 – 2601 – 0001001　綫 D98/3503（1）

西清續鑑甲編二十卷附錄一卷　（清）□□撰　清宣統二年（1910）涵芬樓影印本　四十冊

450000 – 2601 – 0001002　綫 D98/3440

石鼓文定本十卷地名考一卷　（清）沈梧撰　清光緒十六年（1890）古華山館刻本　四冊

450000 – 2601 – 0001003　綫 D98/3479

平津讀碑記八卷　（清）洪頤煊撰　清光緒十二年（1886）吳縣朱氏家塾刻槐廬叢書本　二冊　存六卷（一至六）

450000 – 2601 – 0001004　綫 D98/3430（2）

泉志十五卷　（宋）洪遵撰　清同治十三年至光緒元年（1874 – 1875）隸釋齋金陵刻藤溪義學印本　六冊

450000 – 2601 – 0001005　綫 D98/3420

金石文字不分卷　（清）褚峻輯　清乾隆六年（1741）郃陽褚峻刻拓本　四冊

450000 – 2601 – 0001006　綫 D98/2510

漢碑徵經一卷　（清）朱百度著　清光緒十五年（1889）廣雅書局刻本　一冊

450000 – 2601 – 0001007　綫 D98/2580（1）

敬吾心室彝器款識不分卷　（清）朱善旂撰　清光緒三十四年（1908）石印本　二冊

450000 – 2601 – 0001008　綫 D98/2580（2）

敬吾心室彝器款識不分卷　（清）朱善旂撰　清光緒三十四年（1908）石印本　一冊

450000 – 2601 – 0001009　綫 D98/2580（3）

敬吾心室彝器款識不分卷　（清）朱善旂撰　清光緒三十四年（1908）石印本　二冊

450000 – 2601 – 0001010　綫 D98/2540

雍州金石記十卷記餘一卷　（清）朱楓著　清道光二十六年（1846）宏道書院刻惜陰軒叢書

本　二冊

450000－2601－0001011　綫 D98/2531

積古齋鐘鼎彝器款識四卷附一卷　（清）阮元
編錄　清光緒三十二年（1906）石印本　五冊

450000－2601－0001012　綫 D98/1962

京畿金石考二卷　（清）孫星衍撰　清道光二
十六年（1846）宏道書院刻惜陰軒叢書本
二冊

450000－2601－0001013　綫 D98/1280

墨妙亭碑目攷二卷附攷一卷　（清）張鑑撰
清光緒十年（1884）江蘇書局刻本　二冊

450000－2601－0001014　綫 D98/1745

石鼓文音訓集證一卷考略一卷題辭錄要一卷
傳本目一卷挍勘記一卷　（清）尹彭壽纂　清
光緒十九年（1893）諸城來山園尹氏刻本
一冊

450000－2601－0001015　綫 D98/1047

石經考一卷　（清）萬斯同撰　清乾隆常熟蔣
氏省吾堂刻本　一冊

450000－2601－0001016　綫 D98/1070

江甯金石記八卷待訪目二卷　（清）嚴觀輯
清宣統二年（1910）江楚編譯書局刻本　二冊

450000－2601－0001017　綫 D98/1041（1）

碑版文廣例十卷　（清）王芑孫輯　清道光二
十一年（1841）桐涇橋吳學圃刻本　六冊

450000－2601－0001018　綫 D98/1041（2）

碑版文廣例十卷　（清）王芑孫輯　清道光二
十一年（1841）桐涇橋吳學圃刻本　八冊

450000－2601－0001019　綫 D98/1041（3）

碑版文廣例十卷　（清）王芑孫輯　清道光二
十一年（1841）桐涇橋吳學圃刻本　四冊

450000－2601－0001020　綫 D98/1040（1）

山右金石記十卷　（清）王軒纂　清光緒十五
年（1889）刻本　六冊　存九卷（一至九）

450000－2601－0001021　綫 D93/0233

古文審八卷首一卷　劉心源撰　清光緒十七
年（1891）嘉魚劉氏龍江樓刻本　四冊

450000－2601－0001022　特綫 ±915.0173/
4443（1）

[嘉慶]續修興業縣志十卷首一卷　（清）蘇勒
通阿等修　（清）龐藩堂續錄　清光緒三十三
年（1907）龐藩堂抄本　四冊

450000－2601－0001023　綫 K226.6/3140

樂志堂詩集十二卷文集十八卷續集二卷
（清）譚瑩撰　清咸豐九年至十一年（1859－
1861）吏隱園刻本　十二冊

450000－2601－0001024　綫 K226.6/3120

雙池文集十卷　（清）汪紱稿　清道光十四年
（1834）一經堂刻本　四冊

450000－2601－0001025　綫 K226.6/3124

文選理學權輿八卷　（清）汪師韓撰　補一卷
文選考異四卷文選李注補正四卷　（清）孫志
祖輯　清光緒十五年（1889）刻本　八冊

450000－2601－0001026　綫 K226.6/3310

盍山文錄八卷　（清）顧雲撰　清光緒十五年
（1889）刻本　三冊

450000－2601－0001027　綫 K226.6/3110
（1）

堯峰文鈔四十卷　（清）汪琬撰　（清）林佶編
清宣統二年（1910）集成圖書公司石印本
八冊

450000－2601－0001028　綫 K226.6/3110
（2）

鈍翁文集十六卷　（清）汪琬著　清宣統二年
（1910）上海國學扶輪社石印本　八冊

450000－2601－0001029　綫 K226.6/3019

知足不辱燹餘遺槀不分卷附一卷　（清）寶承
焯著　清宣統三年（1911）木活字印本　一冊

450000－2601－0001030　綫 K226.6/2740

歸元恭先生文續鈔七卷附錄一卷　（清）歸莊
撰　清光緒三十四年（1908）國學保存會鉛印
國粹叢書本　二冊

450000－2601－0001031　綫 K226.6/2840
（1）

未灰齋文集八卷外集一卷　（清）徐鼒箸　清刻本　四冊

450000－2601－0001032　綫 K226.6/2864

煙嶼樓文集四十卷　（清）徐時棟撰　清光緒元年(1875)葛祥熊松竹居刻本　八冊

450000－2601－0001033　綫 K226.6/2630
（1）

古微堂內集三卷外集七卷　（清）魏源著　清光緒四年(1878)淮南書局刻本　四冊

450000－2601－0001034　綫 K226.6/2630
（2）

魏季子文集十六卷　（清）魏禮著　清易堂刻本　十二冊

450000－2601－0001035　綫 K226.6/2630
（3）

魏叔子文集外篇二十二卷　（清）魏禧著　清刻本　一冊　存一卷(十)

450000－2601－0001036　綫 K226.6/2706

拙尊園叢稿六卷　（清）黎庶昌撰　清光緒十九年(1893)江南城李光明莊刻本　四冊

450000－2601－0001037　綫 K226.6/2630
（4）

古微堂內集二卷外集八卷　（清）魏源著　清宣統元年(1909)上海國學扶輪社鉛印本　六冊

450000－2601－0001038　綫 K226.6/2630
（5）

古微堂內集三卷外集七卷　（清）魏源著　清光緒四年(1878)淮南書局刻本　四冊

450000－2601－0001039　綫 K226.6/2623

梅村集二十卷　（清）吳偉業著　清宣統二年(1910)上海國學昌明社石印本　六冊

450000－2601－0001040　綫 K226.6/2624

寒松堂全集十二卷年譜一卷　（清）魏象樞撰　清嘉慶十六年(1811)刻本　十三冊

450000－2601－0001041　綫 K226.6/2531
（1）

朱九江先生集十卷首三卷　（清）朱次琦撰　清光緒二十三年(1897)讀書草堂刻本　四冊

450000－2601－0001042　綫 K226.6/2531
（2）

朱九江先生集十卷首三卷　（清）朱次琦撰　清光緒二十三年(1897)讀書草堂刻本　四冊

450000－2601－0001043　綫 K226.6/2533

棣垞集四卷外集三卷首一卷　（清）朱啟連撰　清光緒二十六年(1900)番禺陶邵學刻本　二冊

450000－2601－0001044　綫 K226.6/2510

佩弦齋駢文存一卷詩存一卷試帖存一卷律賦存一卷雜存二卷　（清）朱一新撰　清光緒二十二年(1896)葆真堂刻本　三冊

450000－2601－0001045　綫 K226.6/2520

知止堂文集八卷補遺一卷詩錄十二卷詞錄三卷　（清）朱綬撰　清道光二十年至二十二年(1840－1842)刻本　八冊

450000－2601－0001046　綫 K226.6/2143

義門先生集十二卷附錄一卷　（清）何焯撰　（清）吳雲等輯　清宣統三年(1911)中華圖書館影印本　二冊

450000－2601－0001047　綫 K226.6/2190

義門先生集十二卷附錄一卷　（清）何焯撰　（清）吳雲等輯　清宣統三年(1911)中華圖書館影印本　四冊

450000－2601－0001048　綫 K226.6/2445

劍光樓集六卷　（清）儀克中撰　清咸豐刻光緒八年(1882)學海堂補刻本　二冊

450000－2601－0001049　綫 K226.6/2100

九水山房文存二卷　（清）畢亨箸　清咸豐二年(1852)聊城楊氏海源閣刻本　二冊

450000－2601－0001050　綫 K226.6/2131

天根文鈔續集不分卷　（清）何家琪著　清末刻本　一冊

450000－2601－0001051　綫 K226.6/1288

噉蔗全集十九卷　（清）張義年譔　（清）錢大

昕　陳以綱評輯　清光緒十九年(1893)茶靡舊閣上海著易堂木活字印本　六冊

450000 – 2601 – 0001052　綫 K226.6/1760
石臼前集九卷　(明)邢昉著　清刻本　一冊　存一卷(三)

450000 – 2601 – 0001053　綫 K226.6/1900
遜學齋文鈔十卷首一卷末一卷詩鈔十卷　(清)孫衣言撰　清同治三年至光緒五年(1864 – 1879)刻本　六冊

450000 – 2601 – 0001054　綫 K226.6/1261
寒松閣集二十卷　(清)張鳴珂撰　清光緒十年至二十四年(1884 – 1898)刻蘇州讀見樓印本　六冊

450000 – 2601 – 0001055　綫 K226.6/1270 (1)
張亨甫全集三十三卷首一卷　(清)張際亮撰　清同治六年(1867)建甯孔慶衢刻福建永泰漆行印本　七冊　缺十卷(二十四至三十三)

450000 – 2601 – 0001056　綫 K226.6/1270 (2)
張亨甫全集三十三卷首一卷　(清)張際亮撰　清同治六年(1867)建甯孔慶衢刻福建永泰漆行印本　一冊　存二卷(二十四至二十五)

450000 – 2601 – 0001057　綫 K226.6/1240
篤素堂文集十六卷　(清)張英著　清光緒二十三年(1897)桐城張氏刻本　七冊

450000 – 2601 – 0001058　綫 K226.6/1250
茗柯文編四編五卷　(清)張惠言著　清光緒七年(1881)刻本　二冊

450000 – 2601 – 0001059　綫 K226.6/1220 (1)
月齋文集八卷詩集四卷　(清)張穆撰　清咸豐八年(1858)刻本　四冊

450000 – 2601 – 0001060　綫 K226.6/1230
養素堂文集三十五卷　(清)張澍撰　清道光十七年(1837)武威張氏橓華書屋刻本　十六冊

450000 – 2601 – 0001061　綫 K226.6/1211
澄懷園全集四種三十一卷　(清)張廷玉撰　清乾隆十一年至十三年(1746 – 1748)刻本(澄懷園文存卷十六原缺)　八冊　存二種十九卷(澄懷園文存一至十五、澄懷園語四卷)

450000 – 2601 – 0001062　綫 K226.6/1051
獨學廬初稿十四卷　(清)石韞玉著　清乾隆六十年(1795)長沙官舍刻本　三冊

450000 – 2601 – 0001063　綫 K226.6/3429
二研齋遺藁四卷　(清)諸重光撰　清同治十三年(1874)餘姚諸麗藻抄本　一冊　存二卷(丙、丁)

450000 – 2601 – 0001064　綫 K226.6/1202
覆瓿集十三種四十卷　(清)張文虎撰　清同治十三年至光緒十九年(1874 – 1893)刻本　十二冊

450000 – 2601 – 0001065　綫 K226.6/1043 (1)
蠶尾集十卷　(清)王士禎撰　清康熙三十五年(1696)刻後印本　三冊　缺二卷(六至七)

450000 – 2601 – 0001066　綫 K226.6/1043 (2)
帶經堂全集九十二卷　(清)王士禎撰　(清)程哲校編　清康熙四十九年至五十年(1710 – 1711)歙程哲七略書堂刻本　十冊　存五十二卷(漁洋集詩二十二卷、續詩十六卷、文十四卷)

450000 – 2601 – 0001067　綫 K226.6/1033
湘綺樓全集三十卷　(清)王紹蘭撰　清光緒三十三年(1907)長沙刻本　二冊　存四卷(箋啟七至八、詩集一至二)

450000 – 2601 – 0001068　綫 K231/2000
毛詩鄭氏箋二十卷附考證二十卷　(漢)鄭玄箋　清刻本　八冊

450000 – 2601 – 0001069　綫 K226.6/1014
思畏齋劫餘賸草十卷首一卷　(清)王廷傑著　清宣統二年(1910)淮南王受銓江西官報局鉛印本　二冊

450000 – 2601 – 0001070　　綫 K226.6/1023

虛受堂文集十六卷　王先謙撰　清宣統二年(1910)上海國學書社石印本　六冊

450000 – 2601 – 0001071　　綫 K226.6/0725

養知書屋文集二十八卷詩集十五卷　(清)郭嵩燾著　清光緒十八年(1892)刻本　十六冊

450000 – 2601 – 0001072　　綫 K226.6/0244(1)

海峰先生文集十卷補遺一卷　(清)劉大櫆著　清光緒十四年(1888)桐城吳大有堂擺板書局木活字印本　六冊

450000 – 2601 – 0001073　　綫 K226.6/0244(2)

海峰先生文十卷詩六卷　(清)劉大櫆撰　清同治十三年(1874)刻本　六冊

450000 – 2601 – 0001074　　綫 K226.6/0251

慎獨軒文集八卷　(清)劉青霞著　(清)劉青芝編　清刻本　三冊　存六卷(一至六)

450000 – 2601 – 0001075　　綫 K226.6/0044

儀衛軒文集十二卷外集一卷　(清)方東樹撰　**方儀衛先生[東樹]年譜一卷**　(清)鄭福照輯　清同治七年(1868)刻本　四冊

450000 – 2601 – 0001076　　綫 K226.6/0203

青溪舊屋文集十一卷　(清)劉文淇撰　清光緒九年(1883)刻本　二冊

450000 – 2601 – 0001077　　綫 K226.6/0210

劉孟塗集四十四卷　(清)劉開撰　清道光六年至七年(1826－1827)桐城姚氏檗山草堂刻本　七冊　缺五卷(前集六至十)

450000 – 2601 – 0001078　　綫 K226.6/0234

七一軒槀六卷　(清)劉青蓮撰　清乾隆二十年(1755)刻本　一冊　存二卷(五至六)

450000 – 2601 – 0001079　　綫 K226.6/0040(3)

望溪先生全集三十一卷　(清)方苞撰　**方望溪先生[苞]年譜一卷**　(清)蘇惇元撰　清咸豐元年至二年(1851－1852)刻本　十六冊

450000 – 2601 – 0001080　　綫 K226.6/0040(1)

方望溪文鈔六卷　(清)方苞著　清宣統元年至二年(1909－1910)上海國學扶輪社鉛印本　四冊　存五卷(二至六)

450000 – 2601 – 0001081　　綫 K226.6/0040(2)

望溪先生全集三十二卷　(清)方苞　(清)蘇惇元撰　清刻本　七冊　缺十五卷(文集一至十三、年譜一卷、附錄一卷)

450000 – 2601 – 0001082　　綫 K226.6/0014(1)

寶綸堂文鈔八卷詩鈔六卷　(清)齊召南撰　清光緒十三年(1887)金峨山館刻本　四冊

450000 – 2601 – 0001083　　綫 D223/6024

兩漢刊誤補遺十卷　(宋)吳仁傑撰　清刻本　三冊

450000 – 2601 – 0001084　　綫 K226.6/0014(2)

寶綸堂文鈔八卷　(清)齊召南譔　清嘉慶二年(1797)刻本　八冊

450000 – 2601 – 0001085　　綫 K226.5/4424

韓節湣公遺稿十二卷首一卷末一卷　(明)韓上桂撰　清嘉慶二十一年(1816)朵雲山房刻本　四冊

450000 – 2601 – 0001086　　綫 K226.5/6645

瞿忠宣公集十卷　(明)瞿式耜撰　清光緒十三年(1887)刻本　四冊

450000 – 2601 – 0001087　　綫 K226.5/7760

周九煙集三卷外集三卷附錄一卷　(清)周星著　(清)唐昭儉編　清咸豐三年(1853)刻本　二冊

450000 – 2601 – 0001088　　綫廿 952.6/2622

兩漢刊誤補遺十卷附錄一卷　(宋)吳仁傑撰　清同治七年(1868)金陵書局木活字印本　二冊

450000 – 2601 – 0001089　　綫 K226.1/7726

周忠介公燼餘集三卷　(明)周順昌著　周吏部[順昌]年譜一卷　(明)殷獻臣述　忠介遺事一卷　清光緒二十七年至二十九年(1901 – 1903)太倉唐文治等刻本　一冊

450000 – 2601 – 0001090　綫 K226.1/7412

謝山存稿十卷　(明)陳吾德著　清同治九年(1870)忠直堂刻本　二冊　缺三卷(一、五至六)

450000 – 2601 – 0001091　綫 K226.1/7414

陳忠裕全集三十卷首一卷末一卷　(明)陳子龍撰　(清)王昶輯　清嘉慶八年(1803)簳山草堂刻本　十冊

450000 – 2601 – 0001092　綫 K226.1/6040

呂子遺書三十四卷　(明)呂坤　(明)呂得勝著　清道光十三年(1833)開封府署刻本　二十四冊

450000 – 2601 – 0001093　綫 K226.1/6032

念菴羅先生文集二十四卷　(明)羅洪先撰　清雍正元年至十年(1723 – 1732)羅氏刻石蓮洞印本　十二冊

450000 – 2601 – 0001094　綫 K226.1/5013

史忠正公集四卷首一卷末一卷　(明)史可法撰　清乾隆教忠堂刻本　二冊

450000 – 2601 – 0001095　綫 K226.1/4790 (1)

太史升菴全集八十一卷目錄二卷　(明)楊慎著　清乾隆六十年(1795)新都周參元養拙山房刻本　二十冊

450000 – 2601 – 0001096　綫 K226.1/4790 (2)

太史升菴全集八十一卷目錄二卷　(明)楊慎著　清乾隆六十年(1795)新都周參元養拙山房刻本　二十四冊

450000 – 2601 – 0001097　綫 K226.1/4790 (3)

升菴外集一百卷　(明)楊慎著　(明)焦竑編　清道光二十四年(1844)桂湖刻本　二十四冊

450000 – 2601 – 0001098　綫 K226.1/4790 (4)

太史升菴全集八十一卷目錄二卷　(明)楊慎著　清乾隆六十年(1795)新都周參元養拙山房刻本　二十冊

450000 – 2601 – 0001099　綫 K226.1/4790 (5)

升菴外集一百卷　(明)楊慎著　(明)焦竑編　清道光二十四年(1844)桂湖刻本　二十冊

450000 – 2601 – 0001100　綫 K226.1/4725 (1)

楊忠湣公全集四卷　(明)楊繼盛撰　清康熙三十七年(1698)敬一齋刻本　二冊

450000 – 2601 – 0001101　綫 K226.1/4725 (2)

楊忠湣公集四卷　(明)楊繼盛著　清道光元年(1821)思補堂刻本　四冊

450000 – 2601 – 0001102　綫 K226.1/4730

楊忠烈公文集五卷　(明)楊璉著　清宣統三年(1911)文盛書局石印本　一冊

450000 – 2601 – 0001103　綫 K226.1/4410

文清公薛先生文集二十四卷　(明)薛瑄撰　(明)張鼎校正編輯　清雍正十二年(1734)薛守定刻本　十二冊

450000 – 2601 – 0001104　綫 K226.1/4062

李駕部集五卷　(明)李時行撰　清乾隆二十八年(1763)刻寧壽堂印本　四冊

450000 – 2601 – 0001105　綫 K226.1/4130

竹巖集十八卷補遺一卷續補遺一卷附錄一卷　(明)柯潛著　清刻本　一冊　存五卷(十一至十五)

450000 – 2601 – 0001106　綫 K226.1/4554

苑洛集二十二卷　(明)韓邦奇撰　清道光八年(1828)朝邑謝氏刻西河書院印本　十冊

450000 – 2601 – 0001107　綫 K226.6/0014 (3)

寶綸堂集古錄十二卷　(清)齊召南譔　(清)

齊毓川輯　清光緒十四年(1888)天台齊毓川
掔古齋木活字印本　二冊

450000－2601－0001108　綫 K226.1/3781

馮恭定先生全書二十七卷　(明)馮從吾撰
清康熙十二年至十四年(1673－1675)刻光緒
二十二年(1896)補刻本　十八冊

450000－2601－0001109　綫 K226.1/3104

青湖先生文集十四卷首一卷末一卷　(明)汪
應軫撰　清同治十一年(1872)刻本　六冊

450000－2601－0001110　綫 K226.1/3414

謝文莊公集六卷　(明)謝一夔輯　清光緒十
五年(1889)甘竹書院刻本　一冊　存三卷
(一至三)

450000－2601－0001111　綫 K226.1/3441

湛甘泉先生文集三十二卷　(明)湛若水撰
清康熙二十年(1681)刻本　十冊

450000－2601－0001112　綫 K226.1/3030

**重刻宋文憲公集三十卷潛溪燕書一卷宋集附
詩一卷新刊宋文憲公詩集二卷浦江詩錄一卷**
　(明)宋濂著　清康熙四十八年至五十一年
(1709－1712)傅旭元等仙華書院刻本　十
二冊

450000－2601－0001113　綫 K226.1/2749
(1)

震川先生集三十卷別集十卷　(明)歸有光著
　清光緒元年(1875)常熟歸氏刻本　十二冊

450000－2601－0001114　綫 K226.1/2749
(2)

震川先生集三十卷別集十卷　(明)歸有光著
　清光緒六年(1880)常熟歸氏刻本　六冊

450000－2601－0001115　綫 K226.1/2704
(1)

壯悔堂文集十八卷首一卷　(清)侯方域著
清宣統元年(1909)上海中國圖書公司鉛印本
　四冊

450000－2601－0001116　綫 K226.1/2704
(2)

壯悔堂文集十卷遺稿一卷　(清)侯方域著
清光緒四年(1878)紅杏山房刻本　三冊

450000－2601－0001117　綫 K226.1/2166

何大復先生集三十八卷附錄一卷　(明)何景
明撰　清咸豐二年(1852)世守堂刻本　八冊

450000－2601－0001118　綫 K226.1/1296

**張蒼水全集十二卷補遺一卷附錄四卷題詠二
卷人物考略二卷傳略補一卷**　(明)張煌言撰
　清宣統元年(1909)國學保存會鉛印國粹叢
書本　三冊

450000－2601－0001119　綫 K266.1/1040

明儒王一菴先生遺集二卷首一卷　(明)王棟
撰　清宣統二年(1910)東台袁氏鉛印本
一冊

450000－2601－0001120　綫 K226.1/1070

明儒王心齋先生遺集五卷首一卷　(明)王艮
撰　清宣統二年(1910)東台袁氏鉛印本　一
冊　缺三卷(三至五)

450000－2601－0001121　綫 K226.1/1271
(1)

明張文忠公全集四十六卷　(明)張居正撰
清刻本　一冊　存二卷(書牘九至十)

450000－2601－0001122　綫 K226.1/1271
(2)

新刻張太岳先生文集四十七卷　(明)張居正
撰　清刻本　十二冊

450000－2601－0001123　綫 K226.1/1032

王陽明先生文鈔二十卷　(明)王守仁撰
(清)張問達編輯　清刻本　五冊　缺二卷
(一至二)

450000－2601－0001124　綫 K226.1/2893

增訂徐文定公集六卷首二卷　(明)徐光啟撰
　清宣統元年(1909)上海慈母堂鉛印本
四冊

450000－2601－0001125　綫 K226.1/1020

鈐山堂集四十卷　(明)嚴嵩撰　清二酉堂刻
本　八冊

450000－2601－0001126　綫 K226.1/0237

劉子全書四十卷首一卷　（明）劉宗周撰
（明）董瑒編　清道光四年至十五年（1824－
1835）山陰刻本　二十四冊

450000－2601－0001127　綫 K226.1/0044
（1）

高子遺書十二卷附錄一卷　（明）高攀龍撰
（明）陳龍正編　**高忠憲公[攀龍]年譜一卷**
（清）華允誠述　清光緒二年（1876）無錫東林
書院刻本　八冊

450000－2601－0001128　綫 K226.1/0044
（2）

高子遺書十二卷　（明）高攀龍撰　（明）陳龍
正編　清光緒二年（1876）無錫東林書院刻本
四冊

450000－2601－0001129　綫 K226.1/0041
（1）

方正學先生遜志齋集二十四卷　（明）方孝孺
撰　（明）張紹謙纂定　清同治十二年（1873）
吳縣孫憙浙江省城刻本　十五冊

450000－2601－0001130　綫 K226.1/0041
（2）

方正學先生遜志齋集二十四卷　（明）方孝孺
撰　清同治十二年（1873）吳縣孫憙浙江省城
刻本　十六冊

450000－2601－0001131　綫 K226.1/0030
（1）

高季迪先生大全集十八卷　（明）高啟撰　清
康熙長洲許氏竹素園刻本　四冊

450000－2601－0001132　綫 K226.1/0026

甫田集三十六卷　（明）文徵明撰　清宣統三
年（1911）鉛印本　十二冊

450000－2601－0001133　綫 K225.8/6030

草廬吳文正公集四十九卷外集三卷首一卷
（明）吳澄撰　（清）萬璜編　清刻本　二十
一冊

450000－2601－0001134　綫 K225.8/4624

鐵厓詠史八卷小樂府一卷　（元）楊維楨著

清光緒十一年（1885）山陰宋氏刻懺花盦叢書
本　三冊

450000－2601－0001135　綫 K225.8/4030

雲陽集四卷首一卷　（元）李祁著　清嘉慶十
九年（1814）劉之屏刻本　四冊

450000－2601－0001136　綫 K226.6/1252

洞庭文集十卷　（清）張中允撰　清乾隆二十
六年（1761）刻本　四冊

450000－2601－0001137　綫 K225.6/1043

元遺山先生全集五十四卷　（元）元好問撰
（清）張穆輯　清靈石楊氏陽泉山莊刻光緒八
年（1882）京都翰文齋書坊印本　十六冊

450000－2601－0001138　綫 K225.6/1047
（1）

遺山先生文集四十卷附錄一卷　（元）元好問
撰　（元）張德輝輯　清康熙四十六年（1707）
刻本　十冊

450000－2601－0001139　綫 K225.1/8010
（1）

曾南豐文集四卷　（宋）曾鞏撰　清宣統二年
（1910）上海文會堂書局石印本　二冊

450000－2601－0001140　綫 K225.1/8010
（2）

曾文定公全集二十卷首一卷末一卷　（宋）曾
鞏撰　清康熙三十二年（1693）七業堂刻本
十四冊

450000－2601－0001141　綫 K225.1/8010
（3）

元豐類稿五十卷　（宋）曾鞏撰　清乾隆二十
八年（1763）查溪刻本　十二冊

450000－2601－0001142　綫 K225.1/7772
（1）

**歐陽文忠公全集一百五十三卷首一卷附錄五
卷**　（宋）歐陽修撰　清嘉慶二十四年（1819）
歐陽衡刻本　二十四冊

450000－2601－0001143　綫 K225.1/7772
（2）

歐陽文忠公全集一百五十三卷首一卷附錄五卷　（宋）歐陽修撰　清刻本　二十四冊

450000－2601－0001144　綫 K225.1/7707

周濂溪先生全集十三卷　（宋）周敦頤撰（清）張伯行編輯　清同治五年（1866）福州正誼書院刻八年至九年（1869－1870）補刻正誼堂全集本　四冊

450000－2601－0001145　綫 K236/1030

國朝詞綜四十八卷二集八卷　（清）王昶纂　清嘉慶七年（1802）青浦王昶三泖漁莊刻本　十冊

450000－2601－0001146　綫 K225.1/7520

陶山集十六卷　（宋）陸佃撰　清乾隆四十二年（1777）福建刻光緒十九年（1893）補刻武英殿聚珍版書本　四冊

450000－2601－0001147　綫 K225.1/6070

淨德集三十八卷　（宋）呂陶撰　清刻本　八冊

450000－2601－0001148　綫 K225.1/7210（1）

岳忠武王集八卷首一卷末一卷　（宋）岳飛撰　（清）黃邦甯編輯　清光緒十三年（1887）刻本　四冊

450000－2601－0001149　綫 K225.1/4440（1）

蘇文忠公文選二十卷　（宋）蘇軾撰　明萬曆四十八年（1620）閔氏刻朱墨套印本　一冊存一卷（一）

450000－2601－0001150　綫 K225.1/4440（2）

淳熙稿二十卷　（南朝宋）趙蕃撰　清刻本　一冊　存二卷（八至九）

450000－2601－0001151　綫 K225.1/4402

豫章先生遺文十二卷　（宋）黃庭堅撰　清乾隆汪氏巙崯山房刻同治元年（1862）如皋祝氏補刻本　四冊

450000－2601－0001152　綫 K225.1/4027

梁溪全集一百八十卷年譜一卷行狀三卷附錄一卷　（宋）李綱著　清道光十四年（1834）陳徵芝秀州官司署愛曰堂刻本　十冊　存四十四卷（七至十、十八至二十一、八十九至九十四、一百四十六至一百六十、一百六十六至一百七十一、一百七十六至一百八十,年譜一卷,行狀上中,附錄一卷）

450000－2601－0001153　綫 K225.1/3862

橫塘集二十卷　（宋）許景衡撰　清光緒二年（1876）刻本　四冊

450000－2601－0001154　綫 ±041.5/8043

第一樓叢書九種三十卷　（清）俞樾著　清同治十年（1871）刻本　六冊

450000－2601－0001155　綫 K232/2622（2）

離騷草木疏四卷　（宋）吳仁傑撰　清光緒元年（1875）湖北崇文書局刻本　一冊

450000－2601－0001156　綫 K225.1/2880（1）

徐騎省集三十卷補遺一卷　（宋）徐鉉撰　徐集附錄一卷　（清）□□撰　徐騎升集校勘記一卷　（清）李元英纂　清光緒十六年至十七年（1890－1891）刻十八年至十九年（1892－1893）黔南李氏補修本　八冊

450000－2601－0001157　綫 K225.1/2540（1）

晦庵先生朱文公文集一百卷續集十一卷別集十卷　（宋）朱熹撰　清同治十二年（1873）六安涂氏求我齋刻本　六十冊

450000－2601－0001158　綫 K225.1/2540（2）

朱文公校昌黎先生外集十卷考異三卷遺文一卷　（唐）韓愈撰　（宋）朱熹校　明刻本　二冊

450000－2601－0001159　綫 K234/1033（2）

八代詩選二十卷　王闓運撰　清末埽葉山房石印本　八冊

450000－2601－0001160　綫 K225.1/2223

西臺集二十卷　（宋）畢仲游撰　清刻本　一

冊　存三卷(九至十一)

450000－2601－0001161　綫 K225.1/1250

柯山集五十卷　(宋)張耒撰　清刻本　十冊

450000－2601－0001162　綫 K225.1/1031
(1)

王臨川文集四卷　(宋)王安石撰　清宣統二
年(1910)上海會文堂石印本　四冊

450000－2601－0001163　綫 K225.1/1031
(2)

王臨川文集四卷　(宋)王安石撰　清宣統二
年(1910)上海會文堂石印本　一冊

450000－2601－0001164　綫 ±041.8/2736

新化鄒氏敉萩齋遺書六種十七卷　(清)許漢
勛撰　清光緒四年至五年(1878－1879)攸縣
龍汝霖南昌刻本　四冊

450000－2601－0001165　綫 K225.1/1031
(3)

王臨川全集一百卷目錄二卷　(宋)王安石撰
清光緒九年(1883)溧陽繆氏小涼館刻本
二十冊

450000－2601－0001166　綫 K225.1/0013

廬陵宋丞相信國公文忠烈先生全集十六卷
(宋)文天祥撰　清道光二十八年(1848)黃溪
邱恒德堂刻本　十冊

450000－2601－0001167　綫 K224.2/4731
(1)

河東先生文集六卷　(唐)柳宗元撰　清宣統
二年(1910)上海會文堂石印本　五冊　存五
卷(一至五)

450000－2601－0001168　綫 ±041.8/2101

群書拾補不分卷　(清)盧文弨撰　清光緒十
三年(1887)上海蜚英館石印本　八冊

450000－2601－0001169　綫 K224.2/7523
(1)

重刊校正笠澤叢書四卷　(唐)陸龜蒙撰　清
刻本　二冊

450000－2601－0001170　綫 K224.2/7523
(2)

重刊校正笠澤叢書四卷補遺一卷　(唐)陸龜
蒙撰　清雍正九年(1731)成都碧筠草堂刻本
二冊

450000－2601－0001171　綫 ±041.8/4435
(1)

日知錄集釋三十二卷　(清)顧炎武著　(清)
黃汝成集釋　刊誤二卷續刊誤二卷　(清)黃
汝成撰　清道光十四年(1834)嘉定刻本　十
六冊

450000－2601－0001172　綫 ±041.8/4435
(2)

日知錄集釋三十二卷　(清)顧炎武著　(清)
黃汝成集釋　刊誤二卷續刊誤二卷　(清)黃
汝成撰　清道光十四年(1834)嘉定刻本　十
六冊

450000－2601－0001173　綫 K224.2/4580
(6)

昌黎先生集四十卷傳一卷外集十卷遺文一卷
點勘四卷　(唐)韓愈撰　清宣統二年(1910)
上海掃葉山房石印本　十冊　缺六卷(一、十
五至十九)

450000－2601－0001174　綫 ±041.8/7433

羣書校補一百卷　(清)陸心源輯　清光緒歸
安陸氏刻本　二十冊

450000－2601－0001175　綫 K232/2622(1)

離騷草木疏四卷　(宋)吳仁傑撰　清光緒元
年(1875)湖北崇文書局刻本　一冊

450000－2601－0001176　綫 K232/4363

離騷箋二卷　(清)龔景瀚撰　清光緒元年
(1875)湖北崇文書局刻本　一冊

450000－2601－0001177　綫 K232/2540(1)

楚辭辯證二卷　(宋)朱熹撰　清光緒元年
(1875)湖北崇文書局刻本　一冊

450000－2601－0001178　綫 K232/2540(2)

楚辭辯證二卷　(宋)朱熹撰　清光緒元年
(1875)湖北崇文書局刻本　一冊

450000－2601－0001179　綫 K231/7780

詩經繹參四卷　（清）鄧翔著　清同治六年(1867)南海鄧氏刻本　四冊

450000－2601－0001180　綫 K232/1053

楚辭通釋十四卷末一卷　（清）王夫之譔　清同治四年(1865)湘鄉曾氏金陵節署刻船山遺書本　一冊　存三卷(一至三)

450000－2601－0001181　綫 ±041.8/4496

斠補隅錄十四種十四卷　（清）蔣光煦撰　清光緒九年(1883)蔣廷黻刻本　二冊

450000－2601－0001182　綫 K232/2540(3)

楚辭集注八卷首一卷　（宋）朱熹集注　清光緒元年(1875)湖北崇文書局刻本　二冊

450000－2601－0001183　綫 ±041.9/0054

漢學商兌三卷　（清）方東樹撰　清光緒八年(1882)四明花雨樓刻本　二冊

450000－2601－0001184　綫 K231/7420

詩毛氏傳疏三十卷　（清）陳奐學　清道光二十七年(1847)吳門南園掃葉山莊陳氏刻本　十二冊

450000－2601－0001185　綫 ±041.8/9947

讀書雜識十二卷　（清）勞格著　（清）丁寶書述　清光緒三年至四年(1877－1878)苕溪丁氏刻月河精舍叢鈔本　四冊

450000－2601－0001186　綫 K231/7420

釋毛詩音四卷　（清）陳奐撰　清咸豐元年(1851)蘇州漱芳齋刻本

450000－2601－0001187　綫 K231/7420

毛詩說一卷　（清）陳奐撰　清道光二十七年(1847)武林愛日軒刻本

450000－2601－0001188　綫 K231/7420

毛詩傳義類一卷　（清）陳奐編　清咸豐九年(1859)王載雲刻本

450000－2601－0001189　綫 K231/7420

鄭氏箋攷徵一卷　（清）陳奐錄　清咸豐八年(1858)許文一刻本

450000－2601－0001190　綫 ±041.8/8043

俞樓雜纂四十卷　（清）俞樾撰　清光緒刻本　八冊

450000－2601－0001191　綫 K231/7480

毛詩古音攷五卷　（明）陳第編輯　清乾隆二十七年(1762)崇本山堂刻本　四冊

450000－2601－0001192　綫 K231/6040

涇野先生毛詩說序六卷　（明）呂柟著　清咸豐八年(1858)刻惜陰軒叢書本　二冊

450000－2601－0001193　綫 K231/6043

毛詩復古錄十二卷首一卷　（清）吳懋清著　清光緒二十年(1894)廣州學使署刻本　六冊

450000－2601－0001194　綫 K231/4422

詩經精華十卷　（清）薛嘉穎撰　清道光五年(1825)刻本　四冊

450000－2601－0001195　綫 K231/4442

詩經精華十卷　（清）薛嘉穎撰　清光緒二十年(1894)漳州素位堂刻光趯堂印本　四冊　存八卷(一至八)

450000－2601－0001196　綫 K231/2777(1)

御案詩經備旨八卷　（清）鄒聖脈纂輯　清刻本　二冊　存四卷(二至五)

450000－2601－0001197　綫 K231/2777(2)

御案詩經備旨八卷　（清）鄒聖脈纂輯　清末翰文堂印書局石印本　四冊

450000－2601－0001198　綫 102/5024

哲學新詮十章　（日本）中島力著　（清）田吳炤譯述　清光緒三十一年(1905)上海商務印書館鉛印本　一冊

450000－2601－0001199　綫 102/1062

哲學要領不分卷　（德國）科培爾講　（日本）下田次郎述　蔡元培譯　清光緒二十九年(1903)上海商務印書館鉛印哲學叢書本　一冊

450000－2601－0001200　綫 K231/2580

詩解頤四卷　（明）朱善撰　清康熙十九年(1680)通志堂刻通志堂經解本　三冊

450000－2601－0001201　綫 廿 112/2603

程氏家塾讀書分年日程三卷綱領一卷 （清）程端禮述 清同治七年（1868）湖北崇文書局刻本 一冊

450000－2601－0001202 綫 K231/2630

詩古微三編十九卷首一卷 （清）魏源譔 清光緒十一年（1885）飛清閣楊氏黃岡學署刻本 八冊

450000－2601－0001203 綫廿 112/5640

法言疏證十三卷 （清）汪榮寶譔 清宣統三年（1911）金薤琅齋鉛印本 四冊

450000－2601－0001204 綫 K231/2390

御纂詩義折中二十卷 （清）傅恒等纂 清刻本 六冊

450000－2601－0001205 綫 K231/2520

詩經疑問七卷 （元）朱倬編 詩經疑問附編一卷 （宋）趙悳編 清同治十二年（1873）粵東書局刻通志堂經解本 一冊

450000－2601－0001206 綫 K231/1032（1）

欽定詩經傳說彙纂二十一卷首二卷 （清）王鴻緒等修 清光緒三十年（1904）上海育文書局石印本 一冊 缺十卷（十二至二十一）

450000－2601－0001207 綫 K231/1032（2）

欽定詩經傳說彙纂二十一卷首二卷 （清）王鴻緒等修 清同治十一年（1872）江西書局刻本 二十冊

450000－2601－0001208 綫廿 112.1/6021（1）

大學古微一卷 （清）易順豫述 清末木活字印本 一冊

450000－2601－0001209 綫廿 112.1/6021（2）

大學古微一卷 （清）易順豫述 清末鉛印本 一冊

450000－2601－0001210 綫 K231/0230

詩經恒解六卷 （清）劉沅輯註 清光緒三十一年（1905）北京道德學社鉛印本 六冊

450000－2601－0001211 綫廿 112.1/1262

孔子集語十七卷 （清）孫星衍撰 清光緒三年（1877）浙江書局刻本 四冊

450000－2601－0001212 綫廿 112.1/4427

子思子七卷 （漢）鄭玄注 （清）黃以周輯解 清光緒二十二年（1896）南菁書院刻本 二冊

450000－2601－0001213 綫 K23/4443

萃林詩賦不分卷 （清）張瑞卿等撰 清光緒十二年（1886）石印本 一冊

450000－2601－0001214 綫 K227.5/2741

藝風堂文集七卷外篇一卷 繆荃孫撰 清光緒二十六年至二十七年（1900－1901）刻本 四冊

450000－2601－0001215 綫廿 112.4/4402

增補四書精繡圖像人物備考十二卷圖一卷 （明）陳仁錫增定 （清）唐光蕐詳閱 清乾隆三十九年（1774）三多齋刻本 六冊

450000－2601－0001216 綫 K227.4/7719

頤巢類稿四卷 （清）陶邵學撰 清宣統三年（1911）粵東省城翰元樓刻本 一冊

450000－2601－0001217 綫 K227.4/8006

謇諤堂文稿不分卷 （清）金文田撰 清木活字印本 三冊

450000－2601－0001218 綫 K227.3/0240

養晦堂文集十卷 （清）劉蓉著 清光緒三年（1877）思賢講舍刻本 五冊

450000－2601－0001219 綫 K227.3/2717

通甫類稿四卷續編二卷 （清）魯一同撰 清咸豐九年（1859）刻本 三冊

450000－2601－0001220 綫 K227.3/4300

謫麐堂遺集五卷 （清）戴望撰 清宣統三年（1911）上海神州國光社鉛印本 一冊

450000－2601－0001221 綫 K227.4/2541

朱強甫集三卷 （清）朱克柔撰 清光緒三十二年（1906）心不滅齋刻本 一冊

450000－2601－0001222 綫 K227.1/7778

刪亭文集二卷 周同愈撰 清光緒三十三年

（1907）上海文明書局鉛印本　一冊

450000－2601－0001223　綫 K227.1/8000

蠶菴集十八卷首一卷　曾廉著　清宣統三年（1911）邵陽曾氏會輔堂刻本　十一冊　缺一卷（七）

450000－2601－0001224　綫 K227.1/2718

居易初集三卷　（清）經元善撰　清光緒二十七年至二十九年（1901－1903）上海同文社鉛印本　三冊

450000－2601－0001225　綫 K227.1/3235

聽香室遺稿五卷　（清）潘誠貴撰　清光緒五年（1879）刻本　一冊　缺一種二卷（試帖二卷）

450000－2601－0001226　綫 K227.1/1250

茗柯文編四編五卷　（清）張惠言著　清光緒七年（1881）刻本　二冊

450000－2601－0001227　綫 K226.9/8019

癸巳類稿十五卷　（清）俞正燮撰　清道光十三年（1833）求日益齋刻本　六冊

450000－2601－0001228　綫 K226.8/6614

鐵橋漫稿十三卷　（清）嚴可均撰　清道光十八年（1838）四錄堂西塾刻四錄堂類集本　六冊

450000－2601－0001229　綫 K226.7/8790（1）

板橋集五種六卷　（清）鄭燮著　清乾隆司徒文膏刻本　一冊　存二種二卷（板橋家書一卷、板橋題畫一卷）

450000－2601－0001230　綫 K226.7/8790（2）

板橋集五種六卷　（清）鄭燮著　清乾隆司徒文膏刻本　一冊　存二種二卷（板橋詞鈔一卷、道情十首一卷）

450000－2601－0001231　綫 K226.7/8790（3）

板橋集五種六卷　（清）鄭燮著　清乾隆司徒文膏刻本　四冊　缺一種一卷（道情十首一卷）

450000－2601－0001232　綫 K226.7/8790（4）

板橋集五種六卷　（清）鄭燮著　清乾隆司徒文膏刻本　四冊　缺一種一卷（道情十首一卷）

450000－2601－0001233　綫 K226.6/9740

甌香館集十二卷首一卷末一卷　（清）惲格著　（清）蔣光煦輯　清光緒元年（1875）湖北崇文書局刻本　四冊

450000－2601－0001234　綫 K226.7/1273

訓子語二卷初學備忘二卷　（清）張履祥撰　清經正堂刻本　一冊

450000－2601－0001235　綫 K226.7/8790（5）

板橋集六編五種六卷　（清）鄭燮著　清乾隆清暉書屋刻本　四冊

450000－2601－0001236　綫 K226.7/8790（6）

板橋集五種六卷　（清）鄭燮著　清乾隆刻本　三冊　存三種四卷（板橋詩鈔二卷、板橋家書一卷、板橋題畫一卷）

450000－2601－0001237　綫 K226.6/8848（1）

硃批詳註管稿時文初集二卷　（清）管世銘著　清光緒十七年（1891）京都琉璃廠刻朱墨套印本　一冊

450000－2601－0001238　綫 K226.6/8848（2）

詳註管稿時文三集八卷　（清）管世銘著　清光緒刻朱墨套印本　一冊　存二卷（七至八）

450000－2601－0001239　綫 K226.6/8848（3）

詳註管稿時文二集八卷　（清）管世銘著　清光緒刻朱墨套印本　一冊　存二卷（三至四）

450000－2601－0001240　綫 K226.6/9000

咸陟堂集五十七卷　（清）釋光鷲著　清道光

二十五年(1845)刻本　二十二冊

450000 – 2601 – 0001241　　綫 K226.6/8338
(1)

錢牧齋文鈔不分卷　（清）錢謙益撰　清宣統
元年(1909)上海國學扶輪社鉛印本　四冊

450000 – 2601 – 0001242　　綫 K226.6/8090

賞雨茅屋詩集十五卷外集一卷　（清）曾燠撰　清
嘉慶十五年至十七年(1810－1812)刻本　六冊

450000 – 2601 – 0001243　　綫 K226.6/8002
(1)

曾文正公[國藩]年譜十二卷　（清）黎庶昌編
輯　清光緒二年(1876)傳忠書局刻曾文正公
全集本　二冊

450000 – 2601 – 0001244　　綫 K226.6/8354

甘泉鄉人稿二十四卷餘稿二卷　（清）錢泰吉
撰　錢泰吉年譜一卷　（清）錢應溥述　清同
治十一年(1872)刻光緒十一年(1885)青溪官
舍補刻本　六冊

450000 – 2601 – 0001245　　綫 K226.8338(2)

初學集一百十卷　（清）錢謙益撰　清宣統二
年(1910)遼漢齋鉛印牧齋全集本　二十四冊

450000 – 2601 – 0001246　　綫 K226.6/8324

衍石齋記事藁十卷續藁十卷　（清）錢儀吉撰
清咸豐四年(1854)海昌蔣光焴刻本　十冊

450000 – 2601 – 0001247　　綫 K226.6/8064
(1)

曾文正全集十四種一百六十四卷　（清）曾
藩撰　清光緒十四年(1888)鴻文書局鉛印本
二冊　存二種十八卷(曾文正公年譜十二
卷、首一卷,孟子要略五卷)

450000 – 2601 – 0001248　　綫 K226.6/8064
(2)

曾文正公全集首一卷　（清）曾國藩撰　清光
緒二年(1876)傳忠書局刻曾文正公全集本
一冊

450000 – 2601 – 0001249　　綫 K226.6/8064
(3)

經史百家簡編二卷　（清）曾國藩纂　清同治
十三年(1874)傳忠書局刻曾文正公全集本
二冊

450000 – 2601 – 0001250　　綫 K226.6/8064
(4)

曾文正公詩集四卷　（清）曾國藩撰　清同治
十三年(1874)傳忠書局刻曾文正公全集本
一冊

450000 – 2601 – 0001251　　綫 K226.6/8064
(5)

曾文正公雜著四卷　（清）曾國藩撰　清同治
十三年(1874)傳忠書局刻曾文正公全集本
二冊

450000 – 2601 – 0001252　　綫 K226.6/8064
(6)

求闕齋讀書錄十卷　（清）曾國藩箸　（清）王
啟原編輯　清光緒二年(1876)傳忠書局刻曾
文正公全集本　四冊

450000 – 2601 – 0001253　　綫 K226.6/8064
(7)

求闕齋日記類鈔二卷首一卷　（清）曾國藩隨
筆　（清）王啟原校編　清光緒二年(1876)傳
忠書局刻曾文正公全集本　一冊

450000 – 2601 – 0001254　　綫 K226.6/8064
(8)

求闕齋日記類鈔二卷首一卷　（清）曾國藩隨
筆　（清）王啟原校編　清光緒十四年(1888)
鴻文書局鉛印曾文正公全集本　一冊

450000 – 2601 – 0001255　　綫 K226.6/8064
(9)

求闕齋讀書錄十卷　（清）曾國藩箸　（清）王
啟原編輯　清光緒十四年(1888)鴻文書局鉛
印曾文正公全集本　二冊

450000 – 2601 – 0001256　　綫 K226.6/8064
(10)

曾文正公文集四卷　（清）曾國藩撰　清光緒
二年(1876)傳忠書局刻曾文正公全集本
四冊

450000－2601－0001257　綫 K226.6/8064
(11)

經史百家雜鈔二十六卷首一卷　(清)曾國藩纂　清光緒二年(1876)傳忠書局刻曾文正公全集本　二十六冊

450000－2601－0001258　綫 K226.6/8064
(12)

曾文正公雜著四卷首一卷　(清)曾國藩撰　清同治十三年(1874)傳忠書局刻曾文正公全集本　一冊　缺二卷(三至四)

450000－2601－0001259　綫 K226.6/8064
(13)

曾文正公文集四卷首一卷　(清)曾國藩撰　清同治十三年(1874)傳忠書局刻曾文正公全集本　四冊

450000－2601－0001260　綫 K226.6/8030
(1)

全謝山文鈔十六卷　(清)全祖望著　清宣統二年(1910)上海國學扶輪社鉛印本　八冊

450000－2601－0001261　綫 K226.6/8030
(2)

鮚埼亭集三十八卷外集五十卷經史問答十卷　(清)全祖望譔　[全祖望]年譜一卷　(清)董秉純編輯　清嘉慶九年(1804)餘姚史夢蛟借樹山房刻本　二十八冊

450000－2601－0001262　綫 K226.6/8023
(1)

曾惠敏公全集四種十七卷　(清)曾紀澤撰　清光緒二十年(1894)上海石印本　四冊

450000－2601－0001263　綫 K226.6/8023
(2)

曾惠敏公全集四種十七卷　(清)曾紀澤撰　清光緒二十年(1894)上海石印本　四冊

450000－2601－0001264　綫 K226.6/8023
(3)

曾惠敏公遺集四種十七卷　(清)曾紀澤撰　清光緒十九年(1893)江南製造總局刻本　八冊

450000－2601－0001265　綫 K226.6/8021

鹿洲初集二十卷　(清)藍鼎元著　(清)曠敏本評　清雍正十年(1732)刻本　十冊

450000－2601－0001266　綫卅112.4/6066

晏子春秋七卷　(春秋)晏嬰撰　(清)孫星衍校　**晏子春秋音義二卷**　(清)孫星衍撰　清乾隆五十三年(1788)陽湖孫氏刻本　二冊

450000－2601－0001267　綫卅112.5/4620

荀子二十卷校勘補遺一卷　(戰國)荀況撰　(唐)楊倞注　清光緒二年(1876)浙江書局刻本　六冊

450000－2601－0001268　綫卅112.5/8326

荀子考異一卷　(宋)錢佃撰　清光緒三十一年(1905)江陰繆氏刻對雨樓叢書本　一冊

450000－2601－0001269　綫卅112.6/1003

賈子次詁十六卷　(清)王耕心次詁　清光緒二十九年(1903)正定王氏泰州龍樹精舍刻本　二冊

450000－2601－0001270　綫卅112.6/4466

韓詩外傳十卷　(漢)韓嬰著　清乾隆五十六年(1791)金谿王氏刻增訂漢魏叢書本　三冊

450000－2601－0001271　綫卅113.1/6022

寶瓠齋雜俎十三種二十一卷　(清)易順鼎輯　清光緒刻本　一冊　存二種四卷(讀老札記二卷、補遺一卷,淮南許注鉤沈一卷)

450000－2601－0001272　綫卅113.1/4217

老子章義二卷　(清)姚鼐撰　清同治九年(1870)桐城吳氏邠上刻本　一冊

450000－2601－0001273　綫卅113.1/2844

老子道德經不分卷　(清)徐大椿注　清善成堂刻本　一冊

450000－2601－0001274　綫卅113.1/2004

老子翼八卷　(明)焦竑輯　清光緒二十一年(1895)漸西村舍刻金陵刻經處印本　一冊　存二卷(七至八)

450000－2601－0001275　綫卅113.4/2649

莊子解三卷　(清)吳世尚註評　清乾隆二十

八年(1763)懷德堂刻本　四冊

450000 - 2601 - 0001276　綫廿 113.4/1772
莊子注一卷補遺一卷音一卷逸篇一卷逸語一卷逸篇注補遺一卷音補遺一卷注又補遺一卷疑義一卷　(晉)司馬彪注　(清)茆泮林輯　清道光十四年(1834)梅瑞軒刻十種古逸書本　四冊

450000 - 2601 - 0001277　綫廿 113.4/1053
重刊船山遺書六十二種三百卷　(清)王夫之撰　清同治四年(1865)湘鄉曾國荃金陵節署刻本　一冊　存二種二卷(莊子通一卷、愚鼓詞一卷)

450000 - 2601 - 0001278　綫廿 113.4/0704
莊子集釋十卷　(清)郭慶藩輯　清光緒二十年(1894)思賢講舍刻本　八冊

450000 - 2601 - 0001279　綫廿 113.4/9537
南華發覆八卷　(明)釋性通注　明末刻本　四冊

450000 - 2601 - 0001280　綫廿 114.1/1073
墨子注七卷　(戰國)墨翟撰　王闓運注　清光緒三十年(1904)江西官書局刻湘綺樓全書本　二冊

450000 - 2601 - 0001281　綫廿 114.1/6017(1)
墨子十五卷　(戰國)墨翟撰　(明)李贄選　(明)郎兆平評　明天啟武林郎氏堂策檻刻本　一冊　存三卷(八至十)

450000 - 2601 - 0001282　綫廿 114.1/4445
墨子六卷　(戰國)墨翟撰　(明)茅坤校閱　明萬曆九年(1581)童思泉涵春樓刻本　一冊　存三卷(四至六)

450000 - 2601 - 0001283　綫廿 114.1/2645
桐城先生點勘墨子讀本十六卷　(戰國)墨翟撰　(清)吳汝綸點勘　清宣統元年(1909)衍星社木活字印本　二冊

450000 - 2601 - 0001284　綫廿 114.1/1200(1)

墨子閒詁十五卷目錄一卷附錄一卷後語二卷　(清)孫詒讓撰　清光緒二十一年(1895)蘇州毛上珍木活字印本　八冊

450000 - 2601 - 0001285　綫廿 116/0002
呂氏春秋二十六卷　(戰國)呂不韋撰　(漢)高誘注　清光緒元年(1875)浙江書局刻本　五冊

450000 - 2601 - 0001286　綫廿 116/3341
金樓子六卷　(南朝梁)蕭繹撰　清光緒元年(1875)湖北崇文書局刻子書百家本　二冊

450000 - 2601 - 0001287　綫廿 116/4945
長短經九卷　(唐)趙蕤撰　清嘉慶四年(1799)桐川顧氏刻讀畫齋叢書本　四冊

450000 - 2601 - 0001288　綫廿 116/7230(1)
淮南子二十一卷　(漢)劉安撰　(漢)高誘注　清嘉慶九年(1804)姑蘇王氏聚文堂刻十子全書本　五冊

450000 - 2601 - 0001289　綫廿 117.1/2540(1)
小學集解六卷　(清)張伯行輯註　清光緒二十七年(1901)廣雅書局刻本　四冊

450000 - 2601 - 0001290　綫廿 117.1/2540(2)
延平答問二卷　(宋)朱熹輯　清光緒二年(1876)刻五年(1879)延平府署印本　二冊

450000 - 2601 - 0001291　綫廿 117.1/1122
濂洛關閩書二十九卷　(清)張伯行集解　清同治五年(1866)福州正誼書院刻本　六冊

450000 - 2601 - 0001292　綫廿 117.1/2533
朱止泉先生朱子聖學考略十卷宗朱要法一卷　(清)朱澤澐撰　聖學考略辨偽一卷　(清)王箴傳撰　清乾隆十七年至十八年(1752 - 1753)刻本　十冊

450000 - 2601 - 0001293　綫廿 117.1/2540(3)
御纂朱子全書六十六卷　(宋)朱熹撰　(清)熊賜履等輯校　清光緒江西書局刻本　四

十册

450000 – 2601 – 0001294　綫廿 117.1/2540
（4）
朱子文集一百卷目錄二卷續集十一卷別集十卷　（宋）朱熹撰　清同治十年至十二年（1871 – 1873）六安徐氏壑朗軒刻本　三十二册

450000 – 2601 – 0001295　綫 K226.6/7590
切問齋文鈔三十卷　（清）陸燿輯　清乾隆四十年（1775）吳門劉萬傳局刻本　八册

450000 – 2601 – 0001296　綫廿 117.1/2540
（5）
朱子語類一百四十六卷　（宋）朱熹撰　（宋）黎清德輯　清同治十一年（1872）應元書院刻本　四十册

450000 – 2601 – 0001297　綫 K226.6/7574
（1）
三魚堂全集四十一卷　（清）陸隴其著　清同治七年至九年（1868 – 1870）武林薇署刻本　六册　缺一種十卷（三魚堂日記十卷）

450000 – 2601 – 0001298　綫 K226.6/7574
（2）
三魚堂全集四十一卷　（清）陸隴其著　**陸侍御[隴其]年譜一卷**　（清）吳光西編次　清同治七年至九年（1868 – 1870）武林薇署刻本　十四册

450000 – 2601 – 0001299　綫廿 117.1/2661
二程全書六種六十六卷　（宋）程頤　（宋）程顥撰　清同治十年（1871）六安求我齋金陵書局刻本　十六册

450000 – 2601 – 0001300　綫 K226.6/7533
（1）
儀顧堂集十六卷　（清）陸心源撰　清同治十三年（1874）福州刻本　四册

450000 – 2601 – 0001301　綫 K226.6/7533
（2）
儀顧堂集二十卷　（清）陸心源撰　清光緒二十四年（1898）刻本　六册

450000 – 2601 – 0001302　綫 K226.6/7533
（3）
儀顧堂集二十卷　（清）陸心源撰　清光緒二十四年（1898）刻本　四册

450000 – 2601 – 0001303　綫 K226.6/7524
崇百藥齋文集二十卷　（清）陸繼輅撰　清嘉慶二十五年（1820）合肥學舍刻本　六册（與450000 – 2601 – 0001304、450000 – 2601 – 0001307 合函）

450000 – 2601 – 0001304　綫 K226.6/7524
崇百藥齋續集四卷　（清）陸繼輅撰　清道光四年（1824）合肥學舍刻本　二册（與450000 – 2601 – 0001303、450000 – 2601 – 0001307 合函）

450000 – 2601 – 0001305　藏綫 D624/7020
[乾隆]山西志輯要十卷首一卷[乾隆]清涼山志輯要二卷　（清）雅德修　（清）汪本直纂　清乾隆四十五年（1780）刻本　十二册

450000 – 2601 – 0001306　綫廿 117.14438
宋元學案一百卷表一卷首一卷　（清）黃宗羲撰　（清）黃百家纂輯　（清）全祖望修定　清光緒五年（1879）長沙寄廬刻本　四十册

450000 – 2601 – 0001307　綫 K226.6/7524
崇百藥齋三集十二卷五真閣吟稿一卷　（清）陸繼輅　（清）錢惠尊撰　清道光八年（1828）安徽臬署刻本　四册（與450000 – 2601 – 0001303、450000 – 2601 – 0001304 合函）

450000 – 2601 – 0001308　綫 K226.6/7422
湖海樓全集五十一卷　（清）陳維崧著　清光緒十七年至十九年（1891 – 1893）宜興任光奇荇山鐸署刻本　十六册

450000 – 2601 – 0001309　綫 K226.6/7414
（1）
後樂堂文鈔九卷　（清）陳玉樹著　清光緒二十五年（1899）鉛印本　四册

450000 – 2601 – 0001310　綫 K226.6/7414
（2）
午亭文編五十卷　（清）陳廷敬撰　清康熙四

十七年(1708)侯官林佶刻本　十六冊

450000－2601－0001311　特 P123/3623
平面幾何學不分卷 （美國）溫特渥斯編　馬君武翻譯　清宣統二年(1910)上海科學會編譯部日本東京鉛印本　一冊

450000－2601－0001312　綫 K226.6/7400
白雲文集五卷續集八卷 （清）陳斌撰　清道光四年(1824)南豐劉斯嵋刻本　五冊

450000－2601－0001313　特綫 910/2631(2)
海國圖志一百卷 （清）魏源撰　清光緒元年至二年(1875－1876)魏光濤平慶涇固道署刻本　三十二冊

450000－2601－0001314　綫 K226.6/7410
乾初先生文鈔二卷遺詩鈔一卷 （清）陳確箸　**補庵遺稿一卷詩鈔一卷** （清）陳枚箸　**敬齋詩鈔一卷** （清）陳翼箸　**雲怡詩鈔一卷** （清）陳克峊箸　清光緒十三年(1887)海昌羊氏傳卷樓刻本　一冊

450000－2601－0001315　綫 K226.6/6085
岣嶁叢書九種二十三卷 （清）曠敏本撰　清乾隆曠氏刻本　三冊　存三種三卷(岣嶁刪餘文草一卷、岣嶁刪餘詩草一卷、岣嶁文草雜著一卷)

450000－2601－0001316　藏綫 D622/4784
[康熙]海豐縣志十二卷首一卷 （清）張克家纂葺　清康熙九年至十年(1670－1671)木活字印本　四冊

450000－2601－0001317　特綫 910/2631(3)
海國圖志一百卷 （清）魏源撰　清同治七年(1868)陳善圻刻本　二十四冊

450000－2601－0001318　綫 K226.6/6720
檉華館全集十二卷 （清）路德撰　清光緒七年(1881)解梁刻本　十冊

450000－2601－0001319　綫廿 117.1/4664
二程粹言二卷 （宋）程顥　（宋）程頤撰（宋）楊時訂定　（宋）張栻編次　清刻本　一冊　存一卷(二)

450000－2601－0001320　綫廿 117.1/7535
朱子語類日鈔五卷 （清）陳澧編　清咸豐十一年(1861)番禺陳氏廣州西湖街富文齋刻鍾山別業叢書本　一冊

450000－2601－0001321　綫廿 117.3/7515
學蔀通辨終編三卷 （明）陳建撰　清刻本　一冊

450000－2601－0001322　特綫廿 426/0131(3)
古韻通說二十卷 （清）龍啟瑞撰　清同治十年(1871)方浚頤粵東省城西湖街富文齋刻本　四冊

450000－2601－0001323　綫 K226.6/6084
吳侍讀全集二十三卷 （清）吳慈鶴撰　清刻本　八冊

450000－2601－0001324　綫＋143/5640(1)
集注太玄十卷 （宋）司馬光撰　清嘉慶三年(1798)刻本　二冊

450000－2601－0001325　綫 K226.6/6080
有正味齋全集七十三卷 （清）吳錫麒撰　清嘉慶十三年(1808)刻本　八冊

450000－2601－0001326　綫 K226.6/6032(1)
吳摯甫文集四卷 （清）吳汝綸撰　清宣統元年(1909)上海國學扶輪社石印本　二冊

450000－2601－0001327　綫 K226.6/6032(2)
吳摯甫尺牘五卷 （清）吳汝綸撰　清宣統二年(1910)上海國學扶輪社石印本　一冊　存一卷(一上)

450000－2601－0001328　綫 K226.6/6044
榴實山莊文稿一卷詩鈔六卷詞鈔一卷 （清）吳存義撰　清刻本　二冊

450000－2601－0001329　綫＋143/5640(2)
集注太玄四卷 （漢）揚雄撰　（宋）司馬光集注　（清）孫澍校補　清道光十一年(1831)岷陽孫澍鵝溪小學到來生隱心之齋刻本　二冊

450000－2601－0001330　綫 140/0764

性學觕述八卷　（義大利）艾儒畧（Ginleo Aleni）著　清同治十二年（1873）上海慈母堂刻本　二冊

450000－2601－0001331　綫 K226.6/6020

初月樓文鈔十卷詩鈔四卷　（清）吳德旋著　（清）周家楣訂　清光緒十年（1884）刻本　四冊

450000－2601－0001332　綫 K226.6/6032（3）

桐城吳先生詩集一卷文集四卷　（清）吳汝綸撰　**吳先生[汝綸]行狀一卷**　（清）賀濤撰　清光緒三十年（1904）刻桐城吳先生全書本　七冊

450000－2601－0001333　綫＋143/7503（1）

陳子性藏書十二卷首一卷　（清）陳應選著　（清）陳式基　（清）陳式猷纂輯　清乾隆四十七年（1782）禪山書坊奎元堂刻經元堂印本　四冊　缺三卷（七、十一至十二）

450000－2601－0001334　綫 150.7/0017

心理學二十八章　（清）蔣維喬校訂　清光緒三十二年（1906）上海商務印書館鉛印本　一冊

450000－2601－0001335　綫 150.7/4037

心理學教科書二卷　（日本）大瀨甚太郎等著　（清）張雲閣譯述　（清）李景濂校脩　清光緒二十九年（1903）直隸學務處鉛印本　二冊

450000－2601－0001336　綫 K226.6/4921

蓑笠軒僅存稿□□種□□卷　（清）樓儼撰　清乾隆木活字印本　一冊　存二種二卷（叩拙集一卷、碧鑑集一卷）

450000－2601－0001337　綫 K226.6/4880

柏梘山房文集十六卷續集一卷　（清）梅曾亮撰　清咸豐六年（1856）聊城楊以增刻同治三年（1864）補刻本　六冊

450000－2601－0001338　綫 K226.6/4741（1）

胡文忠公遺集八十六卷首一卷　（清）胡林翼撰　清同治六年（1867）黃鶴樓刻本　三十二冊

450000－2601－0001339　綫 171/4410

人範六卷　（清）蔣元輯　清光緒二十五年（1899）清暉書院刻本　二冊

450000－2601－0001340　綫 171/2540

小學集注六卷首一卷末一卷　（宋）朱熹撰　清同治元年至二年（1862－1863）漕運總督吳棠刻本　四冊

450000－2601－0001341　綫 160/0017

論理學教科書不分卷　（清）楊天驥校訂　清光緒三十二年（1906）上海商務印書館鉛印本　一冊

450000－2601－0001342　綫 171/7237（1）

人譜正篇一卷　（明）劉宗周著　清光緒三年（1877）湖北崇文書局刻本　一冊

450000－2601－0001343　綫 171/7237（2）

人譜類記增訂六卷　（明）劉宗周著　清光緒三年（1877）湖北崇文書局刻本　二冊

450000－2601－0001344　綫 171/7681

精神之教育二卷　（日本）隅谷已三郎編輯　（清）趙必振譯述　清光緒二十八年（1902）上海英界大馬路同樂里廣智書局鉛印本　二冊

450000－2601－0001345　綫 171/2751

胎内教育五章　（日本）伊東琴次郎著　（清）陳毅譯　清光緒二十八年（1902）上海英界大馬路同樂里廣智書局鉛印本　一冊

450000－2601－0001346　綫廿 220.4/3821

安樂集二卷　（唐）釋道綽撰　清光緒二十三年（1897）金陵刻經處刻本　一冊

450000－2601－0001347　綫 220/7728

教務紀略四卷首一卷末一卷　（清）李剛己輯　（清）吳汝綸等修飾　（清）魏家驊重修　清光緒三十一年（1905）南洋官報局木活字印本　五冊

450000－2601－0001348　綫 220/2273

天主實義二卷　（義大利）利瑪竇述　清光緒

三十年（1904）土山灣慈母堂鉛印本　一冊

450000－2601－0001349　綫 209/5400

古教彙參三卷　（英國）韋廉臣著　（清）董樹堂筆　清光緒二十五年（1899）上海廣學會第三次木活字印本　三冊

450000－2601－0001350　綫廿 220.9/8030

五燈會元五十七卷首一卷目錄三卷　（宋）釋普濟纂　清光緒三十二年至三十四年（1906－1908）釋明印長沙刻經處刻本　二十冊

450000－2601－0001351　綫廿 221.5/3877（1）

顯密圓通成佛心要集二卷　（宋）釋道㲄集　清光緒十四年（1888）長沙武廟刻本　一冊

450000－2601－0001352　綫廿 221.7/4706（1）

妙法蓮華經七卷　（後秦）釋鳩摩羅什譯　清同治十年（1871）金陵刻經處刻本　三冊

450000－2601－0001353　綫 K234.42/2676（4）

新雕校證大字白氏諷諫一卷　（唐）白居易撰　清光緒十九年（1893）武進費氏刻蘇州振新書社印本　一冊

450000－2601－0001354　綫 K226.6/4741（2）

玉津閣叢書甲集十二種二十六卷　（清）胡薇元撰　清光緒至民國刻本　十冊　存九種十四卷(三州學錄二卷、漢易十三家二卷、霜菉亭易說一卷、詩緯含神霧訓纂一卷、詩緯氾歷樞訓纂一卷、公瀍導源一卷、湖上草堂詩一卷、夢痕館詩話四卷、歲寒居詞話一卷)

450000－2601－0001355　綫廿 221.5/2753（1）

大佛頂如來密因修證了義諸菩薩萬行首楞嚴經十卷　（天竺）釋般剌密帝譯　（烏萇）釋彌伽釋迦譯語　（唐）房融筆受　清光緒二十六年（1900）揚州藏經院刻本　三冊

450000－2601－0001356　綫廿 221.5/2753（2）

大佛頂如來密因修證了義諸菩薩萬行首楞嚴經纂注十卷首一卷末一卷　（天竺）釋般剌密帝譯　（烏萇）釋彌伽釋迦譯語　（唐）房融筆受　（明）釋真性纂注　清光緒三十四年（1908）金陵刻經處刻本　五冊

450000－2601－0001357　綫 K226.6/4741（3）

胡文忠公遺集十卷首一卷　（清）胡林翼撰　清同治五年（1866）姑蘇漱芳齋刻本　八冊

450000－2601－0001358　綫 K226.6/4700

鴻桷堂詩集五卷梅花四體詩一卷文鈔一卷信天翁家訓一卷附錄一卷　（清）胡方著　清同治三年（1864）羊城西湖街效文堂刻劬學齋印本　四冊

450000－2601－0001359　綫 K226.6/4713

石笥山房文集五卷補遺一卷　（清）胡天游著　清宣統元年（1909）上海國學扶輪社鉛印本　四冊

450000－2601－0001360　綫 K226.6/4721

移芝室集二十六卷　（清）楊彞珍著　清光緒刻本　八冊

450000－2601－0001361　綫廿 221.5/2753（3）

大佛頂如來密因修證了義諸菩薩萬行首楞嚴經十卷　（天竺）釋般剌密帝譯　（烏萇）釋彌伽釋迦譯語　（唐）房融筆受　清末姑蘇婁門內善慶庵刻本　二冊

450000－2601－0001362　綫廿 221.3/1030

大乘密嚴經三卷　（唐）釋不空譯　清光緒二十三年（1897）金陵刻經處刻本　一冊

450000－2601－0001363　綫廿 221.1/3246

大方廣佛華嚴經疏鈔懸談二十八首一卷　（唐）釋澄觀撰述　清光緒三十三年（1907）金陵刻經處刻本　八冊

450000－2601－0001364　綫廿 221.9/3844（1）

法苑珠林一百卷　（唐）釋道世撰　清道光七年（1827）燕園蔣氏刻光緒三年（1877）常熟三

峰寺釋照塵補刻本　三十二冊

450000－2601－0001365　綫 K226.6/4448
(1)

忠雅堂文集十二卷詩集二十七卷詩集補遺二卷詞集二卷　(清)蔣士銓撰　清同治鉛山蔣志章成都楊會元堂刻本　十二冊

450000－2601－0001366　綫 K226.6/4448
(2)

忠雅堂文集十二卷詩集二十七卷詩集補遺二卷詞集二卷　(清)蔣士銓撰　清乾隆刻本　十六冊

450000－2601－0001367　綫廿 221.9/3844
(2)

法苑珠林一百卷　(唐)釋道世撰　清宣統二年(1910)毘陵天寧寺刻本　二十九冊　缺四卷(五十一至五十四)

450000－2601－0001368　綫 K226.6/4438

黃梨洲先生南雷文約四卷　(清)黃宗羲撰　(清)鄭性訂　清刻本　四冊

450000－2601－0001369　綫 K226.6/4432

瘖堂集五十卷補遺二卷續集八卷冬錄一卷　(清)黃之雋撰　清乾隆刻本　十六冊

450000－2601－0001370　綫 K226.6/4430

變雅堂遺集十八卷附錄二卷　(清)杜濬撰　清光緒二十年(1894)黃岡沈氏鄂省三佛閣陶子麟局刻本　六冊

450000－2601－0001371　綫廿 223/0024(1)

唯識二十論一卷　(天竺)釋世親造　(唐)釋玄奘譯　**唯識二十論述記四卷**　(唐)釋窺基撰　清宣統二年(1910)江西刻經處刻本　二冊

450000－2601－0001372　綫 K226.6/4324

南山全集十四卷補遺三卷首一卷　(清)戴潛虛著　清光緒二十六年(1900)上海文瑞樓石印本　六冊

450000－2601－0001373　綫 K226.6/4321
(1)

定盦文集補編四卷　(清)龔自珍撰　清光緒十二年(1886)平湖朱氏刻本　二冊

450000－2601－0001374　綫 K226.6/4370

習苦齋古文四卷　(清)戴熙撰　清同治六年(1867)刻本　二冊

450000－2601－0001375　綫 K226.6/4321
(2)

定盦全集十七卷　(清)龔自珍饌　清宣統元年(1909)上海國學扶輪社鉛印本　七冊

450000－2601－0001376　綫 K234.42/4234

欽定全唐詩三十二卷　(清)曹寅等輯　清光緒十三年(1887)上海同文書局石印本　二十七冊　缺五卷(十、十七、十九、二十六至二十七)

450000－2601－0001377　綫綫 K226.6/4321
(3)

定盦全集十七卷　(清)龔自珍饌　清宣統元年(1909)上海國學扶輪社鉛印再版本　七冊

450000－2601－0001378　綫 297/7280

天方性理五卷首一卷　(清)劉智撰　清同治元年(1862)雲南馬德新刻本　三冊

450000－2601－0001379　綫 K226.6/4321
(4)

定盦初集十三卷　(清)龔自珍饌　清同治七年(1868)刻本　四冊

450000－2601－0001380　綫 K226.6/4222

二林居集二十四卷　(清)彭紹升著　清光緒七年(1881)刻本　六冊

450000－2601－0001381　綫 303/1070

三通攷詳節七十六卷　(清)平陽主人輯　清光緒二十七年(1901)鴻寶朁書局石印本　二十冊

450000－2601－0001382　綫 K226.6/4213
(1)

彭羨門全集四十三卷　(清)彭孫遹著　清宣統三年(1911)掃葉山房石印本　十二冊

450000－2601－0001383　綫 303/3503(1)

皇朝文獻通考三百卷　（清）曹仁虎等輯　清光緒二十八年（1902）上海鴻寶書局石印九通本　三十二冊

450000－2601－0001384　綫 K226.6/4213（2）

彭羨門全集四十三卷　（清）彭孫遹著　清宣統三年（1911）掃葉山房石印本　十二冊

450000－2601－0001385　綫 303/3033

皇朝掌故彙編內編六十卷首一卷外編四十卷首一卷　（清）宋澄之等輯　清光緒二十八年（1902）求實書社鉛印本　五十九冊

450000－2601－0001386　綫 K226.6/4029

敬業堂詩集五十卷　（清）查慎行撰　清康熙五十八年（1719）刻本　十冊

450000－2601－0001387　綫 303/3503（2）

皇朝通志一百二十六卷　（清）曹仁虎等輯　清光緒二十八年（1902）上海鴻寶書局石印九通本　八冊

450000－2601－0001388　綫 303/3503（3）

皇朝通典一百卷　（清）曹仁虎等輯　清光緒二十八年（1902）上海鴻寶書局石印九通本　八冊

450000－2601－0001389　綫 303/3503（4）

欽定續通典一百五十卷　（清）曹仁虎等輯　清光緒二十八年（1902）上海鴻寶書局石印九通本　八冊

450000－2601－0001390　綫 K226.6/4042（1）

寒支二集四卷　（清）李世熊撰　清同治十三年（1874）木活字印本　一冊　存一卷（一）

450000－2601－0001391　綫 K226.6/4042（2）

寒支二集四卷　（清）李世熊撰　清同治十三年（1874）木活字印本　四冊

450000－2601－0001392　綫 303/3503（5）

欽定續文獻通考二百五十卷　（清）曹仁虎等輯　清光緒二十八年（1902）上海鴻寶書局石印九通本　二十四冊

450000－2601－0001393　綫 K226.6/4042（3）

寒支初集十卷　（清）李世熊撰　清同治七年（1868）木活字印本　三冊　存三卷（四、六、九）

450000－2601－0001394　綫 303/4420

皇朝三通識要類編六十五卷　（清）黃雋輯　清光緒二十八年（1902）上海寶善齋石印本　十二冊

450000－2601－0001395　綫 K226.6/4046

二水樓詩集十八卷　（清）李茹旻撰　清光緒十七年（1891）臨川李鳴梧咪憩廬刻本　一冊　存三卷（一至三）

450000－2601－0001396　綫 K226.6/4040（1）

小倉山房文集三十一卷詩集三十三卷補遺二卷外集七卷　（清）袁枚撰　清光緒十七年（1891）刻本　二十冊

450000－2601－0001397　綫 K226.6/4031

校經廎文稿十八卷　（清）李富孫撰　清道光元年（1821）嘉興李氏讀書臺家刻本　六冊

450000－2601－0001398　綫 K226.6/4033

養一齋文集二十卷　（清）李兆洛著　清光緒四年（1878）刻本　六冊

450000－2601－0001399　綫 K226.6/4036

聞妙香室文十九卷詩十二卷　（清）李宗昉撰　清道光十五年（1835）山陽李氏刻本　六冊

450000－2601－0001400　綫 K226.6/4039（1）

恪靖侯盾鼻餘瀋附聯語不分卷　（清）左宗棠撰　清光緒七年（1881）刻本　一冊

450000－2601－0001401　綫 K226.6/4039（2）

恪靖侯盾鼻餘瀋附聯語不分卷　（清）左宗棠撰　清光緒七年（1881）刻本　一冊

450000－2601－0001402　綫 K226.6/3700

湯文正公集八卷　（清）湯斌著　（清）閻興邦評　湯文正公[斌]年譜一卷　（清）方苞考訂　（清）楊椿輯　清同治十二年（1873）趙承恩刻紅杏山房印本　十二冊

450000 – 2601 – 0001403　綫 K226.6/3503

樂善堂全集定本三十卷　（清）高宗弘曆撰　清乾隆刻本　十二冊

450000 – 2601 – 0001404　綫 K226.6/3414

校禮堂文集三十六卷　（清）凌廷堪撰　清刻本　五冊

450000 – 2601 – 0001405　綫 K226.6/3423（1）

歸愚文鈔二十卷餘集八卷　（清）沈德潛撰　清乾隆刻本　十冊

450000 – 2601 – 0001406　藏 K226.6/3423（3）

歸愚文鈔餘集八卷　（清）沈德潛撰　清乾隆刻本　二冊　存五卷（一至五）

450000 – 2601 – 0001407　綫 K226.6/3408

賭棋山莊所著書九種五十九卷　（清）謝章鋌撰　清光緒十年至二十六年（1884 – 1900）刻本　二十三冊

450000 – 2601 – 0001408　綫 304/4433

自西徂東五卷首一卷附西事要書目錄一卷　（德國）花之安撰　清光緒二十三年（1897）上海廣學會鉛印本　五冊

450000 – 2601 – 0001409　綫 314/4013（1）

列國歲計政要十二卷首一卷　（英國）麥丁富得力編纂　（美國）林樂知口譯　（清）鄭昌棪筆述　清光緒刻本　六冊

450000 – 2601 – 0001410　綫 314/4013（2）

列國歲計政要十二卷首一卷　（英國）麥丁富得力編纂　（美國）林樂知口譯　（清）鄭昌棪筆述　清光緒四年（1878）江南製造總局刻本　六冊

450000 – 2601 – 0001411　綫 320/7044

路索民約論四編　（法國）路索著　（清）楊廷棟譯　清光緒二十八年（1902）鉛印本　一冊　存二編（一至二）

450000 – 2601 – 0001412　綫 320/7504

政治學二卷　（日本）南弘　（清）陳訓旭譯　清光緒三十二年（1906）金陵江楚官書局石印本　一冊

450000 – 2601 – 0001413　綫 K226.6/3404

卷施閣集四十六卷　（清）洪亮吉學　洪北江先生[亮吉]年譜一卷　（清）呂培等編次　清乾隆六十年（1795）貴陽節署刻本　十二冊

450000 – 2601 – 0001414　綫 K226.6/3148

汪梅村先生集十二卷外集一卷　（清）汪士鐸撰　清光緒七年（1881）刻本　四冊

450000 – 2601 – 0001415　綫 K226.6/3233

西圃集二十七卷　（清）潘遵祁撰　清刻本　六冊

450000 – 2601 – 0001416　綫 + 320.1/3002（1）

管子二十四卷　（春秋）管仲撰　（唐）房玄齡註釋　（明）劉績增註　（明）沈鼎新　（明）朱養純參評　（明）朱長春通演　（明）朱養和輯訂　明天啟五年（1625）花齋刻本　一冊　存四卷（十二至十五）

450000 – 2601 – 0001417　綫 + 320.1/3002（3）

管子二十四卷　（春秋）管仲撰　（唐）房玄齡註　清光緒五年（1879）刻本　四冊

450000 – 2601 – 0001418　綫 D98/0200（1）

陶齋吉金續錄二卷補遺一卷　（清）端方輯錄　清宣統元年（1909）金陵石印本　二冊

450000 – 2601 – 0001419　綫 + 320.1/3479

管子義證八卷　（清）洪頤煊撰　清光緒十五年（1889）南陵徐氏刻積學齋叢書本　二冊

450000 – 2601 – 0001420　綫 D98/0200（2）

陶齋吉金錄八卷　（清）端方輯錄　清光緒三十四年（1908）金陵石印本　八冊

450000 – 2601 – 0001421　綫 + 320.1/4307

管子校正二十四卷 （清）戴望篡 清同治十
一年至十二年(1872－1873)刻本 六冊

450000－2601－0001422 綫廿958/4437(1)

東華錄三十二卷(天命朝至雍正朝) （清）蔣
良騏撰 清刻本 八冊

450000－2601－0001423 綫D98/0200(3)

陶齋藏石記四十四卷首一卷藏甎記二卷
（清）端方撰 清宣統元年(1909)石印本 十
二冊

450000－2601－0001424 綫D97/8710

儀禮私箋八卷 （清）鄭珍撰 清同治五年
(1866)成山唐氏刻本 二冊

450000－2601－0001425 綫D972/2853

皇朝祭器樂舞錄二卷 （清）徐暢達輯 清同
治十年(1871)湖北崇文書局刻本 二冊

450000－2601－0001426 綫320.2/5479(1)

政治汎論四卷 （美國）威爾遜著 （日本）高
田早苗原譯 商務印書館重譯 （清）章起渭
校勘 清光緒二十九年(1903)上海商務印書
館鉛印政學叢書本 二冊

450000－2601－0001427 綫D97/4320(3)

夏小正戴氏傳四卷 （宋）傅崧卿注 清刻本
一冊

450000－2601－0001428 綫320.2/5479(2)

政治汎論四卷 （美國）威爾遜著 （日本）高
田早苗原譯 商務印書館重譯 （清）章起渭
校勘 清光緒二十九年(1903)上海商務印書
館鉛印政學叢書本 二冊

450000－2601－0001429 綫320.2/5479(3)

政治汎論後編二卷 （美國）威爾遜著 （清）
麥鼎華譯 清光緒二十九年(1903)上海廣智
書局鉛印本 二冊

450000－2601－0001430 綫D97/7721

制服成誦編一卷喪服通釋一卷制服表附歷代
沿革一卷 （清）周保珪撰 清光緒十六年
(1890)雲南書局刻本 一冊

450000－2601－0001431 綫D97/6830

文公家禮五卷 （清）喻遜撰 清道光六年
(1826)公信堂刻本 一冊

450000－2601－0001432 綫320.4/1043

樞言一卷續一卷 （清）王柏心著 清道光常
郡文煥齋木活字印本 一冊

450000－2601－0001433 綫320.4/2347

佐治芻言不分卷 （英國）傅蘭雅口譯 （清）
應祖錫筆述 清光緒十一年(1885)江南製造
總局鉛印本 三冊

450000－2601－0001434 綫D97/6725(1)

欽定儀禮義疏四十八卷首二卷 （清）允祿等
撰 清同治十一年(1872)江西書局刻御纂七
經本 四十冊

450000－2601－0001435 特綫±915.
0133/1047

[光緒]潯州府志五十七卷 （清）夏敬頤等纂
修 清光緒二十二年(1896)刻本 一冊 存
二卷(四十五至四十六)

450000－2601－0001436 綫D215/2548(4)

逸周書集訓校釋十卷周書逸文一卷 （清）朱
右曾集訓校釋 清光緒三年(1877)湖北崇文
書局刻本 一冊 缺五卷(一至五)

450000－2601－0001437 綫D97/4320(2)

夏小正全編四卷 （漢）戴德撰 （清）任兆麟
註 清刻本 一冊

450000－2601－0001438 綫D97/3044

儀禮古今文疏證二卷 （清）宋世犖學 清嘉
慶二十三年(1818)臨海宋世犖刻碻山所著書
本 一冊

450000－2601－0001439 綫320.4/3002(1)

庸書內篇二卷 （清）陳次亮撰 清光緒二十
四年(1898)慎記書莊鉛印本 四冊

450000－2601－0001440 綫320.4/3002(2)

庸書外篇二卷 （清）陳次亮撰 清光緒二十
四年(1898)慎記書莊鉛印本 三冊 缺卷上
葉一至二十六

450000 – 2601 – 0001441　　綫 320.4/3610

危言四卷　（清）湯震撰　清光緒二十四年(1898)三魚書屋石印本　　二冊

450000 – 2601 – 0001442　　綫 320.4/4614

政教進化論五章　（日本）加藤弘之著　（清）楊廷棟譯　清光緒二十八年(1902)上海廣智書局鉛印本　一冊

450000 – 2601 – 0001443　　綫 D97/2540

朱子家禮十卷首一卷　（宋）朱熹撰　（明）丘濬輯　（明）楊廷筠補　清嘉慶十四年(1809)麟經閣刻本　　六冊

450000 – 2601 – 0001444　　綫 D97/1023

朱子家禮辨定十卷首一卷　（清）王復禮撰　清嘉慶十七年(1812)羊城陳芝蘭刻文畬德記印本　　四冊

450000 – 2601 – 0001445　　綫 D97/1250

儀禮圖六卷　（清）張惠言述　清同治九年(1870)楚北崇文書局刻本　三冊

450000 – 2601 – 0001446　　綫 D97/2230

儀禮大要二卷　（清）任兆麟學　清乾隆四十六年(1781)同川書院刻本　一冊

450000 – 2601 – 0001447　　特綫 D673/3074

[光緒]容縣志二十八卷首一卷　（清）封祝唐等修　清光緒二十三年(1897)刻本　一冊　存三卷(二十四至二十六)

450000 – 2601 – 0001448　　綫 D97/0010(1)

風俗通義十卷　（漢）應劭撰　清光緒元年(1875)湖北崇文書局刻子書百家本　一冊

450000 – 2601 – 0001449　　綫 320.4/7221

庸吏庸言二卷庸吏餘談一卷　（清）劉衡存稿　清同治七年(1868)楚北崇文書局刻本　二冊

450000 – 2601 – 0001450　　綫 D97/0010(2)

風俗通義十卷　（漢）應劭著　（南朝宋）陳嘉猷校　清刻本　一冊　存六卷(一至六)

450000 – 2601 – 0001451　　綫 D97/0725

朱子家禮五卷　（宋）朱熹撰　（清）郭嵩燾校

訂　清光緒十七年(1891)思賢講舍刻本二冊

450000 – 2601 – 0001452　　綫 320.4/8740(1)

盛世危言六卷續編四卷　鄭觀應輯著　清光緒二十二年(1896)上海書局石印本　十冊

450000 – 2601 – 0001453　　綫 D945.46/8018

拿破崙本紀四卷四十二章　（英國）洛加德撰　林紓　魏易譯　清光緒三十三年(1907)京師學務處官書局鉛印本　一冊　存十三章(十九至三十一)

450000 – 2601 – 0001454　　綫 320.4/8740(2)

盛世危言六卷二編四卷三編六卷　鄭觀應輯著　清光緒二十四年(1898)圖書集成局鉛印本　六冊

450000 – 2601 – 0001455　　綫 320.4/8740(3)

盛世危言增訂新編八卷　鄭觀應箸　清光緒二十六年(1900)俟鶴齋鉛印本　八冊

450000 – 2601 – 0001456　　綫 D929/1233

新出張文襄公[之洞]事畧一卷　（清）聽雨樓主人撰　清宣統石印本　一冊

450000 – 2601 – 0001457　　綫 320.94/1022

十九世紀末世界之政治五編　（美國）靈綬著　（清）周起鳳譯　清光緒二十八年(1902)上海廣智書局鉛印本　一冊

450000 – 2601 – 0001458　　綫 D944.3/3133

日本教育家福澤諭吉傳一卷　（日本）奧村信太郎編　汪有齡譯　清刻本　一冊

450000 – 2601 – 0001459　　綫 D944.31/7752

大日本中興先覺志二卷　（日本）岡本監輔撰　清光緒二十七年(1901)開導社刻本　二冊

450000 – 2601 – 0001460　　綫 320.94/4882

政治一斑第一冊三卷　（日本）檜前保人著（清）出洋學生編輯所譯　**政治一斑第二冊四卷**　（日本）上野岩太郎著　（清）出洋學生編輯所譯　清光緒二十八年(1902)上海商務印書館鉛印本　一冊

450000 – 2601 – 0001461　　綫 320.94/9041

歐洲新政史□□卷　（德國）米勒爾撰　商務
印書館譯　清光緒上海商務印書館鉛印本
一冊　存一卷（卷上一至三編）

450000－2601－0001462　綫 320.952/3179
（1）
日本新政考二卷　（清）顧厚焜撰　清光緒十
四年（1888）石印本　二冊

450000－2601－0001463　綫 320.952/3179
（2）
日本新政考二卷　（清）顧厚焜撰　清光緒十
四年（1888）石印本　二冊

450000－2601－0001464　綫 320.952/3179
（3）
日本新政考二卷　（清）顧厚焜撰　清光緒十
四年（1888）石印本　二冊

450000－2601－0001465　綫 D926.71/3033
誥授通奉大夫賞戴花翎二品銜署浙江溫處兵
備道上元宗公［源翰］行狀一卷　（清）秦寶瓚
撰　清光緒石印本　一冊

450000－2601－0001466　綫 D926.66/0854
［羅六皆妻蔣氏］旌表節孝一卷　（清）□□輯
　清同治十三年（1874）刻本　一冊

450000－2601－0001467　綫 321/0066
政體論八章　（日本）高田早苗著　（清）秦存
仁譯　清光緒二十九年（1903）時中書局活版
所鉛印本　一冊

450000－2601－0001468　綫 321/2628
國家學綱領五章　（德國）伯倫知理著　梁啟
超譯　清光緒二十八年（1902）上海廣智書局
活版部鉛印政治學小叢書本　一冊

450000－2601－0001469　綫 D926.66/2692
程中議公［學伊］挽詞一卷　（清）游百川等撰
　皇清誥授中議大夫三品銜選用道衡陽程公
［學伊］行狀一卷　（清）張憲和撰　三品銜道
員分省補用知府程君［學伊］家傳一卷　（清）
李元度撰　皇清誥授中議大夫衡陽程君［學
伊］墓誌銘一卷　王闓運撰　黃自元書　衡
陽程中議［學伊］誄詞挽詩一卷　（清）徐啓書

等撰　衡陽程中議［學伊］祭文一卷　陳兆槐
撰　清光緒八年（1882）刻本　一冊

450000－2601－0001470　綫 D926.66/3404
洪北江先生［亮吉］年譜一卷　（清）呂培等編
次　清光緒三年（1877）授經堂刻本　一冊

450000－2601－0001471　綫 D926.51/7404
陳忠肅公［文龍］墓錄一卷　（清）孫峻輯　清
光緒二十一年（1895）八千卷樓刻本　一冊

450000－2601－0001472　綫 321.8/4437
憲政論一卷　（日本）菊池學而著　林榮譯
清光緒二十九年（1903）上海商務印書館鉛印
政學叢書本　一冊

450000－2601－0001473　綫 D926.52/3030
宋宗忠簡公遺事二卷　（宋）喬行簡編　清同
治十二年（1873）三原劉質慧刻本　一冊

450000－2601－0001474　綫 ＋324.5/4424
明貢舉考畧二卷國朝貢舉考畧四卷補一卷
（清）黃崇蘭輯　清光緒五年（1879）金陵文英
堂刻本　四冊

450000－2601－0001475　綫 D926.6/0241
新甯劉宮保［坤一］七十賜壽圖不分卷　（清）
□□撰　清光緒上海點石齋石印本　八冊

450000－2601－0001476　綫 ＋324.5/4070
國朝歷科題名碑錄初集六卷附明洪武至崇禎
各科六卷　（清）□□輯　清咸豐刻本　十
二冊

450000－2601－0001477　綫 D926.61/7135
顧端文公［憲成］年譜二卷前一卷末一卷
（明）顧與沐記略　（清）顧樞編　（清）顧貞
觀訂補　清錫山何碩卿刻本　二冊

450000－2601－0001478　綫 D926.51/7210
鄂國金陀粹編二十八卷續編三十卷　（宋）岳
珂撰　清光緒九年（1883）浙江書局刻本
六冊

450000－2601－0001479　綫 D926.51/2540
朱子［熹］年譜四卷　（清）王懋竑纂訂　清乾
隆十七年（1752）白田草堂刻本　二冊

450000－2601－0001480　綫 D926.23/4460

純德彙編七卷續刻一卷首一卷　（清）董華鈞訂　清嘉慶二十三年(1818)刻本　四冊

450000－2601－0001481　綫 325.3/4035(2)

俄租遼東暫行省治律一卷　（清）李家鏊譯　清光緒二十九年(1903)上海商務印書館鉛印本　一冊

450000－2601－0001482　綫 ±327/1133

約章成案匯覽甲篇十卷乙篇四十二卷　（清）顏世清纂　清末上海點石齋石印本　四十六冊（與 450000－2601－0001483 合函）

450000－2601－0001483　綫 ±327/1133

新纂約章大全續二卷　（清）陸鳳石編輯　清宣統二年(1910)上海國學扶輪社石印本　二冊（與 450000－2601－0001482 合函）

450000－2601－0001484　綫 327/1780

十九世紀列國政治文編十四卷　（清）邵義選輯　清光緒二十九年(1903)教育世界社鉛印本　十二冊

450000－2601－0001485　綫 ±327.5/3462

中法天津條約不分卷　（清）□□輯　清咸豐刻本　一冊

450000－2601－0001486　綫 D926.19/1740(1)

孟子[軻]編年四卷　（清）狄子奇撰　清光緒十三年(1887)浙江書局刻本　一冊

450000－2601－0001487　綫 D926.19/1740(2)

孟子[軻]編年四卷　（清）狄子奇撰　清光緒十三年(1887)浙江書局刻本　一冊

450000－2601－0001488　綫 D926.18/1270

孔子編年四卷　（清）狄子奇撰　清光緒十三年(1887)浙江書局刻本　一冊

450000－2601－0001489　綫 ±328.1/4437

議會政黨論三編　（日本）菊池學而著　商務印書館譯　（清）徐寯校　清光緒二十九年(1903)上海商務印書館鉛印政學叢書本

一冊

450000－2601－0001490　綫 336/6072

理財學精義四章　（日本）田尻稻次郎著　（清）王秀點譯　清光緒二十九年(1903)上海商務印書館再版鉛印政學叢書本　一冊

450000－2601－0001491　綫 D923/3470

謝氏三修族譜九卷　（清）□□撰　清末濟美堂木活字印本　四冊　缺三卷(四、六至七)

450000－2601－0001492　綫 D923/1040

百家姓考略一卷　（清）王相撰　清歙西徐士業刻本　一冊

450000－2601－0001493　綫 D923/1762

邵氏姓解辨誤一卷　（清）段朝端撰　清光緒十三年(1887)邵武徐榦刻邵武徐氏叢書本　一冊

450000－2601－0001494　綫 336.2/2680

租稅一編　錢恂撰　清光緒二十七年(1901)石印財政四綱本　一冊

450000－2601－0001495　綫 336.3/6025

國債一編　錢恂撰　清光緒二十七年(1901)石印財政四綱本　一冊

450000－2601－0001496　綫 338.04/1760

工業與國政相關論二卷　（英國）司旦離遮風司撰　（美國）衛理　（清）王馳譯　清光緒二十六年(1900)製造局木活字印本　一冊　存一卷(上)

450000－2601－0001497　綫 D923/2123

新纂氏族箋釋八卷　（清）熊峻運著　清刻本　一冊　存二卷(一至二)

450000－2601－0001498　綫 D923/0032

[渤海]高氏五修族譜十三卷首二卷　（清）□□撰　清光緒二十一年(1895)南平堂刻本　二冊　存二卷(首二卷)

450000－2601－0001499　綫 +340/1014

辦案要略一卷　（清）王又槐著　清刻本　一冊

450000－2601－0001500　綫 +340.1/1140

韓非子纂二卷　（明）張榜輯　（明）吳貴校訂
　　明延陵吳貴刻羣言液本　四冊

450000－2601－0001501　綫 D922.51/2630
練川名人畫象四卷坿二卷續編三卷　（清）程
祖慶編次　清光緒四年（1878）嘉定張修府刻
本　二冊

450000－2601－0001502　綫 340.2/4420
各國國民公私權考一卷　（日本）井上毅著
（清）出洋學生編輯所編　清光緒二十八年
（1902）上海商務印書館鉛印帝國叢書本
一冊

450000－2601－0001503　綫 D926.61/1070
明儒王心齋先生遺集五卷　袁承業輯　清宣
統二年（1910）東臺袁氏鉛印本　一冊　存三
卷（三至五）

450000－2601－0001504　綫＋340.4/4881
驚人雷二種八卷　（清）□□編　清刻本　一
冊　存四卷（新刻法筆二卷、新刻□□一至
二）

450000－2601－0001505　綫 340.6/0053
法律醫學二十四卷首一卷附一卷　（英國）該
惠連　（英國）弗里愛撰　（英國）傅蘭雅口譯
（清）趙元益筆述　（清）曹鍾秀繪圖　清光
緒二十五年（1899）江南製造局刻本　一冊
存五卷（二十一至二十四、附一卷）

450000－2601－0001506　綫 D926.66/3010
夢跡圖不分卷　（清）寶琳輯　清光緒石印本
一冊

450000－2601－0001507　綫 D921.71/2729
各行省優貢全錄一卷　（清）□□撰　清宣統
二年（1910）京師刻本　一冊

450000－2601－0001508　綫 D921.66/8324
碑傳集一百六十卷首二卷末二卷　（清）錢儀
吉纂錄　清光緒十九年（1893）江蘇書局刻本
六十冊

450000－2601－0001509　綫 D921.66/6047
（1）

國朝［順治至道光二十四年］歷科題名碑錄初
集六卷附明洪武至崇禎各科六卷　（清）□□
輯　清咸豐補刻本　十二冊

450000－2601－0001510　綫 D921.66/6047
（2）

國朝［順治至道光二年］歷科題名碑錄初集六
卷附明洪武至崇禎各科六卷　（清）□□輯
清道光補刻本　六冊

450000－2601－0001511　綫 340.6/0845（1）
洗冤錄詳義四卷首一卷　（宋）宋慈撰　（清）
許槤編校　洗冤錄撫遺二卷　（清）葛元煦撰
　　洗冤錄撫遺補一卷　（清）潘介繁輯　清光
緒十三年（1887）京都琉璃廠榮錄堂刻本　五
冊　存六卷（洗冤錄詳義二至四、洗冤錄撫遺
二卷、洗冤錄撫遺補一卷）

450000－2601－0001512　綫 D921.66/6047
（3）

國朝［順治至光緒十六年］歷科題名碑錄初集
九卷附明洪武至崇禎各科六卷　（清）□□輯
　　清光緒補刻本　十二冊

450000－2601－0001513　綫 340.6/0845（2）
洗冤錄詳義四卷首一卷　（宋）宋慈撰　（清）
許槤編校　清光緒四年（1878）祺麟刻京都琉
璃廠龍威閣印本　四冊

450000－2601－0001514　綫 D921.66/4238
（1）

紫光閣功臣小像並湘軍平定粵匪戰圖不分卷
　　（清）□□撰　清光緒二十七年（1901）點石
齋石印本　一冊

450000－2601－0001515　綫 D921.66/3503
欽定宗室王公功績表傳十二卷首一卷　（清）
□□撰　清三讓堂刻本　三冊　缺三卷（三
至五）

450000－2601－0001516　綫 D921.66/3782
國朝畫識十七卷　（清）馮金伯纂輯　清道光
十一年（1831）江左書林增修本　六冊

450000－2601－0001517　綫 D921.66/3434
雙仙小志不分卷　（清）謝祖芳輯　清光緒二

十八年(1902)刻本　一冊

450000－2601－0001518　綫340.6/7140(2)

重刊補註洗冤錄集證六卷　(清)王又槐增輯
(清)李觀瀾補輯　(清)阮其新補註
(清)王又梧校訂　(清)張錫藩重訂加丹　清
道光二十四年(1844)刻廣州翰墨園四色套印
本　五冊

450000－2601－0001519　綫340.6/7140(1)

重刊補註洗冤錄集證六卷　(清)王又槐增輯
(清)李觀瀾補輯　(清)阮其新補註
(清)王又梧校訂　(清)張錫藩重訂加丹　清
道光二十四年(1844)刻四色套印本　五冊

450000－2601－0001520　綫341.5/5520

各國交涉便法論六卷　(英國)費利摩羅巴德
著　(英國)傅蘭雅譯　(清)錢國祥校　清光
緒江南製造總局刻本　六冊

450000－2601－0001521　綫341/4480

國際公法志一卷　蔡鍔編譯　清光緒二十八
年(1902)上海廣智書局活版部鉛印本　一冊

450000－2601－0001522　綫341/4486

國際公法志一卷　蔡鍔編譯　清光緒二十九
年(1903)上海廣智書局活版部再版鉛印本
一冊

450000－2601－0001523　綫341/5520

**各國交涉公法論十六卷附校勘記一卷中西紀
年一卷**　(英國)費利摩羅巴德著　(英國)傅
蘭雅口譯　(清)俞世爵筆述　(清)汪振聲校
正　(清)錢國祥覆校　清光緒二十四年
(1898)江南機器製造總局刻本　十四冊　缺
二卷(一至二)

450000－2601－0001524　綫341.25/0143
(1)

約章成案匯覽甲篇十卷　(清)顏世清纂　清
光緒三十一年(1905)上海點石齋石印本
十冊

450000－2601－0001525　綫341.25/0143
(2)

約章成案匯覽乙篇四十二卷　(清)顏世清纂

清光緒三十一年(1905)上海點石齋石印本
三十六冊

450000－2601－0001526　綫341.2/9913

各國約章纂要六卷首一卷附錄一卷　(清)勞
乃宣纂　清光緒十八年(1892)上海圖書集成
印書局鉛印本　四冊

450000－2601－0001527　綫341.2/7471

新纂約章大全七十三卷　(清)陸鳳石編輯
清宣統元年(1909)上海南洋官書局石印本
四十八冊

450000－2601－0001528　綫342/2237

各國憲法畧一卷　(清)出洋學生編輯所譯述
清光緒二十八年(1902)上海商務印書館鉛
印帝國叢書本　一冊

450000－2601－0001529　綫342/1038(1)

憲法法理要義二卷　(清)王鴻年撰　清光緒
二十八年(1902)日本東京清國公使館三協合
資會社鉛印本　二冊

450000－2601－0001530　綫342/1038(2)

憲法法理要義二卷　(清)王鴻年撰　清光緒
二十八年(1902)日本東京清國公使館三協合
資會社鉛印本　二冊

450000－2601－0001531　綫342/5079(1)

比較國法學四編　(日本)末岡精一著　商務
印書館編譯所譯述　清光緒三十二年(1906)
上海商務印書館鉛印本　一冊

450000－2601－0001532　綫342/5079(2)

比較國法學四編　(日本)末岡精一著　商務
印書館編譯所譯述　清光緒三十二年(1906)
上海商務印書館鉛印本　一冊

450000－2601－0001533　綫342/5365

各國憲法源泉三種合編三編緒論一編　(德
國)挨里揑克著　(日本)美濃部達吉原譯
(清)林萬里　(清)陳承澤重譯　(清)潘承
鍔校訂　(清)中國圖書公司編輯　清光緒三
十四年(1908)上海中國圖書公司鉛印本
一冊

450000－2601－0001534　綫 342/7119（1）

萬國憲法比較一卷　（日本）辰巳小二郎著（清）戢翼翬譯　清光緒二十八年（1902）上海商務印書館再版鉛印政學叢書本　一冊

450000－2601－0001535　綫 342.42/4106

英國憲法史十編　（日本）松平康國編著（清）麥孟華譯述　清光緒二十九年（1903）上海廣智書局鉛印本　一冊　存三編（八至十）

450000－2601－0001536　綫 342.52/2744（1）

日本帝國憲法義解一卷附日本皇室典範義解一卷典範名義一卷　（日本）伊藤博文纂　沈紘譯　清光緒二十八年（1902）金粟齋再版鉛印本　一冊

450000－2601－0001537　綫 342.52/2744（2）

日本帝國憲法義解一卷附日本皇室典範義解一卷典範名義一卷　（日本）伊藤博文纂　沈紘譯　清光緒二十八年（1902）金粟齋再版鉛印本　一冊

450000－2601－0001538　綫 342.52/2744（3）

日本帝國憲法義解一卷附日本皇室典範義解一卷典範名義一卷　（日本）伊藤博文纂　沈紘譯　清光緒二十八年（1902）金粟齋再版鉛印本　一冊

450000－2601－0001539　綫 342/7734（2）

萬國憲法志三卷　（清）周逵編著　清光緒二十八年（1902）上海廣智書局再版鉛印萬國通志本　一冊

450000－2601－0001540　綫 342.52/2711（1）

日本帝國憲法義解一卷憲法名義一卷　（日本）伊藤博文纂　清光緒三十一年（1905）上海商務印書館鉛印本　一冊

450000－2601－0001541　綫 342.52/2711（2）

日本帝國憲法義解一卷憲法名義一卷　（日本）伊藤博文纂　清光緒二十七年（1901）鉛印本　一冊

450000－2601－0001542　綫 ±343/0408

秋審實緩比較條欵不分卷　（清）謝信齋撰清光緒四年（1878）江蘇書局刻本　二冊

450000－2601－0001543　綫 D921.61/7127

明狀元圖考五卷　（明）顧祖訓彙編　（明）黃應澄繪畫　清道光三十年（1850）漢陽葉氏平安館刻本　一冊　存一卷（一）

450000－2601－0001544　綫 D921.61/4438

明儒學案六十二卷　（清）黃宗羲著　（清）萬言訂　清乾隆四年（1739）慈谿二老閣刻光緒八年（1882）補刻本　十九冊　缺三卷（十九至二十一）

450000－2601－0001545　綫 D921.61/3145（1）

史外八卷　（清）汪有典著　清同治四年至九年（1865－1870）蜀中陜甘公所刻本　八冊

450000－2601－0001546　綫 D921.61/3145（2）

史外八卷　（清）汪有典著　清同治四年至九年（1865－1870）蜀中陜甘公所刻本　八冊

450000－2601－0001547　綫 D921.6/4014（1）

甌鉢羅室書畫過目攷四卷首一卷附一卷（清）李玉棻編輯　清光緒二十三年（1897）京都琉璃廠興盛齋刻本　四冊

450000－2601－0001548　綫 ±343/8740

折獄龜鑑八卷首一卷　（宋）鄭克撰　清光緒二十一年（1895）謝光綺瞻榆池館刻賀廣文堂印本　一冊　存二卷（七至八）

450000－2601－0001549　綫 D921.6/4014（2）

甌鉢羅室書畫過目攷四卷首一卷附一卷（清）李玉棻編輯　清光緒上海鴻文齋石印本　四冊

450000－2601－0001550　特 Q7/4734

礦物學不分卷 （德國）胡沙克著 馬君武譯
清宣統三年（1911）上海科學會編譯部日本
東京株式會社秀英舍第一工場鉛印本 一冊

450000－2601－0001551 綫 D921.58/1043
雙楳景闇叢書十六種二十五卷附一種一卷
葉德輝輯 清末長沙葉氏郎園刻本 一冊
存三種五卷（青樓集一卷、板橋雜記三卷、吳
門畫舫錄一卷）

450000－2601－0001552 綫 349.52/7222
（1）
日本法規大全二十五卷首一卷 （清）南洋公
學譯書院初譯 商務印書館編譯所補譯校訂
清宣統二年（1910）上海商務印書館五版鉛
印本 八十冊（與450000－2601－0001553合
函）

450000－2601－0001553 綫 349.52/7222
（1）
日本法規解字一卷 錢恂 董鴻禕編纂 清
宣統二年（1910）上海商務印書館四版鉛印本
一冊（與450000－2601－0001552合函）

450000－2601－0001554 綫 D921.51/2540
（1）
宋名臣言行錄前集十卷後集十四卷續集八卷
（宋）朱熹纂集 宋名臣言行錄別集二十六
卷外集十七卷 （宋）李幼武纂集 清同治七
年（1868）臨川桂氏刻本 十二冊

450000－2601－0001555 綫 D921.51/2540
（2）
宋名臣言行錄前集十卷後集十四卷續集八卷
（宋）朱熹纂集 宋名臣言行錄別集二十六
卷外集十七卷 （宋）李幼武纂集 清光緒十
三年（1887）刻本 十冊

450000－2601－0001556 綫 D921.51/2540
（3）
宋名臣言行錄前集十卷後集十四卷續集八卷
（宋）朱熹纂集 宋名臣言行錄別集二十六
卷外集十七卷 （宋）李幼武纂集 清同治七
年（1868）臨川桂氏刻本 八冊 缺二十四卷
（前集一至五、續集八卷、外集一至十一）

450000－2601－0001557 綫 349.52/7222
（2）
日本法規大全二十五卷首一卷日本法規解字
一卷 （清）南洋公學譯書院初譯 商務印書
館編譯所補譯校訂 錢恂 董鴻禕編纂 清
宣統二年（1910）上海商務印書館三版鉛印本
八十一冊

450000－2601－0001558 綫 349.52/7222
（3）
日本法規大全二十五卷首一卷日本法規解字
一卷 （清）南洋公學譯書院初譯 商務印書
館編譯所補譯校訂 錢恂 董鴻禕編纂 清
宣統二年（1910）上海商務印書館三版鉛印本
八十一冊

450000－2601－0001559 綫 D921/7533
三續疑年錄十卷 （清）陸心源編 清光緒五
年（1879）刻存齋雜纂本 三冊

450000－2601－0001560 綫 D921/7740
聖賢像贊四卷 （清）邱桐等撰 清嘉慶十四
年（1809）刻本 一冊 存三卷（一至三）

450000－2601－0001561 綫 D921/8025（1）
無聲詩史七卷 （清）姜紹書輯 清康熙五十
九年（1720）觀妙齋刻本 八冊

450000－2601－0001562 綫 350/8397（1）
五洲各國政治攷八卷 錢恂輯 清光緒二十
七年（1901）石印本 六冊

450000－2601－0001563 綫 350/8397（2）
五洲各國政治攷續編十四卷 錢恂輯 清光
緒二十七年（1901）石印本 六冊

450000－2601－0001564 綫 D921/8340（1）
補疑年錄四卷 （清）錢椒編 清刻本 一冊

450000－2601－0001565 綫 D921/8340（2）
補疑年錄四卷 （清）錢椒編 清光緒六年
（1880）吳興陸氏刻本 一冊

450000－2601－0001566 綫 D921/8346（1）
疑年錄四卷 （清）錢大昕編 續疑年錄四卷
（清）吳修編 清刻本 二冊

450000－2601－0001567　綫 D921/8346（2）

疑年錄四卷　（清）錢大昕編　續疑年錄四卷
（清）吳修編　清刻本　二冊

450000－2601－0001568　綫 ±353.013/3022

［光緒八年］定例彙編一卷　（清）□□輯　清
光緒刻本　二冊

450000－2601－0001569　綫 D921/4743

江右文鈔十六卷　（清）胡大鴻輯　清刻本
六冊　存六卷（三、七至八、十一至十二、十
六）

450000－2601－0001570　綫 D921/4073（1）

續栞文廟祀位一卷　（清）李觀濤續刊　清刻
本　一冊

450000－2601－0001571　綫 D921/4073（2）

續栞文廟祀位一卷　（清）李觀濤續刊　清刻
本　一冊

450000－2601－0001572　綫 ±353.08/3543
（1）

硃批諭旨六十卷　（清）鄂爾泰等編次　清光
緒十三年（1887）上海點石齋影印本　五十冊
存五十卷（十一至六十）

450000－2601－0001573　綫 ±353.08/3543
（2）

硃批諭旨六十卷　（清）鄂爾泰等編次　清光
緒十三年（1887）上海點石齋影印本　六十冊

450000－2601－0001574　綫 D921/3413

歷朝狀元錄二卷　（清）沈一清編輯　清同治
六年（1867）刻本　一冊　存一卷（一）

450000－2601－0001575　綫 D926.66/4708

楊仁山居士［文會］別傳一卷　張爾田撰　清
宣統三年（1911）刻本　一冊

450000－2601－0001576　±041/0090

訄書不分卷　章炳麟著　清光緒三十一年
（1905）日本東京野口安治鉛印本　一冊

450000－2601－0001577　綫 D921/3140

歷代名媛圖說二卷　（明）汪氏輯　清光緒五
年（1879）上海點石齋石印本　二冊

450000－2601－0001578　綫 D921/3199

東軒吟社畫像一卷記一卷傳一卷題詞一卷
（清）汪曾唯撰　清光緒二年（1876）錢塘汪氏
振綺堂刻本　一冊

450000－2601－0001579　綫 D921/3137

晚笑堂竹莊畫傳二卷　（清）上官周繪　清乾
隆八年（1743）刻本　二冊

450000－2601－0001580　綫 ±353.0817/
4068

大明令一卷　（明）□□纂　清光緒刻陸庵叢
書本　一冊

450000－2601－0001581　藏綫 D624/1924

［乾隆］汾州府志三十四卷首一卷　（清）孫和
相修　（清）戴震纂　清乾隆三十六年（1771）
刻本　十六冊

450000－2601－0001582　綫 ±353.082/0077
（1）

憲政編查館會奏各省諮議局章程及案語并議
員選舉章程摺單一卷　（清）奕劻等撰　清光
緒三十四年（1908）鉛印本　一冊

450000－2601－0001583　綫 ±353.082/0077
（2）

憲政編查館會奏各省諮議局章程及案語并議
員選舉章程摺單一卷　（清）奕劻等撰　清光
緒三十四年（1908）鉛印本　一冊

450000－2601－0001584　特綫 910/2631（4）

海國圖志正集一百卷首一卷　（清）魏源撰
海國圖志續集二十五卷首一卷　（清）鄧鏗著
清光緒二十四年（1898）文賢閣石印本　十
六冊

450000－2601－0001585　綫 ±353.082/6045
（1）

實政錄七卷　（明）呂坤著　清同治七年
（1868）湖北崇文書局刻本　四冊

450000－2601－0001586　綫 ±353.082/6045
（2）

實政錄七卷　（明）呂坤著　清同治七年
（1868）湖北崇文書局刻本　三冊　存五卷

（三至七）

450000－2601－0001587　特綫 ±915/1023

輿地紀勝二百卷　（宋）王象之編　（清）岑鎔等校刊　**輿地紀勝校勘記五十二卷**　（清）劉文淇　（清）劉毓崧纂輯　**輿地紀勝補闕十卷**　（清）岑建功輯　清道光二十九年（1849）甘泉岑氏懼盈齋刻本（輿地紀勝卷十三至十六、五十一至五十四、一百三十六至一百四十四、一百六十六至一百七十三、一百九十三至二百原缺）　五十冊

450000－2601－0001588　綫 D921/2626

繡像古今賢女傳九卷首一卷　（清）魏息園著　清光緒三十四年（1908）上海集成圖書公司點石齋石印本　八冊

450000－2601－0001589　綫廿 956/4006（1）

元朝秘史注十五卷首一卷　（清）李文田注　清光緒二十二年（1896）通隱堂刻本　四冊

450000－2601－0001590　綫廿 956/4006（2）

元朝秘史注十五卷首一卷　（清）李文田注　清光緒二十二年（1896）通隱堂刻本　四冊

450000－2601－0001591　藏綫 ±915.21/1051（2）

［光緒］山西通志一百八十四卷首一卷　（清）曾國荃等修　（清）王軒等纂　清光緒十八年（1892）刻本　九十六冊

450000－2601－0001592　綫 ±353.0824/7444

陸宣公集二十二卷　（唐）陸贄撰　清同治五年（1866）楊氏問竹軒家塾刻本　六冊

450000－2601－0001593　藏綫 D650.1/0027

［宣統］上海指南八卷附須知一卷　商務印書館編譯所編纂　清宣統二年（1910）上海商務印書館五版鉛印本　一冊

450000－2601－0001594　綫 D921/2653（1）

高士傳三卷　（晉）皇甫謐著　清光緒元年（1875）湖北崇文書局刻本　一冊

450000－2601－0001595　綫 D921/2653（2）

高士傳三卷　（晉）皇甫謐著　清光緒元年（1875）湖北崇文書局刻本　一冊

450000－2601－0001596　藏綫 ±915.3423/5099

同治上海縣志札記六卷　（清）秦榮光撰　清光緒二十八年（1902）鉛印本　六冊

450000－2601－0001597　綫廿 956/3030（1）

元史附考證二百十卷目錄二卷　（明）宋濂等修　清同治十三年（1874）江蘇書局刻本　二十冊　存九十卷（一至八十八、目錄二卷）

450000－2601－0001598　綫廿 956/3030（2）

元史附考證二百十卷目錄二卷　（明）宋濂等修　清光緒二十八年（1902）刻本　四十三冊　缺五卷（一百二十一至一百二十五）

450000－2601－0001599　綫 D921/2764

道齊正軌二十卷　（清）鄒鳴鶴纂述　（清）鄒觀皐校刊　清光緒二十三年（1897）刻本　八冊

450000－2601－0001600　綫 ±353.0828/1048

皇朝道咸同光奏議六十四卷　（清）王延照　（清）王樹敏編輯　清光緒二十八年（1902）上海久敬齋石印本　二十八冊

450000－2601－0001601　綫 D921/1261

疑年賡錄二卷　（清）張鳴珂編　清光緒二十四年（1898）寒松閣刻本　一冊

450000－2601－0001602　綫 D921/1066（1）

百將圖傳二卷　（清）丁日昌輯　清刻本　二冊

450000－2601－0001603　綫 D921/1066（2）

百將圖傳二卷　（清）丁日昌輯　清刻本　二冊

450000－2601－0001604　綫 D921/0072（2）

增廣尚友錄統編二十二卷　（清）應祖錫編輯　清光緒二十八年（1902）鴻寶齋石印本　十二冊

450000－2601－0001605　綫 D921/0077

增廣廿四史尚友錄十六卷　（明）廖用賢編
（清）張伯琮補輯　（清）思退主人續編
（清）倉山主人再續編　清光緒上海富强齋石
印本　四册　存四卷（三至四、八至九）

450000－2601－0001606　綫 ± 353.0828/
2720（1）

駱文忠公奏議湘中稿十六卷續刻四川稿十一
卷　（清）駱秉章撰　誥授光祿大夫太子太傅
四川總督協辦大學士世襲一等輕車都尉駱文
忠公[秉章]行狀一卷　（清）李光廷狀　光祿
大夫太子太傅四川總督協辦大學士世襲一等
輕車都尉駱文忠公[秉章]神道碑銘一卷
（清）蘇廷魁撰　清光緒四年（1878）駱天保刻
本　二十四册（與 450000－2601－0001610 合
函）

450000－2601－0001607　綫 D921.66/4238
（2）

紫光閣功臣小像並湘軍平定粵匪戰圖不分卷
　（清）□□撰　清光緒二十七年（1901）點石
齋石印本　一册

450000－2601－0001608　綫 B311/1238

易象闡微五卷　（清）張之銳撰　清宣統二年
（1910）鉛印本　二册

450000－2601－0001609　綫 D223/4120

兩漢博聞十二卷　（宋）楊侃撰　清光緒申報
館鉛印本　五册　存十卷（一至十）

450000－2601－0001610　綫 ± 353.0828/
2720（1）

[駱秉章]挽言錄一卷　（清）陳興鉞輯　清同
治十年（1871）文石堂刻本　二十四册　（與
450000－2601－0001606 合函）

450000－2601－0001611　特綫 D6/1040

元豐九域志十卷　（宋）王存等撰　清乾隆、
嘉慶間木活字印本　七册　缺一卷（三）

450000－2601－0001612　藏綫 ± 915.21/
1051（1）

[光緒]山西通志一百八十四卷首一卷　（清）

曾國荃等修　（清）王軒等纂　清光緒十八年
（1892）刻本　九十六册

450000－2601－0001613　綫 ± 353.0828/
2720（2）

駱文忠公奏議湘中稿十六卷續刻四川稿十一
卷　（清）駱秉章撰　誥授光祿大夫太子太傅
四川總督協辦大學士世襲一等輕車都尉駱文
忠公[秉章]行狀一卷　（清）李光廷狀　光祿
大夫太子太傅四川總督協辦大學士世襲一等
輕車都尉駱文忠公[秉章]神道碑銘一卷
（清）蘇廷魁撰　[駱秉章]挽言錄一卷
（清）陳興鉞撰　清光緒四年（1878）駱天保刻
本　二十四册

450000－2601－0001614　綫 ± 353.0828/
3444（1）

沈文肅公政書七卷首一卷　（清）沈葆楨撰
清光緒六年（1880）吳門節署木活字印本　十
二册

450000－2601－0001615　綫 ± 353.0828/
3444（2）

沈文肅公政書七卷首一卷　（清）沈葆楨撰
清光緒六年（1880）吳門節署木活字印本　十
二册

450000－2601－0001616　綫 ± 353.0828/
4210（1）

彭剛直公奏稿八卷　（清）彭玉麟撰　清末石
印本　四册

450000－2601－0001617　藏綫 D623/3230

[光緒]南陽縣志十二卷首一卷　（清）潘守廉
修　（清）張嘉謀等纂　清光緒三十年（1904）
刻本　六册

450000－2601－0001618　綫 ± 353.0828/
4210（2）

彭剛直公奏稿八卷　（清）彭玉麟撰　清末石
印本　四册

450000－2601－0001619　綫廿 953.7/4742

晉宋書故一卷　（清）郝懿行箸　清刻曬書堂
褧志本　一册

450000－2601－0001620　綫廿 953/7730

晉畧六十五卷　（清）周濟譔　（清）周重庚校勘　清光緒二年至三年(1876－1877)荊溪周佐臣等味雋齋刻本　十冊

450000－2601－0001621　特綫 ± 915/1040 (1)

元豐九域志十卷　（宋）王存等撰　清光緒八年(1882)金陵書局刻本　四冊

450000－2601－0001622　綫 ± 353. 0828/4210(3)

彭剛直公奏稿八卷　（清）彭玉麟撰　清末石印本　四冊

450000－2601－0001623　綫 D921/0020

碧血錄五卷　（清）莊仲方著論　（清）夏鸞翔繪　清光緒八年(1882)上海同文書局石印本　五冊

450000－2601－0001624　綫 ± 353. 0828/7241

江楚會奏變法三摺三卷附片一件一卷　（清）劉坤一　（清）張之洞撰　清光緒鉛印本　一冊

450000－2601－0001625　綫 D921/0072(1)

增廣尚友錄統編二十二卷　（清）應祖錫編輯　清光緒二十八年(1902)鴻寶齋石印本　十二冊

450000－2601－0001626　綫 D872/4340

亞美利加洲通史二卷　（清）戴彬編譯　清光緒二十八年(1902)上海商務印書館鉛印歷史叢書本　二冊

450000－2601－0001627　綫 D846/3060

印度史攬要三卷　（英國）亨德偉良撰　（清）任廷旭譯　清光緒二十七年(1901)上海美華書館鉛印本　三冊

450000－2601－0001628　特綫 ± 915/3704

皇朝藩部要略十八卷世系表四卷　（清）祁韻士纂　（清）毛嶽生編次　清光緒十年(1884)浙江書局刻本　八冊

450000－2601－0001629　綫 D85/3402

英法俄德四國志略四卷　沈敦和輯譯　清光緒十八年(1892)鉛印本　一冊

450000－2601－0001630　綫 ± 353. 0912/2810(2)

東漢會要四十卷　（宋）徐天麟撰　清光緒十年(1884)江蘇書局刻本　八冊

450000－2601－0001631　綫 ± 353. 0912/2810(3)

西漢會要七十卷　（宋）徐天麟撰　清光緒十年(1884)江蘇書局刻本　十冊

450000－2601－0001632　綫 D854/0027(1)

法蘭西史五卷　商務印書館編譯　清光緒二十九年(1903)上海商務印書館鉛印歷史叢書本　一冊

450000－2601－0001633　綫 D854/0027(2)

法蘭西史五卷　商務印書館編譯　清光緒二十九年(1903)上海商務印書館鉛印歷史叢書本　一冊

450000－2601－0001634　綫 ± 353. 0914/1030

五代會要三十卷　（宋）王溥撰　清光緒十二年(1886)江蘇書局刻本　六冊

450000－2601－0001635　綫 D854.1/0041

法蘭西志六卷　（日本）高橋二郎譯述　（日本）岡千仞刪定　清光緒二十二年(1896)上海書局刻本　二冊

450000－2601－0001636　綫 D856.2/5044

威廉振興荷蘭紀畧四卷　W. E. MECKLIN 撰　（清）廣學會編譯　清光緒二十七年(1901)上海美華書館鉛印本　一冊　存二卷(一至二)

450000－2601－0001637　綫 D843.8/1230

癸卯東游日記一卷　張謇著　清光緒二十九年(1903)江蘇通州翰墨林書局鉛印本　一冊

450000－2601－0001638　綫 D843.6/4433

日本國志四十卷首一卷　（清）黃遵憲編纂

清光緒二十四年（1898）浙江書局刻本　十冊

450000－2601－0001639　綫D843.1/1042

日本新史攬要七卷　（日本）石村貞一編輯
（清）游瀛主人譯　清光緒二十五年（1899）石
印本　七冊

450000－2601－0001640　藏綫D650.1/4528
（1）

[光緒]重修奉賢縣志二十卷首一卷末一卷
（清）韓佩金修　（清）張文虎等纂　清光緒四
年（1878）刻本　六冊

450000－2601－0001641　綫D843/5724（1）

日本外史二十二卷首一卷　（日本）賴襄子成
著　清光緒二十八年（1902）文賢閣石印本
八冊

450000－2601－0001642　綫D842/2063

大日本維新史二卷　（清）重野安繹著　清光
緒二十八年（1902）鉛印本　二冊

450000－2601－0001643　綫D843/4308（1）

日本維新三十年史十二編附錄一卷　（日本）
博文館編輯　（清）廣智書局譯印　清光緒二
十九年（1903）上海廣智書局鉛印三版本
六冊

450000－2601－0001644　綫D843/4308（2）

日本維新三十年史十二編附錄一卷　（日本）
博文館編輯　（清）廣智書局譯印　清光緒二
十九年（1903）上海廣智書局鉛印三版本　三
冊　缺七編(一至二、五至七、十一至十二)

450000－2601－0001645　綫D843/4478

德國最近進步史三卷　（美國）林樂知譯
（清）范禕述　清光緒三十年（1904）上海廣學
會商務印書館鉛印本　一冊

450000－2601－0001646　綫D697.4/7440

嶺南雜事詩鈔八卷　（清）陳坤著　清光緒粵
東省城內西湖街藝苑樓刻如不及齋叢書本
六冊

450000－2601－0001647　綫D71/2761（1）

俄羅斯史一卷　（俄國）伊羅瓦伊基著　（日

本）八代六郎原譯　商務印書館重譯　清光
緒二十九年（1903）上海商務印書館鉛印歷史
叢書本　一冊

450000－2601－0001648　綫D71/2761（2）

俄羅斯史一卷　（俄國）伊羅瓦伊基著　（日
本）八代六郎原譯　商務印書館重譯　清光
緒二十九年（1903）上海商務印書館鉛印歷史
叢書本　一冊

450000－2601－0001649　綫D723/2866

俄史輯譯四卷　（清）徐景羅譯　清光緒二十
四年（1898）上海富強齋石印富強叢書本
二冊

450000－2601－0001650　綫D76/2731

俄游彙編八卷　（清）繆佑孫纂　清光緒二十
四年（1898）上海書局石印本　六冊

450000－2601－0001651　綫D842/4454

朝鮮近世史二卷　（日本）林泰輔編　毛乃庸
譯　清末石印本　一冊

450000－2601－0001652　綫D840.6/2221

新撰亞細亞洲大地誌四卷　（日本）山上萬次
郎編　葉瀚譯　清光緒二十七年（1901）上海
正記書局石印本　四冊

450000－2601－0001653　綫D840.3/3047
（1）

泰西民族文明史一卷　（法國）賽奴巴撰
（日本）野澤武之助原譯　（清）沈是中
（清）俞子彝重譯　清光緒二十九年（1903）上
海商務印書館鉛印歷史叢書本　一冊

450000－2601－0001654　綫D840.3/3047
（2）

泰西民族文明史一卷　（法國）賽奴巴撰
（日本）野澤武之助原譯　（清）沈是中
（清）俞子彝重譯　清光緒二十九年（1903）上
海商務印書館鉛印歷史叢書首版本　一冊

450000－2601－0001655　綫D8/2130（1）

**泰西新史攬要(泰西近百年來大事記)二十四
卷人地諸名表一卷**　（英國）馬懇西著　（英
國)李提摩太譯　蔡爾康述稿　清光緒二十

八年(1902)美華書館鉛印第八次本　八冊

450000－2601－0001656　綫D8/2130(2)

泰西新史攬要(泰西近百年來大事記)二十四卷人地諸名表一卷　（英國）馬懇西著　（英國）李提摩太譯　蔡爾康述稿　清光緒二十二年(1896)三味堂刻本　七冊

450000－2601－0001657　綫D8/4062

萬國通史前編十卷　（英國）李思倫伯輯譯　蔡爾康撰述　清末鉛印本　四冊　存四卷（三至四、七、九）

450000－2601－0001658　綫D695.3/1971(1)

永嘉聞見錄二卷　（清）孫同元撰　清光緒十四年(1888)東甌刻本　二冊

450000－2601－0001659　綫D695.4/4438

匡廬游錄一卷　（清）黃宗羲著　清宣統二年(1910)上海時中書局鉛印梨洲遺著本　一冊

450000－2601－0001660　綫D694.2/6057

甯古塔記畧一卷　（清）吳振臣著　清光緒桐廬袁氏刻漸西村舍彙刊本　一冊

450000－2601－0001661　綫695.01/1050

瀛壖雜志六卷　（清）王韜撰　清光緒元年(1875)刻本　六冊

450000－2601－0001662　綫D695.1/3450(1)

常州賦不分卷　（清）褚邦慶編注　清光緒四年(1878)刻本　二冊

450000－2601－0001663　綫D695.1/3450(2)

常州賦不分卷　（清）褚邦慶編注　清光緒四年(1878)刻本　一冊

450000－2601－0001664　綫D692.7/1220

蒙古游牧記十六卷　（清）張穆撰　清同治六年(1867)壽陽祁寯藻刻本　四冊

450000－2601－0001665　綫D69/4049

長春真人西游記二卷　（元）李志常述　清道光二十七年(1847)春靈石楊氏刻連筠簃叢書本　一冊

450000－2601－0001666　綫D840.1/7777(2)

東洋史要二卷　（日本）桑原騭藏著　樊炳清譯　清光緒二十五年(1899)鉛印本　一冊

450000－2601－0001667　綫D77/6027

山海經廣注十八卷圖五卷雜述一卷　（晉）郭璞撰　（清）吳任臣注　清乾隆五十一年(1786)金閶書業堂刻本　二冊

450000－2601－0001668　綫D69/2833(1)

徐霞客游記十卷外編一卷補編一卷　（明）徐宏祖著　清嘉慶十三年(1808)水心齋葉廷甲刻本　十二冊

450000－2601－0001669　綫D69/2833(2)

徐霞客游記十卷外編一卷補編一卷　（明）徐宏祖著　清嘉慶十三年(1808)水心齋葉廷甲刻本　十六冊

450000－2601－0001670　綫D69/1163

河海崑崙錄六卷　裴景福著　清宣統元年(1909)迪化官報局鉛印本　六冊

450000－2601－0001671　綫D69/1943

孫文定公南游記一卷　（清）孫嘉淦撰　清嘉慶十年(1805)刻本　一冊

450000－2601－0001672　綫D69/1030

春融堂雜記八種八卷　（清）王昶撰　清光緒申報館鉛印申報館叢書本　四冊

450000－2601－0001673　綫D68/8003

吳山伍公廟志六卷首一卷附溧陽縣志一卷　（清）金文滔纂輯　清光緒二年(1876)刻本　一冊

450000－2601－0001674　綫D68/4729

示我周行三卷　（清）鶴和堂輯定　清刻本　二冊

450000－2601－0001675　綫D68/7110

兩浙防護錄十一卷　（清）阮元輯　清會稽董氏取斯家塾刻本　四冊

450000－2601－0001676　綫D68/4790

子書百家一百一種五百十一卷 （清）崇文書局輯 清光緒元年（1875）湖北崇文書局刻本 一冊 存二種二卷（山海經補註一卷、山海經圖譜一卷）

450000－2601－0001677 綫 D68/4490（1）

江北運程四十卷首一卷 （清）董恂撰 清咸豐十年（1860）刻本 二十二冊 缺十七卷（五至九、二十九至四十）

450000－2601－0001678 綫 D68/4490（2）

江北運程四十卷首一卷 （清）董恂撰 清咸豐十年（1860）刻本 一冊 存一卷（二十一）

450000－2601－0001679 綫 D68/1010

續東河櫂歌一卷 （清）丁丙撰 清光緒二十一年（1895）泉唐嘉惠堂丁氏刻武林掌故叢編本 一冊

450000－2601－0001680 綫 D68/2840

大興徐氏三種八卷 （清）徐松撰 清光緒上海鴻文書局石印本 四冊

450000－2601－0001681 綫 D68/3148

水經注圖一卷附錄一卷 （清）汪士鐸學 清咸豐十一年（1861）長沙刻本 一冊

450000－2601－0001682 綫 ±353.092/0020

欽定增修六部處分則例五十二卷 （清）清平等纂修 清光緒二年（1876）刻本 二十一冊

450000－2601－0001683 綫 D68/0292

經野規略三卷 （清）劉光復撰 清同治五年（1866）鉛印本 四冊

450000－2601－0001684 綫 D68/0710

圖繪全像山海經廣註十八卷 （晉）郭璞撰 明聚錦堂刻本 四冊

450000－2601－0001685 綫 D667/4458

三省入藏程站紀一卷 （清）范壽金編輯 清光緒三十三年（1907）石印本 一冊

450000－2601－0001686 綫 D674/1933

新州竹枝詞二卷 （清）孫福清等撰 清光緒元年（1875）刻本 二冊

450000－2601－0001687 綫 ±353.092/3004

（1）

皇朝掌故彙編內編六十卷首一卷外編四十卷首一卷 （清）宋澄之等輯 清光緒二十八年（1902）求實書社鉛印本 六十冊

450000－2601－0001688 綫 ±353.092/3004

（2）

皇朝掌故彙編內編六十卷首一卷 （清）宋澄之等輯 清光緒二十八年（1902）求實書社鉛印本 三十六冊

450000－2601－0001689 綫 D674/6017

五山志林八卷 （清）羅天尺撰 清道光三十年（1850）南海伍氏粵雅堂刻嶺南遺書本 二冊

450000－2601－0001690 綫#D652/0280

江南安徽全圖一卷 （清）劉籌纂 清光緒二十二年（1896）點石齋石印本 一冊

450000－2601－0001691 綫 ±353.21/0053

廣東憲政籌備處報告書第一期不分卷 （清）廣東憲政籌備處撰 清宣統二年（1910）廣州雙門底寶青閣鉛印本 一冊

450000－2601－0001692 綫 D651/1207

六朝事蹟編類十四卷 （宋）張敦頤撰 清光緒十三年（1887）李濱刻寶章閣印本 四冊

450000－2601－0001693 綫 ±353.2/2845

牧令書輯要十卷 （清）徐原棟編 （清）丁日昌重編 清同治八年（1869）湖北崇文書局刻本 十冊

450000－2601－0001694 綫 ±353.21/3149

江蘇省例不分卷 （清）□□撰 清同治八年（1869）江蘇書局刻本 一冊（與 450000－2601－0001695 合函）

450000－2601－0001695 綫 ±353.21/3149

江蘇省例續編不分卷 （清）□□撰 清光緒二年（1876）江蘇書局刻本 三冊（與 450000－2601－0001694 合函）

450000－2601－0001696 綫 ±353.218/3119

閩政領要三卷 （清）德福等輯 清刻本

一冊

450000－2601－0001697　綫 D6/8340
新斠注地理志集釋十六卷　（清）錢坫著
（清）徐松集釋　清同治十三年（1874）會稽章
氏用咫進齋刻本　六冊

450000－2601－0001698　綫 D6/7191（1）
天下郡國利病書一百二十卷　（清）顧炎武輯
清光緒二十七年（1901）圖書集成局鉛印本
二十八冊

450000－2601－0001699　綫 D6/7191（2）
天下郡國利病書一百二十卷　（清）顧炎武輯
清光緒二十七年（1901）圖書集成局鉛印本
二十八冊

450000－2601－0001700　綫 D6/7132（1）
讀史方輿紀要一百三十卷方輿全圖總說五卷
（清）顧祖禹輯著　清光緒二十七年（1901）
圖書集成局鉛印本　三十二冊

450000－2601－0001701　＋031/7244
教育新理問答二編　（清）劉翰芬　黃英撰
清光緒二十七年（1901）上海廣智書局鉛印本
二冊

450000－2601－0001702　綫 ±353.24/1769
城鎮鄉地方自治宣講書八章　孟昭常著　清
宣統二年（1910）上海中新書局第十版鉛印本
一冊

450000－2601－0001703　綫 ±353.6/3416
（1）
洪經略奏對筆記二卷　（清）洪承疇撰　清光
緒十六年（1890）上海廣百宋齋鉛印本　一冊

450000－2601－0001704　綫 354.4/4334（1）
列國政要一百三十二卷譯名對照表一卷首一
卷　（清）戴鴻慈　（清）端方輯　清光緒三十
四年（1908）上海商務印書館第四版石印本
三十二冊

450000－2601－0001705　綫 ±353.6/7722
（2）
兩漢策要十二卷　（宋）陶叔獻輯　清光緒十

三年（1887）上海同文書局石印本（卷三原缺）
八冊

450000－2601－0001706　綫 355/2540
重刊武經七書彙解七卷首一卷末一卷　（清）
朱墉纂輯　（清）朱圻　（清）索綽絡·國英訂
清光緒二年（1876）索綽絡氏家塾廣州古經
閣書坊刻本　十冊

450000－2601－0001707　綫 355/4741（1）
讀史兵略四十六卷　（清）胡林翼纂　清咸豐
十一年（1861）武昌節署刻本　十六冊

450000－2601－0001708　綫 355/4741（2）
讀史兵略四十六卷　（清）胡林翼纂　清咸豐
十一年（1861）武昌節署刻本　十六冊

450000－2601－0001709　綫 355/4741（3）
讀史兵略四十六卷　（清）胡林翼纂　清咸豐
十一年（1861）武昌節署刻本　十六冊

450000－2601－0001710　綫 355/5043
備豫錄十四卷　（清）惠麓酒民編次　（清）玉
卮居士重訂　清道光二十年（1840）陳氏刻本
五冊

450000－2601－0001711　綫 355/5329（1）
練兵實紀九卷雜集六卷　（明）戚繼光撰　**各**
國旗式一卷　（清）□□輯　清光緒二十一年
（1895）上海醉經廔石印本　四冊

450000－2601－0001712　綫 355/5329（2）
練兵實紀九卷雜集六卷　（明）戚繼光撰　**各**
國旗式一卷　（清）□□輯　清光緒二十一年
（1895）上海醉經廔石印本　四冊

450000－2601－0001713　綫 355/5329（3）
練兵實紀九卷雜集六卷　（明）戚繼光撰　清
道光十四年（1834）來鹿堂刻本　六冊

450000－2601－0001714　綫 354.4/4334（2）
列國政要一百三十二卷譯名對照表一卷首一
卷　（清）戴鴻慈　（清）端方輯　清光緒三十
三年（1907）上海商務印書館石印本　二十四
冊　存九十卷（一至八十九、首一卷）

450000－2601－0001715　綫 355.4/4255

臨陣管見九卷　（德國）斯拉弗司撰　（美國）金楷理口譯　（清）趙元益筆述　清同治、光緒間江南製造局刻本　四冊

450000－2601－0001716　綫355.8/4412
軍械經理學一卷　杜爾倫述　（清）郝志英譯　（清）鄭汝成校　清光緒三十二年（1906）北洋陸軍編譯局鉛印本　一冊

450000－2601－0001717　綫356/7767（1）
德國陸軍考四卷　（法國）歐盟輯著　（清）吳宗濂譯文　（清）潘元善執筆　清光緒二十七年至二十八年（1901－1902）江南製造局鉛印本　三冊

450000－2601－0001718　綫356/7767（2）
德國陸軍考四卷　（法國）歐盟輯著　（清）吳宗濂譯文　（清）潘元善執筆　清光緒二十七年至二十八年（1901－1902）江南製造局鉛印本　三冊

450000－2601－0001719　綫356.3/8041（1）
攻守礮法一卷克虜伯腰箍礮說一卷（船）礮架說一卷船礮操法一卷（堡）礮架說一卷螺繩礮架說一卷　（德國）軍政局纂　（美國）金楷理口譯　（清）李鳳苞筆述　清光緒元年（1875）江南製造總局刻本　一冊

450000－2601－0001720　綫356.3/8041（2）
攻守礮法一卷克虜伯腰箍礮說一卷（船）礮架說一卷船礮操法一卷（堡）礮架說一卷螺繩礮架說一卷　（德國）軍政局纂　（美國）金楷理口譯　（清）李鳳苞筆述　清光緒元年（1875）江南製造總局刻本　一冊

450000－2601－0001721　綫356.3/8041（3）
克虜伯礮準心法一卷　（德國）軍政局纂　（美國）金楷理口譯　（清）李鳳苞筆述　清光緒元年（1875）江南製造總局刻本　一冊

450000－2601－0001722　綫357/4466
水師操練十八卷首一卷附一卷　（英國）戰船部輯　（英國）傅蘭雅口譯　（清）徐建寅筆述　清同治十一年（1872）江南機器製造總局刻本　三冊

450000－2601－0001723　綫357/4467
水師保身法一卷　（法國）勒羅阿撰　（英國）伯克雷譯　（清）程鑾　（清）趙元益重譯　清同治、光緒間刻本　一冊

450000－2601－0001724　綫359/4016
防海新論十八卷　（德國）希理哈撰　（英國）傅蘭雅口譯　（清）華衡芳筆述　清同治十二年（1873）江南製造局刻本　六冊

450000－2601－0001725　綫359/4461（1）
水師章程十四卷　（英國）水師兵部輯　（美國）林樂知口譯　（清）鄭昌棪筆述　清光緒五年（1879）江南製造總局刻本　十二冊

450000－2601－0001726　綫359/4461（2）
水師章程十四卷　（英國）水師兵部輯　（美國）林樂知口譯　（清）鄭昌棪筆述　清光緒五年（1879）江南製造總局刻本　十二冊

450000－2601－0001727　綫359/4461（3）
水師章程續編六卷　（英國）水師兵部輯　（美國）林樂知口譯　（清）鄭昌棪筆述　清光緒五年（1879）江南製造局刻本　四冊

450000－2601－0001728　172.1/3130
國民道德談不分卷　（日本）福澤諭吉編　朱宗萊譯　清宣統元年（1909）上海中國圖書公司鉛印本　一冊

450000－2601－0001729　綫370.1/3426
教育學講義不分卷　（日本）波多野貞之助講述　（清）直隸留學日本速成師範生筆記　清光緒三十年（1904）直隸學務處排印局鉛印本　一冊

450000－2601－0001730　171/9800
自助論不分卷　（清）商務印書館編譯所編纂　林萬里訂正　清宣統二年（1910）上海商務印書館再版鉛印本　一冊

450000－2601－0001731　綫370.1/4454
垤氏實踐教育學二卷　（奧國）垤斯弗勒特力著　（日本）藤代禎輔譯　（日本）中島端重譯　清光緒三十一年（1905）兩廣學務處鉛印本　二冊

450000－2601－0001732　綫 370.1/6101

教育學問答不分卷　（日本）日下部三之介著　（清）馮霈譯　清光緒二十九年（1903）上海廣智書局活版部鉛印本　一冊

450000－2601－0001733　綫 370.15/0021

教育心理學五篇　（日本）高島平三郎著　（清）田吳炤譯述　清光緒三十一年（1905）上海商務印書館第三版鉛印本　一冊

450000－2601－0001734　綫 370.23/4801

重辦廣東各屬教育統計表式一卷　（清）廣東提學司編　清光緒三十二年至宣統三年（1906－1911）鉛印本　一冊

450000－2601－0001735　綫 370.4/4433

教化議五卷　（德國）花之安撰　清光緒元年（1875）羊城小書會真寶堂刻本　一冊

450000－2601－0001736　綫 370.5/2218

教育界報四卷　（清）出雲館主人箸述　清光緒三十二年至三十四年（1906－1908）粤東省城教育界報館刻本　四冊

450000－2601－0001737　綫 370.9/0017

教育史四篇　商務印書館編譯所編纂　（清）徐念茲等校訂　清光緒三十一年（1905）上海商務印書館二版鉛印本　一冊

450000－2601－0001738　綫 370.9/2149（1）

太西教育史二卷勘誤一卷　（日本）能勢榮著　葉瀚譯　清光緒二十七年（1901）上海金粟齋譯書社鉛印本　二冊

450000－2601－0001739　綫 370.9/2149（2）

太西教育史二卷勘誤一卷　（日本）能勢榮著　葉瀚譯　清光緒二十七年（1901）上海金粟齋譯書社鉛印本　二冊

450000－2601－0001740　綫 370.9/2884

教育史四篇　（清）徐念茲等編譯　清宣統三年（1911）上海商務印書館八版鉛印本　一冊

450000－2601－0001741　綫＋370.95/4360

支那教學史略三卷　（日本）狩野良知著　清光緒二十八年（1902）上海商務印書館鉛印本一冊

450000－2601－0001742　綫 370.952/0027

明治小學教育沿革不分卷　（清）京師編書局譯行　清光緒三十二年（1906）京師學部編譯書局京師官書局鉛印本　一冊

450000－2601－0001743　綫 370.952/7101

内外教育小史二卷　（日本）原亮三郎編　沈紘譯　清光緒石印本　一冊

450000－2601－0001744　綫 371.3/0032

蒙師箴言一卷　（清）方瀏生撰　**私塾改良會章程一卷**　（清）沈亮榮擬　清宣統二年（1910）上海商務印書館十三版鉛印本　一冊

450000－2601－0001745　綫 371.3/5044

小學教授法一卷　（日本）東基吉著　沈紘譯　清光緒二十八年（1902）石印本　一冊

450000－2601－0001746　綫 371.31/4422

各科教授法一卷　（清）蔣維喬　（清）楊天驥編校　清宣統三年（1911）上海商務印書館五版鉛印本　一冊

450000－2601－0001747　綫 371.4/9027（1）

節錄小學校管理法一卷　（日本）小泉又一編　李翰芬節錄　清末鉛印本　一冊

450000－2601－0001748　綫 371.4/9027（2）

節錄小學校管理法一卷　（日本）小泉又一編　李翰芬節錄　清末鉛印本　一冊

450000－2601－0001749　綫 371.5/0237

最新學校管理法一卷　（清）竢實學堂譯輯　清光緒二十八年（1902）上海文明編譯局鉛印竢實學堂叢書本　一冊

450000－2601－0001750　綫 371.5/2202

實驗小學管理術一卷　（日本）山高幾之丞著　（清）胡家熙譯　清光緒二十八年（1902）上海廣智書局活版部鉛印本　一冊

450000－2601－0001751　綫 371.5/2828

學校管理法一卷　（清）徐仁鏡　蔣維喬編譯　清宣統三年（1911）上海商務印書館十二版鉛印本　一冊

450000－2601－0001752　綫 D6/7132（2）

讀史方輿紀要一百三十卷輿圖要覽四卷
（清）顧祖禹輯著　清光緒二十五年（1899）慎
記書莊石印本　三十冊　缺九卷（七十五至
七十七、八十三至八十八）

450000－2601－0001753　綫 D6/4409

廣輿記二十四卷　（清）蔡方炳增輯　清康熙
刻本　十二冊

450000－2601－0001754　綫 371.7/1023

學校衛生學一卷　（日本）三島通良著　（清）
周起鳳譯　清光緒二十九年（1903）上海廣智
書局活版部二版鉛印本　一冊

450000－2601－0001755　綫 372/2162

小學實驗教育學三卷　（日本）上田仲之助著
（清）陸鎣譯述　（日本）小林鶴藏　（清）
張壎修校　清光緒二十九年（1903）直隸學校
司排印局鉛印本　三冊

450000－2601－0001756　綫 371.733/1211

德國武備體操學五卷　（德國）瑞乃爾口譯
（清）蕭誦芬筆述　清光緒二十六年（1900）武
備學堂石印本　一冊

450000－2601－0001757　綫 372.12/3154

養蒙正軌一卷　（英國）秀耀春　（清）汪振聲
譯　清光緒鉛印本　一冊

450000－2601－0001758　綫 372.3/2701

實驗二部教授法一卷　繆文功譯　（清）陶駟
原譯　（清）顧倬　華文祺校訂　清光緒三十
四年（1908）上海中國圖書公司鉛印本　一冊

450000－2601－0001759　綫 372.35/8039

理科教授法一卷　（日本）矢澤米三郎著　清
光緒二十八年（1902）上海教育世界雜志社鉛
印本　一冊

450000－2601－0001760　綫 372.51/2698

小學初等新習字帖三卷　（清）吳炳鈞編輯
（清）陶家樹　（清）吳增弟校訂　清光緒三十
三年（1907）上海科學書局石印本　三冊

450000－2601－0001761　綫 D6/4033（5）

皇朝輿地韻編一卷皇朝內府輿地圖縮摹本一
卷　（清）李兆洛輯　清光緒十年（1884）湖北
省官書處刻本　一冊

450000－2601－0001762　綫 D6/4033（6）

皇朝輿地韻編一卷皇朝內府輿地圖縮摹本一
卷　（清）李兆洛輯　清光緒十年（1884）湖北
省官書處刻本　一冊

450000－2601－0001763　綫 D6/4033（7）

李氏五種合刊二十八卷　（清）李兆洛輯　清
光緒十四年（1888）上海掃葉山房刻本　十
二冊

450000－2601－0001764　綫 372.51/4033

初等小學習字帖第貳冊一卷　（清）□□輯
清光緒南洋官書局石印本　一冊

450000－2601－0001765　綫 D6/2647（1）

皇朝輿地畧一卷　（清）□□撰　清光緒十年
（1884）湖北省官書處刻本　一冊

450000－2601－0001766　綫 372.51/7702

初等小學習字帖第二冊一卷　（清）學部編譯
圖書局編纂　清宣統三年（1911）學部編譯圖
書局南京兩江南洋官書局鉛印本　一冊

450000－2601－0001767　綫 D6/2647（2）

皇朝輿地畧一卷　（清）□□撰　清光緒十年
（1884）湖北省官書處刻本　一冊

450000－2601－0001768　綫 372.861/1021

初等小學生理衛生教科書一卷　王季烈著
清光緒三十三年（1907）上海文明書局六版鉛
印本　一冊

450000－2601－0001769　綫#D6/2724

皇輿全圖一卷　（清）鄒伯奇繪　清同治十三
年（1874）李菱洲刻廣東南海鄒氏香草書屋印
本　一冊

450000－2601－0001770　綫 374.1/6057

家庭教育一卷　（日本）民友社著　清宣統二
年（1910）上海文明書局七版鉛印本　一冊

450000－2601－0001771　170/4453

人圓主義不分卷　（日本）藤本充安著　趙必

振譯　清光緒二十九年(1903)上海開明書店
進化譯社鉛印本　一冊

450000－2601－0001772　綫 372.51/1113

初等小學堂習字帖十卷　商務印書館編　清
宣統二年至三年(1910－1911)上海商務印書
館石印本　九冊　缺一卷(二)

450000－2601－0001773　綫 372.51/2056

初等習字範本八卷　(清)周世恒著作繕楷
清光緒三十三年至宣統二年(1907－1910)上
海集成圖書公司石印本　八冊

450000－2601－0001774　藏綫 D650.1/4528
(2)

[光緒]重修奉賢縣志二十卷首一卷末一卷
(清)韓佩金修　(清)張文虎等纂　清光緒四
年(1878)刻本　六冊

450000－2601－0001775　綫 D53/5026

辛丑和約全稿一卷　(清)中外日報館輯　清
光緒二十七年(1901)上海中外日報館鉛印本
一冊

450000－2601－0001776　特綫 ±915/4045

**元和郡縣圖志四十卷元和郡縣圖志闕卷佚文
一卷補目錄一卷**　(唐)李吉甫撰　(清)孔繼
涵輯　清光緒六年(1880)金陵書局刻本(元
和郡縣圖志卷十九至二十、二十三至二十四、
三十五至三十六原缺)　八冊

450000－2601－0001777　藏綫 ±915.
3423/8043

[光緒]川沙廳志十四卷首一卷末一卷　(清)
陳方瀛修　(清)俞樾等纂　清光緒五年
(1879)刻本　六冊

450000－2601－0001778　藏綫 ±915.
33/3414

[雍正]浙江通志二百八十卷首三卷　(清)李
衛等修　(清)沈翼機等纂　清光緒二十五年
(1899)浙江書局刻本　一百二十冊

450000－2601－0001779　綫 D650.1/4331

[光緒]金山縣志三十卷首一卷　(清)龔寶琦
等修　(清)黃厚本等纂　清光緒四年(1878)

刻本　八冊

450000－2601－0001780　特綫 ±915/4045

元和郡縣補志九卷　(清)嚴觀輯　清光緒八
年(1882)金陵書局刻本　二冊

450000－2601－0001781　綫 D6/2060

禹貢指南四卷　(宋)毛晃撰　清刻本　二冊

450000－2601－0001782　綫 378.34/0033

日本游學指南一卷　(清)章宗祥撰　清光緒
二十七年(1901)鉛印本　一冊

450000－2601－0001783　特綫 ±915/7542

歷代地理沿革表四十七卷序例一卷目錄一卷
(清)陳芳績撰　清光緒二十一年(1895)廣
雅書局刻本　二十四冊

450000－2601－0001784　藏綫 D652/3280

[嘉慶]蕭縣志十八卷首一卷　(清)潘鎔纂修
清嘉慶十九年至二十年(1814－1815)刻本
十冊

450000－2601－0001785　綫 D6/2330

禹貢說斷四卷　(宋)傅寅撰　清刻本　四冊

450000－2601－0001786　綫 D53/5000

五千年中外交涉史九十七卷　(清)屯廬主人
輯　清光緒二十九年(1903)上海蜚英書局鉛
印本　二十冊

450000－2601－0001787　綫 D38/2630

聖武記十四卷　(清)魏源撰　清道光二十四
年(1844)京都琉璃廠刻本　八冊

450000－2601－0001788　藏綫 D651/7424

[乾隆]震澤縣志三十八卷首一卷　(清)陳和
志修　(清)沈彤等纂　清光緒十九年(1893)
吳郡徐元圃刻本　八冊

450000－2601－0001789　綫 D34/0839

客韓筆記一卷　(清)許寅輝誌　清光緒三十
二年(1906)長沙刻湖北兵工廠繙譯處印本
一冊

450000－2601－0001790　綫 D33/7743

淮軍平撚記十二卷　(清)周世澄撰　清刻本
四冊

450000－2601－0001791　綫＋379.08/0014 (3)

[嘉慶]欽定學政全書八十六卷首一卷　（清）汪梅鼎等纂修　清嘉慶十七年(1812)刻本　十四冊

450000－2601－0001792　特綫±915/7770 (1)

輿地廣記三十八卷　（宋）歐陽忞撰　**校勘輿地廣記札記二卷**　（清）黃丕烈撰　清光緒六年(1880)金陵書局刻本　四冊

450000－2601－0001793　平170.1/1050(1)

倫理學原理不分卷　（德國）F. Paulsen. 著　蔡振(蔡元培)譯述　清宣統元年(1909)上海商務印書館鉛印本　一冊

450000－2601－0001794　藏 D32/8360

吳中平寇記八卷　（清）錢勗撰　清光緒元年(1875)上海申報館鉛印申報館叢書本　二冊

450000－2601－0001795　綫 B311/3481

需時眇言十卷　（清）沈善登述　清光緒桐鄉沈氏豫恕堂刻本　十冊

450000－2601－0001796　綫廿 958/3048

讀東華錄一卷　（清）寶士鏞箸　清宣統三年(1911)鉛印本　一冊

450000－2601－0001797　藏綫 D651/4310

[光緒]六合縣志八卷　（清）謝廷庚等修（清）賀廷壽等纂　清光緒十年(1884)刻本　十冊

450000－2601－0001798　特綫±915/7770 (2)

輿地廣記三十八卷　（宋）歐陽忞撰　**校勘輿地廣記札記二卷**　（清）黃丕烈撰　清光緒六年(1880)金陵書局刻本　四冊

450000－2601－0001799　藏綫±915.3363/7203

[淳熙]嚴州圖經三卷　（宋）董弅修　清光緒二十二年(1896)漸西邨舍刻漸西村舍彙刊本　二冊

450000－2601－0001800　藏綫 D651/7502

吳地記一卷附後集一卷　（唐）陸廣微撰　清同治十二年(1873)江蘇書局刻本　一冊

450000－2601－0001801　藏綫±915.34/7402

吳地記一卷附後集一卷　（唐）陸廣微撰　清同治十二年(1873)江蘇書局刻本　一冊

450000－2601－0001802　藏綫 D651/3413

[光緒]江蘇全省輿圖一卷　（清）諸可寶著　清光緒二十一年(1895)刻本　四冊

450000－2601－0001803　藏綫 D653/4230

[光緒]平湖縣志二十五卷首一卷末一卷（清）彭潤章等修　（清）葉廉鍔等纂　清光緒十二年(1886)刻本　十三冊

450000－2601－0001804　綫 379.12/1162 (1)

開辦廣東隨宦學堂勸捐冊一卷　（清）兩廣學務處撰　清光緒三十年(1904)惠愛四約文茂印務局鉛印本　一冊

450000－2601－0001805　藏綫±915/3503

[乾隆]大清一統志四百二十四卷　（清）方略館纂集　清光緒二十七年(1901)上海寶善齋石印本　六十冊　缺一卷(七十四)

450000－2601－0001806　藏綫 D653/4760

甬上水利志六卷　（清）周道遵攷述　清道光二十八年(1848)刻本　二冊

450000－2601－0001807　平170.1/1050(2)

倫理學原理不分卷　（德國）F. Paulsen. 著　蔡振(蔡元培)譯述　清宣統元年(1909)上海商務印書館鉛印本　一冊

450000－2601－0001808　綫 379.12/1162 (2)

開辦廣東隨宦學堂勸捐冊一卷　（清）兩廣學務處撰　清光緒三十年(1904)惠愛四約文茂印務局鉛印本　一冊

450000－2601－0001809　綫 D266.5/2623

綏寇紀略十二卷補遺三卷　（清）吳偉業纂輯

清嘉慶九年(1804)照曠閣刻本　六冊

450000－2601－0001810　綫379.2/3627

國民教育論一卷　（日本)浮田和民著　(清)
沅藥生譯述　清光緒三十二年(1906)上海商
務印書館二版鉛印本　一冊

450000－2601－0001811　綫380.8/4460

萬國商業地理志一卷　(英國)嘉楂德著
(清)廣智書局譯　清光緒二十八年(1902)上
海廣智書局鉛印本　一冊　缺葉一至七

450000－2601－0001812　綫390/1053

船山遺書六十二種三百卷　(清)王夫之撰
清同治四年(1865)湘鄉曾國荃金陵刻本　一
冊　存三種三卷(識小錄一卷、龍源夜話一
卷、老子衍一卷)

450000－2601－0001813　綫＋390/1112(1)

**儀禮鄭注句讀十七卷儀禮監本正誤一卷唐石
經正誤一卷**　(清)張爾岐句讀　(清)顧炎武
訂正　(清)劉孔懷等參訂　清同治十三年
(1874)湖南書局刻本　四冊

450000－2601－0001814　綫＋390/1112(2)

**儀禮鄭注句讀十七卷儀禮監本正誤一卷唐石
經正誤一卷**　(清)張爾岐句讀　(清)顧炎武
訂正　(清)劉孔懷等參訂　清同治七年
(1868)金陵書局刻本　四冊

450000－2601－0001815　綫＋390/1150

儀禮圖六卷　(清)張惠言述　清同治九年
(1870)楚北崇文書局刻本　三冊

450000－2601－0001816　綫＋390/1286

聖門禮誌一卷　孔令貽彙輯合刊　清光緒十
三年(1887)闕里硯寬亭刻本　一冊

450000－2601－0001817　綫D266/8080

熙朝新語十六卷　(清)余金輯　清刻本
六冊

450000－2601－0001818　綫＋390/2540

朱子儀禮經傳通解六十九卷　(宋)朱熹撰
(清)梁萬方考訂　(清)梁開宗參訂　(清)
翁荃　(清)李世牧校正　清乾隆十八年

(1753)刻本　二十四冊

450000－2601－0001819　綫＋390/2632

禮記纂言三十六卷　(元)吳澄纂　(清)朱軾
重校　清雍正五年(1727)刻本　十冊

450000－2601－0001820　綫＋390/2699

吾學錄初編二十四卷　(清)吳榮光述　清同
治九年(1870)江蘇書局刻本　六冊

450000－2601－0001821　綫＋390/2700

皇朝謚法考四卷　(清)鮑康輯　清同治三年
(1864)刻龍威閣印本　一冊

450000－2601－0001822　綫＋390/2847

讀禮通考一百二十卷　(清)徐乾學撰　清光
緒七年(1881)江蘇書局刻本　三十二冊

450000－2601－0001823　綫＋390/3503(2)

欽定禮記義疏八十二卷首一卷　(清)允祿等
撰　清同治十年(1871)湖北崇文書局刻本
三十二冊

450000－2601－0001824　綫D266/6740

嘯亭雜錄八卷續錄二卷　(清)昭槤著　清光
緒六年(1880)刻本　十冊

450000－2601－0001825　綫D266/4213

竹葉亭雜記四卷　(清)姚元之撰　清宣統二
年(1910)掃葉山房石印本　二冊

450000－2601－0001826　綫D266/4450

皇朝大事紀年二卷　(清)黃壽衮定　(清)黃
之焱編　清光緒二十八年(1902)石印本
一冊

450000－2601－0001827　綫D266/4437

東華錄三十二卷(天命朝至雍正朝)　(清)蔣
良騏撰　清善成堂刻本　十二冊

450000－2601－0001828　綫＋390/4462

三禮通釋二百七十五卷首一卷目錄四卷
(清)林昌彝學　清刻本　四十七冊

450000－2601－0001829　綫＋390/4464

宋葉文康公禮經會元四卷　(宋)葉時撰
(清)陸隴其點定　(清)許元准輯　清乾隆五
十年(1785)黃暹刻本　四冊

450000－2601－0001830　綫 D266/3523

御製文二卷　（清）仁宗顒琰撰　清嘉慶武英殿銅活字本　二冊

450000－2601－0001831　綫＋390/4711（1）

儀禮古今文疏義十七卷　（清）胡承珙撰　清光緒元年（1875）湖北崇文書局刻本　二冊

450000－2601－0001832　綫＋390/4711（2）

儀禮古今文疏義十七卷　（清）胡承珙撰　清光緒元年（1875）湖北崇文書局刻本　二冊

450000－2601－0001833　綫＋390/5046（1）

五禮通考二百六十二卷首一卷目錄二卷　（清）秦蕙田編輯　清光緒六年（1880）江蘇書局刻本　一百冊　缺二十五卷（二百十三至二百三十七）

450000－2601－0001834　綫＋390/5046（2）

五禮通考二百六十二卷首一卷目錄二卷　（清）秦蕙田編輯　清光緒六年（1880）江蘇書局刻本　十冊　存二十八卷（二十七至五十四）

450000－2601－0001835　綫廿 422/0090（1）

小斅答問一卷　章炳麟撰　清宣統元年（1909）浙江書局刻本　一冊

450000－2601－0001836　綫 D266/0251

劉嘯林史論四卷　（清）劉青霞著　（清）劉青芝編　清刻本　二冊

450000－2601－0001837　綫廿 422/0010

四益館經學叢書五種八卷　廖平撰　清光緒十三年（1887）成都刻本　一冊　存二種二卷（六書舊義一卷、分撰兩戴記章句凡例一卷）

450000－2601－0001838　綫 D265/5013

史忠正公文集四卷首一卷　（明）史可法撰　清同治十二年（1873）三原劉質慧刻本　二冊

450000－2601－0001839　綫 D265/0246

酌中志餘二卷　（清）劉若愚撰　清刻本　二冊

450000－2601－0001840　綫 D262/1220

雲南機務鈔黃一卷　（明）張紞編　（清）李錫齡校刊　清咸豐八年（1858）刻惜陰軒叢書本　一冊

450000－2601－0001841　綫 D261/7433

荊駝逸史五十二種八十三卷　（清）陳湖逸士編　清宣統三年（1911）中國圖書館石印本　十六冊

450000－2601－0001842　綫廿 422/0712（2）

爾雅經注三卷附音釋一卷　（晉）郭璞注　（唐）陸德明音釋　（清）龍啟瑞輯　清光緒七年（1881）臨桂龍氏京廡刻經德堂全集本　一冊

450000－2601－0001843　綫廿 422/0712（3）

爾雅三卷　（晉）郭璞注　（唐）陸德明音釋　清光緒十二年（1886）湖北官書處刻本　三冊

450000－2601－0001844　綫廿 422/0712（4）

爾雅三卷　（晉）郭璞注　（唐）陸德明音義　清嘉慶二十二年（1817）清芬閣刻本　三冊

450000－2601－0001845　綫廿 422/0712（5）

爾雅三卷　（晉）郭璞注　（唐）陸德明音義　清嘉慶二十二年（1817）清芬閣刻本　三冊

450000－2601－0001846　綫廿 422/0712（6）

爾雅三卷　（晉）郭璞注　（唐）陸德明音義　清嘉慶二十二年（1817）清芬閣刻本　三冊

450000－2601－0001847　綫廿 422/0754（2）

佩觿三卷　（宋）郭忠恕記　清光緒十年（1884）長州蔣鳳藻刻本　一冊

450000－2601－0001848　綫廿 422/0754（3）

佩觿三卷　（宋）郭忠恕記　清光緒十六年（1890）梅雨田慎自愛軒刻本　一冊

450000－2601－0001849　綫 D261/4774

三藩紀事本末二十二卷　（清）楊陸榮輯　清光緒二十一年（1895）上海積山書局石印本　一冊

450000－2601－0001850　綫廿 422/0734

汗簡七卷　（宋）郭忠恕撰　清光緒十一年（1885）朱氏槐廬家塾刻本　四冊

450000－2601－0001851　綫廿 422/0843

讀說文雜識一卷 （清）許棫撰 清光緒七年
(1881)刻本 一冊

450000－2601－0001852 綫 D261/5230

欽定明鑑二十四卷首一卷 （清）胡敬纂 清
嘉慶二十三年(1818)刻本 八冊

450000－2601－0001853 綫 D261/2746

續明紀事本末十八卷首一卷 （清）倪在田輯
清光緒二十九年(1903)上海書局鉛印本
四冊 缺七卷(十二至十八)

450000－2601－0001854 綫廿 422/0882

許學叢刻第一集五種五卷 （清）許頌鼎
（清）許溎祥輯 清光緒十三年(1887)海甯許
氏古均閣刻許學叢刻本 二冊

450000－2601－0001855 綫 D261/1937(1)

二申野錄八卷 （清）孫之騄輯 清同治六年
(1867)吟香館刻本 四冊

450000－2601－0001856 綫 D261/1937(2)

二申野錄八卷 （清）孫之騄輯 清同治六年
(1867)吟香館刻本 四冊

450000－2601－0001857 綫 D261/1937(3)

二申野錄八卷 （清）孫之騄輯 清道光二十
一年(1841)吟香館刻本 四冊

450000－2601－0001858 綫廿 422/0894(6)

說文偏旁一卷 （清）張之洞選 清光緒七年
(1881)京都琉璃局刻本 一冊

450000－2601－0001859 綫廿 422/1032

說文外編十六卷 （清）雷浚撰 清光緒雷氏
刻雷刻四種本 四冊

450000－2601－0001860 綫廿 422/1033

說文引經例辨三卷 （清）雷浚撰 清光緒十
年(1884)雷氏刻雷刻四種本 一冊

450000－2601－0001861 綫 D261/1211(1)

明史三百三十二卷目錄四卷 （清）張廷玉等
修 清刻本 七十三冊 存三百八卷(一至
二十七、三十五至六十六、七十一至二百九、
二百二十三至三百三十二)

450000－2601－0001862 綫 D261/1211(2)

明史三百三十二卷 （清）張廷玉等修 清光
緒二十八年(1902)上海文瀾書局石印本 六
冊 缺四十八卷(一百九十六至二百四十三)

450000－2601－0001863 綫 D261/1090(1)

明通鑑坿編六卷 （清）夏燮編輯 清刻本
四冊

450000－2601－0001864 綫廿 422/1067

說文五翼八卷 （清）王煦學 清嘉慶十三年
(1808)王煦芮鞠山莊刻本 二冊

450000－2601－0001865 綫 D261/1090(2)

明通鑑一百卷首一卷 （清）夏燮編輯 清同
治十二年(1873)宜黃官廨刻本 四十六冊
缺五卷(坿記二至六)

450000－2601－0001866 綫 D261/1090(3)

明通鑑一百卷首一卷 （清）夏燮編輯 清光
緒二十三年(1897)湖北官書處刻本 三十七
冊 缺六卷(坿記六卷)

450000－2601－0001867 綫 D261/1032

明史藁三百十卷目錄二卷 （清）王鴻緒編撰
清雍正元年(1723)敬慎堂刻本 三十一冊
存一百二十一卷(志二十一至二十三、二十
七、三十一至三十四、六十二至七十七,表一
至九、列傳一至四、八至二十五、三十至九十
五)

450000－2601－0001868 綫廿 422/1088(1)

文字蒙求廣義四卷 （清）王筠撰 （清）蒯光
典補注 清光緒二十七年(1901)江楚書局刻
本 五冊

450000－2601－0001869 綫 D261/0020

烈皇小識八卷 （明）文秉撰 清刻本 一冊
存二卷(五至六)

450000－2601－0001870 綫 D258/8000(1)

元書一百二卷首一卷 曾廉撰 清宣統三年
(1911)層漪堂刻本 二十冊

450000－2601－0001871 綫廿 422/1088(2)

說文韻譜校五卷 （清）王筠撰 （清）姚覲元
撰校 清光緒歸安姚氏咫進齋刻杭州朱氏抱

經堂印恩進齋叢書本　　四冊

450000－2601－0001872　　綫廿422/1088（4）
說文句讀三十卷　（漢）許慎記　（清）王筠撰
集　（清）陳山嵋　（清）陳慶鏞訂正　（清）
蔣其崙書篆　清光緒刻本　十六冊

450000－2601－0001873　　綫D258/4458
三河創業記五卷　（清）范壽金編輯　清光緒
三十三年（1907）石印本　二冊

450000－2601－0001874　　綫D258/8000（2）
元書一百二卷首一卷　曾廉撰　清宣統三年
（1911）層漪堂刻本　二十冊

450000－2601－0001875　　綫廿422/1088（5）
說文釋例二十卷　（清）王筠學　清光緒九年
（1883）成都御風樓刻本　十六冊

450000－2601－0001876　　綫D258/3030（1）
元史附考證二百十卷目錄二卷　（明）宋濂等
修　清光緒二十八年（1902）上海文瀾書局石
印本　四冊

450000－2601－0001877　　綫D258/3030（2）
元史附考證二百十卷目錄二卷　（明）宋濂等
修　清光緒二十八年（1902）上海文瀾書局石
印本　七冊　缺二十九卷（一百二十五至一
百五十三）

450000－2601－0001878　　綫D258/3480
元史譯文證補三十卷　（清）洪鈞撰　清光緒
二十三年（1897）石印本　四冊

450000－2601－0001879　　綫D258/3030（3）
元史二百十卷目錄二卷　（明）宋濂等修　清
同治十二年（1873）江蘇書局刻本　二十四冊
缺一百三卷（三十一至八十八、一百六十六
至二百十）

450000－2601－0001880　　綫D258/2663
元史新編九十五卷附校勘節略一卷　（清）魏
源撰　（清）歐陽俌　（清）鄒代過校勘　清光
緒三十一年至三十二年（1905－1906）邵陽魏
慎微堂新化陳氏三味堂刻本　三十一冊　缺
四卷（一至四）

450000－2601－0001881　　綫D251/7870
宋史附考證四百九十六卷目錄三卷　（元）脫
脫等修　清光緒二十八年（1902）上海文瀾書
局石印本　十冊

450000－2601－0001882　　綫D252/0042
王安石新法論一卷　（日本）高橋作衛著
（清）陳超譯　清光緒二十八年（1902）上海廣
智書局鉛印本　一冊

450000－2601－0001883　　綫D251/7126（1）
宋史四百九十六卷目錄三卷　（元）脫脫等撰
清光緒元年（1875）浙江書局刻二十四史本
九十六冊　缺十四卷（二百三十八至二百
四十一、四百二十六至四百三十五）

450000－2601－0001884　　綫D251/7126（2）
宋史四百九十六卷目錄三卷　（元）脫脫等撰
清光緒元年（1875）浙江書局刻二十四史本
一百七冊　缺五十三卷（六十六至八十三、
一百三十八至一百七十二）

450000－2601－0001885　　綫D251/3420（1）
宋書附考證一百卷　（南朝梁）沈約撰　清光
緒二十八年（1902）上海文瀾書局石印本
二冊

450000－2601－0001886　　綫D251/4032
建炎以來朝野襍記二集四十卷　（宋）李心傳
撰　清嘉慶十四年（1809）刻函海本　八冊

450000－2601－0001887　　綫廿422/1122（1）
說文審音十六卷　（清）張行孚撰　清光緒二
十四年（1898）芳郭里通隱堂刻本　四冊

450000－2601－0001888　　綫D251/3420（2）
宋書一百卷　（南朝梁）沈約撰　清同治十一
年（1872）金陵書局刻二十四史本　十六冊
缺三十卷（二十八至五十七）

450000－2601－0001889　　綫廿422/1122（2）
說文發疑六卷　（清）張行孚述　清光緒十年
（1884）刻本　三冊

450000－2601－0001890　　綫D251/3420（3）
宋書一百卷　（南朝梁）沈約撰　清同治十一

年(1872)金陵書局刻二十四史本　二十冊

450000–2601–0001891　綫D242/7772（1）
唐書二百二十五卷　（宋）歐陽修撰　清同治十二年(1873)浙江書局刻二十四史本　三十二冊　缺三十八卷(三十三至七十)

450000–2601–0001892　綫D242/7772（2）
唐書附考證二百二十五卷　（宋）歐陽修撰　清光緒二十八年(1902)上海文瀾書局石印本　四冊

450000–2601–0001893　綫廿422/1161
說文佚字攷四卷　（清）張鳴珂撰　清光緒十三年(1887)嘉興張氏豫章刻寒松閣集本　一冊

450000–2601–0001894　綫廿422/1207
說文疑疑二卷附一卷　（清）孔廣居稾　（清）袁宮桂閱　清嘉慶七年(1802)詩禮堂刻本　二冊

450000–2601–0001895　綫廿422/2574（1）
說文通訓定聲十八卷附說雅一卷古今韻準一卷　（清）朱駿聲紀錄　**皇清敕授文林郎國子監博士銜揀選知縣揚州府學教授允倩府君[朱駿聲]行述一卷**　朱孔彰述　清道光、咸豐間朱駿聲黟縣學舍刻同治九年(1870)朱孔彰補刻本　二十二冊

450000–2601–0001896　綫廿422/1262
說文解字三十卷　（漢）許慎記　（宋）徐鉉等校定　（清）孫星衍重校刊　清光緒十一年(1885)平江洪氏刻本　四冊

450000–2601–0001897　綫廿422/2075
說文解字述誼二卷　（清）毛際盛學　劉世珩校刊　清光緒貴池劉氏刻聚學軒叢書本　二冊

450000–2601–0001898　綫廿422/2574（2）
說文通訓定聲十八卷附說雅一卷古今韻準一卷　（清）朱駿聲紀錄　**皇清敕授文林郎國子監博士銜揀選知縣揚州府學教授允倩府君[朱駿聲]行述一卷**　朱孔彰述　清道光、咸豐間朱駿聲黟縣學舍刻同治九年(1870)朱孔

彰補刻本　二十八冊

450000–2601–0001899　綫D241/2620（3）
隋書八十五卷　（唐）長孫無忌等撰　清揚州書局刻本　十六冊　缺二十六卷(一至六、十二至三十一)

450000–2601–0001900　綫廿422/2881（1）
說文解字韻譜十卷　（宋）徐鉉撰　清同治三年(1864)吳縣馮桂芬刻本　四冊

450000–2601–0001901　綫廿422/2881（2）
說文解字通釋四十卷　（宋）徐鍇傳釋　（宋）朱翱反切　（清）蔣芝生寫楷　（清）承培元（清）吳汝庚篆文　**說文解字繫傳校勘記三卷**　（清）苗夔等撰　清道光十九年(1839)祁淳父江陰刻本　十冊

450000–2601–0001902　綫廿422/3104（1）
雷刻八種之附刻二種二卷　（清）雷浚輯　清同治十三年(1874)吳縣雷氏蘇城刻本　一冊

450000–2601–0001903　綫廿422/3104（2）
說文辨疑一卷　（清）顧廣圻撰　劉世珩校刊　清光緒貴池劉氏刻聚學軒叢書本　一冊

450000–2601–0001904　綫D238/4015（1）
北史一百卷　（唐）李延壽撰　清同治十一年(1872)金陵書局刻二十四史本　二十四冊

450000–2601–0001905　綫D238/4015（2）
北史附考證一百卷　（唐）李延壽撰　清光緒二十八年(1902)上海文瀾書局石印本　三冊

450000–2601–0001906　綫D238/4015（3）
北史一百卷　（唐）李延壽撰　清同治十一年(1872)金陵書局刻二十四史本　二十四冊

450000–2601–0001907　綫D238/2620（1）
魏書一百十四卷　（北齊）魏收撰　清同治十一年(1872)金陵書局刻二十四史本　十九冊　缺二十四卷(五至九、十九至二十二、六十至六十八、七十九至八十四)

450000–2601–0001908　綫廿422/3144（2）
隸辨八卷　（清）顧藹吉撰　清乾隆八年(1743)天邑黃晟刻本　八冊

450000－2601－0001909　綫廿422/3161（1）

大廣益會玉篇三卷　（南朝梁）顧野王撰　清道光三十年至咸豐元年（1850－1851）鄧氏邵州東山精舍刻本　三冊

450000－2601－0001910　綫廿422/3202

說文解字通正十四卷　（清）潘奕雋述　劉世珩校刊　清光緒貴池劉氏刻聚學軒叢書本　二冊

450000－2601－0001911　綫廿422/3404（1）

六書轉注錄十卷　（清）洪亮吉著　（清）洪用懃校刊　清光緒四年（1878）授經堂刻本　四冊

450000－2601－0001912　綫廿422/3404（2）

六書轉注錄十卷　（清）洪亮吉著　（清）洪用懃校刊　清光緒四年（1878）授經堂刻本　四冊

450000－2601－0001913　綫廿422/3441

石鼓文定本十卷石鼓文地名攷一卷附篆文縮本一卷今文釋音一卷　（清）沈梧述　清光緒十六年（1890）沈氏古華山館刻本　八冊

450000－2601－0001914　綫 D238/2620（2）

魏書一百十四卷　（北齊）魏收撰　清同治十一年（1872）金陵書局刻二十四史本　十八冊　缺三十五卷（四十五至六十九、八十一至九十）

450000－2601－0001915　綫 D237.3/4260（1）

梁書五十六卷　（唐）姚思廉撰　清同治十三年（1874）金陵書局刻二十四史本　八冊

450000－2601－0001916　綫 D237.3/4260（2）

梁書五十六卷　（唐）姚思廉撰　清同治十三年（1874）金陵書局刻二十四史本　八冊

450000－2601－0001917　綫 D237.4/4260

陳書三十六卷　（唐）姚思廉撰　清同治十一年（1872）金陵書局刻二十四史本　四冊

450000－2601－0001918　綫 D238/2620（3）

魏書附考證一百十四卷　（北齊）魏收撰　清光緒二十八年（1902）上海文瀾書局石印本　三冊

450000－2601－0001919　綫 D237.3/4260（3）

梁書五十六卷　（唐）姚思廉撰　清光緒二十八年（1902）上海文瀾書局石印本　一冊　缺二十卷（三十七至五十六）

450000－2601－0001920　綫廿422/4031

說文辨字正俗八卷　（清）李富孫學　清同治九年（1870）校經廎刻本　四冊

450000－2601－0001921　綫 D237.3/4260（4）

梁書五十六卷　（唐）姚思廉撰　明崇禎六年（1633）琴川毛氏汲古閣刻十七史本　六冊

450000－2601－0001922　綫廿422/4036

字學七種二卷　（清）李祕園撰　（清）張邦泰校刊　清光緒十二年（1886）京師松竹斎刻本　二冊

450000－2601－0001923　特綫 ±915.0146/0482（1）

[乾隆]橫州志十二卷　（清）謝鍾齡等纂修　清光緒二十五年（1899）刻本（卷一至三、十二抄配）　八冊

450000－2601－0001924　特綫 D673/1760（1）

省志摘覽二卷　（清）了園鈔輯　清道光八年（1828）桂林尚仁堂刻本　二冊

450000－2601－0001925　綫 D232/4047

晉書一百三十卷附音義三卷　（唐）太宗李世民撰　清同治十年（1871）金陵書局刻二十四史本　二十六冊

450000－2601－0001926　綫廿422/4041

說文逸字辨證二卷　（清）鄭珍撰　（清）李槇辨證　清光緒十一年（1885）李氏畹蘭室刻本　二冊

450000－2601－0001927　綫廿422/4206（1）

說文校議十五卷　（清）姚文田　（清）嚴可均撰　清同治十三年（1874）歸安姚氏刻本　四冊

450000 – 2601 – 0001928　綫 K234.66/2760（1）

庚辰集五卷附唐人試律說一卷　（清）紀昀編　清學源堂刻本　六冊

450000 – 2601 – 0001929　綫卄 422/4206（2）

說文校議十五卷　（清）姚文田　（清）嚴可均撰　清同治十三年（1874）歸安姚氏刻本　四冊　存十一卷（五至十五）

450000 – 2601 – 0001930　綫 K234.66/2760（2）

庚辰集五卷附唐人試律說一卷　（清）紀昀編　清嘉慶八年（1803）文盛堂刻本　五冊　缺一卷（唐人試律說一卷）

450000 – 2601 – 0001931　綫 K234.66/2840

京華同人詩課二卷　（清）徐榦編輯　清光緒五年（1879）杭州刻本　二冊

450000 – 2601 – 0001932　綫 K234.66/2733（1）

黔詩紀略後編三十卷補三卷　（清）莫庭芝（清）黎汝謙採詩　陳田傳證　清宣統三年（1911）貴陽陳夔龍京師刻本　八冊

450000 – 2601 – 0001933　綫 K234.66/2733（2）

黔詩紀略後編三十卷補三卷　（清）莫庭芝（清）黎汝謙採詩　陳田傳證　清宣統三年（1911）刻本　十冊

450000 – 2601 – 0001934　綫 K234.66/2660

嘯雲軒詩集四卷　（清）程畹撰　清同治十一年（1872）刻本　二冊

450000 – 2601 – 0001935　綫 K234.66/2704

四憶堂詩集六卷遺稿一卷　（清）侯方域著（清）賈開宗等評點　清宣統元年（1909）上海中國圖書公司鉛印本　一冊

450000 – 2601 – 0001936　綫卄 422/4327

六書故三十三卷六書通釋一卷　（宋）戴侗著（清）李鼎元校刊　清乾隆四十九年（1784）西蜀李鼎元師竹齋刻本　十五冊

450000 – 2601 – 0001937　綫卄 422/4428（1）

說文解字義證五十卷　（清）桂馥學　清同治九年（1870）湖北崇文書局刻本　三十二冊

450000 – 2601 – 0001938　綫卄 422/4433（1）

說文古籀疏證六卷原目一卷　（清）莊述祖撰　清光緒二十年（1894）津郡明文堂刻本　四冊

450000 – 2601 – 0001939　綫卄 422/4444

唐寫本說文解字木部箋異一卷附唐寫本說文解字一卷　（清）莫友芝撰　清同治三年（1864）影印本　一冊

450000 – 2601 – 0001940　綫卄 422/4447（1）

說文部首韻語一卷　（清）黃壽鳳編　（清）顧恩來書　（清）賴邦煦校刊　清同治十一年（1872）賴邦熙湖州刻本　一冊

450000 – 2601 – 0001941　綫卄 422/4447（2）

急就章攷異一卷　（清）莊世驥撰　清光緒十七年（1891）廣雅書局刻本　一冊

450000 – 2601 – 0001942　綫卄 422/4428（2）

說文解字義證五十卷　（清）桂馥學　清同治九年（1870）湖北崇文書局刻本　三十二冊

450000 – 2601 – 0001943　綫卄 422/4433（2）

說文古籀疏證六卷原目一卷　（清）莊述祖撰　清朱印本　十二冊

450000 – 2601 – 0001944　綫卄 422/4425（1）

增注字詁義府合按一卷附兄字說一卷　（清）黃生　（清）黃承吉撰　清光緒三年（1877）歙西黃氏刻本　一冊

450000 – 2601 – 0001945　綫卄 422/4458

繆篆分韻五卷補一卷　（清）桂馥編次　（清）姚覲元校刊　清光緒歸安姚氏咫進齋刻本　二冊

450000 – 2601 – 0001946　綫卄 422/4480（1）

苗氏說文四種四十六卷　（清）苗夔纂　清道

光二十一年至咸豐元年(1841－1851)壽陽祁氏漢磚亭刻理董居印本　二冊　存二種八卷(說文聲讀表七卷、說文建首字讀一卷)

450000－2601－0001947　綫廿 422/4722

說文管見三卷　(清)胡秉虔撰　劉世珩校刊　清光緒貴池劉氏刻聚學軒叢書本　一冊

450000－2601－0001948　綫廿 422/4742(1)

爾雅郭注義疏二十卷　(清)郝懿行學　清光緒十年至十一年(1884－1885)蜀南醉經社蜀南閣刻蜀南閣叢書本　八冊

450000－2601－0001949　綫廿 422/4810

石鼓文纂釋一卷　(清)趙烈文撰　清末石印本　一冊

450000－2601－0001950　綫廿 422/4742(2)

爾雅郭注義疏二十卷　(清)郝懿行學　清光緒十三年(1887)湖北官書處刻本　八冊

450000－2601－0001951　綫廿 422/5038

急就篇一卷　(漢)史游撰　清光緒遵義黎氏日本東京使署刻古逸叢書本　一冊

450000－2601－0001952　綫廿 422/5374

漢學諧聲二十四卷　(清)戚學標學　清嘉慶九年(1804)戚氏涉縣官署刻本　六冊　存十九卷(一至十九)

450000－2601－0001953　綫 422/5588

古文原始一卷　(清)曹金籀編　(清)蔡鼎昌篆文　清同治十二年(1873)靈蘭室刻本　一冊

450000－2601－0001954　綫廿 422/6051(1)

殷商貞蔔文字考一卷　羅振玉撰　清宣統二年(1910)玉簡齋石印蟫隱廬叢書本　一冊

450000－2601－0001955　綫廿 422/7110

經籍纂詁並補遺一百六卷首一卷　(清)阮元譔集　(清)王瑜等補纂　清光緒二十年(1894)上海鴻寶齋石印本　十二冊

450000－2601－0001956　綫廿 422/7142

說文段注撰要九卷　(清)馬壽齡述　清光緒十六年(1890)石印本　一冊　存六卷(四至

九)

450000－2601－0001957　綫廿 422/4480(2)

說文聲訂二十八卷　(清)苗夔撰　清道光二十一年(1841)壽陽祁氏漢磚亭刻苗氏說文四種本　二冊

450000－2601－0001958　綫 K234.66/2623(1)

梅村詩鈔三卷　(清)吳偉業撰　(清)顧有孝　(清)趙澐輯　清刻江左三大家詩鈔本二冊

450000－2601－0001959　綫 K234.66/2623(2)

梅村詩集箋注十八卷　(清)吳偉業撰　(清)吳翌鳳箋注　清嘉慶十九年(1814)滄浪吟榭刻本　十二冊

450000－2601－0001960　綫廿 422/7714(1)

說文解字注三十卷六書音韻表五卷汲古閣說文訂一卷　(清)段玉裁注並撰　清同治十一年(1872)湖北崇文書局刻後補修本　一冊存二卷(說文解字注三至四)

450000－2601－0001961　綫 K234.66/2623(3)

吳詩集覽二十卷談藪二卷補註二十卷　(清)靳榮藩輯　清乾隆凌雲亭刻本　十六冊

450000－2601－0001962　特綫 D651/4418

[光緒]琴川三志補記十卷續八卷　(清)黃廷鑒纂　清光緒二十四年(1898)木活字印本四冊

450000－2601－0001963　綫 K234.66/2543(1)

瀛海探驪集八卷　(清)朱埏之輯　清嘉慶十九年(1814)萼怡山館刻本　八冊

450000－2601－0001964　綫廿 422/7714(2)

說文解字注三十卷六書音韻表五卷汲古閣說文訂一卷　(清)段玉裁注并撰　說文部目分韻一卷　(清)陳煥編　清同治十一年(1872)湖北崇文書局刻本　十八冊

450000 – 2601 – 0001965　藏綫 ± 915.3363/
8717

景定嚴州續志十卷　（宋）錢可則修　（清）鄭
瑤等纂　清光緒二十二年(1896)漸西村舍刻
漸西村舍彙刻本　二冊

450000 – 2601 – 0001966　綫 K234.66/2540

白田風雅二十四卷　（清）朱彬輯　清光緒十
二年(1886)金陵刻本　四冊

450000 – 2601 – 0001967　綫廿 422/7714(3)

說文解字注三十卷六書音韻表五卷汲古閣說
文訂一卷　（清）段玉裁注并撰　說文部目分
韻一卷　（清）陳煥編　清同治十一年(1872)
湖北崇文書局刻後補修本　十八冊

450000 – 2601 – 0001968　綫 K234.66/2543
(2)

妙吉祥室詩鈔十三卷詩餘一卷雜存一卷
（清）朱葵之著　清光緒十年(1884)古義安郡
署刻本　六冊

450000 – 2601 – 0001969　綫 K234.66/2543
(3)

壽閒齋吟草八卷　（清）朱葵之著　清光緒十
年(1884)古義安郡署刻本　二冊

450000 – 2601 – 0001970　綫 K234.66/2528
(1)

國朝金陵詩徵四十八卷　（清）朱緒曾編　清
光緒十三年(1887)刻本　一冊　存一卷（二
十）

450000 – 2601 – 0001971　綫廿 422/7721

六書正譌五卷　（元）周伯琦編注　（清）曾香
海校刊　清同治四年至五年(1865－1866)邵
綬名邵州官舍刻本　三冊

450000 – 2601 – 0001972　綫 K234.66/2534
(1)

新安先集二十卷　（清）宋之榛輯　清同治十
三年(1874)蘇州刻本　八冊

450000 – 2601 – 0001973　綫廿 422/8341

說文解字斠詮十四卷　（清）錢坫學　清光緒
九年(1883)淮南書局刻本　六冊

450000 – 2601 – 0001974　綫 K234.66/2534
(2)

新安先集二十卷　（清）宋之榛輯　清同治十
三年(1874)蘇州刻本　六冊

450000 – 2601 – 0001975　綫 K234.66/2130

吳會英才集二十四卷　（清）畢沅輯　清道光
刻本　四冊

450000 – 2601 – 0001976　特綫 D651/8001

[道光]平望志十八卷首一卷　（清）翁廣平纂
輯　清光緒十二年(1886)刻本　十冊

450000 – 2601 – 0001977　綫廿 422/8346

說文徐氏新補新附攷證一卷　（清）錢大昭撰
　徐乃昌校刊　清光緒十七年(1891)南陵徐
乃昌積學齋刻積學齋叢書本　一冊

450000 – 2601 – 0001978　綫廿 422/8741(1)

段氏說文注訂八卷　（清）鈕樹玉著　清同治
五年(1866)吳縣金蘭碧螺山館補刻本　二冊

450000 – 2601 – 0001979　綫 K234.66/2133
(1)

泥學錄一卷老學後盦憶語一卷　（清）何兆瀛
作　清光緒十四年(1888)武林刻本　一冊

450000 – 2601 – 0001980　綫 K234.66/2133
(2)

老學後盦自訂詩二集六卷　（清）何兆瀛撰
清光緒十三年(1887)武林刻本　三冊

450000 – 2601 – 0001981　綫 K234.66/2234

學吟集八卷　（清）任兆麟撰　清乾隆四十八
年(1783)任氏寄螺齋刻本　四冊

450000 – 2601 – 0001982　綫 B311/2670(2)

周易程傳八卷　（宋）程頤傳　清光緒九年
(1883)江南書局刻本　三冊

450000 – 2601 – 0001983　藏綫廿 811.2/4434

三家詩拾遺十卷　（清）范家相輯　清嘉慶十
五年(1810)古趣亭刻本　三冊

450000 – 2601 – 0001984　綫 K234.66/2400

雪淋遺詩一卷續刻一卷　（清）釋德亮撰　清
道光元年(1821)養餘齋刻本　一冊

450000 - 2601 - 0001985 　特綫 D6/3280

方輿紀要簡覽三十四卷 　（清）顧祖禹撰
（清）潘鐸輯録 　清光緒二十八年至二十九年
（1902 - 1903）吳莘民刻本 　八冊 　存二十四
卷（一至二十四）

450000 - 2601 - 0001986 　藏綫 D651/1145
（2）

[光緒]無錫金匱縣志四十卷首一卷 　（清）裴
大中等修 　（清）秦緗業纂 　清光緒七年
（1881）刻二十九年（1903）印本 　二十冊

450000 - 2601 - 0001987 　特綫 D6/2644

皇朝地輿圖攷二卷 　（清）□□輯 　清光緒二
十八年（1902）緯文書局石印本 　一冊

450000 - 2601 - 0001988 　特綫 ±915/3404
（3）

乾隆府廳州縣圖志五十卷 　（清）洪亮吉撰
清嘉慶七年（1802）刻本 　十二冊

450000 - 2601 - 0001989 　藏綫 D653/2434

[光緒]上虞縣志校續五十卷首一卷末一卷
（清）儲家藻修 　（清）徐致靖纂 　清光緒二十
四年至二十五年（1898 - 1899）刻本 　二十冊

450000 - 2601 - 0001990 　綫廿 422/8741（2）

說文解字校録十五卷說文刊誤一卷說文玉篇
校録一卷 　（漢）許慎記 　（清）鈕樹玉校録
清光緒十一年（1885）江蘇書局刻本 　十四冊

450000 - 2601 - 0001991 　綫 K234.66/2510

知足齋詩集二十卷 　（清）朱珪撰 　清嘉慶十
年（1805）刻本 　七冊 　存十二卷（四至十一、
十四至十五、十九至二十）

450000 - 2601 - 0001992 　特綫 D6/1018

[乾隆]大清一統志表一卷附朝代紀元表一卷
　（清）萬廷蘭輯 　清乾隆五十八年（1793）刻
本 　八冊

450000 - 2601 - 0001993 　綫 K234.66/2126

楚庭耆舊遺詩前集二十一卷後集二十一卷續
集三十二卷 　（清）伍崇曜輯 　清道光二十三
年至三十年（1843 - 1850）南海伍氏粵東聚珍
堂刻本 　十四冊

450000 - 2601 - 0001994 　藏綫廿 422/8787

說文諧字一卷附録一卷正段一卷類訂一卷述
訂三卷 　（清）鄭知同學 　清同治至光緒十六
年（1890）鄭知同三次稿本 　一冊 　缺一卷
（說文述訂一）

450000 - 2601 - 0001995 　綫 K234.66/1232

曲阜詩鈔八卷 　（清）孔憲彝纂輯 　清道光二
十三年（1843）刻本 　二冊

450000 - 2601 - 0001996 　綫 B311/2540（3）

周易本義不分卷 　（宋）朱熹本義 　清刻本
二冊

450000 - 2601 - 0001997 　綫 K234.66/1280

張都護詩存一卷 　張錫鑾撰 　清宣統二年
（1910）鉛印本 　一冊

450000 - 2601 - 0001998 　綫廿 423/0028

字典考證十二卷 　（清）王引之撰 　清刻本
八冊

450000 - 2601 - 0001999 　綫 K234.66/1092

秋坪詩鈔五卷 　（清）王炳虎撰 　清嘉慶九年
（1804）刻本 　一冊

450000 - 2601 - 0002000 　綫 K234.66/1208

省香齋詩集六卷 　（清）孔慶鏴著 　清光緒十
七年（1891）青門寓廬刻本 　一冊 　存三卷
（一至三）

450000 - 2601 - 0002001 　綫廿 423/3513

御定駢字類編二百四十卷 　（清）□□編 　清
光緒十三年（1887）上海同文書局石印本 　四
十八冊

450000 - 2601 - 0002002 　綫 K234.66/1220

湘上詩緣録四卷新安詩萃一卷 　（清）張修府
輯 　清光緒十四年（1888）長沙刻本 　四冊

450000 - 2601 - 0002003 　綫 K234.66/1222

濂洛風雅九卷 　（清）張伯行訂 　清同治五年
（1866）福州正誼書院刻本 　一冊 　存四卷
（一至四）

450000 - 2601 - 0002004 　綫廿 423/7110

經籍纂詁五卷首一卷 （清）阮元譔集 清光緒九年（1883）上海點石齋石印本 五冊

450000－2601－0002005 綫廿424/0003（1）

高等學堂國文講義八卷 唐文治講授 清宣統二年（1910）上海文明書局鉛印本 四冊 存四卷（五至八）

450000－2601－0002006 綫 K234.66/1230

悔昨齋詩錄四卷 （清）張深撰 清道光二十年（1840）刻本 二冊

450000－2601－0002007 綫 K234.66/1044（1）

七家詩輯註彙鈔九卷 （清）王植桂輯註 清同治九年（1870）京師琉璃廠刻本 五冊 缺四卷（桐雲閣試帖輯註上、西溫試帖輯註下、尚絅堂試帖輯註一卷、簡學齋試帖輯註一卷）

450000－2601－0002008 綫廿425/2732

文鑰二卷 鄒福保輯 清宣統元年（1909）江蘇存古學堂鉛印本 二冊

450000－2601－0002009 綫 K234.66/1044（2）

七家詩輯註彙鈔九卷 （清）王植桂輯註（清）張熙宇輯評 清同治十年（1871）保陽文會書屋刻本 八冊

450000－2601－0002010 綫 K234.66/1044（3）

七家詩輯註彙鈔九卷 （清）王植桂輯註（清）王擬增註 清光緒十一年（1885）打磨廠文興堂刻本 八冊

450000－2601－0002011 綫廿426/1204

詩聲類十二卷詩聲分例一卷 （清）孔廣森學 清乾隆五十七年（1792）曲阜孔廣森儀鄭堂刻㙦軒孔氏所著書本 一冊

450000－2601－0002012 綫廿426/1714

詩雙聲疊韻譜一卷 （清）鄧廷楨撰 清道光十八年（1838）刻本 一冊

450000－2601－0002013 綫 K234.66/1043（1）

漁洋山人精華錄訓纂十卷目錄二卷 （清）王士禎 （清）惠棟撰 清乾隆惠氏紅豆齋刻葆真堂印本 九冊 存六卷（一至三、四上，目錄二卷）

450000－2601－0002014 綫 K234.66/1043（2）

漁洋山人精華錄箋注十二卷 （清）王士禎撰 （清）金榮箋注 （清）岱陽纂輯 清刻本 九冊 缺一卷（一）

450000－2601－0002015 綫 K234.66/1043（3）

漁洋山人詩集續集十六卷 （清）王士禎撰 清刻本 四冊

450000－2601－0002016 平 340.2/8844

法學通論二卷 （日本）鈴木喜三郎著 （清）震生譯 清光緒三十二年（1906）上海廣智書局再版鉛印本 一冊

450000－2601－0002017 綫 K234.66/1035

明史雜詠箋註四卷 （清）嚴遂成著 （清）姚兆元箋註 清道光七年（1827）刻本 二冊

450000－2601－0002018 綫 K234.66/1030（1）

江浙二十家詩鈔二十卷 （清）王昶輯 清嘉慶刻本 五冊

450000－2601－0002019 綫廿426/2630

射聲小譜一卷 （清）程定謨審編 （清）黃燾校刊 射聲小譜補校記一卷 （清）程天燾補校並記 清光緒二年（1876）刻本 一冊

450000－2601－0002020 綫廿426/3130（1）

音學辨微一卷 （清）江永著 清宣統元年（1909）國學保存會影印本 一冊

450000－2601－0002021 綫 K234.66/1030（2）

湖海詩傳四十六卷 （清）王昶輯 清嘉慶八年（1803）三柳漁莊刻本 十二冊

450000－2601－0002022 綫 K234.66/1022

餘慶山房詩稿七卷 （清）王香倬著 清光緒

二十四年(1898)廓基堂家塾刻本　二冊　存
四卷(一至四)

450000 – 2601 – 0002023　綫 K234.66/1028

吟紅閣詩鈔五卷　(清)夏伊蘭撰　清嘉慶九
年(1804)刻本　一冊

450000 – 2601 – 0002024　綫 K234.66/1027

蜀游草一卷　(清)丁紹周撰　清同治十三年
(1874)刻本　一冊

450000 – 2601 – 0002025　綫 K234.66/1029

詩鵠四編十二卷　(清)王維翚　(清)王繩祖
編　清光緒八年(1882)刻本　七冊　存七卷
(上編二至三,中編二至三,下編一、三,附編
三)

450000 – 2601 – 0002026　綫廿 426/3130(3)

古韻標準四卷首一卷　(清)江永編　清乾隆
三十六年(1771)益都李文藻潮陽縣衙刻五十
四年(1789)曆城周氏竹西書屋印貸園叢書初
集本　二冊

450000 – 2601 – 0002027　綫廿 426/3191

詩韻析五卷首一卷末一卷　(清)汪烜著　**詩
韻析校勘記一卷**　(清)李琇甫撰　清光緒九
年至十年(1883－1884)紫陽書院刻本　四冊

450000 – 2601 – 0002028　綫廿 426/3404

漢魏音四卷　(清)洪亮吉學　清乾隆五十年
(1785)西安刻北江全集本　二冊

450000 – 2601 – 0002029　綫 K234.66/1010

江蘇詩徵一百八十三卷　(清)王豫輯　清道
光元年(1821)焦山詩徵閣王氏刻本　四十冊

450000 – 2601 – 0002030　綫 K234.66/1004

桂舟游草二卷　(清)王站柱撰　清光緒七年
(1881)刻本　二冊

450000 – 2601 – 0002031　綫 K234.66/0143
(1)

百美圖新詠三卷　(清)顏希源輯　清同治九
年(1870)三益堂刻本　六冊

450000 – 2601 – 0002032　綫廿 426/3513

佩文韻府一百六卷韻府拾遺一百六卷　(清)

蔡升元等纂修　清道光嶺南潘氏海山僊館刻
本　一百六十冊

450000 – 2601 – 0002033　綫 K234.66/0143
(2)

百美圖新詠三卷　(清)顏希源輯　清同治九
年(1870)三益堂刻本　二冊　存一卷(圖傳)

450000 – 2601 – 0002034　綫 K234.66/0143
(3)

百美新詠圖傳三卷　(清)顏希源輯　清集腋
軒刻本　二冊

450000 – 2601 – 0002035　綫 K234.66/0243

楚游草二卷　(清)劉夢蓮著　清道光十二年
(1832)此君吟榭刻本　一冊

450000 – 2601 – 0002036　綫廿 426/4010

音切譜二十卷　(清)李元撰　清嘉慶元年至
二年(1796－1797)刻本　十冊

450000 – 2601 – 0002037　綫 K234.66/0037

二知軒詩鈔十四卷續鈔十六卷　(清)方浚頤
撰　清同治五年(1866)廣州刻本　十冊　缺
十二卷(五至十六)

450000 – 2601 – 0002038　綫 K234.66/0262

尚絅堂試帖輯註三卷　(清)劉嗣綰著　(清)
張熙宇輯評　(清)王植桂輯註　清刻本　一
冊　存一卷(三)

450000 – 2601 – 0002039　綫廿 427/3428

續方言疏證二卷　(清)沈齡撰　清光緒十二
年(1886)德化李盛鐸木犀軒刻木犀軒叢書本
二冊

450000 – 2601 – 0002040　綫廿 427/2816

鄦齋叢書二十種四十七卷　(清)徐乃乾輯
清光緒二十六年(1900)南陵徐乃昌積學齋刻
本　一冊　存二種四卷(續方言又補二卷,後
漢儒林傳補逸一卷、續一卷)

450000 – 2601 – 0002041　綫廿 500/6044

江南機器製造總局格致啟蒙二種二卷　(清)
江南機器製造總局翻譯館輯　(美國)林樂知
(清)鄭昌棪譯　清光緒六年(1880)江南機

器製造總局刻本　二冊

450000 – 2601 – 0002042　綫廿 507/1021

高等小學理科教科書四卷　（日本）本栅橋源太郎　（日本）樋口勘次郎著　王季烈譯編　清宣統二年至三年(1910 – 1911)上海文明書局第八版鉛印本　二冊　存二卷(一至二)

450000 – 2601 – 0002043　綫廿 510/0432

謝穀堂算學三種三卷　（清）謝家禾撰　（清）沈善蒸校算　清光緒十五年(1889)江南機器製造總局刻本　一冊

450000 – 2601 – 0002044　綫 K234.62/4623(1)

鐵崖詩集三種二十六卷首一卷　（元）楊維禎撰　清光緒十四年(1888)諸暨樓氏崇德堂補刻本　六冊

450000 – 2601 – 0002045　綫廿 510/2022

天元一釋二卷　（清）焦循學　清嘉慶五年(1800)江都焦氏雕菰樓刻焦氏叢書本　一冊

450000 – 2601 – 0002046　綫廿 510/2341

算式集要四卷　（英國）哈司韋輯　（英國）傅蘭雅口譯　（清）江衡筆述　（清）朱彝繪圖（清）沈善蒸校算　清光緒三年(1877)江南製造總局刻本　二冊

450000 – 2601 – 0002047　綫廿 510/3510

御製數理精蘊上編五卷下編四十卷表八卷（清）聖祖玄燁纂　清光緒八年(1882)江甯藩署補刻本　四十冊

450000 – 2601 – 0002048　綫廿 510/4101

算式解法十四卷　（美國）好敦司　（美國）開奈利著　（英國）傅蘭雅口譯　（清）華衡芳筆述　（清）周道章校算　（清）孫景康覆校　清光緒二十五年(1899)江南製造局刻本　二冊

450000 – 2601 – 0002049　綫廿 510/4802

兼濟堂纂刻梅勿菴先生曆算全書二十九種七十六卷　（清）梅文鼎著　（清）魏荔彤輯　清雍正魏荔彤刻乾隆梅汝培咸豐九年(1859)梅體萱補刻閑妙香室印本　三十二冊

450000 – 2601 – 0002050　綫廿 510/4806

兼濟堂纂刻梅勿菴先生曆算全書二十九種七十六卷　（清）梅文鼎著　（清）魏荔彤輯　清雍正魏荔彤刻乾隆十四年(1749)梅汝培補刻本　十五冊　缺八種十九卷(塹堵測量二卷,方圓冪積一卷,幾何補編四卷補遺一卷,解八線割圓之根一卷,曆學疑問三卷,曆學疑問補二卷,交會管見一卷,交食蒙求三卷、訂補一卷)

450000 – 2601 – 0002051　綫 K234.61/4492

息壤集三卷　（清）趙炯然撰　清光緒八年(1882)淮南方氏刻本　一冊

450000 – 2601 – 0002052　綫 K234.61/3410

邊華泉詩集七卷附錄一卷　（明）邊貢撰　清光緒二十一年(1895)長沙張氏湘雨樓刻弘正四傑詩集本　四冊

450000 – 2601 – 0002053　綫 K234.61/1048

東軒集選一卷　（明）聶大年著　清朱印本　一冊

450000 – 2601 – 0002054　綫 K234.61/1237

弘正四傑詩集七十八卷　（清）張祖同輯　清光緒二十一年(1895)長沙張氏湘雨樓刻本　十六冊

450000 – 2601 – 0002055　綫廿 510/7222

簡易庵算稿四卷　（清）劉彝程撰　（清）丁國鈞等校　（清）龔傑繪圖　清光緒二十六年(1900)江南製造局刻本　四冊

450000 – 2601 – 0002056　綫廿 511/2022

加減乘除釋八卷　（清）焦循學　清嘉慶四年(1799)江都焦氏雕菰樓刻焦氏叢書本　三冊

450000 – 2601 – 0002057　綫廿 511.07/2700

筆算數學三卷　（美國）狄考文輯　（清）鄒立文述　清光緒十八年(1892)鉛印本　二冊　存二卷(上、下)

450000 – 2601 – 0002058　綫廿 511.2/4041

簡易識字學塾珠算課本(教師用)一卷　（清）壽孝天編纂　清宣統二年(1910)上海商務印書館鉛印本　一冊

450000－2601－0002059　綫廿 512/0092

重校代數通藝錄附札記十六卷　（清）方愷撰
清光緒二十二年(1896)廣州斤柵刊館刻本
五冊

450000－2601－0002060　綫廿 512/2341(1)

代數難題解法十六卷　（英國）倫德編輯
（英國）傅蘭雅口譯　（清）華蘅芳筆述
（清）華世芳校　清光緒五年(1879)江南製造
總局刻本　六冊

450000－2601－0002061　綫廿 512/2341(2)

代數術二十五卷　（英國）華里司輯　（英國）
傅蘭雅口譯　（清）華蘅芳筆述　（清）劉彝程
校算　清同治十一年(1872)江南製造總局刻
本　四冊　存十八卷(七至二十四)

450000－2601－0002062　綫廿 517/2341

微積溯源八卷　（英國）華里司輯　（英國）傅
蘭雅口譯　（清）華蘅芳筆述　（清）劉彝程校
算　清同治十三年(1874)江南製造總局刻本
三冊　存五卷(四至八)

450000－2601－0002063　綫廿 512/2824

代數難題解法十六卷　（英國）倫德編輯
（英國）傅蘭雅口譯　（清）華蘅芳筆述
（清）華世芳校　清光緒五年(1879)江南製造
總局刻本　六冊

450000－2601－0002064　綫廿 514.5/2022
(1)

釋弧三卷　（清）焦循學　清嘉慶四年(1799)
江都焦氏雕菰樓刻焦氏叢書本　一冊

450000－2601－0002065　綫廿 514.5/2022
(2)

里堂學算記五種十六卷　（清）焦循學　清嘉
慶四年(1799)江都焦氏雕菰樓刻焦氏叢書本
一冊　存二種三卷(釋輪二卷、釋橢一卷)

450000－2601－0002066　綫廿 514.5/2134
(1)

克依其氏初等平面三角法詳草一卷　（日本）
奧平浪太郎譯　（清）周藩譯述　清光緒三十
三年(1907)上海文明書局石印本　一冊

450000－2601－0002067　綫廿 514.5/2134
(2)

克依其氏初等平面三角法二卷　（日本）奧平
浪太郎譯　（清）周藩譯述　清光緒三十三年
(1907)上海文明書局石印本　一冊　存一卷
(上)

450000－2601－0002068　綫廿 514.507/2134

平面三角法講義一卷　（日本）奧平浪太郎講
述　（清）周藩漢譯　清末上海科學編譯社石
印本　二冊

450000－2601－0002069　綫廿 520/2337

御製厤象考成上編十六卷下編十卷　（清）允
祿等纂修　清光緒二十一年(1895)湖北官書
處刻本　十五冊

450000－2601－0002070　綫廿 520/4067

圜天圖說三卷續編二卷　（清）李明徹述
（清）阮元鑒定　清嘉慶二十四年至道光元年
(1819－1821)松梅軒刻本　五冊

450000－2601－0002071　綫廿 520/4417

宣夜述遺四卷首一卷末一卷　黃喬編　清光
緒三十二年(1906)刻本　一冊

450000－2601－0002072　綫廿 520.5/4088

李氏遺書十一種十八卷　（清）李銳撰　清道
光三年(1823)儀徵阮氏刻本　六冊　缺一種
一卷(句股算術細草一卷)

450000－2601－0002073　綫廿 520/4422(1)

管窺輯要八十卷　（清）黃鼎纂定　（清）黃九
命等閱　清刻本　三十冊

450000－2601－0002074　綫 523/3404

毛詩天文考一卷　（清）洪亮吉撰　清光緒十
七年(1891)廣雅書局刻本　一冊

450000－2601－0002075　綫廿 525.5/4434

夏小正輯註四卷　（清）范家相輯　清嘉慶十
五年(1810)古趣亭刻本　一冊

450000－2601－0002076　綫廿 527/8041(1)

行海要術四卷　（美國）金楷理口譯　（清）李
鳳苞筆述　清光緒十六年(1890)江南製造局

刻本　三冊

450000－2601－0002077　綫廿527/8041(2)

行海要術四卷　（美國）金楷理口譯　（清）李
鳳苞筆述　清光緒十六年(1890)江南製造局
刻本　三冊

450000－2601－0002078　綫廿527/8041(3)

海道圖說十五卷附長江圖說一卷　（英國）金
約翰輯　（美國）金楷理　（英國）傅蘭雅口譯
（清）王德均述　清同治十三年(1874)江南
製造局刻本　七冊

450000－2601－0002079　綫廿527/8041(4)

海道圖說十五卷附長江圖說一卷　（英國）金
約翰輯　（美國）金楷理　（英國）傅蘭雅口譯
（清）王德均述　清同治十三年(1874)江南
製造局刻本　二冊　存二卷(六至七)

450000－2601－0002080　綫廿528/6001

躔離引蒙不分卷附表說一卷　（清）賈步緯算
述　（清）賈文浩等校對　清光緒十八年
(1892)江南製造局鉛印本　二冊

450000－2601－0002081　綫529.3/0019

月建切要大全通書□□卷　（清）□□撰　清
同治二年(1863)尚綸堂刻本　一冊　存一卷
（上）

450000－2601－0002082　綫530/8255(1)

物理學上編四卷　（日本）飯盛挺造編纂
（日本）藤田豐八譯　（日本）丹波敬三　（日
本）柴田承桂校補　王季烈重編　清光緒二
十六年(1900)江南製造局刻本　四冊

450000－2601－0002083　綫530/8255(2)

物理學中編四卷　（日本）飯盛挺造編纂
（日本）藤田豐八譯　（日本）丹波敬三　（日
本）柴田承桂校補　王季烈重編　清光緒二
十六年(1900)江南製造局刻本　四冊

450000－2601－0002084　綫536/1024

物體遇熱改易記四卷　（英國）瓦特斯輯
（英國）傅蘭雅口譯　（清）徐壽筆述　（清）
趙元益校錄　清光緒二十五年(1899)江南製

造局刻本　二冊

450000－2601－0002085　綫537/4411

通物電光四卷附圖一卷　（美國）莫耳登撰
（英國）傅蘭雅口譯　王季烈筆述　清光緒二
十五年(1899)江南製造局刻本　一冊

450000－2601－0002086　綫537/6046

電學綱目一卷　（英國）田大里輯　（英國）傅
蘭雅口譯　（清）周郇筆述　清光緒七年
(1881)上海江南機器製造總局刻本　一冊

450000－2601－0002087　綫537.7/2832

電學測算一卷附表一卷　（清）徐兆熊譯述
（清）王汝騤　陳炳華校勘　清光緒三十二年
至三十四年(1906－1908)江南製造局鉛印本
一冊

450000－2601－0002088　綫540/2341

化學鑑原補編六卷附一卷　（英國）蒲陸山撰
（英國）傅蘭雅口譯　（清）徐壽筆述　清光
緒八年(1882)江南製造總局刻本　六冊

450000－2601－0002089　綫540/4440

化學精義一卷　（日本）中谷平四郎著　（清）
薛蟄龍譯　清光緒三十三年(1907)上海時中
書局活版所再版鉛印本　一冊

450000－2601－0002090　綫543.7/2178

化學實用分析術三卷　（日本）山下脇人編次
（清）虞相欽　（清）虞相寅譯述　清光緒二
十八年(1902)上海鑄豐齋刷印所鉛印科學館
叢書本　二冊　存二卷(一、三)

450000－2601－0002091　綫549/2341

礦石圖說一卷　（英國）傅蘭雅著　清光緒十
年(1884)刻本　一冊

450000－2601－0002092　綫549/4427

新編礦物學簡易教科書二卷　（日本）橫山又
次郎著　（清）范延榮譯　（清）王延綸脩
（清）直隸學務編譯處編輯　清光緒二十九年
至三十二年(1903－1906)直隸學務處學校司
排印局石印本　二冊

450000－2601－0002093　綫549.03/3142

金石表一卷　（英國）傅蘭雅編輯　清光緒九年(1883)江南製造總局鉛印本　一冊

450000－2601－0002094　綫550/1022

地學淺釋三十八卷　（英國）雷俠兒撰　（美國）瑪高溫口譯　（清）華蘅芳筆述　（清）趙宏繪圖　（清）沙英校樣　清同治十年(1871)江南製造局刻本　七冊　存三十三卷(六至三十八)

450000－2601－0002095　綫550/4577

地理質學啟蒙七卷　（清）□□撰　清光緒二十四年(1898)石印本　一冊

450000－2601－0002096　特綫±915.0142/1703

[光緒]永安州志四卷首一卷　（清）鄧文淵等纂修　清光緒二十四年(1898)補刻本　四冊

450000－2601－0002097　特綫廿426/0131(4)

古韻通說二十卷　（清）龍啟瑞撰　清光緒九年(1883)四川尊經書局刻本　四冊

450000－2601－0002098　特綫±915.0133/4422

[光緒]西延軺志十卷首一卷末一卷　（清）蔣崧等纂　清光緒二十六年(1900)西延理苗州署刻本　六冊

450000－2601－0002099　綫550/8317

蒙學地質教科書一卷　（清）錢承駒著　（清）文明書局編纂　清光緒三十一年(1905)上海文明書局活版部六版鉛印本　一冊

450000－2601－0002100　綫550.7/4033

初等地質學教科書一卷　（清）張澄編輯　清光緒三十二年(1906)南洋官書局石印本　一冊

450000－2601－0002101　綫551/2302

地文學一卷　（清）直隸學務編譯處編纂　清光緒二十九年至三十二年(1903－1906)天津北洋官報局鉛印本　一冊

450000－2601－0002102　綫551.5/8041

測候叢談四卷　（美國）金楷理口譯　（清）華蘅芳筆述　（清）趙宏繪圖　清光緒江南製造總局刻本　二冊

450000－2601－0002103　綫570.7/4714

新撰博物教科書一卷附圖一卷　（日本）堀正太郎　（日本）藤田經信編　（清）華文祺譯　清光緒三十二年(1906)上海文明書局三版鉛印本　二冊

450000－2601－0002104　綫572/6824

民種學二卷　（德國）哈伯蘭著　（英國）魯威原譯　林紓　魏易譯　清光緒二十九年(1903)北京大學堂官書局鉛印本　一冊

450000－2601－0002105　綫575/4412

天演論二卷　（英國）赫胥黎造論　嚴復達恉　清光緒二十八年(1902)成都書局刻本　二冊

450000－2601－0002106　綫580.3/3131

佩文齋廣羣芳譜一百卷目錄二卷　（清）劉灝等輯　清康熙四十七年(1708)刻本　四十冊

450000－2601－0002107　綫580.7/4406

植物學一卷　（清）杜就田編譯　杜亞泉校訂　清宣統三年(1911)上海商務印書館再版鉛印本　一冊

450000－2601－0002108　綫590.7/4422

蒙學動物教科書一卷　（清）華循編著　（清）文明書局編纂　清宣統元年(1909)上海文明書局九版鉛印本　一冊

450000－2601－0002109　綫599/4424(1)

百獸集說圖考一卷　（美國）范約翰著　（清）吳子翔述　清光緒二十五年(1899)上海美華書館鉛印本　一冊

450000－2601－0002110　綫599/4424(2)

百獸集說圖考一卷　（美國）范約翰著　（清）吳子翔述　清光緒二十五年(1899)上海美華書館鉛印本　一冊

450000－2601－0002111　綫廿610/0022

補注黃帝內經素問二十四卷　（唐）王冰次注

（宋）林億等校正　（宋）孫兆重改誤　**黃帝內經靈樞十二卷　黃帝內經素問遺篇一卷**
（宋）劉溫奇輯　清光緒三年（1877）浙江書局刻本　十冊

450000－2601－0002112　綫廿 610/1032（2）
醫林改錯二卷　（清）王清任著　清道光二十九年（1849）緯文堂刻本　一冊

450000－2601－0002113　綫廿 610/2210
重刊巢氏諸病源候總論五十卷　（隋）巢元方等撰　清光緒元年（1875）湖北崇文書局刻本　八冊

450000－2601－0002114　綫廿 610/1032（5）
公民醫學必讀一卷　丁福保編　清宣統元年（1909）正月上海文明書局初版鉛印本　一冊

450000－2601－0002115　綫廿 610/1032（6）
公民醫學必讀一卷　丁福保編　清宣統二年（1910）九月上海文明書局再版鉛印本　一冊

450000－2601－0002116　綫廿 610/2574
增注類證活人書二十二卷附釋音一卷傷寒藥性一卷　（宋）朱肱撰　（明）吳勉學校　清光緒十年（1884）江南機器製造總局刻本　四冊

450000－2601－0002117　綫廿 610/2664（1）
醫學心悟五卷　（清）程國彭著　清光緒二十年（1894）上海圖書集成印書局石印本　一冊　存二卷（一至二）

450000－2601－0002118　綫廿 610/2844
徐氏醫書八種十八卷　（清）徐大椿撰　清光緒十七年至十八年（1891－1892）湖北官書處刻本　二冊

450000－2601－0002119　綫廿 610/3137
筆花醫鏡二卷　（清）江涵暾著　清光緒二十七年（1901）麟書閣刻本　二冊

450000－2601－0002120　綫廿 610/3456
醫學白話四卷　（清）洪壽曼編　（清）彪蒙編譯所校閱　清宣統二年（1910）上海彪蒙書室再版石印本　四冊

450000－2601－0002121　綫廿 610/4444（1）

景岳全書發揮四卷　（清）葉桂著　清光緒五年（1879）吳氏醉六堂刻本　四冊

450000－2601－0002122　綫廿 610/4444（2）
景岳全書發揮四卷　（清）葉桂著　清光緒五年（1879）吳氏醉六堂刻本　四冊

450000－2601－0002123　綫廿 610/3824（1）
儒門醫學三卷附一卷　（英國）海得蘭撰（英國）傅蘭雅口譯　（清）趙元益筆述　清光緒二年（1876）江南製造總局刻本　四冊

450000－2601－0002124　綫廿 610/3824（2）
儒門醫學三卷附一卷　（英國）海得蘭撰（英國）傅蘭雅口譯　（清）趙元益筆述　清光緒二年（1876）江南製造總局刻本　二冊　存三卷（上、下卷葉六十三至一百,附一卷）

450000－2601－0002125　綫廿 610/4487
壽身小補九卷　（清）黃兌楣輯　清光緒十四年（1888）佛山鎮松桂里字林書局鉛印本（卷九原缺）　八冊

450000－2601－0002126　綫廿 610/4628
黃帝內經太素三十卷遺文一卷明堂一卷（隋）楊上善撰注　**黃帝內經太素附錄一卷**（清）黃以周撰　清光緒二十三年（1897）通桐廬袁昶隱堂刻漸西村舍彙刊本（卷一、四、七、十六、十八至二十一原缺）　六冊

450000－2601－0002127　綫廿 610/6860
寓意草一卷續篇一卷　（明）喻昌著　清乾隆二十八年（1763）黎川陳守誠刻集思堂印本　二冊

450000－2601－0002128　綫廿 610/8027
西醫略論三卷　（英國）合信氏著　（清）管茂材撰　清咸豐七年（1857）上海仁濟醫館刻本　一冊

450000－2601－0002129　綫廿 610/7526
金匱要畧淺註十卷　（漢）張仲景撰　（清）陳念祖集註　清同治八年（1869）緯文堂刻本　五冊

450000－2601－0002130　綫廿610/7583（2）

醫學實在易八卷　（清）陳念祖箸　（清）陳元犀參訂　清刻本　二冊　存二卷（一至二）

450000－2601－0002131　綫廿610/8679

普救回生草前集一卷後集一卷　（清）知醫憫人居士纂輯　清光緒十三年（1887）丹達廟道士刻成都成文齋印本　一冊

450000－2601－0002132　綫廿610/8026

醫宗備要三卷　（清）曾鼎輯　清光緒元年（1875）湖北崇文書局刻本　一冊

450000－2601－0002133　綫廿610.8/1029

六科準繩六種四十四卷　（明）王肯堂輯　清光緒十八年（1892）上海圖書集成印書局石印本　四十八冊

450000－2601－0002134　綫 K234.6/4438

南雷詩曆五卷　（清）黃宗羲撰　（清）全祖望選　清康熙至乾隆刻本　一冊

450000－2601－0002135　綫 K234.58/6040

淵穎集十二卷　（元）吳萊撰　清光緒元年（1875）永康胡氏退補齋刻金華叢書本　四冊

450000－2601－0002136　綫廿611/1022

圖註脈訣辨真四卷　（晉）王叔和譔　（明）張世賢註　明隆慶刻本　一冊　存二卷（三至四）

450000－2601－0002137　綫 K234.58/4445

鴈門集十四卷附詩餘一卷　（清）薩都拉著　清嘉慶十二年（1807）榕城侯官縣施志寶坊刻本　八冊

450000－2601－0002138　綫 K234.52/4060

二李唱和集一卷　（宋）李昉　（宋）李至撰　清光緒十五年（1889）貴陽陳氏日本刻本　一冊

450000－2601－0002139　綫廿611/4061

奇經八脈攷一卷校正瀕湖脈學一卷　（明）李時珍撰　清光緒十九年（1893）上海鴻寶齋書局石印本　一冊

450000－2601－0002140　綫 K234.56/1047（1）

遺山先生詩集二十卷　（元）元好問撰　清宣統二年（1910）四川山陰周肇祥刻本　二冊

450000－2601－0002141　綫廿611/5048（1）

校正圖註八十一難經四卷　（戰國）秦越人述　（明）張世賢註　清宣統三年（1911）上海鴻寶齋書局石印本　一冊

450000－2601－0002142　綫廿611/5048（2）

校正圖註八十一難經四卷　（戰國）秦越人述　（明）張世賢註　清宣統三年（1911）上海鴻寶齋書局石印本　一冊　存二卷（一至二）

450000－2601－0002143　綫612/0017

新編生理學問答一卷　商務印書館編譯所編輯　清光緒三十二年（1906）上海商務印書館三版鉛印本　一冊

450000－2601－0002144　綫612/1032

蒙學生理教科書一卷　丁福保編譯　（清）文明書局編纂　清宣統三年（1911）上海文明書局十八版鉛印本　一冊

450000－2601－0002145　綫 K234.51/8040

白石道人詩集二卷外詩一卷詩說一卷附錄一卷附錄補遺一卷　（宋）姜夔撰　清末石印本　一冊

450000－2601－0002146　綫 K234.51/8080

白石道人詩集二卷集外詩一卷附錄一卷　（宋）姜夔撰　清乾隆知不足齋刻本　一冊

450000－2601－0002147　綫廿612/1044（1）

溫熱經緯五卷　（清）王士雄纂　（清）楊照藜（清）汪曰楨評　清同治十三年（1874）湖北崇文書局刻本　四冊

450000－2601－0002148　綫 K234.51/8859

宋代五十六家詩集五十七卷　（清）坐春書塾選　清宣統二年（1910）北京龍文閣書莊石印本　六冊

450000－2601－0002149　綫廿612/1044（2）

溫熱經緯五卷　（清）王士雄纂　（清）楊照藜（清）汪曰楨評　清同治十三年（1874）湖北

崇文書局刻本　四冊

450000-2601-0002150　綫廿612/2610(1)
溫病條辨六卷首一卷　(清)吳瑭著　(清)朱武曹點評　清光緒十年(1884)京都二西齋刻本　五冊

450000-2601-0002151　綫廿612/2610(2)
問心堂溫病條辨六卷首一卷　(清)吳瑭著　(清)汪瑟菴參訂　(清)朱武曹點評　清同治九年(1870)六安求我齋刻本　四冊

450000-2601-0002152　綫廿612/2664(1)
醫學心悟六卷　(清)程國彭著　清嘉慶二十四年(1819)埽葉山房刻本　五冊

450000-2601-0002153　綫廿612/2664(2)
醫學心悟六卷　(清)程國彭著　清嘉慶二十四年(1819)埽葉山房刻本　六冊

450000-2601-0002154　綫廿612/3444
傷寒卒病論讀十卷醫經讀四卷　(清)沈又彭輯　清博古堂刻本　四冊

450000-2601-0002155　綫廿612/4310
廣溫熱論四卷　(清)戴天章著　(清)陸懋修校訂　清光緒四年(1878)上海千頃堂書局石印本　一冊

450000-2601-0002156　綫廿612/7526
張仲景傷寒論原文淺註六卷　(清)陳念祖集註　清同治八年(1869)廣州同文堂刻本　三冊

450000-2601-0002157　綫廿612/7483
傷寒論淺註補正七卷首一卷　(漢)張仲景撰　(清)陳念祖淺註　(清)唐宗海補正　清光緒三十四年(1908)上海千頃堂書局石印本　三冊　缺三卷(二至四)

450000-2601-0002158　綫廿612.07/0614
高等小學生理衛生教科書一卷　(日本)齋田功太郎著　丁福保譯著　(清)文明書局編譯　清光緒三十四年(1908)上海文明書局八版鉛印本　一冊

450000-2601-0002159　綫廿612.07/2244

初級師範學校生理衛生教科書一卷　(日本)山內雄繁　(日本)高橋本吉著　(清)朱士傑譯述　(清)孫佐校訂　清宣統三年(1911)上海商務印書館四版鉛印本　一冊

450000-2601-0002160　綫廿612.07/2301
師範學堂小學堂生理衛生學課本一卷　(日本)齋田功太郎著　(清)直隸學校司編譯處譯行　清光緒二十九年至三十二年(1903-1906)天津北洋官報局鉛印本　一冊

450000-2601-0002161　綫廿612.07/4444
初等小學生理教科書一卷　(清)黃世基編著　胡宗槱校閱　清光緒三十二年(1906)上海南洋官書局石印本　一冊

450000-2601-0002162　綫廿613/0037
一草亭眼科全集四卷　(清)鄧苑輯　(清)文永周補輯　程松崖先生眼科應驗良方一卷　(明)程玠輯　清光緒十六年(1890)益元堂刻本　四冊

450000-2601-0002163　綫廿613/1022(1)
王洪緒先生外科證治全生七卷　(清)王維德撰　清咸豐十一年(1861)武昌節署刻本　一冊

450000-2601-0002164　綫廿613/1022(2)
外科症治全生集四卷　(清)王維德纂輯　(清)潘霨原本　(清)張介祺校正　清光緒十九年(1893)三讓堂刻本　一冊

450000-2601-0002165　綫廿613/7531
外科正宗十二卷　(明)陳實功著　(清)許楣訂　(清)徐大椿評　清咸豐十年(1860)海甯許氏刻本　六冊

450000-2601-0002166　綫廿614/1161
重訂產孕集二卷　(清)張曜孫撰　(清)包誠補遺　清同治七年(1868)涇縣包誠刻蘊璞齋印本　一冊

450000-2601-0002167　綫廿614/2322
傅青主女科二種四卷　(清)傅山著　清光緒元年(1875)湖北崇文書局刻本　二冊

450000 – 2601 – 0002168　　綫廿 614/3141

大生要旨五卷　（清）唐千頃撰　**福幼編一卷
遂生編一卷**　（清）莊一夔著　（清）海慶訂
清光緒三十三年(1907)鉛印本　一冊

450000 – 2601 – 0002169　　綫廿 615/2716

新訂小兒科臍風驚風合編一卷　（清）鮑雲韶
輯刊　清同治十年(1871)廣西省鼓樓街尚文
堂刻字店刻本　一冊

450000 – 2601 – 0002170　　綫廿 615/4418(1)

遂生福幼合編一卷　（清）莊一夔輯　清道光
十八年(1838)柳郡何大熙刻本　一冊

450000 – 2601 – 0002171　　綫廿 615/4418(2)

驚風辯證必讀書二種二卷　（清）劉德馨輯
清光緒二十七年(1901)上元江忠德刻本
一冊

450000 – 2601 – 0002172　　綫 615.1/0590

萬國藥方八卷　（美國）洪士提反譯　清光緒
二十四年(1898)美華書館杜炳記石印書局三
版石印本　八冊

450000 – 2601 – 0002173　　綫 615.1/4050

西藥大成十卷首一卷　（英國）來拉　（英國）
海得蘭撰　（英國）傅蘭雅口譯　（清）趙元益
筆述　清光緒十三年(1887)江南製造局刻本
十六冊

450000 – 2601 – 0002174　　綫 616/2126

內科理法前編六卷後編十卷附一卷　（英國）
虎伯撰　（英國）茄合　（英國）哈米參訂　舒
高第口譯　（清）趙元益筆述　清光緒十五年
(1889)江南製造局刻本　十二冊

450000 – 2601 – 0002175　　綫廿 616/0737

本草經三家合注六卷　（清）郭汝聰集注
（清）李佐堯校勘　清宣統元年(1909)益元書
屋刻本　六冊

450000 – 2601 – 0002176　　綫廿 616/1141

本草崇原五卷　（清）張志聰注釋　（清）高世
栻纂集　清光緒二十四年(1898)香南書屋刻
本　四冊

450000 – 2601 – 0002177　　綫廿 616/1704(1)

病理撮要一卷　（清）尹端模譯　清光緒十八
年(1892)羊城博濟醫局刻本　二冊

450000 – 2601 – 0002178　　綫廿 616/1704(2)

醫理畧述二卷　（清）尹端模筆譯　清光緒十
八年至十九年(1892 – 1893)羊城博濟醫局刻
本　二冊

450000 – 2601 – 0002179　　綫 K234.51/7530
(1)

劍南詩鈔六卷　（宋）陸游著　（清）楊大鶴選
清康熙二十四年(1685)刻本　六冊

450000 – 2601 – 0002180　　綫 K234.51/7530
(2)

劍南詩鈔六卷　（宋）陸游著　（清）楊大鶴選
清康熙二十四年(1685)刻本　六冊

450000 – 2601 – 0002181　　藏綫 K234.53/
7530(4)

陸放翁劍南詩鈔六卷　（宋）陸游著　（清）朱
陵選　清康熙二十五年(1686)刻本　六冊

450000 – 2601 – 0002182　　綫 K234.51/7424
(1)

簡齋集十六卷　（宋）陳與義撰　清刻本　二
冊　存八卷(一至八)

450000 – 2601 – 0002183　　綫 K234.51/4514

南澗甲乙稿二十二卷　（宋）韓元吉撰　清刻
本　八冊

450000 – 2601 – 0002184　　綫廿 616/4444(1)

本草經解要四卷附餘一卷　（清）葉桂集注
清光緒十九年(1893)羊城雙門底大文堂刻本
四冊

450000 – 2601 – 0002185　　綫 616/8027

內科新說二卷　（英國）合信氏著　（清）管茂
材撰　清咸豐八年(1858)上海仁濟醫館刻本
一冊

450000 – 2601 – 0002186　　綫 616.5/4025

皮膚新編一卷　（美國）嘉約翰口譯　（清）林
湘東筆述　清光緒十四年(1888)羊城博濟醫

局刻本　一冊

450000－2601－0002187　綫廿 818.1/7234

愈愚錄六卷　（清）劉寶楠撰　清光緒十五年
（1889）廣雅書局刻本　一冊

450000－2601－0002188　綫廿 6170114

增補醫林狀元壽世保元十卷　（明）龔廷賢編
（清）周亮登校　清宣統三年（1911）上海錦
章圖書局石印本　六冊

450000－2601－0002189　綫廿 617/1032

外科學一夕談一卷　丁福保譯述　清宣統二
年（1910）上海文明書局鉛印丁氏醫學叢書本
一冊

450000－2601－0002190　綫廿 617/3482（1）

增補醫方一盤珠全集十卷　（清）洪金鼎纂
（清）洪濂參訂　清光緒二十五年（1899）益元
刻本　六冊

450000－2601－0002191　綫廿 617/4444

種福堂公選良方四卷　（清）葉桂論　清同治
六年（1867）貽範堂盛氏刻本　四冊

450000－2601－0002192　綫廿 617/7741

易簡方便醫書六卷　（清）周茂五輯　清咸豐
十一年（1861）廬陵周茂五刻本　四冊　缺二
卷（四至五）

450000－2601－0002193　綫廿 617.4/4024
（1）

裹紮新法一卷　（美國）嘉約翰口譯　（清）林
湘東筆述　清光緒元年（1875）羊城博濟醫局
刻本　一冊

450000－2601－0002194　綫廿 617.4/4024
（2）

割症全書七卷　（美國）嘉約翰譯　清光緒十
六年（1890）羊城博濟醫局刻本　七冊

450000－2601－0002195　綫廿 618.1/4724

婦科不分卷　（美國）湯麥斯著　舒高第口譯
（清）鄭昌棪筆述　清光緒二十六年（1900）
江南製造局鉛印本　三冊　存葉一百七十五
至四百十四

450000－2601－0002196　綫廿 618.1/4726

婦科圖一卷　（美國）湯麥斯著　舒高第口譯
（清）鄭昌棪筆述　清光緒二十六年（1900）
江南製造局鉛印本　一冊

450000－2601－0002197　綫 618.2/8039

分娩生理篇一卷　（日本）今淵恒壽著　（清）
華文祺　丁福保譯述　清宣統二年（1910）上
海文明書局鉛印丁氏醫學叢書本　一冊

450000－2601－0002198　綫 618.2/8855

竹氏產婆學一卷　（日本）竹中成憲著　丁福
保達悟　清宣統元年（1909）上海文明書局再
版鉛印丁氏醫學叢書本　一冊

450000－2601－0002199　綫廿 619/4444

三家醫案合刻三卷　（清）金壽纂　清光緒三
十三年（1907）上洋海左書局石印本　一冊

450000－2601－0002200　綫 B311/3156

讀易蒙求四卷末一卷　（清）江中時解　清道
光二年（1822）鄧文熊秋水山房刻本　三冊

450000－2601－0002201　綫廿 952/1262（2）

史記天官書補目一卷　（清）孫星衍撰　清光
緒十三年（1887）廣雅書局刻本　一冊

450000－2601－0002202　綫 620/1172（1）

工程致富論略十三卷首一卷附圖一卷　（英
國）瑪體生著　（英國）傅蘭雅　（清）鍾天緯
譯　清光緒二十四年（1898）江南製造局鉛印
本　八冊

450000－2601－0002203　綫 620/1172（2）

工程致富論略十三卷首一卷附圖一卷　（英
國）瑪體生著　（英國）傅蘭雅　（清）鍾天緯
譯　清光緒二十四年（1898）江南製造局鉛印
本　四冊　存七卷（三至九）

450000－2601－0002204　綫 K234.51/4440
（1）

蘇文忠詩合註五十卷首一卷　（宋）蘇軾撰
（清）馮應榴輯　清同治九年（1870）刻本　二
十四冊

450000－2601－0002205　綫 K234.51/4440

（2）

蘇文忠詩合註五十卷首一卷　（宋）蘇軾撰
（清）馮應榴輯　清同治九年（1870）刻本　二
十三冊

450000－2601－0002206　綫 B311/3429

詁易文稿一卷　（清）沈以煊著　清光緒十九
年（1893）剡溪沈氏刻本　一冊

450000－2601－0002207　綫 620.1/2341

汽機新制八卷　（英國）白爾格撰　（英國）傅
蘭雅口譯　（清）徐建寅筆述　清同治十一年
（1872）江南製造局刻本　二冊

450000－2601－0002208　綫 K234.51/4440
（3）

蘇文忠公詩集五十卷目錄二卷　（宋）蘇軾撰
（清）紀昀評點　清同治八年（1869）韞玉山
房刻粵東翰墨園朱墨套印本　十二冊

450000－2601－0002209　藏綫 D653/0065

[光緒]上虞縣志四十八卷首一卷末一卷
（清）唐煦春修　（清）朱士黻纂　清光緒十六
年至十七年（1890－1891）刻本　二十冊

450000－2601－0002210　特綫 ±915/3404
（1）

乾隆府廳州縣圖志五十卷　（清）洪亮吉撰
清光緒二十三年（1897）新化三味書室刻本
十六冊

450000－2601－0002211　特綫 ±915/3404
（2）

乾隆府廳州縣圖志五十卷　（清）洪亮吉撰
清同治至宣統刻本　十六冊

450000－2601－0002212　特綫 D651/4434

同治上江兩縣志二十九卷首一卷　（清）莫祥
芝等修　（清）汪士鐸等纂　清同治十三年
（1874）刻本　十二冊

450000－2601－0002213　特綫 ±915.3433/
4433

同治上江兩縣志二十九卷首一卷　（清）莫祥
芝等修　（清）汪士鐸等纂　清同治十三年
（1874）刻本　十二冊

450000－2601－0002214　特綫 ±915.3434/
2022

北湖小志六卷首一卷　（清）焦循著　清嘉慶
十三年（1808）刻本　二冊

450000－2601－0002215　特綫 D915/3404

乾隆府廳州縣圖志五十卷　（清）洪亮吉撰
清嘉慶七年（1802）刻本　十冊

450000－2601－0002216　藏綫 D653/2113

[光緒]縉雲縣志十六卷首一卷末一卷　（清）
何乃容等修　（清）潘樹棠纂　清光緒七年
（1881）刻本　十二冊

450000－2601－0002217　特綫 D651/4475

[咸豐]邳州志二十卷首一卷　（清）董用威等
修　（清）魯一同纂　清咸豐元年（1851）刻本
四冊

450000－2601－0002218　綫 K234.51/4440
（4）

蘇文忠公詩集五十卷目錄二卷　（宋）蘇軾撰
（清）紀昀評點　清同治八年（1869）韞玉山
房刻粵東翰墨園朱墨套印本　十二冊

450000－2601－0002219　綫 620/2341

營工要覽四卷　（英國）傅蘭雅　（清）汪振聲
譯　清光緒元年至二十二年（1875－1896）江
南製造局鉛印本　一冊　存二卷（三至四）

450000－2601－0002220　綫 K234.51/4440
（5）

蘇文忠公詩集五十卷目錄二卷　（宋）蘇軾撰
（清）紀昀評點　清同治八年（1869）韞玉山
房刻粵東翰墨園朱墨套印本　十二冊

450000－2601－0002221　綫 621/2341

新式汽機機器圖說一卷　（英國）傅蘭雅輯
清光緒十八年（1892）上海格致書室鉛印本
一冊

450000－2601－0002222　綫 K234.51/4430
（1）

林和靖先生詩集四卷續刻一卷附錄一卷
（宋）林逋撰　清光緒二十一年（1895）婺原俞
氏清蔭堂刻本　二冊

450000－2601－0002223　　綫 621/5811

考試司機七卷首一卷　（英國）拖爾那著
（英國）傅蘭雅口譯　（清）徐華封筆述　清光
緒二十一年(1895)江南製造局刻本　六冊

450000－2601－0002224　　綫 621.1/4415(1)

汽機必以十二卷首一卷附一卷　（英國）蒲而
捺撰　（英國）傅蘭雅口譯　（清）徐建寅筆述
（清）趙元益校字　（清）曹鍾秀摹圖　清同
治十二年(1873)江南製造局刻本　六冊

450000－2601－0002225　　綫 621.1/4415(2)

汽機必以十二卷首一卷附一卷　（英國）蒲而
捺撰　（英國）傅蘭雅口譯　（清）徐建寅筆述
（清）趙元益校字　（清）曹鍾秀摹圖　清同
治十二年(1873)江南製造局刻本　五冊　缺
三卷(三至五)

450000－2601－0002226　　綫 K234.51/4440
(6)

施註蘇詩四十二卷目錄二卷　（宋）蘇軾撰
（宋）施元之注　（清）顧嗣立等刪補　**蘇詩續
補遺二卷**　（清）馮景補註　清刻本　十六冊

450000－2601－0002227　　綫 K234.51/4402
(1)

山谷詩集注二十卷山谷外集詩注十七卷
（宋）黃庭堅撰　（宋）史容註　清光緒二十一
年至二十六年（1895－1900）刻宣統二年
(1910)補刻民國十二年(1923)印本　二十

450000－2601－0002228　　綫 622/1028(1)

銀礦指南一卷附圖一卷　（美國）亞倫著
（英國）傅蘭雅口譯　（清）應祖錫筆述　清光
緒十七年(1891)江南製造局刻本　一冊

450000－2601－0002229　　綫 622/1028(2)

銀礦指南一卷附圖一卷　（美國）亞倫著
（英國）傅蘭雅口譯　（清）應祖錫筆述　清光
緒十七年(1891)江南製造局刻本　一冊

450000－2601－0002230　　綫 K234.51/4402
(2)

山谷詩集注二十卷外集詩注十七卷　（宋）黃
庭堅撰　（宋）史容註　清光緒二十一年至二

十六年（1895－1900）刻宣統二年(1910)補刻
民國十二年(1923)印本　二十冊

450000－2601－0002231　　綫 K234.51/3632
(1)

東坡和陶合箋四卷　（清）溫汝能纂訂　清宣
統二年(1910)掃葉山房石印本　二冊

450000－2601－0002232　　綫 K234.51/4384

石屏詩集十卷　（宋）戴復古撰　（宋）趙汝鐩
等選　清嘉慶二十二年(1817)臨海宋氏刻本
二冊

450000－2601－0002233　　綫 K234.51/3030

寇忠湣公詩集三卷　（宋）寇準撰　清宣統三
年(1911)中華圖書館影印本　二冊

450000－2601－0002234　　綫 K234.51/3632
(2)

東坡和陶合箋四卷　（清）溫汝能纂訂　清嘉
慶十一年(1806)順德溫氏刻本　二冊

450000－2601－0002235　　綫 622/2615

井礦工程三卷　（英國）白爾捺輯　（英國）傅
蘭雅口譯　（清）趙元益筆述　（清）曹鍾秀繪
圖　清光緒五年(1879)江南製造局刻本
二冊

450000－2601－0002236　　綫 622/2426(1)

開礦器法十卷附圖一卷　（美國）俺特累著
（英國）傅蘭雅口譯　（清）王樹善筆述
（清）華蘅芳　孫景康校　清光緒二十五年
(1899)江南製造局石印本　六冊

450000－2601－0002237　　綫 622/2426(2)

開礦器法十卷附圖一卷　（美國）俺特累著
（英國）傅蘭雅口譯　（清）王樹善筆述
（清）華蘅芳　孫景康校　清光緒二十五年
(1899)江南製造局石印本　六冊

450000－2601－0002238　　綫 622/5514

寶藏興焉十二卷　（英國）費而奔著　（英國）
傅蘭雅口譯　（清）徐壽筆述　（清）徐華封校
對　清光緒十年(1884)江南製造局刻本　十
六冊

450000 - 2601 - 0002239　綫 622.3/2341

開煤要法十二卷　（英國）士密德輯　（英國）傅蘭雅口譯　（清）王德均筆述　清同治九年（1870）江南製造局刻本　二冊

450000 - 2601 - 0002240　綫 623.3/2402（1）

營城揭要二卷　（英國）儲意比撰　（英國）傅蘭雅口譯　（清）徐壽筆述　清光緒二年（1876）江南製造總局刻本　一冊　存一卷（上）

450000 - 2601 - 0002241　綫 623.3/2402（2）

營城揭要二卷　（英國）儲意比撰　（英國）傅蘭雅口譯　（清）徐壽筆述　清光緒二年（1876）江南製造總局刻本　二冊

450000 - 2601 - 0002242　綫 623.3/2661

營壘圖說一卷附圖一卷　（比利時）伯里牙芒著　（美國）金楷理口譯　（清）李鳳苞筆述　清光緒二年（1876）江南製造總局刻本　一冊

450000 - 2601 - 0002243　綫 623.4/3717

克虜伯礮彈造法二卷　（布國）軍政局纂修　（美國）金楷理口譯　（清）李鳳苞筆述　清同治十三年（1874）江南製造局刻本　一冊　存一卷（上）

450000 - 2601 - 0002244　綫 623.4/8708

礮乘新法三卷首一卷附一卷　（英國）製造官局纂修　舒高第口譯　（清）鄭昌棪筆述　清光緒十六年（1890）江南製造總局刻本　六冊

450000 - 2601 - 0002245　綫 623.45/2624

江南製造局記十卷首一卷附一卷　（清）魏允恭等纂修　清光緒三十一年（1905）上海新馬路福海里文寶書局石印本　十冊

450000 - 2601 - 0002246　綫 623.45/5011

水雷秘要五卷　（英國）史理孟纂　舒高第口譯　（清）鄭昌棪筆述　清光緒六年（1880）江南製造局刻本　一冊　存一卷（一）

450000 - 2601 - 0002247　綫 K234.5/1010（1）

樵川二家詩六卷　（宋）嚴羽著　（清）徐榦輯　清光緒七年（1881）刻邵武徐氏叢書本

二冊

450000 - 2601 - 0002248　綫 K234.5/1010（2）

樵川二家詩六卷　（宋）嚴羽著　（清）徐榦輯　清光緒七年（1881）刻邵武徐氏叢書本　二冊

450000 - 2601 - 0002249　綫 623.459/2341

開地道轟藥法三卷附圖一卷　（英國）武備工程學堂編定　（英國）傅蘭雅口譯　（清）汪振聲筆述　清光緒十九年（1893）江南製造總局刻本　二冊

450000 - 2601 - 0002250　綫 K234.5/2540（1）

宋元明詩約鈔三百首二卷　（清）朱梓　（清）冷昌言編輯　清李光明莊刻本　二冊

450000 - 2601 - 0002251　綫 623.8/2341

船塢論略一卷附圖一卷　（英國）傅蘭雅輯譯　（清）鍾天緯筆述　（清）程瞻洛校字　清光緒元年至二十年（1875 - 1894）江南製造總局刻本　一冊

450000 - 2601 - 0002252　綫 K234.5/2540（2）

宋元明詩三百首不分卷　（清）朱梓　（清）冷昌言編輯　清刻本　二冊　存葉四十至八十一

450000 - 2601 - 0002253　綫 630/1024

管子地員篇注四卷　（春秋）管仲撰　（清）王紹蘭注　清光緒十七年（1891）蕭山胡燏棻寄虹山館刻本　四冊

450000 - 2601 - 0002254　綫 K234.42/8848

讀雪山房唐詩三十四卷　（清）管世銘撰　清光緒十二年（1886）湖北官書處刻本　十二冊

450000 - 2601 - 0002255　綫 630/1064（1）

齊民要術十卷　（北魏）賈思勰撰　清光緒二十二年（1896）桐盧袁昶中江榷署刻漸西村舍彙刊本　四冊

450000 - 2601 - 0002256　綫 630/1064（2）

齊民要術十卷 （北魏）賈思勰撰 清光緒元年(1875)湖北崇文書局刻子書百家本 四冊

450000－2601－0002257 綫 K234.42/8000

附釋音毛詩注疏並校勘記十二卷 （漢）毛亨傳 （漢）鄭玄箋 （唐）陸德明音義 （唐）孔穎達疏 清光緒十三年(1887)點石齋石印本 三冊 存八卷(一至八)

450000－2601－0002258 綫 630/1350

欽定授時通考七十八卷 （清）張昭等纂修 清同治江西書局刻本 二十四冊

450000－2601－0002259 綫 630/2893（1）

農政全書六十卷 （明）徐光啟纂輯 （明）方岳貢同鑒 清同治十三年(1874)山東書局刻本 二十冊

450000－2601－0002260 綫 K234.42/7444

應制體排律自得編四卷 （清）陳九松選輯 清康熙五十四年(1715)刻本 四冊

450000－2601－0002261 藏 K234.42/4731

柳河東詩集二卷 （唐）柳宗元撰 清宣統二年(1910)時中書局石印本 四冊

450000－2601－0002262 綫 K234.42/5060

中晚唐詩存不分卷 （清）劉雲份編 清康熙刻本 九冊

450000－2601－0002263 綫 630/2893（2）

農政全書六十卷 （明）徐光啟輯 清道光二十三年(1843)上海王壽康曙海樓刻本 二十四冊

450000－2601－0002264 綫 630/3503

欽定授時通考七十八卷 （清）張昭等纂修 清道光六年(1826)四川藩署刻本 二十四冊

450000－2601－0002265 綫 K234.42/4580

韓昌黎詩集編年箋注十二卷 （唐）韓愈撰 （清）方世舉考訂 清乾隆二十三年(1758)德州盧氏雅雨堂刻桐城方氏春及堂印本 五冊

450000－2601－0002266 綫 K234.42/4453（1）

王狀元集百家注編年杜陵詩史三十二卷

（唐）杜甫撰 （宋）魯訔編年并注 （宋）王十朋集注 清宣統三年至民國二年(1911－1913)陶子麟刻本 十六冊

450000－2601－0002267 綫 K234.42/4450（1）

杜詩偶評四卷 （唐）杜甫撰 （清）沈德潛纂 清乾隆十二年(1747)賦閑草堂刻本 一冊

450000－2601－0002268 綫 630/6019

農學初級一卷 （英國）旦爾恒理著 （英國）秀耀春口譯 （清）范熙庸筆述 清光緒二十四年(1898)上海製造局刻本 一冊

450000－2601－0002269 綫 630/7701

農學要理一卷 （英國）丹訥爾著 （清）胡文梯 （清）陳希彭譯 屠寄潤色 清光緒三十年(1904)北京官書局鉛印本 一冊

450000－2601－0002270 綫 K234.42/4450（2）

杜詩詳注二十五卷附編二卷首一卷 （清）仇兆鼇輯注 清刻本 二十七冊

450000－2601－0002271 綫 630.4/6051

農事私議二卷附墾荒裕國策一卷 羅振玉撰 清光緒二十六年(1900)刻本 一冊

450000－2601－0002272 綫 K234.42/4450（3）

杜工部草堂詩箋四十卷外集一卷傳序碑銘一卷目錄二卷［杜甫］年譜二卷詩話二卷 （宋）魯訔編 （宋）蔡夢弼會箋 黃氏集千家註杜工部詩史補遺十卷 （宋）黃鶴集註 清光緒九年(1883)遵義黎氏日本東京使署刻古逸叢書本 八冊

450000－2601－0002273 綫 630.54/2541

農務化學問答二卷 （英國）仲斯敦著 （英國）秀耀春口譯 （清）范熙庸筆述 （清）王汝駒校字 清光緒二十五年(1899)江南製造總局刻本 二冊

450000－2601－0002274 綫 K234.42/4450（4）

杜工部集二十卷附錄一卷 （唐）杜甫撰

（清）錢謙益箋注　清宣統三年（1911）時中書局石印本　二冊　存五卷（七至九、十五至十六）

450000－2601－0002275　綫 630.8/1143
農學叢刻二十四種二十五卷　（清）農學會輯　清光緒二十三年（1897）農學會石印本　四冊

450000－2601－0002276　綫 K234.42/4443
唐詩三百首補註八卷　（清）陳婉俊輯　**唐詩三百首續選一卷**　（清）于慶元編　清光緒十九年（1893）書業德刻本　四冊　缺四卷（五至八）

450000－2601－0002277　綫 K234.42/4430（1）
中晚唐詩叩彈集十二卷續集三卷　（清）杜詔　杜庭珠集　清康熙四十三年（1704）采山亭刻本　十四冊

450000－2601－0002278　綫 K234.42/4430（2）
中晚唐詩叩彈集十二卷　（清）杜詔　杜庭珠集　清康熙四十三年（1704）采山亭刻本　二冊

450000－2601－0002279　綫 K234.42/4430（3）
中晚唐詩叩彈集十二卷續集三卷　（清）杜詔　杜庭珠集　清康熙四十三年（1704）采山亭刻本　三冊　缺三卷（中晚唐詩叩彈集八至十）

450000－2601－0002280　綫 K234.42/4440
唐詩絕句五卷　（宋）趙蕃　（宋）韓淲選　（宋）謝枋得註解　清光緒三十四年（1908）奉天學務公所鉛印本　一冊

450000－2601－0002281　綫 630.8/2135
農學叢書初集九十一種一百一十一卷　（清）上海農學會譯　清光緒上海農學會石印本　十冊　存四十七種五十七卷（農書三卷,農學初階一卷,農學初級一卷,農學入門三卷,土壤學一卷,耕作篇一卷,氣候論一卷,農業保險

論一卷,植學啟原三卷附圖一卷,植稻改良法一卷,陸稻栽培法一卷,種印度粟法一卷,甜菜培養法一卷,甘藷（薯）試驗成蹟一卷,茶事試驗報告一卷,日本製茶書一卷,家菌長養法一卷,農產物分析表一卷,葡萄酒譜三卷,製蘆粟糖法一卷,驗糖簡易方一卷,美國種蘆粟栽製試驗表一卷,美國種棉書一卷,植美棉簡法一卷,種棉試驗說一卷,麻栽製法一卷,蒲葵栽製法一卷,種藍畧法一卷,吳苑栽桑記一卷,薄荷栽培製造法一卷,人參攷一卷,樟樹論一卷,煉樟圖說一卷,植漆法一卷,植三椏樹法一卷,植雁皮法一卷,植楮法一卷,果樹栽培總論一卷,種樹書一卷,林業篇一卷,森林保護學一卷,種植學二卷,草木移植心得一卷,植物近利志一卷,檇李屠氏藝菊法一卷,月季花譜一卷,肥料篇一卷）

450000－2601－0002282　綫 K234.42/4420（1）
杜樊川詩集四卷補遺一卷外集一卷別集一卷　（唐）杜牧撰　（清）馮集梧注　清光緒十六年（1890）湘南書局刻本　四冊

450000－2601－0002283　綫 K234.42/4420（2）
杜樊川詩集四卷補遺一卷外集一卷別集一卷　（唐）杜牧撰　（清）馮集梧注　清光緒十六年（1890）湘南書局刻本　四冊

450000－2601－0002284　綫 K234.42/4040（1）
李長吉歌詩四卷外集一卷首一卷　（唐）李賀撰　（清）王琦彙解　清宣統元年（1909）上海掃葉山房石印本　四冊

450000－2601－0002285　綫 K234.42/4040（2）
李長吉集四卷外集一卷　（唐）李賀撰　（明）黃陶菴評　（清）黎二樵批點　清宣統元年（1909）上海掃葉山房刻朱墨套印本　二冊

450000－2601－0002286　特綫 ±915.0137/4493
[道光]灌陽縣志二十卷首一卷　（清）范光祺

等纂修　清道光二十四年(1844)刻本　十三冊

450000－2601－0002287　綫 K234.42/4210

惜抱軒今體詩選十八卷　(清)姚鼐選　清同治五年(1866)金陵書局刻本　四冊

450000－2601－0002288　綫 K234.42/3608

溫飛卿詩集九卷　(唐)溫庭筠著　(明)曾益謙注　(清)顧予咸補注　清宣統二年(1910)掃葉山房石印本　二冊

450000－2601－0002289　綫 630.8/6144(1)

農學叢書初集九十一種一百十一卷　(清)上海農學會譯　清光緒上海農學會石印本　二十冊

450000－2601－0002290　綫 K234.42/4007

李義山詩集三卷李義山詩譜一卷　(唐)李商隱撰　(清)朱鶴齡箋註　(清)沈厚塽輯評(清)何焯等註　清同治九年(1870)廣州倅署刻三色套印本　三冊　缺一卷(上)

450000－2601－0002291　綫 K234.42/3423

欽定國朝詩別裁三十二卷　(清)沈德潛纂評　清刻本　四十冊

450000－2601－0002292　綫 K234.42/3140

唐人五十家小集七十二卷　(清)江標輯　清光緒二十一年(1895)元和江氏靈鶼閣湖南使院刻本　十五冊　缺一種一卷(張司業樂府集一卷)

450000－2601－0002293　綫 K234.42/2676(3)

白香山詩集四十卷　(唐)白居易撰　(清)汪立名編訂　白文公[居易]年譜一卷　(宋)陳振孫編　白香山[居易]年譜一卷　(清)汪立名編　清康熙四十二年(1703)歙汪氏一隅草堂刻本　八冊

450000－2601－0002294　綫 K234.42/1280

唐詩近體四卷　(清)張錫麟評選　清同治七年(1868)木樨山房刻本　二冊

450000－2601－0002295　綫 K234.42/2233

新鋟應試唐詩淺說靈通解二卷　(清)任福祐輯　清嘉慶十五年(1810)四友堂刻本　一冊

450000－2601－0002296　綫 K234.42/2676(2)

白香山詩集四十卷　(唐)白居易撰　(清)汪立名編訂　白文公[居易]年譜一卷　(宋)陳振孫編　白香山[居易]年譜一卷　(清)汪立名編　清康熙四十二年(1703)歙汪氏一隅草堂刻本　十一冊

450000－2601－0002297　綫 K234.42/1052

古唐詩合解十二卷　(清)王堯衢注　清積秀堂刻本　二冊

450000－2601－0002298　綫 K234.42/1079

玉堂才調集三十一卷　(清)于朋舉編　清康熙刻本　八冊

450000－2601－0002299　綫 K234.42/1230

讀書堂杜工部詩集批註二十卷文集批註二卷杜工部編年詩史譜目一卷　(唐)杜甫撰(清)張溍評注　清康熙三十七年(1698)河北磁縣張榕端讀書堂刻本　八冊　存十七卷(讀書堂杜工部詩集批註三至八、十一至二十,杜工部編年詩史譜目一卷)

450000－2601－0002300　綫 630.8/6144(2)

農學叢書二集四十八種六十三卷　(清)羅振會輯　清光緒二十六年(1900)江南總農會石印本　十冊

450000－2601－0002301　綫 630.8/6144(3)

農學叢書三集十一種二十四卷　(清)江南農會譯　清光緒二十七年(1901)江南總農會石印本　十冊

450000－2601－0002302　綫 630.4/8344

農務土質論三卷圖說一卷　(美國)金福蘭格令希蘭撰　(美國)衛理口譯　(清)范熙庸筆述　清光緒二十六年(1900)江南製造局刻本　三冊

450000－2601－0002303　綫 633/7234

釋穀四卷　(清)劉寶楠撰　清光緒十四年(1888)廣雅書局刻本　一冊

450000－2601－0002304　　綫 634/8035

漸西村舍彙刊四十四種二百六十二卷　（清）
袁昶輯　清光緒十六年至二十四年(1890－
1898)桐廬袁氏刻本　一冊　存二種二卷(種
樹書一卷、蠶桑說一卷)

450000－2601－0002305　　綫 638.2/2341

意大里蠶書一卷　（意大利）丹吐魯著　（英
國）傅蘭雅　（英國）傅紹蘭口譯　（清）汪振
聲筆述　（清）趙元益校錄　（清）曹鍾秀繪圖
清光緒二十四年(1898)江南製造局刻本
一冊

450000－2601－0002306　　綫 649.4/5050

男女育兒新法一卷　（日本）中井龍之助著
(清)誘民子譯　清光緒二十八年(1902)香港
啓智書會鉛印本　一冊

450000－2601－0002307　　綫 653/4481

傳音快字一卷　（清）蔡錫勇撰　清光緒二十
四年(1898)蔡錫勇武昌刻本　一冊

450000－2601－0002308　　綫 666.9/0022

鍊石編三卷圖一卷　（英國）亨利黎特撰　舒
高第　（清）鄭昌棪譯　清光緒十二年至十五
年(1886－1889)江南機器製造總局刻本
二冊

450000－2601－0002309　　綫 670/0442

西藝知新二十二卷　（英國）諾格德譔　（英
國）傅蘭雅口譯　（清）徐壽筆述　（清）曹鍾
秀繪圖　（清）徐華封校字　清光緒六年至十
年(1880－1884)江南機器製造揔局刻本　十
四冊

450000－2601－0002310　　綫 K234.42/1043
(1)

十種唐詩選十四卷　（清）王士禎刪纂　清康
熙刻本　四冊

450000－2601－0002311　　綫 671/2341

鑄錢工藝三卷總論一卷圖一卷　（英國）傅蘭
雅　（清）鍾天緯譯　（清）程瞻洛校字　清光
緒十六年(1890)江南機器製造總局刻本
二冊

450000－2601－0002312　　綫 672/2833

鍊鋼要言附錄試驗各法一卷圖一卷　（清）徐
家寶譯述　清光緒二十二年(1896)江南製造
總局刻本　一冊

450000－2601－0002313　　綫 K234.42/1047

東嵒艸堂評訂唐詩鼓吹十卷　（元）郝天挺注
（明）廖文炳解　清康熙五十三年(1714)增
補本　十冊

450000－2601－0002314　　綫 680/7521(1)

考工記辨證三卷補疏一卷　（清）陳衍撰　清
末刻石遺室叢書本　一冊

450000－2601－0002315　　綫 K234.42/1043
(2)

廣唐賢三昧集四卷　（清）王士禎輯　（清）王
文昭補錄　清宣統元年(1909)田氏後博古堂
影印本　十冊

450000－2601－0002316　　綫 680/7521(2)

考工記辨證三卷補疏一卷　（清）陳衍撰　清
末刻石遺室叢書本　一冊

450000－2601－0002317　　綫 K234.42/1042

古唐詩合解十二卷　（清）王堯衢注　清光緒
二十年(1894)成文信刻本　六冊

450000－2601－0002318　　綫 K234.42/1043
(3)

十種唐詩選十四卷　（清）王士禎刪纂　清刻
本　一冊　存六種六卷(國秀集選一卷、篋中
集選一卷、搜玉集選一卷、御覽詩集選一卷、
極玄集選一卷、又玄集選一卷)

450000－2601－0002319　　綫 K234.42/1043
(4)

唐人萬首絕句選七卷　（宋）洪邁輯　（清）王
士禎選　清康熙洪氏松花屋刻雍正十年
(1732)洪氏家塾增刻同治九年(1870)龐際雲
補刻金陵書局印本　二冊

450000－2601－0002320　　綫 K234.42/1043
(5)

唐人萬首絕句選七卷　（宋）洪邁輯　（清）王
士禎選　清康熙洪氏松花屋刻雍正十年

(1732)洪氏家塾增刻同治九年(1870)龐際雲補刻金陵書局印本　二冊

450000－2601－0002321　綫 K234.42/1043(6)

東嵒艸堂評訂唐詩鼓吹十卷　（元）郝天挺注（明）廖文炳解　清康熙五十三年(1714)增補本　四冊

450000－2601－0002322　綫 K234.42/1023(1)

釘鐺吟十二卷　（清）石贊清集唐　（清）伍華瑞註釋　清刻本　一冊　存三卷(六至八)

450000－2601－0002323　綫 K234.42/1023(2)

釘鐺吟十二卷　（清）石贊清集唐　（清）伍華瑞註釋　清刻本　一冊　存一卷(三)

450000－2601－0002324　綫 K234.311/8064(1)

三十家詩鈔六卷　（清）曾國藩纂　（清）王定安增輯　清宣統元年(1909)上海崇善堂石印本　六冊

450000－2601－0002325　綫 K234.311/8064(2)

三十家詩鈔六卷　（清）曾國藩纂　（清）王定安增輯　清宣統元年(1909)上海崇善堂石印本　三冊　存三卷(四至六)

450000－2601－0002326　綫 K234.32/3632

陶詩彙評四卷　（晉）陶淵明撰　（清）溫汝能纂訂　清宣統二年(1910)掃葉山房石印本二冊

450000－2601－0002327　綫 K234.32/7730

陶靖節詩註四卷補註一卷　（晉）陶潛撰（宋）湯漢註　清光緒十一年(1885)陳州刻本　一冊

450000－2601－0002328　綫 K234/8064

十八家詩鈔二十八卷　（清）曾國藩纂　清同治十三年(1874)傳忠書局刻本　二十二冊

450000－2601－0002329　綫 K234/8019

詠物詩選八卷　（清）俞琰輯　清刻本　六冊存六卷(二至三、五至八)

450000－2601－0002330　綫 K234/8010

詠物詩選註釋八卷　（清）俞琰輯　（清）易開繡　（清）孫洧鳴註　清經國堂刻本　四冊

450000－2601－0002331　綫 K234/7764

沅湘耆舊集二百卷前編四十卷　（清）鄧顯鶴等審編　清道光新化鄧氏小九華山樓刻本三十冊

450000－2601－0002332　綫 K234/7484

增補詩句題解彙編二十二卷　（清）陳劍芝等輯　（清）朱春舫增輯　清刻本　二冊　存二卷(十二、十五)

450000－2601－0002333　綫 K234/7560

歷朝名媛詩詞十二卷　（清）陸昶評選　清宣統三年(1911)掃葉山房石印本　一冊

450000－2601－0002334　綫 K234/7590

蜀游詩鈔六卷　（清）陸炳輯　清刻本　三冊

450000－2601－0002335　綫 K234/7746

回文類聚四卷首一卷　（清）桑世昌纂　回文類聚續編十卷織錦回文圖不分卷　（清）朱烏賢集　清朱氏刻本　四冊

450000－2601－0002336　綫 K234/6017

卬須集八卷續集六卷又續集六卷附女士詩錄一卷　（清）吳翌鳳輯　清刻本　九冊　缺二卷(卬須集一至二)

450000－2601－0002337　綫 K234/4034

湖山分韻題考四卷　（清）李述彭纂輯　清光緒十五年(1889)古菫留畊室刻本　四冊

450000－2601－0002338　綫 K234/4210(1)

七言今體詩鈔九卷　（清）姚鼐輯　清刻本一冊

450000－2601－0002339　綫 K234/4210(2)

五言今體詩鈔九卷　（清）姚鼐輯　清刻本一冊

450000－2601－0002340　綫 K234/4010(1)

小學弦歌八卷　（清）李元度輯　清刻本

四冊

450000－2601－0002341　綫 K234/4010（2）
小學弦歌八卷　（清）李元度輯　清光緒八年
（1882）文昌書局刻本　六冊

450000－2601－0002342　綫 K234/3423
古詩源十四卷　（清）沈德潛選　清刻本　三
冊　存十一卷（一至十一）

450000－2601－0002343　綫 K234/3507
佩文齋詠物詩選四百八十六卷　（清）汪霦等
編輯　清刻本　四十冊

450000－2601－0002344　綫 K234/2870（1）
玉臺新詠十卷　（南朝陳）徐陵編　（清）吳兆
宜注　（清）程際盛刪補　清刻本　六冊

450000－2601－0002345　綫 K234/2870（2）
玉臺新詠十卷　（南朝陳）徐陵編　（清）吳兆
宜注　（清）程際盛刪補　清光緒五年（1879）
宏達堂刻本　六冊

450000－2601－0002346　綫 K234/3148
近光集二十八卷　（清）汪士鋐編纂　（清）徐
修仁注　清康熙五十八年（1719）刻本　六冊
存二十一卷（一至二十一）

450000－2601－0002347　綫 K234/2423
古詩源十四卷　（清）沈德潛選　清光緒十八
年（1892）文章書局刻本　四冊　存四卷（一
至四）

450000－2601－0002348　綫 K234/1263
讀詩類編十八卷　（清）張映漢編　清嘉慶二
十年（1815）述敬堂刻本　八冊

450000－2601－0002349　綫 K234/1043
漁洋山人古詩選三十四卷　（清）王士禎選
清同治五年（1866）金陵書局刻本　八冊

450000－2601－0002350　綫 K234/1033（1）
八代詩選二十卷　王闓運撰　清光緒七年
（1881）四川尊經書局刻本　六冊

450000－2601－0002351　綫 K234/1003
蘇文忠公詩編註集成四十六卷總案四十五卷
雜綴酌存一卷識餘四卷箋詩圖一卷　（宋）蘇

軾撰　（清）王文誥輯訂　**韻山堂詩集七卷**
（清）王文誥撰　清光緒十四年（1888）淛江書
局刻本　二十四冊

450000－2601－0002352　綫 K234/0244
歷朝詩約選九十二卷　（清）劉大櫆篹　清光
緒二十一年至二十三年（1895－1897）文徵閣
刻本　二十四冊

450000－2601－0002353　綫 K234/0043
童蒙必讀千家詩四卷　（清）友竹山房蘇氏輯
清光緒十一年（1885）刻本　二冊

450000－2601－0002354　綫 K234/0204
詩學含英十四卷　（清）劉文尉輯　清刻本
一冊　存三卷（一至三）

450000－2601－0002355　綫 K233/4790
陶情樂府四卷　（明）楊慎撰　清宣統三年
（1911）嵋陽精舍刻民國十九年（1930）印本
一冊

450000－2601－0002356　綫 K232/7770
屈原賦不分卷　（戰國）屈原撰　清光緒十六
年（1890）退想齋上海同文書局石印本　二冊

450000－2601－0002357　綫 K232/8363（1）
離騷集傳一卷　（戰國）屈原撰　（宋）錢杲之
集傳　清光緒元年（1875）湖北崇文書局刻本
一冊

450000－2601－0002358　綫 K232/8363（2）
離騷集傳一卷　（戰國）屈原撰　（宋）錢杲之
集傳　清光緒元年（1875）湖北崇文書局刻本
一冊

450000－2601－0002359　綫 B311/4728
岑構堂易解十二卷　（清）胡積善著　（清）胡
文齡編次　清道光十二年（1832）岑構堂刻本
七冊　缺一卷（二）

450000－2601－0002360　綫廿 952/2632
寫定尚書不分卷　（清）吳汝綸寫定　清光緒
十八年（1892）桐城吳氏家塾石印本　一冊

450000－2601－0002361　綫 K232/7757
離騷草木史十卷拾細一卷　（明）周拱辰注

清光緒元年(1875)補刻周孟侯先生全書本
三冊

450000－2601－0002362　綫 K241/8336
綴白裘十二集四十八卷　（清）玩月主人輯
（清）錢德蒼增輯　清道光三年(1823)共賞齋
刻本　十二冊

450000－2601－0002363　綫 K24/4448
蔣鉛山九種曲（清容外集）十四卷　（清）蔣士
銓填詞　清刻本　十冊　缺一種二卷（桂林
霜二卷）

450000－2601－0002364　綫 K239/7422
陳檢討集二十卷　（清）陳維崧撰　（清）程師
恭注　清同治十三年(1874)大文堂刻本
六冊

450000－2601－0002365　綫 B311/4716(2)
誠齋易傳二十卷　（宋）楊萬里著　清光緒二
十一年(1895)湖北官書處刻本　八冊

450000－2601－0002366　綫 K239/7730
國朝常州駢體文錄三十一卷附結一宦駢體文
一卷　（清）屠寄輯　清光緒十六年(1890)廣
州刻本　八冊

450000－2601－0002367　綫 K239/7283
後八家四六文鈔八卷　（清）張壽榮輯　清光
緒七年(1881)刻本　六冊

450000－2601－0002368　綫 K239/4040
小倉山房四六八卷　（清）袁枚撰　清星沙文
錦堂刻本　二冊

450000－2601－0002369　綫 K239/4211
宋四六選二十四卷　（清）曹振鏞編　清乾隆
四十二年(1777)歙曹振鏞刻崇德堂印本
八冊

450000－2601－0002370　綫 K239/2680(1)
有正味齋駢體文二十四卷首一卷　（清）吳錫
麒著　（清）王廣業　（清）葉聯芬纂　清光緒
十五年(1889)上海蜚英館石印本　四冊

450000－2601－0002371　綫 K239/2680(2)
有正味齋駢文十六卷補注一卷　（清）吳錫麒

著　（清）葉聯芬箋註　清同治七年(1868)慈
北葉氏刻本　四冊

450000－2601－0002372　特綫 D6/4420(1)
皇朝直省府廳州縣歌括一卷　（清）蔣升撰
清光緒二十四年(1898)滬城西土山灣慈母堂
木活字印本　一冊

450000－2601－0002373　綫 K239/1261
國朝駢體正宗續編八卷　（清）張鳴珂輯　清
光緒十四年(1888)寒松閣刻本　四冊

450000－2601－0002374　綫 K239/1042(1)
忠雅堂評選四六法海八卷　（清）蔣士銓評選
清同治十年(1871)萃文堂刻藏園朱墨套印
蔣氏四種本　八冊

450000－2601－0002375　綫 K239/1042(2)
忠雅堂評選四六法海八卷　（清）蔣士銓評選
清同治十三年(1874)藏珍閣刻本　八冊

450000－2601－0002376　特綫 D6/4420(2)
皇朝直省府廳州縣歌括一卷　（清）蔣升撰
清光緒二十四年(1898)滬城西土山灣慈母堂
木活字印本　一冊

450000－2601－0002377　綫 ± 041.1/1350
(2)
十三經注疏三百四十七卷考證三百四十六卷
附四十種六十七卷　（清）瑞麟等纂修　清同
治十年(1871)廣東書局刻菊坡精舍印本　一
百二十冊

450000－2601－0002378　綫 K238/7722
唐人賦鈔六卷　（清）邱先德選　（清）邱士超
箋　清嘉慶十八年(1813)羊城十八甫經香閣
刻本　六冊

450000－2601－0002379　綫 K238/4057
越中名勝賦一卷　（清）李壽朋著　清乾隆四
十年(1775)刻本　一冊

450000－2601－0002380　綫 K238/7414(1)
御定歷代賦彙逸句二卷　（清）陳元龍編輯
清刻本　一冊

450000－2601－0002381　綫 K238/7414(2)

御定歷代賦彙外集二十卷　（清）陳元龍編輯
　清刻本　七冊

450000－2601－0002382　綫 K238/7720（1）
六朝唐賦讀本不分卷　（清）馬傳庚選註　清
光緒二年（1876）京都松竹齋刻本　二冊

450000－2601－0002383　綫 K238/7720（2）
六朝唐賦讀本不分卷　（清）馬傳庚選註　清
光緒二年（1876）京都松竹齋刻本　二冊

450000－2601－0002384　綫 K238/3380
古賦首選不分卷　（清）梁藥譜輯　清同治八
年（1869）順德梁氏鏡古堂刻本　一冊

450000－2601－0002385　綫 K238/3380
紅樓夢賦鈔不分卷　（清）沈謙撰　清揚州皮
市街邵長敍刻本　一冊

450000－2601－0002386　綫 K238/3783（1）
分類賦學雞蹠集三十卷　（清）張維城輯　清
同治十三年（1874）蘭言室刻本　五冊　存二
十八卷（三至三十）

450000－2601－0002387　綫 K238/3783（2）
雞蹠賦續刻三十卷　（清）應心香等編輯　清
同治十三年（1874）蘭言室刻本　五冊　缺三
卷（五至七）

450000－2601－0002388　綫 K238/1217
增廣賦海大全三十卷首一卷　（清）張承爐撰
　清光緒十七年（1891）上海鴻寶齋石印本
五冊　缺十五卷（二至三、六至十五、二十三
至二十五）

450000－2601－0002389　綫 K238/1250
七十家賦鈔六卷　（清）張惠言輯　清光緒四
年（1878）大成會刻本　四冊

450000－2601－0002390　綫 K238/2840（1）
經正書院小課四卷　（清）徐榦選訂　清光緒
七年（1881）刻本　四冊

450000－2601－0002391　綫 K238/0733
浮槎山房賦稿一卷　（清）郭道清撰　清光緒
十七年（1891）刻本　一冊

450000－2601－0002392　綫 K238/1010

賦鈔箋畧十五卷　（清）雷琳　（清）張杏濱箋
　清乾隆三十一年（1766）刻本　六冊

450000－2601－0002393　綫 K238/1030
麟角集一卷附錄一卷　（唐）王棨著　清光緒
十年（1884）王氏家塾天壤閣刻天壤閣叢書本
一冊

450000－2601－0002394　綫 K238/1063（1）
重訂少嵒賦草四卷　（清）夏思沺著　（清）姜
兆蘭釋　清光緒二十二年（1896）湖南書局刻
本　二冊

450000－2601－0002395　綫 K238/1063（2）
箋註少嵒賦草四卷　（清）夏思沺著　（清）李
之鼎箋　清光緒二十三年（1897）席階主人刻
本　四冊

450000－2601－0002396　綫 K236/8709（1）
比竹餘音四卷　鄭文焯撰　清光緒二十八年
（1902）吳興沈氏刻本　一冊

450000－2601－0002397　綫 K236/8709（2）
冷紅詞四卷　鄭文焯撰　清光緒二十二年
（1896）歸安沈瑞琳藕園刻本　一冊

450000－2601－0002398　綫 K236/8799
板橋詞鈔一卷　（清）鄭燮著　清乾隆上元司
徒文膏刻本　一冊

450000－2601－0002399　綫 K236/7731
心日齋詞集四種六卷　（清）周之琦撰　清刻
本　二冊

450000－2601－0002400　綫 K236/8080（1）
白石道人歌曲四卷別集一卷　（宋）姜夔著
清光緒十年（1884）仁和許增娛園刻榆園叢刻
本　一冊

450000－2601－0002401　綫 K236/8080（2）
白石道人歌曲四卷別集一卷　（宋）姜夔著
清光緒十年（1884）仁和許增娛園刻榆園叢刻
本　二冊

450000－2601－0002402　綫 K236/8080（3）
白石道人歌曲六卷別集一卷　（宋）姜夔著
清宣統二年（1910）影印本　一冊

450000 – 2601 – 0002403　綫 K236/8080(4)
白石道人歌曲四卷別集一卷　（宋）姜夔著
清刻本　一冊

450000 – 2601 – 0002404　綫 K236/7730
宋四家詞選不分卷　（清）周濟輯　清光緒三
十四年(1908)京師鉛印本　二冊

450000 – 2601 – 0002405　綫 K236/6080
有正味齋詞集八卷　（清）吳錫麒撰　清刻本
二冊

450000 – 2601 – 0002406　綫 K236/7104(2)
眉綠樓詞八種八卷　（清）顧文彬撰　清光緒
十年(1884)吳下刻本　四冊

450000 – 2601 – 0002407　綫 K236/7104(1)
眉綠樓詞八種八卷　（清）顧文彬撰　清光緒
十年(1884)吳下刻本　四冊

450000 – 2601 – 0002408　綫 K236/7140
拜石山房詞鈔四卷　（清）顧翰撰　清刻本
一冊

450000 – 2601 – 0002409　綫 K236/4493
國朝詞綜續編二十四卷　（清）黃燮清編纂
（清）徐慶銓編次　（清）張炳堃增訂　（清）
諸可寶校勘　清同治十二年(1873)鄂垣刻本
八冊

450000 – 2601 – 0002410　綫 K236/4790
函海一百五十九種七百八十六卷　（清）李調
元輯　清光緒七年至八年(1881 – 1882)廣漢
鍾登甲樂道齋刻本　一冊　存三種三卷(詞
品拾遺一卷、書品一卷、畫品一卷)

450000 – 2601 – 0002411　綫 K236/4194
斜塘竹枝詞一卷　（清）倪以埴撰　清光緒十
九年(1893)刻本　一冊

450000 – 2601 – 0002412　綫 K236/4390
寄心詞鈔一卷　（清）戴怡撰　清宣統二年
(1910)石印本　一冊

450000 – 2601 – 0002413　綫 K236/4400
續詞選二卷　（清）董毅錄　清道光十年
(1830)刻本　一冊

450000 – 2601 – 0002414　綫 K236/4442
聊齋詞一卷　（清）蒲松齡著　清宣統二年
(1910)上海國學扶輪社鉛印本　一冊

450000 – 2601 – 0002415　綫 K236/3704
詞林墨妙不分卷　（清）馮文蔚等撰　清光緒
十八年(1892)石印本　一冊　存葉一至三十

450000 – 2601 – 0002416　綫 K236/4020
瑤華閣詞一卷　（清）袁綬撰　清同治十一年
(1872)刻本　一冊

450000 – 2601 – 0002417　綫 K236/4024
詞學全書十七卷　（清）查培繼輯　清乾隆十
一年(1746)世德堂刻本　八冊

450000 – 2601 – 0002418　綫 Z826.6/4764
十一經音訓六十六卷　（清）楊國楨撰　清光
緒三年(1877)湖北崇文書局刻本　二十二冊

450000 – 2601 – 0002419　綫 K236/2816(1)
小檀欒室彙刻閨秀詞十集一百種一百十二卷
徐乃昌輯　清光緒二十一年至二十二年
(1895 – 1896)南陵徐氏刻本　二十冊

450000 – 2601 – 0002420　綫 K236/2816(2)
小檀欒室彙刻閨秀詞十集一百種一百十二卷
附閨秀詞鈔十六卷補遺一卷　徐乃昌輯　清
光緒二十一年至宣統元年(1895 – 1909)南陵
徐氏刻本　三十冊

450000 – 2601 – 0002421　綫 K236/2709
名家詞集十種十卷　（清）侯文燦輯　清光緒
十三年(1887)江陰金氏刻粟香齋叢書本　三
冊　存七種七卷(二主詞一卷、陽春集一卷、
子野一卷、東山詞一卷、信齋詞一卷、竹洲詞
一卷、虛齋樂府一卷)

450000 – 2601 – 0002422　綫 K236/2741
國朝常州詞錄三十一卷　繆荃孫校輯　清光
緒二十二年(1896)雲自在龕刻本　十二冊

450000 – 2601 – 0002423　綫 K236/2533(1)
湖州詞徵二十四卷　朱祖謀輯校　清宣統三
年(1911)刻本　四冊

450000 – 2601 – 0002424　綫 K236/2528(1)

詞綜三十八卷明詞綜十二卷國朝詞綜四十八卷二集八卷　（清）朱彝尊抄撮　（清）汪森增定　（清）柯崇樸編次　（清）周篔辨訛　（清）王昶纂　清同治四年(1865)亦西齋刻本　二十四冊

450000－2601－0002425　綫 K236/2528(2)

詞綜三十八卷　（清）朱彝尊抄撮　（清）汪森增定　（清）柯崇樸編次　（清）周篔辨訛　清康熙十七年(1678)刻乾隆元年至九年(1736－1744)補刻本　十冊　存三十四卷(一至三十四)

450000－2601－0002426　綫 K236/2200

蠡龕遺詞二卷　（清）岑應麐撰　清光緒元年(1875)刻本　一冊

450000－2601－0002427　綫 K236/2010

三家宮詞三卷二家宮詞二卷　（明）毛晉輯　清光緒十五年(1889)上海廣百宋齋鉛印本　一冊

450000－2601－0002428　綫 K236/1234

詞壇妙品十卷　（清）張淵懿選定　（清）田茂遇評　清宣統三年(1911)澄衷學堂石印本　五冊

450000－2601－0002429　綫 K236/1250(1)

詞選二卷　（清）張惠言錄　詞選附錄一卷（清）鄭善長錄　清同治六年(1867)刻本　一冊

450000－2601－0002430　綫 K236/1250(2)

詞選二卷　（清）張惠言錄　詞選附錄一卷（清）鄭善長錄　續詞選二卷　（清）董毅錄　清同治六年(1867)刻本　二冊

450000－2601－0002431　綫 K236/1022(1)

清綺軒詞選十三卷　（清）夏秉衡選　清刻本　八冊

450000－2601－0002432　綫 K236/1022(2)

清綺軒詞選十三卷　（清）夏秉衡選　清光緒十年(1884)刻蘇州振新書社印本　六冊

450000－2601－0002433　綫 K236/1031

花外集一卷　（元）王沂孫撰　清刻本　一冊

450000－2601－0002434　綫 K236/1035

榆園叢刻十五種七十卷附娛園叢刻十一種十五卷　（清）許增輯　清同治、光緒間刻本　一冊　存六種六卷(花影詞一卷、藏書記要一卷、流通古書約一卷、閒間軒帖攷一卷、漫堂墨品一卷、雪堂墨品一卷)

450000－2601－0002435　綫 K234.73/4408

嘯古堂詩集八卷　（清）蔣敦復著　清宣統三年(1911)廣益書局石印本　二冊

450000－2601－0002436　綫 K234.74/1217(1)

退思軒詩集六卷補遺一卷　（清）張百熙著　清宣統三年(1911)京師鉛印本　一冊

450000－2601－0002437　綫 K234.74/1217(2)

退思軒詩集六卷補遺一卷　（清）張百熙著　清宣統三年(1911)京師鉛印本　一冊

450000－2601－0002438　綫 K234.74/3030

嚼梅吟二卷　（清）釋寄禪　（清）禪窟道人評　清光緒七年(1881)刻本　一冊

450000－2601－0002439　綫 K234.73/2717(1)

通父詩存四卷　（清）魯一同撰　清咸豐九年(1859)刻本　二冊

450000－2601－0002440　綫 K234.73/2717(2)

通父詩存之餘二卷　（清）魯一同撰　清咸豐九年(1859)刻本　一冊

450000－2601－0002441　綫 K234.71/2775

一硯樓詩草一卷　（清）鄔同壽撰　清宣統元年(1909)星垣刻本　一冊

450000－2601－0002442　綫 K234.71/2851

安雅堂詩存一卷　（清）徐本璿撰　清光緒十六年(1890)徐思瀛等刻本　一冊

450000－2601－0002443　綫 K234.71/4020

瑤華閣詩草一卷　（清）袁綬著　清同治十一

年(1872)刻本　一冊

450000－2601－0002444　綫 K234.71/4028
漁隱聯吟集一卷續集一卷　（清）張濤輯　清
光緒二十一年(1895)修竹深廬稿本　一冊

450000－2601－0002445　綫 K234.71/4485
居東集二卷　蔣智由撰　清宣統二年(1910)
文明書局鉛印本　一冊

450000－2601－0002446　綫 K234.71/6024
劫餘存稿一卷　（清）吳受藻撰　（清）吳積鑑
編　清同治七年(1868)錢塘汪氏振綺堂刻本
　一冊

450000－2601－0002447　綫 K234.71/7422
息心齋詩賸一卷　（清）陳俊千著　清光緒六
年(1880)定遠陳鍾蕃刻本　一冊

450000－2601－0002448　綫 K234.71/7742
白香亭詩三卷　（清）鄧輔綸著　清光緒二十
二年(1896)廣雅書局刻本　二冊

450000－2601－0002449　綫 K234.71/8333
存雅堂詩存二卷雜著二卷　（清）錢祝祺撰
清光緒木活字印本　一冊

450000－2601－0002450　綫 K234.71/2528
國朝金陵詩徵四十八卷　（清）朱紹亭編　清
光緒十三年(1887)刻本　二十七冊　缺五卷
（二十、二十四、三十四、三十九至四十）

450000－2601－0002451　綫 K234.71/2323
(1)
武城吟草一卷　傅崇黻著　清光緒三十三年
(1907)刻本　一冊

450000－2601－0002452　綫 K234.71/2323
(2)
蠱城吟草四卷　傅崇黻著　清宣統元年
(1909)鉛印本　一冊

450000－2601－0002453　綫 K234.71/2520
續金陵詩徵六卷首一卷　（清）朱紹亭等輯
清光緒二十年(1894)刻本　六冊

450000－2601－0002454　綫 K234.71/0046
今白華堂詩錄八卷補錄八卷今白華堂詩集首

二卷　（清）童槐撰　清同治八年(1869)刻光
緒三年(1877)補刻本　五冊

450000－2601－0002455　綫 K234.71/0086
友石齋詩集八卷　（清）高錫恩撰　我盦遺槀
二卷　（清）高炳麟撰　清光緒十五年(1889)
刻本　五冊

450000－2601－0002456　綫 K236/0014
雲起軒詞鈔一卷　（清）文廷式撰　清光緒三
十三年(1907)南陵徐氏刻懷豳雜俎本　一冊

450000－2601－0002457　綫 K234.71/1012
荔支唱和集不分卷　（清）丁惠衡輯　清光緒
八年(1882)榕江絜園刻本　一冊

450000－2601－0002458　綫 K234.69/9000
幽芳草堂詩集八卷　（清）常麟著　清刻本
二冊

450000－2601－0002459　綫 K234.69/7551
真息齋詩鈔四卷續鈔一卷　（清）陸費琨撰
清同治九年(1870)履厚堂陸費刻本　三冊

450000－2601－0002460　綫 K234.7/2704
四憶堂詩集六卷　（清）侯方域著　（清）賈開
宗等選註　清刻本　二冊

450000－2601－0002461　綫 K234.69/2644
榴實山莊試律二卷　（清）吳存義撰　清刻本
　一冊

450000－2601－0002462　綫 K234.69/4280
雲錦集十卷首一卷末一卷　（清）彭銓集句
清道光二十一年(1841)刻本　四冊

450000－2601－0002463　綫 K234.69/4444
竹香樓詩草一卷　（清）韓懋林著　清道光二
十一年(1841)刻本　一冊

450000－2601－0002464　綫 K234.69/1273
(1)
七家詩選七卷　（清）張熙宇輯評　清光緒十
二年(1886)上海江左書林刻朱墨套印本
四冊

450000－2601－0002465　綫 K234.69/1088
增批寄嶽雲齋試體詩選四卷　（清）聶銑敏槀

（清）張學蘇箋　（清）朱兆鳳評　清光緒二十二年(1896)經綸元記刻本　一冊

450000－2601－0002466　綫 K234.69/1230

泛槎圖六集　（清）張寶輯　清光緒六年(1880)上海點石齋石印本　八冊

450000－2601－0002467　綫 K234.68/3503(1)

御製圓明園詩二卷　（清）高宗弘曆撰　清光緒十三年(1887)天津石印書屋石印本　二冊

450000－2601－0002468　綫 K234.68/3503(2)

御製圓明園詩二卷　（清）高宗弘曆撰　清光緒十三年(1887)天津石印書屋石印本　二冊

450000－2601－0002469　綫 K234.68/3503(3)

御製圓明園詩二卷　（清）高宗弘曆撰　清光緒十三年(1887)天津石印書屋石印本　二冊

450000－2601－0002470　綫 K234.68/3503(4)

御製圓明園詩二卷　（清）高宗弘曆撰　清光緒十三年(1887)天津石印書屋石印本　二冊

450000－2601－0002471　綫 K234.68/1277(1)

船山詩草二十卷　（清）張問陶撰　清嘉慶二十年(1815)刻本　八冊

450000－2601－0002472　綫 K234.66/9710

國朝閨秀正始集二十卷附錄一卷補遺一卷（清）完顏惲珠輯　清道光十一年(1831)紅香館刻本　六冊

450000－2601－0002473　綫 K234.67/1030

湖海詩傳四十六卷　（清）王昶輯　清嘉慶八年(1803)刻本　十二冊

450000－2601－0002474　綫 K234.66/8344

松壺畫贅二卷　（清）錢杜著　清光緒十四年(1888)仁和許增榆園刻杭州抱經堂書局印榆園叢刻本　一冊

450000－2601－0002475　綫 K234.66/7774

碉東詩鈔十卷　（清）歐陽輅撰　清道光十年(1830)刻本　二冊

450000－2601－0002476　綫 K234.66/8308(1)

初學集二十卷　（清）錢謙益撰　（清）錢曾箋注　牧齋先生［錢謙益］年譜一卷　（清）葛萬里編　清宣統三年(1911)上海國學扶輪社石印本　十二冊

450000－2601－0002477　綫 K234.66/8308(2)

初學集二十卷　（清）錢謙益撰　（清）錢曾箋注　牧齋先生［錢謙益］年譜一卷　（清）葛萬里編　清宣統三年(1911)上海國學扶輪社石印本　十二冊

450000－2601－0002478　綫 K234.66/8033

句餘土音三卷附全謝山先生遺詩一卷　（清）全祖望撰　清宣統三年(1911)上海國學扶輪社鉛印張氏適園叢書本　一冊

450000－2601－0002479　綫 K234.66/7750

淮海倡和詩鈔三卷續刻一卷　（清）周燾撰　清道光七年(1827)刻本　一冊

450000－2601－0002480　綫 K234.66/7776

罘罳草堂詩集四卷　（清）隆觀易撰　清光緒五年(1879)長沙刻本　二冊

450000－2601－0002481　綫 K234.66/3790(1)

板橋詩鈔不分卷　（清）鄭燮撰　清刻本　一冊

450000－2601－0002482　綫 K234.66/3790(2)

板橋詩鈔三卷　（清）鄭燮撰　清刻本　一冊　存一卷(三)

450000－2601－0002483　綫 K234.66/3790(3)

板橋詩鈔三卷　（清）鄭燮撰　清刻本　一冊　存一卷(三)

450000－2601－0002484　綫 K234.66/7710

養拙齋詩鈔九卷 （清）周承彥著 清光緒十年(1884)抄本 四冊

450000－2601－0002485 綫 K234.66/7744

存吾春軒集十卷附錄一卷 （清）周大樞撰 清光緒八年(1882)刻十八年(1892)會稽陶闓補刻本 四冊

450000－2601－0002486 綫 K234.66/7445

宮閨百詠四卷 （清）陳其泰編次 清道光二十五年(1845)海鹽陳氏桐華鳳閣刻本 二冊

450000－2601－0002487 綫 K234.66/7453

絳跗草堂詩集六卷 （清）陳壽祺撰 清道光刻本 一冊 存三卷(四至六)

450000－2601－0002488 綫 K234.66/7480

遠邨唫稿一卷 （清）陳鑑撰 清同治十三年(1874)錢塘陳行端刻本 一冊

450000－2601－0002489 綫 K234.66/7540

寒山舊廬詩一卷 （清）陸森輯 清光緒二十一年(1895)嘉惠堂丁氏刻本 一冊

450000－2601－0002490 綫 K234.66/7434

抱簫山道人遺稿二卷 （清）陳鴻墀著 清光緒六年(1880)刻本 二冊

450000－2601－0002491 綫 K234.66/7440（1）

運甓齋詩藁八卷首一卷續編六卷 （清）陳勵撰 清光緒十年(1884)刻二十年(1894)補刻本 二冊

450000－2601－0002492 綫 K234.66/7440（2）

刪後詩存十卷 （清）陳梓撰 清嘉慶二十年(1815)敬義堂胡氏刻本 四冊

450000－2601－0002493 綫 K234.66/7281

岳容齋詩集四卷 （清）岳鍾琪撰 清道光鵝溪孫氏古棠書刻古棠書屋叢書本 一冊

450000－2601－0002494 綫 K234.66/7422

篋衍集十二卷 （清）陳維崧輯 清乾隆二十六年(1761)金匱華氏保元堂刻本 一冊 存三卷(一至三)

450000－2601－0002495 綫 K234.66/7120

讀畫齋題畫詩十九卷 （清）顧修輯 清嘉慶刻本 二冊 存五卷(清宵聽雁一卷、河幹送別一卷、秋水寄懷一卷、望廬一卷、桂陰課子一卷)

450000－2601－0002496 綫 K234.66/7116

本朝館閣詩二十卷附錄一卷續附錄一卷 （清）阮學浩 （清）阮學浚編次 清乾隆二十三年(1758)困學書屋刻本 十六冊

450000－2601－0002497 綫 K234.66/7110（1）

兩浙輶軒續錄五十四卷補遺六卷 （清）潘衍桐訂 清光緒十七年(1891)浙江書局刻本 四十冊

450000－2601－0002498 綫 K234.66/7110（2）

淮海英靈集甲集四卷乙集四卷丙集四卷丁集四卷戊集四卷壬集一卷癸集一卷 （清）阮元輯 清嘉慶三年(1798)儀徵阮氏小琅嬛僊館刻文選樓叢書本 十冊

450000－2601－0002499 綫 K234.66/7110（3）

兩浙輶軒錄四十卷補遺十卷 （清）阮元訂 清光緒十六年(1890)浙江書局刻本 三十二冊

450000－2601－0002500 綫 K234.66/7110（4）

兩浙輶軒續錄五十四卷補遺六卷 （清）潘衍桐訂 清光緒十七年(1891)浙江書局刻本 四十冊

450000－2601－0002501 綫 K234.66/6027

竹庵詩鈔六卷此君園詩存二卷附此君園學詩臆說一卷 （清）吳名鳳撰 清道光十五年(1835)向德堂刻本 四冊

450000－2601－0002502 綫 K234.66/6049

素修堂詩集二十四卷 （清）吳蔚光撰 清刻本 二冊 存八卷(十三至十六、二十一至二十四)

450000－2601－0002503　綫 K234.66/7403

碧城僊館詩鈔十卷附岱游集一卷 （清）陳文述撰　清宣統三年(1911)上海國學扶輪社鉛印本　一冊　存三卷(一至三)

450000－2601－0002504　綫 K234.73/2740

仲實詩存二卷 （清）魯貴撰　清同治刻本一冊

450000－2601－0002505　綫 K234.66/6019

芬陀羅館詩鈔四卷 （清）吳彌光撰　清佛鎮翰文堂刻本　四冊

450000－2601－0002506　綫 K234.66/6023

香蘇山館古體詩鈔十七卷 （清）吳嵩梁撰清刻本　一冊　存四卷(七至十)

450000－2601－0002507　綫 K234.66/5063

館律分韻初編六卷 （清）春暉閣主人輯　清光緒十四年(1888)上海漱六山莊石印本六冊

450000－2601－0002508　綫 K234.66/4795

扶雅堂詩集十四卷 （清）楊炳春著　清刻本四冊

450000－2601－0002509　綫 K234.66/5020

安事齋詩録四卷 （清）貴征撰　清道光十五年(1835)揚州刻本　二冊

450000－2601－0002510　綫 K234.66/4764

續檇李詩繫四十卷 （清）胡昌基輯　清宣統三年(1911)刻本　二十冊

450000－2601－0002511　綫 K234.66/4635

分韻試帖青雲集全註四卷 （清）楊逢春輯清光緒二十年(1894)上海圖書集成印書局鉛印本　二冊

450000－2601－0002512　綫 K234.66/4600

桐雲閣試帖輯註二卷 （清）楊庚著　（清）張熙宇輯評（清）王植桂輯註　清刻本　二冊

450000－2601－0002513　綫 K234.66/4713

石笥山房詩集十二卷補遺二卷續補遺二卷（清）胡天游著　清刻本　五冊　缺二卷(續補遺二卷)

450000－2601－0002514　綫 K234.66/4432

香屑集十八卷首一卷末一卷 （清）黃之雋撰（清）陳邦直校注　清刻本　六冊

450000－2601－0002515　綫 K234.66/4444
（1）

郘亭遺詩八卷 （清）莫友芝撰　清光緒元年(1875)獨山莫繩孫刻影山草堂六種本　一冊

450000－2601－0002516　綫 K234.66/4444
（2）

郘亭詩鈔六卷 （清）莫友芝撰　清咸豐二年(1852)遵義湘川講舍刻同治五年(1866)獨山莫繩孫補修影山草堂六種本　一冊

450000－2601－0002517　綫 K234.66/4402

三硯齋詩賸一卷 （清）趙彥修撰　清光緒八年(1882)刻本　一冊

450000－2601－0002518　綫 B311/4716(3)

誠齋易傳二十卷 （宋）楊萬里撰　清刻本四冊　存十一卷(三至五、十二至十六、十八至二十)

450000－2601－0002519　綫廿 952/3031

歷代統系綱目表前集四卷首一卷 （清）宋家琪撰　清光緒三十三年(1907)長沙宋靜儉堂刻本　四冊

450000－2601－0002520　綫 K234.66/4410
（1）

知稼軒詩鈔九卷 （清）黃子高撰　清道光二十八年(1848)刻本　四冊

450000－2601－0002521　綫 ±733/8002

兩漢金石記二十二卷 （清）翁方綱撰　清乾隆五十四年(1789)翁方綱南昌使院刻本　一冊　存三卷(一至三)

450000－2601－0002522　綫 K236/0700(1)

靈芬館詞三種六卷 （清）郭麐撰　清嘉慶、道光間刻靈芬館集本　一冊　缺一種二卷(懺餘綺語二卷)

450000－2601－0002523　綫 K234.66/4410
（2）

甌北全集七種一百七十五卷　（清）趙翼撰
清乾隆、嘉慶間湛貽堂刻本　十六冊　存二
種六十五卷（甌北集五十三卷，甌北詩話十
卷、續詩話二卷）

450000 – 2601 – 0002524　綫 B311/4439（2）

新鐫增補周易備旨一見能解六卷　（明）黃淳
耀撰　（清）嚴而寬增補　清光緒三十二年
（1906）澹雅書局刻本　二冊　存二卷（二、
四）

450000 – 2601 – 0002525　綫 K234.66/4370

習苦齋詩集八卷　（清）戴熙撰　清同治五年
（1866）刻本　三冊

450000 – 2601 – 0002526　綫 K234.66/4328

定山堂詩集四十三卷詩餘四卷　（清）龔鼎孳
著　清光緒九年（1883）聽彝書屋刻本　十
六冊

450000 – 2601 – 0002527　綫 K234.66/4088

白華絳柎閣詩集十卷　（清）李慈銘撰　清末
石印本　六冊

450000 – 2601 – 0002528　綫 ± 733.1/1262
（1）

行素草堂金石叢書十六種一百五十四卷
（清）朱記榮輯　清光緒十年至二十年（1884 –
1894）吳縣朱記榮槐廬家塾刻本　八冊　存二
種二十卷（寰宇訪碑錄十二卷、刊謬一卷，補寰
宇訪碑錄五卷、失編一卷、刊誤一卷）

450000 – 2601 – 0002529　綫 K234.66/4240

松風閣詩鈔二十六卷　（清）彭蘊章撰　清同
治七年（1868）刻彭文敬公集本　八冊

450000 – 2601 – 0002530　綫 K234.66/4030
（2）

于湖小集六卷金陵雜事詩一卷　（清）袁昶撰
　清光緒二十年（1894）刻漸西村舍彙刊本
三冊

450000 – 2601 – 0002531　綫 K234.66/4030
（1）

漸西村舍彙刊四十四種二百六十三卷　（清）
袁昶輯　清光緒十六年至二十四年（1890 –

1898）桐廬袁氏刻本　三冊　存二種十二卷
（安般簃集十卷，春闈雜詠一卷、附錄一卷）

450000 – 2601 – 0002532　綫 ± 733.1/1262
（2）

行素草堂金石叢書十六種一百五十四卷
（清）朱記榮輯　清光緒十年至二十年（1884 –
1894）吳縣朱記榮槐廬家塾刻本　八冊　存二
種二十卷（寰宇訪碑錄十二卷、刊謬一卷，補寰
宇訪碑錄五卷、失編一卷、刊誤一卷）

450000 – 2601 – 0002533　綫 K234.66/4047

道古堂詩集二十六卷　（清）杭世駿撰　清刻
本　五冊

450000 – 2601 – 0002534　綫 K234.66/4072

梧岡詩集六卷　（清）李鳳雛著　清刻本
二冊

450000 – 2601 – 0002535　特綫 D651/1337

［道光］武進陽湖縣合志三十六卷首一卷
（清）孫琬等修　（清）李兆洛等纂　清光緒十
二年（1886）木活字印本　三十冊

450000 – 2601 – 0002536　綫 K234.66/3721
（1）

詠史古體詩二卷今體詩二卷　（清）湯儲璠撰
　清光緒九年（1883）刻本　一冊

450000 – 2601 – 0002537　綫 K234.66/3721
（2）

布帆無恙草三卷附忍冬小草二卷　（清）湯儲
璠撰　清同治十三年（1874）臨川湯氏家刻本
　一冊

450000 – 2601 – 0002538　綫 K234.66/3750

聽雲僊館西游感懷吟草一卷　（清）湯成彥撰
　清咸豐三年（1853）錦城浣花草堂刻本
一冊

450000 – 2601 – 0002539　綫 ± 733.1/3425
（2）

金石圖不分卷　（清）褚峻摹　（清）牛運震平
說　清乾隆八年至十年（1743 – 1745）刻拓本
四冊

450000－2601－0002540　綫 K234.66/3750

武林掌故叢編二十六集一百八十六種六百二十二卷 （清）丁丙輯　清光緒錢塘丁氏嘉惠堂刻本　一冊　存二種三卷(松吹讀書堂題詠一卷、附小松吹讀書堂題詠一卷,橫橋吟館圖題詠一卷)

450000－2601－0002541　綫 ±733.1/7584（1）

金石摘不分卷 （清）陳善墀撰　清同治十二年至光緒二年(1873－1876)陳善墀瀏陽縣學不求甚解齋刻本　十二冊

450000－2601－0002542　綫 ±733.1/7584（2）

金石摘不分卷 （清）陳善墀撰　清同治十二年至光緒二年(1873－1876)陳善墀瀏陽縣學不求甚解齋刻本　十冊

450000－2601－0002543　綫 K236/0700（2）

靈芬館詞四種七卷 （清）郭麐等　清光緒五年(1879)仁和許增娛園刻榆園叢刻本　二冊

450000－2601－0002544　綫 K234.66/3496

薪荷集二種五卷 （清）□□輯　清刻本　二冊

450000－2601－0002545　綫 K234.66/3503（1）

御製詩二集一百卷 （清）高宗弘曆撰　清刻本　二冊　存七卷(三十一至三十七)

450000－2601－0002546　綫 K234.66/3503（2）

御製詩三集一百二十卷 （清）高宗弘曆撰　清刻本　四冊　存十三卷(七十四至七十六、八十一至八十三、九十一至九十七)

450000－2601－0002547　綫 K234.66/3503（3）

御製詩初集四十八卷目錄二卷 （清）高宗弘曆撰　清刻本　五冊　缺三十六卷(十三至四十八)

450000－2601－0002548　綫 ±733.1/8002

粵東金石略九卷首一卷附九曜石考二卷 （清）翁方綱撰　清光緒十七年(1891)廣州石經堂叢書局石印本　四冊

450000－2601－0002549　綫 ±733.108/4437

金石叢書十一種六十七卷 （清）葛元熙輯　清光緒十二年(1886)敦懷書屋刻本　二十冊

450000－2601－0002550　綫 K234.66/3444（1）

南宋雜事詩七卷 （清）沈嘉轍等撰　清同治十一年(1872)淮南書局刻本　二冊

450000－2601－0002551　綫 K234.66/3444（2）

南宋雜事詩七卷 （清）沈嘉轍等撰　清雍正武林芹香齋刻本　二冊

450000－2601－0002552　綫 K234.66/3423（1）

七子詩選十四卷 （清）沈德潛選　清乾隆十八年(1753)刻本　二冊

450000－2601－0002553　綫 K234.66/3423（2）

欽定國朝詩別裁集三十二卷 （清）沈德潛纂評　清乾隆二十六年(1761)刻本　十冊

450000－2601－0002554　綫 K234.66/3423（3）

欽定國朝詩別裁集三十二卷 （清）沈德潛纂評　清乾隆二十六年(1761)刻本　十二冊

450000－2601－0002555　綫 K234.66/3140

複堂詩十卷詞三卷 （清）譚獻撰　清同治四年(1865)刻複堂類集本　三冊

450000－2601－0002556　綫 K234.66/3231

倚紅樓詩草一卷 （清）潘淑正撰　清光緒十七年(1891)刻本　一冊

450000－2601－0002557　綫 K234.66/3284

小鷗波館詩鈔十二卷詩補錄二卷詞鈔一卷 （清）潘曾瑩撰　清道光二十五年(1845)刻本　二冊

450000－2601－0002558　綫 K234.66/3404（1）

卷施閣詩二十卷　（清）洪亮吉著　清刻本
五冊

450000－2601－0002559　綫 K234.66/3404
(2)

更生齋詩八卷詩餘二卷　（清）洪亮吉著　清
刻本　三冊

450000－2601－0002560　綫 D224/1160(6)

漢書一百卷　（漢）班固撰　（唐）顏師古注
清光緒二十八年(1902)金陵書局刻本　十
六冊

450000－2601－0002561　綫 D231/3436

西魏書二十四卷　（清）謝啟昆撰　清乾隆六
十年(1795)樹經堂刻樹經堂集本　六冊

450000－2601－0002562　綫 ±733.4/2113

七十二候印不分卷　（明）何震撰文并篆刻
清嘉慶十二年(1807)建業李渡盟山草閣刻鈐
本　一冊

450000－2601－0002563　綫 D218/6070(1)

晏子春秋八卷　（春秋）晏嬰撰　清光緒元年
(1875)湖北崇文書局刻子書百家本　二冊

450000－2601－0002564　綫 D218/6070(2)

晏子春秋八卷　（春秋）晏嬰撰　清光緒元年
(1875)湖北崇文書局刻子書百家本　一冊
存四卷(一至四)

450000－2601－0002565　綫 D212/4742(1)

郝氏遺書三十三種二百二十九卷　（清）郝懿
行撰　清嘉慶至光緒刻郝氏遺書本　二冊
存二種四卷(書說二卷,汲塚周書輯要一卷、
逸書一卷)

450000－2601－0002566　綫 ±733.4/7535

摹印述一卷　（清）陳澧撰　清光緒廣雅書局
刻本　一冊

450000－2601－0002567　綫 D207/8064(1)

鳴原堂論文二卷　（清）曾國藩審訂　清同治
十二年(1873)勵志堂刻本　一冊

450000－2601－0002568　綫 D207/8064(2)

鳴原堂論文二卷　（清）曾國藩審訂　清同治
十二年(1873)勵志堂刻本　一冊

450000－2601－0002569　綫 ±733.5/7110
(1)

積古齋鐘鼎彝器款識十卷　（清）阮元編錄
清刻本　一冊　存四卷(四至六、九)

450000－2601－0002570　綫 D230.5/1080
(1)

王先生十七史蒙求十六卷　（宋）王令撰　清
道光二十八年(1848)粵東文雅堂刻本　二冊

450000－2601－0002571　綫 ±733.5/7110
(2)

積古齋鐘鼎彝器款識十卷　（清）阮元編錄
清光緒九年(1883)常熟鮑氏後知不足齋刻本
三冊　存七卷(一至七)

450000－2601－0002572　綫 D230.5/1080
(2)

王先生十七史蒙求十六卷　（宋）王令撰　清
道光九年(1829)京口敦經堂刻本　四冊

450000－2601－0002573　綫 ±733.5/7110
(3)

積古齋鐘鼎彝器款識十卷　（清）阮元編錄
清刻本　四冊

450000－2601－0002574　綫 742/2341

畫形圖說一卷　（英國）傅蘭雅著　清光緒十
一年(1885)刻本　一冊

450000－2601－0002575　綫 744/1773

速成用器畫教科書一卷　（清）彙學社圖書發
行所編輯　清光緒三十三年(1907)上海彙學
社石印本　一冊

450000－2601－0002576　綫 D2/6024

尺木堂綱鑑易知錄九十二卷明鑑易知錄十五
卷　（清）周之炯等輯　清同治五年(1866)粵
東三元堂刻本　四十八冊

450000－2601－0002577　綫 廿 751/1207

嶽雪樓書畫錄五卷　（清）孔廣陶編　（清）張
湜訂　清光緒十五年(1889)南海孔氏三十有
三萬卷堂石印本　五冊

450000－2601－0002578　綫 D2/6022（2）

通鑑觸緒十三卷　（清）易佩紳著　清光緒十九年至二十年（1893－1894）龍陽易氏刻本　三冊

450000－2601－0002579　綫 D2/6022（1）

大成通志十八卷首二卷　（清）楊慶輯著（清）羅森訂證　清康熙八年（1669）刻本　十冊　缺一卷（十）

450000－2601－0002580　綫廿 751/4748

國朝院畫錄二卷　（清）胡敬輯　清道光二十三年（1843）崇雅堂刻本　一冊

450000－2601－0002581　綫廿 752/1213（1）

庚子銷夏記八卷　（清）孫承澤撰　清京都龍威閣刻本　二冊

450000－2601－0002582　綫廿 752/1213（2）

庚子銷夏記八卷閑者軒帖考一卷　（清）孫承澤撰　清乾隆二十六年（1761）鮑氏知不足齋刻本　四冊

450000－2601－0002583　綫廿 753/4487

國朝畫家書二種十卷　（清）葉銘等輯　清宣統元年（1909）西泠印社鉛印并影印本　七冊

450000－2601－0002584　綫 D2/4044

御批增補了凡綱鑑四十卷首一卷　（宋）司馬光通鑑　（宋）朱熹綱目　（明）袁黃編纂　清光緒三十年（1904）鴻文書局石印本　十六冊

450000－2601－0002585　綫 D2/7724

增兩朝御批正續通鑑類纂二十卷首一卷　（清）馬佳松椿纂　清光緒二十八年（1902）上海和記書莊石印本　十二冊

450000－2601－0002586　綫 D21/2800（1）

二十五子匯函三百四十四卷　（清）鴻文書局輯　清光緒十九年（1893）上海鴻文書局石印本　一冊　存二種二十卷（竹書紀年統箋十二卷、前編一卷、雜述一卷，商君書五卷、附考一卷）

450000－2601－0002587　綫 D2/4035

讀通鑑綱目條記二十卷首一卷　（清）李述來

撰　清光緒八年（1882）群玉山房刻本　四冊

450000－2601－0002588　綫 D2/4040（3）

通鑑紀事本末二百三十九卷　（宋）袁樞編輯（明）張溥論正　清光緒十三年（1887）廣雅書局刻本　四十六冊　缺十二卷（五十二至五十九、一百十八至一百二十一）

450000－2601－0002589　綫廿 753/7560

書小史十卷　（宋）陳思纂次　清八千卷樓朱印本　一冊　存四卷（一至四）

450000－2601－0002590　綫 D2/3503（1）

二十四史三千二百七十七卷　（清）蒪古堂輯　清同治八年（1869）嶺南蒪古堂刻本　八百四十九冊　缺四卷（後漢書三至六）

450000－2601－0002591　綫廿 754/0030（1）

孫過庭書譜臨本一卷　（唐）孫過庭撰　清光緒二年（1876）省城儒雅堂刻本　一冊

450000－2601－0002592　綫 D2/3503（2）

二十四史三千二百七十七卷　（清）蒪古堂輯　清同治八年（1869）嶺南蒪古堂刻本　八百五十冊

450000－2601－0002593　綫廿 754/0030（1）

廣藝舟雙楫六卷　康有為撰　清光緒十九年（1893）南海康氏萬木廿堂刻本　二冊

450000－2601－0002594　綫廿 754/1005

明王文成與朱侍御三札一卷　（明）王陽明書　清光緒三十四年（1908）上海國學保存會國粹學報館石印明代名人尺牘七種本　一冊

450000－2601－0002595　綫廿 754/1131

漢碑範八卷　張祖翼選臨　清宣統三年（1911）上海文明書局石印本　一冊　存四卷（一至四）

450000－2601－0002596　綫 D2/3246

讀史鏡古編三十二卷　（清）潘世恩輯　清同治十三年（1874）冶城飛霞閣刻本　四冊

450000－2601－0002597　綫 D2/2540（2）

御批資治通鑑綱目前編十八卷舉要三卷首一卷正編五十九卷首一卷續編二十七卷　（宋）

朱熹撰　清光緒十三年(1887)上海同文書局石印本　二十四冊

450000 – 2601 – 0002598　綫 D2/2540(2)
錢陔園考訂資治通鑑綱目全書五十九卷
(宋)朱熹撰　(清)錢選考訂　清康熙三十七年(1698)刻本　六十冊

450000 – 2601 – 0002599　綫 D2/2540(3)
綱目議二卷續議二卷 (清)朱直著　清同治十年(1871)胡承志堂刻本　二冊

450000 – 2601 – 0002600　綫 D2/1722(1)
綱鑑擇語十卷 (清)司徒修選輯　清光緒二十四年(1898)上海書局石印本　一冊　存五卷(一至五)

450000 – 2601 – 0002601　綫 D2/1053(1)
讀通鑑論三十卷 (清)王夫之譔　清光緒二十七年(1901)簡青書局石印本　五冊　存五卷(一、三至六)

450000 – 2601 – 0002602　綫廿 754.1/1138(1)
張樹珊墓誌 (清)陳澧譔文　(清)李文田篆額　(清)張裕釗書丹　清宣統二年(1910)武昌湖北官書處石印本　一冊

450000 – 2601 – 0002603　綫廿 754.1/1138(2)
張樹珊墓誌 (清)陳澧譔文　(清)李文田篆額　(清)張裕釗書丹　清宣統二年(1910)武昌湖北官書處石印本　一冊

450000 – 2601 – 0002604　綫 D2/1042
綱鑑會纂三十九卷首一卷附甲子紀元一卷
(清)王世貞編　(清)陳宏謀輯　清乾隆、嘉慶間敬業堂刻本　四十冊

450000 – 2601 – 0002605　綫 D18/2728
西征紀程四卷 (清)鄒代鈞撰　清光緒十七年(1891)鉛印本　二冊

450000 – 2601 – 0002606　綫 D18/4040(1)
環游地球新錄四卷 (清)李圭撰　清光緒四年(1878)鉛印本　四冊

450000 – 2601 – 0002607　綫 D18/4040(2)
環游地球新錄四卷 (清)李圭撰　清光緒四年(1878)鉛印本　四冊

450000 – 2601 – 0002608　綫 D17/1117(1)
環球勝地名畫錄一卷 (清)□□輯　清宣統上洋美華書館石印本　一冊

450000 – 2601 – 0002609　綫 D17/1117(2)
環球勝地名畫錄一卷 (清)□□輯　清宣統上洋美華書館石印本　一冊

450000 – 2601 – 0002610　綫 D16/4320(1)
五洲圖考不分卷 (清)龔柴撰　清光緒二十四年(1898)上海徐家匯印書館鉛印本　四冊

450000 – 2601 – 0002611　綫 D16/4320(2)
五洲圖考不分卷 (清)龔柴撰　清光緒二十四年(1898)上海徐家匯印書館鉛印本　四冊

450000 – 2601 – 0002612　綫 D16/7434
萬國輿圖一卷附中西度量權衡表一卷中西海里度數比較表一卷五大洲各國大事表一卷
(清)陳兆桐繪　清光緒二十七年(1901)石印本　一冊

450000 – 2601 – 0002613　綫廿 754.1/4015(1)
宋搨雲麾碑一卷 (清)有正書局輯　清末上海有正書局影印本　一冊

450000 – 2601 – 0002614　綫 D16/2334
新譯列國歲計政要三編五十一卷釋語一卷附錄一卷 (日本)博文館輯　(清)白作霖譯　清光緒二十七年(1901)海上譯社鉛印本　十二冊

450000 – 2601 – 0002615　綫 D16/2828(1)
瀛環志畧十卷 (清)徐繼畬輯著　(清)霍明高採譯　清同治十二年(1873)�雲樓刻本　六冊

450000 – 2601 – 0002616　綫 D124/4810
世界近世史一卷 (日本)松平康國編著　(清)中國國民叢書社譯述　清光緒二十八年(1902)上海商務印書館鉛印本　一冊

450000－2601－0002617　綫卄754.2/1049

三希堂續刻灋帖第二冊四種四卷　（清）梁詩
正輯　清宣統元年(1909)石印本　一冊

450000－2601－0002618　綫D11/7752（1）

萬國史記二十卷　（日本）岡本監輔著　清光
緒上海申報館刻申報館叢書本　十冊

450000－2601－0002619　綫D11/7752（2）

萬國史記二十卷　（日本）岡本監輔著　清光
緒二十七年(1901)上海兩宜齋石印本　六冊

450000－2601－0002620　綫D104.4/4074

四裔編年表四卷　（美國）林樂知　（清）嚴良
勳譯　（清）李鳳苞彙編　清光緒二十三年
(1897)石印本　四冊

450000－2601－0002621　綫D11/3111

萬國歷史彙編一百卷　（清）江子雲等撰　清
光緒二十九年(1903)上海官書局石印本　十
六冊

450000－2601－0002622　綫D07/4048

興國史談四卷　（日本）內村鑑三撰　（清）新
是謀者纂譯　清末泰東時務譯印局鉛印本
二冊

450000－2601－0002623　綫C19/4233

羣學肄言十六卷　（英國）斯賓塞爾造論　嚴
復翻譯　清光緒二十九年(1903)上海文明編
譯書局鉛印本　四冊

450000－2601－0002624　綫B79/8033

全家訓一卷　（清）□□撰　清刻本　一冊

450000－2601－0002625　綫B79/4421

女學六卷　（清）藍鼎元編　清刻本　三冊

450000－2601－0002626　綫B79/4460

處世心箴二卷　（清）黃昌麟著　清咸豐十年
(1860)謝潤卿刻本　二冊

450000－2601－0002627　綫B79/4020

願體集四卷附救急良方一卷　（清）李仲麟輯
梓　（清）歐陽彬重訂　清咸豐九年(1859)徐
敬善堂刻五雲樓書坊印本　四冊

450000－2601－0002628　綫B79/4090

西漚外集四種八卷　（清）李惺撰　清同治七
年(1868)眉州劉鴻典刻本　四冊　存二種四
卷(樂言一卷、藥言賸稿一卷,冰言一卷、補一
卷)

450000－2601－0002629　綫B79/4420

臣鑒錄二十卷　（清）蔣伊編輯　清刻本
十冊

450000－2601－0002630　綫B79/3727

暗室燈二卷　（清）深山居士撰　清刻本　一
冊　存一卷(下)

450000－2601－0002631　綫B79/2236（1）

繡閣名言一卷　（清）□□撰　清刻本　一冊

450000－2601－0002632　綫B79/2236（2）

繡閣名言一卷　（清）□□撰　清刻本　一冊

450000－2601－0002633　綫B79/2662

詒謀隨筆二卷　（清）但明倫撰　清光緒四年
(1878)貴陽但氏刻本　二冊

450000－2601－0002634　綫B79/3031

宣講引證□□卷　（清）□□撰　清刻本　一
冊　存一卷(一)

450000－2601－0002635　綫B79/3406

菜根譚一卷　（明）洪應明撰　**娑羅館清言二
卷**　（明）屠隆著　清光緒二十五年(1899)南
京流通經處刻本　一冊

450000－2601－0002636　綫B79/1058

**重刻添補傳家寶俚言新本四集三十二卷首一
卷**　（清）石成金撰　清四友堂刻本　三十
二冊

450000－2601－0002637　綫B79/1016

百忍全書二卷　（清）□□撰　清光緒十二年
(1886)黃品俊刻本　一冊

450000－2601－0002638　綫B76/8024

聶氏重編家政學二編　曾紀芬編　清光緒三
十年(1904)浙江官書局刻本　二冊

450000－2601－0002639　綫B72/3406

菜根談一卷　（明）洪應明著　清常州天甯寺
刻本　一冊

450000－2601－0002640　綫 B7/4040（1）

了凡四訓一卷　（明)袁黃撰　清光緒十五年(1889)湖北官書處刻本　一冊

450000－2601－0002641　綫 B701.9/4090（1）

冰言一卷補一卷　（清)李惺撰　清光緒二十七年(1901)劉氏上海養晦堂三版刻本　二冊

450000－2601－0002642　綫廿 754.2/7153（1）

集聖教序五言律二卷七言律二卷　（清)馬慧裕集　清嘉慶五年(1800)朗山馬慧裕刻本　四冊

450000－2601－0002643　綫廿 754.2/7153（2）

續集聖教序五言律二卷七言律二卷　（清)馬慧裕集　清嘉慶七年(1802)朗山馬慧裕刻本　四冊

450000－2601－0002644　綫 B701.9/4090（2）

藥言四卷滕稿四卷　董玉書纂　清光緒二十七年(1901)劉氏上海養晦堂三版刻本　二冊

450000－2601－0002645　綫 B72/1003

格言有章二卷附摘錄課子隨筆鈔一卷　（清)王文選輯　清咸豐九年(1859)刻本　二冊

450000－2601－0002646　綫 B7/3318（1）

聖諭像解二十卷　（清)梁延年編輯　清末石印本　十冊

450000－2601－0002647　綫 B7/3318（2）

聖諭像解二十卷首一卷　（清)梁延年編輯　清光緒十三年(1887)湖南寶善堂刻陳聚德刻刷店印本　四冊　缺十三卷(八至二十)

450000－2601－0002648　綫 B6/2640

名學部甲八篇　（英國)穆勒約翰原本　嚴復翻譯　清光緒二十八年(1902)金粟齋鉛印本　二冊

450000－2601－0002649　綫 B7/0230

尋常語一卷　（清)劉沅輯　清光緒十七年(1891)平遙李氏刻本　一冊

450000－2601－0002650　綫 B7/0230

蒙訓一卷　（清)劉沅撰　清同治元年(1862)扶經堂刻本　與 450000－2601－0002649、2651 合一冊

450000－2601－0002651　綫 B7/0230

明良志略一卷　（清)劉沅撰　清同治八年(1869)致福樓刻本　與 450000－2601－0002649 至 2650 合一冊)

450000－2601－0002652　綫 B36/4713

繹志十九卷　（清)胡承諾譔　清同治十一年(1872)浙江書局刻本　八冊

450000－2601－0002653　綫 B36/8048

潛書一卷　金蓉鏡纂　清末鉛印本　一冊

450000－2601－0002654　綫 B37/1080（1）

于氏中說二卷　（明)于鎰著　清光緒四年(1878)于馭良木活字印本　一冊

450000－2601－0002655　綫廿 754.2/7770

歐陽率更千字文一卷　（南朝梁)周興嗣次韻　（唐)歐陽詢書　清宣統二年(1910)新學會社華新印局石印新學會社叢書本　一冊

450000－2601－0002656　綫 B37/1080（2）

契元公論草一卷　（明)于鑑撰　清光緒四年(1878)于馭良活字八年(1882)于變補刻本　一冊

450000－2601－0002657　綫 B36/3770

浮邱子十二卷　（清)湯鵬著　清同治四年(1865)刻本　四冊

450000－2601－0002658　綫廿 754.2/8741

鄭蘇戡書千字文一卷　（南朝梁)周興嗣撰　（清)鄭孝胥書　清宣統二年(1910)上海商務印書館再版影印本　一冊

450000－2601－0002659　綫 B36/4310

原善二卷　（清)戴震譔　清雙江李氏念劬堂刻本　一冊

450000－2601－0002660　綫 B79/3451

法戒錄□□卷　（清）□□撰　清刻本　一冊
存一卷（二）

450000－2601－0002661　綫 B36/0230

槐軒約言一卷　（清）劉沅撰　清同治四年
（1865）威遠縣呂仙岩玉成堂刻本　一冊

450000－2601－0002662　綫 B36/1053

老子衍一卷　（清）王夫之撰　（清）王敔纂注
清同治四年（1865）湘鄉曾氏金陵刻船山遺
書本　一冊

450000－2601－0002663　綫 B36/0017（1）

叔苴子內編六卷外編二卷　（明）莊元臣撰
清光緒元年（1875）湖北崇文書局刻子書百家
本　二冊

450000－2601－0002664　綫 廿 754.3/1084
（1）

淳化秘閣法帖考正十卷　（清）王澍林著
（清）沈宗騫臨帖　（清）陳焯較畫　**淳化閣帖
釋文二卷**　（清）沈宗騫較定　（清）溫本謙挍
刊　**淳化秘閣法帖考正附二卷**　（清）王澍林
著　（清）沈宗騫書版　（清）溫一貞校字　清
乾隆三十三年（1768）刻道光二十八年（1848）
海虞蘊玉山房俞氏印本　十四冊

450000－2601－0002665　綫 B36/0017（2）

叔苴子內編六卷外編二卷　（明）莊元臣撰
清光緒元年（1875）湖北崇文書局刻子書百家
本　二冊

450000－2601－0002666　綫 廿 754.3/1084
（2）

淳化秘閣法帖考正十卷　（清）王澍林著
（清）沈宗騫臨帖　（清）陳焯較畫　**淳化秘閣
法帖考正附二卷**　（清）王澍林著　（清）沈宗
騫書版　（清）溫一貞校字　清乾隆三十三年
（1768）刻本　十冊　存十一卷（二至十、附二
卷）

450000－2601－0002667　綫 B36/0017（3）

叔苴子內編六卷外編二卷　（明）莊元臣撰
清光緒元年（1875）湖北崇文書局刻子書百家

本　一冊

450000－2601－0002668　綫 廿 754.3/1213

閒者軒帖考一卷　（清）孫承澤述　清乾隆二
十六年（1761）鮑氏知不足齋刻本　一冊

450000－2601－0002669　綫 廿 754.3/3433

淳化閣帖釋文二卷　（清）沈宗騫較定　（清）
溫本謙挍刊　清乾隆三十三年（1768）刻本
一冊

450000－2601－0002670　綫 廿 754.3/4024

歐陽書考十二卷首一卷末一卷　（清）袁繼翰
纂著　（清）王啟原等訂　清光緒二十年
（1894）長沙袁繼翰述歐之室刻本　四冊

450000－2601－0002671　綫 B35/7707

御纂性理精義十二卷　（清）李光地修　清刻
本　五冊

450000－2601－0002672　綫 B35/2540（1）

近思錄十四卷附校勘記一卷　（清）江永集註
清光緒二十七年（1901）上海文瑞樓石印本
二冊

450000－2601－0002673　綫 B35/2540（2）

近思錄集注十四卷　（清）江永集注　清光緒
元年（1875）香山何璟刻本　五冊

450000－2601－0002674　綫 廿 754.3/8346

鳳墅殘帖釋文八卷末一卷　（清）姚衡　（清）
姚晏撰　**鳳墅殘帖釋文二卷**　（清）錢大昕撰
清光緒七年（1881）歸安姚覲元咫進齋刻本
四冊

450000－2601－0002675　綫 廿 754.4/0732

名賢手札八種八卷　（清）郭慶藩輯　清光緒
十年（1884）湘陰郭氏岵瞻堂刻本　四冊

450000－2601－0002676　綫 B35/2660（1）

二程語錄十八卷　（宋）程顥　（宋）程頤撰
（清）張伯行訂　清同治五年（1866）福州正誼
書局刻本　一冊　存六卷（三至八）

450000－2601－0002677　綫 B311/4094（2）

御纂周易折中二十二卷首一卷　（清）李光地
等撰　清末江西書局刻本　十二冊

450000－2601－0002678　綫＋015/8346(1)

元史藝文志四卷　（清）錢大昕補　清同治、光緒間江蘇書局刻本　一冊

450000－2601－0002679　綫B35/2660(2)

二程語錄十八卷　（宋）程顥　（宋）程頤撰　（清）張伯行訂　清同治五年(1866)福州正誼書局刻本　一冊　存二卷(九至十)

450000－2601－0002680　綫B35/4022

心經一卷政經一卷附錄一卷　（宋）真德秀輯　清江蘇書局刻本　一冊

450000－2601－0002681　綫B35/1943

理學宗傳二十六卷　（清）孫奇逢輯　清光緒六年(1880)浙江書局刻本　十二冊

450000－2601－0002682　綫B35/2141

皇極經世易知八卷首一卷　（清）何夢瑤輯釋　清咸豐九年(1859)南海孔繼騵滾雪樓刻本　四冊

450000－2601－0002683　綫B311/4094(3)

周易觀象大指二卷　（清）□□撰　清刻本　一冊

450000－2601－0002684　綫B35/0240(1)

明本釋三卷　（宋）劉荀撰　清刻本　三冊

450000－2601－0002685　綫B35/0240(2)

明本釋三卷　（宋）劉荀撰　清刻本　一冊

450000－2601－0002686　綫B35/0290

公是弟子記四卷　（宋）劉敞撰　清刻本　一冊

450000－2601－0002687　綫廿754.4/1032

明王守仁高攀龍兩大儒手帖不分卷　（明）王守仁　（明）高攀龍書　清光緒三十四年(1908)上海國學保存會再版石印本　一冊

450000－2601－0002688　特綫D68/1201

湯陰精忠廟志十卷湯陰精忠廟志續刻詩文一卷　（明）張應登輯　（清）楊世達等續修　清乾隆十五年(1750)刻本　四冊

450000－2601－0002689　綫B35/1059

太極圖集解一卷　（清）王建常著　清同治十

二年(1873)趙蒲刻劉傳經堂印本　一冊

450000－2601－0002690　綫廿754.4/2350

樂饑齋詩艸一卷　（清）傅山撰并書　清宣統元年(1909)上海國學保存會石印本　一冊

450000－2601－0002691　綫B35/1222

張橫渠先生集十二卷　（宋）張伯行編釋　清正誼堂刻本　二冊

450000－2601－0002692　綫廿754.4/4410

黃石齋手寫詩卷不分卷　（明）黃道周書　清光緒三十三年(1907)上海國學保存會石印本　一冊

450000－2601－0002693　綫廿754.4/4454

蘇東坡赤壁賦墨妙亭廬山寶書不分卷　（宋）蘇軾書　清宣統二年(1910)華新印局石印新學會社叢書本　一冊

450000－2601－0002694　藏綫D653/0830

淳佑臨安志□□卷　（宋）施諤纂　清光緒九年(1883)錢塘丁氏嘉惠堂刻武林掌故叢編本　二冊　存六卷(五至十)

450000－2601－0002695　綫B35/1240

張子全書十五卷　（宋）張載撰　（宋）朱熹註　清同治九年(1870)張連科刻鳳郡印本　八冊

450000－2601－0002696　綫B32/8340(1)

淮南天文訓補注二卷　（清）錢塘綴述　清光緒元年(1875)湖北崇文書局刻本　二冊

450000－2601－0002697　綫B32/8340(2)

淮南天文訓補注二卷　（清）錢塘綴述　清光緒元年(1875)湖北崇文書局刻本　一冊　存一卷(下)

450000－2601－0002698　綫廿754.4/6013

呂晚村家書墨蹟四卷　（清）呂留良撰并書　清光緒三十四年(1908)上海澄衷學堂石印本　一冊　存二卷(三至四)

450000－2601－0002699　綫B33/2300(1)

傅子三卷　（晉）傅玄撰　葉德輝撰輯　清光緒十七年(1891)葉氏郎園刻觀古堂所著書本

一冊

450000－2601－0002700　綫廿754.4/6072（1）

明十五完人手帖不分卷　（明）黃道周等書
清光緒三十四年（1908）上海國學保存會再版
石印明代名人尺牘七種本　一冊

450000－2601－0002701　綫B33/2300（2）

子書百家一百一種五百十一卷　（清）崇文書
局輯　清光緒元年（1875）湖北崇文書局刻本
　一冊　存二種三卷（傅子一卷、續孟子二
卷）

450000－2601－0002702　綫廿754.4/6072（2）

明賢名翰合冊不分卷　（明）祝允明等書　清
光緒三十四年（1908）上海國學保存會石印明
代名人尺牘七種本　一冊

450000－2601－0002703　綫B32/2840

中論二卷　（漢）徐幹著　清刻本　一冊

450000－2601－0002704　綫B32/4130

鹽鐵論二卷　（漢）桓寬撰　清光緒元年
（1875）湖北崇文書局刻子書百家本　二冊

450000－2601－0002705　綫B32/4490（1）

子書百家一百一種五百十一卷　（清）崇文書
局輯　清光緒元年（1875）湖北崇文書局刻本
　一冊　存二種七卷（申鑒五卷、中論二卷）

450000－2601－0002706　綫廿754.4/6072（3）

明東林八賢遺札不分卷　（明）趙南星等書
清光緒三十四年（1908）上海國學保存會石印
明代名人尺牘七種本　一冊

450000－2601－0002707　綫B32/4490（2）

子書百家一百一種五百十一卷　（清）崇文書
局輯　清光緒元年（1875）湖北崇文書局刻本
　二冊　存二種七卷（申鑒五卷、中論二卷）

450000－2601－0002708　綫廿754.4/7212

岳忠武書出題表真蹟一卷　（宋）岳飛書　清
光緒三十四年（1908）上海中國圖書公司影印

本　一冊

450000－2601－0002709　綫B32/5740

新纂門目五臣音註揚子法言十卷　（漢）揚雄
撰　（晉）李軌等註　（宋）宋咸等重註　清嘉
慶九年（1804）刻十子全書本　二冊

450000－2601－0002710　綫廿754.4/7524（1）

明大參陳公手集同人尺牘不分卷　（明）方震
孺等書　（明）陳大參集　清光緒三十三年
（1907）上海國學保存會石印明代名人尺牘七
種本　一冊

450000－2601－0002711　綫廿754.4/7524（2）

明大參陳公手集同人尺牘不分卷　（明）方震
孺等書　（明）陳大參集　清光緒三十三年
（1907）上海國學保存會石印明代名人尺牘七
種本　一冊

450000－2601－0002712　綫B32/1000（1）

論衡三十卷　（漢）王充著　清刻本　八冊

450000－2601－0002713　綫B32/1000（2）

論衡三十卷　（漢）王充撰　清光緒元年
（1875）湖北崇文書局刻子書百家本　六冊

450000－2601－0002714　綫B32/0220

新序十卷　（漢）劉向撰　清光緒元年（1875）
湖北崇文書局刻子書百家本　二冊

450000－2601－0002715　綫廿754.5/1083

王羲之草訣歌一卷隸字偏旁一卷　（清）楊寅
集字　清嘉慶十九年（1814）海臨楊寅清照齋
刻本　一冊

450000－2601－0002716　綫B32/0230（1）

淮南天文訓補注二卷　（清）錢塘綴述　清光
緒元年（1875）湖北崇文書局刻本　一冊　存
一卷（上）

450000－2601－0002717　綫B32/0230（2）

淮南鴻烈解二十一卷　（漢）劉安撰　清光緒
元年（1875）湖北崇文書局刻子書百家本
四冊

450000 – 2601 – 0002718　綫廿 754.5/2792

包慎伯論書三卷　（清）包世臣撰　清刻本
一冊

450000 – 2601 – 0002719　綫 B319/4684

撼龍經不分卷　（五代）楊益撰　（清）王元煒
注　清乾隆三十九年(1774)刻本　二冊

450000 – 2601 – 0002720　綫廿 754.5/3113

書法正傳十卷　（清）馮武編輯　清同治十一
年(1872)嘉興大魁堂刻本　四冊

450000 – 2601 – 0002721　綫廿 754.5/5338

漢溪書法通解八卷　（清）戈守智纂著　（清）
陸聲鐘編次　清乾隆十五年(1750)霽雲閣刻
本　四冊

450000 – 2601 – 0002722　綫 B319/3117

陰陽五要奇書五集三十卷附八宅明鏡二卷
(明)江之棟輯　清乾隆五十五年(1790)姑蘇
樂真堂刻本　十二冊

450000 – 2601 – 0002723　綫廿 755.1/1038
(6)

芥子園畫傳初集六卷　（清）王概等摹古　清
光緒十六年(1890)上海鴻寶齋石印本　四冊

450000 – 2601 – 0002724　綫廿 811.31/1133

漢魏六朝百三名家集一百二十一卷　（明）張
溥輯　清光緒三年(1877)滇南唐氏壽考堂刻
本　一百十九冊　缺一種一卷(賈長沙集一
卷)

450000 – 2601 – 0002725　綫廿 812.82/7124

墨麟詩卷十二卷　（清）馬維翰撰　清乾隆刻
本　三冊

450000 – 2601 – 0002726　綫廿 812.83/2767

紀文達公遺集十六卷　（清）紀昀撰　清嘉慶
十七年(1812)刻本　十二冊

450000 – 2601 – 0002727　綫廿 812.83/9748
(2)

大雲山房文藁二集四卷　（清）惲敬著　清嘉
慶二十一年(1816)長州宋揚光南海鹵湖街刻
本　四冊

450000 – 2601 – 0002728　綫廿 813.2/4443

樊山續集五十三卷　樊增祥撰　清光緒二十
八年(1902)朱印本　一冊　存二卷(三十三
至三十四)

450000 – 2601 – 0002729　綫廿 813.2/7730

蘋洲漁笛譜一卷　（宋）周密撰　清末刻宋四
種詞本　一冊

450000 – 2601 – 0002730　綫廿 813.2/7750
(2)

清真集二卷補遺一卷　（宋）周邦彥撰　**清真
詞校後錄要一卷**　鄭文焯撰　清光緒二十六
年(1900)黃岡陶子麟刻本　二冊

450000 – 2601 – 0002731　綫廿 813.3/1190
(2)

詞選七種十二卷　（清）張百禖輯　清光緒十
三年(1887)長沙刻本　一冊　存三種四卷
(詞源二卷、詞旨一卷、樂府指迷一卷)

450000 – 2601 – 0002732　綫廿 813.8/4490
(2)

納書楹曲譜全集二十二卷　（清）葉堂訂譜
清道光二十八年(1848)文德堂刻本　二十
二冊

450000 – 2601 – 0002733　綫廿 755.1/1030
(1)

蘭譜不分卷　（清）王寅繪并述　清光緒八年
(1882)合肥李頤東瀛刻本　一冊

450000 – 2601 – 0002734　綫廿 755.1/1030
(2)

竹譜不分卷　（清）王寅繪并述　清光緒八年
(1882)合肥李頤東瀛刻本　一冊

450000 – 2601 – 0002735　綫廿 755.1/1038
(2)

芥子園畫傳二集九卷　（清）王概等摹古　清
光緒十六年(1890)上海鴻寶齋石印本　四冊

450000 – 2601 – 0002736　綫 B317/6014(1)

呂氏春秋二十六卷　（戰國）呂不韋撰　清光
緒元年(1875)湖北崇文書局刻子書百家本
四冊

450000－2601－0002737　綫廿 755.1/1038
(4)

芥子園畫傳三集六卷　（清）王概等摹古　清
　光緒十六年(1890)上海鴻寶齋石印本　二冊
　存三卷（四至六）

450000－2601－0002738　綫 B317/6014(2)

呂氏春秋二十六卷附考一卷　（戰國）呂不韋
　撰　清光緒元年(1875)浙江書局刻本　六冊

450000－2601－0002739　綫廿 755.1/1038
(5)

芥子園畫傳續集三卷　（清）王概等摹古　清
　光緒十六年(1890)上海鴻寶齋石印本　二冊

450000－2601－0002740　綫 B317/0030

淮南子二十一卷　（漢）劉安撰　（漢）高誘注
　清光緒二十三年(1897)圖書集成局鉛印子
　書二十二種本　一冊

450000－2601－0002741　綫廿 755.1/1038
(3)

芥子園畫傳二集八卷　（清）王概等摹輯　清
　刻本　一冊　存二卷（三至四）

450000－2601－0002742　綫 B317/0270(1)

劉子二卷　（北齊）劉晝撰　清光緒元年
(1875)湖北崇文書局刻子書百家本　一冊

450000－2601－0002743　綫 B317/0270(2)

劉子二卷　（北齊）劉晝撰　清光緒元年
(1875)湖北崇文書局刻子書百家本　一冊

450000－2601－0002744　綫 B317/2310

子書百家一百一種五百十一卷　（清）崇文書
　局輯　清光緒元年(1875)湖北崇文書局刻本
　　一冊　存二種四卷（牟子一卷、古今注三
　卷）

450000－2601－0002745　綫 B317/4460(1)

子書百家一百一種五百十一卷　（清）崇文書
　局輯　清光緒元年(1875)湖北崇文書局刻本
　　一冊　存三種八卷（聲隅子歔欷瑣微論二
　卷、嬾真子五卷、廣成子解一卷）

450000－2601－0002746　綫 B317/4460(2)

子書百家一百一種五百十一卷　（清）崇文書
局輯　清光緒元年(1875)湖北崇文書局刻本
　　一冊　存三種八卷（聲隅子歔欷瑣微論二
卷、嬾真子五卷、廣成子解一卷）

450000－2601－0002747　綫廿 755.1/1038
(7)

芥子園畫傳二集四卷首一卷　（清）王概等摹
　古　清乾隆四十七年(1782)金閶書業堂刻五
　色套印本　四冊

450000－2601－0002748　綫 B317/1038

天祿閣外史八卷　（漢）黃憲著　清嘉慶刻廣
漢魏叢書本　四冊

450000－2601－0002749　綫廿 755.1/2228

翰墨園畫譜彙新不分卷　（清）翰墨園主人編
　清光緒十六年(1890)上洋鴻寶齋石印本
四冊

450000－2601－0002750　綫廿 755.1/1082

石頭記畫譜不分卷　（清）王釗繪　清光緒十
四年至十五年(1888－1889)蘇城府西吏庫陸
宅詩中有畫館石印本　一冊

450000－2601－0002751　綫 B316/4510

韓非子二十卷　（戰國）韓非撰　清光緒元年
(1875)湖北崇文書局刻子書百家本　一冊
存五卷（一至五）

450000－2601－0002752　綫廿 755.3/4446

畫禪室隨筆四卷　（明）董其昌著　（清）楊補
編次　（清）陳王賓校訂　清康熙五十九年
(1720)挟藻堂刻本　三冊

450000－2601－0002753　綫廿 755.3/8224

毛筆畫法一卷　（清）飲特健藥史撰　清光緒
三十三年(1907)石印本　一冊

450000－2601－0002754　綫 B314/6010(1)

墨子十六卷篇目考一卷　（清）畢沅校注　清
光緒元年(1875)湖北崇文書局刻子書百家本
　四冊

450000－2601－0002755　綫 B314/6010(2)

墨子十六卷篇目考一卷　（清）畢沅校注　清

光緒元年(1875)湖北崇文書局刻子書百家本
四冊

450000－2601－0002756　綫 B314/6010(3)

墨子十六卷篇目考一卷　(清)畢沅校注　清
光緒元年(1875)湖北崇文書局刻子書百家本
四冊

450000－2601－0002757　綫＋780/1292

聖門樂誌一卷　(清)孔尚任纂　清光緒十三
年(1887)闕里硯寬亭刻本　一冊

450000－2601－0002758　綫 B315/7740

子書百家一百一種五百十一卷　(清)崇文書
局輯　清光緒元年(1875)湖北崇文書局刻本
一冊　存二種三卷(鄧子一卷、屍子二卷)

450000－2601－0002759　綫＋780/4402

律呂賸言三卷　(清)蔣文勳箸　清道光十四
年(1834)梅華菴刻本　二冊

450000－2601－0002760　綫 780/4464

泰律十二卷外篇三卷　(明)葛中選著　清光
緒二十八年至三十年(1902－1904)經正書院
刻本　八冊　缺一卷(泰律三)

450000－2601－0002761　綫 781/2837(2)

樂律攷二卷　(清)徐灝學　清光緒十三年
(1887)刻本　一冊

450000－2601－0002762　綫 B314/1033

墨子注三卷　王闓運撰　清光緒三十年
(1904)江西官書局刻湘綺樓叢書本　一冊

450000－2601－0002763　綫 787/2644

存古堂琴譜八卷　(清)吳文煥選輯　(清)吳
迪　(清)曹禮周訂　清嘉慶元年(1796)金閶
書業堂刻本　三冊

450000－2601－0002764　綫 B313/7743

莊子故八卷　(清)馬其昶撰　清光緒二十七
年(1901)蕭山陳氏遺經樓刻本　四冊

450000－2601－0002765　綫 787/3676

與古齋琴譜四卷　(清)祝秋齋講授　(清)祝
鳳喈編　清咸豐五年(1855)浦城祝鳳喈刻本
八冊

450000－2601－0002766　綫 B313/8090

**南華真經正義內篇一卷外篇二卷雜篇一卷附
識餘三種三卷**　(清)陳壽昌輯　清光緒十九
年(1893)怡顏齋刻本　六冊

450000－2601－0002767　綫 788/8041

喇叭吹法一卷　(美國)金楷理口譯　(清)蔡
錫齡筆述　清光緒三年(1877)江南機器製造
總局刻本　一冊

450000－2601－0002768　綫廿 810/1729(1)

中國文學指南二卷　(清)邵伯棠輯　清宣統
二年(1910)上海會文堂石印本　二冊

450000－2601－0002769　綫廿 810/1729(2)

中國文學指南二卷　(清)邵伯棠輯　清宣統
二年(1910)上海會文堂石印本　一冊

450000－2601－0002770　綫 B313/7520

鶡冠子三卷　(宋)陸佃解　(明)王宇評　清
嘉慶九年(1804)刻十子全書本　一冊

450000－2601－0002771　綫 B313/7544

莊子雪三卷　(戰國)莊周撰　(清)陸樹芝輯
注　清刻本　一冊　存一卷(上)

450000－2601－0002772　綫廿 810.72/1033
(1)

天壤閣叢書二十三種六十七卷　(清)王懿榮
輯　清同治元年至光緒八年(1862－1882)福
山王氏天壤閣家塾刻本　一冊　存三種十二
卷(聲調三譜十卷、漁洋山人秋柳詩箋一、東
古文存一)

450000－2601－0002773　綫 B313/6030

道德真經註四卷　(戰國)李耳撰　(元)吳澄
述　清乾隆三年(1738)致和堂刻本　一冊

450000－2601－0002774　綫廿 810.72/1033
(2)

聲調三譜四種十卷　(清)王祖源輯　清光緒
八年(1882)福山王氏天壤閣家塾刻天壤閣叢
書本　一冊

450000－2601－0002775　綫 B313/6442

老子解二卷　(宋)葉夢得撰　葉德輝輯刊

清宣統元年（1909）葉氏觀古堂刻本　一冊

450000－2601－0002776　綫廿 810.72/1037

談藝珠叢二十七種四十四卷　（清）王啟原輯
清光緒十一年（1885）長沙玉尺山房刻本
十冊

450000－2601－0002777　綫廿 810.72/3227

養一齋詩話十卷李杜詩話三卷　（清）潘德輿
撰　清道光十六年（1836）歙徐寶善京師刻本
四冊

450000－2601－0002778　綫廿 810.72/4048

隨園詩話十六卷　（清）袁枚著　清刻本
六冊

450000－2601－0002779　綫廿 910.72/4700

詩藪內編六卷外編四卷雜編六卷　（明）胡應
麟撰　清光緒廣雅書局刻本　四冊

450000－2601－0002780　綫廿 810.72/7588

讀詩拙言一卷　（明）陳第著　（清）凌鳴喈訂
誤　清道光二十七年（1847）番禺潘氏海山仙
館刻海山仙館叢書本　一冊

450000－2601－0002781　綫廿 810.72/8229
（1）

司空司品圖詩百首三種不分卷　（清）朱琰輯
並校　清同治十三年（1874）金穀園刻本
一冊

450000－2601－0002782　綫廿 810.73/2747
（3）

藝舟雙楫三卷　（清）包世臣撰　清光緒九年
（1883）汗青簃刻本　一冊

450000－2601－0002783　綫廿 810.73/1248
（1）

四六叢話三十三卷選詩叢話一卷　（清）孫梅
輯　清光緒七年（1881）許應鑅等吳下刻本
十二冊

450000－2601－0002784　綫廿 810.73/1248
（2）

四六叢話三十三卷選詩叢話一卷　（清）孫梅
輯　清光緒七年（1881）許應鑅等吳下刻本

十二冊

450000－2601－0002785　綫廿 810.73/1248
（3）

四六叢話三十三卷選詩叢話一卷　（清）孫梅
輯　清光緒七年（1881）許應鑅等吳下刻本
十二冊

450000－2601－0002786　綫廿 810.73/7246
（1）

文心雕龍輯註十卷　（南朝梁）劉勰撰　（清）
黃叔琳輯注　清乾隆六年（1741）華亭姚培謙
刻北平黃叔琳養素堂印本　孫詒讓批校并清
光緒元年（1875）過錄譚中義（譚獻）藏顧廣圻
黃丕烈合校　六冊

450000－2601－0002787　綫廿 810.73/7246
（2）

文心雕龍十卷　（南朝梁）劉勰著　（清）王謨
輯　清乾隆五十六年（1791）金谿王氏刻增訂
漢魏叢書本　四冊

450000－2601－0002788　綫廿 810.73/7246
（3）

文心雕龍十卷　（南朝梁）劉勰撰　（清）黃叔
琳注　（清）紀昀評　清道光十三年（1833）兩
廣節署刻粵東省城翰墨園朱墨套印本　四冊

450000－2601－0002789　綫廿 810.73/7246
（4）

文心雕龍十卷　（南朝梁）劉勰撰　（清）黃叔
琳注　（清）紀昀評　清道光十三年（1833）兩
廣節署刻粵東省城翰墨園朱墨套印本　四冊

450000－2601－0002790　綫廿 810.73/7246
（9）

文心雕龍十卷　（南朝梁）劉勰撰　（清）黃叔
琳注　（清）紀昀評　清道光十三年（1833）兩
廣節署刻粵東省城翰墨園朱墨套印本　四冊

450000－2601－0002791　綫廿 D2/8710

廿一史約編前編八卷後編一卷首一卷　（清）
鄭元慶述　清刻本　七冊

450000－2601－0002792　綫廿 810.73/7246
（5）

文心雕龍十卷　（南朝梁）劉勰著　（明）張遂辰閱　明萬曆二十年(1592)刻廣漢魏叢書本　二冊

450000 - 2601 - 0002793　綫廿 810.73/7246(6)

文心雕龍十卷　（南朝梁）劉勰撰　（明）楊慎批點　（清）張松孫輯註　清乾隆五十六年(1791)長洲張松孫刻本　六冊

450000 - 2601 - 0002794　綫 B313/4704

莊子獨見三十三卷論畧一卷　（清）胡文英評釋　清乾隆十七年(1752)刻本　六冊

450000 - 2601 - 0002795　綫 B313/3128(1)

道德經二卷附錄一卷釋文一卷校勘記一卷　（戰國）李耳撰　（漢）河上公章句　清光緒二十年(1894)湖南學庫山房元記書局刻本　一冊

450000 - 2601 - 0002796　綫 B313/3128(2)

道德經評註二卷　（戰國）李耳撰　（漢）河上公章句　（明）歸有光批閱　（明）文震孟訂正　清嘉慶九年(1804)刻本　二冊

450000 - 2601 - 0002797　綫 B313/4010

道德經集註二卷首一卷　（戰國）李耳著　（明）潘基慶集注　清文樞堂刻本　二冊

450000 - 2601 - 0002798　綫 B313/2630

老子本義二卷附錄一卷　（清）魏源撰　清光緒二十六年至二十八年(1900 - 1902)避舍葢公堂刻本　二冊

450000 - 2601 - 0002799　綫 B313/2744

老子約說四卷　（清）紀大奎撰　（清）紀大婁評註並補錄　清嘉慶十三年(1808)刻紀慎齋先生全書本　一冊

450000 - 2601 - 0002800　綫 B313/3020(1)

南華經解不分卷　（戰國）莊周撰　（清）宣穎識　清積秀堂刻本　六冊

450000 - 2601 - 0002801　綫廿 812.62/1047(2)

元遺山詩集箋注十四卷首一卷末一卷　（元）元好問撰　（元）張德輝類次　（清）施國祁箋　清道光七年(1827)苕溪吳氏醉六堂刻本　六冊

450000 - 2601 - 0002802　綫 B313/3020(2)

南華經解三十三卷　（戰國）莊周撰　（清）宣穎識　清同治五年(1866)新建吳坤修皖城藩署刻半畝園叢書本　六冊

450000 - 2601 - 0002803　綫 B313/2022

太上混元道德真經不分卷　（戰國）李耳著　（唐）呂巖闡義　（□）八洞仙祖注　清刻本　二冊

450000 - 2601 - 0002804　綫 B313/2300

老子道經攷異二卷　（戰國）李耳撰　（唐）傅奕校定　清乾隆四十八年(1783)經訓堂刻本　二冊

450000 - 2601 - 0002805　綫 B313/2615

道德寶章一卷　（戰國）李耳撰　（宋）葛長庚注　清道光十八年(1838)施禹泉刻二十四年(1844)奕湘印本　一冊

450000 - 2601 - 0002806　綫 B313/2000

老子元翼二卷考異一卷附錄一卷　（明）焦竑輯　清三多齋刻本　一冊

450000 - 2601 - 0002807　綫 B313/1223

沖虛至德真經八卷　（晉）張湛註　清嘉慶九年(1804)寶慶經綸堂刻本　二冊

450000 - 2601 - 0002808　綫 B313/1230

列子八卷　（晉）張湛注　清光緒二年(1876)浙江書局刻二十二子本　二冊

450000 - 2601 - 0002809　綫 B313/1010(1)

老子道德經二卷　（晉）王弼注　清光緒元年(1875)湖北崇文書局刻子書百家本　一冊

450000 - 2601 - 0002810　綫 B313/1010(2)

老子道德經二卷　（晉）王弼注　清光緒元年(1875)湖北崇文書局刻子書百家本　一冊

450000 - 2601 - 0002811　綫 K27/2520

粵謳一卷　（清）明珊居士撰　清道光八年(1828)丹桂堂刻本　一冊

450000－2601－0002812　綫 B313/0010

莊子新解一卷　廖平撰　清末刻六譯館叢書本　一冊

450000－2601－0002813　綫 B313/0070（1）

子書百家一百一種五百十一卷　（清）崇文書局輯　清光緒元年(1875)湖北崇文書局刻本　二冊　存二種四卷(莊子南華真經三卷、莊子闕誤一卷)

450000－2601－0002814　綫 B313/0070（2）

莊子南華真經十卷　（戰國）莊周撰　（晉）郭象注　清光緒十一年(1885)傅忠書局刻善化遲齡菴印本　八冊　缺二卷(六、九)

450000－2601－0002815　綫 B313/0070（3）

南華真經評注五卷　（戰國）莊周著　（晉）向秀註　（晉）郭象評　清刻本　四冊

450000－2601－0002816　綫 B313/0074

子書百家一百一種五百十一卷　（清）崇文書局輯　清光緒元年(1875)湖北崇文書局刻本　一冊　存五種七卷(亢倉子一卷、玄真子一卷、天隱子一卷、無能子三卷、胎息經一卷)

450000－2601－0002817　特綫 ±915.01/4432（1）

[光緒]廣西通志輯要十五卷　（清）蘇宗經輯　（清）羊複禮增輯　清光緒十五年(1889)桂林唐九如堂刻廣西省彙刊書本　十二冊

450000－2601－0002818　綫廿 812.83/4741（1）

胡文忠公遺集八十六卷首一卷　（清）胡林翼撰　（清）鄭敦謹等纂輯　（清）胡鳳丹編刊　清光緒元年(1875)湖北崇文書局刻本　三十二冊

450000－2601－0002819　綫 K251/7447（1）

唐代叢書十二集一百六十四種一百七十卷　（清）陳世熙輯　清宣統三年(1911)上海天寶書局石印本　十二冊

450000－2601－0002820　綫廿 812.71/1023

王文成公全書三十八卷　（明）王陽明撰　清刻本　二十四冊

450000－2601－0002821　綫廿 812.71/1076

王陽明先生全集十六卷目錄二卷　（明）王守仁撰　清道光六年(1826)申甫氏刻文德堂印本　十八冊

450000－2601－0002822　綫廿 812.71/1162

張忠敏公遺集十卷首一卷附錄六卷　（明）張國維著　清光緒五年(1879)江蘇書局刻本　六冊

450000－2601－0002823　綫廿 812.71/1171

新刻張太岳先生詩文集四十七卷　（明）張居正著　明萬曆四十年(1612)刻本　二十冊

450000－2601－0002824　綫 K251/7447（2）

唐人說薈二十卷　（清）陳世熙輯　清三元堂刻本　四十冊

450000－2601－0002825　綫 K251/7410（1）

燕山外史註釋八卷　（清）陳球著　（清）傅聲穀輯註　清光緒三十二年(1906)上海海左書局石印本　二冊

450000－2601－0002826　綫廿 812.71/1171

明張文忠公全集四十六卷附錄二卷　（明）張居正撰　清光緒二十七年(1901)紅藤碧樹山館刻本　十六冊

450000－2601－0002827　綫 K251/7280（1）

耳食錄初編十二卷二編八卷　（清）樂鈞撰　清同治七年(1868)藏修堂刻本　八冊　存十七卷(初編一至九、二編八卷)

450000－2601－0002828　綫 K251/6265

增訂一夕話新集六卷　（明）咄咄夫撰　（清）嘻嘻子增訂　清刻本　一冊　存二卷(一至二)

450000－2601－0002829　綫 K254/2830

新刻黃掌綸先生評訂神仙鑑首集二十二卷圖一卷　（清）徐道述　（清）李理贊　清康熙刻本　四冊

450000－2601－0002830　綫 ±812.71/3125

小辨齋偶存八卷涇皋家塾三卷　（明）顧允成撰　清光緒十二年(1886)涇里宗祠刻顧端文

公遺書本　二冊

450000－2601－0002831　綫廿 812.71/2322
（1）

霜紅龕集四十卷附錄三卷年譜一卷　（清）傅
山撰　清宣統三年(1911)山陽丁氏刻本　十
二冊

450000－2601－0002832　綫廿 112.4/2540
（1）

論孟精義二十四卷　（宋）朱熹編　清同治十
三年(1874)公善堂刻金陵印本　八冊

450000－2601－0002833　綫 K251/5014（1）

華陽散稿二卷　（清）史震林撰　清宣統三年
(1911)上海國學扶輪社鉛印古今說部叢書本
一冊

450000－2601－0002834　綫 K251/4442（3）

聊齋志異十六卷　（清）蒲松齡著　（清）王士
正評　清青柯亭刻本　十六冊

450000－2601－0002835　綫 K251/5014（2）

西青散記四卷　（清）史震林撰　清乾隆二年
(1737)海陽程氏浣月齋刻本　四冊

450000－2601－0002836　綫 K251/4442（1）

聊齋志異詳註十六卷　（清）蒲松齡著　（清）
王士正評　（清）呂湛恩註　清同治六年
(1867)經元堂刻本　十六冊

450000－2601－0002837　綫 K251/4442（2）

聊齋志異詳註十六卷　（清）蒲松齡著　（清）
王士正評　（清）呂湛恩註　清同治六年
(1867)經元堂刻本　十四冊　缺二卷(一、十
二)

450000－2601－0002838　綫 K251/4442（4）

詳註聊齋志異圖詠十六卷首一卷　（清）蒲松
齡著　（清）呂湛恩註　清光緒交通圖書館石
印本　八冊

450000－2601－0002839　綫 K251/4442（5）

詳註聊齋志異圖詠十六卷首一卷　（清）蒲松
齡著　（清）呂湛恩註　清光緒十九年(1893)
鴻文書局石印本　八冊

450000－2601－0002840　綫廿 812.71/4244

姚文敏公遺藁九卷補缺一卷　（明）姚夔撰
（明）張元楨校正　清光緒二十四年(1898)水
明慶刻本　二冊

450000－2601－0002841　綫 K251/4442（6）

詳註聊齋志異圖詠十六卷首一卷　（清）蒲松
齡著　（清）呂湛恩註　清光緒十二年(1886)
上海同文書局石印本　八冊

450000－2601－0002842　綫 K251/4442（7）

聊齋志異新評十六卷　（清）蒲松齡著　（清）
王士正　（清）但明倫評　（清）呂湛恩釋註
清光緒九年(1883)上海掃葉山房刻朱墨套印
本　十六冊

450000－2601－0002843　綫 K251/4442（8）

聊齋志異新評十六卷　（清）蒲松齡著　（清）
王士正　（清）但明倫評　清刻本　十六冊

450000－2601－0002844　綫廿 812.71/4437

黃漳浦集五十卷首一卷目錄二卷　（明）黃道
周撰　清道光八年(1828)刻本　十六冊

450000－2601－0002845　綫 K251/4435

庸盦筆記六卷　（清）薛福成撰　清宣統二年
(1910)掃葉山房石印本　二冊

450000－2601－0002846　綫 K251/4442（9）

詳註聊齋志異圖詠十六卷首一卷　（清）蒲松
齡著　（清）呂湛恩註　清光緒十四年(1888)
知不足齋石印本　八冊

450000－2601－0002847　綫廿 812.71/4620

楊忠介公集十三卷　（明）楊爵著　明萬曆十
六年(1588)刻本　六冊

450000－2601－0002848　特綫 ±915.0112/
8009（1）

[光緒]平樂縣志十卷　（清）全文炳纂　清光
緒十年(1884)刻本　八冊

450000－2601－0002849　特綫 ±915.0112/
3540

[光緒]平樂府志四十卷首一卷　（清）清柱等
撰　清光緒三年(1877)刻本　十二冊

450000－2601－0002850　綫 K251/3744
情史類畧二十四卷　（清）詹詹外史評輯　清道光二十八年（1848）經國堂刻本　十二册

450000－2601－0002851　綫 K251/4030
揚州畫舫録十八卷　（清）李斗著　清乾隆六十年至嘉慶二年（1795－1797）刻同治十一年（1872）自然盦補刻本　六册

450000－2601－0002852　綫 K251/2760
閲微草堂筆記五種二十四卷　（清）紀昀撰　清道光十五年（1835）廣州財政司刻本　九册　缺二卷（七至八）

450000－2601－0002853　綫卄 812.71/4625（1）
楊忠愍公集五卷首一卷末一卷　（明）楊繼盛撰　**進呈楊忠愍蚺蛇膽表忠記二卷**　（清）丁耀亢撰　清同治十一年（1872）刻本　五册

450000－2601－0002854　綫 K251/2193
鑑誡録十卷　（五代）何光遠編　清光緒元年（1875）湖北崇文書局刻本　二册

450000－2601－0002855　綫 K251/1230（1）
虞初新志二十卷　（清）張潮輯　清咸豐元年（1851）小琅嬛山館刻本　一册　存三卷（一至三）

450000－2601－0002856　綫 K251/1050（1）
繪圖後聊齋志異十二卷　（清）王韜撰　清光緒十七年（1891）上海鴻文書局石印本　八册

450000－2601－0002857　綫 K251/1043
續夷堅志四卷遺山先生年譜畧一卷　（元）元好問纂　清嘉慶十三年（1808）大樑書院刻本　四册

450000－2601－0002858　綫 K251/1044
鄉園憶舊六卷　（清）王培荀撰　清道光二十五年（1845）刻本　六册

450000－2601－0002859　綫卄 812.71/4625（2）
楊忠愍公全集四卷　（明）楊繼盛撰　清康熙三十七年（1698）刻本　四册

450000－2601－0002860　綫卄 812.71/4635（3）
楊忠烈公文集五卷末一卷表忠録一卷　（明）楊漣撰　清道光十四年（1834）刻本　八册

450000－2601－0002861　綫 K251/1030
搜神記二十卷　（晉）干寶撰　清宣統三年（1911）上海幽光社石印本　二册　缺七卷（七至十三）

450000－2601－0002862　綫 K251/0094
見聞隨筆二十六卷　（清）齊學裘撰　清同治十年（1871）天空海闊之居刻本　六册

450000－2601－0002863　綫卄 812.71/7244
太師誠意伯劉文成公集二十卷首一卷　（明）劉基撰　清乾隆十一年（1746）果育堂刻本　十册

450000－2601－0002864　綫 K251/0002（1）
御覽闕史二卷　（唐）高彦休撰　清光緒元年（1875）湖北崇文書局刻本　一册

450000－2601－0002865　綫 K251/0002（2）
御覽闕史二卷　（唐）高彦休撰　清光緒元年（1875）湖北崇文書局刻本　一册

450000－2601－0002866　綫 K25/7540
古今説海一百三十五種一百四十二卷　（明）陸楫輯　清道光元年（1821）苕溪邵氏酉山堂刻本　四十册

450000－2601－0002867　綫卄 812.71/7510（1）
白沙子全集十卷首一卷末一卷白沙子古詩教解二卷　（明）陳獻章撰　清乾隆三十六年（1771）碧玉樓刻本　十册

450000－2601－0002868　綫卄 812.72/2166
信陽詩集二十六卷　（明）何景明撰　清光緒三十三年（1907）渭南嚴氏刻明四子詩集本　四册

450000－2601－0002869　綫卄 812.72/4040
滄溟詩集十四卷　（明）李攀龍撰　清光緒三十三年（1907）渭南嚴氏刻明四子詩集本

四冊

450000－2601－0002870　綫廿 812.72/4047

空同詩集三十四卷　（明）李夢陽撰　清光緒十五年(1889)渭南嚴氏刻二十六年(1900)補刻明四子詩集本　四冊

450000－2601－0002871　特綫 B312/3193

雙節堂庸訓應世補續編一卷　（清）汪輝祖輯　清嘉慶、道光間臨桂陳繼昌抄本　一冊

450000－2601－0002872　綫廿 812.73/1173
（1）

楊園先生全集五十四卷年譜一卷　（清）張履祥撰　（清）姚璉輯　（清）萬斛泉編次　清同治十年(1871)江蘇書局刻本　十六冊

450000－2601－0002873　特綫 B312/7433

課士直解七卷　（清）陳宏謀著　清乾隆三十五年(1770)崑山葛正笏刻道光十七年(1837)培遠堂補修陳榕門全集本　一冊　存一卷（三）

450000－2601－0002874　綫廿 812.73/1173
（2）

楊園先生全集五十四卷年譜一卷　（清）張履祥撰　（清）姚璉輯　（清）萬斛泉編次　清同治十年(1871)江蘇書局刻本　十六冊

450000－2601－0002875　綫廿 812.81/0121
（1）

校訂定盦全集十卷附錄［龔自珍］年譜一卷（清）龔自珍撰　清宣統二年(1910)時中書局鉛印本　四冊　缺四卷（二至四、八）

450000－2601－0002876　綫廿 812.81/0121
（2）

校訂定盦全集十卷附錄［龔自珍］年譜一卷（清）龔自珍撰　清宣統二年(1910)時中書局鉛印本　一冊　缺四卷（一至四）

450000－2601－0002877　綫廿 812.81/0121
（3）

定盦全集十六卷　（清）龔自珍撰　清光緒二十三年(1897)萬本書堂刻粵東全經合印本六冊

450000－2601－0002878　藏 K241/6433

元明雜劇六種六卷　（清）郭鯤等抄　清郭鯤等抄本　一冊

450000－2601－0002879　特綫 B312/9090

小學六卷　（清）池生春校勘　清道光十三年至十四年(1833－1834)楚雄池生春粵西節署桂林錢文元堂刻本　一冊　存四卷（一至四）

450000－2601－0002880　綫廿 812.73/3135

顧端文公遺書十四種六十五卷　（明）顧憲成撰　清光緒三年(1877)涇里宗祠刻本（證性編之徵信或問二卷原缺）　十六冊

450000－2601－0002881　特綫 B35/2540

朱子原訂近思錄十四卷　（清）江永集注　考訂朱子世家一卷　（清）江永著　清光緒二十三年(1897)桂垣書局刻本　五冊

450000－2601－0002882　特綫 B708/7430
（1）

五種遺規十六卷　（清）陳宏謀原編　清光緒二十二年(1896)桂林經綸元記刻本　十冊缺一種四卷（在官法戒錄或學仕遺規四卷）

450000－2601－0002883　綫 K241/4765(1)

桂枝香一卷八齣　（清）楊恩壽填詞　清光緒長沙楊氏坦園刻坦園傳奇六種本　一冊

450000－2601－0002884　特綫 B708/7430
（2）

五種藏書十六卷　（清）陳宏謀編輯　清乾隆三十七年(1772)刻道光六年(1826)聖壽寺修補本　十冊

450000－2601－0002885　特綫 B708/7430
（5）

五種遺規摘鈔十二卷　（清）陳宏謀原編　清同治七年(1868)楚北崇文書局刻本　八冊

450000－2601－0002886　綫 K241/4765(2)

娲嬧封一卷六齣　（清）楊恩壽填詞　清光緒長沙楊氏坦園刻坦園傳奇六種本　一冊

450000－2601－0002887　特綫 B708/7430
（6）

五種遺規摘鈔十二卷　（清）陳宏謀原編　清同治七年(1868)楚北崇文書局刻本　八冊

450000－2601－0002888　特綫 B708/7430(7)

五種遺規十四卷　（清）陳宏謀原編　清光緒二十年(1894)桂林湖南益元書局刻本　七冊　缺一種四卷(在官法戒錄或學仕遺規四卷)

450000－2601－0002889　綫 K241/4448(1)

蔣鉛山九種曲(清容外集)十四卷　（清）蔣士銓撰　清刻蔣氏四種本　十六冊

450000－2601－0002890　綫卅 812.81/0130

賜硯齋集十二卷　（清）龍汝言撰　清道光十六年(1836)刻本　六冊

450000－2601－0002891　綫卅 812.81/0167

東海褰冥氏三十以前舊學四種八卷　（清）譚嗣同撰　清宣統三年(1911)譚氏木活字印本　二冊

450000－2601－0002892　綫 K241/4448(2)

雪中人十六齣　（清）李士珠正譜　（清）蔣士銓填詞　（清）錢世錫評點　清刻本　二冊

450000－2601－0002893　特綫 B79/3543

聖諭廣訓疏義□□卷　（清）馬丕瑤等撰　清光緒十六年(1890)兩粵廣仁善堂刻朱墨套印本　九冊　存九卷(二至三、五至七、十一至十四)

450000－2601－0002894　綫 K241/4440

重刊芝龕記樂府六卷六十齣首一卷　（清）董榕填　清光緒十五年(1889)江夏董氏湖南道州官廨刻本　四冊

450000－2601－0002895　綫 K241/4444

支機石傳奇一卷　（清）蔡榮蓮填詞　（清）尹恭保正拍　清光緒十七年(1891)刻本　一冊

450000－2601－0002896　綫卅 812.81/0883

許松滰先生全集四十三卷首一卷末一卷　（清）許錫祺撰　（清）戴承澍編　清光緒十七年(1891)刻本　八冊

450000－2601－0002897　特綫 D2/4042(1)

通鑑要略□□卷　（明）李廷機撰　清末廣西平樂寶仁堂書局刻本　一冊　存一卷(上)

450000－2601－0002898　特綫 D2/4042(2)

通鑑要略□□卷　（明）李廷機撰　清末廣西平樂寶仁堂書局刻本　一冊　存一卷(上)

450000－2601－0002899　綫 K241/4030

笠翁十種二十卷　（清）李漁編　清藻文堂刻本　二十冊

450000－2601－0002900　綫 K241/3763

牡丹亭還魂記二卷　（明）湯顯祖編　清光緒十二年(1886)同文書局石印本　六冊

450000－2601－0002901　綫 K251/4442(10)

聊齋志異新評十六卷　（清）蒲松齡著　（清）王士正　（清）但明倫評　（清）呂湛恩注　清光緒十二年(1886)上海江左書林石印本　一冊　存四卷(十三至十六)

450000－2601－0002902　綫 K251/4709

幼幼集四卷　（清）胡文炳輯　清光緒十三年(1887)申報館鉛印本　四冊

450000－2601－0002903　綫 K241/3144

梅花夢傳奇二卷十六齣　（清）汪葠菴填詞　（清）鳳仙博士評文　（清）夢梅外史正譜　清光緒十年(1884)成都龔氏刻本　二冊

450000－2601－0002904　特綫 D212/5029

書經精義彙鈔六卷　（清）陸錫璞輯　清道光十八年(1838)平南武城書院刻本　一冊　存一卷(一)

450000－2601－0002905　綫卅 812.81/1011

波餘遺稿不分卷　（清）王翼孫撰　清嘉慶九年(1804)刻本　三冊

450000－2601－0002906　綫 K241/2860

梨花雪十二齣首一齣尾一齣　（清）徐鄂填詞　清光緒十二年(1886)大同書局石印本　六冊

450000－2601－0002907　特綫 D31/2844

鴉片戰爭史料六則六卷　（清）□□輯　清咸豐六年(1856)抄本　一冊

450000－2601－0002908　綫 K241/2207

煙花債傳奇一卷　（清）崔應階填詞　清乾隆
九年（1744）刻本　一冊

450000－2601－0002909　綫 K241/1292

桃花扇傳奇二卷　（清）孔尚任撰　清宣統元
年（1909）傳奇小說社石印本　一冊

450000－2601－0002910　藏綫 D653/7730

乾道臨安志十五卷　（宋）周淙纂　清光緒二
十年（1894）孫氏壽松堂刻本　一冊　存三卷
（一至三）

450000－2601－0002911　綫卄 812.81/1037

霍文敏公全集十卷石頭録五卷首一卷　（明）
霍韜撰　清同治元年（1862）石頭書院刻本
十五冊

450000－2601－0002912　藏 K241/1035（2）

此宜閣增訂金批西廂四卷首一卷末一卷
（元）王實甫撰　（清）金人瑞評　清此宜閣刻
朱墨套印聖歎外書本　六冊

450000－2601－0002913　特綫 D68/2848

約園志一卷　（清）徐樹銘輯　清光緒二十三
年（1897）刻本　四冊

450000－2601－0002914　特綫 D651/1043
（1）

光緒武進陽湖縣志三十卷首一卷　（清）王其
淦等修　（清）湯成烈等纂　清光緒五年
（1879）刻本　二十冊

450000－2601－0002915　綫卄 952.6/0010

何氏公羊解詁十論一卷續十論一卷再續十論
一卷　廖平撰　清光緒十二年（1886）成都刻
四益館經學叢書本　一冊

450000－2601－0002916　特綫 D651/1043
（2）

光緒武進陽湖縣志三十卷首一卷　（清）王其
淦等修　（清）湯成烈等纂　清光緒五年
（1879）刻三十二年（1906）印本　二十冊

450000－2601－0002917　特綫 D32/1080（1）

王壯武公遺集二十四卷首一卷　（清）王鑫撰

清光緒十八年（1892）湘鄉王氏江甯刻本
十二冊

450000－2601－0002918　綫 K241/1035（1）

增補箋注繪像第六才子西廂釋解八卷末一卷
（元）王實甫撰　（明）唐寅編次　（清）鄧
汝甯音義　清善美堂刻本　六冊

450000－2601－0002919　綫卄 812.81/1073

湘綺樓全書十九種二百四十三卷　王闓運撰
清光緒二十二年至宣統三年（1896－1911）
刻本　九冊　存三種四十七卷（爾雅集解十
九卷，楚辭釋十一卷，湘綺樓詩集十四卷、詩
別集三卷）

450000－2601－0002920　特綫 D68/1240

京口三山志十卷　（明）張萊輯　（明）顧清訂
正　清宣統三年（1911）横山草堂刻本　一冊

450000－2601－0002921　綫 K254/3744（3）

東周列國全志二十三卷像一卷一百八回
（明）馮夢龍撰　（清）蔡昇評點　清刻本　二
十四冊

450000－2601－0002922　特綫 D32/2848

紫光閣功臣小像並湘軍平定粵匪戰圖不分卷
（清）彭鴻年撰并輯　（清）吳友如等繪　清
光緒二十七年（1901）點石齋石印本　一冊

450000－2601－0002923　綫 K240.8/0029

庶幾堂今樂二十二種二十二卷　（清）余治編
清光緒六年（1880）蘇州刻本　八冊

450000－2601－0002924　綫卄 812.81/1102

覆瓿集十三種四十卷　（清）張文虎撰　清同
治十三年至光緒十九年（1874－1893）刻本
一冊　存三種三卷（鼠壤餘蔬一卷、舒藝室詩
續存一卷、舒藝室尺牘偶存一卷）

450000－2601－0002925　綫 K440.2/8822

支那文學史□□卷　（日本）世川種郎著
（清）東華譯書社編譯　清光緒二十八年
（1902）上海會文學社石印普通百科全書本
一冊　存一卷（上）

450000－2601－0002926　綫 K273/7734

繪圖筆生花十六卷三十二回 （清）邱心如著 清光緒二十五年（1899）上海書局石印本 十六冊

450000－2601－0002927 綫廿 812.81/1700
小雅樓詩集八卷首一卷遺文二卷 （清）鄧方 撰 清光緒二十六年（1900）廣州刻本 五冊

450000－2601－0002928 特綫 D6/0012
廣西優級師範選科學堂講義不分卷 （清） □□輯 清末石印本 一冊

450000－2601－0002929 綫 K273/7729
天雨花三十回 （清）陶貞懷撰 清道光二十一年（1841）有遺音齋刻本 三十二冊

450000－2601－0002930 綫 K273/4753
來生福彈詞三十六回 （清）橘中逸叟撰 清刻本 三十二冊

450000－2601－0002931 綫廿 812.81/2023
春暉堂叢書十二種三十七卷 （清）徐渭仁輯 清道光二十年至咸豐元年（1840－1851）上海徐氏刻同治九年至十年（1870－1871）補刻本 一冊 存三種四卷（陔南池館遺集二卷、雙樹生詩草一卷、紀半樵詩一卷）

450000－2601－0002932 特綫 D673/4470
廣西中等農業學堂中國文講義第三學期一卷第四學期一卷 （清）蒲璧編輯 清末石印本 一冊

450000－2601－0002933 綫 K273/4790
廿一史彈詞註十一卷 （明）楊慎編著 （清）張三異增定 清乾隆五十一年（1786）視履堂刻本 八冊

450000－2601－0002934 綫 K273/1037
新刻玉釧緣全傳三十二卷 （清）西湖居士撰 清道光二十二年（1842）京邸靜觀齋刻善成堂印本 六十四冊

450000－2601－0002935 綫 K273/0221
新編玉鴛鴦初集四卷二集四卷三集四卷四集四卷五集四卷 （清）□□撰 清宣統元年（1909）益元書局刻本 八冊

450000－2601－0002936 特綫 D673/9028 （1）
廣西鄉土歷史教科書一卷教科參考書一卷 （清）廣西學務公所編行 清末廣西官書局鉛印本 一冊

450000－2601－0002937 特綫 D673/9028 （2）
廣西鄉土歷史教科書一卷教科參考書一卷 （清）廣西學務公所編行 清末廣西官書局鉛印本 一冊

450000－2601－0002938 綫 K271/0223（1）
太華山紫金鎮兩世修行劉香寶卷全集二卷 （清）□□撰 清光緒三十二年（1906）粵東河南中和堂刻本 一冊

450000－2601－0002939 綫 K271/0223（2）
太華山紫金鎮兩世修行劉香寶卷全集二卷 （清）□□撰 清光緒三十二年（1906）粵東河南中和堂刻本 一冊

450000－2601－0002940 綫 K271/1638
醒迷錄一卷 □□撰 清宣統三年（1911）大林福記刻本 一冊

450000－2601－0002941 綫 K271/2124
何仙姑寶卷二卷 □□撰 清刻本 一冊

450000－2601－0002942 綫廿 812.81/2514
知足齋詩集二十卷續集四卷進呈文彙二卷文集六卷 （清）朱珪撰 清嘉慶十年（1805）刻本 十四冊

450000－2601－0002943 綫 K271/3323（1）
梁皇寶卷全集一卷 □□撰 清刻本 一冊

450000－2601－0002944 綫 K271/3323（2）
梁皇寶卷全集一卷 □□撰 清刻本 一冊

450000－2601－0002945 綫 K271/4523
新刻韓仙寶傳一卷 □□撰 清光緒三十一年（1905）粵東河南刻本 一冊

450000－2601－0002946 綫 K271/4863
新刻輪廻寶傳全卷一卷 □□撰 清光緒三十年（1904）永州府三一堂刻本 一冊

450000－2601－0002947　綫 K271/5131

重刻修真傳原本一卷　（清）耘心子校定　清刻本　一冊

450000－2601－0002948　綫廿 812.81/2528

曝書亭集八十卷附錄一卷　（清）朱彝尊撰　笛漁小稾十卷　（清）朱昆田撰　清光緒十五年（1889）會稽陶闇寒梅館刻本　十六冊

450000－2601－0002949　綫 K27/4433

帝女花二卷　（清）查仲誥正譜　（清）黃憲清填詞　（清）諸嘉杲評文　清道光十三年（1833）馴雲閣刻韻珊外集本　一冊　存一卷（上）

450000－2601－0002950　綫廿 812.81/2642

梅花閣集十六卷　（清）程直忉撰　清道光十四年（1834）刻本　四冊

450000－2601－0002951　綫 K269/8837

輓聯合編六卷補編一卷　（清）管窺居士編輯　清光緒二十五年（1899）益元局刻本　二冊

450000－2601－0002952　綫 K269/9009

楹聯集韻二卷　（清）常麟輯　清刻本　二冊

450000－2601－0002953　綫 K269/8064（1）

威毅伯曾宮保手札一卷　（清）曾國藩撰　清末刻本　一冊

450000－2601－0002954　綫廿 812.81/2741

託素齋詩集四卷文集六卷　（清）黎士弘撰　黎士弘行述一卷　（清）黎文遠撰　清順治至康熙黎士弘刻雍正二年（1724）黎致遠增補乾隆三十八年（1773）黎東注補修本　十冊

450000－2601－0002955　綫 K269/8308

錢牧齋尺牘三卷附補遺一卷　（清）錢謙益撰　清宣統二年（1910）順德鄧氏風雨樓鉛印本　三冊

450000－2601－0002956　綫 K269/8064（2）

曾文正公書札三十三卷　（清）曾國藩撰　清刻本　十七冊　存二十九卷（五至三十三）

450000－2601－0002957　綫 K269/8040

楹聯錄存五卷　（清）俞樾輯　清光緒二十一年（1895）刻本　四冊

450000－2601－0002958　綫廿 812.81/3031

安雅堂未刻稿八卷入蜀集二卷　（清）宋琬撰　清乾隆三十一年（1766）刻本　四冊

450000－2601－0002959　綫 K269/8064（3）

名賢手札八種八卷　（清）郭慶藩輯　清光緒十一年（1885）上海同文書局石印本　一冊

450000－2601－0002960　綫 K269/7764

對聯匯海十四卷　（清）邱日缸編輯　清同治六年（1867）經元堂刻本　四冊

450000－2601－0002961　綫 K269/7480

衰碧齋篋中書四卷　陳銳撰　清宣統三年（1911）鉛印本　二冊

450000－2601－0002962　綫 K269/7743

賴古堂全集三種四十三卷　（清）雷學淦輯　清宣統三年（1911）上海國學扶輪社石印本　十六冊

450000－2601－0002963　綫廿 812.81/3116

隨山館全集七種三十二卷　（清）汪瑔撰　清光緒刻本　六冊　存四種十四卷（隨山館猥稾一至八、隨山館詞稾一卷、隨山館叢稾四卷、無聞子一卷）

450000－2601－0002964　綫 K269/7720

名賢手札八種八卷　（清）郭慶藩輯　清光緒十年（1884）湘陰郭氏岵瞻堂摹刻本　一冊　存二種二卷（駱文忠公手札一卷、曾文正公手札一卷）

450000－2601－0002965　綫 K269/7440（1）

增廣留青新集二十四卷　（清）陳枚輯　清光緒上海源記書局石印本　一冊　存十三卷（一至十三）

450000－2601－0002966　綫 K269/7440（2）

重編留青新集二十四卷　（清）陳枚輯　清光緒十四年（1888）宏文閣鉛印本　十二冊

450000－2601－0002967　綫 K269/7440（3）

增廣留青新集二十四卷　（清）陳枚輯　清光緒上海源記書局石印本　九冊　存十六卷

（一至十六）

450000－2601－0002968　綫廿 812.81/3126

思適齋集十八卷　（清）顧廣圻撰　清道光二十九年(1849)上海徐渭仁刻同治六年(1867)徐大有補刻春暉堂叢書本　三冊

450000－2601－0002969　綫 K269/6083

國朝名人小簡二卷　吳曾祺輯　清宣統三年(1911)上海商務印書館鉛印八版本　二冊

450000－2601－0002970　綫 K269/4777

楹聯集錦八卷　（清）胡鳳丹輯　清同治六年(1867)退補齋刻本　二冊

450000－2601－0002971　綫 K269/4820

璧合珠聯集八卷　（清）翰緣齋主人錄　清光緒二十三年(1897)京都翰緣齋刻本　八冊

450000－2601－0002972　綫 K269/5530

倦圃曹先生尺牘二卷　（清）曹溶撰　（清）胡泰選　清康熙、雍正間刻本　二冊

450000－2601－0002973　綫 K269/4210

惜抱先生尺牘八卷　（清）姚鼐撰　清宣統元年(1909)小萬柳堂刻本　四冊

450000－2601－0002974　綫 K269/4040（1）

小倉山房尺牘六卷附讀外餘言一卷　（清）袁枚撰　清乾隆五十四年(1789)隨園刻本　二冊

450000－2601－0002975　綫廿 812.81/3153

江忠烈公遺集二卷附錄一卷　（清）江忠源撰　**江忠烈公[忠源]行述一卷**　（清）左宗棠（清）郭嵩燾撰　清同治十二年(1873)刻本　三冊

450000－2601－0002976　綫 K269/4088（1）

越縵堂日記鈔一卷　（清）李慈銘撰　清宣統二年至三年(1910－1911)紹興公報社鉛印越中文獻輯存書本　二冊

450000－2601－0002977　藏綫廿 812.71/7510（2）

白沙子全集六卷首一卷　（明）陳獻章撰　清康熙四十九年(1710)新會何九疇刻理堂印本

六冊

450000－2601－0002978　綫 K269/4039

名賢手札八種八卷　（清）郭慶藩輯　清光緒十年(1884)湘陰郭氏岵瞻堂摹刻本　一冊　存二種二卷(恪靖侯左相手札一卷、宮保彭尚書手札一卷）

450000－2601－0002979　綫廿 812.81/3227

養一齋集二十五卷首一卷　（清）潘德輿撰　清道光二十九年(1849)刻本　八冊

450000－2601－0002980　綫 L2/0083

醉石山房印存不分卷　（清）磨鋘閒人輯　清同治九年(1870)刻鈐本　二冊

450000－2601－0002981　綫廿 812.81/3428

補讀書齋遺槀十卷　（清）沈維鐈撰　清光緒元年(1875)廣州刻本　四冊

450000－2601－0002982　綫 K269/3774

澹隱軒事實一卷　（清）袁允枸等撰　清光緒三十四年(1908)石印本　一冊

450000－2601－0002983　綫廿 812.81/3434

詅癡子集十卷　（清）凌湘薌撰　清咸豐六年(1856)刻本　二冊

450000－2601－0002984　綫 K269/2770（1）

詳註嚶求集二卷　（清）繆艮撰　（清）倪照注　清光緒三十四年(1908)上海文盛堂石印本　二冊

450000－2601－0002985　綫 K269/2770（2）

詳註嚶求集二卷　（清）繆艮撰　（清）倪照注　清光緒十六年(1890)上海積山書局石印本　二冊

450000－2601－0002986　藏綫廿 812.82/5512

春鳧詩稿不分卷殘稿一卷　（清）符曾撰　清乾隆稿本　三冊

450000－2601－0002987　綫 K269/3308（1）

楹聯叢話十二卷續話四卷　（清）梁章鉅輯　清道光二十六年(1846)刻宜稼堂叢書本　六冊

450000－2601－0002988　綫 K269/2512（1）

五經文苑擷華八卷　（清）朱廼緩編纂　清光
緒十五年(1889)上海鴻文書局石印本　二冊

450000－2601－0002989　綫 K269/2512（2）

分經集句儷典五卷　（清）朱乃緩編纂　清光
緒十五年(1889)上海鴻文書局石印本　二冊

450000－2601－0002990　綫 K269/2111

熊襄湣公尺牘四卷　（明）熊廷弼鈔　清光緒
二十一年至二十二年(1895－1896)京師刻本
四冊

450000－2601－0002991　綫 K269/2140

衲蘇集二卷　（清）何栻纂　清同治元年
(1862)章門刻本　一冊

450000－2601－0002992　綫 K269/1286

[宣統二年]弢盦日記一卷　陳寶琛撰　清宣
統二年(1910)稿本　一冊

450000－2601－0002993　綫廿 812.81/4217

惜抱軒全集十種八十八卷　（清）姚鼐撰　清
同治五年(1866)省心閣刻本　二十冊　缺一
種一卷(穀梁補註一卷)

450000－2601－0002994　綫 K269/1784

詩星閣對聯鈔本二卷　（清）孟筱藩著　清光
緒二十五年(1899)鐔于室木活字印本　一冊

450000－2601－0002995　綫 K269/0048

資深集補編註釋四卷　（清）黃蘭全輯　（清）
唐吉人補編註釋　清道光二十六年(1846)經
綸堂刻本　一冊

450000－2601－0002996　綫廿 812.81/4307

謫麐堂遺集文二卷詩二卷　（清）戴望撰　清
光緒元年(1875)吳興劉氏嘉業堂刻本　二冊

450000－2601－0002997　綫 K269/0198

顏氏家藏尺牘四卷姓氏考一卷　（清）顏光敏
輯　清道光二十七年(1847)番禺潘氏刻海山
仙館叢書本　二冊　缺三卷(一、三至四)

450000－2601－0002998　綫廿 812.81/4434

甘莊恪公全集十六卷　（清）甘汝來撰　清乾
隆五十六年(1791)賜福堂刻本　四冊

450000－2601－0002999　綫 K267.3/2740

仲實類稿一卷　（清）魯賓撰　清光緒刻本
一冊

450000－2601－0003000　綫 K266.6/4444

郘亭遺文八卷　（清）莫友芝撰　清光緒刻影
山草堂六種本　一冊

450000－2601－0003001　綫 K266.6/7110

定香亭筆談四卷　（清）阮元記　（清）吳文溥
錄　清光緒二十五年(1899)浙江書局刻本
四冊

450000－2601－0003002　綫 K266.6/7443

國朝嶺南文鈔十八卷　（清）陳在謙評輯　清
道光學海堂刻本　六冊

450000－2601－0003003　綫廿 812.82/1082

憺園草二卷補遺一卷　（清）王錚槁　清道光
八年(1828)刻繡水王氏家藏集本　一冊

450000－2601－0003004　綫廿 812.81/4438

梨洲遺箸彙刊二十一種五十七卷首一卷
（清）黃宗羲撰　清宣統二年(1910)上海時中
書局鉛印本　二十冊　缺一卷(南雷文定三
集三)

450000－2601－0003005　綫 K266.6/4040
（1）

袁文箋正十六卷補注一卷　（清）袁枚撰
（清）石韞玉箋　增訂袁文箋正四卷　（清）袁
枚撰　（清）魏大緝注　清光緒十四年(1888)
上海蜚英館石印本　二冊

450000－2601－0003006　綫 K266.5/4328

定山堂古文小品二卷　（清）龔鼎孳著　清宣
統二年(1910)上海國學昌明社石印本　一冊

450000－2601－0003007　綫 K266.1/1210

山曉閣選明文全集二十四卷　（清）孫琮評
清康熙十六年(1677)刻本　十六冊

450000－2601－0003008　藏綫 ±031/4441

廣博物志五十卷　（明）董斯張纂　（明）楊鶴
等訂　明萬曆三十五年(1607)吳興蔣禮高暉
堂刻本　十六冊

450000－2601－0003009　　綫 K266/3853
明文才調集不分卷國朝文才調集不分卷
（清）許振禕編集　清光緒七年（1881）刻本
十四冊

450000－2601－0003010　　綫 K265.1/4440
（1）
東坡題跋二卷　（宋）蘇軾著　（清）溫一貞錄
　山谷題跋三卷　（宋）黃庭堅著　（清）溫一
貞錄　清同治十一年（1872）又賞齋刻本
五冊

450000－2601－0003011　　綫廿 812.81/4713
石笥山房文集六卷補遺一卷詩集十一卷補遺
二卷續補遺二卷　（清）胡天游撰　清咸豐二
年（1852）刻本　十冊

450000－2601－0003012　　綫 K265.1/2540
朱子古文六卷　（宋）朱熹撰　清道光二十八
年（1848）長沙小瑯嬛山館刻本　六冊

450000－2601－0003013　　綫廿 812.81/4880
（1）
柏梘山房文集十六卷續集一卷駢體文二卷詩
集十卷續集二卷　（清）梅曾亮撰　清宣統三
年（1911）上海國學扶輪社石印本　四冊

450000－2601－0003014　　綫廿 812.81/4880
（2）
柏梘山房文集十六卷續集一卷駢體文二卷詩
集十卷續集二卷　（清）梅曾亮撰　清宣統三
年（1911）上海國學扶輪社石印本　十冊

450000－2601－0003015　　綫 K259/6455
時事報圖畫雜俎一卷　（清）時事報輯　清光
緒三十四年（1908）石印本　一冊

450000－2601－0003016　　綫廿 812.81/5344
蘊愫閣詩文全集六種三十八卷　（清）盛大士
　（清）盛徵璵撰　清道光元年至六年（1821－
1826）刻本　十二冊

450000－2601－0003017　　綫 K254/7224
後紅樓夢三十二回首一卷　（清）曹霑撰　清
刻本　十二冊

450000－2601－0003018　　綫 K254/6050
精訂綱鑑廿四史通俗衍義六卷四十四回首一
卷　（清）呂撫輯　清光緒十三年（1887）石印
本　六冊

450000－2601－0003019　　綫 K254/6075
漢宋奇書二種六十卷二百三十四回　（清）
□□輯　清刻本　二十三冊

450000－2601－0003020　　綫廿 812.81/6010
古歡堂集三十二卷　（清）田雯撰　清康熙至
乾隆刻本　八冊

450000－2601－0003021　　綫 K254/6049
上下古今談前編四卷二十回　吳敬恒演詞
清宣統三年（1911）上海文明書局鉛印本
四冊

450000－2601－0003022　　綫 K254/5514（1）
紅樓夢一百二十回首一卷　（清）曹霑撰
（清）護花主人等評　清鉛印本　八冊

450000－2601－0003023　　綫 K254/5514（2）
增評補圖石頭記一百二十卷首一卷　（清）曹
霑撰　（清）護花主人等評　清鉛印本　二冊
　缺一百十一卷（一至二十八、三十八至一百
二十）

450000－2601－0003024　　綫 K254/5514（3）
增評補圖石頭記一百二十卷首一卷　（清）曹
霑撰　（清）護花主人等評　清鉛印本　十三
冊　存一百二卷（一至十九、三十八至一百二
十）

450000－2601－0003025　　綫 K254/5510（1）
增評補像全圖金玉緣一百二十回首一卷
（清）曹霑撰　清光緒十五年（1889）上海同文
書局石印本　十五冊　缺八回（一至八）

450000－2601－0003026　　綫 K254/4647（1）
說唐後傳六卷四十二回首二卷十六回　（清）
如蓮居士編　清刻本　八冊

450000－2601－0003027　　綫 K254/4647（2）
說唐前傳十卷六十八回　（清）如蓮居士編
清刻本　十冊

450000－2601－0003028　綫 K254/5510（2）

增評補像全圖金玉緣一百二十回首一卷
（清）曹霑撰　清光緒十五年(1889)上海同文
書局石印本　八冊　存六十三回（五十八至
一百二十）

450000－2601－0003029　綫 K254/4033

繡像東漢演義十卷一百廿六回　（明）謝詔撰
　清光緒十八年(1892)上海廣百宋齋鉛印本
二冊

450000－2601－0003030　藏綫 355/0023

唐荊川先生纂輯武編前六卷後六卷　（明）唐
順之撰　明萬曆武林徐象橒曼山館刻本　十
二冊

450000－2601－0003031　綫 K254/4034

**新鐫玉茗堂批評按鑑恭補南宋志傳十卷五十
回**　（明）研石山樵訂正　清刻本　五冊

450000－2601－0003032　綫 K254/3744（1）

東周列國全志二十三卷像一卷一百八回
（明）馮夢龍撰　（清）蔡奡評點　清咸豐八年
(1858)慶雲樓刻本　二十四冊

450000－2601－0003033　綫 K254/3744（2）

東周列國全志二十三卷像一卷一百八回
（明）馮夢龍撰　（清）蔡奡評點　清文奎堂刻
本　十二冊

450000－2601－0003034　綫廿 812.81/6031

有懷堂文集一卷詩集一卷　（清）田肇麗撰
清乾隆七年(1742)刻本　一冊

450000－2601－0003035　綫 K254/3484（1）

四雪草堂重訂通俗隋唐演義二十卷一百回
（清）褚人獲彙編　清嘉慶十年(1805)自厚堂
刻本　二十冊

450000－2601－0003036　綫 K254/3484（2）

四雪草堂重訂通俗隋唐演義二十卷一百回
（清）褚人獲彙編　清文奎堂刻本　二十冊

450000－2601－0003037　綫廿 812.81/6040

尊聞居士集八卷遺稿一卷　（清）羅有高著
清光緒七年(1881)刻本　四冊

450000－2601－0003038　綫 K254/2714

岳武穆精忠傳六卷六十八回　（明）鄒元標編
訂　清刻本　六冊

450000－2601－0003039　綫廿 812.81/7110
（1）

**揅經室一集十四卷二集八卷三集五卷四集二
卷詩十一卷續集十一卷再續集六卷外集五卷**
　（清）阮元撰　清道光三年(1823)刻本　十
七冊　缺二卷(四集二卷)

450000－2601－0003040　綫 K254/2616（1）

新說西游記一百回　（明）吳承恩撰　（清）張
書紳註　清光緒十四年(1888)邗江味潛齋石
印本　八冊

450000－2601－0003041　綫廿 812.81/7110
（2）

**揅經室一集十四卷二集八卷三集五卷四集二
卷詩十一卷續集十一卷再續集六卷外集五卷**
　（清）阮元撰　清道光三年(1823)刻本　三
冊　存十二卷(二集三至八、四集詩二至七)

450000－2601－0003042　綫 K254/2616（2）

西游真詮一百回　（明）吳承恩撰　（清）陳士
斌詮解　清光緒十年(1884)掃葉山房刻本
二十冊

450000－2601－0003043　藏綫 K21/2403

續刻溫陵四太史參選彙評古今名文珠璣八卷
　（明）黃鳳翔等選評　明萬曆二十三年
(1595)自新齋余紹崖刻本　六冊　存六卷
(二至六、八)

450000－2601－0003044　綫廿 812.81/7224

**釣魚篷山館集六卷附錄一卷寓杭日記一卷瞻
雲錄一卷**　（清）劉佳撰　清同治十三年
(1874)蘇州劉氏刻本　一冊

450000－2601－0003045　綫 K254/2616（3）

繪圖增像西游記一百回　（明）吳承恩撰
（清）陳士斌詮解　清光緒十五年(1889)廣百
宋齋鉛印本　十冊

450000－2601－0003046　綫 K254/2616（4）

西游真詮一百回　（明）吳承恩撰　（清）陳士

斌詮解　清同志堂刻本　二十册

450000－2601－0003047　綫卄812.81/7233
劉禮部集十二卷　（清）劉逢祿著　清光緒十三年(1887)延暉承慶堂刻本　六册

450000－2601－0003048　綫卄812.81/7272
劉武慎公遺書二十四卷年譜三卷　（清）劉長佑撰　清光緒二十六年(1900)木活字印本二十八册

450000－2601－0003049　綫 K254/2222
第八才子書白圭志四卷首一卷十六回　（清）崔象川輯　清經國堂刻本　一册　存八回（一至八）

450000－2601－0003050　綫 K254/1220
新刻天花藏批評玉嬌梨四卷二十回　（清）荻岸散人編　清經元堂刻本　四册

450000－2601－0003051　綫 K254/2144
紅樓夢補四十回　（清）歸鋤子撰　清道光十三年(1833)籘花榭刻本　十六册

450000－2601－0003052　藏綫 D653/1047
會稽三賦四卷　（宋）王十朋撰　（明）南逢吉註　（明）尹壇補註　（明）胡大臣訂正　明刻本　二册

450000－2601－0003053　綫 K254/1072
醒世姻緣傳一百回　（清）西周生輯著　清同治九年(1870)刻本　十六册

450000－2601－0003054　綫卄812.81/7274
古紅梅閣集八卷附錄一卷紫藤華館詩餘一卷　（清）劉履芬撰　清光緒六年(1880)蘇州刻本　二册

450000－2601－0003055　綫 K254/1033
繡像西漢演義八卷九十九回　（明）□□撰　清光緒十八年(1892)上海廣百宋齋鉛印本四册

450000－2601－0003056　綫 K254/1021(2)
新鐫後續繡像五虎平南狄青演傳六卷四十二回　（清）□□撰　清經綸堂刻本　六册

450000－2601－0003057　綫 K254/1021(1)

新鐫異說五虎平西珍珠旗演義狄青前傳十四卷一百十二回　（清）□□撰　清經綸堂刻本十四册

450000－2601－0003058　綫卄812.81/7541
獨漉堂詩集十五卷文集十五卷續編一卷（清）陳恭尹撰　陳獨漉先生[恭尹]年譜一卷　（清）溫肅撰　清宣統元年(1909)刻本十册

450000－2601－0003059　綫 K254/0814(1)
評論出像水滸傳二十卷七十回　（明）施耐庵撰　（清）金人瑞評　清刻本　二十册

450000－2601－0003060　綫卄812.81/7710
十誦齋集六卷　（清）周天度撰　清光緒十年(1884)刻本　二册

450000－2601－0003061　綫 K254/5514(4)
增評補圖石頭記一百二十回首一卷　（清）曹霑撰　（清）護花主人等評　清光緒元年(1875)上海書局石印本　十六册

450000－2601－0003062　綫 K252/6031
西湖佳話古今遺蹟十六卷　（清）墨浪子搜輯　清嘉慶二十二年(1817)會賢堂刻本　六册

450000－2601－0003063　綫 K252/8039(1)
新編雷峰塔奇傳五卷　（清）玉山主人撰　清刻本　一册　存二卷(一至二)

450000－2601－0003064　綫 K252/8039(2)
新編雷峰塔奇傳五卷　（清）玉山主人撰　清刻本　一册　存三卷(三至五)

450000－2601－0003065　綫卄812.81/8064(1)
曾文正公全集十七種一百七十九卷　（清）曾國藩撰　（清）李瀚章編輯　清道光至光緒傳忠書局刻本　一百一册　缺四十三卷(十八家詩鈔十六、二十至二十二,經史百家簡編二卷,鳴原堂論文二卷,曾文正公書札一至六、二十七至二十九,求闕齋日記類鈔二卷,曾文正公年譜十二卷,曾文正公家書十卷,曾文正公家訓二卷)

450000－2601－0003066　綫 K252/5704

繡像今古奇觀四十卷　（明）抱甕老人撰　清光緒十四年（1888）益元堂刻本　十冊

450000－2601－0003067　綫 K251/9037

咫聞錄十二卷　（清）慵訥居士著　清刻本　一冊　存二卷（五至六）

450000－2601－0003068　藏綫廿 812.82/0444

謝華小稿不分卷　（清）符曾撰　清乾隆稿本　二冊

450000－2601－0003069　綫 K251/8852

吳門畫舫續錄三卷續板橋雜記三卷　（清）箇中生編　（清）珠泉居士著　清光緒四年（1878）天南遯窟鉛印本　一冊

450000－2601－0003070　綫 K251/7754（1）

酉陽雜俎續集十卷　（唐）段成式撰　清光緒元年（1875）湖北崇文書局刻本　一冊

450000－2601－0003071　綫 K251/7754（2）

肉攫部一卷金剛經鳩異一卷　（唐）段成式撰　清順治三年（1646）兩浙督學周南李際期委宛山堂刻說郛本　一冊

450000－2601－0003072　綫 K251/7447（3）

唐人說薈二十卷　（清）陳世熙輯　清同治八年（1869）連元閣刻本　十四冊　存十四卷（一、三、五至七、九至十二、十四至十七、二十）

450000－2601－0003073　綫 K251/7447（4）

唐代叢書一百六十四種一百七十卷　（清）陳世熙輯　清刻本　十七冊　存三十六種三十六卷（開元天寶遺事一卷、明皇雜錄一卷、常侍言旨一卷、耳目記一卷、瀟湘記一卷、摭言一卷、記事珠一卷、諧噱錄一卷、終南十志一卷、北里志一卷、海山記一卷、南部煙花記一卷、教坊記一卷、本事詩一卷、書法一卷、畫學秘訣一卷、續畫品錄一卷、衛公故物記一卷、花九錫一卷、耒耜經一卷、五木經一卷、樂府雜錄一卷、羯鼓錄一卷、小名錄一卷、藥譜一卷、夢游錄一卷、妝樓記一卷、申宗傳一卷、廣陵妖亂志一卷、會真記一卷、前定錄一卷、博異記一卷、幽怪錄一卷、聞奇錄一卷、志怪錄一卷、三夢記一卷）

450000－2601－0003074　綫廿 812.81/8064（2）

曾忠襄公全集六種六十七卷　（清）曾國荃撰　清光緒二十九年（1903）刻本　六十四冊

450000－2601－0003075　綫 B312/7430

北溪字義二卷補遺一卷附嚴陵講義一卷（宋）陳淳著　（清）顧秀虎補遺　清道光二十年（1840）刻惜陰軒叢書本　二冊

450000－2601－0003076　綫 B312/7475

新刻註釋孔子家語憲四卷　（明）陳際泰釋　明末清初刻本　二冊

450000－2601－0003077　綫 B312/4730

子書百家一百一種五百十一卷　（清）崇文書局輯　清光緒元年（1875）湖北崇文書局刻本　一冊　存三種十二卷（麏子知言六卷、疑義一卷、附錄一卷,薛子道論三卷,海樵子一卷）

450000－2601－0003078　綫 B312/4434

至書一卷　（宋）蔡沈撰　清刻本　一冊

450000－2601－0003079　綫 B312/4234

儒門法語輯要一卷　（清）彭定求編　（清）湯金釗輯要　清光緒十六年（1890）浙江書局刻本　一冊

450000－2601－0003080　綫廿 812.81/8332（1）

錢南園先生遺集八卷　（清）錢灃撰　清光緒二十一年（1895）刻二十六年（1900）補刻雲南叢書民國印本　六冊

450000－2601－0003081　綫 B312/4094

大學古本說一卷中庸章段一卷中庸餘論一卷論語札記三卷孟子札記二卷　（清）李光地撰　（清）朱亦棟學　清石印本　一冊

450000－2601－0003082　綫廿 812.81/8332（2）

錢南園先生遺集五卷　（清）錢灃撰　清同治

十一年(1872)刻本　　二册

450000 – 2601 – 0003083　　綫 B312/3130

宗孔編二卷　江瀚撰　清宣統元年(1909)京師京華印書局鉛印本　一册

450000 – 2601 – 0003084　　綫 B312/3246

正學編八卷　(清)潘世恩輯　(清)潘曾瑋疏解　清同治六年(1867)刻本　二册

450000 – 2601 – 0003085　　綫廿 815.12/7503 (1)

燕下鄉脞錄十六卷　(清)陳康祺著　清光緒十一年(1885)暨陽刻校經山房印本　四册

450000 – 2601 – 0003086　　綫 B312/1222(1)

小學集解六卷　(清)張伯行輯註　清光緒元年(1875)湖北崇文書局刻本　三册

450000 – 2601 – 0003087　　綫 B312/1222(2)

小學集解六卷　(清)張伯行輯註　清光緒元年(1875)湖北崇文書局刻本　三册

450000 – 2601 – 0003088　　綫 B312/1698

理數合解四卷　(清)王覺一撰　清光緒二十一年(1895)刻本　一册　存二卷(一至二)

450000 – 2601 – 0003089　　綫廿 815.21/3140

東周列國志二十三卷一百八回　(明)馮夢龍編　(清)蔡元放評點　清刻本　十六册　存十六卷(一至二、四至五、七至八、十至十三、十五、十七至二十、二十二)

450000 – 2601 – 0003090　　綫 B312/1962

孔子集語十七卷　(清)孫星衍撰　清光緒三年(1877)浙江書局刻本　一册　存五卷(一至五)

450000 – 2601 – 0003091　　綫 B79/3734

閨門女兒經一卷　(清)□□撰　清文茂堂刻本　一册

450000 – 2601 – 0003092　　綫廿 812.82/0112

春華集二卷　(清)龍元任撰　清光緒十九年(1893)刻本　一册

450000 – 2601 – 0003093　　綫 B312/1052

小隱齋課蒙草四卷　(清)王振綱作　清光緒

六年(1880)京都同雅堂刻本　　二册

450000 – 2601 – 0003094　　綫 B312/1042

國學講義二卷　(清)王蘭生著　清刻本　一册

450000 – 2601 – 0003095　　綫廿 812.82/0133 (1)

荔村草堂詩鈔十卷　(清)譚宗浚撰　清光緒十八年(1892)羊城刻本　五册

450000 – 2601 – 0003096　　綫 B312/1050(1)

孔子家語十卷　(清)王肅纂注　清光緒元年(1875)湖北崇文書局刻子書百家本　二册

450000 – 2601 – 0003097　　綫廿 812.82/0133 (2)

荔村草堂詩續鈔一卷　(清)譚宗浚撰　清宣統二年(1910)刻本　一册

450000 – 2601 – 0003098　　特綫 ±915.01/4432(2)

[道光]粵西志輯要十三卷　(清)蘇宗經輯　清道光郁林蘇玉霖抄本　十二册　缺一卷(一)

450000 – 2601 – 0003099　　特綫 ±915.0144/7748

[光緒]恭城縣志四卷　(清)陶塤纂修　清光緒十五年(1889)鳳巖書院刻本　四册

450000 – 2601 – 0003100　　特綫廿 958.7/1042 (1)

平桂紀畧四卷　(清)蘇鳳文等輯　清光緒十五年(1889)桂林唐九如堂刻本　一册

450000 – 2601 – 0003101　　特綫廿 958.7/1042 (2)

平桂紀畧四卷　(清)蘇鳳文等輯　清光緒十五年(1889)桂林唐九如堂刻本　一册

450000 – 2601 – 0003102　　特綫廿 958.7/1042 (3)

平桂紀畧四卷　(清)蘇鳳文等輯　清光緒十五年(1889)桂林唐九如堂刻本　一册

450000 – 2601 – 0003103　　特綫廿 958.7/7772

（1）

股匪總錄三卷　（清）蘇鳳文等輯　清光緒十五年(1889)桂林唐九如堂刻本　一冊

450000－2601－0003104　特綫廿 958.7/7772
（2）

股匪總錄三卷　（清）蘇鳳文等輯　清光緒十五年(1889)桂林唐九如堂刻本　一冊

450000－2601－0003105　特綫廿 958.7/7772
（3）

股匪總錄三卷　（清）蘇鳳文等輯　清光緒十五年(1889)桂林唐九如堂刻本　一冊

450000－2601－0003106　特綫 ± 915.0114/1222

[光緒]永甯州志十六卷　（清）聯豐撰　清光緒二十二年(1896)楊鴻文堂刻本　六冊

450000－2601－0003107　特綫廿 958.7/7772
（4）

股匪總錄三卷　（清）蘇鳳文等輯　清光緒十五年(1889)桂林唐九如堂刻本　一冊

450000－2601－0003108　特綫廿 958.7/4086
（1）

堂匪總錄十二卷　（清）蘇鳳文等輯　廣西道里表一卷　（清）羊復禮等輯　清光緒十五年(1889)桂林唐九如堂刻本　二冊

450000－2601－0003109　特綫 D673/3037
（1）

[道光]永福縣志四卷　（清）林光棣編輯（清）蘇信德纂校　清道光八年(1828)刻本　三冊　存三卷(二至四)

450000－2601－0003110　特綫廿 958.7/4086
（2）

堂匪總錄十二卷　（清）蘇鳳文等輯　廣西道里表一卷　（清）羊復禮等輯　清光緒十五年(1889)桂林唐九如堂刻本　二冊

450000－2601－0003111　特綫廿 958.7/4086
（3）

堂匪總錄十二卷　（清）蘇鳳文等輯　廣西道里表一卷　（清）羊復禮等輯　清光緒十五年

(1889)桂林唐九如堂刻本　二冊

450000－2601－0003112　綫廿 812.82/0133
（3）

荔村草堂詩續鈔一卷　（清）譚宗浚撰　清宣統二年(1910)刻本　一冊

450000－2601－0003113　綫廿 812.82/0164

蕉雨軒藁一卷　（清）龍啟瑞撰　清光緒三十四年(1908)刻本　一冊

450000－2601－0003114　綫廿 812.82/0183

五山草堂初編二卷　（清）龍令憲撰　清光緒三十四年(1908)刻本　一冊

450000－2601－0003115　綫廿 812.82/0436
（1）

樹經堂詩續集八卷　（清）謝啟昆撰　清刻本　二冊

450000－2601－0003116　綫廿 812.82/0436
（2）

樹經堂詩初集十五卷　（清）謝啟昆撰　清嘉慶二年(1797)刻本　四冊

450000－2601－0003117　綫廿 812.82/0461

太鶴山人集十三卷　（清）端木國瑚撰　清道光二十年(1840)瑞安洪坤刻本　六冊

450000－2601－0003118　綫 B312/1050(2)

孔子家語十卷　（清）王肅注　清光緒十九年(1893)澹雅書局刻本　一冊　存三卷(一至三)

450000－2601－0003119　綫廿 812.82/1024

湖山雜詠一卷附錄一卷　（清）王緯撰　清光緒二十年(1894)嘉惠堂丁氏刻武林掌故叢編本　一冊

450000－2601－0003120　綫廿 812.82/1028

守意龕詩集二十八卷　（清）百齡著　南陔遺草一卷　（清）扎拉芬撰　清道光二十六年(1846)讀書樂室刻本　八冊

450000－2601－0003121　綫 B312/2540(2)

孟子集註十四卷　（宋）朱熹註　清刻本　二冊　存五卷(一至五)

167

450000－2601－0003122　　綫 B312/2540（4）

論語集註十卷　（宋）朱熹集註　清光緒三十二年（1906）商務印書館鉛印四書集註本二册

450000－2601－0003123　　綫 B312/0080

小學六卷　（清）高愈纂註　清同治十一年（1872）浙江書局刻本　二册

450000－2601－0003124　　綫卄 812.82/1041

淵雅堂编年詩槀十八卷　（清）王芑孫撰　清嘉慶九年（1804）刻本　十册

450000－2601－0003125　　綫 B312/0033

俟命錄十卷　（清）方宗誠撰　清光緒十一年（1885）刻本　二册

450000－2601－0003126　　藏綫 K224.2/4580（2）

昌黎先生集四十卷遺文一卷朱子校昌黎先生集傳一卷　（唐）韓愈撰　（唐）李漢編　明嘉靖東吳徐氏東雅堂刻本　八册　存二十一卷（昌黎先生集十一至十四、二十至二十二、二十五至二十六、三十一至四十，遺文一卷，集傳一卷）

450000－2601－0003127　　綫卄 812.82/1043

漁洋山人精華錄訓纂十卷金氏精華錄箋註辯訛一卷　（清）惠棟撰　**漁洋山人精華錄訓纂總目二卷**　（清）惠棟編　**漁洋山人［王士禎］自撰年譜并附錄二卷**　（清）王士禎撰　（清）惠棟註補　清乾隆惠氏紅豆齋刻本　十二册

450000－2601－0003128　　綫 B311/0017

周易或問六卷　（清）文天駿著　清光緒十年（1884）黔南家塾刻本　六册

450000－2601－0003129　　綫 B31/8041

壽世保元不分卷　（明）龔廷賢撰　清刻本　一册

450000－2601－0003130　　綫 B79/4013

同善錄十卷首一卷末一卷前一卷後一卷　（清）李承福輯　清同治五年至六年（1866－1867）上海果育堂刻翼化堂善書局印本　十册

450000－2601－0003131　　綫 B79/4822

救生船四卷　（清）空靈子輯　清同治二年（1863）刻本　一册　存一卷（一）

450000－2601－0003132　　藏綫 K224.2/4580（3）

昌黎先生集四十卷　（唐）韓愈撰　（唐）李漢編　明嘉靖東吳徐氏東雅堂刻本　四册　存十一卷（五至八、二十三至二十九）

450000－2601－0003133　　綫 B31/3120

增補五子近思錄詳解十四卷　（清）汪佑編　清刻本　四册

450000－2601－0003134　　綫 B3/3235

十子全書一百三十二卷　（清）□□輯　清光緒元年至二年（1875－1876）浙江書局刻本　三十二册

450000－2601－0003135　　綫卄 812.82/1044

文莫室詩八卷　（清）王樹枏撰　清光緒十三年（1887）新城王氏文莫室刻陶廬叢刻本　二册

450000－2601－0003136　　綫卄 812.82/1060

春暉堂叢書十二種三十七卷　（清）徐渭仁輯　清道光二十年至咸豐元年（1840－1851）上海徐氏刻同治九年至十一年（1870－1872）補刻本　一册　存三種四卷（煙霞萬古樓詩選二卷、仲瞿詩錄一卷、秋紅丈室遺詩一卷）

450000－2601－0003137　　綫卄 812.82/1102（2）

舒藝室詩存七卷索笑詞二卷　（清）張文虎撰　清光緒七年（1881）刻覆瓿集本　二册

450000－2601－0003138　　160/3790

最新論理學綱要二編　（清）過耀庚編輯　清宣統元年（1909）上海中國圖書公司鉛印本　二册

450000－2601－0003139　　綫卄 812.82/2831（1）

靈洲山人詩錄六卷　（清）徐灝撰　清同治三年（1864）番禺徐氏刻學壽堂叢書本　一册

450000－2601－0003140　綫廿 812.82/2831（2）

靈洲山人詩錄六卷　（清）徐灝撰　清同治三年(1864)番禺徐氏刻學壽堂叢書本　二冊

450000－2601－0003141　綫廿 812.82/1138

濂亭遺詩二卷　（清）張裕釗著　清宣統二年(1910)鄂城刻本　一冊

450000－2601－0003142　綫 B3/2177

學統五十六卷　（清）熊賜履編　清康熙二十四年(1685)退補齋刻本　十四冊

450000－2601－0003143　綫廿 812.82/1143

夢痕仙館詩鈔十卷　張其淦著　清光緒三十一年(1905)刻本　五冊

450000－2601－0003144　綫 B3/1019

十子全書一百二十八卷　（清）□□輯　清嘉慶九年(1804)寶慶經綸堂刻本　三十二冊

450000－2601－0003145　綫 D124/3419

世界近世史一卷　（清）□□撰　清末鉛印本　一冊

450000－2601－0003146　綫 B3/0005

子書二十八種三百十六卷　（清）育文書局輯　清光緒三十年至宣統三年(1904－1911)上海育文書局石印本　二十九冊　缺二種十二卷(墨子六卷,商君書五卷、附考一卷)

450000－2601－0003147　綫 B2/4430

讀史論畧一卷　（清）杜詔著　歷代紀年便覽一卷　（清）高均芳　（清）高其壽編　清刻本　一冊

450000－2601－0003148　綫 962/7288

埃及近事考一卷　（清）劉鑑譯　清光緒三十三年(1907)金陵江楚編譯官書局石印本　一冊

450000－2601－0003149　綫 973/4722

一八九八年之西美戰史一卷　（法國）勃利德著　（清）李景鎬譯　清光緒三十年(1904)江南機器製造總局鉛印本　二冊

450000－2601－0003150　綫廿 812.82/1144

鐵畫樓詩續鈔二卷　（清）張蔭桓撰　清光緒二十八年(1902)刻本　一冊

450000－2601－0003151　綫 952/4433

日本國志四十卷首一卷　（清）黃遵憲編纂　清光緒二十四年(1898)上海圖書集成印書局石印本　十冊

450000－2601－0003152　綫 D16/4320(3)

五洲圖考不分卷　（清）龔柴撰　清光緒二十四年(1898)上海徐家匯印書館鉛印本　二冊

450000－2601－0003153　綫廿 958.7/7503

掌故叢編七種二十三卷　（清）□□輯　清光緒二十九年(1903)掃葉山房石印本　七冊

450000－2601－0003154　綫廿 812.82/1714

鄧林唱和集一卷　（清）鄧廷楨　（清）林則徐撰　清宣統元年(1909)江浦陳氏刻本　一冊

450000－2601－0003155　綫廿 812.82/2151

紅豆山房詩集三卷詞集一卷文集一卷　（清）何振撰　清光緒六年(1880)刻本　二冊

450000－2601－0003156　綫廿 958.7/1001

石渠餘紀六卷　（清）王慶雲述　清刻本　六冊

450000－2601－0003157　綫廿 958.5/1001（1）

重校熙朝紀政六卷　（清）王慶雲述　清光緒二十七年(1901)上海石印本　六冊

450000－2601－0003158　綫廿 812.82/2627（1）

缶廬詩八卷別存三卷　吳俊卿撰　清光緒十九年(1893)蘇城刻本　一冊　缺四卷(缶廬詩五至八)

450000－2601－0003159　綫廿 958.4/4428

中東戰紀本末八卷續編四卷文學興國策二卷　（美國）林樂知著譯　（清）蔡爾康纂輯　清光緒二十三年(1897)圖書集成局鉛印本　十二冊　缺二卷(文學興國策二卷)

450000－2601－0003160　綫廿 812.82/2627（2）

缶廬詩八卷別存三卷　　吳俊卿撰　　清光緒十
九年(1893)蘇城刻本　　三冊

450000－2601－0003161　　綫廿 958.4/2631

聖武記十四卷　　(清)魏源譔　　清道光二十四
年(1844)古微堂刻本　　十二冊

450000－2601－0003162　　綫廿 958/4679

三藩紀事本末四卷　　(清)楊陸榮編　　清康熙
五十六年(1717)刻本　　二冊

450000－2601－0003163　　綫廿 958/2237

皇朝事略一卷　　(清)直隸學校司編譯處輯
清光緒二十九年(1903)直隸學校司排印局石
印本　　一冊

450000－2601－0003164　　綫廿 812.82/2632
(1)

吳摯甫詩集一卷　　(清)吳汝綸撰　　清宣統二
年(1910)上海國學扶輪社石印本　　一冊

450000－2601－0003165　　綫廿 812.82/2632
(2)

吳摯甫詩集一卷　　(清)吳汝綸撰　　清宣統二
年(1910)上海國學扶輪社石印本　　一冊

450000－2601－0003166　　綫廿 957.7/8238

明季裨史正編十六種二十七卷　　(清)留雲居
士輯　　清光緒二十九年(1903)鉛印本　　六冊

450000－2601－0003167　　綫廿 812.82/2767

紀曉嵐詩註釋四卷　　(清)紀昀撰　　(清)郭斌
評註　　清嘉慶二十一年(1816)文光堂刻本
二冊

450000－2601－0003168　　藏綫 K21/4420(1)

六臣注文選六十卷　　(南朝梁)蕭統撰　　(唐)
李善等註　　明吳勉學刻本　　六十冊

450000－2601－0003169　　綫廿 812.82/2788

五百四峯堂詩鈔二十五卷　　(清)黎簡撰　　清
同治十三年(1874)南海陳氏刻本　　八冊

450000－2601－0003170　　藏綫 S25/1212

儒門事親十五卷　　(金)張子和著　　明末步月
樓刻影旭齋印本　　十冊

450000－2601－0003171　　藏綫＋031/8034

(1)

唐類函二百卷目錄二卷　　(明)余安期輯　　明
萬曆三十一年(1603)養正堂刻本　　六十冊

450000－2601－0003172　　綫廿 951.7/7717
(1)

明季裨史彙編十六種二十七卷　　(清)留雲居
士輯　　清都城琉璃廠留雲居士木活字印本
十二冊

450000－2601－0003173　　綫廿 951.7/7717
(2)

明季裨史彙編十六種二十七卷　　(清)留雲居
士輯　　清光緒二十二年(1896)上海圖書集成
印書局鉛印本　　六冊

450000－2601－0003174　　綫廿 812.82/2899

懷古田舍詩節鈔六卷　　(清)徐榮撰　　清同治
三年(1864)錦城刻本　　六冊

450000－2601－0003175　　綫廿 812.82/3116
(1)

隨山館詩簡編四卷　　(清)汪瑔撰　　清光緒十
八年(1892)朱啟運等廣州萃經堂刻本　　二冊

450000－2601－0003176　　綫廿 812.82/3116
(2)

隨山館詩簡編四卷　　(清)汪瑔撰　　清光緒十
八年(1892)朱啟運等廣州萃經堂刻本　　二冊

450000－2601－0003177　　160/7703

最新論理學教科書不分卷　　(日本)服部宇之
吉編　　(清)唐演譯　　(清)文明書局編輯　　清
光緒三十年(1904)上海文明書局鉛印本
一冊

450000－2601－0003178　　綫廿 812.82/3136

伏敔堂詩錄十五卷首一卷續錄四卷　　(清)江
湜撰　　清同治元年(1862)刻本　　四冊

450000－2601－0003179　　綫廿 952/7175(1)

繹史一百六十卷世系圖一卷年表一卷　　(清)
馬驌撰　　清光緒二十四年(1898)武林尚友齋
石印本　　二十四冊

450000－2601－0003180　　綫廿 952/7175(2)

繹史一百六十卷世系圖一卷年表一卷 　（清）
馬驌撰　清光緒二十四年（1898）武林尚友齋
石印本　二十四冊

450000－2601－0003181　綫廿 812.82/3180
城北草堂詩鈔四卷詩餘二卷詞餘一卷 　（清）
顧爕撰　清光緒十四年（1888）華亭顧氏刻本
　二冊

450000－2601－0003182　綫廿 812.82/3183
柿影樓詩稿一卷 　（清）顧錫汾撰　清光緒三
十年（1904）鉛印本　一冊

450000－2601－0003183　綫廿 952/6066
晏子春秋七卷 　（春秋）晏嬰撰　清光緒十八
年（1892）思賢講舍刻本　二冊

450000－2601－0003184　綫廿 952/4003
左傳評三卷 　（清）李文淵評　清乾隆四十年
（1775）潮陽縣衙刻本　一冊

450000－2601－0003185　綫廿 812.82/3182
敬一堂詩鈔十六卷 　（清）顧八代撰　（清）鄂
爾泰輯　清乾隆十五年（1750）刻本　四冊

450000－2601－0003186　綫廿 952/2477
重訂七種古文選六十四卷 　（清）儲欣評　清
乾隆四十九年（1784）金閶書業堂刻本　六冊
　存二種十八卷（左傳選十四卷、國語選四
卷）

450000－2601－0003187　綫廿 812.82/3308
藤花吟館詩鈔十卷 　（清）梁章鉅撰　清道光
五年（1825）蘇州清霞齋刻本　五冊

450000－2601－0003188　綫廿 951.7/1000
通鑑答問五卷 　（元）王應麟撰　清刻本
四冊

450000－2601－0003189　160/4414
論理學通義不分卷 　（清）林可培編輯　顧倬
校訂　清宣統元年（1909）上海中國圖書公司
鉛印本　一冊

450000－2601－0003190　綫廿 951.5/1779
司馬溫公稽古錄二十卷 　（宋）司馬光撰　清
光緒五年（1879）江蘇書局刻本　四冊

450000－2601－0003191　綫廿 815.21/6050
增像全圖三國演義六十卷一百二十回 　（明）
羅貫中撰　（清）毛宗崗評　清末石印本　十
二冊

450000－2601－0003192　綫廿 951.4/4041
（1）
通鑑紀事本末二百三十九卷 　（宋）袁樞編輯
　（明）張溥論正　清同治十二年（1873）江西
書局刻本　八十冊

450000－2601－0003193　綫廿 951.4/4041
（2）
通鑑紀事本末二百三十九卷 　（宋）袁樞編輯
　（明）張溥論正　清光緒十三年（1887）廣雅
書局刻本　四十八冊

450000－2601－0003194　綫廿 812.82/4010
靜齋遺稿一卷 　（清）李爾立撰　清乾隆十三
年（1748）刻本　一冊

450000－2601－0003195　綫廿 951.1/3513
御批續資治通鑑綱目二十七卷 　（明）商輅撰
　（清）聖祖玄燁批　（清）宋犖校刊　清乾隆
刻本　二十七冊

450000－2601－0003196　綫廿 818/2247（1）
嶺南即事五集一卷六集一卷 　（清）何惠群等
撰　清末石印本　一冊

450000－2601－0003197　綫廿 951.1/0014
帝王表十四卷 　（清）齊召南編　（清）阮福續
編　清道光四年（1824）小琅嬛僊館刻本
四冊

450000－2601－0003198　綫廿 951.1/2674
資治通鑑地理今釋十六卷 　（清）吳熙載饌
清光緒八年（1882）江蘇書局刻本　三冊

450000－2601－0003199　綫廿 812.82/3677
海秋詩集二十六卷首一卷尾一卷後集一卷
（清）湯鵬撰　清道光十八年（1838）刻同治十
二年（1873）補刻本　十冊

450000－2601－0003200　綫廿 951/8710（1）
廿四史約編八卷首一卷 　（清）鄭元慶述　清

光緒二十八年(1902)上海書局石印本　二冊

450000－2601－0003201　綫廿 951/8710(2)
廿一史約編全目六卷附明史全目一卷　（清）鄭元慶述　金嗣獻編輯　清光緒太平金嗣獻鴻遠書屋稿本　一冊

450000－2601－0003202　綫廿 812.82/3734(1)
饅飰亭集三十二卷　（清）祁寯藻撰　清咸豐六年(1856)壽陽祁氏刻本　六冊

450000－2601－0003203　綫廿 812.82/3734(2)
饅飰亭後集十卷　（清）祁寯藻撰　清咸豐七年(1857)壽陽祁氏刻本　二冊

450000－2601－0003204　綫廿 951/8710(3)
廿一史約編八卷首一卷　（清）鄭元慶述　清天元堂刻本　六冊

450000－2601－0003205　綫廿 951/8710(4)
廿一史約編八卷首一卷　（清）鄭元慶述　清上洋江左書林刻本　八冊

450000－2601－0003206　綫廿 951/6031
續資治通鑑二百二十卷　（清）畢沅編集　清乾隆鎮洋畢沅刻嘉慶六年(1801)嘉興馮集梧同治六年(1867)永康應氏同治八年(1869)江蘇書局補修本　六十冊

450000－2601－0003207　綫廿 951/4462
續支那通史二卷　（日本）藤田久道編次　清光緒三十一年(1905)文明書局石印再版本　一冊　存一卷(一)

450000－2601－0003208　綫廿 951/4917(1)
廿二史札記三十六卷首一卷　（清）趙翼撰　清光緒二十年(1894)廣雅書局刻本　十二冊

450000－2601－0003209　綫廿 812.82/4036(1)
漸西村人初集十三卷附錄一卷　（清）袁昶撰　清光緒十六年(1890)避舍葢公堂刻漸西村舍彙刊本　一冊　存六卷(一至五、附錄一卷)

450000－2601－0003210　綫廿 812.82/4036(2)
漸西村舍彙刊四十四種二百六十三卷　（清）袁昶撰　清光緒十六年至二十四年(1890－1898)桐廬袁氏刻本　十冊　存四種三十卷(漸西村人初集十三卷、附錄一卷、于湖小集一至五,安般簃集十卷,春闈雜詠一卷)

450000－2601－0003211　綫廿 812.82/4047
嶺南集八卷　（清）杭世駿撰　清光緒七年(1881)領南刻本　二冊

450000－2601－0003212　綫廿 812.82/4076
其田居詩集二卷　（清）李長瀛著　清乾隆二十二年(1757)高密李氏家塾刻本　二冊

450000－2601－0003213　綫廿 812.82/4414
夢陔堂詩集五十卷　（清）黃承吉撰　清道光十二年(1832)江都黃氏刻本　二冊　存四卷(一至四)

450000－2601－0003214　綫廿 812.82/4444
郘亭詩鈔六卷　（清）莫友芝撰　清咸豐二年(1852)遵義湘川講舍刻同治五年(1866)江甯三山客舍補修本　一冊

450000－2601－0003215　綫 L34/0026
文徵明懷歸出京詩一卷　（明）文徵明撰　清光緒三十四年(1908)集成圖書公司點石齋石印本　一冊

450000－2601－0003216　綫廿 812.82/4448
忠雅堂詩集二十七卷補遺二卷銅鉉詞附南北曲二卷　（清）蔣士銓撰　清光緒六年(1880)刻本　八冊

450000－2601－0003217　綫 L33/6025
經綸堂增訂四體書法不分卷　（清）劉若瑑編　清咸豐元年(1851)經綸堂刻本　二冊

450000－2601－0003218　綫廿 812.82/4450
續騷堂集一卷　（清）萬泰撰　清光緒十年(1884)趙氏翰墨林刻本　一冊

450000－2601－0003219　綫 L33/7210
寶真齋法書贊二十八卷　（宋）岳珂撰　清刻

本　十冊

450000－2601－0003220　綫廿 812.82/4462
(1)

兩當軒集二十二卷　(清)黃景仁著　清宣統
二年(1910)掃葉山房石印本　一冊　存九卷
(一至九)

450000－2601－0003221　綫 L33/4214

字學臆粲並書論不分卷　(清)姚孟起述　清
光緒十五年至十七年(1889－1891)蘇城桃塢
姚氏松下清齋刻本　一冊

450000－2601－0003222　綫 L33/5338(1)

漢溪書法通解八卷　(清)戈守智纂著　清乾
隆十五年(1750)霽雲閣刻本　六冊

450000－2601－0003223　綫廿 812.82/4462
(2)

兩當軒集二十二卷攷異二卷附錄四卷　(清)
黃景仁著　清光緒二年(1876)武進黃氏家塾
刻本　六冊

450000－2601－0003224　綫 L33/2033

千家詩草法二卷　□□撰　清刻本　一冊

450000－2601－0003225　綫 L32/4492

水滸圖贊一卷　(明)杜堇繪　清光緒八年
(1882)羊城廣百宋齋石印本　一冊

450000－2601－0003226　綫廿 812.82/4462
(3)

雲左山房詩鈔八卷附一卷　(清)林則徐撰
清光緒十二年(1886)福州林氏刻本　二冊

450000－2601－0003227　綫 L32/1210

清河書畫舫十二卷附補遺一卷　(明)張丑造
　清光緒十四年(1888)孫溪朱氏家塾刻本
十二冊

450000－2601－0003228　綫 L32/2144

紅樓夢圖詠不分卷　(清)改琦繪　清光緒刻
本　四冊

450000－2601－0003229　綫廿 812.82/4494

范伯子詩集十九卷　(清)范當世撰　清光緒
三十四年(1908)刻本　四冊

450000－2601－0003230　綫 L32/1207

嶽雪樓書畫錄五卷　(清)孔廣陶編　清光緒
十五年(1889)三十有三萬卷堂刻本　五冊

450000－2601－0003231　綫廿 812.82/4917
(1)

甌北詩鈔二十卷　(清)趙翼撰　清壽考堂刻
本　四冊

450000－2601－0003232　綫 L302/4241(1)

歷代畫史彙傳七十二卷總目三卷首一卷
(清)彭蘊璨編　(清)邱步洲輯　清同治十三
年(1874)三楚畊餘堂邱氏刻本　二十八冊
缺七卷(五十九至六十、六十四至六十五、七
十至七十二)

450000－2601－0003233　綫 L302/4241(2)

歷代畫史彙傳七十二卷總目三卷首一卷
(清)彭蘊璨編　清道光五年(1825)吳門尚志
堂彭氏刻本　二十四冊

450000－2601－0003234　綫廿 812.82/4917
(2)

甌北詩鈔二十卷　(清)趙翼撰　清乾隆五十
六年(1791)湛貽堂刻甌北全集本　六冊

450000－2601－0003235　藏綫廿 810.73/
7246(10)

楊升菴先生批點文心雕龍十卷　(南朝梁)劉
勰著　(明)梅慶生音註　明萬曆三十七年
(1609)刻三十八年(1610)梅慶生初校理詠樓
補修本　四冊

450000－2601－0003236　綫 L3/7740

紅豆樹館書畫記八卷　(清)陶樑編輯　清光
緒八年(1882)吳越潘氏韓園刻本　六冊

450000－2601－0003237　綫廿 812.82/4917
(3)

甌北集五十三卷　(清)趙翼撰　清嘉慶十七
年(1812)湛貽堂刻甌北全集本　十六冊

450000－2601－0003238　綫廿 812.82/4923

恒春吟館詩集二卷　(清)趙佩湘撰　清道光
十四年(1834)丹徒趙氏刻本　二冊

450000－2601－0003239　綫廿 812.82/4944

向湖邨舍詩初集十二卷　趙藩撰　清光緒十
四年(1888)長沙刻本　二冊

450000－2601－0003240　綫廿 812.82/5038

劍霜龕吟稿四卷附錄一卷補遺一卷　(清)秦
寶鑑撰　清宣統元年(1909)鉛印本　一冊

450000－2601－0003241　綫廿 812.82/6034

國初十大家詩鈔七十五卷　(清)王相輯　清
道光十年(1830)信芳閣木活字印本　十四冊
　缺二種二十卷(靜易堂詩八卷、賴古堂詩十
二卷)

450000－2601－0003242　綫 L3/7562

吳越所見書畫錄六卷書畫說鈴一卷　(清)陸
時化編輯　清宣統二年(1910)順德鄧氏風雨
樓鉛印本　六冊

450000－2601－0003243　綫廿 812.82/7211

柯邨遺稿八卷　(清)丘元武著　清刻本
四冊

450000－2601－0003244　綫 L3/6049

辛丑銷夏記五卷　(清)吳榮光撰　清光緒三
十一年(1905)長沙葉氏郎園刻本　四冊

450000－2601－0003245　綫廿 812.82/7244

海峰先生詩集十卷札記一卷　(清)劉大櫆著
　(清)姚鼐校定　清光緒二十五年(1899)刻
本　二冊

450000－2601－0003246　綫 L3/7113

虛齋名畫錄十六卷　(清)龐元濟輯　清宣統
元年(1909)烏程龐氏申江刻本　二十冊

450000－2601－0003247　綫 L3/4022

書畫鑑影二十四卷首一卷　(清)李佐賢編輯
　清同治十年(1871)利津李氏刻本　十二冊

450000－2601－0003248　綫 L3/2534

行素草堂集古印譜四卷　(清)朱記榮編輯
清光緒十年(1884)古吳白堤孫谿槐廬古樵書
屋刻鈐本　四冊　缺一卷(三)

450000－2601－0003249　綫 L3/3045

墨緣彙觀法書二卷名畫二卷　(清)安岐著

清光緒二十六年(1900)鉛印本　六冊

450000－2601－0003250　綫廿 812.82/7402

粵游草一卷　(清)鬱載瑛撰　**味雪齋詩鈔一
卷**　(清)鬱載瑛撰　**譜華吟館詩鈔一卷**
(清)崔延琛撰　**鴻雪草廬詩鈔一卷**　(清)徐
奎藻撰　清刻本　一冊

450000－2601－0003251　綫 L3/1978(1)

佩文齋書畫譜一百卷　(清)孫岳頒等纂輯
清光緒九年(1883)上海同文書局石印本　十
六冊

450000－2601－0003252　綫 L3/1978(2)

佩文齋書畫譜一百卷　(清)孫岳頒等纂輯
清光緒九年(1883)上海同文書局石印本　十
三冊　缺十八卷(六十三至六十六、八十一至
九十四)

450000－2601－0003253　綫 L3/1748

澄蘭室古緣萃錄十八卷　邵松年輯　清光緒
三十年(1904)古虞邵氏澄蘭室石印本　六冊

450000－2601－0003254　綫 L3/1217

**真蹟日錄初集一卷二集一卷三集一卷清河秘
篋書畫表一卷法書名畫見聞表一卷南洋法書
表一卷**　(明)張丑纂　清池北草堂刻本
六冊

450000－2601－0003255　綫 L2/4732

書體篆印譜二十四卷　(清)王大齡篆　清道
光三年(1823)王大齡鈐印本　四冊

450000－2601－0003256　綫 L3/0044

江邨銷夏錄三卷　(清)高士奇輯　清宣統二
年(1910)順德鄧氏風雨樓鉛印本　二冊　存
二卷(一至二)

450000－2601－0003257　綫 L3/0013

虛齋名畫錄十六卷　(清)龐元濟輯　清宣統
元年(1909)烏程龐氏申江刻本　二十冊

450000－2601－0003258　綫廿 812.82/7731

陶淵明集八卷末一卷　(晉)陶潛撰　清光緒
刻五色套印本　一冊　缺三卷(一至三)

450000－2601－0003259　綫 L2/7444(1)

篆刻鍼度八卷　（清）陳克恕述　清光緒三年
（1877）刻嘯園叢書本　一冊

450000－2601－0003260　綫 L2/7444（2）

篆刻鍼度八卷　（清）陳克恕述　清存幾希齋
刻本　二冊

450000－2601－0003261　綫 L2/7130（1）

篆學瑣著二十八種四十卷　（清）顧湘輯　清
光緒十四年（1888）虞山顧氏飛鴻延年室刻本
八冊

450000－2601－0003262　綫卄 812.82/8013

粟香室叢書七十三種一百六十六卷　金武祥
輯　清光緒江陰金氏刻本　六冊　存六種六
卷（陶廬五憶一卷、陶廬六憶一卷、陶廬雜憶
一卷、陶廬雜憶續詠一卷、陶廬續憶補詠一
卷、陶廬後憶一卷）

450000－2601－0003263　綫卄 812.82/8026

來雲閣詩六卷　（清）金和撰　清光緒十八年
（1892）丹陽束氏刻本　二冊

450000－2601－0003264　綫 L2/5272

柏葉盦印存不分卷　（清）戈履徵篆　（清）俞
廉三輯　清宣統二年（1910）山陰俞廉三刻鈐
本　二冊

450000－2601－0003265　綫卄 812.82/8343

蘀石齋詩集五十卷　（清）錢載撰　清乾隆刻
本　十二冊

450000－2601－0003266　綫 L2/6074

曼陀花館印存二卷　（清）虞葦輯　清鈐印本
一冊　存一卷（下）

450000－2601－0003267　綫卄 818/2247（2）

後續嶺南即事陸集（拍掌集）一卷　（清）□□
輯　清末刻本　一冊

450000－2601－0003268　綫 L2/7116

百體篆書文昌帝君陰騭文一卷　（清）顧暹刻
石鈐印并書　清康熙四十二年（1703）顧暹鈐
印本　二冊

450000－2601－0003269　綫卄 818.1/3150

述學六卷遺文一卷附錄一卷　（清）汪中撰

清同治五年至七年（1866－1868）成都志古堂
刻本　二冊

450000－2601－0003270　綫卄 812.82/8718
（2）

巢經巢詩鈔後集四卷　（清）鄭珍撰　清光緒
二十年（1894）貴築高氏資州官廨刻本　一冊

450000－2601－0003271　藏綫 K254/1120

新刻劍嘯閣批評西漢演義傳八卷新刻劍嘯閣
批評東漢演義傳九卷　明刻本　十六冊

450000－2601－0003272　綫卄 812.82/8718
（4）

巢經巢詩鈔九卷後集四卷　（清）鄭珍撰　清
光緒二十三年（1897）遵義黎氏刻本　四冊

450000－2601－0003273　藏綫 K254/1046

新刻全像三寶太監西洋記通俗演義二十卷
（明）二南里人編次　明萬曆金陵三山街三山
道人刻本　十一冊　存十一卷（九至十七、十
九至二十）

450000－2601－0003274　綫卄 812.83/0023

集虛齋學古文十二卷　（清）方楘如撰　清光
緒十年（1884）滃安縣署刻本　四冊

450000－2601－0003275　綫卄 812.83/0041

思綺堂文集十卷　（清）章藻功撰　清康熙六
十一年（1722）聚錦堂刻本　十六冊

450000－2601－0003276　綫 L2/4070

秦漢三十體印證不分卷　（清）李陽輯　（日
本）木村鐵畊摹　清鈐印本　二冊

450000－2601－0003277　綫 L2/4087

古銅印匯一卷　（清）勉之輯　清嘉慶至同治
寶琴齋鈐印本　一冊

450000－2601－0003278　綫卄 812.83/0044

望溪集不分卷　（清）方苞撰　（清）王兆符
（清）程崟輯　清乾隆十一年（1746）刻本
八冊

450000－2601－0003279　綫卄 812.83/0047
（1）

一山經說二卷雜文一卷　章梫撰　清宣統元

年(1909)京華印書局鉛印本　一冊

450000－2601－0003280　綫廿 812.83/0120

定盦文集三卷續集四卷補五卷補編四卷
(清)龔自珍撰　清光緒二十三年(1897)萬本
書堂刻本　六冊

450000－2601－0003281　綫廿 812.83/0133

希古堂文甲集二卷乙集六卷　(清)譚宗浚撰
清光緒十六年(1890)羊城刻本　四冊

450000－2601－0003282　綫廿 812.83/0889

選樓集句二卷首一卷評跋一卷　(清)許祥光
集　(清)吳其濬等評跋　清道光二十年
(1840)羊城番禺刻本　一冊

450000－2601－0003283　綫廿 812.83/1071

西亭文鈔十二卷首一卷末一卷　(清)王原撰
清光緒十七年(1891)不遠復齋刻本　四冊

450000－2601－0003284　綫廿 812.83/1102
(1)

舒藝室續筆一卷餘筆三卷　(清)張文虎撰
清光緒五年至七年(1879－1881)刻覆瓿集本
一冊

450000－2601－0003285　綫廿 812.83/1102
(2)

舒藝室雜箸甲編二卷乙編二卷賸藁一卷
(清)張文虎撰　清光緒五年至七年(1879－
1881)刻覆瓿集本　三冊

450000－2601－0003286　綫廿 812.83/1138
(1)

濂亭遺文五卷　(清)張裕釗撰　清宣統二年
(1910)陶子麟刻本　一冊

450000－2601－0003287　綫廿 812.83/1138
(2)

濂亭文集八卷　(清)張裕釗撰　清光緒八年
(1882)查氏木漸齋蘇州刻本　二冊

450000－2601－0003288　綫廿 812.83/2086

菉耘文鈔四卷　(清)季錫疇撰　清光緒五年
(1879)裵弇閣刻本　一冊

450000－2601－0003289　綫廿 812.83/2022

雕菰樓易學三書四十卷　(清)焦循撰　清光
緒二年(1876)衡陽魏氏刻焦氏遺書本　十冊
缺二卷(易通釋十九至二十)

450000－2601－0003290　綫廿 812.83/2131

天根文鈔四卷文法一卷　(清)何家琪撰　清
光緒三十二年(1906)大樑刻本　三冊

450000－2601－0003291　綫廿 812.83/2628
(1)

吳學士文集四卷　(清)吳鼒撰　清光緒八年
(1882)江甯藩署刻本　四冊

450000－2601－0003292　藏綫廿 813.2/4444

水影蘋香閣詞稿不分卷　(清)符曾撰　清乾
隆稿本　一冊

450000－2601－0003293　綫廿 812.83/2628
(2)

吳學士文集四卷詩集五卷　(清)吳鼒撰　清
光緒八年(1882)江甯藩署刻本　五冊　缺三
卷(吳學士詩集三至五)

450000－2601－0003294　綫廿 812.83/2631

古微堂內集二卷外集八卷　(清)魏源撰　清
宣統二年(1910)國學扶輪社鉛印本　六冊

450000－2601－0003295　綫廿 812.83/2641

吳氏遺箸三種五卷附錄一卷　(清)吳夌雲撰
清光緒十七年(1891)廣雅書局刻廣雅書局
叢書本　二冊

450000－2601－0003296　綫廿 812.83/2684

桝湖文錄八卷首一卷　(清)吳敏樹著　清同
治八年(1869)刻本　四冊

450000－2601－0003297　綫廿 812.83/2706

拙尊園叢稿六卷　(清)黎庶昌撰　清光緒二
十三年(1897)石印本　二冊

450000－2601－0003298　特綫 D32/4232

粵匪南北滋擾紀畧一卷　(清)姚憲之輯著
清咸豐至同治五年(1866)臨桂況澄抄本
一冊

450000－2601－0003299　綫 L2/3487

漢銅印原不分卷　(清)勉之輯　清鈐印本

二冊

450000－2601－0003300　綫廿 812.83/4061

二曲全集二十六卷　（清）李顒著　清光緒二十六年(1900)湘陰奎樓蔣氏小嬛嬛山館刻本　八冊

450000－2601－0003301　綫廿 812.83/4074

鄴芸文集五卷　（清）李騰華著　清道光五年(1825)儉永堂刻本　四冊

450000－2601－0003302　特綫 D673/1133

桂勝集一卷　（清）張祥河輯　清宣統二年(1910)刻本　一冊

450000－2601－0003303　綫廿 812.83/4088

越縵堂駢體文四卷散體文一卷　（清）李慈銘著　（清）曾之撰編次　清光緒二十三年(1897)虛霩居刻虛霩居叢書本　四冊

450000－2601－0003304　綫廿 812.83/4234

小謨觴館文集注四卷續集注二卷　（清）彭兆蓀撰　（清）孫元培　（清）孫長熙纂輯　清光緒十六年(1890)長洲黃氏流芳閣木活字印本　四冊

450000－2601－0003305　綫廿 812.83/4310(1)

戴東原集十二卷　（清）戴震譔　清刻本　三冊　存五卷(八至十二)

450000－2601－0003306　綫廿 812.83/4324(1)

戴南山文鈔六卷　（清）戴名世撰　清宣統二年(1910)上海國學扶輪社鉛印本　三冊

450000－2601－0003307　特綫 D921.74/0017(1)

軍人淚不分卷　（清）廣西陸軍亡士追悼會編　清宣統二年(1910)廣西陸軍小學堂石印本　一冊

450000－2601－0003308　特綫 D921.74/0017(2)

軍人淚不分卷　（清）廣西陸軍亡士追悼會編　清宣統二年(1910)廣西陸軍小學堂石印本

一冊

450000－2601－0003309　綫廿 812.83/4435

庸盦先生七種二十五卷　（清）薛福成撰　清光緒十一年至二十四年(1885－1898)傳經樓刻本　二十四冊

450000－2601－0003310　特綫 D926.51/2540

桂林蔣存遠堂刻朱子資料三種三卷　（清）□□輯　清末刻本　一冊

450000－2601－0003311　特綫 D922/7741

嶺外代答十卷　（宋）周去非撰　清乾隆至道光長塘鮑氏刻知不足齋叢書本　六冊

450000－2601－0003312　綫廿 812.83/4462

林文忠公著作四種四卷　（清）林則徐撰　清光緒二年至五年(1876－1879)刻本　四冊

450000－2601－0003313　綫廿 812.83/4713

石笥山房文集五卷補遺一卷　（清）胡天游著　清宣統元年(1909)上海國學扶輪社鉛印本　三冊

450000－2601－0003314　特綫 E220.7/1748

續富國策四卷　（清）陳熾撰　清光緒二十三年(1897)桂垣書局刻本　四冊

450000－2601－0003315　綫廿 812.83/4741(2)

胡文忠公遺集八十六卷首一卷　（清）胡林翼撰　（清）鄭敦謹等纂輯　清光緒元年(1875)湖北崇文書局刻本　二十九冊　缺八卷(二十八至三十、三十八至四十、八十五至八十六)

450000－2601－0003316　綫廿 812.83/4741(3)

胡文忠公遺集八十六卷首一卷　（清）胡林翼撰　（清）鄭敦謹等纂輯　清光緒十四年(1888)上海箸易堂鉛印本　八冊

450000－2601－0003317　特綫 E91/0017(1)

廣西財政沿革利弊說明書十三卷首一卷　（清）唐鑑等編輯　清宣統二年(1910)廣西官

書局鉛印本　八冊　缺六卷(一、五至七、九、十三)

450000 - 2601 - 0003318　綫廿 812.83/5588
籀書內篇二卷外篇二卷　(清)曹金籀簒　清同治八年(1869)启蕭刻石屋書本　二冊

450000 - 2601 - 0003319　特綫 E91/0017(2)
廣西財政沿革利弊說明書十三卷首一卷 (清)唐鑑等編輯　清宣統二年(1910)廣西官書局鉛印本　十一冊　缺三卷(五至六、十三)

450000 - 2601 - 0003320　特綫 F198/2520
(1)
戶籍法一卷　(清)□□輯　清宣統梧州廣西新報鉛印本　一冊

450000 - 2601 - 0003321　特綫 F198/2520
(2)
員警行政一卷　(清)□□輯　清宣統梧州廣西新報鉛印本　一冊

450000 - 2601 - 0003322　特綫 F224.473/4402
調查戶口章程釋義一卷城鎮地方自治選舉章程釋義一卷諮議局章程釋義一卷　(清)□□輯　清宣統梧州廣西新報鉛印本　一冊

450000 - 2601 - 0003323　特綫 F229.1/0018
(1)
廣西全省自治籌辦處詳定各種章程表冊彙編第一至二冊不分卷　(清)廣西全省自治籌辦處輯　清宣統元年(1909)廣西全省自治籌辦處鉛印本　二冊

450000 - 2601 - 0003324　綫廿 812.83/6614
鐵橋漫稿八卷　(清)嚴可均撰　(清)蔣鳳藻輯　清光緒十一年(1885)長洲蔣氏心矩齋刻心矩齋叢書本　二冊

450000 - 2601 - 0003325　特綫 F229.174/0070(1)
憲法綱要釋義一卷現行法制大意講義一卷調查戶口章程釋義一卷戶籍法一卷　(清)□□輯　清宣統梧州廣西新報鉛印本　一冊

450000 - 2601 - 0003326　特綫 F229.174/0070(2)
憲法綱要釋義一卷　(清)奕劻等輯　清宣統梧州廣西新報鉛印本　一冊

450000 - 2601 - 0003327　特綫 F229.2/0010
(1)
廣西諮議局第二次報告書六卷　(清)廣西諮議局編　清宣統二年(1910)鉛印本　一冊

450000 - 2601 - 0003328　特綫 F229.2/0010
(2)
諮議局章程釋義一卷　(清)廣西諮議局編　清宣統間鉛印本　一冊

450000 - 2601 - 0003329　綫廿 812.83/7143
(1)
抱潤軒文集十卷　馬其昶撰　清宣統元年(1909)安徽官紙印刷局石印本　一冊

450000 - 2601 - 0003330　特綫 F229.2/0010
(3)
廣西諮議局第二次報告書六卷　(清)廣西諮議局編　清宣統二年(1910)鉛印本　一冊

450000 - 2601 - 0003331　特綫 F229.2/0010
(4)
廣西諮議局籌辦處第三次報告書四卷　(清)廣西諮議局輯　清宣統二年(1910)鉛印本　一冊

450000 - 2601 - 0003332　特綫 F229.2/0010
(5)
廣西諮議局籌辦處第三次報告書甲編四卷 (清)廣西諮議局輯　清宣統二年(1910)鉛印本　一冊

450000 - 2601 - 0003333　特綫 F229.2/0010
(6)
廣西諮議局籌辦處第三次報告書乙編不分卷 (清)廣西諮議局輯　清宣統二年(1910)鉛印本　一冊

450000 - 2601 - 0003334　特綫 F229.2/0010
(7)
廣西諮議局籌辦處第三次報告書丙編不分卷

（清）廣西諮議局輯　清宣統二年（1910）鉛印本　一冊

450000－2601－0003335　特綫 F229.2/0010
（8）

廣西諮議局籌辦處第三次報告書丁編不分卷
（清）廣西諮議局輯　清宣統二年（1910）鉛印本　一冊

450000－2601－0003336　特綫 F229.2/0010
（11）

廣西諮議局第四次報告書六卷　（清）廣西諮議局編　清宣統三年（1911）廣西諮議局臨時會鉛印本　一冊

450000－2601－0003337　綫廿 812.83/7225

劉氏遺書八種八卷　（清）劉台拱撰　清光緒十五年（1889）廣雅書局刻廣雅書局叢書本　二冊

450000－2601－0003338　特綫 F229.2/0010
（9）

廣西諮議局第四次報告書六卷　（清）廣西諮議局編　清宣統三年（1911）廣西諮議局臨時會鉛印本　一冊

450000－2601－0003339　特綫 F229.2/0010
（10）

諮議局章程釋義一卷諮議局議員選舉章程釋義一卷　（清）廣西諮議局輯　清宣統梧州廣西新報鉛印本　一冊

450000－2601－0003340　綫廿 812.83/7231

環生館集一卷　（清）劉汝璆箸　清光緒四年（1878）琴莧齋刻琴莧齋叢書本　一冊

450000－2601－0003341　綫廿 812.83/7714

經韻樓集十二卷　（清）段玉裁撰　清刻本十一冊　存八卷（二至五、九至十二）

450000－2601－0003342　特綫 F229.2/0010
（12）

諮議局議員選舉章程釋義一卷　（清）諮議局編　清宣統鉛印本　一冊

450000－2601－0003343　特綫 F229.2/0010

（13）

諮議局議員選舉章程釋義一卷　（清）諮議局編　清宣統鉛印本　一冊

450000－2601－0003344　綫廿 812.83/7744

翁山文外十六卷　（清）屈大均撰　清宣統二年（1910）上海國學扶輪社鉛印本　五冊

450000－2601－0003345　特綫 F229.2/0010
（14）

諮議局議員選舉章程釋義一卷　（清）諮議局編　清宣統鉛印本　一冊

450000－2601－0003346　特綫 F229.2/0010
（15）

諮議局議員選舉章程釋義一卷　（清）諮議局編　清宣統鉛印本　一冊

450000－2601－0003347　特綫 F229.2/0010
（16）

諮議局章程釋義一卷　（清）廣西諮議局編　清宣統鉛印本　一冊

450000－2601－0003348　特綫 F229.2/0074
（1）

憲政編查館會奏各省諮議局章程及案語并議員選舉章程摺單一卷　（清）奕劻等撰　清光緒三十四年（1908）鉛印本　一冊

450000－2601－0003349　特綫 F229.2/0074
（2）

憲政編查館會奏各省諮議局章程及案語并議員選舉章程摺單一卷　（清）奕劻等撰　清光緒三十四年（1908）鉛印本　一冊

450000－2601－0003350　綫廿 812.83/8019
（1）

癸巳存稿十五卷　（清）俞正燮撰　清光緒十年（1884）刻本　六冊

450000－2601－0003351　特綫 F229.2/7580
（1）

國朝[順治十四年至光緒二十九年]廣西歷科鄉試題名錄四卷國朝[順治十五年至光緒二十四年]廣西歷科進士一卷　（清）陸鑑等輯　清道光十一年至十二年（1831－1832）廣西

省城布政司東轅門街蔣永存堂刻光緒二十九
年(1903)補刻本　　三冊

450000－2601－0003352　　特綫 F229.2/7580
(2)

國朝[順治十四年至光緒二十九年]廣西歷科
鄉試題名錄四卷國朝[順治十五年至光緒三
十年]廣西歷科進士一卷　　(清)陸鑑等輯
清道光十一年至十二年(1831－1832)廣西省
城布政司東轅門街蔣永存堂刻光緒三十年
(1904)補刻本　　二冊

450000－2601－0003353　　特綫 F229.3/0019
[光緒二十三年]廣西鄉試同年齒錄不分卷
(清)□□輯　清光緒二十三年(1897)刻本
一冊

450000－2601－0003354　　綫卄 812.83/8019
(2)

癸巳存稿十五卷　　(清)俞正燮撰　　清光緒十
年(1884)刻本　　八冊

450000－2601－0003355　　特綫 F229.3/0013
[光緒十九年]廣西同官錄一卷　　(清)□□編
　清光緒十九年(1893)刻朱墨套印本　　一冊

450000－2601－0003356　　特綫 F229.3/0015
[光緒十一年]廣西拔貢同年齒錄一卷　　(清)
□□輯　清光緒十一年(1885)刻本　　一冊

450000－2601－0003357　　綫卄 812.83/8064
曾文正公文鈔四卷補一卷　　(清)曾國藩撰
(清)張瑛編校　清同治十一年(1872)刻本
二冊

450000－2601－0003358　　特綫 F229.1/0018
(2)

廣西全省自治籌辦處詳定各種章程表冊彙編
第二冊不分卷　　(清)廣西全省自治籌辦處輯
　清宣統元年(1909)廣西全省自治籌辦處鉛
印本　　一冊

450000－2601－0003359　　綫卄 812.83/8340
溉亭述古錄二卷　　(清)錢塘著　　(清)阮元敘
錄　清刻本　　一冊

450000－2601－0003360　　特綫 F229.1/0018
(3)

廣西全省自治籌辦處詳定各種章程表冊彙編
第一至二冊不分卷　　(清)廣西全省自治籌辦
處輯　清宣統元年(1909)廣西全省自治籌辦
處鉛印本　　二冊

450000－2601－0003361　　特綫 F229.1/0018
(4)

廣西全省自治籌辦處詳定各種章程表冊彙編
第二冊不分卷　　(清)廣西全省自治籌辦處輯
　清宣統元年(1909)廣西全省自治籌辦處鉛
印本　　一冊

450000－2601－0003362　　卄 118.1/0167
仁學一卷　　(清)譚嗣同著　　清光緒鉛印本
一冊

450000－2601－0003363　　170/1031(1)
中等教育倫理學二編　　(日本)元良勇次郎著
　麥鼎華譯　清光緒二十九年(1903)上海廣
智書局再版鉛印本　　一冊

450000－2601－0003364　　綫卄 812.83/8346
(3)

十駕齋養新錄二十卷餘錄三卷　　(清)錢大昕
撰　　竹汀居士[錢大昕]年譜一卷續編一卷
(清)錢慶曾述　清光緒二年(1876)浙江書局
刻本　　八冊

450000－2601－0003365　　特綫 F229.9/0022
稟經徵局憲(紅白稟)不分卷　　(清)□□輯
清末抄本　　一冊

450000－2601－0003366　　綫卄 812.83/8760
鄭東父遺書五種六卷　　(清)鄭杲撰　　清光緒
三十年(1904)集虛草堂刻集虛草堂叢書本
四冊

450000－2601－0003367　　特綫 F229.973/
0013(1)
廣西禁煙案彙鈔一卷　　(清)廣西諮議局編
清宣統二年(1910)鉛印本　　一冊

450000－2601－0003368　　綫卄 812.83/8848
韞山堂時文二集不分卷　　(清)管世銘撰　　清

刻本　一册

450000 – 2601 – 0003369　特綫 F229.973/
1724

靈川城第一區議事會諸文案彙編一卷　（清）
靈川城第一區議事會編　清宣統二年（1910）
石印本　一册

450000 – 2601 – 0003370　特綫 F229.973/
1724

靈川城第一區議事會諸文案彙編一卷　（清）
靈川城第一區議事會編　清宣統二年（1910）
石印本　一册

450000 – 2601 – 0003371　綫廿 812.83/9748
（1）

**大雲山房文藁初集四卷二集四卷大雲山房言
事二卷**　（清）惲敬著　清同治二年（1863）惲
世臨刻本　四册

450000 – 2601 – 0003372　特綫 F7/4133

坪江賓興總冊一卷　（清）坪江賓興局編　清
光緒十八年（1892）桂林李三元堂刻坪江賓興
局印本　一册

450000 – 2601 – 0003373　特綫 G019/2509

削牘瑣記二卷　（清）朱文煒撰　清光緒三十
四年（1908）桂林刻本　一册

450000 – 2601 – 0003374　特綫 G019/2520
（1）

法家通論一卷　（清）□□輯　清宣統梧州廣
西新報鉛印本　一册

450000 – 2601 – 0003375　特綫 G019/2520
（2）

法家通論一卷　（清）□□輯　清宣統梧州廣
西新報鉛印本　一册

450000 – 2601 – 0003376　特綫 G11/2520

法家通論一卷　（清）□□輯　清宣統梧州廣
西新報鉛印本　一册

450000 – 2601 – 0003377　特綫 G162/0010

廣西高等法院附設高承審處章程一卷　（清）
廣西法院撰　清宣統二年至三年（1910 –

1911）廣西法院石印本　一册

450000 – 2601 – 0003378　綫廿 812.83/9748
（2）

大雲山房文藁初集四卷　（清）惲敬著　清嘉
慶二十年（1815）武甯盧旬宣南昌甲戌坊刻本
四册

450000 – 2601 – 0003379　特綫 G125/3419

商法講義一卷　（清）□□輯　清末鉛印本
一册

450000 – 2601 – 0003380　特綫 G16/8740

折獄龜鑑八卷首一卷　（宋）鄭克撰　清光緒
二十一年（1895）謝光綺瞻榆池館刻賀廣文堂
印本　一册

450000 – 2601 – 0003381　綫廿 812.83/9748
（3）

大雲山房文藁初集四卷二集四卷　（清）惲敬
著　清光緒十四年（1888）官書處刻本　八册

450000 – 2601 – 0003382　特綫 G162/0010

廣西高等法院附高承審處章程一卷　（清）
□□撰　清宣統二年至三年（1910 – 1911）廣
西法院石印本　一册

450000 – 2601 – 0003383　特綫 G162/0013

廣西法院書記課辦事規則一卷　（清）廣西法
院撰　清宣統二年至三年（1910 – 1911）廣西
法院石印本　一册

450000 – 2601 – 0003384　特綫 G168/0014
（1）

廣西模範監獄各種表冊簿式不分卷　（清）廣
西模範監獄輯　清宣統石印本　一册

450000 – 2601 – 0003385　特綫 G168/0014
（2）

廣西模範監獄第一次報告書不分卷　（清）廣
西模範監獄輯　清宣統三年（1911）鉛印本
一册

450000 – 2601 – 0003386　特綫 G29/0013

廣西法院強制執行章程一卷　（清）廣西法院
撰　清宣統二年至三年（1910 – 1911）廣西法

院鉛印本　一冊

450000－2601－0003387　綫廿812.92/7521
石遺室詩集十卷補遺一卷朱絲詞二卷　陳衍撰　清光緒三十一年(1905)侯官陳氏武昌刻本　四冊

450000－2601－0003388　特綫G29/3406
重修名法指掌四卷　(清)徐灝撰　清同治九年(1870)湖北崇文書局刻本　四冊

450000－2601－0003389　特綫G294/4031
大清刑律分則草案下冊不分卷　(清)清憲政編查館撰　清光緒三十三年至宣統二年(1907－1910)廣西官書局鉛印本　一冊

450000－2601－0003390　特綫G296.2/0013
廣西法院強制執行章程一卷　(清)廣西法院撰　清宣統二年至三年(1910－1911)廣西法院石印本　一冊

450000－2601－0003391　綫廿812.93/3334
飲冰室文集十八卷　梁啟超撰　清光緒二十九年(1903)上海廣智書局鉛印本　十三冊　缺五卷(二、四至五、八至九)

450000－2601－0003392　特綫H19/8083
笛枕山房籌邊集四卷　(清)余鑒海撰　清光緒二十九年(1903)平樂余鑒海刻本　三冊　缺一卷(二)

450000－2601－0003393　特綫H3/1910
孫子吳子司馬法合刻八卷　(清)王芝祥輯　清光緒三十四年(1908)通州王芝祥廣西鉛印本　一冊

450000－2601－0003394　特綫H3/4086(1)
兵法指南不分卷　(清)李敏昌撰　清同治二年(1863)桂林唐九如堂刻本　一冊

450000－2601－0003395　特綫H3/4086(2)
兵法指南問答不分卷　(清)李敏昌撰　清同治二年(1863)桂林唐九如堂刻本　一冊

450000－2601－0003396　特綫I201.9/1233(1)
勸學篇二卷　(清)張之洞撰　清光緒二十四

年(1898)桂垣書局刻本　一冊

450000－2601－0003397　特綫I201.9/1233(2)
勸學篇二卷　(清)張之洞撰　清光緒二十四年(1898)桂垣書局刻本　一冊

450000－2601－0003398　特綫I21/0013
兩廣初級師範簡易科館教育心理學講義一卷　(清)兩廣初級師範簡易科館編　清光緒三十一年(1905)鉛印本　一冊

450000－2601－0003399　特綫I23/4136(1)
廣西課吏館課業初期四卷　(清)張廷燎等纂集　清光緒三十年(1904)廣西經濟書局刻本　三冊　缺一卷(三)

450000－2601－0003400　綫廿813.1/1150(1)
詞選二卷附錄一卷續詞選二卷　(清)張惠言(清)董毅錄　清同治十一年(1872)會稽章氏刻本　二冊

450000－2601－0003401　綫廿813.1/1010
西泠詞萃六種九卷　(清)丁丙輯　清光緒十一年至十三年(1885－1887)錢唐丁氏刻本　三冊　缺一種二卷(無弦琴譜二卷)

450000－2601－0003402　特綫I23/4136(2)
廣西課吏館課業初期四卷　(清)張廷燎等纂集　清光緒三十年(1904)廣西經濟書局刻本　二冊　存二卷(三至四)

450000－2601－0003403　綫廿813.1/1150(2)
詞選二卷附錄一卷續詞選二卷　(清)張惠言(清)董毅錄　清刻本　一冊

450000－2601－0003404　綫廿813.1/7521
國朝金陵詞鈔八卷附閨秀詞一卷　陳作霖輯　清光緒二十八年(1902)刻本　四冊

450000－2601－0003405　特綫I24/0015
[咸豐十一年至光緒二十六年]廣西選拔貢及優貢歲貢卷不分卷　(清)□□輯　清咸豐十一年至光緒二十六年(1861－1900)桂林楊鴻

文堂等刻本　二冊

450000 - 2601 - 0003406　綫廿 956/7556（1）
元史紀事本末二十七卷　（明）陳邦瞻編輯（明）張溥論正　清光緒二十四年（1898）廣雅書局刻本　三冊

450000 - 2601 - 0003407　綫廿 813.1/5330
唐五代詞選三卷　（清）成肇麐撰　清光緒十三年（1887）刻本　一冊

450000 - 2601 - 0003408　藏綫廿 754.4/8799
板橋判牘不分卷　（清）鄭板橋撰并書　清乾隆稿本　一冊

450000 - 2601 - 0003409　藏綫 L34/0240（5）
桂林相國陳文恭公家書不分卷　（清）陳宏謀撰并書　清乾隆稿本　二冊

450000 - 2601 - 0003410　藏綫 L34/0240（6）
劉石庵墨妙不分卷　（清）劉墉書　清乾隆至嘉慶九年（1804）稿本　一冊

450000 - 2601 - 0003411　藏綫 Z3/7428
潛確居類書一百二十卷　（明）陳仁錫纂輯　明崇禎五年至十七年（1632 - 1644）刻本　六十冊

450000 - 2601 - 0003412　綫廿 813.1/7730（1）
絕妙好詞箋七卷續鈔二卷　（宋）周密撰（清）查為仁箋　（清）厲鶚注箋　清同治十一年（1872）會稽章氏刻本　四冊

450000 - 2601 - 0003413　綫廿 813.1/7730（2）
宋四家詞選不分卷　（清）周濟撰　清道光十二年（1832）刻本　一冊

450000 - 2601 - 0003414　藏綫廿 812.42/4453
杜工部七言律詩不分卷　（唐）杜甫撰　明閔齊伋刻三色套印本　二冊

450000 - 2601 - 0003415　綫廿 956/7556（2）
元史紀事本末二十七卷　（明）陳邦瞻編輯（明）張溥論正　清同治十三年（1874）江西書局刻本　四冊

450000 - 2601 - 0003416　藏綫 K21/4420（2）
文選尤十四卷　（南朝梁）蕭統撰　（明）鄒思明評　明天啟二年（1622）刻三色套印本　十四冊　存十三卷（一至十三）

450000 - 2601 - 0003417　藏綫廿 113.4/4418
莊子因六卷　（清）林雲銘評述　清康熙二年（1663）刻本　二冊

450000 - 2601 - 0003418　綫廿 813.1/8744
白香詞譜箋四卷　（清）舒夢蘭輯　（清）謝朝徵箋　清光緒十一年至十二年（1885 - 1886）刻半廠叢書初編本　二冊

450000 - 2601 - 0003419　綫廿 813.2/1044
映盦詞三卷　夏敬觀撰　清光緒三十三年（1907）刻本　一冊

450000 - 2601 - 0003420　綫廿 813.2/2630
小書舟樂府三卷　（清）程定謨著　清道光十九年（1839）詒陶閣刻本　一冊　存二卷（一至二）

450000 - 2601 - 0003421　綫廿 813.2/4424
秋夢盦詞鈔二卷續一卷再續一卷　（清）葉衍蘭箸　清光緒十六年（1890）羊城刻本　一冊

450000 - 2601 - 0003422　綫廿 813.2/4424（2）
花影吹笙詞鈔二卷附小游僊詞一卷　（清）葉英華著及輯　清光緒三年（1877）羊城刻本　一冊

450000 - 2601 - 0003423　藏綫 K234/4044
詩刪二十三卷　（明）李攀龍輯　明刻朱墨套印本　十冊

450000 - 2601 - 0003424　藏綫 K226.1/0240（2）
太師誠意伯劉文成公集二十卷　（明）劉基撰　明隆慶六年（1572）謝廷傑、陳烈刻本　九冊

450000 - 2601 - 0003425　綫廿 813.2/7521
日湖漁唱一卷　（宋）陳允平撰　清末四川官

印刷局刻宋四種詞本　一冊

450000 – 2601 – 0003426　綫廿 813.2/7731

心日齋詞集四種六卷　(清)周之琦撰　清道光刻本　一冊　存二種三卷(金梁夢月詞二卷、懷夢詞一卷)

450000 – 2601 – 0003427　綫廿 813.2/7750(1)

清真集二卷清真詞補遺一卷　(宋)周邦彥撰　清真詞校後錄要一卷　鄭文焯撰　清光緒二十六年(1900)黃岡陶子麟刻本　二冊

450000 – 2601 – 0003428　藏綫 B72/4481

自警編八卷　(宋)趙善璙輯　明嘉靖二十四年(1545)唐曜刻本　十二冊

450000 – 2601 – 0003429　綫廿 813.3/1190(1)

詞選七種十二卷　(清)張百禥輯　清光緒十三年(1887)長沙刻本　一冊　存三種四卷(詞源二卷、詞旨一卷、樂府指迷一卷)

450000 – 2601 – 0003430　藏綫 F229/4434

先襄忠公奏疏存稿八卷　(清)趙良棟撰　清雍正七年至十三年(1729–1735)趙之垣刻本　八冊

450000 – 2601 – 0003431　藏綫 L07/5560

新增格古要論十三卷　(明)曹昭著　明萬曆刻本　六冊

450000 – 2601 – 0003432　藏綫廿 812.71/1042

弇州山人四部稿一百七十四卷目錄十二卷　(明)王世貞著　明萬曆五年(1577)王氏世經堂刻本　二十六冊　存七十八卷(一至三十三、一百三十九至一百七十四,目錄四至十二)

450000 – 2601 – 0003433　特綫 I24/2612

粵西魁卷不分卷　(清)□□輯　清末刻本　一冊

450000 – 2601 – 0003434　綫廿 818.1/7535(1)

東塾讀書記二十五卷　(清)陳澧撰　清末刻本(卷十三至十四、十七至二十、二十二至二十五原缺)　五冊

450000 – 2601 – 0003435　特綫 I24/3894

[道光十五年至光緒二十一年廣西]會試朱卷不分卷　(清)□□輯　清光緒刻本　一冊

450000 – 2601 – 0003436　綫 D97/8700(4)

仿宋嚴州本儀禮十七卷　(漢)鄭玄注　嚴本儀禮鄭氏注校錄一卷　(清)黃丕烈撰　清同治九年(1870)楚北崇文書局刻本　二冊

450000 – 2601 – 0003437　特綫 I24/4413

[道光二十年蔣琦淳]殿試卷不分卷[光緒二十年]周紹昌殿試卷不分卷　(清)□□輯　清光緒刻本　一冊

450000 – 2601 – 0003438　特綫 I24/1127

[乾隆二十五年至五十三年]橫山陳氏朱卷不分卷　(清)□□輯　清刻本　一冊

450000 – 2601 – 0003439　綫廿 813.4/4444(2)

詞律二十卷發凡一卷　(清)萬樹撰　詞律拾遺六卷　(清)徐本立撰　詞律補遺一卷韻目一卷詞人姓氏錄一卷　(清)杜文瀾編　詞律續說一卷　(清)杜文瀾纂　詞律目次一卷　(清)萬樹訂正　(清)杜文瀾校刊　清光緒二年(1876)吳下刻本　十二冊

450000 – 2601 – 0003440　綫 +390/8700(3)

仿宋嚴州本儀禮十七卷　(漢)鄭玄注　嚴本儀禮鄭氏注校錄一卷校續一卷　(清)黃丕烈撰　清同治九年(1870)楚北崇文書局刻本　二冊

450000 – 2601 – 0003441　特綫 I24/7426

[嘉慶十八年二十五年]橫山陳氏[繼昌]硃卷不分卷　(清)陳繼昌撰　清刻本　一冊

450000 – 2601 – 0003442　綫 D97/8700(5)

儀禮十七卷　(漢)鄭玄注　(唐)陸德明音義　清光緒十二年(1886)湖北官書處刻本　四冊

450000 – 2601 – 0003443　特綫 I26/2520

教育行政一卷　（清）□□輯　清宣統梧州廣
西新報鉛印本　一冊

450000 – 2601 – 0003444　特綫 I266/1003

學堂管理法一卷　（清）兩廣初級師範簡易科
館編　清光緒三十一年(1905)鉛印本　一冊

450000 – 2601 – 0003445　綫卅 112.2/2022

論語補疏三卷　（清）焦循學　清道光八年
(1828)半九書塾刻光緒二年(1876)衡陽魏氏
補修本　一冊

450000 – 2601 – 0003446　特綫 I266.4/0451

塾規二十四條一卷　（清）池生春撰　清道光
十五年(1835)粵西刻本　一冊

450000 – 2601 – 0003447　綫 +390/8700(2)

儀禮十七卷　（漢）鄭玄注　（唐）陸德明音義
　清光緒十二年(1886)湖北官書處刻本
四冊

450000 – 2601 – 0003448　綫卅 813.7/2626

桃花扇傳奇後序一卷桃花扇傳奇後序詳注四
卷　（清）吳穆撰　（清）花庭閒客編　清嘉慶
二十一年(1816)刻本　四冊

450000 – 2601 – 0003449　特綫 I52/1003

教授法一卷　（清）兩廣初級師範簡易科館編
清光緒三十一年(1905)鉛印本　一冊

450000 – 2601 – 0003450　綫卅 813.8/1028

審音鑑古錄九種五十六折續選十折　（清）王
繼善撰　清道光十四年(1834)刻本　十二冊

450000 – 2601 – 0003451　特綫 I56/3537

[光緒]灌陽龍川書院課卷四種四卷　（清）陸
樹勳等撰　清光緒稿本　四冊

450000 – 2601 – 0003452　特綫 I56/3544(3)

[光緒]桂林經古書院課卷六種六卷　（清）彭
第元等撰　清光緒稿本　六冊

450000 – 2601 – 0003453　特綫 I56/3544(1)

[光緒]桂林宣成書院課卷三種三卷　（清）陸
炳星等撰　清光緒稿本　三冊

450000 – 2601 – 0003454　特綫 I56/3544(2)

[清]桂林秀峯書院課卷五種五卷　（清）陸汝
礪等撰　清稿本　五冊

450000 – 2601 – 0003455　特綫 I666.3/4445

桂林中學堂附屬師範畢業同學錄一卷　（清）
桂林中學堂附屬師範編　清光緒三十一年至
宣統三年(1905 – 1911)刻本　一冊

450000 – 2601 – 0003456　綫卅 814.2/4448
(1)

藏園九種曲十三卷　（清）蔣士銓撰　清煥乎
堂刻本　十二冊

450000 – 2601 – 0003457　特綫 I566.4/3432

學童心得一卷　（清）沈贊清敬告　清光緒三
十一年至宣統元年(1905 – 1909)廣西高等學
堂圖書館桂林楊六也堂刻本　一冊

450000 – 2601 – 0003458　特綫 I78/0013

[宣統二年]廣西法政同學錄不分卷　（清）廣
西法政學堂輯　清宣統二年(1910)桂林學院
街蔣國文堂刻本　一冊

450000 – 2601 – 0003459　綫卅 814.2/4448
(2)

清容外集(紅雪樓九種曲)九種十三卷　（清）
蔣士銓撰　清乾隆紅雪樓刻本　六冊

450000 – 2601 – 0003460　特綫 I74/0012

廣西體用學堂[光緒]庚子課藝四卷　（清）林
章等撰　清光緒二十七年(1901)刻本　二冊
　　　存二卷(三至四)

450000 – 2601 – 0003461　特綫 I74/0062(1)

廣西體用學堂[光緒]己亥課藝二卷　（清）唐
景崧輯　清光緒二十七年(1901)桂林蔣存遠
堂刻本　二冊

450000 – 2601 – 0003462　特綫 I74/0062(2)

廣西體用學堂[光緒]己亥課藝二卷　（清）唐
景崧輯　清光緒二十七年(1901)桂林蔣存遠
堂刻本　一冊　存一卷(一)

450000 – 2601 – 0003463　綫卅 814.4/1010

玉環記二卷三十四齣　（明）□□撰　明崇禎
常熟毛氏汲古閣刻六十種曲本　二冊

450000－2601－0003464　綫廿 956/0038

元秘史李注補正十五卷　（清）高寶銓撰
（清）李文田注　清光緒二十八年(1902)刻本
二冊

450000－2601－0003465　綫廿 814.4/1035
(1)

懷永堂繪像第六才子書(西廂記)八卷　（元）
王實甫撰　（清）金人瑞評　清光緒九年
(1883)紅仙館刻本　六冊

450000－2601－0003466　綫廿 956/1714

蒙韃備錄校注一卷　（宋）孟珙撰　曹元忠校
注　清光緒二十七年(1901)刻箋經室叢書本
一冊

450000－2601－0003467　特綫 J2/0012

廣西優級師範公共科中國文學講義不分卷
（清）廣西優級師範編　清光緒三十四年至宣
統三年(1908－1911)石印本　一冊

450000－2601－0003468　特綫 J2/4328

文字發凡四卷　（清）龍志澤編輯　清光緒三
十一年(1905)上海廣智書局活版部鉛印本
四冊

450000－2601－0003469　特綫 J2/4343

文字發凡四卷　（清）龍志澤編輯　清光緒三
十一年(1905)上海廣智書局活版部鉛印本
二冊　存二卷(一至二)

450000－2601－0003470　特綫 J23/5343

詞林正韻三卷發凡一卷　（清）戈載輯　清光
緒四年(1878)臨桂王鵬運四印齋刻本　一冊

450000－2601－0003471　特綫 J26/2723

識字初階三卷　（清）侯紹宣編輯　清光緒三
十一年(1905)永善堂刻本　一冊

450000－2601－0003472　特綫 J28/0062

體用學堂[光緒]己亥課藝□□卷　（清）唐景
崧輯　清光緒二十六年至二十七年(1900－
1901)桂林楊文茂堂刻本　一冊　存一卷
(一)

450000－2601－0003473　綫廿 955.4/3114

宋史紀事本末一百九卷　（明）馮琦編　（明）
陳邦瞻增訂　（明）張溥論正　清同治十三年
(1874)江西書局刻本　二十冊

450000－2601－0003474　特綫 J28/2005(1)

鄉塾捷徑一卷　（清）□□撰　清光緒二十七
年(1901)賀經元堂刻桂林文茂鴻記印本
一冊

450000－2601－0003475　特綫 J28/2494

改良繪圖幼學雜字一卷　（清）□□撰　清光
緒刻本　一冊

450000－2601－0003476　綫廿 814.4/1035
(2)

懷永堂繪像第六才子書(西廂記)八卷　（元）
王實甫撰　（清）金人瑞評　清嘉慶三年
(1798)經義齋刻本　六冊

450000－2601－0003477　綫廿 955.4/7556

宋史紀事本末一百九卷　（明）馮琦編　（明）
陳邦瞻增訂　（明）張溥論正　清光緒十四年
(1888)廣雅書局刻本　十六冊

450000－2601－0003478　特綫 J28/2530(1)

傳家訓一卷　（清）□□撰　清宣統元年
(1909)文順堂刻本　一冊

450000－2601－0003479　特綫 J28/6421

時務三字經一卷　（清）□□撰　清光緒桂林
經合堂刻本　一冊

450000－2601－0003480　綫廿 814.4/1245

琴心記二卷四十四齣　（明）孫柚撰　明崇禎
常熟毛氏汲古閣刻六十種曲本　二冊

450000－2601－0003481　綫廿 814.4/3663
(1)

邯鄲記二卷三十齣　（明）湯顯祖撰　明崇禎
常熟毛氏汲古閣刻六十種曲本　二冊

450000－2601－0003482　綫廿 814.4/3663
(2)

牡丹亭還魂記二卷五十六齣　（明）湯顯祖編
清宣統二年(1910)上海育文書局石印本
三冊

450000 – 2601 – 0003483　綫卄 814.4/4037

笠翁傳奇十種二十卷　（清）李漁編次　清康
熙書聯屋刻本　二十冊

450000 – 2601 – 0003484　綫卄 955/0047

宋遼金元四史五種三百七卷　（清）席世臣輯
　清乾隆、嘉慶間南沙席世臣埽葉山房刻本
　三十四冊

450000 – 2601 – 0003485　特綫 K201.3/7774

賦學秘訣一卷　（清）周必超撰并書　周鼐訂
補　清道光手稿民國二十四年(1935)周鼐訂
補本　一冊

450000 – 2601 – 0003486　綫卄 814.4/4448

清容譜曲五種七卷　（清）蔣士銓填詞　清乾
隆三十八年(1773)紅雪樓刻本　四冊

450000 – 2601 – 0003487　特綫 K21/0442

謝疊山先生文章軌範七卷　（宋）謝枋得撰
（清）邱邦士評定　清末桂林暘穀謝氏家塾刻
朱墨套印本　二冊

450000 – 2601 – 0003488　特綫 K216.6/0012
（1）

[宣統元年]廣西優貢拔貢及選試職員表不分
卷　（清）□□輯　清宣統元年(1909)桂林楊
寶經堂蔣國文堂刻本　一冊

450000 – 2601 – 0003489　特綫 K21/3720

桂海文瀾集十卷　（清）張聯桂輯　清光緒二
十年(1894)桂垣書局刻本　一冊　存一卷
（二）

450000 – 2601 – 0003490　特綫 K216.6/0012
（2）

[乾隆三十三年至光緒三十三年]廣西鄉試朱
卷不分卷　（清）□□輯　清光緒三十四年
(1908)桂林刻本　二十九冊

450000 – 2601 – 0003491　特綫 K216.6/0013
（1）

廣西試牘不分卷　（清）錢福昌鑒定　清道光
十二年(1832)五雲樓刻本　二冊

450000 – 2601 – 0003492　特綫 K216.6/0013
（2）

廣西試牘不分卷　（清）錢福昌鑒定　清道光
十二年(1832)五雲樓刻本　二冊

450000 – 2601 – 0003493　特綫 K216.6/0013
（3）

[道光十一年]粵西闈墨一卷　（清）朱琦等撰
　清道光衡鑑堂刻本　一冊

450000 – 2601 – 0003494　特綫 K216.6/2723
（1）

粵西五家文鈔二十四卷　（清）侯紹瀛　（清）
謝元福輯　清光緒二十四年(1898)刻本
八冊

450000 – 2601 – 0003495　綫卄 814.5/0712
（1）

山海經存九卷首一卷　（晉）郭璞注　（清）汪
紱釋　清光緒二十一年(1895)撫立雪齋石印
汪雙池先生叢書本　四冊

450000 – 2601 – 0003496　特綫 K216.6/3041

粵西試牘不分卷　（清）官獻瑤撰　清末刻本
　一冊

450000 – 2601 – 0003497　特綫 K216.6/4438

焦窗隨筆不分卷　（清）黃述銘輯　清末抄本
　七冊

450000 – 2601 – 0003498　特綫 K217.1/0012

[咸豐十一年同治六年光緒十一年]廣西鄉試
朱卷不分卷　（清）□□輯　清光緒桂林楊鴻
文堂刻本　一冊

450000 – 2601 – 0003499　特綫 K217.1/0012

[宣統元年]廣西拔貢卷不分卷　（清）□□輯
　清宣統元年(1909)刻本　一冊

450000 – 2601 – 0003500　綫卄 815.12/1009

唐語林八卷　（清）王讜撰　清道光二十六年
(1846)宏道書院刻惜陰軒叢書本　三冊

450000 – 2601 – 0003501　特綫 K217.1/0013
（1）

[同治元年補行咸豐八年]廣西闈墨擬墨不分
卷　（清）梁德顯等撰　清同治刻藍墨套印本

一冊

450000－2601－0003502　特綫 K217.1/0013
（2）

［道光二十六年］廣西闈墨上不分卷　（清）李
肇元等撰　清道光刻本　一冊

450000－2601－0003503　特綫 K217.1/0013
（3）

［道光二十六年］廣西闈墨下不分卷　（清）李
肇元等撰　清道光刻本　一冊

450000－2601－0003504　特綫 K217.1/0013
（4）

［同治三年補行咸豐十一年］廣西闈墨擬墨不
分卷　（清）毛色馨等撰　清同治三年（1864）
刻本　一冊

450000－2601－0003505　綫廿 815.12/1042

香祖筆記十二卷　（清）王士禎撰　清乾隆刻
本　四冊

450000－2601－0003506　特綫 K217.1/0013
（5）

［光緒二十九年］廣西闈墨不分卷　（清）□□
撰　清光緒二十九年（1903）朱印本　一冊

450000－2601－0003507　綫 B312/2160（1）

論語注疏並校勘記四卷　（三國魏）何晏集解
（宋）邢昺疏　（清）阮元校勘　（清）盧宣
旬摘錄　清光緒二十九年（1903）點石齋印書
局石印本　一冊

450000－2601－0003508　綫廿 815.12/1043
（1）

池北偶談二十六卷　（清）王士禎著　清康熙
刻本　十二冊

450000－2601－0003509　綫廿 815.12/1293

北夢瑣言二十卷　（宋）孫光憲纂集　清乾隆
二十一年（1756）德州盧見曾雅雨堂刻本
四冊

450000－2601－0003510　綫廿 815.12/4048

新齊諧二十四卷　（清）袁枚編　清末石印本
一冊　存五卷（一至五）

450000－2601－0003511　綫廿 815.12/4060

太平廣記五百卷目錄十卷　（宋）李昉等撰
清嘉慶九年（1804）寶章堂刻本　五十二冊

450000－2601－0003512　綫 B312/2160（2）

十三經注疏並校勘記一百五十卷附識語四卷
（清）阮元輯　清光緒十三年（1887）點石齋
石印本　一冊　存二種六卷（論語注疏並校
勘記四卷、孝經注疏並校勘記二卷）

450000－2601－0003513　特綫 K217.1/0013
（6）

［光緒十一年］廣西闈墨擬墨不分卷　（清）劉
明華等撰　清光緒十一年（1885）朱印本
一冊

450000－2601－0003514　特綫 K217.1/0013
（7）

［光緒十五年］廣西闈墨擬墨不分卷　（清）陽
國楨等撰　清光緒十五年（1889）衡鑑堂刻本
一冊

450000－2601－0003515　綫廿 953/4260

梁書五十六卷　（唐）姚思廉撰　清同治十三
年（1874）金陵書局刻本　六冊

450000－2601－0003516　綫廿 953/6031（1）

王隱晉書地道記一卷晉太康三年地記一卷
（清）畢沅集　清乾隆四十九年（1784）鎮洋畢
氏靈巖山館西安刻經訓堂叢書本　一冊

450000－2601－0003517　綫廿 953/0043（3）

晉書一百三十卷　（唐）房玄齡等纂修　清同
治十年（1871）金陵書局刻本　二十冊

450000－2601－0003518　特綫 K217.1/0013
（8）

［光緒二十七年並補行二十六年］廣西闈墨擬
墨不分卷　（清）施獻勳等撰　清光緒二十七
年（1901）朱印本　一冊

450000－2601－0003519　特綫 K217.1/0013
（9）

［光緒二十年］廣西闈墨不分卷　（清）謝寶樹
等撰　清光緒二十年（1894）刻本　一冊

450000－2601－0003520　　特綫 K217.1/0013
（10）

[光緒五年]廣西闈墨擬作不分卷　　（清）孔慶麟等撰　　清光緒十五年(1889)衡鑑堂刻本　　一冊

450000－2601－0003521　　特綫 K217.1/0013
（11）

廣西試牘不分卷　　（清）孫欽昂鑒定　　清同治六年(1867)孫欽昂廣西提風閣刻本　　二冊

450000－2601－0003522　　特綫 K217.1/8001

[光緒十八年劉福姚]會試朱卷並履歷不分卷　　（清）劉福姚撰　　清光緒刻本　　一冊

450000－2601－0003523　　特綫 K217.4/2720

杉湖一勺課薪初集一卷　　（清）侯鯖齋主人輯　　清光緒二十八年(1902)桂林侯鯖齋刻本　　一冊

450000－2601－0003524　　特綫 K219/3730
（1）

桂海文瀾集十卷　　（清）張聯桂輯　　清光緒二十年(1894)桂垣書局刻本　　四冊　　存六卷（一至六）

450000－2601－0003525　　特綫 K219/3730
（2）

桂海文瀾集十卷　　（清）張聯桂輯　　清光緒二十年(1894)桂垣書局刻本　　六冊　　缺二卷（四、六）

450000－2601－0003526　　特綫 K219/7728

桂海文瀾二集六卷　　（清）鄧榮輔等撰　　清光緒二十二年(1896)桂垣書局刻本　　四冊

450000－2601－0003527　　特綫 K22/3134

[光緒二十九年]評選直省闈藝大全□□卷　　（清）陳樹德等撰　　清光緒石印本　　一冊　　存一卷（四）

450000－2601－0003528　　特綫 K224.2/4731
（1）

柳柳州外集一卷附錄一卷　　（唐）柳宗元撰　　清光緒四年(1878)合肥蒯氏江甯刻本　　一冊

450000－2601－0003529　　特綫 K225.1/0472

謝疊山先生文章軌範七卷　　（宋）謝枋得撰　　清刻本　　一冊　　存二卷(二至三)

450000－2601－0003530　　特綫 K225.1/1779
（1）

司馬文正公傳家集八十卷附錄二卷目錄二卷　　（清）陳宏謀輯訂　　清乾隆六年至七年(1741－1742)培遠堂刻本　　三十冊

450000－2601－0003531　　特綫 K226.4/4625

楊忠湣公遺書一卷　　（明）楊繼盛撰　　清粵西省鼓樓街尚文堂店刻本　　一冊

450000－2601－0003532　　特綫 K226.5/6645

瞿忠宣公集十卷　　（明）瞿式耜撰　　清道光十四年至十五年(1834－1835)刻本　　三冊

450000－2601－0003533　　特綫 ±915.01/
4432(3)

[光緒]廣西通志輯要十五卷續刻二卷首一卷　　（清）蘇宗經輯　　（清）羊複禮　　（清）夏敬頤增輯　　清光緒十五年(1889)桂林唐九如堂刻十六年(1890)補刻本　　十二冊

450000－2601－0003534　　特綫 K226.6/0233

靈溪時文一卷　　（清）劉定逌撰　　清光緒二十一年(1895)廣西劉燨之刻本　　一冊

450000－2601－0003535　　特綫 K226.6/1050
（1）

龍壁山房文集五卷　　（清）王拯撰　　清光緒九年至十年(1883－1884)善化向萬鑅刻本　　四冊

450000－2601－0003536　　特綫 K226.6/1222

蒿菴集三卷　　（清）張爾岐著　　清乾隆四十一年(1776)濟南蒿庵書院刻本　　二冊

450000－2601－0003537　　特綫 K226.6/2040

使粵集一卷使粵日記一卷　　（清）喬萊撰　　使粵贈言一卷　　（清）馮溥撰　　清康熙二十八年(1689)刻本　　一冊

450000－2601－0003538　　特綫 K226.6/2103

守墨齋續刻詩文稿不分卷　　（清）何應祺著

清同治十年(1871)刻本　　四冊

450000－2601－0003539　　特綫 K226.6/4210
惜抱軒文集十六卷後集十卷　　(清)姚鼐傳
清光緒九年(1883)桐城徐宗亮桂林刻本
四冊

450000－2601－0003540　　綫廿 815.12/4442
聊齋志異新評十六卷　　(清)蒲松齡著　　(清)
王士正評　　(清)但明倫新評　　(清)呂湛恩注
清末上海江左書林鉛印本　　八冊

450000－2601－0003541　　特綫 K226.6/7734
分青山房雜著不分卷　　(清)周必超撰　　周鼐
校補　　清咸豐八年(1858)稿本民國十三年至
三十年(1924－1941)周鼐補抄本　　一冊

450000－2601－0003542　　特綫 K226.6/8745
(1)
鄭小谷佚文輯錄不分卷　　(清)鄭獻甫撰　　清
咸豐六年(1856)桂林甘玉潔抄本　　二冊

450000－2601－0003543　　綫廿 815.12/6745
(2)
嘯亭雜錄十卷續錄三卷　　(清)昭槤著　　清宣
統元年(1909)中國圖書公司石印本　　四冊

450000－2601－0003544　　特綫 K226.9/0080
唐確慎公集十卷首一卷末一卷　　(清)唐鑑撰
清光緒元年至四年(1875－1878)善化賀瑗
慈谿刻本　　十冊

450000－2601－0003545　　特綫 K226.6/8745
(2)
補學軒筆記不分卷　　(清)鄭獻甫著　　(清)李
鳳華編　　清光緒十八年(1892)永福李鳳華抄
本　　一冊

450000－2601－0003546　　特綫 K226.9/1024
綠雪堂遺集二十卷　　(清)王衍梅撰　　清道光
二十年(1840)盱眙汪雲任虔州刻本　　八冊

450000－2601－0003547　　特綫 K227.1/0063
憩園文集三卷　　(清)唐景濤著　　清同治十二
年(1873)灌陽唐景濤巴陵援防捐局刻本
一冊

450000－2601－0003548　　特綫 K227.1/0162
(1)
望眉草堂文集五卷　　(清)顏嗣徽撰　　清光緒
十四年(1888)貴築顏嗣徽刻本　　一冊　　存一
卷(一)

450000－2601－0003549　　特綫 K227.1/0162
(2)
望眉草堂文集五卷　　(清)顏嗣徽撰　　清光
緒、宣統間刻本　　一冊　　存三卷(三至五)

450000－2601－0003550　　綫廿 815.12/7280
(2)
世說新語六卷　　(南朝宋)劉義慶撰　　(南朝
梁)劉孝標注　　清光緒元年(1875)湖北崇文
書局刻本　　三冊

450000－2601－0003551　　特綫 K227.4/4004
承韓軒文集一卷　　(清)李鳳華著　　清光緒二
十二年(1896)永福李吉壽桂林學院大街楊經
文堂刻貞吉堂印本　　一冊

450000－2601－0003552　　綫廿 815.12/7503
(1)
郎潛紀聞十四卷　　(清)陳康祺著　　清光緒十
年(1884)琴川刻校經山房印本　　四冊

450000－2601－0003553　　綫廿 815.12/7503
(2)
郎潛紀聞初筆七卷二筆八卷三筆六卷　　(清)
陳康祺著　　清宣統二年(1910)掃葉山房石印
本　　十冊

450000－2601－0003554　　綫廿 815.12/7752
輟畊錄三十卷　　(明)陶宗儀撰　　清光緒十一
年(1885)上海福瀛書局刻本　　八冊

450000－2601－0003555　　特綫 K234/0014
粵西逆匪詩文不分卷　　(清)□□撰　　清末抄
本　　一冊

450000－2601－0003556　　特綫 K234/0229
慕盦治心詩鈔一卷韻語一卷　　劉名譽評點輯
刻　　清光緒二十二年(1896)桂林劉名譽吳雲
記書莊鉛印本　　一冊

450000－2601－0003557　特綫 K234/1080

西舍詩鈔十六卷　（清）況澄著　清同治十三年至光緒元年(1874－1875)桂林蔣存遠堂刻登善堂印本　一冊　存二卷(十五至十六)

450000－2601－0003558　綫卄 815.2/2644

增補齊省堂儒林外史六十回　（清）吳敬梓撰　清末鉛印本　八冊

450000－2601－0003559　特綫 K234/3630

雜體詩鈔八卷詩說一卷　（清）況澄輯　清咸豐元年(1851)敦善堂刻況氏叢書本　一冊

450000－2601－0003560　綫卄 815.21/0810

繪圖增像第五才子書水滸全傳七十回　（明）施耐庵撰　（清）金聖歎評釋　清光緒十三年(1887)上海同文書局鉛印本　十二冊

450000－2601－0003561　特綫 K234/3734
(1)

合刻註釋張子房解學士千家詩講讀一卷　（明）湯顯祖註釋　清末桂林經綸堂刻本　一冊

450000－2601－0003562　綫卄 815.21/3026

警富新書四卷四十回　（清）安和撰　清宣統元年(1909)亞東書會石印本　一冊

450000－2601－0003563　特綫 K234/3793

岑溪馮少渠詩集一卷　（清）馮少渠撰　清刻本　一冊

450000－2601－0003564　特綫 K234/5090

素堂吟稿不分卷　（清）阮正惠撰　清道光稿本　一冊

450000－2601－0003565　特綫 K234/7740
(1)

古詩十九首註一卷　（清）卿彬註　清光緒六年(1880)灌水戴汝沾穀詒齋刻本　一冊

450000－2601－0003566　特綫 K234/7740
(2)

古詩十九首註一卷　（清）卿彬註　清光緒六年(1880)灌水戴汝沾穀詒齋刻本　一冊

450000－2601－0003567　綫卄 815.21/6085

精訂綱鑑廿四史通俗衍義六卷四十四回　（清）呂撫輯　清宣統元年(1909)上海章福記書局石印本　六冊

450000－2601－0003568　特綫 K234/8003

分韻試帖稿不分卷　（清）□□撰　清手抄本　一冊

450000－2601－0003569　特綫 K234/8083

笛枕山房吟草二卷　（清）余鑑海撰　清光緒二十七年(1901)平樂楊寶仁堂刻余鑑海笛枕山房印本　一冊

450000－2601－0003570　綫卄 815.21/7545

品花寶鑑六十回　（清）陳森撰　清道光二十八年至二十九年(1848－1849)幻中了幻齋刻本　二十四冊

450000－2601－0003571　綫卄 817.1/4039

左文襄公批札三卷　（清）左宗棠撰　清光緒十八年(1892)刻本　三冊

450000－2601－0003572　綫卄 817.22/0713

名賢手札不分卷　（清）郭慶藩輯　清光緒十年(1884)湘陰郭氏岵瞻堂刻本　四冊

450000－2601－0003573　綫卄 817.22/0704

名賢手札不分卷　（清）郭慶藩輯　清光緒二十五年(1899)上海文盛書局石印本　四冊

450000－2601－0003574　特綫 K234.42/6033

玉露金盤一卷　（唐）呂洞賓撰　清光緒二十五年(1899)全州楚善堂刻本　一冊

450000－2601－0003575　特綫 K234.51/4454

石湖居士詩集三十五卷　（宋）范成大撰　清康熙二十七年(1688)吳郡顧嗣皋依園刻本　六冊　存三十三卷(一至三十三)

450000－2601－0003576　特綫 K234/3732

晴山一角樓詩集不分卷　（清）潘月舫撰　清光緒稿本　一冊

450000－2601－0003577　特綫 K234.6/4023
(1)

韋盧詩外集四卷首一卷末一卷　（清）李秉禮撰　清刻本　二冊

450000 - 2601 - 0003578　綫廿 817.23/8064

曾文正公集三種十六卷　（清）曾國荃撰　清光緒二年至五年(1876 - 1879)傅忠書局刻本　十四冊

450000 - 2601 - 0003579　特綫 K234.6/4023 (2)

韋盧詩外集四卷首一卷末一卷　（清）李秉禮撰　清刻本　一冊　存三卷（一至二、首一卷）

450000 - 2601 - 0003580　特綫 K234.6/6071

芙蓉池館詩草一卷賦草一卷　（清）羅辰撰　清道光十一年(1831)刻本　二冊

450000 - 2601 - 0003581　特綫 K234.66/0490

先曾祖謝公燦章府君詩稿不分卷　（清）謝燦章撰　清同治二年(1863)謝佑邦抄本　一冊

450000 - 2601 - 0003582　特綫 K234.66/1227

松心詩集十集二十七卷　（清）張維屏撰　清道光三十年(1850)李長榮廣東刻本　六冊　存二十二卷（珠江集二卷、燕臺集一卷、燕臺二集一卷、白雲集二卷、羅浮集一卷、洞庭集一卷、燕臺四集一卷、黃梅集一卷、松茲集一卷、廣濟集一卷、襄陽集一卷、清濠集一卷、燕臺六集一卷、豫章集一卷、匡廬集一卷、桂林集一卷、花地集四卷）

450000 - 2601 - 0003583　特綫 K234.66/0800

挹蘇樓遺集三卷末一卷　（清）施彰文撰著　清咸豐、同治間古藤蘇時學刻民國十年(1921)黃華元印本　一冊　存二卷（一至二）

450000 - 2601 - 0003584　綫廿 818.1/0010 (1)

四益館經學叢書五種八卷　廖平撰　清光緒十二年(1886)成都刻本　二冊　存二種三卷（春秋左傳古義凡例一卷、今古學攷二卷）

450000 - 2601 - 0003585　特綫 K234.66/1007

春申草不分卷夢隱集不分卷　（清）丁彥臣撰　清咸豐七年至八年(1857 - 1858)稿本　一冊

450000 - 2601 - 0003586　綫廿 818.1/0010 (2)

今古學攷二卷　廖平撰　清光緒十二年(1886)成都刻四益館叢書本　二冊

450000 - 2601 - 0003587　綫廿 818.1/0010 (3)

知聖篇二卷　廖平撰　清宣統三年(1911)上海國學扶輪社鉛印張氏適園叢書本　一冊

450000 - 2601 - 0003588　綫廿 818.1/7535 (2)

東塾讀書記二十五卷　（清）陳澧撰　清末刻本（卷十三至十四、十七至二十、二十二至二十五原缺）　四冊

450000 - 2601 - 0003589　特綫 K234.66/1242 (1)

金粟山房詩草六卷　（清）張培仁撰　清道光三十年(1850)聶廷銓刻本　二冊

450000 - 2601 - 0003590　特綫 K234.66/3131

小山泉閣詩存八卷　（清）汪為霖著　清道光二十年(1840)如皋汪承鏞文園刻本　四冊

450000 - 2601 - 0003591　特綫 K234.66/1242 (2)

佚名平生遭遇詩稿十種十卷　（清）□□撰　清道光至光緒稿本　二冊

450000 - 2601 - 0003592　特綫 K234.66/3630

雜體詩鈔八卷詩說一卷　（清）況澄輯　清咸豐元年(1851)敦善堂刻況氏叢書本　三冊　存三卷（二至三、五）

450000 - 2601 - 0003593　特綫 K234.66/4023 (1)

韋盧詩內集四卷首一卷末一卷　（清）李秉禮

撰　清光緒十三年(1887)江陽官舍刻本
二冊

450000－2601－0003594　綫廿 818.1/1112
蒿菴閒話二卷　(清)張爾岐撰　清刻本
一冊

450000－2601－0003595　特綫 K234.66/
4023(2)
韋廬初集一卷續集一卷　(清)李秉禮撰
(清)李憲喬評定　清乾隆五十六年(1791)刻
本　二冊

450000－2601－0003596　綫廿 818.1/1200
(2)
札迻十二卷　(清)孫詒讓撰　清光緒二十年
(1894)刻二十一年(1895)補修本　四冊

450000－2601－0003597　特綫 K234.66/
4023(3)
韋廬詩內集四卷首一卷末一卷　(清)李秉禮
撰　清刻本　二冊

450000－2601－0003598　綫廿 818.1/1243
讀書脞錄七卷　(清)孫志祖撰　清嘉慶四年
(1799)仁和孫氏刻本　四冊

450000－2601－0003599　特綫 K234.66/
4023(4)
韋廬詩內集四卷首一卷末一卷外集四卷首一
卷末一卷賸稿一卷　(清)李秉禮著　清李聯
琇刻本　四冊

450000－2601－0003600　特綫 K234.66/
4023(2)
韋廬近集一卷　(清)李秉禮撰　(清)李憲喬
評定　清嘉慶三年(1798)刻本　一冊

450000－2601－0003601　特綫 K234.66/
4324(1)
槐廬詩學一卷　(清)龍繼棟撰　清光緒四年
(1878)京師刻本　一冊

450000－2601－0003602　綫廿 818.1/2191
義門讀書記五十八卷　(清)何焯撰　清乾隆
三十四年(1769)刻本　十冊

450000－2601－0003603　特綫 K234.66/
4382
聽之草堂詩集二十卷　(清)龔錫紳撰　清刻
本　一冊　存五卷(十四至十八)

450000－2601－0003604　特綫 K234.66/
4483(1)
綠窗吟草一卷　(清)蘇念淑撰　清同治十一
年(1872)梧城寄廬刻本　一冊

450000－2601－0003605　綫廿 818.1/2504
羣書札記十六卷　(清)朱亦棟學　清光緒四
年(1878)武林竹簡齋刻本　五冊

450000－2601－0003606　綫廿 818.1/3135
述學外篇一卷別錄一卷校勘記一卷　(清)汪
中撰　清同治八年(1869)刻本　一冊

450000－2601－0003607　特綫 K234.66/
7734(1)
分青山房詩鈔不分卷詩草不分卷　(清)周必
超撰　清咸豐、同治間稿本　二冊

450000－2601－0003608　綫廿 818.1/3191
天下郡國利病書一百二十卷　(清)顧炎武輯
清末慎記書莊石印本　十八冊

450000－2601－0003609　綫廿 818.1/4033
敬齋古今黈八卷　(元)李冶撰　清刻本
二冊

450000－2601－0003610　綫廿 818.1/4221
文苑英華辨證十卷首一卷　(宋)彭叔夏撰
清刻本　二冊

450000－2601－0003611　特綫 K234.66/
7782
林泉餘韻詩集一卷　(清)周篯齡撰　清光緒
三十年(1904)大興謝光綺桂林賀廣文刻本
一冊

450000－2601－0003612　特綫 K234.66/
8720
缾水齋詩集十七卷　(清)舒位撰　清光緒十
二年(1886)鐵嶺魯山刻十三年(1887)任邱邊
保樞補刻本　六冊

450000 – 2601 – 0003613　　特綫 K234.66/
8720

缾水齋詩別集二卷詩話一卷　（清）舒位撰
清光緒十七年(1891)任邱邊保樞刻本　一冊

450000 – 2601 – 0003614　　綫廿 818.1/4425

義府二卷　（清）黃生撰　清道光二十二年
(1842)歙縣黃氏刻本　一冊

450000 – 2601 – 0003615　　綫廿 818.1/4440

攷古質疑六卷　（宋）葉大慶撰　清光緒四年
(1878)仁和葛氏嘯園刻嘯園叢書本　二冊

450000 – 2601 – 0003616　　綫廿 818.1/4444

困學紀聞集證二十卷首一卷末一卷　（清）萬希
槐綴輯　清嘉慶八年(1803)聚秀堂刻本　八冊

450000 – 2601 – 0003617　　特綫 K234.69/
4033

杉湖酬唱詩畧二卷　（清）李宗瀚　（清）鄧顯
鶴撰　清道光二年(1822)臨川李宗瀚桂林刻
本　二冊

450000 – 2601 – 0003618　　特綫 K234.69/
4473

巢雲樓存詩一卷　（清）蔣勵宣撰　清嘉慶二
十三年(1818)清湘蔣勵宣刻本　一冊

450000 – 2601 – 0003619　　特綫 K234.69/
7782

補拙齋詩鈔□□卷　（清）鄧錫俊撰　清末刻
本　一冊　存三卷(四至六)

450000 – 2601 – 0003620　　特綫 K234.68/
0011

西粵二子文不分卷　（清）龍嶼　（清）唐一飛
撰　清乾隆七年(1742)刻本　一冊

450000 – 2601 – 0003621　　綫廿 818.1/6051

眼學偶得一卷　羅振玉撰　清光緒十七年
(1891)刻本　一冊

450000 – 2601 – 0003622　　特綫 K234.68/
0436

樹經堂詠史詩八卷　（清）謝啟昆撰　清嘉慶
刻本　四冊

450000 – 2601 – 0003623　　特綫 K234.7/2584

朱竹軒詩鈔不分卷　（清）朱竹軒撰　清光緒
抄本　一冊

450000 – 2601 – 0003624　　綫廿 818.15/1000
(1)

困學紀聞注二十卷　（元）王應麟撰　（清）翁
元圻輯注　清道光五年(1825)杭州愛日軒陸
貞一董刻本　六冊　存十卷(三、六至十、十
七至二十)

450000 – 2601 – 0003625　　特綫 K234.7/4265

[清道光乙巳丙午間]致翼堂詩鈔不分卷
（清）彭昱堯著　清道光二十五年至二十六年
(1845 – 1846)稿本　一冊

450000 – 2601 – 0003626　　特綫 K234.7/4265

[清道光丁未戊申間]致翼堂詩鈔不分卷
（清）彭昱堯著　清道光、咸豐間臨桂龍啟瑞
抄本　與 450000 – 2601 – 0003625 合一冊

450000 – 2601 – 0003627　　綫廿 818.4/3308

楹聯叢話十二卷續話四卷　（清）梁章鉅撰
清道光二十二年(1842)沭陽呂恩湛長沙府署
刻本　六冊

450000 – 2601 – 0003628　　特綫 K234.7/7782

補拙齋試帖一卷賦一卷　（清）鄧錫俊撰　清
末刻本　一冊

450000 – 2601 – 0003629　　特綫 K234.71/
1214(1)

延秋吟館詩鈔四卷　（清）張聯桂撰　清光緒
十一年至十二年(1885 – 1886)刻本　一冊

450000 – 2601 – 0003630　　特綫 K234.71/
1214(2)

延秋吟館詩鈔四卷　（清）張聯桂撰　清光緒
十一年至十二年(1885 – 1886)刻本　一冊

450000 – 2601 – 0003631　　綫廿 818.5/2023

香艷叢書二十集八十卷　（清）張廷華撰　清
宣統元年(1909)上海國學扶輪社鉛印本　四
十一冊　存四十一卷(一集一至二,四集一、
三,五集二、四,七集四卷,八集一至二、四,九
集三至四,十集一、四,十一集一至二、四,十

二集二至三,十三集四卷,十四集二至三,十
五集三至四,十六集三,十七集二,十八集一
至三,十九集四卷,二十集一至二)

450000 – 2601 – 0003632　特綫 K234.71/
1214(2)

延秋吟館詩續鈔四卷　(清)張聯桂撰　清光緒
十八年(1892)江都張聯桂粵西節署刻本　一冊

450000 – 2601 – 0003633　特綫 K234.71/
3420

蓮潔集三種五卷　(清)謝鑰撰　清咸豐六年
(1856)刻本　二冊

450000 – 2601 – 0003634　綫廿 818.6/4403

古謠諺一百卷　(清)杜文瀾輯　清咸豐十一
年(1861)曼陀羅華閣刻曼陀羅華閣叢書本
十五冊

450000 – 2601 – 0003635　特綫 K234.73/
0063

憩園詩集三卷　(清)唐景濤著　清末刻本
一冊

450000 – 2601 – 0003636　特綫 K234.73/
0821

磊園詩鈔四卷　(清)許延徽著　清咸豐十年
(1860)稿本　四冊

450000 – 2601 – 0003637　綫廿 818.7/7519

瓏欑僊館彙輯二十世紀奇書四種二十四卷
(清)陳琰編輯　清宣統三年(1911)上海六藝
書局石印本　四冊

450000 – 2601 – 0003638　特綫 K234.73/
2520

獨秀峰題壁三十首一卷　(清)□□撰　清末
抄本　一冊

450000 – 2601 – 0003639　特綫 K234.73/
4331

浣月山房詩外集二卷別集二卷　(清)龍啟瑞
撰　清抄本　二冊

450000 – 2601 – 0003640　特綫 K234.73/
8745

幽女詩集一卷　(清)鄭獻甫撰　清咸豐五年
(1855)鄭獻甫補學軒刻桂林學院大街石萃文
堂印本　一冊

450000 – 2601 – 0003641　綫廿 818.7/4444

璇璣碎錦二卷　(清)萬樹著　清光緒十三年
(1887)古歙方元溥刻本　二冊

450000 – 2601 – 0003642　綫廿 818.7/8004
(1)

酒令叢鈔四卷　(清)俞敦培輯　清光緒四年
(1878)蕕雲軒刻本　二冊

450000 – 2601 – 0003643　綫廿 818.7/8004
(2)

酒令叢鈔四卷　(清)俞敦培輯　清光緒四年
(1878)蕕雲軒刻本　六冊

450000 – 2601 – 0003644　特綫 K234.74/
1214

平樂覃節婦詩傳并鬱林孝子周延琛事傳不分卷
(清)秦煥輯　清光緒十五年(1889)刻本　一冊

450000 – 2601 – 0003645　特綫 K234.74/
2603

吳文達公詩賦遺稿鈔本彙集不分卷　(清)吳
文達撰　清抄本　一冊

450000 – 2601 – 0003646　綫廿 818.8/1040

學史四十八卷　(清)王希廉輯　清光緒二年
(1876)上海申報館鉛印本　八冊

450000 – 2601 – 0003647　特綫 K234.74/
4280

南鴻後集一卷三集一卷　(清)姚鵠撰　清宣
統二年(1910)石印本　一冊

450000 – 2601 – 0003648　特綫 K234.74/
4482

螺峰詩集一卷　(清)林毓峰撰　清抄本　一冊

450000 – 2601 – 0003649　特綫 K234.74/
7530

井觀山房詩草一卷　(清)陸濟撰　清光緒二
十七年(1901)刻本　一冊

450000 – 2601 – 0003650　綫廿 818.8/1102

（1）

舒藝室隨筆六卷　（清）張文虎撰　清同治十
三年(1874)金陵冶城賓館刻覆瓿集本　二冊

450000－2601－0003651　綫廿 818.8/1102
（2）

舒藝室隨筆六卷　（清）張文虎撰　清同治十
三年(1874)金陵冶城賓館刻覆瓿集本　二冊

450000－2601－0003652　特綫 K236/3672

粵西詞見二卷　況周儀撰錄　清光緒二十二
年(1896)金陵刻二十三年(1897)揚州蘇唱街
聚文齋李姓刻字店印本　一冊

450000－2601－0003653　綫廿 818.8/1213

古香齋鑒賞袖珍春明夢餘錄七十卷　（清）孫
承澤著　清光緒九年(1883)廣州惜分陰館刻
本　二十四冊

450000－2601－0003654　特綫 K236/7731

心日齋十六家詞錄二卷　（清）周之琦輯　清
道光二十四年(1844)木活字印本　一冊

450000－2601－0003655　綫廿 818.8/1241

餘墨偶談八卷　（清）孫橒編　清同治十二年
(1873)豫章饒新泉雙峰書屋刻本　四冊

450000－2601－0003656　綫廿 818.8/2101

鍾山札記四卷　（清）盧文弨撰　清乾隆五十
五年(1790)抱經堂刻抱經堂叢書本　四冊

450000－2601－0003657　特綫 K236/8080

白石道人歌曲四卷別集一卷　（宋）姜夔著
清光緒十年(1884)娛園刻榆園叢刻本　一冊

450000－2601－0003658　綫廿 818.8/2808
（1）

玉芝堂談薈三十六卷　（明）徐應秋輯　清康
熙四十二年(1703)刻本　二十二冊　缺三卷
（十五至十六、十九）

450000－2601－0003659　特綫 K24/4448

桂林霜二卷　（清）蔣士銓撰　（清）楊迎鶴正
譜　（清）張三禮評文　清乾隆紅雪樓刻紅雪
樓九種曲本　二冊

450000－2601－0003660　特綫 K254/6024

**民族小說洪秀全演義二卷續二卷三續二卷四
續二卷**　嵋世次郎(黃小配)撰　清光緒三十
二年(1906)上海廣益書局石印本　一冊

450000－2601－0003661　特綫 K266.6/2510

來鶴山房文鈔二卷　（清）朱琦著　清咸豐四
年(1854)臨桂唐氏涵通樓刻涵通樓師友文鈔
本　一冊

450000－2601－0003662　特綫 K266.9/6010

月滄文集六卷　（清）呂璜著　清光緒二十四
年(1898)刻粵西五家文鈔本　一冊

450000－2601－0003663　特綫 K267.4/0247

劉徵君佚稿輯存一卷演說彙編一卷　（清）劉
士驥撰　清光緒三十一年(1905)惠愛四約文
茂印務局鉛印本　一冊

450000－2601－0003664　綫 909/8023

萬國史畧備覽六卷德國軍制述要一卷　（清）
曾紀澤編閱　（清）張斯栒繙譯　（德國）來春
石泰述　沈敦和　（清）錫樂巴譯　清光緒刻
本　六冊

450000－2601－0003665　綫廿 818.8/7754
（1）

酉陽雜俎二十卷續集十卷　（唐）段成式撰　清
道光二十九年(1849)小嫏嬛山館刻本　六冊

450000－2601－0003666　特綫 K267/4331

龍啟瑞文抄不分卷　（清）龍啟瑞撰　清抄本
一冊

450000－2601－0003667　特綫 K267/7794

八股文集鈔不分卷　（清）吳肇邦等撰　清臨
桂周炳翰抄本　一冊

450000－2601－0003668　特綫 K267.1/3420

篋外錄一卷　（清）謝觙撰　清咸豐六年
(1856)刻本　一冊

450000－2601－0003669　綫廿 818.8/7754
（2）

酉陽雜俎二十卷　（唐）段成式撰　清光緒三
年(1877)湖北崇文書局刻本　四冊

450000－2601－0003670　特綫 K267.4/3730

桐陰清話八卷　（清）倪鴻撰　清同治十三年（1874）申江刻本　四冊

450000－2601－0003671　特綫 K269/3308（1）

楹聯叢話十二卷續話四卷　（清）梁章鉅輯　清道光二十六年（1846）刻本　六冊

450000－2601－0003672　綫 901/0024（1）

世界文明史一卷　（日本）高山林次郎撰　商務印書館譯　清光緒二十九年（1903）上海商務印書館鉛印歷史叢書本　一冊

450000－2601－0003673　特綫 K269/3308（6）

楹聯叢話十二卷　（清）梁章鉅輯　清道光二十年（1840）福州梁章鉅桂林署齋刻本　四冊

450000－2601－0003674　綫 901/0024（2）

世界文明史一卷　（日本）高山林次郎撰　商務印書館譯　清光緒二十九年（1903）上海商務印書館鉛印歷史叢書本　一冊

450000－2601－0003675　特綫 K269/4012

博愛錄不分卷　（清）李琪華編　清光緒三十三年（1907）稿本　一冊

450000－2601－0003676　特綫 K269/6645

明瞿忠宣公手札及臘丸書不分卷　（明）瞿式耜撰　清光緒三十四年（1908）上海國學保存會石印明代名人尺牘七種本　一冊

450000－2601－0003677　綫 901/2742（1）

新史學一卷　（日本）浮田和民講撰　（清）侯士綰譯　清光緒二十八年（1902）上海文明書局鉛印本　二冊

450000－2601－0003678　綫 901/2742（2）

新史學一卷　（日本）浮田和民講撰　（清）侯士綰譯　清光緒二十八年（1902）上海文明書局鉛印本　二冊

450000－2601－0003679　綫 901/3262

新史學一卷　（日本）浮田和民講撰　（清）侯士綰譯　清光緒二十八年（1902）上海文明書局鉛印本　一冊

450000－2601－0003680　特綫 K269/7433（1）

陳文恭公手札節要三卷　（清）陳宏謀撰　（清）陳法輯　清同治七年（1868）崇文書局刻本　一冊

450000－2601－0003681　特綫 K269/7433（2）

培遠堂手札二卷　（清）陳宏謀著　清宣統元年至二年（1909－1910）上海掃葉山房石印本　一冊

450000－2601－0003682　綫 902/4472

歷代帝王年表萬年甲子全圖不分卷　（清）舊學山房主人輯　清光緒二十五年（1899）舊學山房刻本　二冊

450000－2601－0003683　特綫 K269/7433（3）

培遠堂偶存稿三卷　（清）陳宏謀著　清同治八年（1869）清泉王之春刻本　三冊

450000－2601－0003684　特綫 K269/7433（4）

培遠堂手札節存三卷　（清）陳宏謀著　清同治十三年（1874）桂林唐濟刻本　三冊

450000－2601－0003685　特綫 K269/7433（5）

培遠堂偶存稿四十八卷　（清）陳宏謀著　（清）龍錫慶重訂　清光緒二十二年（1896）鄂藩署木活字印本　二十四冊

450000－2601－0003686　綫 909/4072

十九世紀大勢變遷通論一卷　（日）大隈重信等撰　（清）吳銘譯　清光緒二十八年（1902）上海廣智書局鉛印本　一冊

450000－2601－0003687　特綫 K269/7734

書翰集錦不分卷　（清）周必超等撰　清道光、咸豐間稿本　一冊

450000－2601－0003688　特綫 K271/1046

三世因果說一卷　（唐）呂巖撰　清光緒二十二年（1896）桂林楊占元堂刻本　一冊

450000－2601－0003689　特綫 K271/2123

何仙姑寶卷二卷　（清）□□撰　清光緒二十年（1894）全州楚善堂刻本　一冊

450000－2601－0003690　特綫 K271/2733

賢良詞一卷　□□撰　清宣統三年（1911）全州楚善堂刻本　一冊

450000－2601－0003691　特綫 K271/4523（1）

新刻韓仙寶傳一卷　□□撰　清光緒十年（1884）萃英堂刻本　一冊

450000－2601－0003692　綫 902/4428

四裔編年表四卷　（美國）林樂知　嚴良勳譯　（清）李鳳苞彙編　清同治十三年（1874）江南製造總局刻本　四冊

450000－2601－0003693　特綫 K271/4523（2）

新刻韓仙寶傳一卷　□□撰　清光緒十年（1884）萃英堂刻本　一冊

450000－2601－0003694　綫 902/4074

四裔編年表四卷　（美國）林樂知　嚴良勳譯　（清）李鳳苞彙編　清同治十三年（1874）江南製造總局刻本　四冊

450000－2601－0003695　綫 909/4428

埏紘外乘二十五卷　（美國）林樂知　嚴良勳譯　埏紘外乘續編一卷補遺一卷　（美國）衛理譯　（清）汪振聲述　清光緒二十一年（1895）江南製造局刻本　四冊　缺十四卷（一至十四）

450000－2601－0003696　綫 909/2427

萬國史畧六卷　（美國）彼德巴厘撰　（清）陳壽彭譯　清光緒三十二年（1906）金陵江楚編譯官書局石印本　四冊

450000－2601－0003697　特綫 L37/3432（1）

謝啓發山水畫冊不分卷　（清）謝啓發畫　清稿本　一冊

450000－2601－0003698　特綫 L37/3432（2）

謝啓發山水畫冊并自跋不分卷　（清）謝啓發畫並撰　清稿本　一冊

450000－2601－0003699　特綫 L34/1238

張樹珊墓誌一卷　（清）陳澧譔文　（清）李文田篆額　（清）張裕釗書丹　清宣統二年（1910）武昌湖北官書處石印本　一冊

450000－2601－0003700　特綫 L35/1233

論畫集刻十二種十四卷　（清）張祥河訂　清光緒三十二年至三十三年（1906－1907）錢塘徐思潮自怡堂木活字印本　二冊

450000－2601－0003701　特綫 L37/6070（1）

桂林山水不分卷　（清）羅辰繪　清道光十一年（1831）刻本　二冊

450000－2601－0003702　特綫 L37/6070（2）

桂林山水不分卷　（清）羅辰繪　清道光十一年（1831）刻本　二冊

450000－2601－0003703　特綫 L37/6070（3）

桂林山水不分卷　（清）羅辰繪　清道光十一年（1831）刻本　一冊

450000－2601－0003704　特綫 L37/6070（4）

桂林山水不分卷　（清）羅辰繪　清道光十一年（1831）刻本　一冊

450000－2601－0003705　綫 909.08/8300（1）

十九世紀大勢略論一卷　（日本）加藤弘之著　（清）養浩齋主人輯譯　清光緒二十八年（1902）上海廣智書局鉛印史學小叢書本　一冊

450000－2601－0003706　綫 909.08/8300（2）

十九世紀大勢略論不分卷　（日本）加藤弘之著　（清）養浩齋主人輯譯　清光緒二十八年（1902）上海廣智書局鉛印史學小叢書本　一冊

450000－2601－0003707　特綫 M3/1084

五公救劫回生經一卷　□□撰　清宣統元年（1909）廣西刻本　一冊

450000－2601－0003708　特綫 M3/4028（1）

真經合編一卷　釋志公輯　清刻本　一冊

450000－2601－0003709　特綫 M3/4028（2）

真經合刻一卷　□□輯　清光緒十二年
（1886）全州西門外楚善堂刻本　一冊

450000－2601－0003710　綫 910/3142

地理人文關係論一卷　（清）□□撰　清光緒
三十二年（1906）江楚編譯官書局石印本
一冊

450000－2601－0003711　特綫 M3/4706

金剛般若波羅蜜經一卷　（後秦）釋鳩摩羅什
譯　（清）周顯祥書　清桂林雲峰寺釋長德刻
本　一冊

450000－2601－0003712　特綫 M4/5308

感應篇直講一卷　（清）□□撰　清光緒十九
年（1893）桂林省城內鼓樓口街楊尚文堂刻本
一冊

450000－2601－0003713　綫 910/8024（1）

海道圖說十五卷附長江圖說一卷　（英國）金
約翰輯　（英國）傅蘭雅　（美國）金楷理口譯
（清）王德均筆述　清光緒二十二年（1896）
上海書局石印本　八冊

450000－2601－0003714　綫 910/8024（2）

海道圖說十五卷附長江圖說一卷　（英國）金
約翰輯　（英國）傅蘭雅　（美國）金楷理口譯
（清）王德均筆述　清同治十三年（1874）江
南製造局刻本　十冊

450000－2601－0003715　特綫 M4/7723

文昌帝君孝經一卷　（明）邱仲深註　（清）吳
雲莊補註　（清）徐餌珊旁註　清光緒五年
（1879）桂林學院大街黃益友堂刻本　一冊

450000－2601－0003716　綫 ±912/7120

歷代地理沿革圖一卷　（清）六嚴輯　（清）馬
徵麟補輯　清同治十年至十一年（1871－
1872）合肥李鴻章金陵刻雙色套印李氏五種
本　一冊

450000－2601－0003717　特綫 M9/1071（1）

玉歷至寶編一卷附錄一卷　□□撰　清光緒

九年（1883）熊鳳儀桂林西華門街楊占元堂刻
本　一冊

450000－2601－0003718　特綫 M9/1071（2）

玉歷至寶編一卷附錄一卷　□□撰　清光緒
十二年（1886）康山馬孚式桂林全文堂刻本
一冊

450000－2601－0003719　特綫 M9/1071（3）

玉歷至寶編一卷附錄一卷　□□撰　清光緒
十二年（1886）桂林省城鼓樓大街楊尚文堂刻
本　一冊

450000－2601－0003720　特綫 M9/3196

返性圖五集一卷　□□撰　清桂林府刻本
一冊

450000－2601－0003721　綫 913.5/3261（1）

金石三例三種十五卷　（清）盧見曾輯　（清）
王芑孫評　清光緒四年（1878）南海馮氏讀有
用書齋刻朱墨套印本　二冊

450000－2601－0003722　特綫 M9/4243

二十二史感應錄二卷　（清）彭希涑輯　清道
光二十七年（1847）吳興鄭祖琛粵西節署刻本
一冊

450000－2601－0003723　特綫 M9/4485

董公擇要一卷玉匣記金符經九星吉凶附例一
卷　（明）董潛撰　清宣統二年（1910）桂林全
文堂刻本　一冊

450000－2601－0003724　特綫 M9/7614

求雨書不分卷　（清）陽玉松抄　清光緒十九
年（1893）龍化觀陽玉松抄本　一冊

450000－2601－0003725　特綫 M9/8010

關帝明聖真經不分卷　□□撰　清光緒十二
年（1886）桂林省城鼓樓下街楊尚文堂刻十四
年（1888）臨桂趙光瀛印本　一冊

450000－2601－0003726　綫 913.5/6051

淮陰金石僅存錄一卷附編一卷補遺一卷　羅
振玉撰　清光緒鉛印本　一冊

450000－2601－0003727　綫 914/3002

泰西各國采風記五卷時務論一卷　宋育仁編

清光緒二十二年（1896）袖海山房石印本
四冊

450000 - 2601 - 0003728　綫±915/1731
水經注四十卷首一卷　（北魏）酈道元撰　清
光緒三年（1877）湖北崇文書局刻本　十二冊

450000 - 2601 - 0003729　綫±915/3705
皇朝輿地通考二十三卷　（清）通文主人輯
清光緒二十九年（1903）上海通文書局石印本
四十冊

450000 - 2601 - 0003730　特綫 P15/0013
兩廣初級師範簡易科館幾何畫講義一卷
（清）兩廣初級師範簡易科館編　清光緒三十
一年（1905）鉛印本　一冊

450000 - 2601 - 0003731　170/1031（2）
中等教育倫理學二編　（日本）元良勇次郎著
麥鼎華譯　清光緒三十三年（1907）上海廣
智書局八版鉛印本　一冊

450000 - 2601 - 0003732　特綫 R/8074
粵璞五卷　（清）金熙坊譔　清抄本　一冊

450000 - 2601 - 0003733　特綫 R7/1003
兩廣初級師範簡易科館動物學講義一卷
（清）兩廣初級師範簡易科館編　清光緒三十
一年（1905）鉛印本　一冊

450000 - 2601 - 0003734　特綫 S2/5048
達生篇一卷　（清）亟齋居士編　（清）顧奉璋
增纂　**救急篇一卷**　（清）顧氏編　（清）顧奉
璋增纂　清嘉慶九年（1804）小岑居士桂林刻
本　一冊

450000 - 2601 - 0003735　特綫 S247/2520
推拿小兒手法秘傳不分卷　□□撰　清嘉慶
十四年（1809）抄本　一冊

450000 - 2601 - 0003736　特綫 S271/2642
異授眼科一卷　程松崖編　清光緒二年
（1876）桂林劉薈浦貴陽潘濟湖桂林省鼓樓街
楊尚文堂刻本　一冊

450000 - 2601 - 0003737　特綫 S272/1222
時疫白喉捷要一卷　（清）張紹修著　清光緒

十四年（1888）桂林愛經善堂刻培文堂印本
一冊

450000 - 2601 - 0003738　特綫 S277/2320
女科仙方二卷　（清）傅青主著　清同治十三
年（1874）孝友堂柳府凌元堂刻本　二冊

450000 - 2601 - 0003739　特綫 S278/1707
增補達生編三卷　（清）亟齋居士編　（清）俞
廷舉補正　清同治三年（1864）清湘俞旭全州
集賢堂刻本　一冊

450000 - 2601 - 0003740　特綫 S278/4418
大生要旨五卷　（清）唐千頃撰　（清）江楨訂
福幼編一卷　（清）莊一夔著　（清）海慶訂
遂生編一卷　（清）莊一夔著　清光緒十年
（1884）桂林鼓樓街楊尚文堂刻字店刻本
二冊

450000 - 2601 - 0003741　特綫 S279/2633
（1）
保嬰易知錄二卷　（清）吳甯瀾撰　清毓芝堂
刻桂林賀廣文堂印本　二冊

450000 - 2601 - 0003742　特綫 S279/2633
（2）
保嬰易知錄二卷　（清）吳甯瀾撰　清毓芝堂
刻桂林賀廣文堂印本　一冊　存一卷（上）

450000 - 2601 - 0003743　特綫 S279/2654
增訂痘疹輯要四卷　（清）白振斯增訂　清光
緒二十一年（1895）藏書山房刻桂林依仁坊口
賀廣文堂印本　二冊

450000 - 2601 - 0003744　特綫 S28/2741（1）
驗方新編十六卷末一卷　（清）鮑相璈編輯
清光緒五年（1879）經綸堂刻本　五冊

450000 - 2601 - 0003745　特綫 S28/2741（2）
驗方新編二十四卷　（清）鮑相璈編輯　清光
緒四年（1878）梅啟照浙江刻本民國十年
（1921）杭縣顧松慶印本　十六冊

450000 - 2601 - 0003746　特綫 S28/4337
方驗輯成一卷　（清）龍敬業堂輯　清道光二
十年（1840）桂林龍敬業堂刻本　一冊

450000 – 2601 – 0003747　　特綫 S28/5525（1）

急救經驗良方一卷　（清）□□撰　清光緒五年(1879)廣西省城西華門大街蔣文成堂刻本　一冊

450000 – 2601 – 0003748　　特綫 S28/5525（2）

急救經驗良方一卷　（清）□□撰　清光緒五年(1879)廣西省城西華門大街蔣文成堂刻本　一冊

450000 – 2601 – 0003749　　特綫 T65/4473

栽苎麻法略二十九則一卷　（清）黃厚裕著　清宣統元年(1909)海豐張鳴岐廣西木活字印本　一冊

450000 – 2601 – 0003750　　綫 ±915.001/0014

水道提綱二十八卷　（清）齊召南撰　清光緒二十三年(1897)古香閣書局石印本　四冊

450000 – 2601 – 0003751　　特綫 T95/6060

蠶桑實濟六卷　易星撰　清光緒十六年(1890)安陽馬丕瑤粵西刻朱墨套印本　一冊　存二卷(一至二)

450000 – 2601 – 0003752　　綫 ±915.001/1731

水經注四十卷首一卷　（北魏）酈道元撰　清光緒三年(1877)湖北崇文書局刻本　十二冊

450000 – 2601 – 0003753　　特綫 Z7/1242

妙香室叢話十四卷　（清）張培仁編輯　清光緒十年(1884)申報館鉛印本　六冊

450000 – 2601 – 0003754　　藏綫廿 114.1/1150

墨子經說二卷　（戰國）墨翟撰　（清）張惠言注　清光緒二十二年(1896)周子尊抄本　鄭文焯清光緒批校題跋　陳柱、馮振民國題記　一冊

450000 – 2601 – 0003755　　特綫 Z7/2284

論義新編三卷　（清）三昧齋主人輯　清光緒二十八年(1902)桂林三昧齋刻本　二冊

450000 – 2601 – 0003756　　綫 ±915.001/7535

水經注西南諸水考三卷　（清）陳澧撰　清道光二十七年(1847)刻本　一冊

450000 – 2601 – 0003757　　綫 ±915.002/0014

水道提綱二十八卷　（清）齊召南編錄　清光緒五年(1879)宏達堂刻宏達堂叢書本　六冊

450000 – 2601 – 0003758　　綫 ±915.002/4913（1）

水經注箋刊誤十二卷　（清）趙一清撰　清乾隆五十一年(1786)趙氏小山堂刻本　三冊

450000 – 2601 – 0003759　　綫 ±915.002/4913（2）

水經注釋四十卷首一卷附錄二卷　（清）趙一清錄　清乾隆五十一年(1786)趙氏小山堂刻本　七冊

450000 – 2601 – 0003760　　綫 ±915.004/2624

天下名山記不分卷　（清）吳秋士撰　清光緒三十二年(1906)成都二仙庵刻重刊道藏輯要本　六冊

450000 – 2601 – 0003761　　平 150.7/0103

最新心理學教科書不分卷　（清）龔誠編著　清光緒三十二年(1906)上海文明書局鉛印本　一冊

450000 – 2601 – 0003762　　特綫 Z824.61/1032（1）

陽明先生集要理學編四卷經濟編七卷文章編四卷　（明）王陽明撰　（清）施四明評輯　陽明先生[王守仁]年譜一卷　（清）□□撰　清光緒三十一年至三十二年(1905 – 1906)桂林書局桂林蔣存遠堂刻本　十冊

450000 – 2601 – 0003763　　特綫 Z824.61/1032（2）

陽明先生集要理學編四卷經濟編七卷文章編四卷　（明）王陽明撰　（清）施四明評輯　陽明先生[王守仁]年譜一卷　（清）□□撰　清光緒三十一年至三十二年(1905 – 1906)桂林書局桂林蔣存遠堂刻本　十冊

450000 – 2601 – 0003764　　特綫 Z824.66/8745（1）

鄭小谷先生全集六種四十三卷　（清）鄭獻甫著　清同治八年至光緒五年(1869 – 1879)刻湖南文昌書局印本　二十六冊

450000 – 2601 – 0003765　綫 915.2/4433

日本國志四十卷首一卷　（清）黃遵憲編纂
清光緒十六年（1890）羊城富文齋刻本　十冊

450000 – 2601 – 0003766　特綫 Z824.66/8745
（2）

鄭小谷先生全集六種四十三卷　（清）鄭獻甫
著　清同治八年至光緒五年（1869 – 1879）刻
湖南文昌書局印本　二十八冊

450000 – 2601 – 0003767　綫 ±915.3313/
6035

西湖游覽志二十四卷志餘二十六卷圖一卷
（明）田汝成撰　清光緒二十二年（1896）錢塘
丁氏嘉惠堂刻本　十六冊

450000 – 2601 – 0003768　綫 ±915.44/1126

蒙古游牧記十六卷　（清）張穆撰　清同治六
年（1867）壽陽祁氏刻本　四冊

450000 – 2601 – 0003769　特綫 Z9/4320（1）

五經四書論義合編五卷　（清）三味齋主人輯
　清光緒二十七年（1901）桂林鳳凰下街三味
齋刻本　四冊　缺一卷（二）

450000 – 2601 – 0003770　特綫 Z9/4320（2）

五經四書論義合編五卷　（清）侯鯖齋主人輯
　清光緒二十七年（1901）侯鯖齋刻本　四冊
存四卷（一至四）

450000 – 2601 – 0003771　特綫 ±041.5/8725

鄭小谷先生全集六種四十三卷　（清）鄭獻甫
著　清同治八年至光緒五年（1869 – 1879）刻
湖南文昌書局印本　二十八冊

450000 – 2601 – 0003772　特綫 ±041.5/0131

龍啟瑞文集七種二十四卷　（清）龍啟瑞撰
清光緒四年至七年（1878 – 1881）京師刻本
十冊

450000 – 2601 – 0003773　特綫 +015.1/4445

廣西存書目錄五卷　（清）桂垣書局撰　清光
緒十六年（1890）桂垣書局稿本　一冊

450000 – 2601 – 0003774　特綫 016.028/0131

經籍舉要附家塾課程告示不分卷　（清）龍啟

瑞撰　清光緒十九年（1893）中江講院刻本
一冊

450000 – 2601 – 0003775　特綫 016.028/1133
（1）

書目答問四卷　（清）張之洞撰　清光緒十九
年（1893）桂垣書局桂林蔣存遠堂刻本　二冊

450000 – 2601 – 0003776　特綫 016.028/1133
（2）

書目答問四卷　（清）張之洞撰　清光緒十九
年（1893）桂垣書局桂林蔣存遠堂刻本　二冊

450000 – 2601 – 0003777　特綫 ±016.041/
0131（1）

經籍舉要附家塾課程告示不分卷　（清）龍啟
瑞撰　尊經閣募捐藏書章程祀典錄不分卷藏
書目一卷中江講院建立經誼治事兩齋章程一
卷　（清）□□撰　清光緒十九年（1893）中江
講院刻本　一冊

450000 – 2601 – 0003778　特綫 ±016.041/
0131（2）

經籍舉要附家塾課程告示不分卷　（清）龍啟
瑞撰　清光緒十九年（1893）中江講院刻本
一冊

450000 – 2601 – 0003779　特綫 ±041/7227
（1）

初學源例編不分卷　劉名譽輯撰　清末抄本
一冊

450000 – 2601 – 0003780　綫廿 920/0077

尚友錄二十二卷補遺一卷　（明）廖用賢編纂
（清）張伯琮補輯　清乾隆刻本　二十二冊

450000 – 2601 – 0003781　特綫 ±041/7227
（2）

初學源例編不分卷　劉名譽輯撰　清光緒二
十八年（1902）劉氏樹園刻本　一冊

450000 – 2601 – 0003782　綫廿 920.1/0077
（2）

尚友錄二十二卷補遺一卷　（明）廖用賢編纂
（清）張伯琮補輯　清乾隆浙蘭五鳳樓刻本
二十二冊

450000－2601－0003783　綫廿 920.1/1712（2）

西南紀事十二卷　（清）邵廷采撰　清光緒十年(1884)邵武徐榦刻邵武徐氏叢書初刻本　二冊

450000－2601－0003784　特綫 ±041.8/1212

岳麓先生十室遺語十二卷　（清）蔣勵常撰（清）蔣琦齡編注　清同治五年(1866)蔣琦齡刻全州蔣氏叢刻本　二冊

450000－2601－0003785　綫廿 920.1/2089

合刻延平四先生年譜四卷　（清）毛念恃輯　清康熙福建刻本　二冊

450000－2601－0003786　特綫 108/3513（1）

聖祖仁皇帝庭訓格言一卷　（清）聖祖玄燁撰　清光緒十七年(1891)桂垣書局桂林蔣存遠堂刻本　一冊

450000－2601－0003787　特綫 108/3513（2）

聖祖仁皇帝庭訓格言一卷　（清）聖祖玄燁撰　清光緒十七年(1891)桂垣書局桂林蔣存遠堂刻本　一冊

450000－2601－0003788　特綫 108/3513（3）

聖祖仁皇帝庭訓格言一卷　（清）聖祖玄燁撰　清光緒十七年(1891)桂垣書局桂林蔣存遠堂刻本　一冊

450000－2601－0003789　綫廿 920.1/3092

四書古人典林十二卷　（清）江永編　清乾隆三十九年(1774)集道堂刻本　五冊

450000－2601－0003790　綫廿 920.1/3145（2）

史外八卷　（清）汪有典撰　清同治四年(1865)蜀中陝甘公所刻本　八冊

450000－2601－0003791　特綫 ±041.5/7530（1）

榕門全集十六種二百五十七卷　（清）陳宏謀撰　清乾隆至道光刻道光十七年(1837)培遠堂印本　九十六冊

450000－2601－0003792　綫廿 920.1/6033

歷代名賢齒譜九卷　（清）易宗涒輯　清雍正十三年(1735)湘陰易宗涒賜書堂刻本　十七冊

450000－2601－0003793　綫廿 920.1/7210

理學宗傳辨正十六卷　（清）劉廷詔撰　清同治十一年(1872)六安求我齋刻本　六冊

450000－2601－0003794　綫廿 920.151/7110

疇人傳四十六卷　（清）阮元撰　清光緒八年(1882)海鹽張氏堂悸齋刻本　十冊

450000－2601－0003795　綫廿 920.3/7237

人譜一卷人譜類記二卷　（明）劉宗周撰　清同治七年(1868)蕺山書院刻本　二冊

450000－2601－0003796　特綫 108/5055

庸行編八卷　（清）史典輯　（清）牟允中參補　清光緒二十二年(1896)桂垣書局桂林蔣存遠堂刻本　八冊

450000－2601－0003797　特綫廿 111/0114（1）

周易擬象二卷　（清）龔延壽著　清光緒九年(1883)稿本　一冊

450000－2601－0003798　特綫廿 111/0114（2）

周易史證二卷　（清）龔延壽著　清光緒十年(1884)稿本　一冊　存一卷(上)

450000－2601－0003799　特綫廿 111/0021

周易觀玩三卷　（清）唐仁纂著　清抄本　一冊

450000－2601－0003800　特綫廿 112.41/7530（1）

大學衍義輯要六卷　（宋）真德秀撰　（清）陳宏謀纂　清乾隆元年至二年(1736－1737)桂林陳宏謀雲南刻本　二冊

450000－2601－0003801　特綫廿 112/0114

文廟聖賢典型四卷　（清）龔延壽纂　清光緒七年(1881)稿本　四冊

450000－2601－0003802　特綫廿 112.41/7530（2）

大學衍義補輯要十二卷首一卷　（明）邱濬撰
（清）陳宏謀纂輯　清道光二十二年（1842）
寶恕堂刻本　十二冊

450000－2601－0003803　特綫卄 112.41／
7530（3）

大學衍義補輯要十二卷首一卷　（明）邱濬撰
（清）陳宏謀纂輯　清道光二十二年（1842）
寶恕堂刻本　十二冊

450000－2601－0003804　綫卄 920.4／7454

帝王廟諡年諱譜一卷　（清）陸費墀撰　清道
光四年（1824）揚州阮福刻本　一冊

450000－2601－0003805　特綫卄 112.9／7530
（1）

呂子節錄四卷　（明）呂坤著　（清）陳宏謀評
輯　清鬱林刻本　一冊　存一卷（四）

450000－2601－0003806　綫卄 920.41／4430

元和姓纂十卷　（唐）林寶撰　清光緒六年
（1880）金陵書局刻本　四冊

450000－2601－0003807　特綫卄 112.9／7530
（2）

呂子呻吟語節鈔六卷　（明）呂坤撰　（清）陳
宏謀評輯　清同治十年（1871）刻本　二冊

450000－2601－0003808　綫卄 920.42／8346
（1）

元史氏族表三卷　（清）錢大昕撰　清同治、
光緒間江蘇書局刻本　三冊

450000－2601－0003809　特綫卄 112.9／7530
（3）

呂子節錄四卷補遺二卷　（明）呂坤著　（清）
陳宏謀評輯　清嘉慶刻道光印本　四冊

450000－2601－0003810　綫卄 920.42／8346
（2）

元史氏族表三卷　（清）錢大昕撰　清同治、
光緒間江蘇書局刻本　三冊

450000－2601－0003811　特綫卄 117.3／1076

陽明先生集要理學編四卷經濟編七卷文章編
四卷　（明）王陽明撰　（清）施四明評輯　陽

明先生［王守仁］年譜一卷　□□撰　清光緒
三十一年至三十二年（1905－1906）桂林書局
桂林蔣存遠堂刻本　十冊

450000－2601－0003812　特綫卄 171／4436
（1）

教士彙編二卷　（清）蔣啟敔撰　清咸豐六年
（1856）刻本　一冊

450000－2601－0003813　特綫卄 171／4436
（2）

教士彙編二卷　（清）蔣啟敔撰　清咸豐六年
（1856）刻本　一冊

450000－2601－0003814　綫卄 920.5／3441

倪高士［瓚］年譜一卷　（清）沈世良編　清宣
統元年（1909）番禺沈氏刻本　一冊

450000－2601－0003815　特綫 171／4479

養正編一卷　（清）蔣勵常輯　清刻本　一冊

450000－2601－0003816　特綫 171／7530（1）

養正遺規二卷補編一卷　（清）陳宏謀編輯
清光緒三十四年（1908）學部圖書局石印本
二冊

450000－2601－0003817　綫卄 920.5／1132

張中丞事實集錄二卷附後一卷　（清）王德茂
輯　清光緒二十四年（1898）劉志中鎮江城南
運河邊都天廟刻本　二冊

450000－2601－0003818　特綫 171／7233

三難通解訓言一卷學規附課程一卷　（清）劉
定逌撰　清光緒十九年（1893）張聯桂桂林秀
峰書院刻本　一冊

450000－2601－0003819　特綫 171／7530（2）

養正遺規二卷補編一卷　（清）陳宏謀編輯
清光緒二十一年（1895）浙江書局刻五種遺規
本　二冊

450000－2601－0003820　綫卄 920.5／7282

王船山先生［夫之］年譜二卷　（清）劉毓崧編
清光緒十二年（1886）江南書局刻本　二冊

450000－2601－0003821　特綫 171／7530（3）

養正遺規二卷　（清）陳宏謀編輯　清光緒元

年（1875）倪昌燮鋤經書舫刻本　一冊

450000－2601－0003822　特綫 171/8032

居家必讀書一卷　（清）曾泫仁編輯　清同治
十三年（1874）羅汝瑜李鍾英刻光緒八年
（1882）增修本　一冊

450000－2601－0003823　綫廿 920.51/1272

孔子［丘］年譜輯註一卷　（清）江永著
（清）黃定宜輯注　清道光二十七年（1847）萍
鄉文晟刻本　一冊

450000－2601－0003824　特綫 171/9019

訓蒙五倫編一卷　（清）松峯山人輯　清光緒
二十八年（1902）玉林楊雲錦樓刻本　一冊

450000－2601－0003825　綫 920/1134

泰西各國名人言行錄十六卷　（清）張兆蓉輯
清光緒二十九年（1903）明達聖教會石印本
三冊

450000－2601－0003826　綫廿 920.01/2834

增補泰西名人傳六卷附泰西地與圖一卷
（清）徐滙報館編譯　（清）徐心鏡增訂　清光
緒二十九年（1903）石印本　二冊　缺二卷
（五至六）

450000－2601－0003827　特綫 173/4462

宦游家訓一卷　（清）封昌熊著　清光緒二十
年（1894）刻本　一冊

450000－2601－0003828　特綫 290/2838

新刻陳宏謀批評記史通鑑三十九卷　（清）徐
道述　（清）李理贊　清刻本　二十冊

450000－2601－0003829　綫廿 920.04/2204
（1）

絕代偉人傳略一卷　（清）蘇州崇辨蒙塾編譯
清光緒二十八年（1902）蘇州開智書室刻本
一冊

450000－2601－0003830　綫廿 920.04/2204
（2）

絕代偉人傳略一卷　（清）蘇州崇辨蒙塾編譯
清光緒二十八年（1902）蘇州開智書室刻本
一冊

450000－2601－0003831　綫廿 920.04/2204
（3）

絕代偉人傳略一卷　（清）蘇州崇辨蒙塾編譯
清光緒二十八年（1902）蘇州開智書室刻本
一冊

450000－2601－0003832　綫廿 920.04/2204
（4）

絕代偉人傳略一卷　（清）蘇州崇辨蒙塾編譯
清光緒二十八年（1902）蘇州開智書室刻本
一冊

450000－2601－0003833　綫廿 920.05/0017

日本近世豪傑小史四卷　商務印書館編譯所
編輯　清光緒二十九年（1903）上海商務印書
館鉛印本　一冊

450000－2601－0003834　綫廿 920.05/7757

大日本中興先覺志二卷　（日本）岡本監輔撰
清光緒二十七年（1901）開導社刻本　二冊

450000－2601－0003835　綫 922/2632

釋迦譜十卷　（南朝齊）釋僧佑譔　清光緒三
十四年（1908）武昌刻本　四冊

450000－2601－0003836　特綫 ± 327.61/
1007

兩廣各屬學務公所署章一卷　（清）兩廣學務
處撰　清光緒三十四年（1908）惠愛四約文茂
印務局鉛印本　一冊

450000－2601－0003837　特綫 +336.5/7202

廣西財政沿革利弊說明書十三卷首一卷
（清）唐鑑等編輯　清宣統二年（1910）廣西官
書局鉛印本　十四冊

450000－2601－0003838　特綫 ± 353.014/
7530/7530

培遠堂偶存堂文檄四十八卷　（清）陳宏謀著
清道光十七年（1837）培遠堂刻本　二十
四冊

450000－2601－0003839　綫 923.2/4224

泰西政治學者列傳一卷　（日本）彬山藤次郎
編纂　（清）廣東青年譯　清光緒二十八年
（1902）上海廣智書局鉛印傳記小叢書本

450000 – 2601 – 0003840　綫 923.2/7137(1)

維新三傑三卷　(日本)北村紫山著　(清)馬汝賢譯　清光緒二十七年(1901)勵學譯社商務印書館鉛印本　一冊

450000 – 2601 – 0003841　綫 923.2/7137(2)

維新三傑三卷　(日本)北村紫山著　(清)馬汝賢譯　清光緒二十七年(1901)勵學譯社商務印書館鉛印本　一冊

450000 – 2601 – 0003842　綫 937/0733

羅馬史二卷附年譜一卷　(日本)占部百太郎撰　(清)陳時夏等譯　清光緒二十九年(1903)上海商務印書館鉛印歷史叢書本　二冊

450000 – 2601 – 0003843　特綫 ± 353.0828/2284

岑襄勤公奏槀三十卷首一卷總目一卷　(清)岑毓英撰　誥授光祿大夫贈太子太傅雲貴總督岑襄勤公[毓英]神道碑一卷　(清)張裕釗撰　清光緒二十三年(1897)武昌督糧官署止複園朱印本　三十二冊

450000 – 2601 – 0003844　綫 937/4469

羅馬志畧十三卷首一卷附中西羅馬年表一卷　(清)□□撰　清光緒二十二年(1896)上海著易堂書局鉛印本　一冊

450000 – 2601 – 0003845　綫 937/6074

羅馬志畧十三卷首一卷附中西羅馬年表一卷　(清)□□撰　清光緒十二年(1886)總稅務司刻本　一冊

450000 – 2601 – 0003846　綫 940/7235

歐洲史畧十三卷圖一卷　(清)□□撰　清光緒二十四年(1898)石印本　一冊

450000 – 2601 – 0003847　特綫 365/0014

廣西模範監獄教誨書四卷　(清)廣西模範監獄編　清宣統木活字印本　一冊　存二卷(一至二)

450000 – 2601 – 0003848　特綫 ± 375.1091/

2110

最新蒙學地理讀本不分卷　(清)何烈文撰　清光緒三十二年(1906)刻本　一冊

450000 – 2601 – 0003849　特綫 378.75/0013

廣西學界第一次游藝會全案一卷　(清)廣西官報處編輯　清光緒三十三年(1907)鉛印本　一冊

450000 – 2601 – 0003850　特綫 379.14/7707

奏定學務綱要節錄一卷奏定學堂管理通則一卷　(清)張百熙等撰　清光緒三十年至三十四年(1904 – 1908)鉛印本　一冊

450000 – 2601 – 0003851　特綫 380/4445

興商條議十二條不分卷　(清)黃榜書撰　清光緒二十九年至三十二年(1903 – 1906)稿適園遺稿本　一冊

450000 – 2601 – 0003852　特綫 ± 390/7481

禮記精義鈔畧十卷　(清)陸錫璞輯　清道光二十七年(1847)大盛堂刻本　八冊

450000 – 2601 – 0003853　特綫 廿 428/8012

會元千字文一卷　(清)□□撰　清光緒十三年(1887)平樂陽瑞記刻本　一冊

450000 – 2601 – 0003854　特綫 510/2824(1)

學一齋算學問答一卷　(清)徐紹楨閱定　清光緒二十五年(1899)刻本　一冊

450000 – 2601 – 0003855　特綫 510/2824(2)

學一齋句股代數草二卷　(清)徐紹楨閱定(清)嚴槐林等算　清光緒二十四年(1898)刻本　二冊

450000 – 2601 – 0003856　特綫 510/2824(3)

學一齋算課草四卷　(清)徐紹楨閱定　清光緒二十三年(1897)桂林刻本　二冊

450000 – 2601 – 0003857　特綫 510.5/2530

算學報二期二卷　(清)朱憲章等撰　清光緒二十五年(1899)桂林刻本　二冊

450000 – 2601 – 0003858　特綫 511.2/9029

新鐫校正指明演算法二卷　(明)夏源澤撰　清尚綸堂刻本　一冊　存一卷(上)

450000－2601－0003859　特綫 513.1/2824

句股通義三卷　（清）徐紹楨學　清光緒十四年(1888)刻本　一冊

450000－2601－0003860　特綫 521/8201

天學淺說一卷　（清）鍾章元著　清光緒鍾氏刻紅柿山房印本　一冊

450000－2601－0003861　特綫廿 610/1078

醫醫醫三卷　（清）于風八箸　清宣統元年(1909)廣州清風橋文茂印局活字本　一冊

450000－2601－0003862　特綫廿 610/4032
（1）

醫學指南諸症五卷諸方五卷　（清）韋進德編輯　清咸豐八年(1858)勞崇光刻光緒三十三年(1907)謝光綺補刻桂林江南會館印本　二十冊

450000－2601－0003863　特綫廿 610/4032
（2）

醫學指南諸症五卷諸方五卷　（清）韋進德編輯　清咸豐八年(1858)勞崇光刻桂林楊鴻文堂印本　十二冊　存八卷(諸症一至二、四至五,諸方二至五)

450000－2601－0003864　綫 940/8041(1)

[光緒二年]西國近事彙編四卷　（美國）金楷理口譯　（清）蔡錫齡筆述　清光緒二年(1876)上海機器製造局鉛印本　四冊

450000－2601－0003865　綫 943/1133

普法戰紀十四卷　（清）張宗良口譯　（清）王韜輯撰　清同治十二年(1873)中華印務總局鉛印本　八冊

450000－2601－0003866　綫廿 950.7/3479

諸史攷異十八卷　（清）洪頤煊撰　清光緒十五年(1889)廣雅書局刻本　二冊　存十四卷（一至十四）

450000－2601－0003867　綫廿 950.4/4065
（2）

十七史商榷一百卷　（清）王鳴盛譔　清光緒十九年(1893)廣雅書局刻本　十四冊

450000－2601－0003868　特綫廿 754.5/3373

草字編摘要三卷首一卷　（清）梁民憲撰　清咸豐九年(1859)竹深荷淨齋刻同治六年(1867)印本　一冊

450000－2601－0003869　綫廿 950.4/6051

五史斠議五卷　羅振玉學　清光緒二十九年(1903)刻本　一冊

450000－2601－0003870　特綫廿 617/3305
（1）

不知醫必要四卷後一卷　（清）梁廉夫著　清光緒七年(1881)岑春煊粤東文華閣書局刻本　四冊

450000－2601－0003871　特綫廿 617/3305
（2）

不知醫必要四卷後一卷　（清）梁廉夫著　清光緒十七年(1891)岑春煊益元堂刻本　二冊　存二卷（一、三）

450000－2601－0003872　特綫廿 611/8233

傷寒括要一卷　（清）鍾遠洋著　清光緒三十四年(1908)鬱林鍾章元刻小天別墅印本　一冊

450000－2601－0003873　特綫廿 615/1021

痘疹心法歌訣一卷附看痘法一卷麻疹一卷　（明）聶尚恒撰　（清）必良齋主人改編　清光緒二十八年(1902)桂林王輔街楊六也堂刻本　一冊

450000－2601－0003874　特綫廿 617/2457

普濟應驗良方八卷末一卷　（清）德軒氏撰　清光緒二十五年(1899)桂垣書局刻本　一冊

450000－2601－0003875　特綫 630.9/1122

日本北海道第二拓地殖民要錄一卷　（清）張仁任譯述　清光緒三十四年(1908)廣西官書局鉛印本　一冊

450000－2601－0003876　特綫 633.5/4445

棉業改良發明書六卷附記一卷　（清）趙志松譯　清宣統元年(1909)廣州總商會報鉛印本　一冊

450000 - 2601 - 0003877　　特綫 638.2/6060

蠶桑實濟六卷　易星撰　清光緒十六年
(1890)安陽馬丕瑤粵西刻朱墨套印本　二冊
　　存二卷(一至二)

450000 - 2601 - 0003878　　綫廿 951/1779(5)

司馬溫公稽古錄二十卷　(宋)司馬光撰　清
同治十一年(1872)湖北崇文書局刻本　四冊

450000 - 2601 - 0003879　　綫廿 951/2226

續支那通史二卷　(日本)山峯畯藏著　(清)
漢陽青年編　清光緒三十年(1904)崇實書局
再版石印本　八冊

450000 - 2601 - 0003880　　特綫 803/4479

類藻引注四卷　(清)蔣勵常注　清咸豐六年
(1856)刻本　一冊

450000 - 2601 - 0003881　　特綫廿 811.12/
1012

澹香齋詠史詩一卷　(清)王廷紹撰　清光緒
十七年(1891)桂垣書局桂林蔣存遠堂刻本
一冊

450000 - 2601 - 0003882　　特綫未 0026

詳註聊齋志異圖詠十六卷首一卷　(清)蒲松
齡著　(清)呂湛恩註　清光緒十二年(1886)
上海同文書局石印本　七冊

450000 - 2601 - 0003883　　特綫廿 811.12/
3632

雜體詩鈔八卷詩說一卷　(清)況澄輯　清咸
豐元年(1851)敦善堂刻況氏叢書本　八冊

450000 - 2601 - 0003884　　綫廿 951/2779(2)

二十四史九通政典類要合編三百二十卷
(清)黃書霖輯　清光緒二十八年(1902)約雅
堂石印本　五十九冊　缺八卷(一至八)

450000 - 2601 - 0003885　　綫廿 951/2779(1)

二十四史九通政典類要合編三百二十卷
(清)黃書霖輯　清光緒二十八年(1902)約雅
堂石印本　六十冊

450000 - 2601 - 0003886　　特綫廿 811.12/
7227

慕盦治心詩鈔一卷韻語一卷　劉名譽評點輯
刻　清光緒二十二年(1896)桂林劉名譽吳雲
記書莊鉛印本　一冊

450000 - 2601 - 0003887　　特綫廿 811.13/
7530

參訂古文詳解評註八卷　(清)陳宏謀輯　清
乾隆七年(1742)翰選樓刻本　五冊

450000 - 2601 - 0003888　　特綫廿 811.81/
4412

白華之什一卷奏牘一卷　(清)蔣綺齡等撰
清同治刻本　一冊

450000 - 2601 - 0003889　　特綫廿 811.82/
0062(1)

詩畸八卷外編二卷　(清)唐景崧輯　清光緒
十九年(1893)刻得一山房四種本　四冊

450000 - 2601 - 0003890　　特綫廿 811.82/
0062(2)

詩畸八卷外編二卷　(清)唐景崧輯　清光緒
十九年(1893)刻得一山房四種本　三冊

450000 - 2601 - 0003891　　特綫廿 811.82/
0492(1)

誌別錄不分卷　(清)謝光綺等撰　清光緒十
五年(1889)謝光綺桂林省府前大街蔣尚文堂
刻本　二冊

450000 - 2601 - 0003892　　特綫廿 811.82/
0492(2)

誌別錄不分卷　(清)謝光綺等撰　清光緒十
五年(1889)謝光綺桂林省府前大街蔣尚文堂
刻本　一冊

450000 - 2601 - 0003893　　特綫廿 811.82/
1122(2)

樾湖十子詩鈔二十二卷　(清)汪運等撰　清
同治六年至七年(1867 - 1868)江夏張凱嵩刻
本　八冊

450000 - 2601 - 0003894　　綫廿 951/3503(1)

二十四史三千二百六十七卷　(清)沈德潛等
編校　清光緒十年(1884)上海同文書局石印
本　六百七十五冊　缺一種一百五十卷(舊

五代史一百五十卷）

450000－2601－0003895　綫廿951/3513

御批通鑑綱目三編一百四卷 （宋）朱熹撰
（清）聖祖玄燁御批　清光緒十三年(1887)上
海同文書局石印本　二十四冊

450000－2601－0003896　綫廿951/4363

支那教學史略三卷 （日本）狩野良知著　清
光緒二十八年(1902)上海商務印書館鉛印本
一冊

450000－2601－0003897　綫廿951/4424（2）

通志二百卷附欽定通志考證三卷 （宋）鄭樵
撰　清光緒二十二年(1896)浙江書局刻九通
本　二百冊

450000－2601－0003898　綫廿951/4424（3）

文獻通考三百四十八卷附欽定通志考證三卷
（元）馬端臨撰　清光緒二十二年(1896)浙
江書局刻九通本　一百五十冊

450000－2601－0003899　特綫廿811.82/
2723

北陵遺韻一卷 （清）侯紹瀛輯　清光緒十二
年(1886)桂林侯紹瀛睢甯刻本　一冊

450000－2601－0003900　特綫廿811.12/
3308

銅鼓聯吟集四卷首一卷 （清）梁章鉅輯　清
道光十七年(1837)刻本　一冊

450000－2601－0003901　特綫廿811.82/
6030

齊昌去思篇二卷 （清）易道庸等撰　清同治
十一年(1872)墨池書院刻本　二冊

450000－2601－0003902　特綫廿811.82/
6070

海寧州勸賑唱和詩四卷 （清）易鳳庭輯　清
嘉慶二十年(1815)易鳳庭海寧州署刻本
四冊

450000－2601－0003903　特綫廿811.83/
0072（1）

涵通樓師友文鈔六種九卷 （清）唐啟華輯

清咸豐四年(1854)臨桂唐啟華涵通樓刻本
八冊

450000－2601－0003904　綫廿951/4424（4）

通典二百卷附欽定通典考證一卷 （唐）杜佑
撰　清光緒二十二年(1896)浙江書局刻九通
本　五十冊

450000－2601－0003905　特綫廿811.83/
0072（2）

涵通樓師友文鈔六種九卷附三種三卷 （清）
唐啟華輯　清咸豐四年(1854)臨桂唐啟華涵
通樓刻本　四冊　缺一卷(柏梘山房文鈔上)

450000－2601－0003906　綫廿951/4424（5）

欽定續通典一百五十卷 （清）曹仁虎等纂修
清光緒十二年(1886)浙江書局刻九通本
四十冊

450000－2601－0003907　特綫廿811.83/
0072（3）

涵通樓師友文鈔六種九卷附三種三卷 （清）
唐啟華輯　清咸豐四年(1854)臨桂唐啟華涵
通樓刻本　六冊　缺一種二卷(柏梘山房文
鈔二卷)

450000－2601－0003908　特綫廿811.83/
4430

桂海文瀾集三集□□卷 （清）張聯桂輯　清
光緒二十年(1894)桂垣書局刻本　一冊　存
一卷

450000－2601－0003909　特綫廿812.42/
5500

曹從事詩集一卷 （唐）曹唐撰　清刻本
一冊

450000－2601－0003910　綫廿951/4424（6）

欽定續通志六百四十卷 （清）曹仁虎等纂修
清光緒十二年(1886)浙江書局刻九通本
二百冊

450000－2601－0003911　特綫廿812.71/
4460

重刻蔣文定公湘皋集四十卷 （明）蔣冕撰
清嘉慶二十一年(1816)清湘闔邑紳士刻忠雅

堂印本　十二冊

450000－2601－0003912　綫廿 951/4424(7)

欽定續通考二百五十卷　（清）曹仁虎等纂修
　清光緒十三年(1887)浙江書局刻九通本
　一百二十冊

450000－2601－0003913　綫廿 951/4424(8)

皇朝通典一百卷　（清）永瑢等撰　清光緒八
年(1882)浙江書局刻九通本　四十冊

450000－2601－0003914　綫廿 951/4424(9)

皇朝通志一百二十六卷　（清）永瑢等撰　清
光緒八年(1882)浙江書局刻九通本　四十冊

450000－2601－0003915　特綫廿 812.73/
5722(1)

鐔津文集十九卷首一卷　（宋）釋契嵩撰　清
光緒二十八年(1902)揚州藏經院刻本　四冊

450000－2601－0003916　特綫廿 812.73/
5722(2)

鐔津文集十九卷首一卷　（宋）釋契嵩撰　清
光緒二十八年(1902)揚州藏經院刻本　二冊
　存七卷(十三至十九)

450000－2601－0003917　綫 M/2011

四教考略一卷　（英國）季理斐輯著　清宣統
二年(1910)上海廣學會商務印書館鉛印本
一冊

450000－2601－0003918　綫 M2/3449

續原教論一卷　（明）沈士榮著　清嘉慶三年
(1798)成都文殊院刻本　一冊

450000－2601－0003919　特綫廿 812.81/
0022

**郢雪齋纂稿前集二卷後集四卷附錄一卷井徑
政畧一卷**　（清）高熊徵著　**鄉賢錄一卷**
（清）□□輯　清道光三十年(1850)粵西梧郡
岑邑高氏宗祠刻本　九冊

450000－2601－0003920　特綫廿 812.81/
0434(1)

謝梅莊先生遺集八卷西北域記一卷　（清）謝
濟世著　趙炳麟輯　清光緒三十四年(1908)

全州趙炳麟鉛印本　二冊

450000－2601－0003921　特綫廿 812.81/
0434(2)

**謝梅莊先生遺集八卷西北域記一卷離騷解一
卷**　（清）謝濟世著　清末石印本　二冊

450000－2601－0003922　特綫廿 812.81/
0434(3)

謝梅莊先生雜著十二卷　（清）謝濟世著　清
光緒十年(1884)長沙梁家鈺寄生草堂刻本
四冊

450000－2601－0003923　特綫廿 812.81/
0434(4)

謝梅莊先生雜著十二卷　（清）謝濟世著　清
光緒十年(1884)長沙梁家鈺寄生草堂刻本
二冊　存七卷(六至十二)

450000－2601－0003924　綫 M3/0020(1)

般若波羅密多心經淺釋一卷　（唐）釋玄奘譯
　梅光羲淺釋　清宣統元年(1909)梅氏刻本
一冊

450000－2601－0003925　綫 M3/0020(2)

般若波羅密多心經淺釋一卷　（唐）釋玄奘譯
　梅光羲淺釋　清宣統元年(1909)梅氏刻本
一冊

450000－2601－0003926　特綫廿 812.81/
2106

蜀游鴻雪集二卷　（清）何慶恩著　清同治三
年(1864)宕渠鄧錫俊等刻本　二冊

450000－2601－0003927　特綫廿 812.81/
4412(1)

空青水碧齋詩集十二卷補遺一卷文集八卷
（清）蔣琦齡撰　清光緒十一年(1885)刻本
十冊

450000－2601－0003928　特綫廿 812.81/
4412(2)

空青水碧齋詩集十二卷補遺一卷文集八卷
（清）蔣琦齡撰　清光緒十一年(1885)刻本
七冊　存十四卷(詩集一至九、文集三至七)

450000－2601－0003929　綫 M3/0030

般若波羅蜜多心經添足一卷　（唐）釋玄奘譯　（明）釋弘贊述　清同治十三年(1874)西蜀文殊院刻本　一冊

450000－2601－0003930　綫 M3/0036

玄門日誦一卷　（清）□□撰　清同治十二年(1873)武林弼教坊瑪瑙寺明臺經房刻本　一冊

450000－2601－0003931　綫 M3/1031(1)

佛說觀無量壽佛經一卷　（南朝宋）釋畺良耶舍譯　清同治十年(1871)金陵刻經處刻本　一冊

450000－2601－0003932　綫 M3/1034

瑜珈燄口施食要集不分卷　（清）釋定菴撰　清刻本　一冊

450000－2601－0003933　綫 M3/1053

佛說摩訶阿彌陀經一卷　（清）魏會譯　（清）王耕心衷論　清光緒三十年(1904)刻本　一冊

450000－2601－0003934　特綫廿 812.81/4440

樂閒齋存稿不分卷　（清）蘇懿諧撰　清末抄本　二十一冊

450000－2601－0003935　特綫廿 812.81/4456

曉山雜稿二卷　（清）葛東昌著　清刻本　一冊　存一卷(一)

450000－2601－0003936　特綫廿 812.81/8725

補學軒文甲集四卷乙集二卷詩集八卷　（清）鄭獻甫撰　清咸豐十一年(1861)刻本　七冊　存九卷(文甲集一、三至四,文乙集二卷,詩集三至六)

450000－2601－0003937　特綫廿 812.82/0027(1)

頗亭軒集一卷至山集一卷　（清）龐嶼撰　清刻本　一冊

450000－2601－0003938　特綫廿 812.82/0024

冬榮堂集四種八十卷　（清）廖鼎聲撰　清光緒二十三年(1897)酒泉刻本　十二冊　缺一種二十二卷(鐵漢子詩草初編十二卷、二編十卷)

450000－2601－0003939　特綫廿 812.82/0041(1)

得一山房詩集二卷　（清）唐懋功撰　清光緒十九年(1893)刻本　一冊

450000－2601－0003940　特綫廿 812.82/0041(2)

得一山房詩集二卷　（清）唐懋功撰　清光緒十九年(1893)刻本　一冊

450000－2601－0003941　特綫廿 812.82/0182(1)

聽之草堂詩集二十卷　（清）龔錫紳撰　清道光三十年(1850)亦政堂刻本　四冊

450000－2601－0003942　特綫廿 812.82/0182(2)

聽之草堂詩集二十卷　（清）龔錫紳撰　清道光三十年(1850)亦政堂刻本　四冊

450000－2601－0003943　特綫廿 812.82/1012(1)

澹香齋詠史詩一卷　（清）王廷紹撰　清光緒十七年(1891)桂垣書局桂林蔣存遠堂刻本　一冊

450000－2601－0003944　特綫廿 812.82/1012(2)

澹香齋詠史詩一卷　（清）王廷紹撰　清光緒十七年(1891)桂垣書局桂林蔣存遠堂刻本　一冊

450000－2601－0003945　特綫廿 812.82/1012(3)

澹香齋詠史詩一卷　（清）王廷紹撰　清光緒十七年(1891)桂垣書局桂林蔣存遠堂刻本　一冊

450000－2601－0003946　綫 M3/1700

靈峰蕅益大師梵室偶談一卷 （明）釋智旭述
徹悟禪師語錄二卷 （清）釋徹悟述 （清）
釋了亮等集 清同治十年(1871)南京金陵刻
本 一冊

450000－2601－0003947 綫 M3/2430(1)

賢首五教儀開蒙一卷 （清）釋續法集 清光
緒二年(1876)長沙刻經處刻本 一冊

450000－2601－0003948 特綫廿 812.82/
1057(1)

龍壁山房詩草十七卷 （清）王拯著 清咸豐
九年(1859)桂林楊博文堂刻本 五冊

450000－2601－0003949 特綫廿 812.82/
1057(2)

龍壁山房詩草十七卷 （清）王拯著 清咸豐
九年(1859)桂林楊博文堂刻本 六冊

450000－2601－0003950 特綫廿 812.82/
1057(3)

龍壁山房詩草十七卷 （清）王拯著 清咸豐
九年(1859)桂林楊博文堂刻本 四冊 存十
卷(一至十)

450000－2601－0003951 特綫廿 812.82/
1057(4)

龍壁山房詩草十七卷 （清）王拯著 清刻本
四冊

450000－2601－0003952 特綫廿 812.82/
1057(5)

龍壁山房詩草十二卷 （清）王拯著 清咸豐
九年(1859)王拯京師刻本 二冊

450000－2601－0003953 綫 M3/2430(2)

大乘起信論直解二卷 （明）釋德清述 清乾
隆十六年(1751)海幢經房刻本 二冊

450000－2601－0003954 特綫廿 812.82/
1033(1)

養拙齋詩十五卷附錄一卷 （清）王必達撰
清光緒十六年至十九年(1890－1893)刻本
四冊

450000－2601－0003955 特綫廿 812.82/
1033(2)

養拙齋詩十五卷附錄一卷 （清）王必達撰
清光緒十六年至十九年(1890－1893)刻本
八冊

450000－2601－0003956 綫 M3/2430(3)

大佛頂如來密因修證了義諸菩薩萬行首楞嚴
經通義十卷補遺一卷首楞嚴經懸鏡一卷首楞
嚴經通議略科題辭一卷 （明）釋德清撰 清
光緒二十年(1894)金陵刻經處刻本 六冊

450000－2601－0003957 綫 M3/2430(4)

性相通說一卷 （明）釋德清撰 清同治十二
年(1873)金陵刻經處刻本 一冊

450000－2601－0003958 綫 M3/2430(5)

性相通說一卷 （明）釋德清撰 清同治十二
年(1873)金陵刻經處刻本 一冊

450000－2601－0003959 綫 M3/2576

大方廣佛華嚴經六十卷 （晉）釋佛陀跋陀羅
等譯 清光緒七年(1881)常熟刻經處刻本
十六冊

450000－2601－0003960 綫 B312/2540(1)

孟子要略五卷 （宋）朱熹撰 （清）劉傳瑩輯
清同治十三年(1874)傳忠書局刻本 一冊

450000－2601－0003961 綫 M3/2590

永嘉禪宗集註二卷 （明）釋傳燈編註 清光
緒二十二年(1896)揚州藏經禪院刻本 一冊

450000－2601－0003962 特綫廿 812.82/
1102

歸養詩一卷 （清）張效齡等撰 清康熙五十
三年至五十七年(1714－1718)刻本 一冊

450000－2601－0003963 特綫廿 812.82/
1133

桂勝集一卷 （清）張祥河輯 清宣統二年
(1910)刻本 一冊

450000－2601－0003964 特綫廿 812.82/
1143

怡雲詩草二卷 （清）張其祿撰 清光緒十五
年(1889)張建勳等刻本 二冊

450000 – 2601 – 0003965　　特綫卄 812.82/1191

巢睫吟稿二卷　（清）張烜撰　清光緒十五年（1889）張建勳等刻本　二冊

450000 – 2601 – 0003966　　特綫卄 812.82/2512（1）

畫詩樓稿二卷　（清）朱玉偓著　清光緒九年（1883）黎學箕廣東省城學院前華玉堂刻本　二冊

450000 – 2601 – 0003967　　特綫卄 812.82/2512（2）

畫詩樓稿二卷　（清）朱玉偓著　清光緒九年（1883）黎學箕廣東省城學院前華玉堂刻本　二冊

450000 – 2601 – 0003968　　綫 B312/4420（1）

孟子注疏並校勘記四卷　（漢）趙岐注　（宋）孫奭疏　（清）阮元校勘　（清）盧宣旬摘錄　清光緒十三年（1887）點石齋石印十三經注疏並校勘記本　一冊

450000 – 2601 – 0003969　　綫 B312/4420（2）

孟子注疏並校勘記四卷　（漢）趙岐注　（宋）孫奭疏　（清）阮元校勘　（清）盧宣旬摘錄　清光緒二十九年（1903）點石齋印書局石印十三經注疏並校勘記本　一冊

450000 – 2601 – 0003970　　特綫卄 812.82/2514（1）

怡志堂詩初編八卷　（清）朱琦撰　清咸豐七年（1857）桂林朱琦京師刻本　二冊

450000 – 2601 – 0003971　　特綫卄 812.82/2514（2）

怡志堂詩初編八卷　（清）朱琦撰　清咸豐七年（1857）桂林朱琦京師刻本　二冊

450000 – 2601 – 0003972　　特綫卄 812.82/2524

九芝草堂詩存八卷　（清）朱依真撰　清道光二年（1822）臨川李秉禮桂林刻本　二冊

450000 – 2601 – 0003973　　綫 M3/2830

弘明集十四卷　（南朝梁）釋僧祐集　清光緒二十二年（1896）金陵刻經處刻本　四冊

450000 – 2601 – 0003974　　綫 B312/3087

孟子趙注補正六卷　（清）宋翔鳳撰　清光緒十七年（1891）廣雅書局刻本　一冊

450000 – 2601 – 0003975　　特綫卄 812.82/2574（1）

韞山詩稿六卷　（清）朱鳳森撰　清咸豐七年（1857）桂林朱琦京師刻本　二冊

450000 – 2601 – 0003976　　特綫卄 812.82/2574（2）

韞山詩稿六卷　（清）朱鳳森撰　清光緒三十三年（1907）桂林朱師誠刻本　一冊　存三卷（四至六）

450000 – 2601 – 0003977　　綫 M3/3010

天台四教義一卷　（高麗）釋諦觀錄　**天台八教大意一卷**　（隋）釋灌頂撰　**始終心要一卷**　（唐）釋湛然述　（宋）釋從義註　清宣統元年（1909）揚州藏經院刻本　一冊

450000 – 2601 – 0003978　　特綫卄 812.82/2717

素軒詩集六卷詞剩一卷自娛詩集二卷　（清）黎建三著　清道光二十二年（1842）求慊家塾刻本　二冊

450000 – 2601 – 0003979　　綫 M3/3030（1）

佛說四十二章經註一卷佛遺教經一卷　（宋）釋守遂註　（明）釋古靈補註　**禪關策進一卷**　（明）釋蓮池撰　清光緒五年（1879）長沙刻經處刻本　一冊

450000 – 2601 – 0003980　　綫 M3/3030（2）

佛說盂蘭盆經疏一卷　（唐）釋宗密述　（宋）釋淨源錄疏注經　清光緒三十二年（1906）金陵刻經處刻本　一冊

450000 – 2601 – 0003981　　綫 M3/3030（3）

大方廣佛華嚴經普賢行願品疏鈔十五卷科文一卷　（唐）釋宗密疏鈔　清光緒三十三年（1907）金陵刻經處刻本　五冊

450000 – 2601 – 0003982　　綫 M3/3030（4）

大方廣圓覺修多羅了義經略疏二卷　（唐）釋宗密述　清光緒三十年(1904)揚州藏經院刻本　二冊

450000－2601－0003983　綫 M3/3040(1)

成唯識論述記六十卷　（唐）釋窺基撰　清光緒二十七年(1901)金陵刻經處刻本　二十冊

450000－2601－0003984　綫 M3/3410(1)

翻譯名義集二十卷　（宋）釋法雲編　清光緒四年(1878)金陵刻經處刻本　六冊

450000－2601－0003985　特綫廿 812.82/3219(1)

使俄載筆一卷　（清）潘乃光撰　清光緒二十一年(1895)石印本　一冊

450000－2601－0003986　特綫廿 812.82/3219(2)

海外竹枝詞一卷　（清）潘乃光編　清光緒二十一年(1895)石印本　一冊

450000－2601－0003987　特綫廿 812.82/3219(3)

榕蔭草堂詩草十四卷　（清）潘乃光著　清光緒十九年(1893)潘乃光木活字印本　四冊

450000－2601－0003988　特綫廿 812.82/3313

曇現詩存一卷　（清）梁承淑著　清貴陽林文度刻本　一冊

450000－2601－0003989　特綫廿 812.82/3632(1)

西舍詩鈔十六卷　（清）況澄著　清同治十三年至光緒元年(1874－1875)桂林蔣存遠堂刻臨桂登善堂印本　八冊

450000－2601－0003990　特綫廿 812.82/3632(2)

西舍詩鈔十六卷　（清）況澄著　清同治十三年至光緒元年(1874－1875)桂林蔣存遠堂刻臨桂登善堂印本　一冊　存二卷(七至八)

450000－2601－0003991　特綫廿 812.82/3632(3)

西舍詩鈔十六卷　（清）況澄著　清同治十三年至光緒元年(1874－1875)桂林蔣存遠堂刻臨桂登善堂印本　二冊　存四卷(五至六、十五至十六)

450000－2601－0003992　特綫廿 812.82/3634(1)

東齋詩偶存二卷　（清）況澍著　清同治十三年至光緒元年(1874－1875)臨桂登善堂刻本　二冊

450000－2601－0003993　特綫廿 812.82/3634(2)

東齋詩偶存二卷　（清）況澍著　清同治十三年至光緒元年(1874－1875)臨桂登善堂刻本　一冊　存一卷(上)

450000－2601－0003994　綫 M3/3410(2)

妙法蓮華經玄義釋籤四十卷附法華玄義序釋籤一卷　（隋）釋智顗說　（唐）釋灌頂記　（唐）釋湛然釋　清光緒七年(1881)昭慶律寺經房刻本　二十冊

450000－2601－0003995　特綫廿 812.82/4018

白鶴山房詩鈔七卷　（清）李璲存稿　清光緒十九年(1893)蒼梧李璲五美書室梧州唐立言刻刷老店刻本　七冊

450000－2601－0003996　綫 M3/3420

毗尼日用切要一卷　（清）釋讀體彙集　沙彌律儀要略一卷　（明）釋袾宏輯集　清刻本　一冊

450000－2601－0003997　綫 M3/3440(1)

華嚴經明法品內立三寶章一卷流轉章一卷法界緣起章一卷圓音章一卷法身章一卷十世章一卷玄義章一卷　（唐）釋法藏述　清光緒二十一年(1895)金陵刻經處刻本　一冊

450000－2601－0003998　綫 M3/3440(2)

十二門論宗致義記三卷　（唐）釋法藏撰　清光緒二十一年(1895)金陵刻經處刻本　一冊

450000－2601－0003999　特綫廿 812.82/4023(1)

韋廬詩內集六卷首一卷末一卷外集四卷首一卷末一卷 （清）李秉禮撰 清道光十年（1830）知稼堂刻本 四冊

450000－2601－0004000 特綫廿 812.82/4023（2）

韋廬初集一卷續集一卷 （清）李秉禮撰 清乾隆五十六年（1791）刻本 二冊

450000－2601－0004001 特綫廿 812.82/4023（2）

韋廬近集一卷 （清）李秉禮撰 清嘉慶三年（1798）刻本 一冊

450000－2601－0004002 特綫廿 812.82/4032（1）

碧蘭軒詩存十六卷 （清）李守仁撰 清刻本 五冊

450000－2601－0004003 綫 M3/3530（1）

佛說阿彌陀經一卷疏鈔四卷附阿彌陀經疏鈔事義一卷問辯一卷答淨土四十八問一卷淨土疑辯一卷 （後秦）釋鳩摩羅什譯 （明）釋袾宏述 清光緒三十年（1904）湖南長沙刻經處刻本 五冊

450000－2601－0004004 綫 M3/3530（2）

佛說阿彌陀經疏鈔四卷附阿彌陀經疏鈔事義一卷問辯一卷答淨土四十八問一卷淨土疑辯一卷 （明）釋袾宏述 清光緒二十九年（1903）浙甯西門文鈺齋刻本 五冊

450000－2601－0004005 特綫廿 812.82/4032（2）

少鶴內集十卷 （清）李憲喬著 清嘉慶高密李氏都門刻本 四冊

450000－2601－0004006 綫 M3/3530（3）

雲棲法彙三十一種六十二卷首一卷末一卷 （明）釋袾宏撰 清光緒十八年至二十五年（1892－1899）金陵刻經處刻本 二十四冊

450000－2601－0004007 綫 M3/3530（4）

竹窗隨筆一卷二筆一卷三筆一卷 （明）釋袾宏著 清康熙三十五年（1696）刻揚州藏經院印嘉興藏本 三冊

450000－2601－0004008 綫 M3/3530（5）

竹窗隨筆一卷二筆一卷三筆一卷 （明）釋袾宏著 清光緒二十四年（1898）金陵刻經處刻本 三冊

450000－2601－0004009 綫 M3/3724（1）

八宗綱要二卷 （日本）釋凝然撰 清宣統三年（1911）揚州藏經院刻本 一冊

450000－2601－0004010 綫 M3/4000（1）

大方廣佛華嚴經著述集要二十三種三十二卷 （清）□□輯 清同治八年至光緒二十三年（1869－1897）刻本 十冊

450000－2601－0004011 特綫廿 812.82/4033（1）

靜娛堂偶存藁二卷首一卷末一卷 （清）李宗瀚撰 清道光十六年（1836）恩養堂刻本 二冊

450000－2601－0004012 特綫廿 812.82/4033（2）

靜娛堂偶存藁二卷首一卷末一卷 （清）李宗瀚撰 清刻本 二冊

450000－2601－0004013 特綫廿 812.82/4043

笏山詩草一卷試帖一卷 （清）李葆祺撰 清道光十四年至十五年（1834－1835）蔣存遠堂刻紫芝山房印本 二冊

450000－2601－0004014 特綫廿 812.82/4097

十桐草堂集一卷 （清）李懷民著 清乾隆五十八年（1793）至嘉慶刻本 一冊

450000－2601－0004015 特綫廿 812.82/4400（1）

夢琴舸吟賸一卷 （清）林文度撰 清同治十二年（1873）刻本 一冊

450000－2601－0004016 特綫廿 812.82/4400（2）

夢琴舸吟賸一卷 （清）林文度撰 清同治十二年（1873）刻本 一冊

450000 - 2601 - 0004017　特綫廿 812.82/
4412(1)

空青水碧齋詩集十三卷補遺一卷　（清）蔣琦
齡撰　清光緒十一年(1885)刻本　一冊

450000 - 2601 - 0004018　綫 M3/4000(2)

大乘起信論一卷　（天竺）釋馬鳴造　（天竺）
釋真諦譯　清光緒二十四年(1898)金陵刻經
處刻本　一冊

450000 - 2601 - 0004019　特綫廿 812.82/
4430(3)

味腴軒詩稿初編四卷　（清）封祝唐著　清光
緒十八年至十九年(1892 - 1893)古容封祝唐
刻本　一冊

450000 - 2601 - 0004020　特綫廿 812.82/
4432(1)

灕江詩草二十六卷首一卷　（清）蘇宗經著
清光緒十八年(1892)刻本　十冊

450000 - 2601 - 0004021　綫 M3/4020(1)

淨土神珠一卷　（清）釋古崑集　清同治十三
年(1874)刻本　一冊

450000 - 2601 - 0004022　特綫廿 812.82/
4436(1)

問楳軒詩草偶存八卷　（清）蔣啟敏撰　清同
治四年(1865)刻本　二冊

450000 - 2601 - 0004023　特綫廿 812.82/
4436(2)

問楳軒詩草偶存八卷　（清）蔣啟敏撰　清同
治四年(1865)刻本　一冊　存五卷(四至八)

450000 - 2601 - 0004024　綫 M3/4020(2)

西歸行儀一卷　（清）釋古昆錄集　清光緒九
年(1883)刻本　一冊

450000 - 2601 - 0004025　特綫廿 812.82/
4467(1)

寶墨樓詩冊十五卷　（清）蘇時學撰　清咸豐
十一年至同治元年(1861 - 1862)刻本　二冊
存十三卷(一至十三)

450000 - 2601 - 0004026　綫 M3/4020(3)

上品資糧一卷　（清）釋古崑集　清光緒二年
(1876)杭州昭慶慧空經房刻本　一冊

450000 - 2601 - 0004027　特綫廿 812.82/
4473

巢雲樓存詩一卷　（清）蔣勵宣撰　清嘉慶二
十三年(1818)清湘蔣勵宣刻本　一冊

450000 - 2601 - 0004028　綫 M3/4024

八宗綱要二卷　（日本）釋凝然述　清宣統三
年(1911)揚州藏經院刻本　一冊

450000 - 2601 - 0004029　綫 M3/4028(2)

真經合編十種不分卷　（清）□□輯　清同治
十年(1871)萃英堂刻本　一冊

450000 - 2601 - 0004030　綫 M3/4030(1)

入定不定印經一卷不必定入定入印經一卷
（唐）釋義淨譯　（北魏）釋瞿曇般若流支譯
清宣統三年(1911)常州府陽湖縣法雲堂刻本
一冊

450000 - 2601 - 0004031　綫 M3/4040

三論玄義二卷首一卷　（隋）釋吉藏撰　清光
緒二十五年(1899)金陵刻經處刻本　一冊

450000 - 2601 - 0004032　綫 M3/4099

佛說無量清淨平等覺經二卷　（漢）釋支婁迦
讖譯　清同治十一年(1872)金陵刻經處刻本
一冊

450000 - 2601 - 0004033　綫 M3/4243(1)

淨土聖賢錄九卷續編附種蓮集四卷　（清）彭
際清輯　清道光三十年(1850)刻本　六冊

450000 - 2601 - 0004034　綫 M3/4243(2)

淨土聖賢錄九卷　（清）彭際清輯　清刻本
四冊

450000 - 2601 - 0004035　綫 M3/4316

楞伽阿跋多羅經四卷　（南朝宋）釋求那跋陀
羅譯　清同治九年(1870)金陵刻經處刻光緒
七年(1881)印本　二冊

450000 - 2601 - 0004036　特綫廿 812.82/
4471(1)

帶江園詩草六卷首一卷雜著草六卷首一卷

（清）黄體正著　清光緒十八年（1892）潯垣西門外平田□黄氏家塾刻本　六冊

450000－2601－0004037　特綫廿 812.82/4682（1）

四知堂文集三十六卷首一卷　（清）楊錫紱著　清嘉慶十一年（1806）清江楊懋恬家乙照齋刻本　十八冊

450000－2601－0004038　特綫廿 812.82/4682（2）

四知堂文集三十六卷首一卷　（清）楊錫紱著　清嘉慶十一年（1806）清江楊懋恬家乙照齋刻本　十四冊　缺五卷（十七至十八、二十三至二十五）

450000－2601－0004039　綫 M3/4706（1）

摩訶般若波羅蜜經三十卷　（後秦）釋鳩摩羅什譯　清刻本　七冊　存二十七卷（四至三十）

450000－2601－0004040　特綫廿 812.82/4721（1）

隨園六種十六卷　（清）袁枚輯　清光緒十九年（1893）倉山舊主石印本　一冊

450000－2601－0004041　特綫廿 812.82/4903

蛙皷詩集一卷　（清）趙慶祥著　清光緒十四年（1888）古田趙氏刻本　一冊

450000－2601－0004042　特綫廿 812.82/4904

守三詩草二卷附試帖一卷　（清）趙勤撰　清咸豐八年（1858）好古齋刻本　二冊

450000－2601－0004043　特綫廿 812.82/4909

蘭香吟館詩稿不分卷　（清）趙文粹撰　清光緒稿本　二冊

450000－2601－0004044　特綫廿 812.82/4914

聽松廬詩存一卷　（清）趙廷楨箸　清光緒二十二年（1896）桂林趙氏刻本　一冊

450000－2601－0004045　特綫廿 812.82/6071

芙蓉池館詩草一卷賦草一卷　（清）羅辰撰　清道光十一年（1831）刻本　一冊

450000－2601－0004046　綫 M3/4706（2）

金剛經不分卷　（後秦）釋鳩摩羅什譯　清光緒十六年（1890）刻本　一冊

450000－2601－0004047　特綫廿 812.82/7227（1）

竹雨齋詩鈔一卷　劉名譽著　清宣統元年（1909）淮安府署餘樂園刻本　一冊

450000－2601－0004048　特綫廿 812.82/7227（2）

竹雨齋詩鈔一卷　劉名譽著　清宣統元年（1909）淮安府署餘樂園刻本　一冊

450000－2601－0004049　綫 M3/4706（3）

坐禪三昧法門經二卷　（五代）釋僧伽羅刹造　（後秦）釋鳩摩羅什譯　清刻本　一冊

450000－2601－0004050　特綫廿 812.82/7727

餘樂園詩鈔一卷　劉名譽著　清宣統元年（1909）桂林劉名譽淮郡廨藤花廳刻本　一冊

450000－2601－0004051　特綫廿 812.82/7763（1）

醉菊山莊詩草選鈔六卷　（清）周鳴禮撰　（清）許堯丞選定　清咸豐十年（1860）鬱林周鳴禮醉菊山莊刻本　一冊

450000－2601－0004052　特綫廿 812.82/8284

修拙齋詩集二卷　（清）鍾毓奇撰　清光緒十二年（1886）臨賀鍾毓奇門人刻十八年（1892）印本　一冊

450000－2601－0004053　綫 M3/4706（4）

妙法蓮華經性理會解七卷　（後秦）釋鳩摩羅什譯　（清）釋獻純述　清光緒二十九年（1903）刻本　十冊

450000－2601－0004054　特綫廿 812.82/

8725(1)

補學軒詩集二種十二卷 (清)鄭獻甫撰 清光緒五年(1879)林肇元黔南節署刻本 三冊

450000－2601－0004055 特綫卄 812.82/8725(3)

幽女詩集一卷 (清)鄭獻甫撰 清咸豐五年(1855)鄭獻甫補學軒刻桂林學院大街石萃文堂印本 一冊

450000－2601－0004056 綫 M3/4823

重訂教乘法數十二卷 (清)釋超海撰 清光緒四年(1878)浙江杭州昭慶寺慧空經房刻本 六冊

450000－2601－0004057 綫 M3/4924

淨土承恩集一卷 (清)釋芳慧編 清光緒二年(1876)刻本 一冊

450000－2601－0004058 特綫卄 812.82/8725(4)

補學軒詩集二種八卷 (清)鄭獻甫撰 清咸豐十年(1860)蘊璘番禺采菽堂刻本 四冊

450000－2601－0004059 特綫卄 812.83/0048

資深集補編註釋四卷 (清)全寧軒輯 (清)唐吉人續編註釋 清光緒二十年(1894)廣東省城雙門底登雲閣刻本 二冊

450000－2601－0004060 綫 M3/5310

大方廣佛華嚴經要解一卷 (宋)釋戒環集 清同治十一年(1872)金陵刻經處刻本 一冊

450000－2601－0004061 特綫卄 812.83/0162

望眉山人[顏嗣徽]年譜一卷望眉草堂文集五卷 (清)顏嗣徽撰 清光緒二十六年(1900)刻本 一冊 缺三卷(三至五)

450000－2601－0004062 特綫卄 812.83/0431

醉白堂文集四卷續一卷 (清)謝良琦撰 清光緒十九年(1893)臨桂王鵬運刻本 二冊

450000－2601－0004063 特綫卄 812.83/1057

龍壁山房文集五卷 (清)王拯撰 清光緒九年至十年(1883－1884)善化向萬鑅刻本 二冊

450000－2601－0004064 特綫卄 812.83/2514(1)

怡志堂文初編六卷 (清)朱琦撰 清同治三年至四年(1864－1865)京師刻七年(1868)運甓軒印本 二冊

450000－2601－0004065 特綫卄 812.83/2514(3)

怡志堂文初編六卷 (清)朱琦撰 清同治三年至四年(1864－1865)京師刻七年(1868)運甓軒印本 二冊

450000－2601－0004066 特綫卄 812.83/2514(4)

怡志堂文初編六卷 (清)朱琦撰 清光緒十八年(1892)刻本 二冊

450000－2601－0004067 綫 M3/5560

大乘止觀法門四卷 (南朝陳)釋慧思撰 清光緒六年(1880)長沙刻經處刻本 一冊

450000－2601－0004068 綫 M3/6041

目蓮三世寶卷三卷 □□撰 清光緒二十年(1894)刻本 一冊

450000－2601－0004069 綫 M3/6714(1)

釋教三字經不分卷 (明)釋廣真著 (明)釋敏修註 清光緒三十一年(1905)揚州藏經院刻本 一冊

450000－2601－0004070 綫 M3/6714(2)

釋教三字經不分卷 (明)釋廣真著 (明)釋敏修註 清光緒三十一年(1905)揚州藏經院刻本 一冊

450000－2601－0004071 綫 M3/8030(1)

天目中峯和尚信心銘闢義解三卷 (元)釋慈寂撰 清同治十二年(1873)如皋刻經處刻本 一冊

450000－2601－0004072 綫 M3/8030(2)

五燈會元二十卷 （宋）釋慧明撰 清光緒二十八年至三十二年(1902－1906)貴池劉世珩玉海堂影印玉海堂影宋叢書本 十二冊

450000－2601－0004073 特綫廿 812.83/3730(1)

勉勉鉏室類藁五卷 （清）祁永膺撰 清光緒三十一年(1905)隴西刻溉園叢鈔本 二冊

450000－2601－0004074 特綫廿 812.83/3730(2)

墨齋存稿六卷 （清）祁永膺撰 清光緒三十二年(1906)隴西縣署弎巻石軒刻溉園叢鈔本 二冊

450000－2601－0004075 綫 M3/8072(1)

金剛經不分卷 （後秦）釋鳩摩羅什譯 清光緒九年(1883)楚善堂刻本 一冊

450000－2601－0004076 特綫廿 812.83/4042

月莊集不分卷 （清）李桂玢撰 清刻本 一冊

450000－2601－0004077 特綫廿 812.83/4412(1)

空青水碧齋文集八卷 （清）蔣琦齡撰 清光緒十一年(1885)刻本 五冊 存六卷(一至六)

450000－2601－0004078 綫 M3/8073

金剛般若波羅蜜經宗通九卷 （後秦）釋鳩摩羅什譯 （宋）釋子璿記 （明）曾鳳儀宗通 清光緒十一年(1885)金陵刻經處刻本 二冊

450000－2601－0004079 綫 M3/8320

宗範八卷 （清）錢伊庵編 清光緒十二年(1886)南京金陵刻經處刻本 二冊 存六卷(三至八)

450000－2601－0004080 特綫廿 812.83/4412(2)

空青水碧齋文集八卷詩集十三卷補遺一卷 （清）蔣琦齡撰 清光緒十一年(1885)刻本 二冊 存七卷(空青水碧齋文集三至四、詩集十至十三、補遺一卷)

450000－2601－0004081 特綫廿 812.83/4412(3)

空青水碧齋文集八卷 （清）蔣琦齡撰 清光緒十一年(1885)刻本 二冊 存七卷(二至八)

450000－2601－0004082 特綫廿 812.83/4436

問梅軒文稿偶存四卷附錄一卷 （清）蔣啟敭撰 清刻本 二冊

450000－2601－0004083 綫 M3/8600

水懺科註三卷 （清）釋成簡集註 清光緒二十四年(1898)甯波千歲坊文光齋刻本 三冊

450000－2601－0004084 特綫廿 812.83/8725(1)

補學軒文集四卷 （清）鄭獻甫著 清光緒二十四年(1898)刻粵西五家文鈔本 二冊

450000－2601－0004085 特綫廿 812.83/8725(2)

補學軒文集散體四卷駢體二卷 （清）鄭獻甫撰 清光緒二年(1876)桂林省楊鴻文堂刻本 六冊

450000－2601－0004086 特綫廿 812.83/8725(2)

補學軒文集續刻散體四卷駢體二卷 （清）鄭獻甫撰 清同治十一年(1872)桂林省楊鴻文堂刻本 六冊

450000－2601－0004087 綫 M3/8630(1)

禪林重刻寶訓筆說三卷 （清）釋智祥撰 清同治八年(1869)杭省照慶寺慧空經房刻本 三冊

450000－2601－0004088 特綫廿 813.18/4222

薇省同聲集四種五卷 （清）彭鑾輯 清光緒十六年(1890)京師刻本 二冊

450000－2601－0004089 特綫廿 813.18/3672(1)

粵西詞見二卷 況周儀撰錄 清光緒二十二年(1896)金陵刻二十三年(1897)揚州蘇唱街

聚文齋李姓刻字店印本　一冊

450000－2601－0004090　特綫廿813.18/3672(2)

粵西詞見二卷　況周儀撰錄　清光緒二十二年(1896)金陵刻二十三年(1897)揚州蘇唱街聚文齋李姓刻字店印本　一冊

450000－2601－0004091　綫M3/8630(2)

異方便淨土傳燈歸元鏡三祖實錄二卷圖一卷　(清)釋智達拈頌　清光緒二十三年(1897)廣陵藏經禪院刻本　一冊

450000－2601－0004092　特綫廿813.18/1073(1)

庚子秋詞二卷　(清)王鵬運等撰　清光緒刻本　一冊

450000－2601－0004093　特綫廿813.2/3672

薇省詞鈔十一卷　況周儀撰錄　清光緒二十四年(1898)廣陵刻本　四冊

450000－2601－0004094　特綫廿813.28/1073(1)

味棃集(半塘填詞丙稿)一卷　(清)王鵬運撰　清光緒二十一年(1895)刻本　一冊

450000－2601－0004095　特綫廿813.28/1073(2)

春蟄吟一卷　(清)王鵬運等撰　清光緒二十七年(1901)刻本　一冊

450000－2601－0004096　特綫廿813.28/1073(3)

半塘丁稿(鶩翁集)一卷　(清)王鵬運撰　清末刻本　一冊

450000－2601－0004097　特綫廿813.28/1073(4)

半塘戊稿(蜩知集)一卷　(清)王鵬運撰　清末刻本　一冊

450000－2601－0004098　特綫廿813.28/1073(5)

半塘定稾二卷　(清)王鵬運撰　清光緒三十一年(1905)廣州刻本　一冊

450000－2601－0004099　特綫廿813.28/1085(1)

茂陵秋雨詞四卷　(清)王錫振(王拯)撰　清咸豐九年至同治三年(1859－1864)刻本　一冊

450000－2601－0004100　特綫廿813.28/1085(2)

茂陵秋雨詞四卷　(清)王錫振(王拯)撰　清咸豐九年至同治三年(1859－1864)刻本　一冊　存二卷(三至四)

450000－2601－0004101　綫M4/0216(1)

修真辨難二卷　(清)劉一明著　清光緒三年(1877)鄧壽椿河南中和堂刻本　一冊

450000－2601－0004102　綫M4/0216(2)

通關文二卷　(清)劉一明著　清光緒六年(1880)刻本　一冊

450000－2601－0004103　特綫廿813.28/2214(1)

璚笙吟館詩餘二卷　(清)崔瑛撰　清光緒三十年(1904)鉛印本　二冊

450000－2601－0004104　特綫廿813.28/2214(1)

扶荔詞一卷　(清)崔肇撰　清光緒三十一年(1905)鉛印本　與450000－2601－0004103合二冊

450000－2601－0004105　特綫廿813.28/2214(2)

璚笙吟館詩餘二卷　(清)崔瑛撰　清末廣西印刷所鉛印本　一冊

450000－2601－0004106　綫M4/0224

文帝全書三十二卷附六種六卷武帝彙編合輯四卷　(清)劉體恕撰　清光緒二年(1876)常州舊郡廟樂善堂刻本　二十冊

450000－2601－0004107　特綫廿813.28/3677(1)

和珠玉詞一卷　(清)張祥齡等撰　清光緒二十年(1894)刻本　一冊

450000－2601－0004108　特綫廿817.23/

4412

空青水碧齋尺牘二卷 （清）蔣琦齡撰 清光緒十一年（1885）刻本 一冊

450000 – 2601 – 0004109 特綫廿 817. 23/7530（1）

陳文恭公手札節要三卷 （清）陳宏謀撰 清光緒十三年（1887）東莞鄧氏江西糧署刻本 一冊

450000 – 2601 – 0004110 特綫廿 817. 23/7530（2）

培遠堂手札節存三卷 （清）陳宏謀撰 清同治十一年（1872）江蘇書局刻本 一冊

450000 – 2601 – 0004111 特綫廿 817. 23/7530（3）

陳文恭公手札節要三卷 （清）陳宏謀著 清同治十一年（1872）蘇城漱芳齋顧悅廷刻遵道堂印本 二冊

450000 – 2601 – 0004112 特綫廿 818/4442（1）

聖功集不分卷 （清）封培緒輯 清末抄本 二冊

450000 – 2601 – 0004113 特綫廿 818.1/4433

攷辨隨筆二卷 （清）黃定宜著 清道光二十七年（1847）萍鄉文晟刻本 一冊

450000 – 2601 – 0004114 特綫廿 818.4/8223

集古聯句一卷 （清）鍾德祥輯 清光緒三年（1877）仁和葛元熙刻本 一冊

450000 – 2601 – 0004115 特綫廿 818.7/0062（1）

謎拾二卷謎學一卷 （清）唐景崧譔 清光緒十九年（1893）刻本 一冊

450000 – 2601 – 0004116 特綫廿 818.7/0062（2）

謎拾二卷謎學一卷 （清）唐景崧譔 清光緒十九年（1893）刻本 一冊

450000 – 2601 – 0004117 特綫廿 818.7/7534

勉盦鐙謎標目一卷釋句一卷 陳福蔭輯 清

宣統元年（1909）亞興印刷公司鉛印本 二冊

450000 – 2601 – 0004118 特綫廿 818.8/2737

桐蔭清話八卷 （清）倪鴻撰 清同治十三年（1874）申江刻本 四冊

450000 – 2601 – 0004119 特綫廿 818.8/4412

杉湖塗說一卷 （清）煮石山人編 清光緒十三年（1887）刻本 一冊

450000 – 2601 – 0004120 特綫廿 818.8/4479

岳麓先生十室遺語十二卷 （清）蔣勱常撰 （清）蔣琦齡編注 （清）及門諸子訂 清同治五年（1866）蔣琦齡刻全州蔣氏叢刻本 二冊

450000 – 2601 – 0004121 特綫廿 915.004/7227

紀游聞中一卷 劉名譽著 清宣統元年（1909）淮城刻本 一冊

450000 – 2601 – 0004122 特綫 ± 915.004/7728（3）

嵩游徵實前紀一卷 （清）周嵩年撰 清宣統三年（1911）鉛印本 一冊

450000 – 2601 – 0004123 特綫 ± 915.34/2570

吳郡圖經續記三卷 （宋）朱長文撰 吳郡圖經續記校勘記一卷 （清）□□撰 清同治十二年（1873）刻本 一冊

450000 – 2601 – 0004124 特綫廿 920.1/0131

是君是臣錄不分卷 （清）龍啟瑞輯 清末龍繼棟抄本 十冊

450000 – 2601 – 0004125 特綫廿 920.3/0062（1）

請纓日記十卷 （清）唐景崧撰 清光緒十九年（1893）唐景崧臺灣布政使署刻本 五冊

450000 – 2601 – 0004126 特綫廿 920.3/0062（2）

請纓日記十卷 （清）唐景崧撰 清光緒十九年（1893）唐景崧臺灣布政使署刻本 四冊

450000 – 2601 – 0004127 特綫廿 920.3/0062（3）

請纓日記十卷　(清)唐景崧撰　清光緒十九年(1893)唐景崧臺灣布政使署刻本　二冊　存五卷(一至五)

450000－2601－0004128　特綫廿920.3/0062(4)
請纓日記十卷　(清)唐景崧撰　清光緒十九年(1893)唐景崧臺灣布政使署刻本　四冊　存八卷(一至八)

450000－2601－0004129　特綫廿920.5/1164
張國棟列傳一卷　(清)□□撰　清末抄本　一冊

450000－2601－0004130　特綫廿920.5/4462
崇祀鄉賢錄一卷　(清)□□撰　清末刻本　一冊

450000－2601－0004131　特綫廿957/1177
讀鑑繹義三十二卷　(清)張鵬展撰　清道光十七年(1837)桂林省城楊博文堂刻穀詒堂印本　八冊

450000－2601－0004132　特綫±958.7/0021
景軒龐公嘉魚禦寇錄不分卷　(清)龐穎著　清抄本　一冊

450000－2601－0004133　特綫廿811.82/1122(1)
樧湖十子詩鈔二十二卷　(清)汪運等撰　清同治六年至七年(1867－1868)江夏張凱嵩刻本　八冊

450000－2601－0004134　特綫廿812.82/0041(3)
得一山房詩集二卷　(清)唐懋功撰　清光緒十九年(1893)刻本　一冊

450000－2601－0004135　特綫廿812.82/1033(3)
養拙齋詩十五卷附錄一卷　(清)王必達撰　清光緒十六年至十九年(1890－1893)刻本　四冊

450000－2601－0004136　特綫廿812.82/1714(2)
玉照堂詩鈔六卷　(清)鄧建英著　清嘉慶十三年(1808)臨桂左桂舟刻本　三冊

450000－2601－0004137　特綫廿812.82/2514(3)
怡志堂詩初編八卷　(清)朱琦撰　清咸豐七年(1857)桂林朱琦京師刻本　一冊

450000－2601－0004138　特綫廿812.82/3632(4)
西舍詩鈔十六卷　(清)況澄著　清同治十三年至光緒元年(1874－1875)桂林蔣存遠堂刻臨桂登善堂印本　四冊　存八卷(三至四、七至十二)

450000－2601－0004139　特綫廿812.82/3734(3)
䙺䡴亭集三十二卷後集十二卷　(清)祁寯藻撰　清咸豐六年至七年(1856－1857)壽陽祁氏刻本　十六冊

450000－2601－0004140　特綫廿812.82/4032(3)
少鶴内集十卷鶴再南飛集龍城集盾山續集不分卷　(清)李憲喬著　(清)單鉊選訂　清嘉慶高密李氏都門刻本　四冊

450000－2601－0004141　特綫廿812.82/4412(2)
空青水碧齋詩集十三卷補遺一卷　(清)蔣琦齡撰　清光緒十一年(1885)刻本　四冊

450000－2601－0004142　特綫廿812.82/4432(2)
釃江詩草二十六卷首一卷　(清)蘇宗經著　清光緒十八年(1892)刻本　十冊

450000－2601－0004143　綫M4/3444
斗姆九皇經不分卷　(清)□□撰　清光緒二十六年(1900)刻本　一冊

450000－2601－0004144　特綫廿812.82/4448(2)
寓真軒詩鈔十二卷　(清)蔡希邠撰　清光緒十九年(1893)太平思順兵備道刻本　四冊

450000－2601－0004145　綫 M4/3781

悟性窮原不分卷　（明）涵谷子撰　清光緒五年(1879)中和堂刻本　一冊

450000－2601－0004146　特綫廿 812.82/4467(2)

寶墨樓詩冊十五卷　（清）蘇時學撰　清咸豐十一年至同治元年(1861－1862)刻本　四冊

450000－2601－0004147　特綫廿 812.82/4471(2)

帶江園詩草六卷首一卷　（清）黃體正著（清）黃榜書重編　清光緒十八年(1892)潯垣西門外平田□黃氏家塾刻本　三冊

450000－2601－0004148　綫 M4/4023

太上寶筏圖說不分卷　（清）黃正元撰　清上海鴻文書局石印本　八冊

450000－2601－0004149　特綫廿 812.82/4721(2)

碧腴齋詩存八卷　（清）胡德琳著　清刻本　一冊

450000－2601－0004150　特綫廿 812.82/4721(3)

碧腴齋詩存八卷　（清）胡德琳著　清刻本　一冊

450000－2601－0004151　特綫廿 812.82/7227(3)

竹雨齋詩鈔一卷　劉名譽著　清宣統元年(1909)淮安府署餘樂園刻本　一冊

450000－2601－0004152　特綫廿 812.82/7763(2)

醉菊山莊詩草選鈔六卷　（清）周鳴禮撰（清）許堯丞選定　清咸豐十年(1860)鬱林周鳴禮醉菊山莊刻本　一冊

450000－2601－0004153　綫 M4/4411

太上感應篇圖說一卷首一卷　（清）黃正元撰　清光緒十六年(1890)仰善堂刻合璧齋印本　一冊

450000－2601－0004154　特綫廿 812.82/8725(5)

補學軒詩集二種十二卷　（清）鄭獻甫撰　清光緒五年(1879)林肇元黔南節署刻本　二冊

450000－2601－0004155　特綫廿 812.82/8725(6)

補學軒詩集八卷　（清）鄭獻甫撰　清咸豐十年(1860)蘊璘番禺采菽堂刻本　二冊　存四卷(鴉吟集四卷)

450000－2601－0004156　綫 M4/5040

太上感應篇箋注二卷附善過格一卷　（清）惠棟箋注　清光緒二十五年(1899)昭陵曾氏刻燕子堂印本　一冊

450000－2601－0004157　綫 M4/6032

呂祖師勸孝戒淫文二卷　（唐）呂巖撰　清光緒六年(1880)刻粵東省城河南洪德大街文在茲印本　一冊

450000－2601－0004158　綫 M4/6060(1)

呂祖訂正太乙救苦真經一卷　（唐）呂巖撰（清）劉沅註　清嘉慶九年(1804)廣陵周氏刻本　一冊

450000－2601－0004159　綫 M4/6060(2)

呂祖訂正太乙救苦真經一卷　（唐）呂巖撰（清）劉沅註　清宣統三年(1911)劉棋文刻本　一冊

450000－2601－0004160　特綫廿 812.83/4299

中復堂遺稿五卷　（清）姚瑩撰　清同治四年(1865)桐城姚濬昌刻本　二冊

450000－2601－0004161　特綫廿 812.83/4412(4)

空青水碧齋文集八卷　（清）蔣琦齡撰　清光緒十一年(1885)刻本　六冊

450000－2601－0004162　特綫廿 812.83/4467

爻山筆話十四卷　（清）蘇時學撰　清同治三年(1864)五羊城刻本　二冊

450000－2601－0004163　特綫廿 812.83/

4479

岳麓文集八卷　（清）蔣勵常撰　［蔣勵常］行述一卷　（清）蔣啟徵　（清）蔣啟敦述　［蔣勵常］墓誌銘一卷　（清）陳繼昌撰　清咸豐九年(1859)全州蔣琦齡永州刻本　四冊

450000－2601－0004164　綫 M5/6067

纂譯天方性理本經註釋五卷　（清）黑鳴鳳註釋　清光緒元年(1875)廣邑馬思芳刻本　一冊

450000－2601－0004165　綫 M5/7144

歸真總義不分卷　（天竺）阿師格口授　（明）張時中筆記　清光緒四年(1878)敘城蘇世泰刻寶真堂印本　一冊

450000－2601－0004166　M5/7772

大化總歸二卷　（清）馬開科著　清光緒八年(1882)楚南朗江清真寺刻本　一冊

450000－2601－0004167　綫 M6/1720

耶穌終身大略四卷　（英國）柯恩德撰　（英國）斐有文譯　清光緒二十九年(1903)上海廣學會商務印書館鉛印本　一冊

450000－2601－0004168　綫 M6/4432

保羅傳教年代紀表不分卷　（清）葛啟華著　清宣統元年(1909)漢鎮聖教書局石印本　一冊

450000－2601－0004169　特綫 D926.61/1244

義高千古首集一卷二集一卷　（清）張克厚編輯　清光緒二十三年(1897)桂林張氏鉛印本　一冊

450000－2601－0004170　特綫 J28/8745(1)

補學軒制藝四卷　（清）鄭獻甫撰　清同治十年(1871)林肇元黔南臬署刻本　二冊　存二卷(一、四)

450000－2601－0004171　綫 M7/1040

養真集二卷　（清）養真子撰　清宣統三年(1911)杭省瑪瑙經房刻本　一冊

450000－2601－0004172　特綫 J28/8745(2)

補學軒批選時文讀本二卷　（清）鄭獻甫撰　清同治八年(1869)林肇元黔西刻象州臬署印本　一冊

450000－2601－0004173　綫 M7/4740

景教碑文紀事考正三卷　（清）楊榮鋕撰　清光緒二十一年(1895)楊大本堂刻本　三冊

450000－2601－0004174　綫 M9/0050

地理形法擇輯要二十二卷首一卷　（清）唐中立撰　清光緒十一年至二十年(1885－1894)東定邑真率堂刻本　十五冊

450000－2601－0004175　特綫 K216.6/2723(2)

粵西五家文鈔二十四卷　（清）侯紹瀛　（清）謝元福輯　清光緒二十四年(1898)刻本　六冊

450000－2601－0004176　特綫 K226.6/1050(2)

龍壁山房文集六卷　（清）王拯著　清光緒八年(1882)松雪研齋鉛印本　五冊

450000－2601－0004177　綫 M9/4052

詳解袁先生秘傳相法全編三卷　（明）袁忠徹撰　清道光二十一年(1841)經元堂刻本　一冊　缺一卷(下)

450000－2601－0004178　綫 M9/4420

精選長曆一卷　（清）董德彰撰　清光緒二十年(1894)學道街刻本　一冊

450000－2601－0004179　特綫 K234/3308(1)

三管英靈集五十七卷　（清）梁章鉅輯　清道光桂林省城十字大街湯日新堂刻本　十二冊　存三十七卷(一、十三至二十七、三十一至五十一)

450000－2601－0004180　特綫 K234.66/0233

紅樹山房詩草四卷黔游草一卷　（清）劉家達撰　清光緒十一年(1885)刻本　一冊

450000－2601－0004181　特綫 K234.66/

0243(2)

醉吟草六卷　（清）劉大容著　（清）鍾筠選　清咸豐元年(1851)刻本　一冊

450000 – 2601 – 0004182　特綫 K234.66/4029

銀月山房詩草二卷　（清）李傳煃著　（清）蘇時學選　清同治三年(1864)刻本　一冊

450000 – 2601 – 0004183　綫 M9/4846

救劫回生□□卷　（清）戴鴻慈等輯　清光緒十二年(1886)禪山絨線大街天祿閣書坊刻本　一冊　存一卷(一)

450000 – 2601 – 0004184　特綫 K234.66/2510(2)

重游泮水詩鈔一卷　（清）鄭祖琛等撰　清道光二十八年(1848)刻本　一冊

450000 – 2601 – 0004185　特綫 K234.66/2723

寥山樵唱三種五卷　（清）侯紹瀛著　清光緒桂林侯氏刻本　六冊

450000 – 2601 – 0004186　特綫 K234.66/3316

三君遺橐四卷　（清）謝光綺輯　清光緒二十六年(1900)謝光綺桂林賀廣文堂刻本　一冊

450000 – 2601 – 0004187　特綫 K234.66/3480

桐嶺館詩鈔不分卷　（清）謝銓著　清同治十一年(1872)稿本　一冊

450000 – 2601 – 0004188　特綫 K234.66/3430

清馥齋詩草一卷　（清）沈湘著　清光緒十九年(1893)刻本　一冊

450000 – 2601 – 0004189　特綫 K234.66/4324(2)

槐盧詩學一卷　（清）龍繼棟撰　清光緒四年(1878)京師刻本　一冊

450000 – 2601 – 0004190　特綫 K234.66/4394

道林詩草八卷　（清）戴煥南次　清光緒十六年(1890)刻本　一冊　存二卷(七至八)

450000 – 2601 – 0004191　特綫 K234.66/4442

天目游草一卷　（清）莫桂身撰　清同治十年(1871)稿本　一冊

450000 – 2601 – 0004192　綫 M9/6043

天星選擇纂要三卷　（清）呂士清參訂　清光緒八年(1882)刻本　三冊

450000 – 2601 – 0004193　特綫 K234.66/4469(1)

江村題襟集三卷　（清）蘇時學選　清同治四年(1865)刻本　一冊

450000 – 2601 – 0004194　特綫 K234.66/4469(2)

王施詩鈔合刻四卷　（清）蘇時學纂　清道光二十四年(1844)梧州東壁居刻本　一冊

450000 – 2601 – 0004195　綫 M9/6450

山法全書二卷附山水忠肝集摘要一卷　（清）葉泰註　（清）高其倬批註　清福文堂刻本　三冊

450000 – 2601 – 0004196　特綫 K234.66/4483(2)

雌伏吟一卷　（清）蘇念禮撰　清同治十年(1871)梧州刻本　一冊

450000 – 2601 – 0004197　綫 M9/7112

重鑴官板地理天機會元正篇體用括要三十五卷　（唐）卜則巍著　（唐）顧乃德集　（明）徐之鏌重編刪補　清光緒十六年(1890)學庫山房刻本　十二冊

450000 – 2601 – 0004198　特綫 K234.66/4765

桂管游草二卷　（清）楊恩壽撰　清同治十二年(1873)長沙楊氏坦園刻本　一冊

450000 – 2601 – 0004199　特綫 K234.66/7530

井觀山房詩草一卷　（清）陸濟撰　清光緒二十七年(1901)刻本　一冊

450000 – 2601 – 0004200　綫 M9/7520

新編評註通玄先生張果星宗大全十卷　（明）
陸位輯校　清咸豐八年(1858)經綸堂刻本
一冊　存二卷(一至二)

450000 – 2601 – 0004201　綫 M9/8028

慈航普渡冊不分卷　□□撰　清道光二十年
(1840)四香草堂刻本　一冊

450000 – 2601 – 0004202　綫 P/1063

格物入門七卷　（美國）丁韙良撰　清同治七
年(1868)京都同文館刻本　六冊

450000 – 2601 – 0004203　綫 P1/3573

御製數理精蘊二編四十五卷表八卷　（清）允
祉等編纂　清光緒二十二年(1896)上海博文
書局石印本　二十四冊

450000 – 2601 – 0004204　特綫 K234.66/
7774(2)

嶠東詩鈔十卷　（清）歐陽輅撰　清道光十年
(1830)新化鄧顯鶴刻本　二冊

450000 – 2601 – 0004205　特綫 K234.66/
7714

晉中吟草□□卷　（清）鄧建英著　清嘉慶臨
桂左桂舟刻本　一冊　存三卷(一至三)

450000 – 2601 – 0004206　特綫 K234.66/
8510

咀道齋詩草二卷　（清）鍾琳著　清光緒十八
年(1892)蒼梧鍾夢刻本　二冊

450000 – 2601 – 0004207　特綫 K234.66/
9000(1)

咸陟堂詩集十七卷　（明）釋跡刪鷩著　清道
光二十五年(1845)刻本　四冊　存十一卷
(一至十一)

450000 – 2601 – 0004208　特綫 K234.66/
9000(2)

咸陟堂二集六卷　（明）釋跡刪鷩著　清道光
二十五年(1845)刻本　四冊

450000 – 2601 – 0004209　特綫 K234.7/2730

退遂齋詩鈔八卷　（清）倪鴻撰　清光緒六年

(1880)刻本　八冊

450000 – 2601 – 0004210　綫 P1/7728(1)

數學精詳不分卷　（清）屈曾發輯　清光緒十
三年(1887)梅花草堂石印本　一冊

450000 – 2601 – 0004211　綫 P1/2444

學算筆談十二卷　（清）華蘅芳學　清光緒二
十二年(1896)鉛印行素軒算稿本　四冊

450000 – 2601 – 0004212　特綫 K239/1242

金粟山房駢體文二卷　（清）張培仁撰　清同
治八年(1869)平江刻本　二冊

450000 – 2601 – 0004213　特綫 K267.4/2730

桐蔭清話八卷　（清）倪鴻撰　清咸豐八年
(1858)刻本　四冊

450000 – 2601 – 0004214　綫 P1/7728(2)

九數通考十一卷首一卷末一卷　（清）屈曾發
輯　清同治十二年(1873)德慶堂刻本　六冊

450000 – 2601 – 0004215　特綫 K269/7433
(6)

培遠堂手札節存三卷　（清）陳宏謀著　清同
治十三年(1874)桂林唐濟刻本　三冊

450000 – 2601 – 0004216　特綫 L34/1030(1)

淳化秘閣法帖考正十卷首一卷　（清）王澍著
　（清）沈宗騫臨帖　（清）陳焯較畫　清乾隆
三十三年(1768)蘭言齋刻本　五冊　缺二卷
(九至十)

450000 – 2601 – 0004217　綫 P108/1015(1)

白芙堂祘學叢書二十二種八十七卷附一種三
卷　（清）丁取忠輯　清光緒二十三年(1897)
上海文瀾書局石印本　八冊

450000 – 2601 – 0004218　綫 P108/1015(2)

白芙堂祘學叢書二十二種八十七卷附一種三
卷　（清）丁取忠輯　清同治十一年至光緒二
年(1872 – 1876)長沙古荷花池精舍刻本　二
十八冊

450000 – 2601 – 0004219　特綫 D6/0436

[嘉慶]廣西通志二百七十九卷首一卷　（清）
謝啓昆等纂修　（清）曹馴　（清）趙藹臣校勘

清嘉慶五年(1800)刻光緒十七年(1891)桂林書局補修本　八十冊　缺一卷(二百六十一)

450000－2601－0004220　綫 P108/3232

測海山房中西算學叢刻初編三十一種一百七十卷　（清)測海山房主人編　清光緒二十二年(1896)上海璣衡堂石印本　三十三冊　缺七十四卷(三角數理七至十二,代數難題解法九至十六,疇人傳五十二卷,疇人傳三編七卷、附著述記一卷)

450000－2601－0004221　綫 P11/2542

新編算學啓蒙三卷總括一卷識誤一卷　（元)朱世傑編撰　清同治十年(1871)江南機器製造局刻本　二冊

450000－2601－0004222　特綫未 0001

宋本十三經注疏附校勘記十四種一百五十四卷　（清)阮元撰　（清)盧宣旬摘錄　清光緒三十年(1904)上海點石齋印書局石印本　二十八冊

450000－2601－0004223　綫 P11/2141

算迪八卷　（清)何夢瑤撰　清道光二十五年(1845)粵雅堂刻嶺南遺書本　九冊

450000－2601－0004224　綫 P11/6033

四元釋例二卷　（清)易之瀚撰　清光緒二十二年(1896)鴻寶齋書局石印本　一冊

450000－2601－0004225　特綫未 0002

埋憂集十卷續集二卷　（清)朱翊清著　清同治十三年至光緒元年(1874－1875)蔣竹屏文元堂刻本　六冊

450000－2601－0004226　特綫未 0003

雪月梅傳奇十卷五十回　（清)陳朗編輯（清)董孟汾評釋　清道光聚錦堂刻本　十冊

450000－2601－0004227　特綫未 0004

藝苑掇華四十八種九十七卷　（清)顧之逵輯　清同治七年(1868)元和顧氏務本堂刻本　二十四冊

450000－2601－0004228　綫 P11/6041(1)

四元玉鑑細草三卷　（元)朱世傑編述　（清)羅士琳補草　清光緒二十二年(1896)鴻寶齋書局石印本　五冊

450000－2601－0004229　綫 P11/6041(2)

四元玉鑑細草三卷　（元)朱世傑編述　（清)羅士琳補草　四元釋例二卷　（清)易之瀚輯　清道光十六年(1836)刻本　十冊

450000－2601－0004230　綫 P11/7400

句股引蒙不分卷　（清)陳訏輯　清嘉慶二年(1797)守仁堂刻本　二冊

450000－2601－0004231　綫 P37/4440(1)

光學揭要二卷　（美國)赫士口譯　（清)朱葆琛筆述　清光緒二十四年(1898)上海美華書館鉛印本　一冊

450000－2601－0004232　綫 P37/4440(2)

光學揭要二卷　（美國)赫士口譯　（清)朱葆琛筆述　清光緒二十四年(1898)上海美華書館鉛印本　一冊

450000－2601－0004233　綫 P6/4032

天文略解二卷　（美國)李安德著　清光緒二十二年(1896)京都滙文書院鉛印本　一冊

450000－2601－0004234　特綫未 0005

兩般秋雨盦隨筆八卷　（清)梁紹壬纂　清如皋義林堂刻本　一冊　存一卷(八)

450000－2601－0004235　綫 Q49/0240

預避暴風天文圖說不分卷　（明)劉基註　清宣統元年(1909)廣東香山繆裕生堂刻朱墨套印本　一冊

450000－2601－0004236　綫 P6/4440

天文新編不分卷　（清)山東公合大學堂撰(美國)赫士編輯　（清)周雲路譯述　清宣統三年(1911)上海美華書館鉛印本　一冊

450000－2601－0004237　特綫未 0006

八代詩選二十卷　王闓運撰　清光緒七年(1881)四川尊經書局刻本　六冊

450000－2601－0004238　特綫未 0007

十駕齋養新錄二十卷餘錄三卷　（清)錢大昕

撰　竹汀居士[錢大昕]年譜一卷續編一卷
（清）錢慶曾述　清光緒二年（1876）浙江書局刻本　八冊

450000 - 2601 - 0004239　綫 P6/7442

經書算學天文攷二卷　（清）陳懋齡學　清光緒八年（1882）蛟川張氏花雨樓刻花雨樓叢鈔本　二冊

450000 - 2601 - 0004240　綫 P62/5660

璿璣遺述六卷末一卷　（清）揭暄箸　清光緒二十五年（1899）建德胡氏刻鵠齋刻本　三冊

450000 - 2601 - 0004241　綫 P63/4440

天文揭要二卷　（美國）赫士口譯　（清）周文源筆述　清光緒二十二年（1896）上海美華書館鉛印本　二冊

450000 - 2601 - 0004242　特綫未 0008

劍南詩鈔六卷　（宋）陸游著　（清）楊大鶴選　清愛日堂刻本　十冊

450000 - 2601 - 0004243　特綫未 0009

蜀碧四卷　（清）彭遵泗編　清肇經堂刻本　四冊

450000 - 2601 - 0004244　特綫未 0010

隨園詩話十六卷補遺十卷　（清）袁枚著　清道光二十四年（1844）經元堂刻本　八冊

450000 - 2601 - 0004245　特綫未 0011

詩韻集成十卷　（清）余照輯　清同治七年（1868）刻本　四冊

450000 - 2601 - 0004246　綫 P63/4410

星經二卷　（漢）甘公　（漢）石申撰　荊楚歲時記一卷　（晉）宗懍撰　清光緒二十年（1894）蕫文書局刻本　一冊

450000 - 2601 - 0004247　特綫未 0012

隨園詩話十六卷補遺十卷　（清）袁枚著　清光緒十八年（1892）袖海山房石印本　三冊

450000 - 2601 - 0004248　特綫未 0013

孝義真蹟珍珠塔廿四回　□□撰　清咸豐元年（1851）刻本　六冊

450000 - 2601 - 0004249　綫 P69/3164（1）

歴代長術輯要十卷附古今推步諸術考二卷首一卷　（清）汪曰楨撰　清同治六年（1867）烏程汪氏刻荔牆叢刻本　六冊

450000 - 2601 - 0004250　特綫未 0014

新刻增刪二度梅奇說六卷四十回　（清）惜陰堂主人編輯　清同治八年（1869）德亨堂刻本　六冊

450000 - 2601 - 0004251　特綫未 0015

池上草堂筆記二卷續錄二卷三錄二卷四錄二卷　（清）梁恭辰著　清同治十二年（1873）豫章聽鸝館主人金陵刻本　八冊

450000 - 2601 - 0004252　特綫未 0016

秘書廿一種九十四卷　（清）汪士漢輯　清刻本　十六冊

450000 - 2601 - 0004253　綫 Q362/1731

合校水經注四十卷首一卷　（北魏）酈道元撰　合校水經注附錄二卷　（清）趙一清撰　清光緒十八年（1892）長沙王氏思賢講舍刻本　十六冊

450000 - 2601 - 0004254　綫 Q49/4201

漸西村舍彙刊四十四種二百六十二卷　（清）袁昶輯　清光緒十六年至二十四年（1890 - 1898）桐廬袁氏刻本　一冊　存二種三卷（雲氣占候二卷、相雨書一卷）

450000 - 2601 - 0004255　特綫未 0017

佩文韻府一百六卷拾遺一百六卷　（清）蔡升元等纂修　清光緒十二年（1886）上海同文書局石印本　六十冊

450000 - 2601 - 0004256　特綫未 0018

詩韻集成十卷　（清）余照輯　清同治五年（1866）書業德記刻本　四冊

450000 - 2601 - 0004257　特綫未 0019

李氏音鑑六卷首一卷　（清）李汝珍撰　（清）李汝琮參著　（清）劉駿發音義　清嘉慶十五年（1810）學海堂刻本　四冊

450000 - 2601 - 0004258　特綫未 0020

文選五卷　（南朝梁）蕭統輯　（唐）李善注

（清）胡克家校刊　**文選考異一卷首一卷**
（清）胡克家撰　清光緒十四年（1888）同文書
局石印本　六冊

450000 – 2601 – 0004259　特綫未 0021

六經奧論六卷首一卷　（宋）鄭樵撰　清刻本
一冊　缺三卷（四至六）

450000 – 2601 – 0004260　特綫未 0022

唐人萬首絕句選七卷　（宋）洪邁輯　（清）王
士禛選　清刻本　一冊　存四卷（四至七）

450000 – 2601 – 0004261　特綫未 0023

增補事類統編九十三卷首一卷　（清）黃葆真
增輯　清光緒十年（1884）滋德山房刻本　四
十八冊

450000 – 2601 – 0004262　特綫未 0024

皇清經解一百八十種　（清）阮元輯　清光緒
十八年（1892）上海古香閣石印本　六十冊

450000 – 2601 – 0004263　綫 Q7/2310

金石識別十二卷　（美國）代那撰　（美國）瑪
高溫口譯　（清）華蘅芳筆述　清同治十一年
（1872）江南製造局刻本　六冊

450000 – 2601 – 0004264　綫 R12/4414

天演論二卷　（英國）赫胥黎造論　嚴復達恉
清光緒二十九年（1903）三義書局刻本
一冊

450000 – 2601 – 0004265　綫 R12/4412（1）

吳京卿節本天演論一卷　（英國）赫胥黎撰
嚴復譯　清光緒二十九年（1903）鉛印本
一冊

450000 – 2601 – 0004266　綫 R7/0040

蟲薈五卷　（清）方旭撰　清光緒十六年
（1890）睦州方旭刻嚴陵太平橋董元豐紙鋪印
本　四冊

450000 – 2601 – 0004267　綫廿 810.73/7534

全唐文紀事一百二十二卷首一卷　（清）陳鴻
墀纂　清同治十二年（1873）巴陵方功惠粵東
省城西湖街富文齋刻本　三十二冊

450000 – 2601 – 0004268　綫廿 810.81/2435

杜詩詳注二十五卷首一卷　（清）仇兆鰲輯注
清康熙三十二年（1693）刻本　二十六冊

450000 – 2601 – 0004269　綫 S11/3766

頤養詮要四卷　（清）馮曦纂輯　清光緒二十
四年（1898）馮氏蒙香室刻蒙香室叢書本
一冊

450000 – 2601 – 0004270　綫廿 810.81/2848

而庵說唐詩二十二卷首一卷　（清）徐增述
清康熙五年（1666）九誥堂刻富春堂印本
八冊

450000 – 2601 – 0004271　綫廿 810.81/3340

讀杜心解六卷首二卷　（唐）杜甫撰　（清）浦
起龍講解　清雍正二年至三年（1724 – 1725）
錫山浦氏寧我齋刻本　九冊

450000 – 2601 – 0004272　特綫 ± 915.0144/
0024（1）

[光緒]鬱林州志二十卷首一卷　（清）文德馨
等纂　清光緒十八年至二十年（1892 – 1894）
刻本　十冊

450000 – 2601 – 0004273　綫 S2/0040（1）

醫門棒喝四卷二集傷寒論本旨九卷　（清）章
楠撰　清同治六年（1867）聚文堂刻本　十
四冊

450000 – 2601 – 0004274　綫廿 810.9/4421

中國文學史不分卷　（清）林傳甲撰　清光緒
三十年（1904）石印本　二冊

450000 – 2601 – 0004275　綫 S2/0043

高士宗先生手授醫學真傳二卷　（清）高士宗
撰　**陳氏醫按一卷**　（清）陳念祖撰　清光緒
三十二年（1906）煥文堂刻本　三冊

450000 – 2601 – 0004276　綫廿 811.11/3308

文選旁證四十六卷　（清）梁章鉅撰　清刻本
二冊　存七卷（九至十一、三十一至三十
四）

450000 – 2601 – 0004277　綫廿 811.11/4880

古文詞畧讀本二十四卷　（清）梅曾亮輯　清
光緒三十三年（1907）陝西學務公所圖書局鉛

印本　四册

450000－2601－0004278　綫 S2/1045

簡明中西滙參醫學圖說二卷　（清）王有忠編輯　清光緒三十二年（1906）廣益書局石印本　二册

450000－2601－0004279　綫 S2/2655（1）

訂補明醫指掌十卷　（明）皇甫中撰　（清）王肯堂訂補　訂補明醫指掌附刻診家樞要一卷　（元）滑壽編　清咸豐八年（1858）維揚文富堂刻本　十册

450000－2601－0004280　綫 S2/2655（2）

訂補明醫指掌十卷　（明）皇甫中撰　（清）王肯堂訂補　訂補明醫指掌附刻診家樞要一卷　（元）滑壽編　清咸豐八年（1858）維揚文富堂刻本　十册

450000－2601－0004281　綫廿 811.11/4420（1）

文選六十卷　（南朝梁）蕭統輯　（唐）李善注　（清）胡克家校刊　文選考異十卷　（清）胡克家撰　清同治八年（1869）潯陽萬本儀廣東省内城龍藏街萃文堂刻本　二十四册

450000－2601－0004282　綫廿 811.11/4420（2）

文選六十卷　（南朝梁）蕭統輯　（唐）李善注　文選考異十卷　（清）胡克家撰　清同治八年（1869）湖北崇文書局刻本　二十四册

450000－2601－0004283　綫廿 811.12/0742（1）

樂府詩集一百卷目錄二卷　（宋）郭茂倩編次　清光緒元年（1875）湖北崇文書局刻本　十六册

450000－2601－0004284　綫 S2/3210

韓園醫學六種二十一卷　（清）潘霨輯　清光緒九年至十年（1883－1884）江西書局刻本　十二册

450000－2601－0004285　綫廿 811.12/1043

古詩箋三十二卷　（清）王士禎選　（清）聞人倓箋　清乾隆三十一年（1766）五茸城聞人氏

芷蘭堂刻松江文萃堂印本　十四册

450000－2601－0004286　綫廿 811.12/2540

宋元明詩約鈔三百首二卷首一卷　（清）朱梓（清）冷昌言編輯　（清）華翽臣註　清咸豐五年（1855）保墨閣刻本　二册

450000－2601－0004287　綫廿 811.12/2874（1）

玉臺新詠十卷　（南朝陳）徐陵編　（清）吳兆宜注　（清）程琰刪補　清光緒五年（1879）刻本　五册　缺一卷（十）

450000－2601－0004288　綫 D97/8700（3）

儀禮注疏附校勘記八卷　（漢）鄭玄注　（唐）賈公彥疏　（清）阮元校勘　（清）盧宣旬摘錄　清光緒十三年（1887）點石齋石印本　二册

450000－2601－0004289　綫廿 811.12/7244

歷朝詩約選九十三卷　（清）劉大櫆纂　清光緒二十一年至二十三年（1895－1897）文徵閣刻本　二册　存八卷（一至八）

450000－2601－0004290　綫廿 811.12/7530

詩比興箋四卷　（清）陳沆譔　清光緒九年（1883）長洲彭祖賢武昌刻本　二册

450000－2601－0004291　綫 S25/8088

金鏡錄一卷　（元）杜清碧輯　清刻本　一册

450000－2601－0004292　綫廿 811.12/8320

列朝詩集八十一卷　（清）錢謙益輯　清宣統二年（1910）鉛印本　三十二册

450000－2601－0004293　綫 S2/1283（1）

景岳全書六十四卷　（明）張介賓著　清嘉慶刻本　三十二册

450000－2601－0004294　綫 S2/1283（2）

景岳全書六十四卷　（明）張介賓著　清康熙刻本　十二册　存二十六卷（八至九、二十二至二十五、三十四至三十七、四十至四十五、四十七、五十一至五十四、五十八至六十一、六十四）

450000－2601－0004295　綫廿 811.12/0072

駢體文鈔三十一卷　（清）李兆洛輯　清合河

康氏家塾刻登雲閣印本　十冊

450000－2601－0004296　綫廿 811.13/1014
賦鈔箋畧十五卷　（清）雷琳　（清）張杏濱箋
　清嘉慶二十二年(1817)雲間張士林刻本
八冊

450000－2601－0004297　綫 S2/4040
編註醫學入門七卷首一卷　（明）李梴輯　明
萬曆補刻本　八冊

450000－2601－0004298　綫廿 811.13/2477
七種古文選六十四卷　（清）儲欣評　（清）徐
永勳等校訂　清乾隆五十一年(1786)福省寶
章堂刻本　二十冊　缺十四卷(左傳選一至
八、史記選四至六、兩漢文選三至四、唐宋八
大家類選三)

450000－2601－0004299　綫 S2/4054
詳校醫宗必讀十卷　（清）李中梓撰　清蘇州
綠蔭堂刻本　二冊

450000－2601－0004300　綫 S2/4312(1)
新刊醫林狀元壽世保元十卷　（清）龔廷賢撰
　清刻本　五冊　存一卷(丙集三)

450000－2601－0004301　綫廿 811.13/2683
(1)
涵芬樓古今文鈔樣本不分卷　商務印書館輯
　清宣統二年(1910)上海商務印書館鉛印本
一冊

450000－2601－0004302　綫廿 811.13/2683
(2)
涵芬樓古今文鈔一百卷文體芻言一卷　吳曾
祺纂錄　清宣統二年(1910)上海商務印書館
鉛印本　一百冊

450000－2601－0004303　綫廿 811.13/3308
文選旁證四十六卷　（清）梁章鉅撰　清道光
十四年(1834)長樂梁章鉅刻本　十二冊

450000－2601－0004304　綫 S2/4412(1)
四聖心源十卷　（清）黃元御著　清宣統元年
(1909)淳文書局刻黃氏醫書八種本　二冊

450000－2601－0004305　綫廿 811.13/4005

滇南文畧四十七卷首一卷　（清）袁文揆
（清）張登瀛纂　（清）周之鼎校訂　清光緒二
十五年至二十六年(1899－1900)五華書院刻
本　二十三冊　缺二卷(十一至十二)

450000－2601－0004306　綫 S2/4412(2)
四聖懸樞五卷　（清）黃元御著　清光緒二十
年(1894)上海圖書集成印書局鉛印黃氏醫書
八種本　一冊

450000－2601－0004307　綫廿 811.13/4022
(1)
續文章正宗復刻十二卷　（宋）真德秀輯　清
同治三年(1864)刻本　十冊

450000－2601－0004308　綫廿 811.13/4022
(2)
文章正宗復刻三十卷　（宋）真德秀輯　清同
治三年(1864)刻本　二十冊

450000－2601－0004309　綫 S2/4414(1)
醫理不求人八卷首一卷　（清）黃元吉編　清
光緒三十四年(1908)大文書局刻本　一冊
缺七卷(二至八)

450000－2601－0004310　綫 S2/4444
醫學指歸二卷圖一卷首一卷　（清）趙術堂編
　清同治元年(1862)旌孝堂刻本　二冊

450000－2601－0004311　綫 S2/6010
問心堂溫病條辨六卷首一卷　（清）吳瑭著
（清）朱彬點評　清光緒二十一年(1895)學庫
山房刻本　三冊　缺一卷(三)

450000－2601－0004312　綫廿 811.13/4038
古文快筆貫通解三卷　（清）杭永年評解　清
經綸堂刻本　一冊

450000－2601－0004313　綫廿 811.13/4217
(1)
古文辭類纂七十四卷續古文辭類纂三十四卷
　（清）姚鼐　王先謙纂集　清光緒三十三年
(1907)上海商務印書館鉛印本　十二冊

450000－2601－0004314　綫廿 811.13/4217
(2)

古文辭類纂七十四卷　（清）姚鼐纂　清同治八年(1869)江蘇書局刻本　四冊　存三十九卷(六至十五、二十四至三十、五十三至七十四)

450000－2601－0004315　綫廿 811.13/4448

忠雅堂評選四六法海八卷　（清）蔣士銓評選　清同治八年至十年(1869－1871)定遠方濬師刻朱墨套印本　八冊

450000－2601－0004316　綫廿 811.13/6614

全上古三代秦漢三國六朝文七百四十六卷　（清）嚴可均校輯　清光緒十三年至二十年(1887－1894)黃岡王毓藻廣東刻本(韻編全文姓氏五卷原缺)　一百冊

450000－2601－0004317　綫廿 811.2/2540(1)

詩經集傳八卷　（宋）朱熹集傳　清刻本　一冊　存二卷(四至五)

450000－2601－0004318　特綫廿 811.22/2022

毛詩補疏五卷　（清）焦循學　清刻本　一冊

450000－2601－0004319　綫廿 811.2/7530

詩比興箋四卷　（清）陳沆譔　清光緒九年(1883)長洲彭祖賢武昌刻本　二冊

450000－2601－0004320　特綫廿 811.22/2540

詩序辨一卷　（宋）朱熹辨說　清刻本　一冊

450000－2601－0004321　特綫廿 811.22/3503

御纂詩義折中二十卷　（清）陳兆崙等纂修　清乾隆二十年(1755)刻本　十冊

450000－2601－0004322　特綫廿 811.22/3432

古詩源十四卷　（清）沈德潛選　清尊經閣刻本　一冊　存四卷(一至四)

450000－2601－0004323　特綫廿 811.22/7533

毛詩稽古編三十卷　（清）陳啟源述　（清）龐

佑清校　清刻本　一冊　存四卷(五至八)

450000－2601－0004324　綫 S2/6030

御纂醫宗金鑑十五種九十卷首一卷　（清）吳謙等輯　清光緒九年(1883)掃葉山房刻本　六十四冊

450000－2601－0004325　特綫廿 811.22/8389

田間詩學三十二卷　（清）錢澄之述　清康熙二十八年(1689)葳雉堂刻本　八冊

450000－2601－0004326　綫 S2/7448

辨證錄十四卷　（清）陳士鐸著述　清雍正三年(1725)刻本　七冊　缺二卷(七至八)

450000－2601－0004327　綫 Z821.66/2816(5)

隨庵叢書十種四十四卷續編十種四十卷　徐乃昌輯　清光緒至民國五年(1916)南陵徐氏刻本　二十四冊

450000－2601－0004328　綫廿 811.33/7120(2)

六朝唐賦讀本二卷　（清）馬傳庚選註　清同治十三年(1874)刻本　一冊　存一卷(一)

450000－2601－0004329　特綫廿 811.41/4280

唐文粹一百卷　（宋）姚鉉纂　清光緒九年(1883)江蘇書局刻本　十六冊

450000－2601－0004330　綫 S208/1010

醫林指月十二種二十四卷　（清）王琦輯　清光緒二十二年(1896)上海圖書集成印書局鉛印本　二冊

450000－2601－0004331　特綫廿 811.42/0060

瀛奎律髓刊誤四十九卷　（宋）方回選　（清）紀昀批點　清光緒六年(1880)山陰宋澤元繊花盦刻本　十冊

450000－2601－0004332　綫廿 811.42/1041

唐賢三昧集箋注三卷　（清）王士禛選　（清）吳煊等輯註　清乾隆五十二年(1787)聽雨齋

刻本　四冊

450000－2601－0004333　綫 S208/2844（1）
徐靈胎醫學全書前集八種二十卷後集八種十三卷　（清）徐大椿撰　清光緒三十三年（1907）章福記書局石印本　十六冊

450000－2601－0004334　特綫廿 811.42/1001
唐詩三百首續選一卷　（清）于慶元編　（清）于闓等校　清刻本　一冊

450000－2601－0004335　特綫廿 811.42/1043
唐賢三昧集箋註三卷　（清）王士禎選　（清）吳煊等輯註　（清）黃培芳評　清宣統二年（1910）淵古齋石印本　六冊

450000－2601－0004336　綫 S208/2844（2）
徐氏醫書六種十六卷　（清）徐大椿撰　清同治十二年（1873）湖北崇文書局刻本　十冊

450000－2601－0004337　綫廿 811.42/3432（1）
御選唐宋詩醇四十七卷　（清）高宗弘曆選（清）尤珍等參訂　清光緒十九年（1893）湖南思賢講舍刻本　二十四冊

450000－2601－0004338　綫廿 811.42/3432（2）
御選唐宋詩醇四十七卷目錄二卷　（清）高宗弘曆選　（清）梁詩正等校刊　清刻本　十冊

450000－2601－0004339　綫廿 811.42/3432（3）
御選唐宋詩醇四十七卷目錄二卷　（清）高宗弘曆選　（清）梁詩正等校刊　清光緒七年（1881）江蘇書局刻本　二十冊

450000－2601－0004340　綫廿 811.42/4443（2）
唐詩三百首註疏六卷　（清）孫洙編　（清）章燮註　**唐詩三百首續選一卷**　（清）于慶元續編　清羊城文陞閣刻本　四冊

450000－2601－0004341　綫 S208/4060

東垣十書十二種二十二卷　（明）王肯堂輯　明萬曆二十九年（1601）新安吳勉學刻古今醫統正脈全書本　十八冊

450000－2601－0004342　綫廿 811.42/4724（1）
唐詩貫珠六十卷　（清）胡以梅箋　（清）胡之熾校訂　清康熙五十三年（1714）吳郡胡氏素心堂刻本　十六冊

450000－2601－0004343　綫廿 811.42/4724（2）
唐詩貫珠六十卷　（清）胡以梅箋　（清）胡之熾校訂　清刻本　六冊　缺五卷（五十六至六十）

450000－2601－0004344　綫廿 811.42/5530
全唐詩九百卷　（清）聖祖玄燁輯　（清）曹寅等校閱　清光緒元年（1875）豫章撫州饒玉成雙峰書屋刻本　一百十九冊　缺四卷（白居易二十一至二十四）

450000－2601－0004345　綫廿 811.42/6029
唐詩六百編八卷　（清）羅汝懷輯　清同治十三年（1874）刻本　三冊

450000－2601－0004346　綫 S208/4412（1）
黃氏醫書（黃氏遺書）八種八十卷　（清）黃元御撰　清咸豐十年（1860）長沙燮龢精舍刻本　十冊　缺三種十九卷（四聖心源十卷、四聖懸樞五卷、素靈微蘊四卷）

450000－2601－0004347　綫廿 811.43/3423
唐宋八家文讀本三十卷首一卷　（清）沈德潛評點　清光緒二十四年（1898）上海江左書林石印本　二冊

450000－2601－0004348　綫廿 811.43/7547（1）
唐駢體文鈔十七卷　（清）陳均輯　清刻本　四冊

450000－2601－0004349　綫廿 811.43/7547（2）
唐駢體文鈔十七卷　（清）陳均輯　清刻本　四冊

450000 – 2601 – 0004350　綫 S208/4412（2）

素靈微蘊四卷　（清）黃元御著　清咸豐十年（1860）長沙燮蘇精舍刻黃氏醫書八種本　一冊

450000 – 2601 – 0004351　綫 S208/4412（3）

四聖心源十卷　（清）黃元御著　清宣統元年（1909）益元書局刻昌邑黃先生醫書八種本　二冊

450000 – 2601 – 0004352　綫 S208/7483（1）

陳修園公餘鑒錄六種合刻十卷　（清）陳念祖著　清嘉慶八年（1803）經綸堂刻本　十冊

450000 – 2601 – 0004353　綫 S208/7542

世補齋醫書前集六種附一種三十三卷後集四種二十五卷　（清）陸懋修著　清光緒十二年（1886）山左書局刻本　十五冊

450000 – 2601 – 0004354　綫 S21/0033（1）

中西匯通醫經精義二卷　（清）唐宗海著　清光緒三十四年（1908）上海千頃堂書局石印中西匯通醫書五種本　二冊

450000 – 2601 – 0004355　綫 S21/0033（2）

中西匯通醫經精義二卷　（清）唐宗海著　清光緒二十年（1894）申江須成書局石印本　一冊

450000 – 2601 – 0004356　綫 S21/0033（3）

中西匯通醫經精義二卷　（清）唐宗海著　清光緒三十四年（1908）上海千頃堂書局石印中西匯通醫書五種本　二冊

450000 – 2601 – 0004357　綫 S21/0044（1）

素問直解九卷　（清）高世栻註解　清光緒十三年（1887）浙江書局刻本　八冊

450000 – 2601 – 0004358　綫 S21/0044（2）

素問直解九卷　（清）高世栻註解　清光緒十三年（1887）浙江書局刻本　八冊

450000 – 2601 – 0004359　綫 S21/1080

古本難經闡注二卷　（戰國）秦越人撰　（清）丁錦集注　清同治三年（1864）刻本　二冊

450000 – 2601 – 0004360　綫卄 811.43/2477

唐宋十大家全集錄五十二卷首一卷　（清）儲欣錄　（清）吳蔚起等校　清光緒八年（1882）江蘇書局刻本　三十一冊　缺二卷（東坡先生全集錄五至六）

450000 – 2601 – 0004361　綫 S21/1241

素問集註九卷　（清）張志聰集註　清光緒十六年（1890）浙江書局刻本　六冊

450000 – 2601 – 0004362　綫卄 811.43/4404（1）

欽定全唐文一千卷總目三卷　（清）彭邦疇等纂修　清光緒二十七年（1901）廣雅書局刻本　二百冊

450000 – 2601 – 0004363　綫卄 811.43/4404（2）

欽定全唐文總目三卷　（清）彭邦疇等纂修　清光緒二十七年（1901）廣雅書局刻本　二冊

450000 – 2601 – 0004364　綫 S21/1242（1）

圖註八十一難經辨真四卷　（戰國）秦越人著　（明）張世賢圖註　清刻本　二冊

450000 – 2601 – 0004365　綫卄 811.43/4445

唐宋八大家文鈔一百四十四卷　（明）茅坤批評　明萬曆七年（1579）皖省聚文堂刻本　六十四冊

450000 – 2601 – 0004366　綫 S21/1242（2）

圖註八十一難經辨真四卷　（戰國）秦越人著　（明）張世賢圖註　清刻本　二冊

450000 – 2601 – 0004367　綫 S21/1242（3）

圖註八十一難經辨真四卷　（戰國）秦越人撰　（明）張世賢圖註　清刻本　二冊

450000 – 2601 – 0004368　綫 S21/1242（4）

圖註八十一難經辨真四卷　（戰國）秦越人述　（明）張世賢註　清刻本　一冊　存二卷（三至四）

450000 – 2601 – 0004369　綫卄 811.43/4420

南宋文範七十卷外編四卷作者考二卷　（清）莊仲方編　（清）顧曾鑒定　清光緒十四年（1888）江蘇書局刻本　十六冊

450000－2601－0004370　綫卄 811.43/4437
(1)

**欒城集四十八卷目錄二卷後集二十四卷三集
十卷應詔集十二卷**　（宋）蘇轍著　（明）王執
禮　（明）顧天敘校　清道光十二年(1832)眉
州三蘇祠刻三蘇全集本　二十七冊

450000－2601－0004371　綫 S21/2620

黃帝內經素問二十四卷　（明）吳崑註　清刻
本　八冊

450000－2601－0004372　綫卄 811.43/4437
(2)

東坡集八十四卷目錄二卷　（宋）蘇軾著　清
道光十二年(1832)眉州三蘇祠刻三蘇全集本
　四十六冊

450000－2601－0004373　綫 S21/3160(1)

素問靈樞類纂約註三卷　（清）汪昂纂輯　清
光緒十三年(1887)上洋大文堂刻本　三冊

450000－2601－0004374　綫卄 811.43/4437
(3)

斜川集六卷　（宋）蘇過著　清道光六年
(1826)眉州三蘇祠刻三蘇全集本　三冊

450000－2601－0004375　綫 S21/3160(2)

素問靈樞類纂約註三卷　（清）汪昂纂輯　清
康熙二十九年(1690)還讀齋刻本　二冊

450000－2601－0004376　綫卄 811.43/4437
(4)

嘉祐集二十卷　（宋）蘇洵著　清道光十二年
至十三年(1832－1833)眉州三蘇祠刻三蘇全
集本　三冊　缺五卷(十六至二十)

450000－2601－0004377　綫 S21/3160(3)

素問靈樞類纂約註三卷　（清）汪昂輯　清刻
本　二冊　缺一卷(下)

450000－2601－0004378　綫卄 811.43/6030

宋文鑑一百五十卷目錄三卷　（宋）呂祖謙銓
次　清光緒十二年(1886)江蘇書局刻本　二
十四冊

450000－2601－0004379　綫卄 811.52/2635
(1)

宋詩鈔四集八十二種九十二卷　（清）吳之振
等輯　清康熙十年(1671)洲錢吳之振鑑古堂
刻本　二十四冊

450000－2601－0004380　綫 S21/4412

素靈微蘊四卷　（清）黃元御著　清光緒二十
年(1894)上海圖書集成印書局鉛印本　一冊

450000－2601－0004381　綫 S21/5048(1)

圖註八十一難經二卷　（戰國）秦越人著
（明）張世賢圖註　清尚德堂刻本　二冊

450000－2601－0004382　綫 S21/7583(1)

靈素提要淺註十二卷　（清）陳念祖集註　清
同治四年(1865)南雅堂刻南雅堂醫書全集漁
古山房印本　六冊

450000－2601－0004383　綫 S21/7740(1)

**黃帝內經素問靈樞合編註證發微十八卷附補
遺一卷**　（明）馬蒔注　清嘉慶十年(1805)維
揚文富堂刻本　二十四冊

450000－2601－0004384　綫 S21/7740(2)

黃帝內經靈樞註證發微九卷附補遺一卷
（明）馬蒔撰　清光緒五年(1879)太醫院刻本
　十冊

450000－2601－0004385　綫 S21/7740(3)

黃帝內經靈樞註證發微九卷附補遺一卷
（明）馬蒔撰　清古歙慎餘堂刻本　五冊

450000－2601－0004386　綫 S22/2530

中西臟腑圖象合纂三卷首一卷　（清）朱沛文
編輯　清光緒二十三年(1897)宏文閣石印本
　四冊

450000－2601－0004387　綫卄 811.52/2635
(2)

宋詩鈔四集八十二種九十二卷　（清）吳之振
等輯　清康熙十年(1671)洲錢吳之振鑑古堂
刻本　三十冊　缺三種三卷(西塘詩鈔一卷、
廣陵詩鈔一卷、後山詩鈔一卷)

450000－2601－0004388　綫 S23/0033

中西醫判二卷　（清）唐宗海著　清光緒十八

年(1892)上海袖海山房石印本　一冊

450000－2601－0004389　綫廿 811.52/3445

南宋雜事詩七卷　（清）沈嘉轍撰　清同治十一年(1872)淮南書局刻本　四冊

450000－2601－0004390　綫 S23/2137

學古診則四帙　（清）盧之頤撰　清刻本　六冊

450000－2601－0004391　綫廿 811.53/4777

三宋人集四十六卷　（清）方功惠校刊　清光緒六年(1880)錦江官署刻東陵方功惠碧琳瑯館印本　六冊

450000－2601－0004392　綫 S23/2510

丹溪朱氏脈因證治二卷　（元）朱震亨撰　清乾隆四十年(1775)刻本　二冊

450000－2601－0004393　綫 S23/3480（1）

刪註脈訣規正二卷　（清）沈鏡刪註　清經綸堂刻本　二冊

450000－2601－0004394　綫 S23/3480（2）

刪註脈訣規正二卷　（清）沈鏡刪註　清刻本　一冊

450000－2601－0004395　綫 S23/3480（3）

刪註脈訣規正二卷　（清）沈鏡刪註　（清）徐良臣參補　清光緒二十年(1894)澹雅書局刻本　二冊

450000－2601－0004396　綫 S23/3480（4）

刪註脈訣規正二卷　（清）沈鏡刪註　（清）徐良臣參補　清光緒二十年(1894)澹雅書局刻本　二冊

450000－2601－0004397　綫 S23/3480（5）

刪註脈訣規正二卷　（清）沈鏡刪註　清刻本　一冊　存一卷（下）

450000－2601－0004398　綫 S23/3480（6）

刪註脈訣規正二卷　（清）沈鏡刪註　清刻本　一冊　存一卷（下）

450000－2601－0004399　綫 S23/4054

診家正眼二卷　（清）李中梓著　（清）李用粹補　清抄本　二冊

450000－2601－0004400　綫 S23/4061（1）

奇經八脈攷一卷　（明）李時珍撰　清刻本　一冊

450000－2601－0004401　綫廿 811.62/3124

元詩選癸集十六卷　（清）顧嗣立輯　清嘉慶三年(1798)南沙席世臣掃葉山房補刻本　一冊　存二卷（甲、乙）

450000－2601－0004402　綫 S23/4061（2）

校正瀕湖脈學一卷奇經八脈考一卷　（明）李時珍撰　清末石印本　一冊

450000－2601－0004403　綫廿 811.63/1181

金文最一百二十卷首一卷　（清）張金吾輯　清光緒七年(1881)南海潘氏粵雅堂刻本　二十四冊

450000－2601－0004404　綫 S23/4432

脈理求真不分卷　（清）黃宮繡纂　清刻本　一冊

450000－2601－0004405　綫廿 811.71/2534

朱氏傳芳集八卷　（清）朱子襄輯　清咸豐十一年(1861)刻本　四冊

450000－2601－0004406　綫 S23/4434

四診抉微八卷管窺附餘一卷　（清）林之翰撰　清刻本　六冊

450000－2601－0004407　藏綫廿 812.71/2528（2）

曝書亭集八十卷附錄一卷　（清）朱彝尊撰　**笛漁小藁十卷**　（清）朱昆田撰　清康熙刻本　十二冊

450000－2601－0004408　藏綫廿 812.82/1023

于役河干小稿不分卷　（清）符曾撰　清乾隆稿本　一冊

450000－2601－0004409　綫 S23/7338

脈訣合參不分卷　（清）章氏校刊　清抄本　一冊

450000－2601－0004410　藏綫廿 812.82/1043（2）

漁洋山人精華錄十卷　（清）王士禎撰　（清）
林佶編　清康熙三十九年(1700)林佶刻本
四冊

450000－2601－0004411　綫 S23/7430

景岳全書摘要三卷　（明）張景岳撰　（清）陳
逸齋輯　清道光二十四年(1844)沈守真抄本
一冊　存一卷(上)

450000－2601－0004412　藏綫廿 812.82/
1043(3)

漁洋山人精華錄箋注十二卷補一卷附錄一卷
年譜一卷　（清）王士禎撰　（清）金榮箋注
（清）徐淮纂輯　清乾隆鳳翙堂刻本　六冊

450000－2601－0004413　綫 S23/7456

經脈圖考四卷　（清）陳惠疇著　清光緒四年
(1878)刻本　四冊

450000－2601－0004414　藏綫廿 812.82/
2514(2)

知足齋詩集二十卷目錄一卷　（清）朱珪撰
清嘉慶刻本　八冊

450000－2601－0004415　綫 S23/7731

醫悟十二卷　（清）馬冠羣撰　清光緒二十三
年(1897)寄廜蘭陵韓述木活字印本　四冊

450000－2601－0004416　藏綫廿 812.82/
2741

託素齋詩集四卷　（清）黎士弘著　清順治、
康熙間黎士弘刻雍正二年(1724)黎致遠增補
本　四冊

450000－2601－0004417　藏綫廿 812.82/
7522

湖海樓詩集八卷　（清）陳維崧著　（清）葉方
恒等選　清康熙二十八年(1689)宜興陳宗石
患立堂刻本　六冊

450000－2601－0004418　綫 S23/7791(1)

三指禪三卷　（清）周學霆撰　清富記書局刻
本　一冊

450000－2601－0004419　綫 S23/7791(2)

三指禪三卷　（清）周學霆撰　清益元書局刻

本　一冊

450000－2601－0004420　綫 S23/7791(3)

三指禪三卷　（清）周學霆撰　清光緒二十一
年(1895)澹雅書局刻本　三冊

450000－2601－0004421　藏綫廿 812.83/
2587

桂之華軒文集九卷　（清）朱銘盤撰　清光緒
抄本　六冊

450000－2601－0004422　綫 S23/8020

醫宗備要三卷　（清）曾鼎輯　清光緒元年
(1875)湖北崇文書局刻本　一冊

450000－2601－0004423　綫 S23/8340

辨證奇聞十卷　（清）錢松撰　清末石印本
二冊

450000－2601－0004424　藏綫廿 812.92/
1055

秋稼小稿不分卷　（清）王耕撰　清稿本
一冊

450000－2601－0004425　藏綫廿 813.2/7750

清真集二卷外詞一卷　（宋）周邦彥撰　清光
緒二十二年(1896)臨桂王鵬運四印齋刻本
一冊

450000－2601－0004426　綫 S24/6024

理瀹駢文摘要不分卷　（清）吳尚先撰　清光
緒十三年(1887)融經館刻本　二冊

450000－2601－0004427　藏綫廿 813.8/4490

納書楹曲譜正集四卷續集四卷外集二卷
（清）葉堂訂譜　（清）王文治參訂　清乾隆五
十七年(1792)納書楹刻本　十冊

450000－2601－0004428　綫 S243/4032(1)

針灸易學二卷　（清）李守先著　清嘉慶三年
(1798)茶亭刻本　四冊

450000－2601－0004429　藏綫廿 813.8/4490

納書楹曲譜補遺四卷南柯記全譜二卷　（清）
葉堂訂譜　（清）王文治參訂　清乾隆五十九
年(1794)納書楹刻本　六冊

450000－2601－0004430　綫 S243/4422

太乙神鍼不分卷 （清）樊師仲撰 清光緒十一年（1885）抄本 一冊

450000－2601－0004431 藏綫廿814.4/1292

桃花扇傳奇二卷四十齣 （清）孔尚任撰 清刻本 四冊

450000－2601－0004432 藏綫廿814.4/2010

六十種曲一百二十卷二千二百二十四齣 （明）毛晉輯 明崇禎常熟毛氏汲古閣刻本 一百二十冊

450000－2601－0004433 綫S243/4723（1）

鍼灸大成十卷 （明）楊繼洲撰 （清）章廷珪重修 清紫文閣刻本 十冊

450000－2601－0004434 綫S243/4723（2）

鍼灸大成十卷 （明）楊繼洲撰 （清）章廷珪重修 清紫文閣刻本 三冊

450000－2601－0004435 藏綫廿815.12/1043（2）

池北偶談二十六卷 （清）王士禎著 清康熙三十九年至四十年（1700－1701）高都王廷掄臨汀郡署刻本 八冊

450000－2601－0004436 綫S243/4723（3）

增補繪圖鍼灸大成十二卷 （明）楊繼洲撰 （清）章廷珪重修 清末石印本 一冊

450000－2601－0004437 綫S243/7282

中西滙參銅人圖說一卷 （清）劉鍾衡著 清光緒二十五年（1899）上海江南機器製造總局刻本 一冊

450000－2601－0004438 綫S243/8787

銅人腧穴鍼灸圖經三卷 （宋）王惟一撰 清刻本 一冊

450000－2601－0004439 綫S247/2104（1）

推拿廣意三卷 （清）熊應雄輯 清刻本 一冊 存一卷（上）

450000－2601－0004440 綫S247/2104（5）

推拿廣意三卷 （清）熊應雄輯 清石印本 一冊

450000－2601－0004441 綫S247/2104（2）

推拿廣意三卷 （清）熊應雄輯 清澹雅書局刻本 三冊

450000－2601－0004442 綫S247/2104（3）

推拿廣意三卷首一卷 （清）熊應雄輯 清光緒三十三年（1907）上海醉經堂石印本 二冊

450000－2601－0004443 綫S247/4314（1）

小兒方脈活嬰秘旨雜症二卷 （明）龔雲林述撰 （明）姚國禎補輯 清刻本 一冊

450000－2601－0004444 綫S247/4314（2）

小兒方脈活嬰秘旨雜症二卷 （明）龔雲林述撰 （明）姚國禎補輯 清刻本 一冊 存一卷（下）

450000－2601－0004445 綫S247/5082

推拿舌形不分卷 （清）□□撰 清光緒元年（1875）抄本 一冊

450000－2601－0004446 藏綫廿815.2/4037

皋鶴堂批評第一奇書金瓶梅一百回 （清）李漁撰 （清）張竹坡批評 清康熙三十四年（1695）皋鶴堂刻本 二十五冊

450000－2601－0004447 綫S247/2104（4）

幼科秘書推拿廣意三卷 （清）熊應雄輯 清刻本 一冊

450000－2601－0004448 藏綫廿815.21/6047

新鐫古本批評繡像三世報隔簾花影四十八回 （清）四橋居士撰 清刻本 十冊

450000－2601－0004449 藏綫廿816.4/4694

廿一史彈詞註十一卷 （明）楊慎編著 （清）張三異增定 （清）張仲璜註 （清）張伯琮等訂 清雍正五年（1727）張坦麟刻本 八冊

450000－2601－0004450 藏綫廿818.8/0834

麗句集六卷 （明）許之吉選 （明）廖孔悅定 明天啟五年（1625）刻本 四冊

450000－2601－0004451 藏綫廿818.8/1044

野客叢書三十卷 （宋）王楙著 （明）商維濬校 宋王[楙]先生壙銘一卷 （宋）郭紹彭撰 明萬曆會稽商氏半埜堂刻本 四冊

450000－2601－0004452　　綫 S25/0089

新刻傷寒六書纂要辯疑四卷首一卷 （明）童養學纂輯　清順治十八年（1661）大樑周亮節醉畊堂刻玉堂書室印本　一冊

450000－2601－0004453　綫 S25/0235（1）

劉河間傷寒三書二十卷 （金）劉完素撰　清宣統元年（1909）上海千頃堂石印本　三冊

450000－2601－0004454　藏綫廿 818.8/2723

群談採餘十卷 （明）倪縉纂輯　明萬曆二十年（1592）倪思益刻本　十冊

450000－2601－0004455　綫 S25/0235（2）

劉河間傷寒六書十一卷附一種一卷 （金）劉完素撰　清宣統元年（1909）上海千頃堂石印本　五冊

450000－2601－0004456　藏綫±915/3132（2）

讀史方輿紀要廣西一百三十卷廣東省圖說廣西省圖說湖廣圖說不分卷 （清）顧祖禹撰　清抄本　四冊　存八卷（讀史方輿紀要廣西一百六至一百十二、廣東省圖說廣西省圖說湖廣圖說不分卷）

450000－2601－0004457　藏綫±915.01/3140

粵西叢載三十卷 （清）汪森編輯　清康熙四十四年（1705）刻本　四冊　存四卷（二十七至三十）

450000－2601－0004458　綫 S25/0240

松峯說疫六卷 （清）劉奎著輯　（清）劉秉錦纂述　清刻本　四冊

450000－2601－0004459　綫 S25/0822

新編張仲景註解傷寒發微論二卷新編張仲景註解傷寒百證歌五卷 （宋）許叔微述　清光緒七年（1881）歸安陸氏十萬卷樓刻十萬卷樓叢書本　一冊　缺四卷（新編張仲景註解傷寒百證歌二至五）

450000－2601－0004460　綫廿 951/1779（4）

資治通鑑注二百九十四卷釋文辯誤十二卷 （宋）司馬光編集　（元）胡三省音注　清同治八年（1869）鄱陽胡氏刻江蘇書局補修本　一百九冊　缺三卷（資治通鑑注十至十二）

450000－2601－0004461　綫 S25/1044（1）

溫熱經緯五卷首一卷 （清）王士雄纂　清光緒十九年（1893）富邑三多砦福善堂刻本　二冊

450000－2601－0004462　綫 S25/1044（2）

重訂霍亂論病情四卷良方選錄一卷 （清）王士雄纂　清光緒二十八年（1902）儀徵吳氏有福讀書堂刻本　一冊

450000－2601－0004463　綫 D69/0900（2）

鴻雪因緣圖記三集六卷 （清）麟慶著　清道光二十七年（1847）揚州刻本　六冊

450000－2601－0004464　藏綫廿 952/1031

文章練要左傳評十卷 （清）王源評訂　（清）程城參正　清中期居業堂刻大盛堂印本　八冊

450000－2601－0004465　綫 S25/1050（1）

時病論八卷 （清）雷豐著　清末石印本　六冊

450000－2601－0004466　綫 S25/1050（2）

時病論八卷 （清）雷豐著　清光緒十年（1884）雷慎修堂刻本　四冊

450000－2601－0004467　綫 S25/1210

傷寒纘論二卷 （清）張璐銓次　清刻本　一冊　存一卷（下）

450000－2601－0004468　綫 S25/1214

春溫三字訣一卷 （清）張汝珍撰　清光緒二十一年（1895）石印本　一冊

450000－2601－0004469　綫 D32/1033

湘軍記二十卷 （清）王定安撰　清光緒十五年（1889）江南書局刻本　八冊

450000－2601－0004470　藏綫廿 952/1272（2）

篆文春秋十二卷 □□撰　清乾隆武英殿刻篆文六經四書本　二冊

450000－2601－0004471　綫 S25/1226（1）

金匱要略淺註補正九卷　（漢）張仲景撰
（清）陳念祖集註　（清）唐宗海補正　清光緒
三十四年(1908)石印本　二冊　存六卷(四
至九)

450000－2601－0004472　綫S25/1226(2)

金匱要略淺註補正九卷　（漢）張仲景撰
（清）陳念祖集註　（清）唐宗海補正　清光緒
三十四年(1908)千頃堂書局石印本　三冊

450000－2601－0004473　綫D97/4270(2)

禮記省度四卷　（清）彭頤纂　（清）彭遂邁修
較　清嘉慶十四年(1809)金閶大業堂刻朱墨
套印本　四冊

450000－2601－0004474　藏綫卅955.7/8017

隆平集二十卷　（宋）曾鞏編撰　清康熙四十
年(1701)南豐彭期刻本　四冊　缺一卷(四)

450000－2601－0004475　綫S25/1226(3)

傷寒論淺註補正七卷　（漢）張仲景撰　（清）
陳念祖集註　（清）唐宗海補正　清光緒三十
四年(1908)石印本　三冊

450000－2601－0004476　綫＋390/8700(1)

周禮十二卷　（漢）鄭玄注　（唐）陸德明音義
　清光緒十二年(1886)湖北官書處刻本
六冊

450000－2601－0004477　綫D251/1779(2)

涑水記聞十六卷　（宋）司馬光撰　清刻本
四冊

450000－2601－0004478　綫卅956/3145(2)

欽定元史語解二十四卷　（清）□□編　清光
緒四年(1878)江蘇書局刻本　六冊

450000－2601－0004479　綫卅956/7167(2)

遼史拾遺二十四卷　（清）厲鶚撰　遼史紀年
表一卷西遼紀年表一卷　（清）汪遠孫撰　清
光緒元年(1875)江蘇書局刻本　十冊

450000－2601－0004480　綫S25/1240

金匱要略淺註九卷　（漢）張仲景撰　（清）陳
念祖集註　清刻本　四冊　存七卷(三至九)

450000－2601－0004481　藏綫末0025

[雍正]大清會典二百五十卷　（清）尹泰等纂
修　清雍正十年(1732)武英殿刻本　四冊
存四卷(卷一葉二十五至六十三、二至四)

450000－2601－0004482　綫卅920.1/6058
(7)

逆臣傳二卷　（清）國史館編　清末京都正陽
門琉璃廠榮錦書坊刻本　二冊

450000－2601－0004483　綫S25/1283(1)

痢疾論四卷　（清）孔毓禮著輯　清乾隆三十
七年(1772)謙益堂刻本　四冊

450000－2601－0004484　藏綫386/3745

湖南四至水陸程途冊不分卷　（清）湖南提刑
按察使撰　清抄本　四冊

450000－2601－0004485　綫卅920.1/6058
(8)

貳臣傳八卷　（清）國史館編　清末京都正陽
門琉璃廠榮錦書坊刻本　七冊　缺一卷(一)

450000－2601－0004486　綫S25/1283(2)

溫病證治歌括二卷附喉證滙參五卷　（明）張
介賓撰　清光緒十九年(1893)富邑三多砦福
善堂刻本　一冊

450000－2601－0004487　綫S26/2322(1)

外科秘錄圖二卷　□□撰　清刻本　一冊
存一卷(卷下葉五十五至九十六)

450000－2601－0004488　綫S26/6720

金瘡鐵扇散藥方一卷　（清）明德輯　清光緒
三十四年(1908)揚州務本堂刻本　一冊

450000－2601－0004489　綫S25/1287(1)

傷寒論直解六卷　（清）張錫駒註解　清康熙
五十一年(1712)刻本　六冊

450000－2601－0004490　藏綫卅520/4422
(2)

管窺輯要八十卷目錄一卷　（清）黃鼎纂定
清順治十年(1653)刻本　四十八冊

450000－2601－0004491　綫S25/2106

治疫全書六卷附辨孔瑣言一卷　（清）熊立品
編輯　清乾隆四十二年(1777)刻瘟疫傳症彙

編本 三冊

450000 – 2601 – 0004492　綫 S25/1287(2)
傷寒論直解六卷傷寒附餘一卷 （清）張錫駒
註解　清康熙五十一年(1712)刻本　四冊

450000 – 2601 – 0004493　綫 S25/2320(1)
傅青主男科二卷 （清）傅山撰　清光緒十三
年(1887)湖北官書處刻本　二冊

450000 – 2601 – 0004494　綫 F924.45/4435
(2)
滇緬劃界圖說一卷 （清）薛福成編　清光緒
二十八年(1902)無錫傳經樓石印本　一冊

450000 – 2601 – 0004495　綫 ± 353.6/0043
(2)
南海先生戊戌奏稿一卷 康有為著　麥仲華
編　清宣統三年(1911)鉛印本　一冊

450000 – 2601 – 0004496　綫 S25/2320(2)
傅青主男科二卷 （清）傅山撰　清光緒十三
年(1887)湖北官書處刻本　二冊

450000 – 2601 – 0004497　藏綫廿 750/1278
佩文齋書畫譜一百卷 （清）孫岳頒等纂輯
清康熙四十七年（1708）靜永堂刻本　四十
六冊

450000 – 2601 – 0004498　綫 ± 353.6/0043
(3)
南海先生戊戌奏稿一卷 康有為著　麥仲華
編　清宣統三年(1911)鉛印本　一冊

450000 – 2601 – 0004499　綫 S25/2410
理虛元鑑二卷 （明）綺石撰　清光緒二十二
年(1896)蕭山陳氏刻本　一冊

450000 – 2601 – 0004500　藏綫廿 751/3422
嗚野山房彙刻帖目四卷 （清）沈復粲輯　清
光緒十九年(1893)抄本　八冊

450000 – 2601 – 0004501　綫 737/4027(1)
**續泉匯元集三卷亨集三卷利集三卷貞集五卷
補遺二卷首一卷** （清）康子年　（清）李佐賢
編　清光緒元年(1875)刻本　六冊（與
450000 – 2601 – 0006661 合函）

450000 – 2601 – 0004502　綫 S25/2510
金匱鉤玄三卷 （元）朱震亨撰　（清）周學海
評注　清末刻本　一冊

450000 – 2601 – 0004503　綫 ± 041.2/8208
(3)
**古經解匯函十六種一百二十八卷小學匯函十
四種一百二十二卷** （清）鍾謙鈞等輯　清光
緒十五年(1889)湘南書局刻本　六十四冊

450000 – 2601 – 0004504　綫 S25/2647
傷寒論本義十八卷首一卷末一卷 （清）魏荔
彤纂釋　清康熙六十年(1721)刻本　五冊
缺一卷(一)

450000 – 2601 – 0004505　綫 D218/0040(2)
左傳義法舉要一卷 （清）方苞口授　（清）王
兆符傳述　清雍正六年(1728)刻乾隆補修本
一冊

450000 – 2601 – 0004506　綫 +015/8346(2)
元史藝文志四卷 （清）錢大昕補　清同治、
光緒間江蘇書局刻本　一冊

450000 – 2601 – 0004507　綫 D23/4014(1)
北齊書五十卷 （唐）李百藥撰　清同治十三
年(1874)金陵書局刻本　五冊　缺十卷(二
十五至三十四)

450000 – 2601 – 0004508　綫 S25/3011(1)
溫熱贅言一卷 （清）寄瓢子述　清道光十二
年(1832)吳氏靈鶴山房刻本　一冊

450000 – 2601 – 0004509　綫 S25/3011(2)
溫熱贅言一卷 （清）寄瓢子述　清道光十二
年(1832)吳氏靈鶴山房刻本　一冊

450000 – 2601 – 0004510　綫 S25/3040(1)
扁鵲心書三卷神方一卷首一卷 （戰國）扁鵲
傳　（宋）竇材集　（清）胡珏參論　清青蓮書
屋刻本　四冊

450000 – 2601 – 0004511　綫 D23/4014(2)
北齊書五十卷 （唐）李百藥撰　清同治十三
年(1874)金陵書局刻本　四冊

450000 – 2601 – 0004512　綫 D231/8324

三國志證聞三卷 （清）錢儀吉撰 清光緒十一年(1885)江蘇書局刻本 一冊

450000－2601－0004513 綫 S25/3040（2）

扁鵲心書三卷神方一卷 （戰國）扁鵲傳 （宋）竇材集 （清）胡珏參論 清光緒二十二年(1896)上海圖書集成印書局鉛印醫林指月本 一冊

450000－2601－0004514 綫 S25/3463

張仲景金匱要畧二十四卷 （清）張仲景撰 （清）沈宗明編註 清康熙三十一年(1692)刻本 三冊

450000－2601－0004515 綫 D231/7756

三國志注證遺四卷 （清）周壽昌學 清光緒八年至九年(1882－1883)長沙周壽昌思益堂刻本 一冊

450000－2601－0004516 綫 S25/3485

傷寒論綱目十六卷首二卷 （清）沈金鰲輯 清乾隆四十九年(1784)無錫沈氏刻沈氏尊生書本 七冊

450000－2601－0004517 綫 S25/3822

張仲景註解傷寒百證歌五卷 （宋）許叔微述 清咸豐二年(1852)藏脩書屋刻本 二冊

450000－2601－0004518 綫 D231/6042

三國郡縣表八卷 （清）吳增僅學 清光緒二十二年(1896)丹徒陳氏木活字印本 二冊

450000－2601－0004519 綫 D231/7540（1）

三國志六十五卷考證六十五卷 （晉）陳壽撰 （南朝宋）裴松之注 （清）四庫館臣考證 清光緒十四年(1888)上海蜚英館石印本 八冊

450000－2601－0004520 綫 D231/7540（2）

三國志六十五卷 （晉）陳壽撰 （南朝宋）裴松之注 三國志考證六十五卷 （清）四庫館臣考證 清光緒十四年(1888)上海蜚英館石印本 六冊 缺十卷(三國志一至五、三國志考證一至五)

450000－2601－0004521 綫 D207/3912（1）

讀史大畧六十卷首一卷 （清）沙張白著 小沙子史畧一卷 （清）沙晉著 清光緒二十六年(1900)江陰吳曾僎刻本 十二冊

450000－2601－0004522 綫 D231/7540（3）

三國志附考證六十五卷 （晉）陳壽撰 （南朝宋）裴松之注 （清）四庫館臣考證 清光緒二十六年(1900)煥文書局石印本 四冊

450000－2601－0004523 綫 S25/4020

訂正仲景傷寒論釋義不分卷 （清）李纘文補註 清宣統元年(1909)上海文瑞樓刻本 六冊

450000－2601－0004524 綫 D231/7540（4）

三國志六十五卷 （晉）陳壽撰 （南朝宋）裴松之注 三國志考證六十五卷 （清）四庫館臣考證 清同治十年(1871)成都書局刻本 九冊 存七十六卷(三國志一至二十三、三十一至四十五,三國志考證一至二十三、三十一至四十五)

450000－2601－0004525 綫 S25/4110

傷寒論註四卷附翼二卷 （清）柯琴編註 清乾隆二十年(1755)金閶綠慎堂刻本 六冊

450000－2601－0004526 綫 D231/7540（5）

三國志六十五卷 （晉）陳壽撰 （南朝宋）裴松之注 三國志考證六十五卷 （清）四庫館臣考證 清同治十年(1871)成都書局刻本 八冊 存六十卷(三國志一至三十、三國志考證一至三十)

450000－2601－0004527 綫 S25/4310

瘟疫明辨四卷末一卷 （清）戴天章撰 清南京李光明莊刻本 一冊

450000－2601－0004528 綫 D231/7540（6）

三國志六十五卷 （晉）陳壽撰 （南朝宋）裴松之注 三國志考證六十五卷 （清）四庫館臣考證 清同治十年(1871)成都書局刻本 三冊 存四十卷(三國志四十六至六十五、三國志考證四十六至六十五)

450000－2601－0004529 綫 S25/4343

張仲景傷寒論貫珠集八卷 （清）尤怡註 清

蘇州綠潤堂刻本　四冊

450000－2601－0004530　綫 S25/4390（1）
金匱心典三卷　（漢）張仲景著　（清）尤怡集註　清刻本　三冊

450000－2601－0004531　綫 S25/4390（2）
金匱心典三卷　（漢）張仲景著　（清）尤怡集註　清光緒七年（1881）崇德書院刻本　三冊

450000－2601－0004532　綫 D231/7540（7）
三國志六十五卷　（晉）陳壽撰　（南朝宋）裴松之注　清光緒十三年（1887）江南書局刻本　八冊

450000－2601－0004533　綫 D231/7540（8）
三國志六十五卷　（晉）陳壽撰　（南朝宋）裴松之注　清光緒十三年（1887）江南書局刻本　十二冊

450000－2601－0004534　綫 S25/4412（1）
傷寒說意十卷首一卷　（清）黃元御著　清光緒二十年（1894）上海圖書集成印書局鉛印本　一冊

450000－2601－0004535　綫 S25/4412（2）
四聖心源十卷　（清）黃元御著　清咸豐十年（1860）長沙燮和精舍刻昌邑黃先生醫書八種本　二冊

450000－2601－0004536　綫 S25/4412（3）
金匱懸解二十二卷　（清）黃元御著　清望雲草廬刻本　二冊

450000－2601－0004537　綫卄 953/7540（1）
三國志附考證六十五卷　（晉）陳壽撰　（南朝宋）裴松之注　清光緒二十一年（1895）上海畊餘主人石印本　六冊

450000－2601－0004538　綫卄 953/7540（2）
三國志六十五卷　（晉）陳壽撰　（南朝宋）裴松之注　清刻本　八冊

450000－2601－0004539　綫卄 953/4462（1）
三國志裴注述二卷　（清）林國贊撰　清光緒十六年（1890）學海堂刻學海堂叢刻本　一冊

450000－2601－0004540　綫 S25/4412（4）

傷寒懸解十四卷首一卷末一卷　（清）黃元御著　清光緒二十年（1894）上海圖書集成印書局鉛印本　三冊

450000－2601－0004541　綫 S25/4432
廣瘟疫論五卷末一卷　（清）戴天章撰　薛逸山刪訂　清末抄本　一冊

450000－2601－0004542　綫卄 953/4462（2）
三國志裴注述二卷　（清）林國贊撰　清光緒十六年（1890）學海堂刻學海堂叢刻本　一冊

450000－2601－0004543　綫卄 953/2824
三國志質疑六卷　徐紹楨學　清光緒十二年（1886）羊城刻本　二冊

450000－2601－0004544　綫 S25/4422
金匱玉函經二註二十二卷補方一卷附十樂神書一卷　（明）趙以德衍義　（清）周揚俊補註　清道光十八年（1838）吳郡經義齋刻本　六冊

450000－2601－0004545　綫 S25/4710（1）
傷寒瘟疫條辨七卷　（清）楊璿撰　清同治九年（1870）宏道堂刻本　四冊

450000－2601－0004546　綫 S25/4710（2）
寒瘟條辨七卷附溫病壞證一卷　（清）楊璿撰　清光緒十九年（1893）江右醉芸軒刻本　六冊

450000－2601－0004547　綫卄 954.7/7748（3）
南北史捃華八卷　（清）周嘉猷輯　清同治四年（1865）鑑止水齋刻本　四冊

450000－2601－0004548　綫 S25/5024
傷寒大白四卷　（清）秦之楨撰　清康熙五十三年（1714）其順堂刻本　四冊

450000－2601－0004549　綫卄 954/7772（3）
五代史七十四卷　（宋）歐陽修撰　（宋）徐無黨注　清光緒十四年（1888）上海圖書集成印書局鉛印本　六冊

450000－2601－0004550　綫 S25/5324
傷寒補天石二卷續二卷　（明）戈維城著　清

嘉慶十六年(1811)吳中朱陶性汲綆齋木活字印本　二冊

450000－2601－0004551　緯D248/7772(1)

五代史七十四卷　(宋)歐陽修撰　(宋)徐無黨注　清同治十一年(1872)湖北書局刻本　八冊

450000－2601－0004552　緯S25/5524(1)

醫醇賸義四卷　(清)費伯雄著　清同治二年(1863)費氏耕心堂刻本　四冊

450000－2601－0004553　緯S25/5524(2)

醫醇賸義四卷附醫方論四卷　(清)費伯雄著　清同治四年(1865)粵東雙門底上街登雲閣刻本　六冊

450000－2601－0004554　緯D248/7772(2)

五代史七十四卷　(宋)歐陽修撰　(宋)徐無黨注　清同治十一年(1872)湖北書局刻本　八冊

450000－2601－0004555　緯S25/6049

明吳又可先生瘟疫論二卷　(明)吳有性撰　清光緒三十四年(1908)森記書局刻本　二冊

450000－2601－0004556　緯S25/6055

續傷寒補天石二卷　(明)戈維城著　清嘉慶十六年(1811)吳中朱陶性汲綆齋木活字印本　二冊

450000－2601－0004557　緯S25/6440

醫效秘傳三卷　(清)葉桂述　清道光十一年(1831)吳氏貯春仙館刻本　三冊

450000－2601－0004558　緯S25/6860(1)

尚論張仲景傷寒論重編三百九十七法四卷後篇四卷首一卷　(清)喻昌著　清經元堂刻本　七冊　缺一卷(後篇一)

450000－2601－0004559　緯S25/6860(2)

尚論篇四卷後篇四卷寓意草一卷　(清)喻昌著　清光緒三十三年(1907)簡青齋書局石印本　一冊

450000－2601－0004560　緯S25/7415

黴瘡秘錄二卷　(明)陳司成著　清光緒十一

年(1885)石印本　二冊

450000－2601－0004561　緯S25/7448(1)

石室秘錄六卷　(清)陳士鐸撰　清經元堂刻本　六冊

450000－2601－0004562　緯D248/7772(3)

五代史七十四卷　(宋)歐陽修撰　(宋)徐無黨注　清同治十一年(1872)湖北書局刻本　十二冊

450000－2601－0004563　緯S25/7483(1)

傷寒醫訣串解六卷　(清)陳念祖著　(清)陳道著纂集　清咸豐六年(1856)敦厚堂刻本　一冊

450000－2601－0004564　緯D248/7772(4)

五代史記七十四卷　(宋)歐陽修撰　(宋)徐無黨注　清宣統元年至三年(1909－1911)黃岡陶子麟刻本　十二冊

450000－2601－0004565　特緯未0027

金華四先生四書正學淵源十卷　(明)章一陽訂　(清)趙泰姓輯梓　清康熙膠西趙泰姓刻本　一冊　存一卷(三)

450000－2601－0004566　緯D248/7772(5)

五代史附考證七十四卷　(宋)歐陽修撰　(宋)徐無黨注　清光緒二十八年(1902)上海文瀾書局石印本　一冊

450000－2601－0004567　緯S25/7483(2)

醫學從眾錄八卷　(清)陳念祖著　清光緒二十九年(1903)上海錦章書局石印本　一冊

450000－2601－0004568　緯S25/7720(1)

陶節菴傷寒全生集四卷　(明)陶華撰　清乾隆四十七年(1782)眉壽堂刻本　四冊

450000－2601－0004569　緯S25/7784

陶節菴傷寒全生集四卷　(明)陶華撰　清乾隆四十七年(1782)眉壽堂刻本　六冊

450000－2601－0004570　緯D248/4471(3)

舊五代史一百五十卷　(宋)薛居正等撰　**舊五代史考證一百五十卷**　(清)四庫館臣考證　清同治十一年(1872)湖北崇文書局刻本

十六冊

450000－2601－0004571　綫卅 952/7474（3）
戰國策去毒二卷　（清）陸隴其評選　（清）陸宸徵編次　清同治九年（1870）六安求我齋刻本　二冊

450000－2601－0004572　綫卅 952/6001
吳韋昭先生國語全註二十一卷　（三國吳）韋昭解　（宋）宋庠補音　清乾隆四十九年（1784）武林三餘堂刻本　三冊　存十八卷（四至二十一）

450000－2601－0004573　綫 D218/0010（1）
何氏公羊解詁三十論三卷　廖平撰　清光緒十二年（1886）成都刻四益館經學叢書本　一冊

450000－2601－0004574　綫 D218/0010（2）
起起穀梁發疾一卷　廖平箸　清光緒十一年（1885）刻本　一冊

450000－2601－0004575　綫 S25/8730
再重訂傷寒集註十三卷　（清）舒詔著　清乾隆三十五年（1770）兩儀堂刻本　五冊

450000－2601－0004576　綫 D218/0203（2）
左傳舊疏考正八卷　（清）劉文淇撰　清光緒三年（1877）湖北崇文書局刻本　四冊

450000－2601－0004577　綫 S25/9023
興化實濟局霍亂論一卷　（清）江曲春撰　興化實濟局霍亂麻痧辨證一卷　（清）趙履鰲纂　清光緒十四年（1888）興化四聖觀刻本　一冊

450000－2601－0004578　藏綫卅 755.1/1038（8）
原板初印芥子園畫譜二集四卷　（清）王概等摹古　清乾隆刻五色套印本　四冊

450000－2601－0004579　綫 D203.5/0833（1）
韻史二卷　（清）許遞翁次　韻史補一卷（清）朱玉岑次　清同治十一年（1872）完顏麟慶貴州臬署刻本　一冊

450000－2601－0004580　綫 S26/1022（1）
王洪緒先生外科證治全生五卷附金瘡鐵扇散方一卷治癲狗咬傷毒發欲死經驗救急神效方一卷　（清）王維德撰　清咸豐十一年（1861）武昌節署刻本　一冊

450000－2601－0004581　綫 D203.5/0833（2）
韻史二卷　（清）許遞翁次　韻史補一卷（清）朱玉岑次　清同治十一年（1872）完顏麟慶貴州臬署刻本　一冊

450000－2601－0004582　綫 S26/1022（2）
王洪緒先生外科證治全生五卷附金瘡鐵扇散方一卷治癲狗咬傷毒發欲死經驗救急神效方一卷　（清）王維德撰　清光緒八年（1882）刻本　一冊

450000－2601－0004583　綫 D207/3912（2）
讀史大畧六十卷首一卷　（清）沙張白著　小沙子史畧一卷　（清）沙晉著　清咸豐七年（1857）大興邵氏恭壽堂刻本　十二冊

450000－2601－0004584　藏綫卅 755.1/1038（9）
芥子園畫傳五卷　（清）王概增輯編次　清康熙十六年至十八年（1677－1679）李漁刻五色套印本　五冊

450000－2601－0004585　綫 D207/3912（3）
讀史大畧六十卷首一卷　（清）沙張白著　小沙子史畧一卷　（清）沙晉著　清咸豐七年（1857）大興邵氏恭壽堂刻本　十二冊

450000－2601－0004586　綫 S26/3480（1）
增訂治疔彙要三卷　（清）過鑄輯　清光緒二十四年（1898）武林刻本　二冊

450000－2601－0004587　藏綫卅 810.72/3072（1）
柳亭詩話三十卷　（清）宋長白纂　清康熙天拙園刻本　八冊

450000－2601－0004588　綫 D2/0042
日講書經解義十三卷　（清）庫勒納等撰　清康熙十九年（1680）刻本　六冊

450000 – 2601 – 0004589　綫 D2/7430

二十四史論贊七十八卷　（清）陳鄷編輯　清光緒二十年（1894）長生書室刻本　十七冊

450000 – 2601 – 0004590　綫 B312/0026

陶山書義不分卷　（清）唐仲冕撰　清嘉慶十七年（1812）善化唐仲冕刻本　一冊

450000 – 2601 – 0004591　藏綫卄 810. 72/3072（2）

柳亭詩話三十卷　（清）宋長白纂　清康熙天拙園刻本　四冊

450000 – 2601 – 0004592　綫 B312/0040

欽定四書文選不分卷　（清）弘晝等輯　清光緒二年（1876）崇文書局刻本　十冊

450000 – 2601 – 0004593　綫 S26/3480（2）

增訂治疗彙要三卷　（清）過鑄輯　清光緒二十四年（1898）武林刻本　四冊

450000 – 2601 – 0004594　綫 B312/0710

爾雅注疏附校勘記二卷　（宋）邢昺皎定　（清）阮元校勘　（清）盧宣旬摘錄　清光緒二十九年（1903）點石齋印書局石印本　一冊

450000 – 2601 – 0004595　綫 B312/1020

大學聖經貫珠解一卷附讀大學經傳及中庸雜記一卷　（清）雷以諴撰　朱子晚年定論一卷　（宋）朱熹撰　清同治七年（1868）江漢書院刻雨香書屋印本　一冊

450000 – 2601 – 0004596　綫 S26/3846

外科證治全書五卷末一卷　（清）許克昌（清）畢法輯　清光緒三十三年（1907）遵義天全美刻天福公所印本　二冊

450000 – 2601 – 0004597　綫 B2/4400

重刊讀史論畧一卷　（清）杜詔著　（清）胡鳳丹校　清同治五年（1866）退補齋刻本　一冊

450000 – 2601 – 0004598　綫 S26/7143

瘍醫大全四十卷　（清）顧世澄纂輯　清藝古堂刻本　四十冊

450000 – 2601 – 0004599　綫卄 950.2/4447

歷代史表五十九卷首一卷　（清）萬斯同撰

清光緒十五年（1889）廣雅書局刻本　六冊

450000 – 2601 – 0004600　綫 S26/7448（1）

洞天奧旨十六卷　（清）陳士鐸撰　清刻本一冊　存八卷（九至十六）

450000 – 2601 – 0004601　藏綫卄 811. 12/3140

粵西詩載二十五卷　（清）汪森編輯　清康熙四十三年（1704）刻本　六冊

450000 – 2601 – 0004602　綫 D2/7461

綱目訂誤四卷　（清）陳景雲撰　清乾隆十九年（1754）東吳陳氏刻本　二冊

450000 – 2601 – 0004603　綫 B311/7742

毛西河先生仲氏易三十卷　（清）毛奇齡撰（清）張文炳校閱　清乾隆三年（1738）桐城周朝濱刻致和堂印本　四冊

450000 – 2601 – 0004604　綫 B312/2042（1）

四書改錯二十二卷首一卷　（清）毛奇齡稿清末石印西河合集本　二冊

450000 – 2601 – 0004605　綫 B312/2042（2）

四書改錯二十二卷首一卷　（清）毛奇齡稿清末石印本　一冊

450000 – 2601 – 0004606　綫 B312/2717

寄傲山房塾課纂輯書經備旨蔡註捷錄七卷（清）鄒聖脈纂輯　（清）鄒廷猷編次　（清）鄒景揚訂　清末刻本　一冊　存二卷（三至四）

450000 – 2601 – 0004607　綫卄 112.2/3308

論語集注旁證二十卷　（清）梁章鉅撰　清同治十二年至光緒十九年（1873 – 1893）刻本四冊

450000 – 2601 – 0004608　綫卄 112.4/7277

論語補註三卷　（清）劉開撰　清同治七年（1868）桐城劉氏刻本　一冊

450000 – 2601 – 0004609　綫 S26/8326

傷科緊要全集不分卷　（清）錢秀昌編輯　清光緒十年（1884）安亭姚從龍抄本　四冊

450000 – 2601 – 0004610　綫卄 112.4/7474

松陽講義十二卷　（清）陸隴其著　清同治十年(1871)公善堂刻本　四冊

450000－2601－0004611　藏綫廿 811.42/2821

御定全唐詩録一百卷　（清）徐倬等校刊　清康熙四十五年(1706)刻本　二十四冊　存七十四卷(一至八、二十三至二十五、三十至四十四、四十九至七十三、七十八至一百)

450000－2601－0004612　綫 S27/2323(1)

傅氏眼科審視瑤函六卷前賢醫案一卷首一卷　（明)傅仁宇纂輯　清刻本　六冊

450000－2601－0004613　綫 S27/0186

眼科約編不分卷　（清）顏筱園著　清光緒六年(1880)刻本　一冊

450000－2601－0004614　藏綫廿 811.42/4322

唐玉屏公詩集二卷　（唐）戴叔倫撰　叔倫棲賢書院記一卷　（明）黃汝亨記　清康熙五十三年(1714)金壇戴氏木活字印本　一冊

450000－2601－0004615　綫廿 112.43/3224(1)

論語古注集箋十卷論語考一卷附一卷　（清）潘維城學　清光緒七年(1881)江蘇書局刻本　六冊

450000－2601－0004616　綫 S271/1016(1)

眼科百問二卷　（清）王文子撰　清上海廣益書局石印本　一冊　存一卷(上)

450000－2601－0004617　綫 S271/2323(1)

傅氏眼科審視瑤函六卷前賢醫案一卷首一卷　（明)傅仁宇纂輯　清刻本　六冊

450000－2601－0004618　綫廿 112.43/3224(2)

論語古注集箋十卷論語考一卷附一卷　（清）潘維城學　清光緒七年(1881)江蘇書局刻本　六冊

450000－2601－0004619　綫廿 112.43/4441

論語後案二十卷　（清）黃式三學　清光緒九

年(1883)浙江書局刻傲居叢書本　十冊

450000－2601－0004620　藏綫廿 811.42/4410

唐人小律花雨集二卷續集一卷　（清)薛雪集　清乾隆十一年(1746)掃葉莊刻本　三冊

450000－2601－0004621　綫廿 957.7/3191

明季稗史彙編二十七卷　（清)留雲居士輯　清光緒二十二年(1896)上海集成印書局鉛印本　五冊

450000－2601－0004622　綫廿 957.7/0404(1)

明季南畧十八卷　（清)計六奇編輯　清都城琉璃廠半松居士木活字印本　十二冊

450000－2601－0004623　綫 S271/2323(2)

傅氏眼科審視瑤函六卷前賢醫案一卷首一卷　（明)傅仁宇纂輯　清刻本　六冊

450000－2601－0004624　綫 S271/6440

眼科良方一卷腳氣良方一卷　（清)葉桂撰　清刻本　一冊

450000－2601－0004625　綫廿 957.7/0404(2)

明季北畧二十四卷　（清)計六奇編輯　清都城琉璃廠半松居士木活字印本　十二冊

450000－2601－0004626　藏綫廿 811.51/6030

校正重刊官板宋朝文鑑一百卷目録三卷　(宋)呂祖謙銓次　明萬曆刻本　三十二冊

450000－2601－0004627　綫 S272/4442

增補經驗喉科紫珍青囊濟世録不分卷　（清)黃梅谿輯　清抄本　八冊

450000－2601－0004628　綫廿 957.4/7547(2)

明紀六十卷　（清)陳鶴籑　（清)陳克家參訂并補纂　清同治十年(1871)江蘇書局刻本　二十冊

450000－2601－0004629　藏綫廿 812.21/4418

楚辭燈四卷　（清）林雲銘論述　清康熙三讓堂刻本　四冊

450000－2601－0004630　綫S272/1222

時疫白喉捷要一卷　（清）張紹修著　清光緒十八年（1892）善化張氏刻宜賓官署印本　一冊

450000－2601－0004631　藏綫廿811.82/1042

感舊集十六卷　（清）王士禎選　（清）盧見曾補傳　清乾隆十七年（1752）德州盧見曾刻本　八冊

450000－2601－0004632　綫S272/1226

白喉證治通考一卷　張采田學　清光緒二十九年（1903）刻多伽羅香館叢書本　一冊

450000－2601－0004633　綫廿957.3/1022

東都事畧一百三十卷　（宋）王偁撰　清上海精一閣刻本　八冊

450000－2601－0004634　綫S272/1233

喉科指掌六卷　（清）張宗良著　清乾隆二十二年（1757）刻本　二冊

450000－2601－0004635　藏綫廿812.21/7771

楚辭集註八卷末一卷　（清）屈複新集註（清）屈啟賢編　清乾隆三年（1738）刻本　四冊

450000－2601－0004636　藏綫廿812.31/5544

曹子建集十卷　（三國魏）曹植撰　明天啟元年（1621）淩性德刻朱墨套印本　八冊

450000－2601－0004637　綫廿957.1/4748

欽定明鑑二十四卷首一卷　（清）吳慈鶴等編纂　清刻本　十冊

450000－2601－0004638　綫S272/1421（1）

洞主仙師白喉治法忌表抉微一卷　（清）耐修子錄并注　清光緒二十八年（1902）柿花館刻揚州左衛街趙聚賢齋刻字店印本　一冊

450000－2601－0004639　綫S272/1421（2）

白喉治法忌表抉微一卷　（清）耐修子錄并注　清刻本　一冊

450000－2601－0004640　綫廿957/1111

明史三百三十二卷目錄四卷　（清）孫嘉淦等纂修　清刻本　三十八冊　缺一百六卷（二百二十七至三百三十二）

450000－2601－0004641　綫廿957.4/8005（1）

明史紀事本末八十卷　（清）谷應泰編輯（清）朱記榮校正　清光緒二十四年（1898）上海文瀾書局石印本　八冊

450000－2601－0004642　綫廿957.4/8005（2）

明史紀事本末八十卷　（清）谷應泰編輯　清光緒十四年（1888）廣雅書局刻本　十六冊

450000－2601－0004643　綫廿957.4/8005（3）

明史紀事本末八十卷　（清）谷應泰編輯　清光緒十四年（1888）廣雅書局刻本　八冊　存四十六卷（一至四十六）

450000－2601－0004644　綫廿957/7547（1）

通鑑明紀六十卷　（清）陳鶴纂　（清）陳克家參訂并補纂　清光緒二十八年（1902）上海積山書局石印四次本　六冊

450000－2601－0004645　綫S272/1421（3）

白喉治法忌表抉微一卷　（清）耐修子錄并注　清光緒十八年（1892）湖北官書刻本　一冊

450000－2601－0004646　藏綫廿812.32/7731

箋註陶淵明集六卷　（晉）陶淵明撰　（明）楊自烈評閱　和陶一卷　（宋）蘇軾撰　律陶一卷　（明）王思任撰　敦好齋律陶纂一卷（明）黃槐開纂　明崇禎五年至六年（1632－1633）敦化堂刻本　四冊

450000－2601－0004647　綫廿956.5/2123

校正元親征錄一卷刊誤一卷　（元）□□撰（清）何秋濤校正　清光緒二十年（1894）袁昶小漚巢刻本　一冊

450000 – 2601 – 0004648　藏綫卄 812.41/
4022（1）

真文忠公心經一卷政經一卷　（宋）真德秀撰
　清康熙五十四年（1715）真鼎元等刻本
一冊

450000 – 2601 – 0004649　綫 S272/2520

咽喉脈證通論一卷　□□撰　清同治十三年
（1874）川東刻本　一冊

450000 – 2601 – 0004650　藏綫卄 812.41/
4022（2）

西山先生真文忠公集五十五卷目錄二卷
（宋）真德秀撰　（明）楊鶚重修　清康熙四年
（1665）蒲城真氏拱極堂刻本　十六冊　存三
十一卷（一至二、二十一至二十四、二十八至四十，目
錄二卷）

450000 – 2601 – 0004651　綫 S272/2665

白喉捷要合編一卷　（清）黃炳幹撰　清光緒
三十三年（1907）刻本　一冊

450000 – 2601 – 0004652　綫 S272/2735

圖註喉科指掌四卷　（清）包永泰撰　清光緒
八年（1882）善成堂刻本　二冊

450000 – 2601 – 0004653　藏綫卄 812.42/
2676

**白香山詩長慶集二十卷後集十七卷別集一卷
補遺二卷目錄一卷**　（唐）白居易撰　（清）汪
立名編訂　**白文公[居易]年譜一卷**　（宋）陳
振孫編　**白香山[居易]年譜一卷**　（清）汪立
名編　清康熙四十一年至四十二年（1702 –
1703）古歙汪立名一隅草堂刻本　八冊

450000 – 2601 – 0004654　綫 S272/3483

喉科心法二卷　（清）沈善謙撰　清光緒三十
年（1904）石印本　一冊

450000 – 2601 – 0004655　綫 S272/4320

喉科秘本不分卷　（清）尤乘撰　清抄本
一冊

450000 – 2601 – 0004656　綫 S272/4424

白喉辨症一卷　（清）黃維翰撰　清宣統二年
（1910）邵東太平一都曾大曉堂刻本　一冊

450000 – 2601 – 0004657　綫 S272/6000

喉科種福五卷首一卷　（清）易方纂　清光緒
二十五年（1899）富記局刻本　二冊

450000 – 2601 – 0004658　藏綫＋031/8034
（2）

唐類函二百卷目錄二卷　（明）余安期彙纂
（明）徐顯卿校訂　明萬曆三十一年（1603）養
正堂刻本　六十四冊

450000 – 2601 – 0004659　綫 S272/8743（1）

重樓玉鑰一卷洞主仙師白喉忌表抉微一卷
（清）鄭梅澗著　清光緒二十六年（1900）浙江
省城景文齋刻本　一冊

450000 – 2601 – 0004660　綫 S277/7729

女科輯要八卷附單養賢胎產全書一卷　（清）
周紀堂纂輯　清同治四年（1865）奎照樓刻本
四冊

450000 – 2601 – 0004661　S277/1030

萬氏婦人科三卷首一卷　（明）萬密齋撰　**達
生編一卷**　（清）亟齋居士撰　清三讓堂信記
刻本　一冊

450000 – 2601 – 0004662　藏綫＋031/7770

藝文類聚一百卷　（唐）歐陽詢撰　（明）王元
貞校　明萬曆尊古堂余仁公刻本　十八冊

450000 – 2601 – 0004663　綫 S277/1080（1）

萬氏婦科彙要四卷　（明）萬密齋撰　清道光
元年（1821）善餘堂刻書業堂印本　二冊

450000 – 2601 – 0004664　藏綫＋031/7510
（2）

格致鏡原一百卷　（清）陳元龍輯　清刻本
八冊　存五十卷（一至二十、三十二至四十
二、四十三至四十八、五十五至六十、八十七
至九十三）

450000 – 2601 – 0004665　綫 S277/8844

小蓬萊山館方鈔二卷　（清）竹林寺僧傳　清
同治十二年（1873）刻本　一冊

450000 – 2601 – 0004666　綫 S277/1330

濟陰綱目十四卷附保生碎事一卷　（明）武之

249

望輯著 （清）汪淇箋釋 清雍正六年（1728）
天德堂刻經綸堂補修本 十冊

450000 - 2601 - 0004667 綫 S277/2320（1）

女科二卷產後編二卷 （清）傅山著 清光緒
元年（1875）湖北崇文書局刻本 二冊

450000 - 2601 - 0004668 綫 S278/1261

產孕集二卷補遺一卷 （清）張曜孫纂輯
（清）包誠增訂並補遺 清同治七年（1868）蘊
璞齋刻本 一冊

450000 - 2601 - 0004669 綫 S277/4430

萬氏婦人科三卷首一卷 （明）萬密齋撰 **達
生編一卷** （清）亟齋居士撰 清富記書局刻
本 一冊

450000 - 2601 - 0004670 藏綫廿 812.41/
7731

駱丞集註四卷 （唐）駱賓王撰 （明）顏文選
補註 明萬曆四十三年（1615）宛上顏氏刻本
四冊

450000 - 2601 - 0004671 綫 S277/7426

婦人良方二十四卷 （宋）陳自明編 （明）薛
己註 清漁古山房刻本 十二冊

450000 - 2601 - 0004672 綫 S277/7483（1）

女科要旨四卷 （清）陳念祖著 清光緒三十
四年（1908）寶慶經元書局刻本 一冊 存二
卷（一至二）

450000 - 2601 - 0004673 綫 S277/7483（2）

女科要旨四卷 （清）陳念祖著 清光緒二十
八年（1902）中華印務有限公司鉛印本 一冊

450000 - 2601 - 0004674 藏綫廿 812.42/
4046

李長吉昌谷集句解定本四卷 （唐）李賀撰
（明）姚佺箋閱 （清）丘象隨等辯註 （清）
朱潮遠等評 清順治丘象隨刻本 四冊

450000 - 2601 - 0004675 綫 S278/1707（1）

廣達生編一卷 （清）亟齋居士撰 清光緒二
十五年（1899）湖南書局刻本 一冊

450000 - 2601 - 0004676 藏綫廿 812.43/

4480（1）

韓筆酌蠡三十卷[韓愈]年譜一卷 （清）盧軒
綴 清雍正八年至十三年（1730 - 1735）歙州
程崟刻本 六冊

450000 - 2601 - 0004677 綫 S277/7483（3）

女科要旨四卷 （清）陳念祖著 清光緒十五
年（1889）孫谿朱氏江左書林刻本 二冊

450000 - 2601 - 0004678 藏綫廿 812.43/
4480（2）

韓子粹言不分卷 （清）李光地輯 清康熙五
十二年（1713）困學書屋刻本 四冊

450000 - 2601 - 0004679 綫 S278/2733

廣生編一卷十劑解二卷 （清）包誠編 清同
治七年（1868）蘊璞齋刻本 一冊

450000 - 2601 - 0004680 藏綫廿 812.43/
7255

韓文百篇編年三卷 （唐）韓愈撰 （清）劉成
忠選評 清同治十三年（1874）稿本 三冊

450000 - 2601 - 0004681 藏綫廿 812.53/
7772

宋大家歐陽文忠公文抄三十二卷 （宋）歐陽
修撰 （明）茅坤批評 （明）吳紹陵重訂 明
末刻本 十冊

450000 - 2601 - 0004682 綫 S278/3140（1）

產科心法二集 （清）汪喆撰 清光緒六年
（1880）江都龍川槐蔭書屋刻本 一冊 存一
集（上）

450000 - 2601 - 0004683 綫 S278/3140（2）

產科心法二集 （清）汪喆撰 清光緒六年
（1880）江都龍川槐蔭書屋刻本 二冊

450000 - 2601 - 0004684 綫 S278/3143

胎產輯萃四卷 （清）汪嘉謨纂輯 清乾隆十
七年（1752）刻本 一冊 存一卷（一）

450000 - 2601 - 0004685 綫 S278/3722（1）

胎產心法三卷附一卷目錄三卷 （清）閻純璽
撰 清同治十年（1871）杭州有容齋刻字店刻
本 六冊

450000 – 2601 – 0004686　藏綫＋031/8624

錦繡萬花谷續集四十卷　（宋）□□輯　明嘉靖十五年(1536)刻本　六冊

450000 – 2601 – 0004687　綫 S278/4027

產育寶慶集方二卷　（宋）李師聖等編　清光緒四年(1878)錢塘丁氏當歸草堂刻當歸草堂醫學叢書初編本　一冊

450000 – 2601 – 0004688　綫 S278/4444

保生衍慶編二卷慈幼萬全編一卷　（清）莊大椿撰　清乾隆四十一年(1776)刻本　一冊

450000 – 2601 – 0004689　藏綫廿 041.3/7528

諸子奇賞前集五十一卷後集六十卷　（明）陳仁錫評選　明天啟六年(1626)三徑齋主人刻酣古齋印本　四十八冊

450000 – 2601 – 0004690　藏綫廿 041.4/2168

雅雨堂藏書十一種一百四卷　（清）盧見曾輯　清乾隆二十一年(1756)德州盧氏刻本　十九冊

450000 – 2601 – 0004691　綫 S278/4446

達生編一卷　（清）亟齋居士撰　**遂生編一卷**　（清）莊一夔撰　清佛鎮福祿街翰文堂刻文華閣印本　一冊

450000 – 2601 – 0004692　綫 S278/3722(2)

胎產心法三卷目錄三卷　（清）閻純璽撰　清同治三年(1864)潮郡進文堂刻本　六冊

450000 – 2601 – 0004693　藏綫＋031/4418(2)

欽定古今圖書集成一萬卷考證二十四卷目錄四十卷　（清）蔣廷錫等輯　清光緒十六年至二十年(1890 – 1894)同文書局石印本　五千二十六冊　缺三十五卷(明倫匯編氏族典六百十五至六百十六、閨媛三百三十九至三百四十,博物匯編藝術典四百三十七至四百三十八、草木典十七至十八,理學匯編學行典七十一至七十二、一百七十一至一百七十二、一百七十九至二百;考證二十三)

450000 – 2601 – 0004694　綫 S279/0060

慈幼便覽一卷痘疹摘錄一卷　（清）文晟輯

清刻本　一冊

450000 – 2601 – 0004695　綫 S279/0217

小兒書不分卷　（清）劉正隆抄　清同治六年(1867)劉正隆抄本　一冊

450000 – 2601 – 0004696　綫 S279/1029

幼科準繩九卷　（明）王肯堂輯　清光緒十八年(1892)上海圖書集成印書局鉛印本　八冊

450000 – 2601 – 0004697　藏綫 D2/7718

函史上編八十一卷下編二十一卷　（明）鄧元錫纂　明崇禎盰眙鄧氏刻清順治十四年至十五年(1657 – 1658)補刻本　四十冊

450000 – 2601 – 0004698　綫 S279/1073

保赤須知一卷　（清）雪凡道人撰　清光緒二十一年(1895)揚州北鄉淮泗橋保局刻本　一冊

450000 – 2601 – 0004699　藏綫 D21/1090

欽定元承華事略補圖六卷　（元）王惲撰　（清）徐郙等補圖　清光緒二十二年(1896)內府刻本　二冊

450000 – 2601 – 0004700　綫 S279/1210(1)

種痘新書十二卷　（清）張琰編輯　清三餘堂刻本　四冊

450000 – 2601 – 0004701　綫 S279/1210(2)

種痘新書十二卷　（清）張琰編輯　清同治十年(1871)善成堂刻本　六冊

450000 – 2601 – 0004702　綫 S279/1210(3)

種痘新書十二卷　（清）張琰編輯　清同治十年(1871)善成堂刻本　六冊

450000 – 2601 – 0004703　綫 S279/3426

沈虛明先生痘疹全集二卷　（明）沈惠撰　清光緒二十九年(1903)姜琴舫抄本　一冊

450000 – 2601 – 0004704　綫 S279/3485(1)

幼科釋謎六卷　（清）沈金鰲撰　清同治元年(1862)醉六堂刻本　二冊

450000 – 2601 – 0004705　綫 S279/3485(2)

幼科釋謎六卷　（清）沈金鰲撰　清石印本　一冊

450000－2601－0004706　綫 S279/3485（3）

牛痘新編二卷　（清）沈善豐述　清光緒十一年(1885)刻本　一冊

450000－2601－0004707　綫 S279/4414

福幼編一卷廣生編一卷　（清）莊一夔撰　清光緒二十九年(1903)揚州新勝街集賢齋刻字鋪刻本　一冊

450000－2601－0004708　綫 S279/5535

救偏瑣言五卷備用良方一卷　（清）費啟泰著　清順治十六年(1659)惠迪堂刻本　四冊

450000－2601－0004709　綫 S279/7790（1）

引痘略合編一卷　（清）邱熺輯　清光緒二十一年(1895)宏道堂刻本　一冊

450000－2601－0004710　綫 S279/7790（2）

引痘略一卷　（清）邱熺輯　清同治七年(1868)漢鎮江漢関衙門間壁巷内張述古刻字店刻本　一冊

450000－2601－0004711　綫 S279/8310（1）

小兒藥證直訣三卷附方一卷　（宋）錢乙撰著　（宋）閻孝忠編次　閻氏小兒方論一卷（宋）閻孝忠箸　清光緒十七年(1891)池陽周氏刻本　三冊

450000－2601－0004712　綫 S279/8310（2）

錢氏小兒直訣四卷　（宋）錢乙撰　（宋）閻孝忠集　（明）薛己註　明萬曆刻薛氏醫按二十四種本　二冊

450000－2601－0004713　綫 S28/0030

弦雪居重訂遵生八牋十九卷　（明）高濂撰　明刻本　六冊　存六卷(五、十三至十四、十七至十九)

450000－2601－0004714　綫 S28/0033（1）

本草問答二卷　（清）唐宗海著　清光緒三十四年(1908)上海千頃堂書局石印中西匯通醫書五種本　一冊

450000－2601－0004715　綫 S28/0033（2）

本草問答二卷　（清）唐宗海著　清光緒三十四年(1908)上海千頃堂書局石印中西匯通醫書五種本　一冊

450000－2601－0004716　綫 S28/0033（3）

本草問答二卷　（清）唐宗海著　清光緒二十年(1894)申江順成書局石印本　一冊

450000－2601－0004717　綫 S28/0060

醫方十種彙編□□卷　（清）文晟輯　清同治十一年(1872)京江文成堂刻本　六冊　存五種七卷(内科摘錄三卷、急救便方一卷、婦科雜症一卷、痘疹摘錄一卷、藥性摘錄一卷)

450000－2601－0004718　綫 S28/0248

本草述鉤元三十二卷　（清）劉若金撰　（清）楊時泰輯　清道光二十二年(1842)毘陵涵雅堂刻本　十二冊

450000－2601－0004719　綫 S28/0413

良方集腋二卷　（清）謝元慶編集　清咸豐三年(1853)留耕堂刻本　二冊

450000－2601－0004720　綫 S28/0737（1）

本草三家合註六卷　（清）郭汝聰集註　神農本草經百種録一卷　（清）徐大椿著　清兩儀堂刻本　六冊

450000－2601－0004721　綫 S28/0737（2）

本草三家合註六卷　（清）郭汝聰集註　神農本草經百種録一卷　（清）徐大椿著　清兩儀堂刻本　六冊

450000－2601－0004722　藏綫 K215.1/4423（2）

范文正公忠宣公全集七十五卷　（清）范時崇輯　清康熙四十四年至四十六年(1705－1707)范時崇歲寒堂刻本　二十冊

450000－2601－0004723　綫 S28/1015（1）

絳雪園古方選註三卷　（清）王子接註　清掃葉山房刻本　四冊

450000－2601－0004724　綫 S28/1015（2）

絳雪園古方選註三卷　（清）王子接註　清掃葉山房刻本　一冊　存一卷(一)

450000－2601－0004725　綫 S28/1023（1）

絳囊撮要一卷　（清）雲川道人輯　達生篇一

卷　（清）亟齋居士編　清同治七年(1868)蘇城平江路許浩源刻字店刻本　二冊

450000－2601－0004726　綫 S28/1023（2）

絳囊撮要五卷　（清）雲川道人輯　清咸豐三年(1853)兩廣督署刻本　二冊

450000－2601－0004727　藏綫 K214.2/4280（1）

重校正唐文粹一百卷　（宋）姚鉉纂　明嘉靖三年至六年(1524－1527)徐焴刻本　二十冊

450000－2601－0004728　藏綫 K214.2/4280（2）

重校正唐文粹一百卷　（宋）姚鉉纂　明萬曆二十六年(1598)金氏刻本　十二冊

450000－2601－0004729　綫 S28/1040

東皋握靈本草十卷補遺一卷序例一卷　（清）王翃編輯　清康熙二十二年(1683)吳郡李氏刻乾隆四年至五年(1739－1740)朱鐘勳補修本　八冊

450000－2601－0004730　綫 S28/1043

王鴻翥堂丸散膏丹集不分卷　（清）王偉楨集　清光緒八年(1882)刻本　一冊

450000－2601－0004731　藏綫 K215.8/4412

元文類七十卷目錄三卷　（元）蘇天爵編次（元）王守誠較訂　明末脩德堂刻本　三十六冊

450000－2601－0004732　綫 S28/1047

彙集經驗方不分卷　（清）汪汲輯　清刻本　一冊

450000－2601－0004733　綫 S28/1050

重訂唐王燾先生外臺秘要方四十卷　（唐）王燾撰　清同治十三年(1874)廣東翰墨園刻本　三十二冊

450000－2601－0004734　藏綫 K224.2/4731

河東先生集四十五卷外集二卷龍城錄二卷（唐）柳宗元撰　明嘉靖東吳郭雲鵬濟美堂刻本　十冊

450000－2601－0004735　綫 S28/1963（1）

千金翼方三十卷　（唐）孫思邈撰　清光緒四年(1878)上海刻本　八冊

450000－2601－0004736　綫 Z3/1040

三才圖會一百六卷　（明）王圻　（明）王思義纂集　明萬曆刻本　二冊　存二卷(天文一、人物十二)

450000－2601－0004737　藏綫 K216.1/6424

午夢堂集六種八卷　（明）葉紹袁輯　明崇禎九年(1636)刻清乾隆補修本　四冊

450000－2601－0004738　藏綫 K216.6/1923

介文夫人仙蝶圖及跋一卷　（清）介文繪（清）涂以輈等跋　清嘉慶十年(1805)繪十一年至咸豐二年(1806－1852)題跋稿本　一冊

450000－2601－0004739　藏綫 D2/2540（2）

資治通鑑綱目正編五十九卷續編二十七卷（宋）朱熹等撰　（明）陳仁錫評閱　明崇禎三年(1630)徐衙松茂堂刻本　二冊　存二卷(正編二十六、續編二十五)

450000－2601－0004740　綫 S28/2043

彙刊經驗方□□種□□卷　（清）毛世洪等輯　清刻本　四冊　存七種八卷(經驗良方一卷、新集良方一卷、續刊經驗集二卷、便易經驗集一卷、濟世養生集一卷、養生經驗補遺一卷、彙刊經驗方一卷)

450000－2601－0004741　藏綫 K223.11/7180

阮步兵集一卷　（三國魏）阮籍著　（清）張溥評　明末刻本　一冊

450000－2601－0004742　藏綫 K222.3/4420（3）

蔡中郎集八卷　（漢）蔡邕著　（明）汪士賢校　明萬曆新安汪士賢刻本　一冊　存三卷(一至三)

450000－2601－0004743　綫 S28/2457

普濟應驗良方八卷補遺一卷　（清）德軒氏輯　清道光七年(1827)金閶綠蔭堂刻本　二冊

450000－2601－0004744　藏綫 K224.2/4020

李太白文集三十卷 （唐）李白撰 清康熙五十六年（1717）吳門繆曰芑雙泉草堂刻本 四冊

450000－2601－0004745 綫S28/2730

鄒閭安先生本經疏證十二卷續疏六卷本經序疏要八卷 （清）鄒澍學 清道光二十八年至二十九年（1848－1849）常州長年醫局刻本 八冊

450000－2601－0004746 藏綫K224.2/4580（4）

唐大家韓文公文抄十六卷 （唐）韓愈撰 （明）茅坤批評 明末刻本 四冊

450000－2601－0004747 綫S28/2773（1）

經驗良方不分卷 （清）□□輯 清刻本 一冊

450000－2601－0004748 綫S28/2773（2）

經驗良方不分卷 （清）□□輯 清刻本 一冊

450000－2601－0004749 藏綫K224.2/4580（5）

朱文公校昌黎先生文集四十卷外集十卷遺文一卷 （唐）韓愈撰 （宋）李漢編集 （明）朱吾弼編 明萬曆三十三年（1605）高安朱崇沐天德堂刻本 何紹基清道光批校 十六冊

450000－2601－0004750 綫S28/3142

經驗百方一卷 （清）汪氏叢桂堂輯 清揚州文元齋刻字鋪刻本 一冊

450000－2601－0004751 藏綫K225.1/1031（4）

宋大家王文公文抄十六卷 （宋）王安石撰 （明）茅坤批評 明末刻本 四冊

450000－2601－0004752 綫S28/2778

經驗簡便良方一卷備用藥物一卷 （清）□□輯 清刻本 一冊

450000－2601－0004753 藏綫K225.1/1779（2）

司馬溫公文集八十二卷目錄一卷首一卷

（宋）司馬光撰 （明）譚文化訂 明天啟七年至崇禎元年（1627－1628）吳時亮山西督學使署刻本 二十四冊

450000－2601－0004754 綫S28/3410

良方集腋合璧一卷 （清）謝元慶編集 （清）王慶霄校纂 清咸豐六年（1856）刻本 一冊

450000－2601－0004755 綫S28/3160（6）

增訂醫方集解三卷本草備要四卷 （清）汪昂著輯 清安定堂貴記刻本 五冊

450000－2601－0004756 綫S28/3160（7）

增訂醫方集解六卷本草備要六卷 （清）汪昂著輯 清光緒九年（1883）長沙遐齡精舍刻本 六冊

450000－2601－0004757 藏綫K225.1/2540（3）

晦庵先生朱文公文集八十八卷 （宋）朱熹撰 （明）朱吾弼編 明萬曆高安朱崇沐婺源刻崇禎七年（1634）李寅賓補刻本 四十冊

450000－2601－0004758 藏綫K225.1/4022

重刻西山先生真文忠公文集五十五卷目錄二卷 （宋）真德秀撰 明萬曆二十六年（1598）錢塘金學魯福建刻本 十二冊

450000－2601－0004759 藏綫K225.1/4402（2）

宋黃文節公文正集三十二卷首四卷外集二十四卷首一卷別集十九卷首一卷 （宋）黃庭堅撰 黃青社先生伐檀集二卷 （宋）黃庶著 清乾隆三十年（1765）江右寧州緝香堂刻本 三十二冊

450000－2601－0004760 綫S28/3444

食物本草會纂八卷圖六卷 （清）沈李龍纂輯 清嘉慶八年（1803）金陵致和堂刻本 六冊

450000－2601－0004761 藏綫K225.1/4440（3）

東坡全集一百十五卷目錄七卷 （宋）蘇軾撰 東坡先生［蘇軾］年譜一卷 （宋）王宗稷編 東坡先生［蘇軾］墓誌銘一卷 （宋）蘇轍撰 東坡［蘇軾］本傳一卷 （元）脫脫撰 明末

刻本　二十冊

450000－2601－0004762　綫 S28/3482(1)

增補醫方一盤珠全集十卷　（清）洪金鼎纂
清三讓堂刻本　四冊

450000－2601－0004763　藏綫 K225.1/7530

渭南文集五十卷　（宋）陸游撰　明末汲古閣
刻本　二十冊

450000－2601－0004764　綫 S28/3482(2)

增補醫方一盤珠全集十卷　（清）洪金鼎纂
清刻本　四冊　缺二卷(五至六)

450000－2601－0004765　藏綫 K225.1/8010

南豐先生元豐類槁五十三卷目錄一卷　（宋）
曾鞏撰　清康熙五十六年(1717)長洲顧崧齡
刻本　十冊

450000－2601－0004766　綫 S28/3488

經驗方二卷　（清）沈善兼輯　清光緒二十二
年(1896)柞谿沈氏刻杭省城頭巷景文齋刻字
鋪印本　一冊

450000－2601－0004767　綫 S28/3711

尚志盧經驗方一卷　（清）滁湃子摘集　清光
緒四年(1878)湖郡最樂齋善書坊刻本　一冊

450000－2601－0004768　藏綫 K225.8/4413

趙文敏公松雪齋全集十卷續集一卷外集一卷
　（元）趙孟頫撰　（清）曹培廉校　清康熙五
十二年(1713)海上曹培廉城書室刻同治元年
(1862)神盧印本　六冊

450000－2601－0004769　綫 S28/3717

新集八畧一卷　（清）資玉卿編　清道光十八
年(1838)刻本　一冊

450000－2601－0004770　綫 S28/3822

類證普濟本事方十卷　（宋）許叔微撰　（清）
葉桂釋義　清嘉慶十九年(1814)姑蘇掃葉山
房義記刻本　四冊

450000－2601－0004771　藏綫 K226.1/0023

重刊荊川先生文集十七卷外集三卷附錄一卷
　（明）唐順之撰　明萬曆元年(1573)純白齋
刻本　十冊

450000－2601－0004772　綫 S28/4050(1)

雷公炮製藥性解六卷　（清）李中梓編輯　清
刻本　一冊

450000－2601－0004773　綫 S28/4050(2)

本草原始十二卷　（明）李中立纂輯　清嘉慶
二十三年(1818)經餘堂刻本　八冊

450000－2601－0004774　綫 S28/4054

雷公炮製藥性解六卷　（清）李中梓編輯　清
刻本　一冊　存三卷(二至四)

450000－2601－0004775　綫 S28/4060(1)

珍珠囊指掌補遺藥性賦四卷　（金）李杲編輯
　清經綸堂刻本　一冊

450000－2601－0004776　藏綫 K226.3/2830

徐文長文集三十卷　（明）徐渭撰　（明）袁宏
道評點　（明）閔德美校訂　明萬曆四十二年
(1614)鍾人傑刻本　五冊

450000－2601－0004777　綫 S28/4060(1)

雷公炮製藥性解六卷　（清）李中梓編輯　清
刻本　與 450000－2601－0004775 合一冊

450000－2601－0004778　綫 S28/4060(2)

珍珠囊指掌補遺藥性賦四卷　（金）李杲編輯
　清刻本　一冊　存二卷(三至四)

450000－2601－0004779　藏綫 K226.6/3423
(2)

沈歸愚詩文全集十五種八十卷　（清）沈德潛
著　清乾隆教忠堂刻本　二十三冊　缺十三
卷(歸愚文鈔八至二十)

450000－2601－0004780　藏綫 K226.6/3423
(3)

竹嘯軒詩鈔十八卷　（清）沈德潛撰　清乾隆
教忠堂刻本　二冊

450000－2601－0004781　特綫廿 920.1/4470
(6)

廣西昭忠錄八卷首一卷　（清）蘇鳳文編
（清）王惠琛增輯　清光緒十五年(1889)桂林
唐九如堂刻本　四冊

450000－2601－0004782　特綫廿 958.7/1042

(4)

平桂紀署四卷　（清）蘇鳳文等輯　清光緒十五年(1889)桂林唐九如堂刻本　一冊

450000－2601－0004783　特綫廿 958.7/7772 (5)

股匪總錄三卷　（清）蘇鳳文等輯　清光緒十五年(1889)桂林唐九如堂刻本　一冊

450000－2601－0004784　特綫廿 958.7/4086 (4)

堂匪總錄十二卷　（清）蘇鳳文等輯　廣西道里表一卷　（清）羊復禮等輯　清光緒十五年(1889)桂林唐九如堂刻本　二冊

450000－2601－0004785　特綫廿 920.1/4432 (3)

坊表錄十六卷　（清）蘇宗經輯　清光緒十六年(1890)刻本　二冊　存九卷(一至九)

450000－2601－0004786　綫 S28/4061

本草綱目五十二卷圖三卷　（明）李時珍撰　本草綱目拾遺十卷　（清）趙學敏輯　萬方針綫八卷首一卷　（清）蔡烈先輯　清光緒十一年(1885)合肥張氏味古齋刻本　四十冊

450000－2601－0004787　藏綫 K226.6/4030

銅鼓書堂遺藁三十二卷首一卷　（清）查禮撰　清乾隆五十七年(1792)宛平查氏刻本　四冊

450000－2601－0004788　綫 S28/4312

新鍥雲林神彀四卷　（明）龔廷賢編著　清五雲樓刻本　一冊　存二卷(三至四)

450000－2601－0004789　藏綫 K226.6/4140

柯淳菴詩文稿手蹟一卷　（清）柯輅撰　清嘉慶稿本　一冊

450000－2601－0004790　藏綫 K226.6/4540

有懷堂文藁二十二卷詩稿六卷　（清）韓菼撰　清康熙四十二年(1703)有懷堂刻本　六冊

450000－2601－0004791　綫 S28/4321

增訂醫方易簡十卷　（清）龔自璋撰　清光緒九年(1883)揚州宋德成刻字鋪刻本　十冊

450000－2601－0004792　綫 S28/4412(1)

十藥神書註解一卷　（元）葛可久編　（清）陳修園註　霍亂論二卷　（清）王士雄撰　神授急救異痧奇方一卷　（清）陳念祖評　清光緒三十四年(1908)寶慶經元書局刻本　一冊

450000－2601－0004793　藏綫 K226.6/6023

梅村集四十卷　（清）吳偉業著　（清）周肇等訂　清康熙八年(1669)顧湄刻本　八冊

450000－2601－0004794　綫 S28/4412(2)

十藥神書註解一卷　（元）葛可久編　（清）陳修園註　霍亂論二卷　（清）王士雄撰　清石印本　一冊

450000－2601－0004795　綫 S28/4412(3)

長沙藥解四卷　（清）黃元御著　清光緒二十年(1894)上海圖書館集成印書局石印本　一冊

450000－2601－0004796　藏綫 K226.6/7422 (2)

湖海樓詩集十二卷補遺一卷詞集二十卷文集六卷儷體文集十二卷目錄一卷　（清）陳維崧著　（清）陳淮等編校　清乾隆六十年(1795)宜興陳淮刻本　二十二冊　缺四卷(詩集三至四、文集一至二)

450000－2601－0004797　藏綫 K226.6/7478

道榮堂文集六卷首一卷滄洲近詩十卷　（清）陳鵬年著　清乾隆二十七年(1762)刻本　十四冊

450000－2601－0004798　綫 S28/4432(1)

本草求真十一卷　（清）黃宮繡纂　清刻本　十冊　缺一卷(一)

450000－2601－0004799　綫 S28/4472

戒煙斷癮前後兩方總論一卷　（清）林則徐撰　清刻本　一冊

450000－2601－0004800　藏綫 K226.7/3600

湯子遺書十卷　（清）湯斌撰　清康熙四十二年(1703)王廷燦刻本　四冊

450000－2601－0004801　綫 S28/4498

本草綱目拾遺十卷 （清）趙學敏輯 清同治十年（1871）錢唐張應昌吉心堂刻利濟十二種本 十冊

450000－2601－0004802 藏綫 K226.7/7720

武崗鄧繹存稿一卷 （清）鄧繹撰 清光緒稿本 一冊

450000－2601－0004803 綫 S28/4794（1）

胡慶餘堂丸散膏丹全集十四卷續增一卷 （清）胡光墉撰 清光緒三年（1877）胡慶餘堂雪記刻本 一冊

450000－2601－0004804 藏綫 K23/8080（1）

白石道人詩集二卷集外詩一卷歌曲四卷別集一卷白石道人詩說一卷逸事一卷白石詩詞評論一卷附錄諸賢酬贈詩一卷 （宋）姜夔撰 清康熙六年（1667）江都陸鍾輝刻本 四冊

450000－2601－0004805 綫 S28/4794（2）

胡慶餘堂丸散膏丹全集十四卷續增一卷 （清）胡光墉撰 清光緒三年（1877）胡慶餘堂雪記刻本 一冊

450000－2601－0004806 藏綫 K23/8080（2）

白石道人詩集二卷集外詩一卷歌曲四卷別集一卷白石道人詩說一卷逸事一卷白石詩詞評論一卷附錄諸賢酬贈詩一卷 （宋）姜夔撰 □□輯 清乾隆歙鮑氏知不足齋刻本 一冊

450000－2601－0004807 藏綫 K232/7770（2）

楚辭章句集註五卷 （漢）王逸章句 （宋）朱熹集註 （明）王鳳洲校定 （明）來欽之述註 明崇禎十一年（1638）刻本 一冊

450000－2601－0004808 藏綫 K233/0742

樂府詩集一百卷目錄二卷 （宋）郭茂倩編次 明末汲古閣刻本 十一冊

450000－2601－0004809 藏綫 K234/2801

彙纂詩法度鍼三十三卷首一卷 （清）徐文弼編輯 清乾隆二十三年至二十四年（1758－1759）刻本 八冊

450000－2601－0004810 綫 S28/5520（1）

本草綱目萬方類編三十二卷 （清）曹繩彥集 清睦華堂刻本 七冊 存八卷（十三、十五、二十五至二十九、三十二）

450000－2601－0004811 藏綫 K234/4709

甬上耆舊詩三十卷 （清）胡文學輯選 （清）李鄴嗣敘傳 清康熙十三年至十五年（1674－1676）甬上胡氏刻本 七冊 存二十一卷（一至五、八至十八、二十二至二十三、二十八至三十）

450000－2601－0004812 藏綫 K234/8590

名媛詩歸三十六卷 （明）鍾惺點次 明末景陵鍾惺刻本 六冊

450000－2601－0004813 綫 S28/5524

怪疾奇方一卷 （清）費伯雄編 清光緒十年（1884）眾香室主人刻本 一冊

450000－2601－0004814 藏綫 K234.4/2710

河嶽英靈集三卷 （唐）殷璠集 明末海虞毛氏汲古閣刻本 二冊

450000－2601－0004815 綫 S28/6039（1）

醫方藥性合編二卷 （明）羅必煒參訂 清經國堂刻本 一冊

450000－2601－0004816 藏綫 K234.42/1020

王右丞集二十八卷首一卷末一卷 （唐）王維撰 （清）趙殿成箋註 清乾隆元年至二年（1736－1737）仁和趙氏刻本 五冊 存二十四卷（一至十一、十三至二十四,首一卷）

450000－2601－0004817 綫 S28/6039（2）

醫方藥性合編二卷 （明）羅必煒參訂 清刻本 一冊

450000－2601－0004818 綫 S28/6039（3）

增訂醫門初學萬金一統要訣分類八卷 （明）羅必煒參訂 清光緒二十三年（1897）經綸元記刻本 二冊

450000－2601－0004819 藏綫 K234.42/1043（7）

十種唐詩選十七卷 （清）王士禎刪纂 清康

257

熙三十一年(1692)新城王士禛南芝堂刻本
五冊

450000－2601－0004820　綫 S28/6039(4)
醫方藥性合編四卷　(明)羅必煒參訂　清刻
本　一冊

450000－2601－0004821　綫 S28/6039(5)
增訂醫門初學萬金一統要訣分類八卷首一卷
末一卷　(明)羅必煒參訂　清光緒十四年
(1888)刻本　一冊　存五卷(一至四、首一
卷)

450000－2601－0004822　藏綫 K234.42/
1232
唐詩類苑二百卷　(明)張之象纂輯　(明)趙
應元編次　(明)毛晉補訂　(明)曹仁孫校正
明萬曆二十九年(1601)嶺南趙應元刻本
三十二冊　缺一卷(五十)

450000－2601－0004823　綫 S28/6414(1)
眼科良方一卷腳氣良方一卷　(清)葉桂撰
清刻本　一冊

450000－2601－0004824　綫 S28/6440
種福堂精選良方兼刻古吳名醫精論四卷
(清)葉桂論　清武林文苑堂刻本　四冊

450000－2601－0004825　藏綫 K234.42/
2010(1)
唐人選唐詩八種二十三卷　(明)毛晉輯　明
崇禎元年(1628)湖南毛晉汲古閣刻本　十
六冊

450000－2601－0004826　綫 S28/7410
壽世良方四卷首一卷　(清)陳勳編輯　清光
緒十四年(1888)四明積善堂王氏刻甯城邑廟
前文銘齋印本　一冊

450000－2601－0004827　綫 S28/7440
回生集二卷補編雜方一卷補編一卷　(清)陳
杰集　清嘉慶六年(1801)林屋徐宗銘刻本
三冊

450000－2601－0004828　綫 S28/7448
辨證奇聞十五卷　(清)陳士鐸撰　清刻本

三冊　存九卷(三至六、十一至十五)

450000－2601－0004829　綫 S28/7483(1)
長沙方歌括六卷　(清)陳念祖著　清刻本
一冊　存二卷(三至四)

450000－2601－0004830　藏綫 K234.42/
2010(2)
唐四名家集十二卷　(明)毛晉輯　明末海虞
毛氏汲古閣刻清吳門寒松堂印本　四冊

450000－2601－0004831　藏綫 K234.42/
2220
岑嘉州集二卷　(唐)岑參撰　明刻本　二冊

450000－2601－0004832　藏綫 K234.42/
2435
杜詩詳註三十一卷首一卷　(唐)杜甫撰
(清)仇兆鼇輯註　清康熙大文堂刻本　十二
冊　存二十七卷(一至十九、二十四至二十
五、二十七至三十一,首一卷)

450000－2601－0004833　藏綫 K234.42/
2676(3)
白香山詩長慶集二十卷後集十七卷別集一卷
補遺二卷目錄一卷　(唐)白居易撰　(清)汪
立名編訂　白文公[居易]年譜一卷　(宋)陳
振孫編　白香山[居易]年譜一卷　(清)汪立
名編　清康熙四十一年至四十二年(1702－
1703)古歙汪立名一隅草堂刻本　十二冊

450000－2601－0004834　綫 S28/9257
集驗良方拔萃二卷續補一卷　(清)恬素輯
清咸豐九年(1859)寄漚氏刻上塘公信紙行印
本　一冊

450000－2601－0004835　綫 S29/1044(1)
王氏醫案(回春錄)二卷　(清)王士雄著　清
道光三十年(1850)吟香書屋刻本　一冊

450000－2601－0004836　藏綫 K234.42/
3423(2)
唐詩別裁集十卷　(清)沈德潛　(清)陳培脉
選　清康熙五十六年(1717)刻本　七冊　缺
一卷(二)

450000－2601－0004837　藏綫 K234.42/
3491

唐詩金粉十卷　（清)沈炳震纂輯　(清)沈生
倬等訂正　清雍正二年(1724)冬讀書齋刻本
二冊

450000－2601－0004838　綫 S28/7483(2)

神農本草經讀四卷附錄一卷　(清)陳念祖著
清刻本　一冊

450000－2601－0004839　綫 S28/7483(3)

時方妙用四卷時方歌括二卷　(清)陳念祖著
清石印本　一冊

450000－2601－0004840　藏綫 K234.42/
3573

御選唐詩三十二卷補編一卷目錄三卷　（清)
聖祖玄燁選　(清)勵廷儀等校勘　(清)吳廷
楨等纂註　清康熙五十二年(1713)武英殿刻
本　十五冊

450000－2601－0004841　綫 S28/7483(4)

景岳新方砭四卷　(清)陳念祖著　清光緒十
三年(1887)刻本　一冊

450000－2601－0004842　綫 S29/1044(2)

回春錄二卷　(清)王士雄撰　清道光二十三
年(1843)刻本　二冊

450000－2601－0004843　藏綫 K234.42/
4007(2)

重訂李義山詩集箋注三卷集外詩箋注一卷
(唐)李商隱撰　(清)朱鶴齡箋注　(清)程
夢星刪補　**重訂李義山[商隱]年譜一卷詩話
一卷**　(清)程夢星編輯　清乾隆八年至十一
年(1743－1746)江都汪增寧東柯草堂刻本
四冊

450000－2601－0004844　綫 S29/1244

王氏醫案續編八卷　(清)王士雄撰　清刻本
三冊

450000－2601－0004845　藏綫 K234.42/
3608(2)

溫飛卿詩集七卷別集一卷集外詩一卷　（明)
曾益謙注　(清)顧予咸補注　清康熙三十六

年(1697)秀野草堂刻本　四冊

450000－2601－0004846　綫 S29/1283

傳忠錄三卷　(明)張介賓著　清刻景岳全書
本　一冊　缺一卷(下)

450000－2601－0004847　藏綫 K234.42/
4040(3)

李長吉集四卷外一卷　(唐)李賀撰　(明)黃
淳耀評點　清雍正九年(1731)嘉定金惟駿漁
書樓刻本　二冊

450000－2601－0004848　綫 S29/2685(1)

三家醫案合刻三卷　(清)吳金壽纂　清刻綠
慎堂印本　三冊

450000－2601－0004849　綫 S29/2685(2)

三家醫案合刻三卷　(清)吳金壽纂　清刻文
聚堂印本　二冊

450000－2601－0004850　綫 K234.42/4450
(5)

杜詩詳註二十五卷附編二卷首一卷　(唐)杜
甫撰　(清)仇兆鼇輯註　清康熙刻本　十三
冊　缺二卷(十至十一)

450000－2601－0004851　綫 S29/3469

得心集醫案六卷　(清)謝星煥著　清許灣鄒
會友堂刻本　五冊

450000－2601－0004852　藏綫 K234.42/
5040

才調集十卷　(五代)韋縠集　清康熙四十三
年(1704)新安汪文珍垂雲堂刻宛委堂印本
四冊

450000－2601－0004853　藏綫 K234.42/
7160

詩林韶濩選二十卷　(清)顧嗣立輯　(清)周
煌重選　清乾隆五十六年(1791)葆素堂刻本
八冊

450000－2601－0004854　藏綫 K234.51/
1031

王荊公詩箋注五十卷　(宋)王安石撰　（宋)
李壁箋註　清乾隆六年(1741)武原張宗松清

綺齋刻本　八冊

450000－2601－0004855　藏綫 K234.51/3573

御選宋詩七十八卷　（清）聖祖玄燁選　清康熙四十八年(1709)武英殿刻本　一冊　存二卷(四十七至四十八)

450000－2601－0004856　綫 S29/4416

折肱漫録七卷　（明）黃承昊撰　清刻本二冊

450000－2601－0004857　藏綫 K234.51/7530（3）

劍南詩稾八十五卷放翁逸稾二卷家世舊聞一卷齋居紀事一卷　（宋）陸游撰　清順治海虞毛氏汲古閣刻本　一冊　存七卷(劍南詩稾八十三至八十五、放翁逸稾二卷、家世舊聞一卷、齋居紀事一卷)

450000－2601－0004858　綫 S29/6440（1）

臨證指南醫案十卷　（清）葉桂著　清乾隆三十一年(1766)刻本　十冊

450000－2601－0004859　藏綫 K234.58/7149

元詩選六卷補遺一卷　（清）顧奎光選輯（清）陶瀚等參評　清乾隆十六年(1751)無錫陶氏刻本　四冊

450000－2601－0004860　綫 S29/6440（2）

臨證指南醫案十卷種福堂公選溫熱論醫案四卷　（清）葉桂著　清文盛堂刻本　十二冊

450000－2601－0004861　藏綫 K234.61/2510

明人詩鈔正集十四卷續集十四卷　（清）朱琰編次　清乾隆二十五年(1760)刻本　六冊

450000－2601－0004862　藏綫 K234.66/0251

國朝六家詩鈔八卷　（清）劉執玉選　清乾隆三十二年(1767)錫山劉執玉刻本　三冊

450000－2601－0004863　藏綫 K234.66/1028

挂頻樓詩集一卷　（清）王師善草　清光緒十六年(1890)稿本　一冊

450000－2601－0004864　綫 S29/6440（3）

臨證指南醫案十卷　（清）葉桂撰　清道光二十四年(1844)蘇州經鉏堂刻朱墨套印本十冊

450000－2601－0004865　藏綫 K234.66/3040

江左十五子詩選十五卷　（清）宋犖選　（清）邵長蘅訂　清康熙四十二年(1703)商丘宋氏刻本　四冊

450000－2601－0004866　綫 S29/6440（3）

種福堂續選臨證指南醫案四卷　（清）葉桂撰　清道光二十六年(1846)蘇州經鉏堂刻本二冊

450000－2601－0004867　藏綫 K234.66/3423（4）

國朝詩別裁集三十六卷　（清）沈德潛纂評（清）翁照等輯　清乾隆二十四年(1759)長洲沈德潛刻本　十八冊

450000－2601－0004868　綫 S29/7185（1）

吳門治驗録四卷　（清）顧金壽著　清光緒十二年(1886)揚州文富堂刻本　四冊

450000－2601－0004869　綫 S29/7185（2）

吳門治驗録四卷　（清）顧金壽著　清道光五年(1825)澄懷堂刻蘇州青霞齋吳學圃印本二冊

450000－2601－0004870　藏綫 K234.66/4244

吳詩集覽二十卷談藪二卷　（清）吳偉業撰（清）靳榮藩輯　清乾隆四十年(1775)凌雲亭刻本　十一冊　缺七卷(八至十四)

450000－2601－0004871　藏綫 K234.68/2710

星村詩鈔四卷　（清）魯璸撰　清乾隆三十八年(1773)刻本　二冊

450000－2601－0004872　藏綫 K236/1022

(3)

清綺軒詞選十三卷 （清）夏秉衡選 清乾隆
十六年（1751）刻本 十四冊

450000－2601－0004873 綫 S3/2387

格致叢書□□種□□卷 （清）□□輯 清光
緒二十四年（1898）譯書公學石印本 一冊
存三種四卷（醫理略述一卷、格致彙編醫錄一
卷、脉表診病論二卷）

450000－2601－0004874 藏綫 K236/3124

草堂詩餘正集六卷續集二卷別集四卷新集五
卷 （明）顧從敬類選 （明）沈際飛評正 明
末翁少麓刻本 五冊

450000－2601－0004875 綫 S55/1080

萬氏家傳痘疹心法二十三卷 （明）萬全編著
清視履堂刻本 四冊

450000－2601－0004876 綫 K236/4429

昭代詞選三十八卷 （清）蔣重光選輯 清乾
隆三十二年（1767）經鉏堂刻本 十冊

450000－2601－0004877 藏綫 K238/7414
(3)

御定歷代賦彙正集一百四十卷外集二十卷逸
句二卷補遺二十二卷目錄二卷 （清）陳元龍
編輯 清康熙四十五年（1706）刻本 五十冊

450000－2601－0004878 藏綫 K239/7581

善卷堂四六十卷 （清）陸繁弨撰 （清）吳自
高注 清乾隆三十五年（1770）亦園刻本
五冊

450000－2601－0004879 綫 S8/3445

萬國藥方八卷 （美國）洪士提譯 清宣統二
年（1910）美華書館杜柄記石印書局石印本
八冊

450000－2601－0004880 綫 S8/4024

西藥畧釋二卷 （美國）嘉約翰口譯 （清）林
湘東筆述 清光緒二年（1876）羊城博濟醫局
刻本 二冊

450000－2601－0004881 綫 S91/3080

補註洗冤錄集證四卷作吏要言一卷 （宋）宋

慈撰 清道光二十三年（1843）江都鍾淮刻三
色套印本 一冊 存一卷（補註洗冤錄集證
一）

450000－2601－0004882 綫 S91/3840

洗冤錄詳義四卷首一卷 （清）許槤編校 洗
冤錄摭遺二卷 （清）葛元煦撰 洗冤錄摭遺
補一卷附經驗方十二則一卷 （清）張開運編
清光緒元年（1875）湖北崇文書局刻本
六冊

450000－2601－0004883 綫 S91/4416

洗冤錄摭遺二卷 （清）葛元煦撰 洗冤錄摭
遺補一卷 （清）張開運編 清刻本 一冊
缺一卷（洗冤錄摭遺上）

450000－2601－0004884 綫 S91/6653

洗冤錄辨正一卷 （清）瞿中溶撰 附刊檢驗
合參一卷 （清）郎錦騏撰 附刊洗冤錄解一
卷 （清）姚德豫撰 清刻本 一冊

450000－2601－0004885 綫 T/1021(1)

二如亭群芳譜三十二卷 （清）王象晉輯 明
天啟元年（1621）刻清補修本 二十四冊

450000－2601－0004886 藏綫 K241/0824

秋水庵花影集五卷 （明）施紹莘著 明末刻
本 八冊

450000－2601－0004887 綫 T/1021(2)

二如亭群芳譜三十二卷 （清）王象晉輯 明
天啟元年（1621）刻清兩儀堂補修本 二十
四冊

450000－2601－0004888 綫 T/1021(3)

二如亭群芳譜三十二卷 （清）王象晉輯 明
天啟元年（1621）刻清文富堂補修本 八冊
存二十二卷（天譜三卷、首一卷,歲譜二卷、首
一卷,穀譜一卷、首一卷,茶譜一卷、竹譜一
卷,桑麻譜一卷、棉譜一卷,藥譜三卷、首一
卷,卉譜二卷、首一卷,鶴魚譜一卷、首一卷）

450000－2601－0004889 綫 T/1023(1)

農務實業新編不分卷 （清）王上達撰 清宣
統二年（1910）浙杭萬春農務局木活字印本
一冊

450000 – 2601 – 0004890　綫 T/3130

佩大齋廣群芳譜一百卷目錄二卷　（清）汪灝
等輯　清同治七年（1868）姑蘇亦西齋刻本
四十八冊

450000 – 2601 – 0004891　綫 T/4430

欽定授時通考七十八卷　（清）蔣溥等纂修
清道光六年（1826）四川藩署刻本　十六冊

450000 – 2601 – 0004892　藏綫 K241/3763
（2）

邯鄲夢二卷　（明）湯顯祖次　明末刻玉茗堂
全集本　二冊

450000 – 2601 – 0004893　藏綫 K241/4440
（2）

芝龕記六卷　（清）董榕撰　清乾隆十六年
（1751）刻本　四冊

450000 – 2601 – 0004894　藏綫 K251/7701

因樹屋書影十卷　（清）周亮工筆記　（清）屯
溪螺隱校評　清雍正三年（1725）懷德堂刻本
八冊

450000 – 2601 – 0004895　綫 T/3573

御製耕織圖不分卷　（清）焦秉貞繪　（清）聖
祖玄燁題詩　清石印本　一冊

450000 – 2601 – 0004896　綫 T022/7450

知不足齋叢書一帙三十集一百九十九種八百
十五卷　（宋）鮑廷博撰　清光緒八年（1882）
嶺南芸林仙館刻本　一冊　存三種六卷（農
書三卷,蠶書一卷,於潛令樓公進耕織二圖詩
一卷、附錄一卷）

450000 – 2601 – 0004897　綫 T08/4093（1）

農學叢刻二十四種二十五卷　（清）農學會輯
清光緒二十三年（1897）農學會鉛印本
四冊

450000 – 2601 – 0004898　綫 T08/4093（2）

農學叢刻二十四種二十五卷　（清）農學會輯
清光緒二十三年（1897）農學會鉛印本　三
冊　缺五種五卷（加非考一卷、荷蘭牧牛篇一
卷、牧豬法一卷、烘雞鴨法一卷、英倫奉旨設
立農會章程一卷）

450000 – 2601 – 0004899　綫 T4/1273

補農書二卷首一卷　（明）吳與弼撰　（清）萬
斛泉編次　清光緒二十三年（1897）木活字印
本　一冊

450000 – 2601 – 0004900　藏綫 K269/1040

璿璣碎錦二卷　（清）萬樹著　清乾隆五年
（1740）揚州江氏柏香堂刻本　二冊

450000 – 2601 – 0004901　藏綫 K269/1044

清代史料簡牘藏真不分卷　（清）曾國藩等撰
清同治、光緒間稿本　六冊

450000 – 2601 – 0004902　藏綫 K269/4440

東坡題跋六卷　（宋）蘇軾撰　（明）毛晉訂
明末海虞毛氏汲古閣刻本　六冊　缺一卷
（五）

450000 – 2601 – 0004903　藏綫 L2/2246

友石山房印存八卷　（清）崔藝園撰并鈐　清
光緒八年（1882）崔藝園刻鈐本　八冊

450000 – 2601 – 0004904　藏綫 L2/3133

小石山房印譜七卷　（清）顧湘　（清）顧浩編
輯　清宣統三年（1911）影印本　六冊

450000 – 2601 – 0004905　特綫 L3/1040

梅譜一卷　（清）王概等摹古　清康熙刻五色
套印本　一冊

450000 – 2601 – 0004906　綫 T4/1741（1）

農桑輯要七卷　（元）司農司撰　清刻本
三冊

450000 – 2601 – 0004907　綫 T4/1741（2）

農桑輯要七卷　（元）司農司撰　清刻本
三冊

450000 – 2601 – 0004908　藏綫 L32/1210

清河書畫舫十二卷　（明）張丑造　清乾隆二
十七年至二十八年（1762 – 1763）仁和吳長元
池北草堂刻本　十二冊

450000 – 2601 – 0004909　綫 T4/1741（3）

農桑輯要七卷　（元）司農司撰　清刻本
三冊

450000 – 2601 – 0004910　綫 T44/4442

區種五種五卷附錄一卷　（清）趙夢齡撰　清
光緒四年(1878)蓮花池刻本　一冊

450000－2601－0004911　綫 T6/2172

撫郡農產考畧二卷　（清）何剛德撰　種田雜
說一卷　（清）江召棠撰　清光緒三十三年
(1907)蘇州省刷印局鉛印本　二冊

450000－2601－0004912　綫 T61/6054

水稻試驗成蹟不分卷　（日本）農事試驗場編
沈紘譯　清石印本　一冊

450000－2601－0004913　綫 T77/7431

秘傳花鏡六卷　（清）陳淏子輯　清刻本　一
冊　存二卷(五至六)

450000－2601－0004914　綫 T921/4632

馬學教程二卷　楊祖德譯　（清）范鍾嶽筆述
清光緒三十三年(1907)關東印書館鉛印本
一冊

450000－2601－0004915　綫 T922/6851

鐫京板賈公圖像黃牛經合併大全二卷　（清）
喻本撰　清道光元年(1821)寶翰樓刻本
一冊

450000－2601－0004916　綫 T95/2690

種桑說養蠶說不分卷　（清）吳烜撰　清同治
九年(1870)刻本　一冊

450000－2601－0004917　綫 T931/4726

馬糞孵卵法一卷　（美國）胡兒別土著　（日
本）大寄保之　（日本）山本正義譯　清末石
印本　一冊

450000－2601－0004918　綫 T952/8710

樗蘭譜一卷　（清）鄭珍纂　（清）莫友芝註
清道光十七年(1837)遵義刻本　一冊

450000－2601－0004919　綫 T977/0744

海錯百一錄五卷　（清）郭柏蒼輯　清光緒十
二年(1886)刻本　二冊

450000－2601－0004920　綫 U26/4497

測地志要四卷　（清）黃炳垕著　清同治六年
(1867)天津陶雲升刻本　一冊

450000－2601－0004921　綫 U279/4010

度量權衡圖說四卷畫一度量權衡制度總表一
卷推行章程一卷　（清）農工商部編　清光緒
三十四年(1908)農工商部鉛印本　一冊

450000－2601－0004922　綫 U51/0221

礦政輯略十二卷首一卷　劉嶽雲輯　清光緒
二十九年(1903)教育世界社石印本　八冊

450000－2601－0004923　綫 U57/4032

開煤要法十二卷　（英國）士密德輯　（英國）
傅蘭雅口譯　（清）王德均筆述　清同治十年
(1871)江南製造局刻本　二冊

450000－2601－0004924　綫 V41/2510

陶說六卷　（清）朱琰撰　清乾隆三十九年
(1774)鮑氏知不足齋刻本　二冊

450000－2601－0004925　綫 V41/4430(1)

景德鎮陶錄十卷　（清）藍浦著　（清）鄭廷桂
補輯　清光緒十七年(1891)京都書叢堂刻本
四冊

450000－2601－0004926　綫 V41/4430(2)

景德鎮陶錄十卷　（清）藍浦著　（清）鄭廷桂
補輯　清光緒十七年(1891)京都書叢堂刻本
四冊

450000－2601－0004927　綫 W12/1034

長蘆鹽務議略一卷　（清）王守基撰　清同治
十二年(1873)吳縣潘祖蔭刻本　一冊

450000－2601－0004928　特綫 L34/1043(1)

清王杰草書手蹟一卷　（清）王杰書　清乾
隆、嘉慶間稿本　一冊

450000－2601－0004929　綫 W9/3716

通天曉五卷　（清）王纕堂編　清刻本　一冊
存一卷(三)

450000－2601－0004930　綫 X17/8090

新刻京板工師雕鏤正式魯班經匠家鏡二卷
(明)午榮編　（明)章嚴集　清刻本　一冊

450000－2601－0004931　綫 Y58/3863

外國師船表八卷雜說三卷圖一卷　（清）許景
澄撰　清光緒二十二年(1896)浙江官書局石
印本　四冊

450000－2601－0004932　綫X86/2800（1）

安瀾紀要二卷　（清）徐端撰　清嘉慶十八年(1813)豫省聚文齋朱氏刻本　一冊

450000－2601－0004933　綫X86/2800（2）

安瀾紀要二卷回瀾紀要二卷　（清）徐端撰　清嘉慶十八年(1813)豫省聚文齋朱氏刻本　四冊

450000－2601－0004934　綫Z11/7451

直齋書錄解題二十二卷　（宋）陳振孫撰　清刻本　十冊　缺四卷(十一至十二、二十一至二十二)

450000－2601－0004935　綫△Z14/1962

平津館鑒藏書籍記三卷補遺一卷續編一卷　（清）孫星衍撰　清刻本　四冊

450000－2601－0004936　特綫未0028

籀文論語二卷附錄許氏說文引論語三十六條一卷　（清）吳大澂書　清光緒十一年至十二年(1885－1886)上海同文書局石印本　二冊

450000－2601－0004937　綫Z3/1042（1）

表異錄補一卷　（清）鐵保撰　清乾隆、嘉慶間稿本　四冊

450000－2601－0004938　綫△Z14/7424

帶經堂書目四卷　（清）陳征芝鑒藏　（清）陳樹杓編次　（清）周星詒　（清）陸心源批訂　清宣統順德鄧氏風雨樓上海神州國光社鉛印本　三冊

450000－2601－0004939　綫△Z16/3140

江刻書目三種九卷　（清）江標輯　清光緒十四年至二十三年(1888－1897)江氏刻本　三冊

450000－2601－0004940　綫Z3/0052

古事比五十二卷　（清）方中德輯著　清光緒三十年(1904)上海點石齋四次石印本　六冊

450000－2601－0004941　綫M3/0041

新輯南無湘山祖師聖化主人無量壽佛懺三卷　（清）離垢子輯　清咸豐十年(1860)刻本　一冊

450000－2601－0004942　綫Z3/1042（1）

表異錄二十卷　（明）王志堅輯　清康熙四十七年(1708)最宜草堂刻本　四冊

450000－2601－0004943　綫Z3/1042（2）

表異錄二十卷　（明）王志堅輯　清光緒二十二年(1896)刻惜陰軒叢書本　二冊

450000－2601－0004944　綫Z3/1046（1）

三才略三卷　蔣德鈞輯　清光緒十四年(1888)蔣氏求實齋刻羊城聚豐坊印本　一冊

450000－2601－0004945　綫Z3/1046（2）

三才略三卷　蔣德鈞輯　清光緒二十年(1894)漢文書局刻求實齋叢書本　一冊　存二卷(一至二)

450000－2601－0004946　綫Z3/1076

續廣事類賦三十卷　（清）王鳳喈譔註　清刻本　四冊　存十六卷(七至十一、十五至十六、二十二至三十)

450000－2601－0004947　綫Z3/1215（1）

佩文韻府一百六卷拾遺一百六卷　（清）蔡升元等纂修　清光緒十七年(1891)上海同文書局石印本　六十冊

450000－2601－0004948　綫Z3/1215（2）

佩文韻府一百六卷　（清）蔡升元等纂修　清刻本　九十六冊　缺二十六卷(十至十五、二十四至三十、五十三至六十二、一百四至一百六)

450000－2601－0004949　綫Z3/1220

記事珠十卷　（清）張以謙撰　（清）王剛重訂　清嘉慶二十一年(1816)雲間三復齋刻王剛知不足軒印本　十冊

450000－2601－0004950　綫Z3/1223

記事珠十卷　（清）張以謙撰　（清）王剛重訂　清刻本　四冊　存四卷(三、五至六、八)

450000－2601－0004951　綫Z3/1240（1）

事類賦補遺十四卷　（清）張均編譔　清刻本　一冊　存三卷(一至三)

450000－2601－0004952　綫Z3/1240（2）

古香齋新刻袖珍淵鑑類函四百五十卷目錄四
卷 （清）張英等輯 清刻本 一百十冊 存
三百十七卷（二十九至五十三、八十二至一百
九、一百三十三至一百九十三、二百二十至二
百八十、三百九至四百五十）

450000－2601－0004953 綾 Z3/1240（3）

淵鑑類函四百五十卷目錄四卷 （清）張英等
輯 清光緒十三年（1887）上海同文書局石印
本 四十八冊

450000－2601－0004954 綾 Z3/1240（4）

淵鑑類函四百五十卷目錄四卷 （清）張英等
輯 清光緒十八年（1892）上海同文書局石印
本 五十五冊 缺三十七卷（四十六至五十
一、九十至九十六、一百七十七至一百八十
四、三百十八至三百三十三）

450000－2601－0004955 綾 Z3/1244

淵鑑類函四百五十卷目錄四卷 （清）張英等
輯 清光緒十三年（1887）上海同文書局石印
本 四十八冊

450000－2601－0004956 綾 Z3/1916

鑄史駢言十二卷 （清）孫玉田編 清光緒鑄
記書局石印本 一冊

450000－2601－0004957 綾 Z3/2129

省軒考古類編十二卷 （清）柴紹炳纂 清雍
正四年（1726）鐵嶺高越刻本 七冊

450000－2601－0004958 綾 Z3/2330

子史精華一百六十卷 （清）吳襄等纂修 清
宣統元年（1909）上海集成圖書公司石印本
八冊

450000－2601－0004959 綾 Z3/2443（1）

廣事類賦四十卷 （清）華希閔著 清嘉慶四
年（1799）無錫華氏劍光閣刻本 十冊

450000－2601－0004960 綾 Z3/2443（2）

廣事類賦四十卷 （清）華希閔著 清刻本
七冊 缺三卷（一至三）

450000－2601－0004961 藏綾 L34/2830（1）

徐良臨聖教序一卷 （清）徐良書 清乾隆二

十八年（1763）稿本 一冊

450000－2601－0004962 綾 Z3/2443（3）

重訂廣事類賦四十卷 （清）華希閔著 清道
光七年（1827）無錫華氏劍光閣刻本 七冊
缺六卷（三十至三十五）

450000－2601－0004963 綾 Z3/2600（1）

子史精華一百六十卷 （清）吳襄等纂修 清
光緒十二年（1886）上海同文書局石印本
八冊

450000－2601－0004964 綾 Z3/2600（2）

子史精華三十卷 （清）吳襄等纂修 清光緒
九年（1883）上海點石齋石印本 二冊

450000－2601－0004965 綾 Z3/2614

幼學求源三十三卷 （明）程登吉著 （清）鄒
聖脈增補 （清）董成注 清兩儀堂刻本
八冊

450000－2601－0004966 綾 Z3/2630

壹是紀始二十二卷補遺一卷 （清）魏崧著
清光緒十四年（1888）甬北寄廬刻上海著易堂
印本 八冊

450000－2601－0004967 綾 Z3/2622

人壽金鑑二十二卷 （清）程得齡輯 清嘉慶
二十五年（1820）柳衣園刻本 八冊

450000－2601－0004968 綾 M9/1779

集注太玄十卷 （宋）司馬光撰 清刻本
二冊

450000－2601－0004969 綾 Z3/2738

多識錄四卷 （清）練恕撰 清道光十八年
（1838）連平練氏刻本 一冊 存二卷（三至
四）

450000－2601－0004970 藏綾 L34/3375

梁同書隨感錄手蹟一卷 （清）梁同書書 清
乾隆稿本 一冊

450000－2601－0004971 綾 Z3/2819

增訂釋義經書便用通考雜字二卷外一卷
（清）徐三省編輯 （清）戴啓達增訂 清光緒
揚州文富堂刻本 二冊

450000－2601－0004972　綫 Z3/3031

巾經纂五帙二十卷　（清）宋宗元著　清光緒十六年(1890)刻本　五冊

450000－2601－0004973　綫 Z3/3236（1）

宋稗類鈔三十六卷　（清）潘永因編　清宣統三年(1911)上海藜光社石印本　六冊　存十八卷(一至十八)

450000－2601－0004974　綫 Z3/3236（2）

宋稗類鈔三十六卷　（清）潘永因編　清宣統三年(1911)上海藜光社石印本　六冊　存十八卷(十九至三十六)

450000－2601－0004975　綫 Z3/3825（1）

增補註釋故事白眉十卷　（明）許以忠集　清光緒二年(1876)經濟堂刻本　六冊

450000－2601－0004976　綫 Z3/3825（2）

增補註釋故事白眉十卷　（明）許以忠集　清光緒二年(1876)經濟堂刻本　六冊

450000－2601－0004977　綫 Z3/3825（3）

增補註釋故事白眉十卷　（明）許以忠集　清乾隆二十年(1755)刻本　六冊

450000－2601－0004978　綫 Z3/4237

類林新詠三十六卷　（清）姚之駰撰　清康熙刻本　十冊

450000－2601－0004979　綫 Z3/4240

角山樓增補類腋六十七卷　（清）姚培謙輯（清）趙克宜增輯　清咸豐十年(1860)江蘇趙克宜角山樓刻本　二十四冊

450000－2601－0004980　綫 Z3/4403

事類統編九十三卷首一卷　（清）林意誠彙刊　清咸豐元年(1851)句吳崇德書院刻本　四十八冊

450000－2601－0004981　綫 Z3/4434

千金裘二十七卷　（清）蔣義彬纂　清刻本　三冊

450000－2601－0004982　綫 Z3/4441（1）

廣博物志五十卷　（明）董斯張纂　（明）楊鶴訂　清乾隆二十六年(1761)高暉堂刻本　三

廣西壯族自治區桂林圖書館古籍普查登記目錄

266

十二冊

450000－2601－0004983　綫 Z3/4441（2）

五洲事類匯表五十卷　（清）趙士元（清）孔昭級編輯　清光緒二十九年(1903)上海仁記書局石印本　二十冊

450000－2601－0004984　特綫 L34/3480

翰苑分書一卷　（清）洪鈞等書　清道光至光緒稿本　一冊

450000－2601－0004985　特綫廿 426/0147

古韻通說二十卷　（清）龍啟瑞撰　清光緒九年(1883)四川尊經書局刻本　四冊

450000－2601－0004986　綫 Z3/4444

增補事類統編九十三卷首一卷　（清）黃葆真增輯　清光緒十四年(1888)石印本　十二冊

450000－2601－0004987　特綫 L34/3634

和春堂珍藏一卷　（清）況澍等書　清同治至光緒稿本　一冊

450000－2601－0004988　綫 Z3/4700（1）

時務通攷三十一卷首一卷　（清）杞廬主人等輯　清光緒二十三年至二十四年(1897－1898)點石齋石印本　二十四冊

450000－2601－0004989　綫 Z3/4700（2）

時務通攷三十一卷首一卷　（清）杞廬主人等輯　清光緒二十三年至二十四年(1897－1898)點石齋石印本　十六冊　缺十卷(一至二、五至八、十四至十六、三十一)

450000－2601－0004990　綫 Z3/4700（3）

時務通攷續編三十一卷　（清）□□撰　清石印本　七冊　缺十三卷(九至十二、十六至二十四)

450000－2601－0004991　綫 Z3/4844

增補翰苑英華事類捷錄十五卷　（明）鄧志謨著　清刻本　四冊

450000－2601－0004992　綫 Z3/6003

兩漢韻珠十卷　（清）吳章澧編輯　清光緒十八年(1892)吳縣吳氏刻本　十冊

450000－2601－0004993　綫 Z3/6029（1）

策學備纂三十二卷首一卷　（清）蔡啟盛
（清）吳穎炎輯　清光緒二十年(1894)上海點
石齋石印本　四十七冊　卷十四不全

450000－2601－0004994　綫 Z3/6029（2）

策學備纂三十二卷首一卷　（清）蔡啟盛
（清）吳穎炎輯　清光緒二十年(1894)上海袖
海山房石印本　三十二冊

450000－2601－0004995　綫 Z3/6030

事類賦三十卷　（宋）吳淑撰註　清刻本　一
冊　存五卷(六至十)

450000－2601－0004996　綫 Z3/6040

廣廣事類賦三十二卷　（清）吳世旃撰註　清
刻本　四冊　存二十四卷(五至二十八)

450000－2601－0004997　綫 Z3/7723

韻府羣玉二十卷輯要一卷　（元）陰幼遇編
清明善堂刻本　六冊

450000－2601－0004998　綫 Z3/7740

清異錄二卷　（宋）陶毅撰　清康熙鹽官陳世
修漱六堂刻最宜草堂印本　四冊

450000－2601－0004999　綫 Z3/7743（1）

精選黃眉故事十卷　（明）鄧志謨彙編　清乾
隆七年(1742)天德堂刻本　八冊

450000－2601－0005000　綫 Z3/7743（2）

重刻增補故事白眉十卷　（明）許以忠輯
（明）鄧志謨補　明末熊文兆刻本　十冊

450000－2601－0005001　綫 Z58/4415

最新萬國政鑑五編五十一卷　（清）趙天擇
（清）王慕陶編譯　清光緒二十九年(1903)上
海國民叢書社商務印書館鉛印本　八冊

450000－2601－0005002　綫 Z3/7463

分類時務通纂三百卷　（清）陳昌紳輯　清光
緒二十八年(1902)上海文瀾書局石印本　四
十二冊　缺二十四卷(考工類二十四卷)

450000－2601－0005003　綫 Z7/0278（1）

壬寅新民叢報彙編九卷　（清）新民叢報社編
清光緒二十八年(1902)新民叢報社石印本
六冊

450000－2601－0005004　綫 Z7/0278（2）

壬寅新民叢報彙編七卷　（清）新民叢報社編
清光緒二十八年(1902)新民叢報社鉛印本
四冊

450000－2601－0005005　綫 Z7/0278（3）

新民叢報全編十三卷　（清）新民叢報社編
清光緒三十年(1904)維新室石印本　一冊
存一卷(論說)

450000－2601－0005006　綫 Z7/0278（4）

新民叢報全編十三卷　（清）新民叢報社編
清光緒三十年(1904)維新室石印本　一冊
存一卷(論說)

450000－2601－0005007　綫 Z7/0720（1）

新鐫校正詳註分類百子金丹全書十卷　（明）
郭偉選註　清光緒二十年(1894)上海袖海山
房石印本　六冊

450000－2601－0005008　綫 Z7/0720（2）

新鐫分類評註文武合編百子金丹十卷　（明）
郭偉選註　（明）郭中吉編次　明末傅夢龍刻
經國堂印本　十二冊

450000－2601－0005009　綫 Z7/1043

居易錄三十四卷　（清）王士禎著　清刻本
八冊

450000－2601－0005010　綫 Z7/1035

小石山房叢書三十八種六十四卷　（清）顧湘
輯　清同治十三年(1874)虞山顧氏刻本　一
冊　存四種四卷(砥齋題跋一卷、湛園題跋一
卷、義門題跋一卷、山家清供一卷)

450000－2601－0005011　綫 Z7/1065

蛾術編八十二卷　（清）王鳴盛撰　清道光二
十一年(1841)吳江沈氏世楷堂刻本　二十
四冊

450000－2601－0005012　綫 Z7/1081（1）

讀書雜誌八十二卷餘編二卷　（清）王念孫撰
清光緒二十一年(1895)上海鴻文書局石印
本　八冊

450000－2601－0005013　綫 Z7/1081（2）

讀書雜誌八十二卷　（清）王念孫撰　清刻本
二十二冊

450000－2601－0005014　綫 Z7/1143

分甘餘話四卷　（清）王士禛撰　清康熙刻本
二冊

450000－2601－0005015　綫 Z7/1220

博物志十卷　（晉）張華撰　清光緒元年
（1875）湖北崇文書局刻本　二冊

450000－2601－0005016　綫 Z7/1724

經史百家序錄六種十六卷　（清）邵伯棠輯
清光緒二十八年（1902）石印本　十五冊

450000－2601－0005017　綫 Z7/2030

對山書屋墨餘錄十六卷　（清）毛祥麟撰　清
同治九年（1870）湖州醉六堂吳氏刻本　六冊
存十二卷（一至十二）

450000－2601－0005018　綫 S279/4422

保赤慢驚條辨一卷　（清）黃仲賢著　清光緒
三十三年（1907）粵東廣濟醫院刻九曜坊麟書
閣印本　一冊

450000－2601－0005019　綫 Z7/2048

蘿藦亭札記八卷　（清）喬松年撰　清同治十
二年（1873）刻本　六冊

450000－2601－0005020　綫 Z7/2130

時事新論十二卷附圖說一卷　（英國）李提摩
太撰　清光緒二十年至二十四年（1894－
1898）上海廣學會鉛印本　三冊

450000－2601－0005021　特綫 L34/8020

清名人尺牘手蹟一卷　（清）余集等書　清乾
隆至道光稿本　一冊

450000－2601－0005022　特綫 L34/8078（1）

翁同龢俞樾致汪鳴鑾函札不分卷　（清）翁同
龢（清）俞樾書　清光緒稿本　一冊

450000－2601－0005023　綫 T/1023（2）

農務實業新編不分卷　（清）王上達撰　清宣
統二年（1910）浙杭萬春農務局木活字印本
一冊

450000－2601－0005024　藏綫 L35/0090

津逮秘書十五集一百四十一種七百五十五卷
（明）毛晉訂　明崇禎三年至十五年（1630－
1642）海虞毛晉汲古閣刻本　一冊　存三種三
卷（第七集：後畫錄一卷、續畫品一卷、畫史一
卷）

450000－2601－0005025　藏綫 L35/1030

冶梅石譜不分卷　（清）王寅繪　清光緒六年
（1880）金陵王氏東瀛浪華刻朱墨套印本
二冊

450000－2601－0005026　藏綫 L35/1203

津逮秘書十五集一百四十一種七百五十五卷
（明）毛晉訂　明崇禎三年至十五年（1630－
1642）海虞毛晉汲古閣刻本　二冊　存五種七
卷（第七集：歷代名畫記一至三、古畫品錄一
卷、續畫品錄一卷、後畫錄一卷、續畫品一卷）

450000－2601－0005027　藏綫 L35/7740

畫繼十卷　（宋）鄧椿撰　（明）毛晉訂　明崇
禎三年至十五年（1630－1642）海虞毛晉汲古
閣刻津逮秘書本　一冊

450000－2601－0005028　藏綫 L37/3040

張宗蒼山水畫冊不分卷　（清）張宗蒼繪　清
康熙至乾隆稿本　一冊

450000－2601－0005029　綫 Z7/2190

義門讀書記五十八卷　（清）何焯撰　清光緒
六年（1880）苕溪吳氏刻本　十六冊

450000－2601－0005030　藏綫 L37/7422

紉齋畫勝不分卷　（清）陳允升繪　清光緒二
年至四年（1876－1878）甬上陳氏得古歡室刻
鈐本　四冊

450000－2601－0005031　藏綫 L39/2232

列僊酒牌一卷　（清）任阜長繪　清咸豐三年
至四年（1853－1854）刻本　一冊

450000－2601－0005032　綫 Z7/2610（1）

說鈴後集十六種二十四卷　（清）吳震方輯
清道光五年（1825）聚秀堂刻本　十二冊

450000－2601－0005033　藏綫 L884/6035

德音堂琴譜十卷　（清）吳之振鑒定　（清）吳

寶芝等校　清康熙刻本　六冊

450000－2601－0005034　綫 Z7/2610(2)

說鈴前集三十三種四十二卷後集十九種二十七卷　（清）吳震方輯　清康熙刻乾隆補修本　二十冊

450000－2601－0005035　藏綫 L9/1025(1)

坐隱齋先生自訂棋譜全集六卷　（元）嚴德甫輯　明書林王公行刻本　三冊

450000－2601－0005036　藏綫 L9/1025(2)

坐隱齋先生自訂棋譜全集六卷　（元）嚴德甫輯　明書林王公行刻本　四冊

450000－2601－0005037　綫 Z7/2610(3)

說鈴前集三十七種四十五卷後集十六種二十四卷　（清）吳震方輯　清道光二十七年(1847)小蓬萊山館刻本　二十四冊

450000－2601－0005038　藏綫 M3/3077(1)

大方廣佛華嚴經八十卷　（唐）釋實叉難陀譯　明天啟二年至四年(1622－1624)雲棲寺刻本　十七冊　缺十卷(十六至二十五)

450000－2601－0005039　綫 Z7/2620(1)

古今紀始通考四卷　（清）魏崧著　清光緒二十八年(1902)佑廉樞記石印本　四冊

450000－2601－0005040　綫 Z7/2620(2)

羣書治要五十卷　（唐）魏徵等撰　清乾隆五十二年(1787)刻本　二十五冊

450000－2601－0005041　綫 Z7/2840

讀書雜釋十四卷　（清）徐鼒學　清咸豐十一年(1861)六合徐氏刻本　一冊

450000－2601－0005042　綫 Z7/4061

大題觀海二集不分卷　（清）點石齋輯　清光緒十四年(1888)上海點石齋石印本　一冊

450000－2601－0005043　綫 Z7/3308(1)

歸田瑣記八卷　（清）梁章鉅撰　清道光二十五年(1845)北東園刻本　一冊　存四卷(一至四)

450000－2601－0005044　綫 Z7/3308(2)

梁氏筆記三種二十七卷　（清）梁章鉅撰　清

宣統三年(1911)上海掃葉山房石印本　八冊

450000－2601－0005045　綫 Z7/3308(3)

梁氏筆記三種二十七卷　（清）梁章鉅撰　清宣統三年(1911)上海掃葉山房石印本　八冊

450000－2601－0005046　藏綫 M3/3077(2)

大方廣佛華嚴經八十卷　（唐）釋實叉難陀譯　明天啟二年至四年(1622－1624)雲棲寺刻本　二冊　存十卷(十六至二十五)

450000－2601－0005047　綫 Z7/3318

狀元策不分卷　（清）謝蘭生輯　清道光十三年(1833)京都滋本堂書坊刻本　十冊

450000－2601－0005048　藏綫 M9/2082

千金集不分卷　□□輯　清末抄本　一冊

450000－2601－0005049　綫 Z7/3344

釀蜜集四卷　（清）浦起龍著　清光緒二十七年(1901)金匱浦氏靜寄東軒家塾刻蘇州綠蔭堂福記印本　十冊

450000－2601－0005050　綫 Z7/3404

曉讀書齋初錄二卷二錄二卷三錄二卷四錄二卷　（清）洪亮吉著　清光緒三年(1877)授經堂刻本　二冊

450000－2601－0005051　藏綫 S11/4375

新鐫五福萬壽丹書六卷　（明）龔居中著　（明）喻龍德鑒定　（明）傅世方參訂　（明）朱邦廉彙成　（明）鄭之僑增補　明天啟四年(1624)金陵書林周如泉刻本　六冊

450000－2601－0005052　藏綫 S2/1210

張氏醫通十六卷　（清）張璐纂述　（清）張登誕等參訂　清康熙寶翰樓刻本　十六冊

450000－2601－0005053　綫 Z7/3430

容齋隨筆十六卷續筆十六卷三筆十六卷四筆十六卷五筆十卷　（宋）洪邁撰　清同治十一年至光緒元年(1872－1875)刻光緒九年(1883)新豐洪氏十三公祠補修本　十冊

450000－2601－0005054　綫 Z7/4022

皇朝經世文新編二十一卷　麥仲華輯　清光緒上海大同譯書局石印本　二十四冊

450000－2601－0005055　藏綫 S2/1914

赤水玄珠三十卷醫旨緒餘二卷　（明）孫一奎著輯　（明）黃廉等校閱　明萬曆二十四年(1596)新安孫氏刻清康熙補修本　三十六冊

450000－2601－0005056　藏綫 S2/2802

玉機微義五十卷　（明）劉純輯　（清）張延綬等校　清康熙四十二年(1703)長洲沈廷颺刻本　六冊

450000－2601－0005057　藏綫 S21/0235

素問病機氣宜保命集三卷　（金）劉完素撰　明萬曆繡谷吳繼宗刻劉河間傷寒三書本　三冊

450000－2601－0005058　綫 Z7/4050（1）

李旰江文集一卷　（宋）李覯撰　**鄒道鄉文集選一卷**　（宋）鄒浩撰　清康熙吳門葉顯刻本　二冊

450000－2601－0005059　藏綫 S25/4110（1）

傷寒論註四卷　（漢）張機撰　（清）柯琴編註　（清）以中驊較訂　清乾隆三十一年(1766)博古堂刻本　四冊

450000－2601－0005060　綫 Z7/4050（2）

時事新論圖說一卷　（英國）李提摩太撰　清光緒二十年(1894)上海廣學會鉛印本　一冊

450000－2601－0005061　藏綫 S25/4110（2）

傷寒論翼二卷　（清）柯琴撰著　（清）鄭重光參訂　清康熙五十五年(1716)江都王棟刻秩斯堂印本　二冊

450000－2601－0005062　綫 Z7/4094（1）

榕村語錄續集二十卷　（清）李光地撰　清末石印本　十冊

450000－2601－0005063　藏綫 S25/6049

溫疫論補註二卷　（明）吳有性著　（清）鄭重光補註　清康熙四十九年(1710)襄陵喬國楨刻秩斯堂印本　二冊

450000－2601－0005064　綫 Z7/4094（2）

榕村語錄三十卷　（清）李光地撰　清乾隆八年(1743)刻本　十一冊

450000－2601－0005065　藏綫 S25/7784

陶節菴全生集四卷　（明）陶華輯　（明）朱映璧等校正　明崇禎十三年(1640)豫章長春堂刻本　四冊

450000－2601－0005066　特綫 S26/1029

瘍醫準繩六卷　（明）王肯堂輯　（清）程永培校　清乾隆脩敬堂刻本　五冊　缺一卷（四）

450000－2601－0005067　特綫 S26/7448

洞天奧旨十六卷　（清）陳士鐸著　（清）陶式玉評　清乾隆五十五年(1790)山陰陳鳳輝大雅堂刻本　六冊

450000－2601－0005068　特綫 S271/2323（3）

傅氏眼科審視瑤函六卷首一卷　（明）傅仁宇纂輯　（明）張文凱參閱　（明）林長生較補　（明）傅維藩編集　（明）張秀微訂正　（明）張公猷等次　明崇禎十七年(1644)大樑周靖公刻寶文堂印本　六冊

450000－2601－0005069　特綫 S277/1330（2）

濟陰綱目十四卷　（明）武之望輯著　（清）張志聰訂正　（清）汪淇箋釋　清康熙四年(1665)西陵汪氏刻蝸寄印本　六冊　缺二卷（十三至十四）

450000－2601－0005070　綫 Z7/4094（3）

榕村語錄續集二十卷　（清）李光地撰　清光緒二十年(1894)刻本　六冊

450000－2601－0005071　藏綫 S279/2524（3）

痘疹定論四卷　（清）朱純嘏編輯　清乾隆笏園姚氏刻本　二冊

450000－2601－0005072　綫 Z7/4410（1）

簷曝雜記六卷附錄一卷　（清）趙翼撰　清刻本　四冊

450000－2601－0005073　藏綫 S28/0235

黃帝素問宣明論方十五卷　（金）劉完素撰集　明萬曆繡谷吳繼宗刻本　二冊

450000 – 2601 – 0005074　綫 Z7/4410(2)

陔餘叢考四十三卷　(清)趙翼撰　清乾隆五十五年(1790)湛貽堂刻本　十冊

450000 – 2601 – 0005075　藏綫 S28/1210

本經逢原四卷　(清)張璐纂述　(清)張登等參訂　清康熙金閶書業堂刻本　四冊

450000 – 2601 – 0005076　綫 Z7/4420(1)

札樸十卷　(清)桂馥撰　清嘉慶十八年(1813)山陰小李山房刻會稽徐氏補刻本　八冊

450000 – 2601 – 0005077　綫 Z7/4420(2)

札樸十卷　(清)桂馥撰　清嘉慶十八年(1813)山陰小李山房刻本　六冊

450000 – 2601 – 0005078　藏綫 S28/2623

本草從新六卷　(清)吳儀洛輯　清乾隆二十二年(1757)澂水吳儀洛刻吳氏醫學述本　四冊

450000 – 2601 – 0005079　綫 Z7/4460

子書百家一百四種五百十二卷　(清)湖北崇文書局輯　清光緒元年(1875)湖北崇文書局刻本　一冊　存三種八卷(聲隅子歔欹瑣微論二卷、嬾真子五卷、廣成子解一卷)

450000 – 2601 – 0005080　藏綫 S28/6023

成方切用十二卷首一卷末一卷　(清)吳儀洛輯　清乾隆二十六年(1761)硤川利濟堂刻吳氏醫學述本　三冊

450000 – 2601 – 0005081　藏綫 S28/6046

奇方類編二卷　(清)吳世昌抄輯　奇疾方一卷　(清)王遠抄輯　清康熙五十八年(1719)長白鄂奇善刻本　三冊

450000 – 2601 – 0005082　藏綫 S28/6080

名醫方論四卷　(清)羅美評定　(清)柯琴參閱　清康熙十四年(1675)新安羅氏刻本　四冊

450000 – 2601 – 0005083　綫 Z7/4420(3)

致用書院文集一卷　(清)致用書院編　清光緒二十三年(1897)致用堂惟半室刻本　一冊

450000 – 2601 – 0005084　綫 Z7/4437

博物典彙二十卷　(明)黃道周撰　清康熙二年(1663)刻本　五冊

450000 – 2601 – 0005085　藏綫 T/3573(2)

耕織圖不分卷　(清)焦秉貞繪　清康熙刻本　一冊

450000 – 2601 – 0005086　綫 Z7/4444

寄園寄所寄十二卷　(清)趙起士輯　清康熙三十五年(1696)寄園寄所寄刻本　二十四冊

450000 – 2601 – 0005087　綫 Z7/4622

皇朝經世文編一百二十卷　(清)賀長齡輯　清道光七年(1827)刻本　七十九冊　存一百十七卷(一至一百十七)

450000 – 2601 – 0005088　藏綫 Z3/1000

小學紺珠十卷　(元)王應麟輯　元刻明正德元年至二年(1506 – 1507)、嘉靖二十九年(1550)、嘉靖三十二年(1553)、嘉靖三十六年(1557)、萬曆十一年(1583)、萬曆十五年至十七年(1587 – 1589)、崇禎十年(1637)、清康熙二十六年至二十七年(1687 – 1688)遞修玉海本　四冊　缺二卷(七至八)

450000 – 2601 – 0005089　藏綫 Z3/1240(5)

淵鑑類函四百五十卷目錄四卷　(清)張英等纂修　清康熙四十九年(1710)刻本　一百四十冊

450000 – 2601 – 0005090　綫 Z7/4712

盛世危言續編四卷　(清)杞憂生輯　清光緒二十二年(1896)上海書局石印本　二冊　存二卷(一、四)

450000 – 2601 – 0005091　綫 Z7/4720

鐵網珊瑚二十卷　(明)都穆撰　清乾隆二十三年(1758)都氏刻本　十冊

450000 – 2601 – 0005092　綫 Z7/6027

青箱雜記十卷　(宋)吳處厚撰　明萬曆會稽商氏半埜堂刻稗海本　一冊

450000 – 2601 – 0005093　藏綫 Z7/0028(1)

文房肆攷圖說八卷首一卷　(清)唐秉鈞纂

（清）唐愷繪圖　清乾隆四十三年（1778）竹映山莊刻本　六冊

450000－2601－0005094　藏綫 Z7/0028（2）

通雅五十二卷首三卷　（清）方以智輯著（清）姚文燮較訂　清康熙五年（1666）桐山姚文燮浮山此藏軒刻本　二十冊

450000－2601－0005095　綫 Z7/6070

讒書五卷　（唐）羅隱撰　讒書附校一卷（清）吳騫撰　清嘉慶十二年（1807）刻重校拜經樓叢書本　二冊

450000－2601－0005096　藏綫 Z7/3190

增刪堅瓠集八卷　（清）汪燮輯　清乾隆二十一年（1756）黟邑汪燮刻本　四冊

450000－2601－0005097　藏綫 Z7/4430

天祿閣外史八卷　（漢）黃憲撰　（明）鍾惺評　明末刻本　四冊

450000－2601－0005098　綫 Z7/6485

曼盦壺盧銘一卷　（清）葉金壽箸　（清）郭傳璞注　清光緒五年（1879）刻嘯園叢書本　一冊

450000－2601－0005099　藏綫 Z7/3519

清玩小品十七種十八卷　□□輯　清順治三年（1646）兩浙督學周南李際期委宛山堂刻說郛本　四冊

450000－2601－0005100　綫 Z7/7160

武林掌故叢編二十六集一百八十六種六百二十二卷　（清）丁丙輯　清光緒七年（1881）刻本　一冊　存二種二卷（湖船錄一卷、湖船續錄一卷）

450000－2601－0005101　綫 Z7/7179

麻代經濟文編三十二卷　（清）顧亭林纂輯　清光緒二十四年（1898）浙紹會文堂石印本　十六冊

450000－2601－0005102　綫 Z7/7191（1）

日知錄集釋三十二卷　（清）顧炎武著　（清）黃汝成集釋　日知錄刊誤二卷續刊誤二卷（清）黃汝成撰　清道光十四年（1834）嘉定黃

氏西谿草廬刻本　十二冊　存三十二卷（日知錄集釋三十二卷）

450000－2601－0005103　綫 Z7/7191（2）

日知錄集釋三十二卷　（清）顧炎武著　（清）黃汝成集釋　日知錄刊誤二卷續刊誤二卷（清）黃汝成譔　清同治十一年（1872）湖北崇文書局刻本　十六冊

450000－2601－0005104　藏綫 Z821.61/2010

津逮秘書十五集一百四十一種七百五十五卷（明）毛晉輯　明崇禎三年至十五年（1630－1642）海虞毛晉汲古閣刻本　一百六十冊

450000－2601－0005105　綫 Z7/7191（3）

日知錄三十二卷之餘四卷菰中隨筆一卷（清）顧炎武著　清道光十二年（1832）長白鄂山刻本　二十冊

450000－2601－0005106　綫 Z7/7231

較正幼學須知成語考二卷　（清）邱濬撰　清末銅活字本　一冊

450000－2601－0005107　綫 Z7/7430（1）

菊坡精舍集二十卷首一卷　（清）陳澧撰　清光緒二十三年（1897）刻本　六冊

450000－2601－0005108　綫 Z7/7430（2）

東塾遺書四種九卷　（清）陳澧撰　清光緒廣雅書局刻本　二冊

450000－2601－0005109　藏綫 Z821.66/1060

檀几叢書五十卷餘集二卷　（清）王晫輯　清康熙三十四年（1695）霞舉堂刻本　十冊

450000－2601－0005110　綫 Z7/6051

國學叢刊三冊二十七卷　羅振玉集　清宣統三年（1911）石印本　三冊

450000－2601－0005111　綫 Z7/7497

時事新編初集六卷　（清）陳耀卿編輯　清光緒二十一年（1895）鉛印本　三冊　缺一卷（四）

450000－2601－0005112　藏綫 Z824.61/1032（3）

王文成公全書三十八卷　（明）王守仁撰

（明）徐愛等編輯　明隆慶六年（1572）謝廷傑刻本　四十八冊

450000－2601－0005113　綫 Z7/7530（1）

老學庵筆記十卷　（宋）陸游撰　清光緒元年（1875）湖北崇文書局刻本　二冊

450000－2601－0005114　藏綫 Z824.66/4320

西堂全集十八種七十一卷　（清）尤侗撰　清康熙兩儀堂刻本　二十四冊

450000－2601－0005115　綫 Z7/7530（2）

訂正金臺紀聞一卷　（明）陸深著　明刻本　一冊

450000－2601－0005116　藏綫 Z824.66/7191（4）

亭林全集十種二十七卷　（清）顧炎武撰　清刻本　八冊

450000－2601－0005117　藏綫 Z824.67/1043

王文簡公全集三十七種二百六十八卷　（清）王士禎撰或輯　清康熙刻本　一百冊

450000－2601－0005118　綫 Z7/7720（1）

秘書廿一種九十四卷　（清）汪士漢輯　清嘉慶九年（1804）新安汪氏刻本　一冊　存三種七卷（中華古今注三卷、古今注三卷、三墳一卷）

450000－2601－0005119　綫 Z7/7720（2）

古今逸史五十五種二百二十三卷　（明）吳琯輯　明刻本　一冊　存二種六卷（中華古今注三卷、古今注三卷）

450000－2601－0005120　綫 Z7/7740

譚誤四卷　（明）馬樸撰　清同治九年（1870）馬氏敦倫堂刻馬氏叢書本　二冊

450000－2601－0005121　綫 Z7/8013（1）

粟香五筆八卷　金武祥撰　清光緒二十四年（1898）刻粟香室叢書本　四冊

450000－2601－0005122　綫 Z7/8013（2）

粟香室叢書七十三種一百六十六卷　金武祥輯　清光緒七年至十一年（1881－1885）刻本　十冊　存三種二十二卷（粟香隨筆八卷、粟

香二筆八卷、粟香三筆一至六）

450000－2601－0005123　綫 Z7/8013（3）

粟香隨筆八卷　金武祥撰　清光緒七年（1881）刻粟香室叢書本　四冊

450000－2601－0005124　綫 Z7/8038

致用書院文集一卷　（清）致用書院編　清光緒二十年（1894）致用堂惟半室刻本　一冊

450000－2601－0005125　綫 Z7/8040

茶香室叢鈔三十二卷　（清）俞樾撰　清光緒九年（1883）刻本　四冊

450000－2601－0005126　綫 Z7/8064（2）

求闕齋讀書錄十卷　（清）曾國藩箸　（清）王啟原編輯　清光緒二年（1876）傳忠書局刻本　四冊

450000－2601－0005127　藏綫 Z9/0216

經翼十卷　（明）劉承恩纂著　（明）劉位等檢輯　（明）羅萬程校定　（明）揭其大參訂　明萬曆四十六年（1618）刻本　十冊

450000－2601－0005128　綫 Z7/8346

竹汀先生日記鈔三卷　（清）錢大昕撰　（清）何元錫編次　清嘉慶十年（1805）錢唐何氏刻本　一冊

450000－2601－0005129　藏綫＋031/2144

北堂書鈔一百六十卷　（唐）虞世南輯　（明）陳禹謨校并補註　明萬曆二十八年（1600）海虞陳禹謨刻本　三冊　存十六卷（十一至十九、六十至六十二、一百十一至一百十四）

450000－2601－0005130　綫 Z8/4748

宜稼堂叢書七種二百四十四卷附七種十四卷　（清）鬱松年輯　清道光二十年至二十二年（1840－1842）上海鬱氏刻本　六十八冊

450000－2601－0005131　綫 Z81/3334（1）

西政叢書三十二種一百十二卷　梁啟超輯　清光緒二十三年（1897）慎記書莊石印本　三十二冊

450000－2601－0005132　綫 Z81/3334（2）

西政叢書三十二種一百十二卷　梁啟超輯

清光緒二十三年(1897)慎記書莊石印本　三十二冊

450000 – 2601 – 0005133　綫 Z821/0090

西洋史講義一卷譯學叢說一卷美國種棉法述要一卷　(清)文學部編　清光緒北洋學報鉛印本　一冊

450000 – 2601 – 0005134　綫 Z821/2741

雲自在龕叢書五集十九種一百十二卷　繆荃孫輯　清光緒江陰繆氏刻本　二十六冊

450000 – 2601 – 0005135　綫 Z821.66/0075

廣雅書局叢刻三種三卷　(清)廣雅書局輯　清光緒廣雅書局刻本　一冊

450000 – 2601 – 0005136　綫 Z821.66/0140

半厂叢書初編十二種八十四卷　(清)譚獻輯　清光緒仁和譚氏刻本　二十冊

450000 – 2601 – 0005137　綫 Z821.66/1010

當歸草堂叢書八種十六卷　(清)丁丙輯　清同治二年至五年(1863 – 1866)錢塘丁氏刻本　八冊

450000 – 2601 – 0005138　綫 Z821.66/0840

榆園叢刻十五種七十卷附娛園叢刻十一種十五卷　(清)許增輯　清同治、光緒間刻本　十六冊

450000 – 2601 – 0005139　綫 L9/3408

四子譜二卷　(清)過文年輯著　清刻本　二冊

450000 – 2601 – 0005140　綫 Z821.66/1230 (1)

昭代叢書十九集五百五十九種五百六十二卷附一種一卷　(清)張潮等輯　清道光十三年至二十四年(1833 – 1844)吳江沈氏世楷堂刻本　一百六十冊

450000 – 2601 – 0005141　綫 Z821.66/1230 (2)

張氏叢書(二酉堂叢書)二十一種二十八卷　(清)張澍輯　清道光元年(1821)武威張氏二酉堂刻本　十二冊

450000 – 2601 – 0005142　綫廿 811.71/4321

雪溪公榮壽詩二卷　(明)楊守隨等撰　明成化木活字印本　一冊

450000 – 2601 – 0005143　綫廿 811.72/2528

明詩綜一百卷　(清)朱彝尊錄　(清)汪森緝評　清康熙西泠清來堂吳氏刻本　二十六冊

450000 – 2601 – 0005144　綫廿 811.72/3102

明三十家詩選初集八卷二集八卷　(清)汪端輯　清同治十二年(1873)蘊蘭吟館刻本　八冊

450000 – 2601 – 0005145　綫廿 811.72/7536

南園前五先生詩五卷首一卷南園後五先生詩二十五卷首一卷附南園花信一卷　(明)陳暹譯　(明)葛徵奇編　清同治九年(1870)南海陳氏樵山草堂刻本　六冊

450000 – 2601 – 0005146　綫廿 811.8/3346

十二石齋詩話四卷叢錄七卷　(清)梁九圖著　清同治五年(1866)刻本　五冊

450000 – 2601 – 0005147　綫廿 811.81/0040

銅官感舊集四卷　(清)章壽麟撰　清宣統二年(1910)長沙章氏盍山舊館石印本　二冊

450000 – 2601 – 0005148　綫廿 811.81/2642 (1)

學海堂集十六卷　(清)阮元輯　學海堂集二集二十二卷　(清)吳蘭珍輯　學海堂集三集二十四卷　(清)張維屏輯　清道光、咸豐間啟秀山房刻本　二十四冊

450000 – 2601 – 0005149　綫廿 811.81/2642 (2)

學海堂集二集二十二卷　(清)吳蘭珍輯　清刻本　八冊　缺五卷(一至五)

450000 – 2601 – 0005150　綫廿 811.81/2671

寧都三魏全集八十三卷首一卷　(清)林時益輯　清道光二十五年(1845)寧都謝氏珍溪紱園書塾刻本　四十九冊　缺二卷(魏季子文集三至四)

450000 – 2601 – 0005151　綫廿 811.81/5540

春暉堂叢書十二種三十七卷 （清）徐渭仁輯
清道光二十年至咸豐元年（1840－1851）上
海徐氏刻同治九年至十一年（1870－1872）補
刻本　一冊　存三種四卷（儀鄭堂殘槀二卷、
賜硯齋題畫偶錄一卷、居易堂殘稿一卷）

450000－2601－0005152　綫卅 811.81/8082

學海堂四集二十八卷 （清）金錫齡編　清光
緒十二年（1886）啟秀山房刻本　十六冊

450000－2601－0005153　綫卅 811.82/0123

合肥三家詩錄二卷 （清）譚獻撰　清光緒十
二年（1886）安慶刻本　一冊

450000－2601－0005154　綫卅 811.82/1020
（1）

嶺南三大家詩選二十四卷 （清）王隼撰　清
康熙刻本　一冊　存二卷（一至二）

450000－2601－0005155　綫卅 811.82/1020
（2）

嶺南三大家詩選二十四卷 （清）王隼撰　清
同治七年（1868）南海陳氏刻本　五冊

450000－2601－0005156　綫卅 811.82/1020
（3）

嶺南三大家詩選二十四卷 （清）王隼撰　清
同治七年（1868）南海陳氏刻本　五冊

450000－2601－0005157　綫卅 811.82/1106

國朝詩鐸二十六卷首一卷 （清）張應昌輯
清同治八年（1869）永康應氏秀芰堂刻本　十
六冊

450000－2601－0005158　綫卅 811.82/1172

京江七子詩鈔七卷 （清）張學仁輯　清咸豐
八年（1858）刻本　二冊

450000－2601－0005159　綫卅 811.82/1240

道咸同光四朝詩史甲集八卷首一卷 （清）孫
雄輯　清宣統二年（1910）刻本　十冊

450000－2601－0005160　綫卅 811.82/2638

臺來哀才開詩草不分卷 （清）程海年等撰
清宣統元年（1909）油印本　一冊

450000－2601－0005161　綫卅 811.82/2654
（1）

國朝杭郡詩輯三十二卷姓氏韻編一卷 （清）
吳顥　（清）吳振棫編　清同治十三年（1874）
錢塘丁氏刻本　十六冊

450000－2601－0005162　綫卅 811.82/2654
（2）

國朝杭郡詩輯四十六卷姓氏韻編一卷 （清）
吳振棫輯　清光緒二年（1876）錢塘丁氏刻本
二十四冊

450000－2601－0005163　綫卅 811.82/4007

五華五子詩鈔五卷 （清）李於陽等撰　清嘉
慶二十四年（1819）刻本　一冊

450000－2601－0005164　綫卅 811.82/4413

滇詩嗣音集二十卷附補遺一卷 （清）黃琮輯
清咸豐元年（1851）五華書院刻本　六冊

450000－2601－0005165　綫卅 811.82/7244

嶺南羣雅初集九卷二集十四卷 （清）劉彬華
輯　清刻本　二冊

450000－2601－0005166　綫卅 811.82/8727

南屏心版一卷 （清）鄭維駒等撰　清光緒三
年（1877）靈山書院刻本　一冊

450000－2601－0005167　綫卅 811.82/8844

國朝正雅集九十九卷 （清）符葆森輯　清刻
本　十冊　存三十五卷（十二至十四、四十八
至五十、五十七至六十二、七十二至八十七、
九十三至九十九）

450000－2601－0005168　綫卅 811.83/0824
（1）

八家四六文注八卷首一卷 （清）吳鼒輯
（清）許貞幹注　清光緒十七年（1891）侯官許
氏刻本　十六冊

450000－2601－0005169　綫卅 811.83/1020
（1）

國朝十家四六文鈔十卷 王先謙輯　清光緒
十五年（1889）長沙王氏刻本　四冊

450000－2601－0005170　綫卅 811.83/1020
（2）

國朝十家四六文鈔十卷　王先謙輯　清光緒十五年(1889)長沙王氏刻本　一冊　存六種六卷(孟塗駢體文鈔一卷、子泚駢體文鈔一卷、蘭石齋駢體文鈔一卷、萬善花室駢體文鈔一卷、柏梘山房駢體文鈔一卷、梧生駢體文鈔一卷)

450000－2601－0005171　綫廿 811.83/2671

寧都三魏全集八十三卷首一卷　(清)林時益輯　清道光二十五年(1845)寧都謝氏珍溪綏園書塾刻本　三十六冊

450000－2601－0005172　綫廿 811.83/2812

國朝二十四家文鈔二十四卷　(清)徐斐然輯　清刻本　一冊　存一卷(三)

450000－2601－0005173　綫廿 811.83/3423

國朝名人著述叢編十三種十五卷　(清)沈德潛輯　清光緒九年(1883)斐然山房刻本　四冊

450000－2601－0005174　綫廿 811.83/4024

皇朝經世文新編三十二卷　麥仲華輯　清光緒二十八年(1902)上海書局石印本　十二冊

450000－2601－0005175　綫廿 811.83/4037(1)

國朝文錄四十種八十二卷　(清)李祖陶輯　清道光十九年(1839)瑞州鳳儀書院刻本　二十五冊　缺五種九卷(壯悔堂文錄二卷、帶經堂集文錄二卷、鄭靜菴先生文錄一卷、二希堂文錄二卷、海峯先生文錄二卷)

450000－2601－0005176　綫廿 811.83/4037(2)

國朝文錄續編四十九種六十五卷附邁堂文畧四卷　(清)李祖陶輯　清同治七年(1868)敖陽李氏刻本　二十二冊　缺一種四卷(邁堂文畧四卷)

450000－2601－0005177　綫廿 811.83/4245(1)

國朝文錄八十二卷　(清)姚椿輯　清咸豐元年(1851)終南山舘刻本　二十四冊

450000－2601－0005178　綫廿 811.83/4299

皇朝駢文類苑十四卷首一卷　(清)姚燮選　清光緒七年(1881)律中林鍾刻本　十六冊

450000－2601－0005179　綫廿 811.83/4672(1)

皇朝經世文編一百二十卷　(清)賀長齡輯　清光緒二十二年(1896)埽葉山房石印本　三冊　存十三卷(一至十三)

450000－2601－0005180　綫廿 811.83/4672(2)

皇朝經世文編一百二十卷　(清)賀長齡輯　清道光七年(1827)刻本　八十冊

450000－2601－0005181　綫廿 811.83/5300

皇朝經世文續編一百二十卷姓名總目三卷　(清)盛康輯　清光緒二十三年(1897)武進盛氏思補樓刻本　八十冊

450000－2601－0005182　綫廿 811.83/7552(1)

皇朝經世文三編八十卷　(清)陳忠倚輯　清光緒二十七年(1901)上海書局石印本　十五冊　缺六卷(六、四十六至五十)

450000－2601－0005183　綫廿 811.83/7552(2)

皇朝經世文三編八十卷　(清)陳忠倚輯　清光緒二十八年(1902)上海天章書局石印本　十六冊　缺一卷(八十)

450000－2601－0005184　綫廿 811.83/8093(1)

國朝駢體正宗評本十二卷補編一卷　(清)曾燠選　(清)姚燮評　清光緒十一年(1885)鎮海張氏花雨樓刻朱墨套印本　二冊　存五卷(二至六)

450000－2601－0005185　綫廿 811.83/8093(2)

國朝駢體正宗十二卷　(清)曾燠輯　清嘉慶十一年(1806)賞雨茆屋刻本　六冊

450000－2601－0005186　綫廿 812.21/0025

屈子正音三卷　(清)方績撰　清光緒六年(1880)網舊聞齋刻本　一冊

450000 - 2601 - 0005187　綫廿 812.21/1037

楚辭十七卷　（戰國）屈原撰　（漢）劉向集　（漢）王逸章句　清同治十一年(1872)金陵書局刻本　四冊

450000 - 2601 - 0005188　綫廿 812.21/1052

離騷彙訂不分卷首一卷　（清）王邦采輯　清光緒二十六年(1900)廣雅書局刻本　四冊

450000 - 2601 - 0005189　綫廿 812.21/4418

楚辭燈四卷　（清）林雲銘論述　（清）林沅等較　清康熙三十六年(1697)刻本　二冊

450000 - 2601 - 0005190　綫廿 812.21/4510

屈原賦注七卷通釋二卷音義三卷　（清）戴震撰　清光緒十七年(1891)廣雅書局刻本　一冊

450000 - 2601 - 0005191　綫廿 812.21/7771
（1）

楚辭天問箋一卷　（清）丁晏撰　清咸豐四年(1854)廣雅書局刻本　一冊

450000 - 2601 - 0005192　綫廿 812.21/7771
（2）

離騷箋二卷　（清）龔景瀚撰　清光緒元年(1875)湖北崇文書局刻崇文書局彙刻書本　一冊

450000 - 2601 - 0005193　綫廿 812.21/7771
（3）

楚辭十七卷　（戰國）屈原撰　（漢）劉向集　（漢）王逸章句　清光緒二十一年(1895)昭陵經畬主人刻本　六冊

450000 - 2601 - 0005194　綫 L34/1003(3)

王文治墨蹟十札一卷　（清）王文治撰并書　清乾隆稿本　一冊

450000 - 2601 - 0005195　綫廿 812.31/0020
（1）

庾子山集十六卷年譜一卷總釋一卷　（北周）庾信撰　（清）倪璠註釋　清光緒二十年(1894)儒雅堂刻本　十二冊

450000 - 2601 - 0005196　綫廿 812.31/2874
（1）

徐孝穆全集六卷　（南朝陳）徐陵撰　（清）吳兆宜箋注　清光緒二年(1876)廣東翰墨園刻本　三冊

450000 - 2601 - 0005197　綫廿 812.31/2874
（2）

徐孝穆全集六卷　（南朝陳）徐陵撰　（清）吳兆宜箋注　清光緒二年(1876)廣東翰墨園刻本　三冊

450000 - 2601 - 0005198　綫廿 812.31/5544

曹集銓評十卷附逸文一卷年譜一卷附錄一卷　（三國魏）曹植撰　（清）丁晏編　清同治十一年(1872)南京金陵書局刻本　二冊

450000 - 2601 - 0005199　綫廿 812.31/7731
（1）

陶淵明文集十卷　（晉）陶潛撰　清宣統二年(1910)上海著易堂書局再版石印本　四冊

450000 - 2601 - 0005200　綫廿 812.31/7731
（2）

陶淵明集八卷首一卷末一卷　（晉）陶潛撰　清同治十三年(1874)樂山莫氏半畝園藍印本　二冊

450000 - 2601 - 0005201　綫廿 812.31/7731
（3）

靖節先生集十卷首一卷諸本評陶彙集一卷靖節先生年譜考異二卷　（晉）陶潛撰　（清）陶澍集注　清光緒九年(1883)江蘇書局刻本　四冊

450000 - 2601 - 0005202　綫廿 812.31/7731
（4）

陶靖節詩集四卷　（晉）陶淵明撰　（清）蔣薰評　附東坡和陶詩一卷　（宋）蘇軾輯　附諧菴律陶詩一卷　（明）王思任集　陶靖節詩話一卷陶淵明詩集考異一卷　（清）胡鳳丹編　清刻本　四冊

450000 - 2601 - 0005203　綫廿 812.31/7731
（5）

陶靖節詩集四卷　（晉）陶淵明撰　（清）蔣薰

評 附東坡和陶詩一卷 (宋)蘇軾輯 附誰菴律陶詩一卷 (明)王思任集 敦好齋律陶纂一卷 (清)黃槐開纂 清康熙二十九年(1690)貴文堂刻本 二冊

450000－2601－0005204 綫廿 812.33/0440
忠武侯諸葛孔明先生全集四種十五卷 (清)張澍輯 清同治元年(1862)刻本 五冊 缺三卷(諸葛忠武侯兵法三至五)

450000－2601－0005205 綫廿 812.41/0030
高常侍集十卷 (唐)高適撰 清光緒十年(1884)上海同文書局二次石印本 一冊

450000－2601－0005206 綫廿 812.41/0142
文忠集十六卷 (唐)顏真卿撰 清刻本 二冊

450000－2601－0005207 綫廿 812.41/1044
王子安集註二十卷首一卷末一卷 (唐)王勃撰 (清)蔣清翊註 清光緒九年(1883)吳縣蔣氏雙唐碑館刻本 六冊

450000－2601－0005208 綫廿 812.41/4022(1)
西山先生真文忠公集五十五卷目錄二卷真文忠公心經一卷政經一卷附衛生一卷[真德秀]年譜一卷 (宋)真德秀撰 (明)楊鶡重修 清乾隆二十九年(1764)蒲城真氏拱極堂刻本 三十冊

450000－2601－0005209 綫廿 812.41/4022(2)
西山先生真文忠公讀書記四十卷 (宋)真德秀撰 清刻本 五冊 存五卷(二十三至二十五、三十一、三十三)

450000－2601－0005210 綫廿 812.41/4026(1)
李太白文集三十六卷 (唐)李白撰 (清)王琦輯註 清乾隆二十四年(1759)聚錦堂刻本 十四冊

450000－2601－0005211 綫廿 812.41/4026(2)
李翰林集三十卷 (唐)李白撰 清光緒三十

二年(1906)黃岡陶子麟刻西泠印社影印本 六冊

450000－2601－0005212 綫廿 812.41/4042
李太白文集三十六卷 (唐)李白撰 (清)王琦輯註 清光緒三十四年(1908)上海掃葉山房石印本 二十冊

450000－2601－0005213 綫廿 812.41/7731
駱丞集四卷首一卷駱丞集辨譌考異二卷 (唐)駱賓王撰 清同治八年(1869)永康胡氏退補齋刻金華叢書本 二冊

450000－2601－0005214 綫 L34/1233(3)
張之洞與周馥信札一通一卷 (清)張之洞撰并書 清同治稿本 一冊

450000－2601－0005215 綫廿 812.42/4007(1)
李義山詩集輯評三卷附諸家詩評一卷詩譜一卷 (唐)李商隱撰 (清)朱鶴齡箋註 (清)沈厚塽輯評 清同治九年(1870)廣州倅署刻三色套印本 四冊

450000－2601－0005216 綫廿 812.42/4007(2)
東澗寫校李商隱詩三卷 (清)李商隱撰 (清)錢謙益寫校 清宣統石印本 二冊

450000－2601－0005217 綫廿 812.42/4007(3)
玉谿生詩詳註三卷類補一卷詩話一卷[李商隱]年譜一卷首一卷 (唐)李商隱撰 (清)馮浩編訂 清乾隆四十五年(1780)刻嘉慶元年(1796)德聚堂補刻本 四冊

450000－2601－0005218 綫廿 812.42/4046
李長吉昌谷集句解定本四卷 (唐)李賀撰 (明)姚佺箋閱 (清)丘象隨等辯註 (清)朱潮遠等評 清順治丘象隨刻本 一冊 存一卷(一)

450000－2601－0005219 綫廿 812.42/4453(1)
杜詩虞箋四卷 (唐)杜甫撰 (元)張性箋 清康熙友琴堂刻本 二冊

450000－2601－0005220　綫廿 812.42/4453
（2）

讀杜心解六卷首二卷　（唐）杜甫撰　（清）浦
起龍講解　清雍正二年至三年(1724－1725)
錫山浦氏寧我齋刻本　六冊　存五卷(卷一
之五、二至五)

450000－2601－0005221　綫廿 812.42/4453
（3）

讀杜心解六卷首二卷　（唐）杜甫撰　（清）浦
起龍講解　清雍正二年至三年(1724－1725)
錫山浦氏寧我齋刻靜寄東軒印本　十冊

450000－2601－0005222　綫 L34/2133

何淩漢臨王羲之黃庭經小楷附顧氏與考亭書
札一通不分卷　（清）何淩漢書　（清）顧□□
書　清嘉慶、道光間稿本　一冊

450000－2601－0005223　綫廿 812.42/4453
（4）

杜詩鏡銓二十卷附錄一卷[杜甫]年譜一卷
（唐）杜甫撰　（清）楊倫輯　清乾隆五十七年
(1792)九柏山房刻本　十二冊

450000－2601－0005224　綫廿 812.42/4453
（5）

杜詩鏡銓二十卷附錄一卷讀書堂杜工部文集
批註二卷　（唐）杜甫撰　（清）楊倫輯　清同
治十一年(1872)望三益齋刻本　七冊　存十
二卷(一至八、十一至十二、十五至十六)

450000－2601－0005225　綫廿 812.42/4453
（6）

杜詩鏡銓二十卷附錄一卷讀書堂杜工部文集
批註二卷　（唐）杜甫撰　（清）楊倫輯　清同
治十一年(1872)望三益齋刻本　十二冊

450000－2601－0005226　綫廿 812.42/4453
（7）

杜工部集二十卷首一卷　（唐）杜甫撰　清光
緒二年(1876)粵東翰墨園刻六色套印本
十冊

450000－2601－0005227　綫廿 812.42/4480
（1）

韓昌黎詩集編年箋注十二卷　（唐）韓愈撰
（清）方世舉考訂　清乾隆二十三年(1758)德
州盧見曾雅雨堂刻春及堂印本　六冊

450000－2601－0005228　綫廿 812.42/4480
（2）

昌黎先生詩增注證訛十一卷[韓愈]年譜一卷
（唐）韓愈撰　（清）黃鉞增注證訛　清咸豐
七年(1857)四明鮑氏二客軒刻本　四冊

450000－2601－0005229　綫廿 812.43/4007
（1）

樊南文集詳注八卷　（唐）李商隱撰　（清）馮
浩編訂　清同治七年(1868)刻本　四冊

450000－2601－0005230　綫廿 812.43/4007
（2）

樊南文集詳注八卷　（唐）李商隱撰　（清）馮
浩編訂　清同治七年(1868)惠聚堂刻本
四冊

450000－2601－0005231　綫廿 812.43/4007
（3）

樊南文集詳注八卷　（唐）李商隱撰　（清）馮
浩編訂　清同治七年(1868)惠聚堂刻本
四冊

450000－2601－0005232　綫廿 812.43/4007
（4）

樊南文集補編十二卷　（唐）李商隱撰　（清）
錢振倫箋　（清）錢振注　玉溪生[李商隱]年
譜訂誤一卷　（清）錢振倫撰　清同治五年
(1866)望三益齋刻本　三冊　存九卷(一至
九)

450000－2601－0005233　綫廿 812.43/4007
（5）

樊南文集補編十二卷　（唐）李商隱撰　（清）
錢振倫箋　（清）錢振注　玉溪生[李商隱]年
譜訂誤一卷　（清）錢振倫撰　清同治五年
(1866)望三益齋刻本　一冊　缺九卷(一至
九)

450000－2601－0005234　綫廿 812.43/4007
（6）

樊南文集補編十二卷　（唐）李商隱撰　（清）
錢振倫箋　（清）錢振注　玉溪生[李商隱]年
譜訂誤一卷　（清）錢振倫撰　清同治五年
(1866)望三益齋刻本　四冊

450000－2601－0005235　綫廿812.43/4480
(1)

韓文百篇編年三卷　（唐）韓愈撰　（清）劉成
忠選評　清光緒二十六年(1900)食舊堂石印
本　三冊

450000－2601－0005236　綫廿812.43/4480
(2)

昌黎先生集四十卷外集十卷遺文一卷　（唐）
韓愈撰　韓集總勘四卷　（清）陳景雲撰　清
宣統三年(1911)上海鴻文書局千頃堂書局石
印本　九冊　缺十卷(外集十卷)

450000－2601－0005237　綫廿812.43/4480
(3)

昌黎先生集四十卷外集十卷遺文一卷　（唐）
韓愈撰　韓集總勘四卷　（清）陳景雲撰　清
宣統三年(1911)上海鴻文書局千頃堂書局石
印本　四冊　缺十二卷(十五至二十六)

450000－2601－0005238　綫廿812.51/0015

三宋人集四十八卷　（清）方功惠輯　清光緒
七年(1881)巴陵方氏韓江官署刻本　六冊

450000－2601－0005239　綫L34/2534(1)

淳化閣帖釋文十卷　（清）朱家標校定　（清）
朱爃等抄　清康熙二十二年(1683)龍潭朱氏
絧錦堂刻本　二冊

450000－2601－0005240　綫L34/2534(2)

淳化閣帖釋文十卷　（清）朱家標校定　（清）
朱爃等抄　清康熙二十二年(1683)龍潭朱氏
絧錦堂刻本　二冊

450000－2601－0005241　綫廿812.51/3464

鄱陽集四卷首一卷末一卷　（宋）洪皓撰　清
同治九年(1870)皖南洪氏三瑞堂刻金陵印本
一冊

450000－2601－0005242　綫廿812.51/1779

司馬溫公文集十四卷　（宋）司馬光撰　（清）

張伯行訂　清刻本　六冊

450000－2601－0005243　綫廿812.51/3835
(1)

游定夫先生集六卷首一卷末一卷　（宋）游酢
撰　清同治六年(1867)和州官舍刻光緒十九
年(1893)印本　二冊

450000－2601－0005244　綫廿812.51/3835
(1)

游默齋先生集一卷　（宋）游九言撰　清同治
七年(1868)和州官舍刻光緒十九年(1893)印
本　與450000－2601－0005243合二冊

450000－2601－0005245　綫廿812.51/3835
(2)

游定夫先生集六卷首一卷末一卷　（宋）游酢
撰　清同治六年(1867)和州官舍刻本　二冊

450000－2601－0005246　綫廿812.51/4407

宋黃文節公全集別集八十五卷首四卷　（宋）
黃庭堅撰　清光緒二十年(1894)黃壽英甯
州署刻本　八冊　存二十六卷(正集十八至
二十三、二十七至二十九,別集一至十六,首
一)

450000－2601－0005247　綫廿812.51/4664

楊龜山先生集四十二卷首一卷　（宋）楊時撰
　清光緒五年至七年(1879－1881)道南祠玉
華山館刻本　十冊

450000－2601－0005248　綫廿812.51/5046
(1)

淮海集十七卷後集二卷詞一卷附年譜節要一
卷　（宋）秦觀撰　清道光十七年(1837)刻本
八冊

450000－2601－0005249　綫廿812.51/5046
(2)

淮海集十七卷後集二卷詞一卷附年譜節要一
卷　（宋）秦觀撰　清道光十七年(1837)刻本
六冊

450000－2601－0005250　綫廿812.51/5046
(2)

淮海文集攷證一卷附纂補攷證一卷　（清）王敬之撰　清道光二十一年(1841)補刻本　一冊

450000－2601－0005251　綫廿 812.52/4092

補註東坡先生編年詩五十卷　（宋）蘇軾撰（清）查慎行補註　清乾隆二十六年(1761)廣陵香雨齋刻本　二十冊

450000－2601－0005252　綫廿 812.52/4407（1）

黃詩全集六十卷　（宋）黃庭堅撰　清乾隆五十四年(1789)江西樹經堂刻本　二十冊

450000－2601－0005253　綫廿 812.52/4407（2）

黃詩全集六十卷　（宋）黃庭堅撰　清乾隆五十四年(1789)江西樹經堂刻本　二十冊

450000－2601－0005254　綫廿 812.52/4407（3）

山谷集內集二十卷外集十七卷別集二卷（宋）黃庭堅撰　清光緒二十六年(1900)義甯陳氏四覺草堂刻本　二十冊

450000－2601－0005255　綫廿 812.52/4453（1）

蘇文忠公詩集五十卷目錄二卷　（宋）蘇軾撰（清）紀昀評點　清同治八年(1869)韞玉山房刻朱墨套印本　十二冊

450000－2601－0005256　綫廿 812.52/4453（2）

蘇文忠公詩集五十卷目錄二卷　（宋）蘇軾撰（清）紀昀評點　清同治八年(1869)韞玉山房刻朱墨套印本　十二冊

450000－2601－0005257　綫廿 812.52/4453（3）

蘇文忠公詩集五十卷目錄二卷　（宋）蘇軾撰（清）紀昀評點　清同治八年(1869)韞玉山房刻朱墨套印本　九冊　存四十五卷(一至二十七、三十三至五十)

450000－2601－0005258　綫廿 812.52/4453（4）

東坡詩選十二卷　（宋）蘇軾撰　（明）譚元春選　東坡先生[蘇軾]年譜一卷　（明）王宗稷編　明天啟元年(1621)文盛堂刻本　四冊

450000－2601－0005259　綫廿 818.1/7535（3）

東塾讀書記二十五卷　（清）陳澧撰　清末刻本(卷十三至十四、十七至二十、二十二至二十五原缺)　三冊　存十二卷(一至十二)

450000－2601－0005260　綫廿 812.52/4453（5）

蘇文忠詩合註五十卷首三卷　（宋）蘇軾撰（清）馮應榴輯訂　清同治九年(1870)刻本九冊　缺二十八卷(四至二十、三十三至四十三)

450000－2601－0005261　綫廿 812.52/4453（6）

施註蘇詩四十二卷　（宋）蘇軾撰　（宋）施元之注　（清）宋犖　（清）張榕端閱定　（清）顧嗣立等刪補　目錄二卷蘇詩續補遺二卷（清）馮景補註　東坡先生[蘇軾]年譜一卷（明）王宗沐編　（清）邵長蘅訂　清康熙三十九年(1700)刻本　十二冊

450000－2601－0005262　綫廿 812.52/6033

晁具茨先生詩集十五卷　（宋）晁沖之撰　清道光二十七年(1847)番禺潘氏刻海山仙館叢書本　一冊

450000－2601－0005263　綫廿 812.52/8082

白石道人詩集二卷外詩一卷詩說一卷附錄一卷附錄補遺一卷　（宋）姜夔撰　清光緒十年(1884)娛園刻榆園叢刻本　一冊

450000－2601－0005264　綫廿 812.53/1031

宋大家王文公文抄十六卷　（宋）王安石撰（明）茅坤批評　明末刻本　一冊　存三卷(十至十二)

450000－2601－0005265　綫廿 812.53/7212

岳忠武王文集八卷首一卷末一卷　（宋）岳飛撰　（清）黃邦甯纂修　清同治十二年(1873)刻本　四冊

450000－2601－0005266　綫廿 812.53/8017

宋大家曾文定公文抄十卷　（宋）曾鞏撰
（明）茅坤批評　清同治四年（1865）刻本
十冊

450000 – 2601 – 0005267　綫 Z821.66/2205
（1）

正覺樓叢刻二十九種七十九卷　（清）崇文書
局輯　清光緒湖北崇文書局刻本　三十六冊

450000 – 2601 – 0005268　綫 Z821.66/2205
（2）

崇文書局匯刻書（三十三種叢書）三十一種二
百八十六卷　（清）崇文書局輯　清光緒元年
至三年（1875 – 1877）湖北崇文書局刻本　七
十六冊

450000 – 2601 – 0005269　綫 L35/2714

小山畫譜二卷　（清）鄒一桂撰　清光緒二年
（1876）仁和葛氏嘯園刻嘯園叢書本　一冊

450000 – 2601 – 0005270　綫 L35/4370（1）

習苦齋畫絮十卷　（清）戴熙撰　（清）惠年輯
　清光緒十九年（1893）杭州惠年刻杭省景文
齋刻字鋪印本　四冊

450000 – 2601 – 0005271　綫 L35/4370（2）

習苦齋畫絮十卷　（清）戴熙撰　（清）惠年輯
　清光緒十九年（1893）杭州惠年刻杭省景文
齋刻字鋪印本　四冊

450000 – 2601 – 0005272　綫 L35/4370（3）

習苦齋畫絮十卷　（清）戴熙撰　（清）惠年輯
　清光緒十九年（1893）杭州惠年刻杭省景文
齋刻字鋪印本　三冊

450000 – 2601 – 0005273　綫 L35/5033（1）

桐陰論畫二卷附錄一卷首一卷畫訣一卷續桐
蔭論畫一卷二編二卷三編二卷　（清）秦祖永
撰　清同治三年至光緒八年（1864 – 1882）刻
朱墨套印本　八冊

450000 – 2601 – 0005274　綫 L35/5033（2）

桐陰論畫二卷附錄一卷首一卷畫訣一卷續桐
蔭論畫一卷二編二卷三編二卷　（清）秦祖永
撰　清宣統二年（1910）上海中國書畫會石印
本　二冊

282

450000 – 2601 – 0005275　綫 L35/5033（3）

桐陰論畫二卷附錄一卷首一卷畫訣一卷續桐
陰論畫一卷　（清）秦祖永撰　清同治五年
（1866）刻朱墨套印本　一冊

450000 – 2601 – 0005276　綫 L35/6020

青霞館論畫絕句一百首一卷　（清）吳修撰
清光緒二年（1876）葛氏嘯園刻本　一冊

450000 – 2601 – 0005277　綫 L35/7113（1）

虛齋名畫錄十六卷續錄四卷　（清）龐元濟輯
　清宣統元年（1909）烏程龐氏申江刻本　二
十冊

450000 – 2601 – 0005278　綫 L35/7113（2）

虛齋名畫錄十六卷續錄四卷　（清）龐元濟輯
　清宣統元年（1909）烏程龐氏申江刻本　二
十冊

450000 – 2601 – 0005279　綫 L35/8344

松壺畫贅二卷　（清）錢杜著　清光緒十四年
（1888）仁和許增榆園刻榆園叢刻本　一冊

450000 – 2601 – 0005280　綫 L37/1030

歷代名公真跡縮本四卷　（清）王寅輯　清光
緒五年（1879）東壁山房刻本　四冊

450000 – 2601 – 0005281　綫 L37/6428

秦淮八艷圖詠不分卷　（清）張景祁撰　（清）
葉衍蘭輯　清光緒十八年（1892）羊城越華講
院石印本　一冊

450000 – 2601 – 0005282　綫 L37/6455

[光緒三十四年]時事畫報三十六冊　（清）時
事報館編輯部編　清宣統元年（1909）時事報
館石印本　二十八冊　缺八冊（十二至十三、
十五至十六、十八至二十一）

450000 – 2601 – 0005283　綫 L37/7444

水流雲在圖記二卷　（清）陳夔龍撰繪　清宣
統三年（1911）石印本　二冊

450000 – 2601 – 0005284　綫 L37/7783

詩中畫二卷　（清）馬濤繪　清光緒十一年
（1885）石印本　一冊

450000 – 2601 – 0005285　綫 L37/8033

點石齋畫報十集　（清）尊聞閣主人輯　清光緒上海點石齋石印本　十冊

450000－2601－0005286　綫 M/8350

萬國分類時務大成四十卷　（清）錢豐選輯　清光緒石印本　一冊

450000－2601－0005287　784/4422

讀畫齋叢書八集四十六種二百二卷　（清）顧修輯　清嘉慶四年(1799)桐川顧氏刻本　一冊　存二種四卷(琴操二卷、補一卷,御史台精舍碑題名一卷)

450000－2601－0005288　綫 L83/2122

新編唱歌集一卷　樊耀南等撰　清光緒三十二年(1906)湖北官書局東京鉛印本　一冊

450000－2601－0005289　綫 L81/6064

聲學八卷　（英國）田大里撰　（英國）傅蘭雅口譯　（清）徐建寅筆述　清光緒二十二年(1896)上海璣衡堂鉛印本　一冊

450000－2601－0005290　綫 L81/7732

律音彙考八卷　（清）邱之稑撰　琴旨申邱一卷　（清）劉人熙撰　清宣統三年(1911)瀏陽禮樂局刻本　四冊

450000－2601－0005291　綫 L874/0241

雙忽雷本事一卷　劉世珩輯　清宣統三年(1911)貴池劉氏雙忽雷閣天津石印本　一冊

450000－2601－0005292　綫 L874/1240(1)

琴學入門二卷　（清）張鶴撰　清同治六年(1867)滬瀆心嚮往齋刻本　三冊

450000－2601－0005293　綫 L874/1240(2)

琴學入門二卷　（清）張鶴撰　清同治六年(1867)滬瀆心嚮往齋刻本　二冊

450000－2601－0005294　綫 L874/1240(3)

琴學入門四卷　（清）張鶴撰　清宣統元年(1909)蘇州刻本　四冊

450000－2601－0005295　綫 L874/7724(1)

五知齋琴譜八卷　（清）周魯封輯　清乾隆二年(1737)紅杏山房刻本　六冊

450000－2601－0005296　綫 L874/7724(2)

五知齋琴譜八卷　（清）周魯封輯　清乾隆二年(1737)紅杏山房刻本　四冊

450000－2601－0005297　綫 L874/6090

自遠堂琴譜十二卷　（清）吳灯輯　清嘉慶六年(1801)廣陵吳氏自遠堂刻本　十二冊

450000－2601－0005298　綫 L884/2175

琴譜六卷　（元）熊朋來譔　清咸豐二年(1852)刻粵雅堂叢書本　一冊

450000－2601－0005299　綫 L884/5023

蕉庵琴譜四卷　（清）秦維瀚撰　清光緒三年(1877)廣陵秦氏刻本　四冊

450000－2601－0005300　綫 L9/0009

奕萃一卷官子一卷　（清）卞文恒撰　清嘉慶二十一年(1816)味書堂刻本　一冊

450000－2601－0005301　綫 L9/4733

摘星譜一卷　（清）胡鴻澤撰　清光緒十四年(1888)胡氏刻本　一冊

450000－2601－0005302　綫 L9/4442(1)

桃花泉奕譜二卷　（清）范世勛撰　清刻本　二冊

450000－2601－0005303　綫 L9/4442(2)

桃花泉奕譜二卷　（清）范世勛撰　清乾隆三十年(1765)進道堂刻本　二冊

450000－2601－0005304　綫 L9/1002

六家奕譜六卷　（清）王彥侗輯　清咸豐七年(1857)刻本　二冊

450000－2601－0005305　綫 L9/1718(1)

奕潛齋集譜十一種十三卷　（清）鄧元輯　清光緒九年(1883)奕潛齋刻本　三冊　缺三種三卷(呂鄧九局毛鄧三局一卷、國朝奕家姓名錄一卷、國朝奕譜目錄弈評坿一卷)

450000－2601－0005306　綫 L9/1718(2)

范施梁程四先生授子譜二百三局一卷　（清）鄧元輯　清光緒九年(1883)奕潛齋刻奕潛齋集譜本　一冊

450000－2601－0005307　綫 L9/2514

橘中秘四卷　（明）朱晉楨輯　清末滬江徐振

書石印本　四冊

450000－2601－0005308　綫 L9/4404
黃龍士先生擬出子式一卷　（清）鄧元鏸輯
清光緒二十五年(1899)弈潛齋刻本　一幅

450000－2601－0005309　綫 L9/8028
兼山堂奕譜不分卷　（清）翁嵩年撰　清光緒
六年(1880)刻本　一冊

450000－2601－0005310　綫 L9/8050
橘中秘全域不分卷　（清）余典輯　清同治十
二年(1873)稿本　一冊

450000－2601－0005311　綫 Z821.66/2230
述記三十四種三十四卷　（清）任兆麟輯　清
乾隆五十三年(1788)忠敏家塾刻映雪草堂印
本　十冊

450000－2601－0005312　綫 Z821.66/2741
對雨樓叢書五種三十五卷　繆荃孫輯　清光
緒江陰繆氏刻本　四冊　缺一種十卷(賓退
錄十卷)

450000－2601－0005313　綫 Z821.66/2816
(1)
懷豳雜俎十二種十七卷　徐乃昌輯　清光
緒、宣統間南陵徐氏刻本　十冊

450000－2601－0005314　綫 Z821.66/2816
(2)
積學齋徐氏叢書二十種六十三卷　徐乃昌輯
　清光緒南陵徐氏刻本　二十冊

450000－2601－0005315　綫 ±915.004/3191
勞山詩文集一卷　（清）□□輯　清末抄本
一冊

450000－2601－0005316　綫 Z821.66/2816
(4)
隨庵叢書十種四十四卷續編十種四十卷　徐
乃昌輯　清光緒至民國五年(1916)南陵徐氏
刻本　二十四冊

450000－2601－0005317　藏綫＋320.1/0044
刪定管子不分卷　（清）方苞刪定　清乾隆元
年(1736)刻刪定荀子管子本　四冊

450000－2601－0005318　綫 Z821.66/3010
西學富強叢書七十五種四百卷　（清）袁俊德
輯　清光緒二十二年(1896)鴻文書局石印本
六十四冊　缺一卷(克虜伯礮表八)

450000－2601－0005319　綫 Z821.66/3143
秘書廿一種九十四卷　（清）汪士漢輯　清嘉
慶九年(1804)新安汪氏刻本　二十冊

450000－2601－0005320　綫 Z821.66/3436
(1)
拜鴛樓校刻四種五卷　沈宗畸輯　清光緒二
十六年(1900)番禺沈氏刻本　五冊

450000－2601－0005321　綫 Z821.66/3436
(2)
晨風閣叢書二十二種四十二卷附二種五卷
沈宗畸輯　清宣統元年(1909)番禺沈氏晨風
閣刻本　十六冊

450000－2601－0005322　綫 Z822.53/1900
永嘉叢書十四種二百五十三卷　（清）孫衣言
輯　清光緒二年(1876)武昌局刻瑞安孫氏印
本　四十八冊

450000－2601－0005323　綫 Z822.53/7533
湖州叢書八種六十四卷　（清）陸心源輯　清
光緒湖城義塾刻本　十八冊

450000－2601－0005324　綫 Z824.23/8700
鄭氏遺書五種九卷　（清）鄭玄撰　清光緒十
年(1884)常熟鮑氏後知不足齋刻本　一冊

450000－2601－0005325　綫 Z824.61/1032
王文成公全書三十八卷　（明）王守仁撰　清
石印本　八冊　存二十六卷(二至三、十二至
十五、十九至三十八)

450000－2601－0005326　綫 Z824.61/4082
太史來瞿唐先生年譜一卷　（清）古之賢等編
　清光緒七年(1881)桂香書院刻本　一冊

450000－2601－0005327　綫 Z824.61/4082
來瞿唐先生日錄內篇六卷外篇七卷　（明）來
知德撰　清道光十一年(1831)刻本　十四冊

450000－2601－0005328　綫 Z824.66/0040

（1）

抗希堂十六種一百四十四卷 （清）方苞撰
清康熙至嘉慶桐城方氏抗希堂刻本 四十四
冊 缺一種(望溪先生文外集不分卷)

450000－2601－0005329 綫 Z824.66/0040
（2）

抗希堂十六種一百四十四卷 （清）方苞撰
清康熙至嘉慶桐城方氏抗希堂刻本 八冊
存三種二十卷(春秋通論四卷、春秋直解十二
卷、春秋比事目錄四卷)

450000－2601－0005330 綫 Z824.66/0093

章氏遺書二種十一卷 （清）章學誠撰 清道
光十二年至十三年(1832－1833)章華紱刻本
五冊

450000－2601－0005331 綫 Z824.66/0830
（1）

施愚山先生全集六種九十卷附一種六卷
(清)施閏章撰 清康熙至乾隆棟亭刻本 二
十冊

450000－2601－0005332 綫 Z824.66/0830
（2）

施愚山先生全集六種九十卷附一種六卷
(清)施閏章撰 清康熙至乾隆棟亭刻本 十
五冊

450000－2601－0005333 綫 Z824.66/1043

王漁洋遺書三十八種二百七十三卷 （清）王
士禎撰或選 清康熙刻本 七十六冊 缺六種
五十一卷(古懽錄八卷,古夫于亭雜錄五卷,漁
洋詩話三卷,阮亭選古詩五言詩十七卷、七言詩
十五卷,徐詩二卷,睡足軒詩選一卷)

450000－2601－0005334 綫 Z824.66/1320

授堂遺書七種六十七卷附一種二卷附錄二卷
　(清)武億撰 清道光二十三年(1843)偃師
武氏刻授堂印本 十六冊

450000－2601－0005335 綫 Z824.66/1943

孫夏峰全集十二種一百四十六卷附一種二卷
　(清)孫奇逢撰 清刻本 五冊 存五種六
卷(游譜一卷、答問一卷、孝友堂家規并附家

訓一卷、乙丙紀事一卷、徵君孫先生年譜二
卷)

450000－2601－0005336 綫 Z824.66/2700

觀古閣叢刻九種十二卷 （清）鮑康撰 清同
治十二年至光緒二年(1873－1876)鮑氏觀古
閣刻本 八冊

450000－2601－0005337 綫 Z824.66/2042

西河合集一百二十種四百九十五卷 （清）毛
奇齡撰 清康熙李塨等刻乾隆三十五年
(1770)陸體元補修本 一百十二冊 缺三種
十七卷(經集首一卷、文集首一卷、蠻司合誌
十五卷)

450000－2601－0005338 綫 Z824.66/2744

紀慎齋先生全集十二種六十六卷 （清）紀大
奎撰 清嘉慶十三年(1808)刻本 三十二冊

450000－2601－0005339 綫 L34/4472

林則徐書信一則一卷 （清）林則徐撰并書
清道光稿本 一冊

450000－2601－0005340 綫 Z824.66/2838

敦艮齋遺書九種十七卷 （清）徐潤第撰 清
道光二十八年(1848)徐繼畬刻本 五冊

450000－2601－0005341 綫 Z824.66/7241

不遠複齋遺書六種十九卷 （清）潘世璜撰
居易金箴二卷 （清）潘奕雋撰 清光緒六年
(1880)潘遵祁刻本 七冊

450000－2601－0005342 綫 Z824.66/3193

汪龍莊先生遺書四種十五卷 （清）汪輝祖撰
　清光緒八年至十二年(1882－1886)山東書
局刻本 六冊

450000－2601－0005343 綫 Z824.66/3312

清白士集六種二十九卷附一種四卷 （清）梁
玉繩撰 清嘉慶至道光刻本 九冊

450000－2601－0005344 綫 Z824.66/3404
（1）

洪北江全集二十五種二百二十三卷 （清）洪
亮吉撰 清光緒三年至五年(1877－1879)洪
用懃授經堂刻本 八十二冊 缺一種一卷

（附鮚軒外集唐宋小樂府一卷）

450000 - 2601 - 0005345　綫 Z824.66/3404
（2）

洪北江全集二十五種二百二十三卷　（清）洪
亮吉撰　清光緒三年至五年（1877－1879）洪
用懃授經堂刻本　六十七冊　缺五種七十三
卷（擬兩晉南北史樂府二卷、附鮚軒外集唐宋
小樂府一卷、乾隆府廳州縣圖志五十卷、東晉
疆域志四卷、十六國疆域志十六卷）

450000 - 2601 - 0005346　綫 L34/6020（1）

昭代名人尺牘二十四卷　（清）吳修輯　清光
緒三十四年（1908）上海文寶書局石印本　十
二冊

450000 - 2601 - 0005347　綫 L34/6020（2）

昭代名人尺牘二十四卷　（清）吳修輯　清光
緒三十四年（1908）上海文寶書局石印本　十
二冊

450000 - 2601 - 0005348　綫 L34/8002

蘇米齋蘭亭考八卷　（清）翁方綱著　清光緒
十五年（1889）常熟後知不足齋刻本　三冊

450000 - 2601 - 0005349　綫 L34/8072

翁松禪楷書顧亭林詩八頁不分卷　（清）翁同
龢書　（清）鄧秋枚集印　清宣統元年（1909）
上海神州國光社影印本　一冊

450000 - 2601 - 0005350　綫 Z824.66/3727

西澗草堂全集四種十四卷　（清）閻循觀撰
清乾隆三十八年（1773）樹滋堂刻本　四冊

450000 - 2601 - 0005351　綫 L34/8300

錢襄小楷墨蹟不分卷　（清）錢襄書　清乾隆
十八年（1753）稿本　一冊

450000 - 2601 - 0005352　綫 Z824.66/4039
（1）

左文襄公全集九種一百二十四卷首一卷
（清）左宗棠撰　清光緒十六年至二十三年
（1890－1897）湘陰左氏刻本　一百二十八冊

450000 - 2601 - 0005353　綫 Z824.66/4039
（2）

左文襄公奏稿六十四卷總目一卷　（清）左宗
棠撰　清光緒十六年（1890）湘陰左氏刻左文
襄公全集本　六十五冊

450000 - 2601 - 0005354　綫 Z824.66/4039
（3）

左文襄公批札七卷　（清）左宗棠撰　清光緒
十八年（1892）刻左文襄公全集本　七冊

450000 - 2601 - 0005355　綫 Z824.66/4039
（4）

左文襄公謝摺二卷　（清）左宗棠撰　清光緒
刻左文襄公全集本　二冊

450000 - 2601 - 0005356　綫 Z824.66/4039
（5）

左文襄公文集五卷詩集一卷聯語一卷藝學說
帖一卷　（清）左宗棠撰　清光緒十八年
（1892）刻左文襄公全集本　二冊

450000 - 2601 - 0005357　綫 Z824.66/4039
（6）

張大司馬奏稿四卷　（清）張亮基撰　清光緒
十七年（1891）刻左文襄公全集本　四冊

450000 - 2601 - 0005358　綫 Z824.66/4039
（7）

左文襄公[宗棠]年譜十卷　（清）羅正鈞纂
清光緒二十三年（1897）湘陰左氏刻本　十冊

450000 - 2601 - 0005359　綫 Z824.66/4046

二曲集四十六卷　（清）李顒撰　清光緒三年
（1877）信述堂刻本　十六冊

450000 - 2601 - 0005360　綫 Z824.66/4094

榕村全書三十二種一百九十卷附十種四十九
卷　（清）李光地撰　（清）李維迪輯　清道光
二年至十年（1822－1830）李維迪刻本　八十
五冊　存三十種一百六十二卷（四書解義:中
庸餘論一卷、四記一卷,讀孟子札記二卷;周
易通論四卷;周易觀象十二卷;詩所八卷;尚
書七篇解義二卷;洪範說二卷;春秋煨餘四
卷;程墨前選二卷;韓子粹言一卷;正蒙註二
卷;二程子遺書纂二卷、外書纂一卷;朱子語
類四纂五卷;朱子禮纂五卷;性理一卷;古文

精藻二卷;名文前選六卷;易義前選下經、上繫;榕村語錄六至八;榕村全集八至四十、續集七卷、別集五卷;榕村制義初集一卷、二集一卷、三集一卷、四集一卷;周禮纂訓四至二十一;經書源流歌訣一卷;三禮儀制歌訣一卷;歷代姓系歌訣一卷;文貞公年譜二卷;儀禮纂錄上;湔哎存愚二卷;榕村譜錄合考二卷;道南講授十三卷;律詩四辨四卷)

450000 – 2601 – 0005361　綫 Z821.66/3818
(1)

敏果齋七種六十四卷　(清)許乃釗輯　清道光二十一年至二十九年(1841 – 1849)刻錢塘許氏匯印本　七冊　存三種二十七卷(迴瀾紀要二卷,荒政輯要九卷、首一卷,練兵實紀九卷、雜集六卷)

450000 – 2601 – 0005362　綫 Z821.66/3818
(2)

敏果齋七種六十四卷　(清)許乃釗輯　清道光二十一年至二十九年(1841 – 1849)刻錢塘許氏匯印本　十六冊

450000 – 2601 – 0005363　綫 Z821.66/4082
(1)

惜陰軒叢書十六函三十四種二百八十八卷續編二函一種二十一卷　(清)李錫齡校刊　清道光二十年至咸豐八年(1840 – 1858)刻本　一百冊

450000 – 2601 – 0005364　綫 Z821.66/4082
(2)

惜陰軒叢書續編二函一種二十一卷　(清)李錫齡校刊　清咸豐八年(1858)刻本　十冊

450000 – 2601 – 0005365　綫 Z821.66/4082
(3)

惜陰軒叢書續編二函一種二十一卷　(清)李錫齡校刊　清咸豐八年(1858)刻本　十冊

450000 – 2601 – 0005366　綫 Z821.66/4241

咫進齋叢書三集四十種九十四卷　(清)姚覲元輯　清同治十三年至光緒九年(1874 – 1883)刻歸安姚氏匯印本　二十四冊

450000 – 2601 – 0005367　綫 Z824.66/4410

趙甌北全集七種一百七十五卷　(清)趙翼撰　清光緒三年(1877)四川官印刷局刻本　六十冊

450000 – 2601 – 0005368　綫 Z824.66/4427

儆季雜著五種二十一卷附二種二卷　(清)黃以周撰　清光緒二十年至二十一年(1894 – 1895)江蘇南菁講舍刻本　十冊

450000 – 2601 – 0005369　綫 Z824.66/4438

黃梨洲遺書八種四十三卷　(清)黃宗羲撰　清光緒三十一年(1905)杭州羣學社石印本　十四冊

450000 – 2601 – 0005370　綫 Z824.66/4453
(1)

竹柏山房十五種八十卷　(清)林春溥撰　清嘉慶至咸豐閩縣林氏竹柏山房刻本　四十冊

450000 – 2601 – 0005371　綫 Z824.66/4453
(2)

竹柏山房十五種八十卷　(清)林春溥撰　清嘉慶至咸豐閩縣林氏竹柏山房刻本　三十二冊

450000 – 2601 – 0005372　綫 Z824.66/6032

桐城吳先生全書五種十八卷　(清)吳汝綸撰　(清)吳闓生編　清光緒三十年(1904)王恩紱等刻本　十三冊

450000 – 2601 – 0005373　特綫 ±915.0144/7742

[乾隆]郁林州志十卷　(清)邱桂山修　清乾隆五十七年(1792)刻本　四冊

450000 – 2601 – 0005374　綫 Z824.66/7720

駱文忠公奏稿十卷　(清)駱秉章撰　清光緒十七年(1891)刻左文襄公全集本　十冊

450000 – 2601 – 0005375　綫 Z824.66/7430

寂園叢書十一種二十五卷　(清)陳瀏撰　清宣統二年(1910)鉛印本　四冊　存十卷(匋雅(瓷學)上、中,孤圓山莊詩賸:菰村集一卷、香影廊集一卷、橫江集一卷、四樓集一卷、振雅堂集一卷、鬪杯堂詩集一卷、杯隱堂詩集一

卷,杯史一卷)

450000－2601－0005376　綫 Z824.66/7530

番禺陳氏東塾叢書初函四種二十七卷附一種一卷 （清）陳澧撰　清道光二十八年至光緒八年（1848－1882）廣州富文齋刻本　九冊

450000－2601－0005377　綫 Z824.68/4047（1）

杭氏七種十八卷 （清）杭世駿撰　清咸豐元年（1851）長沙小嫏嬛山館刻本　一冊　存四卷（石經考異二卷、諸史然疑一卷、漢書蒙拾一）

450000－2601－0005378　綫 Z824.68/4047（2）

杭大宗七種叢書十八卷 （清）杭世駿撰　清乾隆羊城杭賓仁刻本　八冊

450000－2601－0005379　綫 Z824.68/4047（3）

杭大宗七種叢書十八卷 （清）杭世駿撰　清乾隆羊城杭賓仁刻本　六冊

450000－2601－0005380　綫 Z821.66/4416

嘯園叢書六函六十種一百八十三卷 （清）葛元煦輯　清光緒二年至七年（1876－1881）仁和葛元熙上海刻九年（1883）匯印本　三十四冊　缺二種十三卷（味水軒日記八卷、香研居詞麈五卷）

450000－2601－0005381　綫 Z824.68/8346

潛研堂全書十六種二百五十四卷 （清）錢大昕撰　清乾隆、嘉慶間刻道光二十年（1840）錢師光補修本　六十四冊

450000－2601－0005382　綫 Z824.69/4028

隨園續同人集十七卷 （清）袁枚輯　清光緒十八年（1892）勤裕堂著易堂鉛印隨園三十八種本　一冊　缺四卷（文類一至四）

450000－2601－0005383　綫 Z824.69/4040

隨園三十六種二百五十八卷 （清）袁枚撰　清光緒十八年（1892）上海圖書集成印書局鉛印本　四十八冊　缺二種十一卷（隨園尺牘十卷、牘外餘言一卷）

450000－2601－0005384　綫 Z824.71/4435

庸庵文續編二卷 （清）薛福成撰　清光緒二十三年（1897）上海醉六堂石印本　一冊

450000－2601－0005385　綫 Z824.71/2747

安吳四種三十六卷首一卷 （清）包世臣撰　（清）包慎言　（清）包世榮合註　清同治十一年（1872）包誠刻本　十六冊　缺六卷（齊民四術刑二卷、兵四卷）

450000－2601－0005386　綫 Z824.73/4661

水田居全集七種二十五卷附一種一卷 （清）賀貽孫撰　清道光二十六年至同治九年（1846－1870）敕書樓刻本　二十冊　缺一種五卷（水田居文集五卷）

450000－2601－0005387　綫 Z824.73/8040

春在堂全書二十八種四百二十卷 （清）俞樾撰　清光緒二十三年（1897）石印本　三十二冊

450000－2601－0005388　綫 Z824.74/4435

庸盦全集十種四十七卷 （清）薛福成撰　清光緒十年至二十四年（1884－1898）無錫薛氏刻本　四十四冊

450000－2601－0005389　綫 Z824.75/4443（1）

樊山集二十八卷二家詠古詩一卷二家試帖一卷二家詞鈔五卷續集二十八卷公牘三卷批判十五卷 樊增祥撰　清光緒十九年至二十三年（1893－1897）渭南縣署刻二十八年（1902）西安梟署補刻本　二十四冊

450000－2601－0005390　綫 Z9/0043

新學偽經攷十四卷 康有為撰　清光緒十七年（1891）武林望雲樓石印本　八冊

450000－2601－0005391　綫 Z9/1010（1）

二十五子匯函三百四十四卷 （清）鴻文書局輯　清光緒十九年（1893）上海鴻文書局石印本　八冊　存一百五十三卷（晏子春秋七卷、附音義二卷、校勘記二卷、鶡冠子三卷,孫子十家注十三卷,董子春秋繁露十七卷、附錄一卷,揚子法言十三卷、賈誼新書十卷,文中子

中說十卷,山海經十八卷,荀子二十卷、附校勘補遺一卷、尉繚子二卷,竹書紀年統箋十二卷、前編一卷、雜述一卷,淮南子二十卷)

450000 – 2601 – 0005392　綫 Z821.66/4421
鹿洲全集九種四十九卷　(清)藍鼎元撰　清光緒五年(1879)漳浦藍謙補修本　二十四冊

450000 – 2601 – 0005393　綫 Z821.66/4474
鐵華館叢書六種四十五卷　(清)蔣鳳藻輯　清光緒九年至十年(1883 – 1884)長州蔣氏刻本　六冊

450000 – 2601 – 0005394　綫 Z821.66/4742
大亭山館叢書十七種三十八卷　(清)楊葆彝輯　清光緒六年至十五年(1880 – 1889)湖陽楊葆彝刻本　八冊　缺一卷(春雨樓詩鈔一卷)

450000 – 2601 – 0005395　綫 Z9/1010(2)
二十五子匯函三百四十四卷　(清)鴻文書局輯　清光緒十九年(1893)上海鴻文書局石印本　二十一冊

450000 – 2601 – 0005396　綫 Z821.66/6096
藝海珠塵八集一百六十四種三百十卷　(清)吳省蘭輯　清嘉慶南匯吳氏聽彝堂刻本　六十四冊

450000 – 2601 – 0005397　綫 Z9/1022
尊經書院初集十二卷　王闓運輯　清光緒十四年(1888)刻本　十二冊

450000 – 2601 – 0005398　綫 Z9/1064(1)
羣經音辨七卷　(宋)賈昌朝撰　清道光二十年(1840)十芝堂刻本　二冊

450000 – 2601 – 0005399　綫 Z9/1060
六經圖定本不分卷　(清)王皞校錄　清乾隆五年(1740)六安王氏向山堂刻本　十冊

450000 – 2601 – 0005400　綫 Z9/1064(2)
羣經音辨七卷　(宋)賈昌朝撰　清光緒十年(1884)蔣鳳藻刻鐵華館叢書本　一冊

450000 – 2601 – 0005401　綫 Z9/2717(1)
五經備旨四十五卷　(清)鄒聖脈纂輯　清末石印本　四冊　存十五卷(詩經備旨五至八、春秋備旨五至八、禮記全文備旨五至十一)

450000 – 2601 – 0005402　綫 Z9/2717(2)
五經備旨四十五卷　(清)鄒聖脈纂輯　清刻本　四冊　存十一卷(易經備旨五至七、詩經備旨八卷)

450000 – 2601 – 0005403　綫 Z9/2753
朋壽室經說六卷策問一卷　(清)鄒壽祺撰　清光緒二十七年(1901)刻本　四冊

450000 – 2601 – 0005404　綫 Z9/3130
鄉黨圖考十卷　(清)江永著　清乾隆二十一年(1756)金閶緣蔭堂刻本　六冊

450000 – 2601 – 0005405　綫 Z9/3134
朱子六經圖十六卷　(清)江為龍手定　清嘉慶十九年(1814)刻本　八冊

450000 – 2601 – 0005406　綫 Z9/3150
述學內篇三卷補遺一卷外篇一卷別錄一卷附校勘記一卷附錄一卷　(清)汪中撰　清同治八年(1869)揚州書局刻本　二冊

450000 – 2601 – 0005407　藏綫廿 221.7/4088
楞嚴正脉十卷科畧一卷懸示一卷　(明)釋真鑑述　(明)釋福登校訂　清乾隆五十七年(1792)廣州海幢寺經坊刻本　六冊

450000 – 2601 – 0005408　藏綫 + 320.1/3002
管子二十四卷　(春秋)管仲撰　(唐)房玄齡註　明萬曆十年(1582)吳郡趙用賢刻管韓合刻本　六冊

450000 – 2601 – 0005409　綫 Z9/3479(1)
讀書叢錄七卷　(清)洪頤煊撰　清光緒十五年(1889)廣雅書局刻廣雅書局叢書本　一冊

450000 – 2601 – 0005410　綫 Z9/4429
匏瓜錄十卷　(清)芮長恤述　清光緒十年(1884)毗陵懷永堂惲氏刻本　六冊

450000 – 2601 – 0005411　綫 Z9/4700
稽古日鈔八卷　(清)郁文等輯　清乾隆二十九年(1764)秋曉山房刻本　二冊

450000 – 2601 – 0005412　綫 Z9/5523

皇朝五經彙解二百七十卷 （清）抉經心室主
人纂 清光緒十九年（1893）上海同文書局石
印本 三十二冊

450000 – 2601 – 0005413 綫 Z9/6029

經策通纂二種五十六卷 （清）吳穎炎輯 清
光緒十三年（1887）上海點石齋石印本 二十
七冊 存三十卷（經學輯要二至十八上、十九
下、二十至二十四上一,策學備纂八至十四）

450000 – 2601 – 0005414 綫 Z9/7110（1）

皇清經解敬修堂編目十六卷 （清）陶治元編
輯 清光緒十二年（1886）石印本 四冊

450000 – 2601 – 0005415 綫 Z9/7110（2）

皇清經解縮版編目十六卷 （清）陶治元編輯
清光緒十七年（1891）石印本 二冊

450000 – 2601 – 0005416 綫 Z9/7110（3）

皇清經解一百六十八種二百十卷 （清）阮元
輯 清光緒十三年（1887）上海書局石印本
六十二冊 缺三十卷（毛詩稽求編十八至三
十一、尚書後案十六至三十一）

450000 – 2601 – 0005417 綫 Z821.66/7133

藝苑捃華四十八種九十七卷 （清）顧之逵輯
清同治七年（1868）元和顧氏務本堂刻本
二十四冊

450000 – 2601 – 0005418 綫 Z9/8090

管見就正十卷 （清）金俊虿撰 清光緒三十
三年（1907）接薪樓刻金氏讀書錄本 二冊

450000 – 2601 – 0005419 綫 Z822.52/1244

盧陽三賢集十九卷 （清）張樹聲輯 清光緒
元年（1875）合肥張氏毓秀堂刻本 四冊

450000 – 2601 – 0005420 綫 Z821.66/7410

澤古齋重鈔第一集十一種十七卷 （清）陳璋
編次 清嘉慶十二年至十六年（1807 – 1811）
海虞張海鵬刻道光三年至四年（1823 – 1824）
上海陳璋補刻本 八冊

450000 – 2601 – 0005421 綫 Z821.66/8342

小萬卷樓叢書十八種七十四卷 （清）錢培名
輯 清光緒四年（1878）金山錢培名刻本 十

六冊 缺一種三卷（續呂氏家塾讀詩記三卷）

450000 – 2601 – 0005422 綫 Z821.71/4493
（1）

科學叢書第一集八種十四卷 樊炳清譯並編
輯 清光緒二十七年至二十八年（1901 –
1902）教育世界出版所石印本 十冊

450000 – 2601 – 0005423 綫 Z821.71/4493
（2）

科學叢書二集六種十卷 （清）教育世界出版
所輯 清光緒二十九年（1903）教育世界出版
所石印本 五冊 缺二卷（朝鮮近世史二卷）

450000 – 2601 – 0005424 綫 Z821.66/7723

龍威秘書十集一百六十九種三百二十四卷
（清）馬俊良輯 清乾隆五十九年至嘉慶元年
（1794 – 1796）浙江石門馬氏大西山房家刻本
八十冊 缺四種四卷（睽車志一卷、雞肋一
卷、虎口餘生記一卷、小娥傳一卷）

450000 – 2601 – 0005425 綫 Z821.75/2741
（1）

藕香零拾三十九種一百一卷 繆荃孫輯 清
光緒二十一年至宣統二年（1895 – 1910）江陰
繆荃孫刻本 三十二冊

450000 – 2601 – 0005426 綫 Z821.75/2741
（2）

藕香零拾三十九種一百一卷 繆荃孫輯 清
光緒二十一年至宣統二年（1895 – 1910）江陰
繆荃孫刻本 三十二冊

450000 – 2601 – 0005427 綫 Z821.75/6051
（1）

玉簡齋叢書二集八種二十四卷 羅振玉輯
清宣統二年（1910）上虞羅振玉刻本 十二冊

450000 – 2601 – 0005428 綫 ±041.4/3228
（2）

海山仙館叢書五十六種四百八十九卷 （清）
潘仕成輯 清道光二十五年至咸豐元年
（1845 – 1851）番禺潘氏海山僊館刻本 一百
二十冊

450000 – 2601 – 0005429 綫 ±041.1/7110

（3）

重刊宋本十三經注疏附校勘記一百二十三卷
識語四卷　（清）阮元挍勘　（清）盧宣旬摘錄
　　清光緒十三年（1887）上海脈望仙館石印本
　　一冊　存六卷（論語注疏解經一至三、附挍
　　勘記一，孝經注疏一、附挍勘記一）

450000－2601－0005430　綫±041.1/7110
（4）

重刊宋本十三經注疏附校勘記一百二十三卷
識語四卷　（清）阮元挍勘　（清）盧宣旬摘錄
　　清光緒十三年（1887）上海脈望仙館石印本
　　三冊　存九卷（附釋音尚書注疏一至四、附
　　挍勘記一至二，附釋音毛詩注疏三至五）

450000－2601－0005431　綫±041.2/5511
（2）

經學文鈔十五種十五卷首三卷　（清）梁鼎芬
撰集　（清）曹元弼校補　清光緒三十四年
（1908）江蘇存古學堂木活字印本　十二冊
存六種六卷（周易文鈔一卷、毛詩文鈔一卷、
周禮文鈔一卷、禮經文鈔一卷、禮記文鈔一
卷、小學文鈔一卷）

450000－2601－0005432　綫±041.2/8208
（2）

古經解匯函十六種一百二十八卷小學匯函十
四種一百二十二卷　（清）鍾謙鈞等輯　清同
治十二年（1873）粵東書局刻本　六十六冊

450000－2601－0005433　藏綫±733/0412

續集漢印分韻二卷　（清）謝雲生摹錄　清嘉
慶八年（1803）漱藝堂刻本　二冊

450000－2601－0005434　藏綫±041.5/1000
（3）

玉海二百四卷　（元）王應麟撰　元後至元三
年至六年（1337－1340）慶元路儒學刻明正
德、嘉靖、萬曆、崇禎、清康熙二十六年（1687）
吉水李振裕遞修本　二冊　存四卷（二百一
至二百四）

450000－2601－0005435　藏綫±041.5/7741

周松靄先生遺書八種三十卷　（清）周春撰
清乾隆、嘉慶間刻本　六冊

450000－2601－0005436　藏綫0907701

子績陶方琦雜錄不分卷　（清）陶方琦抄錄
清同治、光緒間抄本　一冊

450000－2601－0005437　藏綫091/2831

番禺徐灝先生通介堂集未刊稿不分卷　（清）
徐灝撰　清同治至光緒稿本　一冊

450000－2601－0005438　綫廿112.5/0044

刪定荀子不分卷　（清）方苞刪定　清乾隆元
年（1736）刻刪定荀子管子本　二冊

450000－2601－0005439　藏綫廿112.6/1051

于氏中說二卷　（明）于鎰著　清木活字印本
二冊

450000－2601－0005440　藏綫廿113/0872

黃庭內景經統註一卷外景經統註一卷　（清）
施駿輯註　清康熙三十四年（1695）橋李施氏
惇裕堂刻本　一冊

450000－2601－0005441　藏綫廿114.1/1044

墨子斠注補正二卷　王樹枏撰　清光緒十三
年（1887）文莫室刻本　一冊

450000－2601－0005442　藏綫廿114.1/1073
（2）

墨子經說二卷　王闓運注　鄭文焯輯并批校
清光緒鄭文焯稿本　一冊

450000－2601－0005443　藏綫B312/7542

陸桴亭思辨錄輯要二十二卷　（明）陸世儀撰
（清）張伯行訂　清康熙四十八年（1709）儀
封張伯行正誼堂刻本　四冊

450000－2601－0005444　藏綫B312/8282

性理大全會通七十卷　（明）胡廣等纂修
（明）汪明際點閱　（明）鍾人傑訂正　**性理會**
通四十二卷　（宋）張行成述　（明）鍾人傑彙
輯　明末錢塘鍾人傑聚錦堂刻本　四十冊

450000－2601－0005445　藏綫B313/1230
（2）

列子沖虛至德真經八卷　（戰國）列禦寇撰
（晉）張湛注　（明）盧之頤訂　明溪香書屋刻
合刻周秦經書十種本　四冊

三子鬳齋口義四十二卷　（宋）林希逸註　明萬曆四年(1576)陳氏積善書堂崑泉子刻本　十二冊

450000－2601－0005447　藏綫 B314/6010 (4)

墨子十六卷篇目考一卷　（戰國）墨翟撰（清）畢沅校注　清乾隆四十九年(1784)畢沅靈巖山館刻經訓堂叢書本　一冊　存五卷（墨子一至四、篇目考一卷）

450000－2601－0005448　藏綫 B316/4472

管韓合刻四十四卷　（明）趙用賢校註　明萬曆十年(1582)吳郡趙用賢刻本　二十冊

450000－2601－0005449　藏綫 B32/0230(3)

淮南鴻烈解二十一卷　（漢）劉安著（漢）高誘註　清康熙刻本　四冊

450000－2601－0005450　藏綫 B32/5740(1)

揚子法言十三卷　（漢）揚雄撰（晉）李軌注　揚子法言音義一卷　清嘉慶二十三年(1818)秦氏石研齋刻本　二冊

450000－2601－0005451　綫 Z99/1024

石經考文提要十三卷　（清）彭元瑞撰　清末刻本　一冊　存七卷（七至十三）

450000－2601－0005452　綫 Z99/1024

石經考文提要十三卷　（清）彭元瑞撰　清末刻本　一冊　存七卷（七至十三）

450000－2601－0005453　綫＋031/4421

佩文韻府一百六卷拾遺一百六卷　（清）蔡升元等纂修　清光緒石印本　六十冊

450000－2601－0005454　綫卅 111/4215(2)

周易姚氏學十六卷首一卷　（清）姚配中撰　清光緒元年(1875)湖北崇文書局刻本　一冊　存四卷（三至六）

450000－2601－0005455　綫 171/0064

聖祖仁皇帝庭訓格言不分卷　（清）聖祖玄燁撰　清刻本　二冊

450000－2601－0005456　綫卅 221.8/6080

大涅盤獅子吼六卷　（北涼）釋曇無讖譯　清刻本（節選自實為大般涅盤經卷二十七至三十二）　二冊

450000－2601－0005457　綫＋320.1/3002 (2)

管子二十四卷　（春秋）管仲撰（唐）房玄齡註釋（明）劉績增註（明）沈鼎新等參評（明）朱長春通演（明）朱養和輯訂　清刻本　四冊　存十一卷（七至十七）

450000－2601－0005458　綫 336/7730

財政學四編　（日本）岡實講述（清）李穆筆譯　清末鉛印本　一冊

450000－2601－0005459　綫＋340.1/1020

韓非子集解二十卷首一卷　（戰國）韓非撰　王先謙集解　清末埽葉山房石印本　六冊

450000－2601－0005460　綫 330/2227

經濟學五編　（日本）山崎覺次郎講述　王璟芳筆譯　清本鉛印本　一冊

450000－2601－0005461　綫 330/5440

經濟通論五卷　（日本）持地六三郎編譯　商務印書館譯述　清光緒二十九年(1903)上海商務印書館鉛印財政叢書本　一冊

450000－2601－0005462　綫 330.1/4064

經濟原論二十七篇　（美國）麥喀梵著（清）朱寶綬譯　清光緒三十四年(1908)上海中國圖書公司鉛印本　一冊

450000－2601－0005463　綫 330.1/9803(1)

原富五部　（英國）斯密亞丹撰　嚴復翻譯　清光緒二十七年至二十八年(1901－1902)南洋公學譯書院鉛印本　六冊

450000－2601－0005464　綫 330.1/9803(2)

原富五部　（英國）斯密亞丹撰　嚴復翻譯　清光緒二十七年至二十八年(1901－1902)南洋公學譯書院鉛印本　二冊　存一部（甲）

450000－2601－0005465　綫 340.2/4600

法學通論二編　楊度編纂　清光緒三十二年(1906)東京池田辰次鉛印法政粹編本　一冊

450000－2601－0005466　平540.7/5010（1）
最新中學化學教科書四卷　（清）中西譯社編譯　謝洪賚訂定　（清）商務印書館編譯所校閱　清光緒三十一年（1905）上海商務印書館五版鉛印本　一冊

450000－2601－0005467　綫340.2/4803
法政速成講義錄七種七卷　（清）廣智書局編　清光緒三十一年（1905）廣智書局日本鉛印本　一冊　存二種二卷（法學通論及民法二編一卷、國法學一卷）

450000－2601－0005468　綫341/5043
國際公法不分卷　（日本）中村進午講述　嵇鏡筆譯　清末鉛印本　二冊

450000－2601－0005469　綫341.5/2261
國際私法不分卷　（日本）山田三良講述　（清）鄭炳筆譯　清末鉛印本　一冊

450000－2601－0005470　綫343/7764
刑法總論三編　（日本）岡田朝太郎講述　江庸筆譯　清末鉛印本　二冊

450000－2601－0005471　綫343.1/4184
刑事訴訟法不分卷　（日本）板倉松太郎講述　（清）高種筆譯　清末鉛印本　一冊

450000－2601－0005472　綫343.52/7264
刑法各論不分卷　（日本）岡田朝太郎講述　（清）陳與年筆譯　清末鉛印本　一冊

450000－2601－0005473　綫345.1/4184
民事訴訟法不分卷　（日本）板倉松太郎講述　（清）高種筆譯　清末鉛印本　一冊

450000－2601－0005474　綫349.52/2261
裁判所構成法四編　（日本）岩田一郎講述　陸夢熊筆譯　清末鉛印本　一冊

450000－2601－0005475　綫350/3517
行政法汎論不分卷　（日本）清水澄講述　黎淵筆譯　清末鉛印本　二冊

450000－2601－0005476　綫±353.3/8027
捐班制度捐額鈔不分卷　（清）□□輯　清末抄本　一冊

450000－2601－0005477　綫355/4993
新鐫武經標題正義七卷　（明）趙光裕註釋　明萬曆十六年（1588）刻本　一冊

450000－2601－0005478　綫372.51/3721
初級習字範本第一種二卷　商務印書館編　清末石印本　二冊

450000－2601－0005479　綫廿422/1190
隸法彙纂十卷字總錄一卷　（清）英懷述編錄　清乾隆五十一年（1786）古歙項氏刻小酉山房印本　四冊

450000－2601－0005480　綫廿422/2643
字說一卷　（清）吳大澂撰　清刻本　一冊

450000－2601－0005481　綫廿422/4012
清照齋四體書法□□卷　（明）李登等撰　清道光六年（1826）清照齋刻楊氏印本　一冊　存二卷（雙字類例一卷、篆瀍偏旁正譌歌一卷）

450000－2601－0005482　綫廿422/4424
說文荅問疏證六卷　（清）錢大昕箸　（清）薛傳均注　清刻本　二冊

450000－2601－0005483　綫廿422/4834
說文字原不分卷　（清）陸□□（陸增祐父）撰　清同治四年（1865）松禧抄本　四冊

450000－2601－0005484　綫廿424/8797
古文析義六卷　（清）林雲銘評註　清刻本　一冊　存三卷（二至四）

450000－2601－0005485　綫廿426/4403
聲調四譜圖說十二卷首一卷末一卷　（清）董文煥編輯　清同治三年（1864）洪洞董氏刻本　二冊

450000－2601－0005486　綫514.5/2201
翻譯弦切對數表□□卷　（清）□□輯　清末刻本　七冊　存七卷（二至八）

450000－2601－0005487　綫522
天文演算法精蘊二十卷　（清）陳松輯　清光緒二十三年（1897）江左書林石印本　一冊　存四卷（十三至十六）

450000－2601－0005488　綫廿 610/3412

沈氏尊生書五種七十二卷　（清）沈金鰲撰
清宣統元年（1909）石印本　二冊　存二種二
十二卷（雜病源流犀燭二十二至三十，傷寒論
綱目一至十一、首二卷）

450000－2601－0005489　綫廿 612/1141

傷寒論集註六卷　（漢）張機撰　（清）張志聰
註釋　（清）張世杙纂集　清末石印本　一冊

450000－2601－0005490　綫廿 612/1142

金匱要略淺註十卷　（漢）張仲景撰　（清）陳
念祖註　清末石印本　一冊　存五卷（六至
十）

450000－2601－0005491　綫廿 612/2610（3）

溫病條辨六卷　（清）吳瑭著　（清）朱武曹點
評　清末石印本　一冊　存三卷（卷四葉三
至九、五至六）

450000－2601－0005492　綫廿 612/4444

醫效秘傳三卷　（清）葉桂述　（清）吳金壽校
　清末石印本　一冊

450000－2601－0005493　綫廿 616/2105

生草藥性備要二卷　（清）何諫撰　清末石印
本　二冊

450000－2601－0005494　綫廿 616/2140

增補食物本草備考二卷　（清）何克諫　（清）
何省軒輯編　（清）阮遂松訂正　清廣州澄天
閣刻本　二冊

450000－2601－0005495　綫廿 616/3104

增訂圖註本草備要六卷　（清）汪昂著輯　清
茂選樓刻本　四冊　存四卷（一至四）

450000－2601－0005496　綫 016.7/4047

直隸學務公所檢定年畫細目不分卷　（清）直
隸學務公所編輯　清末天津教育圖書局鉛印
本　一冊

450000－2601－0005497　綫廿 617/1015

古方選註四卷　（清）吳子接註　清末上海千
頃堂書局石印本　四冊

450000－2601－0005498　綫廿 617/1026

醫方捷徑合編二卷　（清）□□輯　清刻本
一冊　缺卷上葉一至二

450000－2601－0005499　綫廿 617/3482（2）

增補醫方一盤珠全集十卷　（清）洪金鼎纂
（清）洪濂參訂　清經綸堂刻本　一冊　存二
卷（一至二）

450000－2601－0005500　綫廿 617/8027

中醫外科方雜鈔一卷　（清）□□輯　清抄本
一冊

450000－2601－0005501　綫廿 618/0011（1）

針灸大成十二卷　（清）章廷珪重修　清末石
印本　一冊　存七卷（一至七）

450000－2601－0005502　綫廿 618/0011（2）

針灸大成十二卷　（清）章廷珪重修　清末石
印本　一冊　存五卷（八至十二）

450000－2601－0005503　綫廿 618/0011（3）

針灸大成十二卷　（清）章廷珪重修　清末上
海錦章圖書局石印本　一冊　存二卷（一至
二）

450000－2601－0005504　綫 619

家畜病醫治法一卷　（清）□□譯　清宣統鉛
印本　一冊

450000－2601－0005505　綫 726.7/1202

南朝佛寺志二卷　（清）孫文川葺述　陳作霖
編纂　清末刻本　二冊

450000－2601－0005506　綫 ±733.4/7710

陶丞印譜不分卷　（清）陶丞篆　清鈐印本
一冊

450000－2601－0005507　綫 ±733.5/0200

陶齋吉金錄八卷　（清）端方輯錄　清光緒三
十四年（1908）金陵石印本　二冊　存一卷
（六）

450000－2601－0005508　綫 ±733.5/2610

兩罍軒彝器圖釋十二卷　（清）吳雲編　清宣
統二年（1910）上海時中書局石印本　六冊

450000－2601－0005509　綫廿 754.4/1044
（1）

王夢樓先生行書不分卷 （清）王文治書 清末有正書局影印本 一冊

450000－2601－0005510 綫廿 754.4/1044（2）

王夢樓行書二集不分卷 （清）王文治書 清末有正書局影印本 一冊

450000－2601－0005511 綫廿 754.4/4015（1）

國朝名人手迹八卷 有正書局編 清末有正書局影印本 二冊 存二卷（五、八）

450000－2601－0005512 綫廿 754.4/4015（2）

明代名人手迹五卷 有正書局編 清末有正書局影印本 一冊 存一卷（四）

450000－2601－0005513 綫廿 754.4/4015（3）

明代名臣墨寶□□卷 有正書局編 清末有正書局影印本 一冊 存一卷（一）

450000－2601－0005514 綫廿 754.4/4015（4）

明代名賢手札墨寶□□卷 有正書局編 清末有正書局影印本 一冊 存一卷（二）

450000－2601－0005515 綫廿 754.4/4015（5）

明代名臣墨寶□□卷 有正書局編 清末有正書局影印本 三冊 存三卷（五至六、八）

450000－2601－0005516 綫廿 754.4/4015（6）

明代名人手迹五卷 有正書局編 清末有正書局影印本 四冊 存四卷（一至三、五）

450000－2601－0005517 綫廿 754.4/4015（7）

明代名賢手札墨蹟不分卷 有正書局編 清末有正書局影印本 一冊

450000－2601－0005518 綫廿 754.4/4015（8）

明代名賢手札墨寶□□卷 有正書局編 清

末有正書局影印本 一冊 存一卷（三）

450000－2601－0005519 綫廿 754.4/4429

董香光墨迹三種合冊不分卷 （明）董其昌書 清末有正書局影印本 一冊

450000－2601－0005520 綫廿 754.4/6787

明人尺牘四卷 有正書局編 清末有正書局影印本 一冊 存二卷（一至二）

450000－2601－0005521 綫廿 818.1/7535（4）

東塾讀書記二十五卷 （清）陳澧撰 清光緒七年至八年（1881－1882）刻本（卷十三至十四、十七至二十、二十二至二十五原缺） 五冊

450000－2601－0005522 綫廿 818.15/1000（2）

困學紀聞二十卷 （元）王應麟撰 清刻本 二冊 存九卷（五至八、九至十三）

450000－2601－0005523 綫廿 818.8/3104（2）

菰中隨筆一卷 （清）顧炎武著 清道光二十五年（1845）刻海山僊館叢書本 一冊

450000－2601－0005524 綫廿 818.8/3104（3）

菰中隨筆一卷 （清）顧炎武著 清道光十二年（1832）長白鄂山刻本 一冊

450000－2601－0005525 綫廿 818.8/3452（1）

夢溪筆譚二十六卷 （宋）沈括撰 明末刻本 五冊

450000－2601－0005526 綫廿 818.8/3452（2）

補筆談一卷 （宋）沈括撰 明末刻本 一冊

450000－2601－0005527 綫廿 818.8/4288

援鶉堂筆記五十卷 （清）姚範撰 清道光十五年（1835）姚瑩刻本 二冊 存五卷（八至十二）

450000－2601－0005528 綫廿 818.8/6077

覆瓿集十三種四十卷 （清）張文虎撰 清同
治十三年至光緒十九年(1874－1893)刻本
一冊 存五種九卷(湖樓校書記一卷、餘記一
卷,西泠續記一卷,蓮龕尋夢記一卷,夢因錄
一卷,舒藝室雜存四種四卷)

450000－2601－0005529 綫±912/4221
嶺海輿圖一卷 （明）姚虞撰 清道光刻嶺南
叢書前編本 二冊

450000－2601－0005530 綫913.5/3261(2)
金石例十卷 （元）潘昂霄撰 清乾隆二十年
(1755)盧氏雅雨堂刻金石三例本 二冊 缺
一卷(十)

450000－2601－0005531 綫±915/2022
禹貢鄭注釋二卷 （漢）鄭玄注 （清）焦循學
清道光八年(1828)半九書塾刻焦氏叢書本
一冊

450000－2601－0005532 綫±915.002/4730
皇朝輿地水道源流五卷 （清）胡宣慶纂編
清光緒十七年(1891)長沙胡氏刻本 一冊

450000－2601－0005533 綫廿920.1/4041
國朝耆獻類徵初編七百二十卷首二百四卷總
目二十卷通檢十卷滿漢同姓名錄一卷 （清）
李桓輯 清光緒十年至十六年(1884－1890)
湘陰李氏刻本 二百九十四冊

450000－2601－0005534 綫廿920.1/4041
國朝賢媛類徵初編十二卷 （清）李桓輯 清
光緒十七年(1891)湘陰李氏刻本 四冊

450000－2601－0005535 綫廿920.1/6033
歷代名媛齒譜三卷 （清）易宗夔輯 清乾隆
六十年(1795)湘陰易昌騰賜書堂刻本 三冊

450000－2601－0005536 綫廿920.2
大唐新語十三卷 （唐）劉肅撰 明萬曆會稽
商氏半埜堂刻稗海本 一冊

450000－2601－0005537 綫廿920.3/1023
稗海六函四十八種二百八十七卷續四函二十
二種一百六十一卷 （明）商濬輯 明萬曆會
稽商氏半埜堂刻本 一冊 存二種三卷(摭

言一卷、小名錄二卷)

450000－2601－0005538 綫廿920.5/1040
朱子[熹]年譜四卷考異四卷附朱子論學切要
語二卷 （清）王懋竑纂訂 清乾隆十七年
(1752)白田草堂刻本 四冊

450000－2601－0005539 綫廿920.5/2022
先府君[焦循]事略一卷 （清）焦廷琥撰 清
道光江都焦氏雕菰樓刻焦氏叢書本 一冊

450000－2601－0005540 綫廿920.5/2022
詩品一卷 （唐）司空圖撰 清嘉慶四年
(1799)江都焦循刻本 一冊

450000－2601－0005541 綫940/6743
西洋史一卷 （日本）野村浩一講述 （清）塞
念益筆譯 清末鉛印本 一冊

450000－2601－0005542 綫940/8041(2)
[光緒三年]西國近事彙編四卷 （美國）金楷
理口譯 （清）蔡錫齡筆述 清光緒三年
(1877)上海機器製造局鉛印本 四冊

450000－2601－0005543 綫940/8041(3)
[光緒四年]西國近事彙編四卷 （美國）林樂
知口譯 （清）蔡錫齡筆述 清光緒四年
(1878)上海機器製造局鉛印本 四冊

450000－2601－0005544 綫940/8041(4)
[光緒五年]西國近事彙編四卷 （美國）林樂
知口譯 （清）蔡錫齡筆述 清光緒五年
(1879)上海機器製造局鉛印本 四冊

450000－2601－0005545 綫940/8041(5)
[光緒六年]西國近事彙編四卷 （美國）林樂
知口譯 （清）蔡錫齡筆述 清光緒六年
(1880)上海機器製造局鉛印本 三冊 缺一
卷(一)

450000－2601－0005546 綫940/8041(6)
[光緒七年]西國近事彙編四卷 （美國）林樂
知口譯 （清）蔡錫齡筆述 清光緒七年
(1881)上海機器製造局鉛印本 四冊

450000－2601－0005547 綫940/8041(7)
[光緒十一年]西國近事彙編四卷 （清）鄭昌

棷編輯　清光緒十一年(1885)上海機器製造局鉛印本　二冊　存二卷(一至二)

450000－2601－0005548　綫940/8041(8)
[光緒十二年]西國近事彙編四卷　(清)鄭昌棷編輯　清光緒十二年(1886)上海機器製造局鉛印本　四冊

450000－2601－0005549　綫940/8041(9)
[光緒十三年]西國近事彙編四卷　(清)李嶽蘅編輯　清光緒十三年(1887)上海機器製造局鉛印本　四冊

450000－2601－0005550　綫940/8041(10)
[光緒十四年]西國近事彙編四卷　(清)李嶽蘅編輯　清光緒十四年(1888)上海機器製造局鉛印本　四冊

450000－2601－0005551　綫940/8041(11)
[光緒十五年]西國近事彙編四卷　(清)李嶽蘅編輯　清光緒十五年(1889)上海機器製造局鉛印本　四冊

450000－2601－0005552　綫940/8041(12)
[光緒十六年]西國近事彙編四卷　(清)張通煜編輯　清光緒十六年(1890)上海機器製造局鉛印本　四冊

450000－2601－0005553　綫940/8041(13)
[光緒十七年]西國近事彙編四卷　(清)蔡祚來編輯　清光緒十七年(1891)上海機器製造局鉛印本　四冊

450000－2601－0005554　綫940/8041(14)
[光緒十八年]西國近事彙編四卷　(清)蔡祚來編輯　清光緒十八年(1892)上海機器製造局鉛印本　三冊　缺一卷(一)

450000－2601－0005555　綫940/8041(15)
[光緒十九年]西國近事彙編四卷　(清)蔡祚來編輯　清光緒十九年(1893)上海機器製造局鉛印本　四冊

450000－2601－0005556　綫940/8041(16)
[光緒二十年]西國近事彙編四卷　(清)王汝駟編輯　清光緒二十年(1894)上海機器製造

局鉛印本　四冊

450000－2601－0005557　綫940/8041(17)
[光緒二十一年]西國近事彙編四卷　(清)王汝駟編輯　清光緒二十一年(1895)上海機器製造局鉛印本　四冊

450000－2601－0005558　綫940/8041(18)
[光緒二十二年]西國近事彙編四卷　(清)王汝駟編輯　清光緒二十二年(1896)上海機器製造局鉛印本　四冊

450000－2601－0005559　綫940/8041(19)
[光緒二十三年]西國近事彙編四卷　(清)鳳儀譯　(清)汪振聲編　清光緒二十三年(1897)上海機器製造局鉛印本　四冊

450000－2601－0005560　綫940/8041(20)
[光緒二十四年]西國近事彙編四卷　(清)楊召芬譯　(清)汪振聲編　清光緒二十四年(1898)上海機器製造局鉛印本　四冊

450000－2601－0005561　綫940/8041(21)
[光緒二十五年]西國近事彙編四卷　(清)范熙庸輯　清光緒二十五年(1899)上海機器製造局鉛印本　四冊

450000－2601－0005562　綫廿950.4/0450
三才紀要五種五卷　(清)江南製造局翻譯館輯　清末上海江南機器製造總局刻本　一冊

450000－2601－0005563　綫廿951/2180
增評加批歷史綱鑑補三十九卷首一卷　(宋)司馬光通鑑　(宋)朱熹綱目　(明)王世貞(明)袁黃編纂　御批資治通鑑綱目三編六卷　(清)張廷玉等編　清光緒二十八年(1902)上海富強齋公校廣益書局石印本　十六冊

450000－2601－0005564　綫廿951/3503(2)
二十四史三千二百四十三卷附六種三十四卷　(清)五省官書局輯　清同治、光緒間五省官書局刻本　三百七十冊　缺九百五十六卷(史記索隱二卷,三國志六十五卷,宋書一百卷,舊唐書二百卷,舊五代史附考證一百五十卷,五代史七十四卷,遼史附遼史拾遺二十四卷、遼史紀年表一卷、西遼紀年表一卷,元史

附元史氏族表三卷、元史藝文志四卷,明史三百三十二卷)

450000－2601－0005565　綫廿951/3503(3)
二十四史三千二百四十一卷附七種三十九卷　(清)五省官書局輯　清同治至光緒五省官書局刻本　五百四十八冊

450000－2601－0005566　綫廿951/4917(2)
廿二史札記三十六卷　(清)趙翼撰　清末石印本　六冊　存二十八卷(一至二十四、二十九至三十二)

450000－2601－0005567　綫D2/1053(2)
讀通鑑論十六卷　(清)王夫之譔　清末商務印書館鉛印本　一冊　存二卷(十二至十三)

450000－2601－0005568　綫D2/2520
東洋史要二卷　(日本)桑原隲藏著　樊炳清譯　清末鉛印本　二冊

450000－2601－0005569　綫D2/3491(4)
歷代世系紀年編一卷　(清)沈炳震撰　清刻本　一冊

450000－2601－0005570　綫D218/0044
左傳紀事本末五十三卷　(清)高士奇編輯　清光緒二十九年(1903)文林書局石印歷朝紀事本末本　二冊　存二十卷(十九至二十九、四十五至五十三)

450000－2601－0005571　綫D218/2840
春秋中國夷狄辨三卷　徐勤撰　清末上海大同譯書局石印本　一冊

450000－2601－0005572　綫D219/1262
國策評林天下要書十八卷　(清)張星徽評點　清同治廣州拾芥園刻本　十冊

450000－2601－0005573　綫D242/4432(1)
東萊先生音註唐鑑二十四卷　(宋)范祖禹譔　(宋)呂祖謙註　清刻本　六冊

450000－2601－0005574　綫D261/8005
明史紀事本末詳節六卷　(清)谷應泰輯　林紓編　清光緒二十八年(1902)五城學堂鉛印本　四冊　存四卷(二至五)

450000－2601－0005575　綫D265/1024
揚州十日記一卷　(清)王秀楚記　清末石印本　一冊

450000－2601－0005576　綫D265/4037
嘉定屠城紀略一卷　(清)□□撰　清末石印本　一冊

450000－2601－0005577　綫D266/3525
清代史抄不分卷　(清)□□輯　清抄本　八冊

450000－2601－0005578　綫D843.24/4302
日本維新三十年史十二編附錄一卷　(日本)博文館編輯　清末刻本　六冊

450000－2601－0005579　特綫D673/1760(2)
省志摘覽二卷　(清)了園鈔輯　清道光八年(1828)桂林尚仁堂刻本　一冊

450000－2601－0005580　特綫D673/1760(3)
省志摘覽二卷　(清)了園鈔輯　清道光八年(1828)桂林尚仁堂刻本　二冊

450000－2601－0005581　特綫±915.0146/0482(2)
[乾隆]橫州志十二卷　(清)謝鍾齡等纂修　清光緒二十五年(1899)刻本　一冊　存二卷(七至八)

450000－2601－0005582　綫J23/1250(2)
博雅十卷　(三國魏)張揖纂輯　清乾隆五十四年至五十七年(1789－1792)金溪王氏刻增訂漢魏叢書本　一冊

450000－2601－0005583　綫J253/7448(2)
大廣會益玉篇三卷　(南朝梁)顧野王撰　(唐)孫強增補　(宋)陳彭年等修　清道光三十年(1850)新化鄧氏邵州東山精舍刻本　三冊

450000－2601－0005584　綫J254/3240(2)
楷法溯原十四卷所采古碑目錄一卷所采集帖目錄一卷　(清)潘存孺輯　楊守敬編　清光

緒三年至四年(1877－1878)刻本　十冊

450000－2601－0005585　綫J26/1712(2)
隸篇十五卷續篇十五卷再續十五卷　（清）翟
雲升編纂　清道光十七年至十八年(1837－
1838)刻本　十冊

450000－2601－0005586　綫J28/4063
繪圖女四字經一卷　（清）□□撰　清長沙大
成書局刻本　一冊

450000－2601－0005587　綫J28/4831
增補五言詩一卷　（清）□□撰　清楊寶仁堂
刻本　一冊

450000－2601－0005588　綫K201.3/0204
(3)
詩學含英十四卷　（清）劉文蔚輯　清刻本
一冊　存六卷(九至十四)

450000－2601－0005589　綫K201.3/3430
詩訣二十一種二十六卷　（清）李其彭輯　清
乾隆四十一年(1776)刻本　八冊　缺五種五
卷(二十四詩品一卷、詩式一卷、詩譜一卷、詩
論一卷、詩問合答一卷)

450000－2601－0005590　綫K201.3/3703
(2)
增補詩韻合璧五卷　（清）湯文潞輯　**虛字韻
藪一卷**　（清）潘維城輯　清末鉛印本　五冊

450000－2601－0005591　綫K201.3/4047
榕城詩話三卷　（清）杭世駿撰　清刻本
一冊

450000－2601－0005592　綫K201.3/4420
(1)
碧溪詩話十卷　（宋）黃徹撰　清刻本　二冊

450000－2601－0005593　綫K201.3/4420
(2)
碧溪詩話十卷　（宋）黃徹撰　清刻本　一冊

450000－2601－0005594　綫K201.3/4427
**試帖仙樣集裁詩十法二卷彙纂先賢詩法分論
試帖十則一卷**　（清）麓峰居士輯評　清刻本
一冊　缺一卷(下)

450000－2601－0005595　綫K21/4038
古文快筆貫通解六卷　（清）杭永年評解　清
刻本　二冊　缺二卷(三至四)

450000－2601－0005596　綫K21/4210(3)
續古文辭類纂三十四卷　王先謙輯　清光緒
二十年(1894)上海圖書集成印書局鉛印本
二冊　存六卷(五至十)

450000－2601－0005597　綫K216.6/6720
(2)
仁在堂全集十四種十四卷　（清）路德輯　清
光緒上海圖書集成局鉛印本　十六冊

450000－2601－0005598　綫K217.1/3826
湖南校士錄四卷　（清）許崇勳輯　清光緒二
十九年(1903)雙門底從新書局石印本　二冊

450000－2601－0005599　綫K22/0042
韓文故十三卷　（唐）韓愈撰　（清）高澍然評
清宣統二年(1910)石印本　一冊　存五卷
(九至十三)

450000－2601－0005600　綫K234.42/1020
(2)
王右丞集二十八卷首一卷末一卷　（唐）王維
撰　（清）趙殿成箋註　清乾隆元年至二年
(1736－1737)仁和趙氏刻本　四冊

450000－2601－0005601　綫K225.1/0230
蒙川先生遺藁四卷補遺一卷　（宋）劉黻撰
清同治十二年至光緒元年(1873－1875)瑞安
孫氏詒善祠墊刻永嘉叢書本　一冊

450000－2601－0005602　綫K225.1/0250
忠肅集二十卷　（宋）劉摯撰　清刻本　二冊
存五卷(十二至十六)

450000－2601－0005603　綫K234.51/4440
(7)
**古香齋鑒賞袖珍施註蘇詩四十二卷總目二卷
蘇詩續補遺二卷**　（宋）蘇軾撰　（宋）施元之
等註　（清）顧嗣立等刪補　（清）馮景補註
清刻本　二十四冊

450000－2601－0005604　綫K234.51/7732

宋四名家詩鈔二十七卷　（清）周之鱗　（清）
柴升選　清光緒二十一年（1895）上海會文堂
書局石印本　六冊

450000－2601－0005605　綫 K236/0700（3）

靈芬館詞四種七卷　（清）郭麐箸　清光緒五
年（1879）仁和許增娛園刻榆園叢刻本　二冊

450000－2601－0005606　綫 K236/1290（1）

山中白雲詞八卷附錄一卷　（宋）張炎著　清
光緒八年（1882）仁和許增娛園刻榆園叢刻本
一冊　缺四卷（五至八）

450000－2601－0005607　綫 K236/2489

納蘭詞五卷補遺一卷　（清）納蘭性德箸　清
光緒六年（1880）仁和許增娛園刻榆園叢刻本
二冊

450000－2601－0005608　綫 K241/0060（1）

成裕堂繡像第七才子書六卷　（明）高明撰
清刻本　六冊

450000－2601－0005609　綫 K254/5514（5）

增評加批金石緣圖說十二卷一百二十回首一
卷　（清）曹霑撰　（清）蝶鄉仙史評訂　清光
緒八年（1882）上海桐蔭軒石印本　十六冊

450000－2601－0005610　綫 K254/7720

蟫史二十卷繡像二卷　（清）屠紳撰　清嘉慶
五年（1800）庭梅朱氏刻本　二十四冊

450000－2601－0005611　綫 K269/2718

雲林別墅纂輯酬世錦囊對聯雋句續編五卷附
匾額書法良模五卷　（清）鄒廷猷纂輯　清刻
本　一冊

450000－2601－0005612　綫 K269/3477

六梅書屋尺牘四卷　（清）淩丹陛存藁　（清）
淩承家評　清光緒三年（1877）上海申報館鉛
印本　二冊

450000－2601－0005613　綫 K269/4030

潛園友朋書問十二卷　（清）陸心源輯　清光
緒石印本　四冊

450000－2601－0005614　綫 L2/1010

雪廬百印續冊不分卷　（清）王琛輯　清光緒

二十七年（1901）王琛溫州府署半舫刻鈐本
一冊

450000－2601－0005615　綫 L2/1034

汲古堂印譜十二卷　（清）王潤翰輯　清嘉慶
二十二年（1817）臨汾王潤翰刻鈐本　六冊

450000－2601－0005616　綫 L2/2082

西泠四家印譜　西泠印社輯　清末西泠印社
刻鈐拓本　十六冊

450000－2601－0005617　綫 L2/3744

百壽印冊不分卷　（清）馮丕墺篆　清光緒十
三年（1887）刻鈐本　二冊

450000－2601－0005618　綫 L32/4710（1）

十竹齋書畫譜八卷　（清）胡正言摹古　（清）
張學畊挍　清嘉慶二十二年（1817）芥子園刻
六色套印本　八冊

450000－2601－0005619　綫 L33/5338（2）

漢溪書法通解八卷　（清）戈守智纂著　清乾
隆十五年（1750）霽雲閣刻本　八冊

450000－2601－0005620　綫 L32/4710（2）

十竹齋書畫譜八卷　（清）胡正言摹古　（清）
張學畊挍　清光緒五年（1879）刻六色套印本
八冊

450000－2601－0005621　綫 L34/2009

成親王歸去來兮辭一卷　（清）永瑆書　清光
緒十八年（1892）石印本　一冊

450000－2601－0005622　綫 M3/1704

觀音大悲手像真言不分卷　□□撰　清刻本
一冊

450000－2601－0005623　綫 L37/6092

蘭石畫譜不分卷　（清）吳煥采編　清光緒二
十年（1894）古蓮池華南硯北草堂石印本
四冊

450000－2601－0005624　綫 M3/0020

顓愚和尚語錄三十卷　（清）釋顓愚撰　（清）
釋音乘等集　清昭陵釋安愚等刻寶慶十方點
石叢林印本　六冊　缺八卷（十六至二十三）

450000－2601－0005625　綫 M3/0034

大乘大集地藏十輪經十卷　（唐）釋玄奘譯
清刻本　一冊　存五卷（六至十）

450000－2601－0005626　綫 M3/1014

式元志文不分卷　（清）□□撰　清光緒十五
年（1889）刻本　一冊

450000－2601－0005627　綫 M3/1644

觀音心經真解一卷　（清）醒夢道人註解　清
刻本　一冊

450000－2601－0005628　綫 M3/2430（2）

賢首五教儀開蒙增註五卷　（清）釋通理述
清宣統元年（1909）揚州藏經院刻本　二冊
存三卷（二至四）

450000－2601－0005629　綫 M3/2571

四分戒本一卷　（五代）釋佛陁耶舍譯　佛說
梵網經一卷　（後秦）釋鳩摩羅什譯　清南嶽
祝聖寺刻本　一冊

450000－2601－0005630　綫 M3/2753（1）

大佛頂如來密因修證了義諸菩薩萬行首楞嚴
經十卷　（唐）釋般刺密帝譯　清光緒六年
（1880）邵陽申大發等刻本　三冊

450000－2601－0005631　綫 M3/2753（2）

大佛頂如來密因修證了義諸菩薩萬行首楞嚴
經十卷　（唐）釋般刺密帝譯　清刻本　二冊
存七卷（四至十）

450000－2601－0005632　綫 M3/2753（3）

大佛頂如來密因修證了義諸菩薩萬行首楞嚴
經十卷　（唐）釋般刺密帝譯　清光緒六年
（1880）邵陽申大發等刻湖南衡州府衡陽縣大
羅漢寺印本　三冊

450000－2601－0005633　綫 M3/3040（2）

佛說八大人覺經一卷疏一卷　（漢）安世高譯
（清）釋續法集　清光緒二十三年（1897）江
北刻經處刻本　一冊

450000－2601－0005634　綫 M3/3040（2）

二林居唱和詩一卷　（清）彭紹升等撰　清光
緒四年（1878）錢塘許氏刻本　一冊

450000－2601－0005635　綫 M3/3060

樂邦文類五卷　（宋）釋宗曉編次　清刻本
五冊

450000－2601－0005636　綫 M3/3180

蓮社備覽不分卷　（清）汪善慶等撰　清同治
廣陵藏經院刻本　一冊

450000－2601－0005637　綫 M3/3440（1）

華嚴金獅子章一卷　（唐）釋法藏述　（宋）釋淨源
解　清同治九年（1870）如皋刻經處刻本　一冊

450000－2601－0005638　綫 M3/3530（6）

修設瑜珈集要施食壇儀一卷　（明）釋袾宏修
清康熙至乾隆刻嘉興藏本　一冊

450000－2601－0005639　綫 M3/3530（7）

沙彌律儀要略集解二卷　（明）釋袾宏輯
（清）釋元度集解　清刻本　一冊

450000－2601－0005640　綫 M3/3733

祖派源流禁令條規外功八條內功八條一卷附
祖像全圖一卷　（清）□□撰　清光緒刻本
一冊

450000－2601－0005641　綫 M3/1320

解惑編二卷　（清）釋弘贊編　清康熙至乾隆
刻嘉興藏本　一冊

450000－2601－0005642　綫 M3/4030（2）

金光明最勝王經十卷　（唐）釋義淨譯　清刻
本　一冊　存五卷（一至五）

450000－2601－0005643　綫 M3/4706（5）

佛說阿彌陀經要解一卷　（後秦）釋鳩摩羅什
譯　（清）釋智旭解　清光緒三十四年（1908）
古歙刻本　一冊

450000－2601－0005644　綫 M3/4706（6）

妙法蓮華經七卷　（後秦）釋鳩摩羅什譯　清
刻本　三冊

450000－2601－0005645　綫 M3/4846

救刦回生四卷　（清）戴鴻慈撰　清光緒十二
年（1886）禪山絨線大街天祿閣書坊刻本　三
冊　存三卷（二至四）

450000－2601－0005646　綫 M3/5320

法海津梁一卷附牧牛圖一卷　（清）□□輯

清光緒二十七年(1901)劉太元堂刻本　一冊

450000－2601－0005647　綫 M3/5370

戒科刪補集要三卷　（清）釋長松輯　清嘉慶
五年(1800)刻本　三冊

450000－2601－0005648　綫 M3/7140

高峰語錄一卷　（元）釋原妙撰　清康熙遵義
府禹門禪院刻本　一冊　存序葉一及正文葉
五十一至九十一

450000－2601－0005649　綫 M3/7703

觀音濟度本願真經二卷　□□撰　清成德堂
刻粵東河南洪德大街文在茲善書坊印本
一冊

450000－2601－0005650　綫 M3/8010

華嚴懸談會玄記四十卷　（元）釋普瑞集　清
刻本　八冊　缺五卷(十五至十六、三十一至
三十三)

450000－2601－0005651　綫 M3/8620

四教義六卷　（隋）釋智顗撰　清刻本　一冊
存三卷(一至三)

450000－2601－0005652　綫 M3/8621

居士傳五十六卷　（清）彭紹升撰　清刻本
四冊

450000－2601－0005653　綫 M3/8640

教觀綱宗釋義紀三卷　（清）釋智旭治定並釋
義　（清）釋默庵紀　清光緒二十七年(1901)
刻本　三冊

450000－2601－0005654　綫 M3/9530

妙法蓮華經指掌疏事義一卷　（清）釋通理撰
清乾隆刻本　一冊

450000－2601－0005655　綫 M4/0060（1）

文昌帝君孝經一卷大洞經一卷　□□撰　清
刻本　一冊

450000－2601－0005656　綫 M4/0060（2）

文昌帝君勸世寶誥一卷桂宮梯一卷音釋一卷
□□撰　清刻本　一冊

450000－2601－0005657　綫 M4/3701

洞玄靈寶太陽真經一卷附太陽太陰經一卷眼

光菩薩經一卷太陽真經法懺一卷日月二光普
照天尊合明寶懺一卷日月寶誥一卷火神顯化
真經一卷　□□撰　清刻本　一冊

450000－2601－0005658　綫 M4/7739

道教真派二卷　（清）觀禮堂輯　清宣統三年
(1911)刻觀禮堂三教真傳本　一冊　存一卷
(後編)

450000－2601－0005659　綫 M6/6024

新約註釋四卷　（美國）潘慎文等註　清末漢
口基督教聖教書會聖教印書局鉛印本　四冊

450000－2601－0005660　綫 M6/8810

遵主聖範四卷　（德國）篤瑪撰　（美國）柏亨
理譯　清末中國基督聖教書會鉛印本　一冊

450000－2601－0005661　綫 M9/0007

文帝陰騭經文不分卷　□□撰　清刻本
一冊

450000－2601－0005662　綫 M9/0225

新刻石函平砂玉尺經全書真機二卷　（元）劉
秉忠述　（明）劉基解　清刻本　一冊　存一
卷(上)

450000－2601－0005663　綫 M9/1243

易林補遺四卷　（明）張世寶著　清金閶綠蔭
堂刻本　四冊

450000－2601－0005664　綫 M9/2301

雪心賦正解四卷附辯論篇一卷　（唐）卜應天
著　（清）孟浩註並辯論　清經綸堂刻本　一
冊　缺三卷(二至四)

450000－2601－0005665　綫 M9/2330

欽定協紀辨方書三十六卷　（清）允祿等修
清刻本　二十二冊

450000－2601－0005666　綫 M9/3652

祝由科二卷　□□撰　清刻朱墨印本　一冊

450000－2601－0005667　綫 M9/3713

閻王寶懺二卷　□□撰　清刻本　一冊

450000－2601－0005668　綫 M9/4033

地理啖蔗錄八卷　（清）袁守定著並釋　清刻
本　一冊　存二卷(三至四)

450000－2601－0005669　　綫 M9/4460

地理正宗十二卷　（清）蔣國宗輯　清刻本
六冊

450000－2601－0005670　　綫 P174/0280

新鐫校正指明演算法二卷　（明）夏源澤撰
清刻本　　一冊

450000－2601－0005671　　綫 P6/2724

談天十八卷表一卷　（英國）侯失勒撰　（英
國）偉烈亞力口譯　（清）李善蘭刪述　（清）
徐建寅續述　清末石印本　　一冊　　存十卷
（一至十）

450000－2601－0005672　　綫 P69/4560

歲華紀麗四卷　（唐）韓鄂撰　明末清初刻本
一冊

450000－2601－0005673　　綫－092.33/1028

管子地員篇注四卷　（清）王紹蘭著　清光緒
十七年（1891）蕭山胡燏棻寄虹山館刻本
四冊

450000－2601－0005674　　綫 S2/2141

醫碥七卷　（清）何夢瑤輯　清同文堂刻本
一冊　　存一卷（七）

450000－2601－0005675　　綫 Z7/0230

正譌八卷　（清）劉沅著　清咸豐四年（1854）
豫誠堂刻本　　三冊

450000－2601－0005676　　綫 Z7/2510

無邪堂答問五卷　（清）朱一新撰　清光緒二
十一年（1895）廣雅書局刻本　　五冊

450000－2601－0005677　　綫 Z821.61/8590

秘書九種六十六卷　（明）鍾惺輯　明萬曆金
閶擁萬堂刻本　　二十冊

450000－2601－0005678　　綫 Z822.52/0241

秋浦雙忠錄五種四十卷首一卷　　劉世珩輯
清光緒二十六年至二十八年（1900－1902）貴
池劉氏唐石簃刻二十九年（1903）彙印本
六冊

450000－2601－0005679　　綫 Z9/2777

增補五經備旨精萃五十一卷首一卷　　（清）鄒
聖脉纂輯　清京都善成堂刻本　　二十四冊

450000－2601－0005680　　特綫未 0029

唐陸宣公集二十二卷首一卷　（唐）陸贄撰
清同治五年（1866）善化楊氏問竹軒家塾刻本
八冊

450000－2601－0005681　　102/1063

哲學要領不分卷　（德國）科培爾講　（日本）
下田次郎述　蔡元培譯　清光緒三十二年
（1906）上海商務印書館鉛印再版本　　一冊

450000－2601－0005682　　綫 D226/4460(4)

後漢書一百二十卷　（南朝宋）范曄撰　（南
朝梁）劉昭補志　（唐）李賢注　**後漢書考證
一百二十卷**　（清）齊召南等撰　清同治十年
（1871）成都書局刻本　　二十八冊

450000－2601－0005683　　綫 D226/4460(5)

後漢書一百二十卷　（南朝宋）范曄撰　（南
朝梁）劉昭補志　（唐）李賢注　**後漢書考證
一百二十卷**　（清）齊召南等撰　清同治十年
（1871）成都書局刻本　　二十八冊

450000－2601－0005684　　綫卄 952/4464(3)

後漢書九十卷續漢書志三十卷　（南朝宋）范
曄撰　（唐）李賢注　（晉）司馬彪補志　（南
朝梁）劉昭注補　清同治八年（1869）金陵書
局刻本　　十六冊

450000－2601－0005685　　綫卄 952/4464(1)

後漢書一百二十卷　（南朝宋）范曄撰　（南
朝梁）劉昭補志　（唐）李賢注　清光緒十四
年（1888）上海圖書集成局鉛印本　　十六冊

450000－2601－0005686　　綫卄 952/4464(2)

後漢書附考證一百二十卷　（南朝宋）范曄撰
（南朝梁）劉昭補志　（唐）李賢注　清光緒
十四年（1888）上海鴻文書局石印本　　十
冊

450000－2601－0005687　　綫 D226/4460(3)

後漢書九十卷　（南朝宋）范曄撰　（唐）李賢
注　**續漢書志三十卷**　（晉）司馬彪撰　（南
朝梁）劉昭注補　清光緒十三年（1887）金陵
書局刻本　　十六冊

450000 – 2601 –0005688　綫 D226/4460(2)

後漢書附考證一百二十卷　（南朝宋）范曄撰
　（南朝梁）劉昭補志　（唐）李賢注　清光緒
二十八年(1902)上海文瀾書局石印本　二冊

450000 – 2601 –0005689　綫 D226/4460(1)

後漢書附考證一百二十卷　（南朝宋）范曄撰
　（南朝梁）劉昭補志　（唐）李賢注　清光緒
二十六年(1900)煥文書局石印本　七冊　缺
二十二卷(十一至三十二)

450000 – 2601 –0005690　綫廿 9525/3482

後漢書注又補一卷　（清）沈銘彝撰　清光緒
十四年(1888)廣雅書局刻本　一冊

450000 – 2601 –0005691　綫 D226/7141

范氏後漢書批評一百卷　（明）顧起元閱　明
萬曆四十七年(1619)刻本　三冊　存十五卷
（二十一至二十五、五十二至五十六、八十至
八十四）

450000 – 2601 –0005692　綫廿 952/2824

後漢書朔閏攷五卷　（清）徐紹楨學　清光緒
十七年(1891)刻本　二冊

450000 – 2601 –0005693　綫 303/4424(3)

三通序三卷　（清）□□輯　清光緒十四年
(1888)湘鄉蔣氏求實齋刻本　一冊

450000 – 2601 – 0005694　特綫 ± 915.
004/0162

奉查桂平梧三屬礦務仿南游記附洋防論一卷
　（清）顏嗣徽撰　清光緒二十一年(1895)刻
本　一冊

450000 – 2601 –0005695　綫 737/4027/4(3)

續泉匯元集三卷亨集三卷利集三卷貞集五卷
補遺二卷首一卷　（清）康子年編　清光緒元
年(1875)刻本　四冊

450000 – 2601 –0005696　特綫 ±915.0144/
0024(2)

[光緒]鬱林州志二十卷首一卷　（清）文德馨
等纂　清光緒十八年至二十年(1892－1894)
刻本　十冊

450000 – 2601 – 0005697　特綫 D926.66/
0022

高渭南紀年錄一卷　（清）高熊徵撰　清光緒
三十四年(1908)廣州十七甫澄天閣鉛印宣統
二年(1910)補石印本　一冊

450000 – 2601 – 0005698　特綫 ±915.0113/
4041

[光緒]北流縣志二十四卷　（清）徐作梅等纂
　清光緒六年(1880)刻本　十二冊

450000 – 2601 –0005699　綫 737/4027(4)

續泉匯元集三卷亨集三卷利集三卷貞集五卷
補遺二卷首一卷　（清）康子年　（清）李佐賢
編　清光緒元年(1875)刻本　四冊

450000 – 2601 –0005700　綫 D2/1779(7)

續資治通鑑二百二十卷　（清）畢沅編集　清
乾隆鎮洋畢沅刻嘉慶六年(1801)嘉興馮集梧
同治六年(1867)永康應氏同治八年(1869)江
蘇書局補修本　六十四冊

450000 – 2601 –0005701　綫 D2/1779(6)

續資治通鑑二百二十卷　（清）畢沅編集　清
光緒二十六年(1900)圖書集成局鉛印本　二
十八冊

450000 – 2601 –0005702　綫 D2/1779(5)

續資治通鑑二百二十卷　（清）畢沅編集　清
光緒二十八年(1902)上海積山書局石印四次
本　二十二冊

450000 – 2601 –0005703　綫 D224/1160(2)

漢書一百卷　（漢）班固撰　（唐）顏師古注
清光緒二十八年(1902)金陵書局刻本　十
六冊

450000 – 2601 –0005704　特綫 ±915.0136/
4430

[光緒]容縣志二十八卷首一卷　（清）封祝唐
等修　清光緒二十三年(1897)刻本　十二冊

450000 – 2601 – 0005705　綫 ＋015.1/2700
(2)

補三國藝文志四卷　（清）侯康撰　清道光三
十年(1850)南海伍氏粵雅堂文字歡娛室刻嶺

南遺書本　一冊

450000－2601－0005706　綫＋015.1/2700
（1）

補後漢書藝文志四卷　（清）侯康撰　清道光
三十年（1850）南海伍氏粤雅堂文字歡娛室刻
嶺南遺書本　一冊

450000－2601－0005707　特綫±915.0114/
7743

［光緒］平南縣志二十四卷首一卷末一卷
（清）周壽祺等纂　（清）裘彬等修　清光緒九
年（1883）刻本　十一冊

450000－2601－0005708　綫D954/2770

宋元以來畫人姓氏錄三十六卷首一卷　（清）
魯駿編輯　清道光十年（1830）會稽魯駿刻本
二十冊

450000－2601－0005709　藏綫±041.2/2528

經義考三百卷目錄二卷　（清）朱彝尊錄
（清）盧見曾編目　清康熙四十年（1701）秀水
朱彝尊曝書亭乾隆十九年至二十年（1754－
1755）德州盧見曾補刻本（經義考卷二百八十
六、二百九十九至三百原缺）　四十八冊

450000－2601－0005710　藏綫D226/4460

後漢書一百二十卷　（南朝宋）范曄撰　（唐）
李賢註　（明）李廷機等校刊　明萬曆二十四
年（1596）北京國子監刻二十一史本　二冊
存五卷（一百十六至一百二十）

450000－2601－0005711　藏綫D226/4237

後漢書補逸二十一卷　（清）姚之駰輯　清乾
隆刻本　六冊

450000－2601－0005712　藏綫780/2544

樂律全書四十八卷　（明）朱載堉撰　明萬曆
三十一年（1603）鄭藩府世子刻三十五年
（1607）增修本　十九冊

450000－2601－0005713　藏綫廿920.1/1731

續弘簡錄元史類編四十二卷　（清）邵遠平學
　清康熙三十八年（1699）邵氏刻乾隆補修本
　十六冊

450000－2601－0005714　藏綫D2/7770

繹史一百六十卷附世系圖一卷年表一卷
（清）馬驌撰　清康熙九年（1670）刻本　二十
四冊

450000－2601－0005715　藏綫D68/9440

名山記十六卷　（明）慎蒙增選鋟梓校正　明
萬曆四年（1576）吳興慎蒙刻本　一冊　存一
卷（二）

450000－2601－0005716　藏綫廿920.1/2625

安危注四卷　（明）吳姓論輯　清康熙、雍正
間刻本　四冊

450000－2601－0005717　藏綫廿920/2540

宋名臣言行錄前集十卷後集十四卷　（宋）朱
熹纂輯　（明）張采評閱　（明）馬嘉植參正
宋名臣言行錄續集七卷別集十卷外集十七卷
　（明）武士英纂輯　（明）張采評閱　（明）
馬嘉植參正　明崇禎十一年（1638）張采刻本
　二十冊

450000－2601－0005718　藏綫廿955.3/4028

宋朝事實二十卷　（宋）李攸撰　清乾隆武英
殿活字武英殿聚珍版書本　七冊

450000－2601－0005719　藏綫Z9/3741

潛邱札記六卷　（清）閻若璩撰　**左汾近稿一
卷**　（清）閻詠撰　清乾隆九年至十年（1744－
1745）太原閻學林眷西堂刻武林大成齋施氏印
本　六冊

450000－2601－0005720　藏綫廿920.5/6010

蒙齋［田雯］年譜一卷續一卷補一卷　（清）田
雯撰　（清）田肇麗補撰　清康熙刻本　一冊

450000－2601－0005721　藏綫±733.2/1200
（1）

溫州古甓記一卷　（清）孫詒讓撰　清末抄本
　一冊

450000－2601－0005722　藏綫±733/0412

選集漢印分韻二卷　（清）謝雲生摹錄　清嘉
慶二年（1797）漱藝堂刻本　二冊

450000－2601－0005723　藏綫F229.5/8740

通志略五十二卷 （宋）鄭樵著 清乾隆十四年(1749)刻本 二十四冊

450000－2601－0005724 特綫 ±915.0137/4493

[光緒]灌陽縣志十二卷 （清）翁綬琪輯 清光緒三十三年(1907)稿本 四冊

450000－2601－0005725 藏綫卅951/1779(1)

資治通鑑二百九十四卷釋文辯誤十二卷 （宋）司馬光編集 （元）胡三省音註并辨誤 元刻明弘治、正德、嘉靖遞修本 八十二冊

450000－2601－0005726 藏綫卅951/1779(2)

資治通鑑二百九十四卷釋文辯誤十二卷 （宋）司馬光編集 （元）胡三省音註并辨誤 清嘉慶二十一年(1816)鄱陽胡克家刻本 一百二冊

450000－2601－0005727 藏綫卅951/2540

資治通鑑綱目正編五十九卷前編二十五卷續編二十七卷 （宋）朱熹等著 （明）陳仁錫評閱 明崇禎三年(1630)徐葡松茂堂刻本 九十八冊 缺二卷(正編五十八、續編二十五)

450000－2601－0005728 藏綫D2/2540(1)

資治通鑑綱目前編二十五卷正編五十九卷續編二十七卷 （宋）朱熹等著 （明）陳仁錫評閱 資治通鑑綱目三編二十卷 （清）張廷玉等輯 清康熙崇道堂刻乾隆補修本 一百十冊 缺九卷(續編七、十五、二十五,三編十五至二十)

450000－2601－0005729 藏綫±041.1/2010

十三經註疏三百三十三卷 （明）毛晉輯 明崇禎元年至十二年(1628－1639)古虞毛氏汲古閣刻本 十六冊 存二種四十六卷(春秋左傳註疏十一至五十二、春秋穀梁註疏五至八)

450000－2601－0005730 藏綫卅951/2010

十七史一千五百七十四卷 （明）毛晉輯 明崇禎元年至清順治十三年(1628－1656)刻本 一百九十八冊

450000－2601－0005731 藏綫卅951/1080

十七史蒙求十六卷 （宋）王令撰 清康熙四十九年(1710)海陽程宗琠刻本 四冊

450000－2601－0005732 藏綫Z9/4724

九經圖七卷 （清）楊魁植編輯 （清）楊文源增訂 清乾隆三十七年(1772)信芳書房刻翁園印本 十冊

450000－2601－0005733 藏綫卅952/6014

左繡三十卷 （清）馮李驊等評輯 清康熙五十九年(1720)華川書屋刻本 十二冊

450000－2601－0005734 藏綫卅952/5045

春秋左傳補註六卷 （清）惠棟著 清乾隆三十七年至三十九年(1772－1774)李文藻潮陽縣衙刻本 二冊

450000－2601－0005735 藏綫±353.18/2692

[嘉慶]欽定大清會典八十卷 （清）王茂松等纂修 清嘉慶二十三年(1818)武英殿刻本 四十冊

450000－2601－0005736 特綫F229.171/6018

恩承等查辦四川東鄉事件諮文稿一卷 （清）□□輯 清末抄本 一冊

450000－2601－0005737 特綫D34/1222(1)

唐景崧手抄張佩綸馬江軍務函電稿一卷 （清）張佩綸撰 （清）唐景崧輯 清光緒唐景崧手抄本 一冊

450000－2601－0005738 特綫915.9/2814(2)

越南輯略二卷 （清）徐延旭編輯 清光緒三年(1877)梧州郡署刻本 六冊

450000－2601－0005739 特綫915.9/2722(2)

安南志畧十九卷首一卷 （越南）黎崱編 清光緒十年(1884)岸吟香上海樂善堂鉛印本（卷二十原缺） 五冊

450000 - 2601 - 0005740　藏綫 ± 353. 18/
0040

[嘉慶]欽定大清會典圖一百三十二卷目錄二
卷　（清）程同文等纂修　清嘉慶十六年
（1811）武英殿刻本　四十冊

450000 - 2601 - 0005741　藏綫 ± 353. 18/
1040

[嘉慶]欽定大清會典事例九百二十卷目錄八
卷　（清）王杰等纂修　清嘉慶二十三年
（1818）武英殿刻本　三百六十二冊

450000 - 2601 - 0005742　藏綫 廿 953/4014

南史八十卷　（唐）李延壽撰　明崇禎十三年
（1640）琴川毛氏汲古閣刻十七史本　八冊
存四十四卷（一至十六、二十九至三十四、四
十二至五十七、六十三至六十八）

450000 - 2601 - 0005743　藏綫 D21/4440

古史六十卷　（宋）蘇轍撰　明萬曆三十九年
（1611）南京國子監刻本　一冊　存六卷（十
九至二十二、三十六至三十七）

450000 - 2601 - 0005744　藏綫 廿 754. 3/2560

新刻古今碑帖考一卷　（明）朱晨編輯　（明）
胡文煥纂校　明萬曆錢唐胡文煥刻本　一冊

450000 - 2601 - 0005745　藏綫 廿 426/1774
（1）

古今韻略五卷　（清）邵長蘅纂　清康熙三十
五年（1696）商丘宋犖刻本　二冊

450000 - 2601 - 0005746　藏綫 廿 426/1774
（2）

古今韻略五卷　（清）邵長蘅纂　清康熙、雍
正間刻本　五冊

450000 - 2601 - 0005747　藏綫 K21/3140

粵西文載七十五卷　（清）汪森編輯　清康熙
四十四年（1705）刻本　二十四冊

450000 - 2601 - 0005748　藏綫 +390/2860

檀弓通考工通合刻四卷　（明）徐照慶輯注
（明）梅鼎祚校閱　明萬曆刻本　十冊

450000 - 2601 - 0005749　藏綫 D98/7420

求古精舍金石圖四卷　（清）陳經編　清嘉慶
十八年至二十二年（1813 - 1817）烏程陳氏說
劍樓刻本　四冊

450000 - 2601 - 0005750　藏綫 D98/6042

考古圖十卷古玉圖十卷　（宋）呂大臨撰　清
乾隆十八年（1753）刻本　四冊

450000 - 2601 - 0005751　藏綫 廿 920. 41/
3418

古今萬姓統譜一百四十卷歷代帝王姓系統譜
六卷氏族博考十四卷　（明）凌迪知編　明萬
曆七年（1579）凌迪知刻本　四十冊

450000 - 2601 - 0005752　藏綫 K214. 2/2470
（3）

唐宋八大家類選十四卷　（清）儲欣評　（清）
儲芝參述　（清）吳振乾等校訂　清乾隆五十
年（1785）受祉堂刻本　八冊

450000 - 2601 - 0005753　藏綫 廿 422/7426

重刊埤雅二十一卷　（宋）陸佃撰　（明）畢效
欽重校　明嘉靖新安畢效欽刻天啟補修五雅
本　十冊

450000 - 2601 - 0005754　藏綫 D53/1040

中外和戰議十六卷　（清）王棻輯　清光緒二
十一年（1895）稿本　六冊

450000 - 2601 - 0005755　藏綫 廿 426/0131

本韻一得二十卷　（清）龍為霖撰　清乾隆二
十一年（1756）刻本　十冊

450000 - 2601 - 0005756　藏綫 D21/1773（1）

史記索隱三十卷　（唐）司馬貞撰　明末汲古
閣刻本　四冊

450000 - 2601 - 0005757　藏綫 D21/1773（2）

史記一百三十卷　（漢）司馬遷撰　（南朝宋）
裴駰集解　（唐）司馬貞索隱　（元）余有丁等
校正　史記正義論例諡法解一卷　（唐）張守
節撰　三皇本紀一卷　（唐）司馬貞補撰并註
明萬曆二年至三年（1574 - 1575）南京國子
監刻二十一史本　三十二冊

450000 - 2601 - 0005758　藏綫 D201/0282

史通訓故補二十卷　（唐）劉知幾著　（清）黃
叔琳補注　清乾隆十二年(1747)北平黃叔琳
養素堂刻本　四冊

450000－2601－0005759　藏綫廿 920.5/0440

忠武誌十卷　（清）張鵬翮輯　清刻本　六冊
存五卷(一至五)

450000－2601－0005760　藏綫 K21/4022

西山先生真文忠公文章正宗二十四卷　（宋）
真德秀輯　明嘉靖四十三年(1564)山東藩司
刻本　二十四冊

450000－2601－0005761　藏綫廿 920.1/7288

春秋列傳五卷　（明）劉節編　（明）周琅校
明嘉靖周琅刻本　八冊

450000－2601－0005762　藏綫廿 920.5/1090

春秋臣傳三十卷　（宋）王當撰　清康熙十九
年(1680)通志堂刻通志堂經解本　四冊

450000－2601－0005763　藏綫 D98/2600

秦漢瓦當文字一卷續一卷　（清）程敦著　清
乾隆五十二年(1787)橫渠書院刻拓本　三冊

450000－2601－0005764　藏綫廿 818.8/2523

御覽曲洧舊聞十卷　（宋）朱弁撰　清乾隆四
十九年(1784)錢塘汪汝瑮振綺堂刻本　二冊

450000－2601－0005765　藏綫廿 957.7/4233
(2)

蜀碧四卷　（清）彭遵泗編述　清乾隆四十二
年(1777)白鶴堂刻本　二冊

450000－2601－0005766　藏綫廿 425/1013

經傳釋詞十卷　（清）王引之撰　清嘉慶二十
四年(1819)刻本　四冊

450000－2601－0005767　藏綫廿 112.4/7530
(2)

四書考輯要二十卷　（清）陳宏謀撰　清乾隆
三十六年(1771)培遠堂印本　八冊

450000－2601－0005768　藏綫廿 112.4/3010

四書纂言四十卷　（清）宋翔鳳輯　清光緒八
年(1882)古吳李祖榮崐崿山房木活字印本
十二冊

450000－2601－0005769　藏綫 B31/4423

蘇紫溪宗主批選四子粹語四卷　（明）蘇濬撰
明萬曆十三年(1585)刻本　二冊

450000－2601－0005770　藏綫廿 951.1/4400

甲子會紀五卷　（明）薛應旂編集　（明）陳仁
錫評閱　明崇禎二年(1629)金閶大歡堂刻資
治通鑑大全本　四冊

450000－2601－0005771　藏綫 D219/0030
(1)

戰國策三十三卷　（漢）高誘注　清乾隆二十
一年(1756)德州盧氏雅雨堂刻雅雨堂藏書本
四冊

450000－2601－0005772　藏綫 D219/0030
(2)

戰國策三十三卷　（漢）高誘注　重刻剡川姚
氏本戰國策札記三卷　（清）黃丕烈札記　清
嘉慶八年(1803)吳門黃丕烈讀未見書齋刻本
四冊

450000－2601－0005773　藏綫 D2/2390

御批歷代通鑑輯覽一百二十卷　（清）傅恒等
纂　清乾隆三十三年(1768)武英殿刻本　六
十冊

450000－2601－0005774　藏綫 D219/7150

張陸二先生批評戰國策抄四卷　（明）張榜深
評　（清）顧靜較閱　清康熙二年(1663)新安
程邑載欣堂刻本　四冊

450000－2601－0005775　藏綫 D238.5/8042

周書五十卷　（唐）令狐德棻等撰　明崇禎五
年(1632)琴川毛氏汲古閣刻清順治七年
(1650)補刻十七史本　一冊　存八卷(三十
六至四十三)

450000－2601－0005776　藏綫廿 920.1/0023

歷代史纂左編一百四十二卷　（明）唐順之輯
明萬曆四十年(1612)吳用先等刻本　四
十冊

450000－2601－0005777　藏綫 ±353.6/7444
(1)

陸忠宣公奏議四卷　（唐）陸贄撰　（清）項升

士編訂 （清）沈近思點註 清康熙四十九年至五十年（1710－1711）錢塘英升士穎川書院刻本 四冊

450000－2601－0005778 藏綫 D2/1185

全史論贊八十二卷 （明）項篤壽輯 明嘉靖四十五年（1566）嘉禾項篤壽萬卷堂刻本 二十冊

450000－2601－0005779 藏綫 D980.8/2178

金石三例十五卷 （清）盧見曾輯 清乾隆二十年（1755）盧氏雅雨堂刻本 二冊

450000－2601－0005780 藏綫 D98/2615（1）

金石存十五卷 （清）吳玉搢簒 清嘉慶二十四年（1819）山陽聞妙香室刻本 四冊

450000－2601－0005781 藏綫 D98/2615（2）

金石存十五卷 （清）吳玉搢簒 清嘉慶二十四年（1819）山陽聞妙香室刻本 四冊

450000－2601－0005782 藏綫 K201.3/4430

藝苑名言八卷首一卷 （清）蔣瀾簒輯 清乾隆四十年（1775）懷谷軒刻本 四冊

450000－2601－0005783 藏綫 ±041.1/4094（4）

篆文六經四書五十二卷 （清）李光地等校閱 清乾隆武英殿刻本 二十冊

450000－2601－0005784 藏綫 D68/4733

籌海圖編十三卷 （明）鄭若曾輯 （明）胡燈等刪 明天啟四年（1624）新安胡維極刻本 八冊

450000－2601－0005785 特綫 廿 422/0131

爾雅經注集證三卷 （清）龍啟瑞簒 清光緒四年至七年（1878－1881）臨桂龍氏北平刻經德堂全集本 一冊

450000－2601－0005786 綫 F229.166/4220

欽定禮部則例二百二卷 （清）長秀等修簒 清刻本 三冊 存十四卷（一至十四）

450000－2601－0005787 綫 F229.166/8735

欽定吏部則例五十二卷 （清）文孚等修 清刻本 十三冊 存二十五卷（五、十四至十五、二十八至四十七、五十一至五十二）

450000－2601－0005788 綫 廿 952/1250

欽定四史附考證四百十五卷 （清）高宗弘曆敕編 清光緒十四年（1888）上海蜚英館石印本 四十八冊

450000－2601－0005789 綫 I261/3570（1）

欽定學堂章程六卷 （清）學部編 清末鉛印本 五冊 缺一卷（一）

450000－2601－0005790 綫 ±353.013/6008

欽頒州縣事宜一卷 （清）田文鏡等輯 清末蘭州官書局鉛印本 一冊

450000－2601－0005791 綫 廿 920.5/8710

鄭學錄四卷 （清）鄭珍撰 清同治四年（1865）遵義鄭知同刻本 二冊

450000－2601－0005792 綫 D921/6085

鑑撮四卷 （清）曠敏本編 清光緒二十八年（1902）亦西齋石印本 二冊

450000－2601－0005793 綫 D21/2800（2）

竹書紀年統箋十二卷前編一卷雜述一卷 （清）徐文靖統箋補箋彙輯 清光緒二十三年（1897）圖書集成局鉛印本 二冊

450000－2601－0005794 綫 D98/2649

筠清館金石文字五卷 （清）吳榮光撰 清道光二十二年（1842）宜都楊氏刻鄰蘇園金石叢書本 五冊

450000－2601－0005795 特綫 ±353.03/2633

嘉慶貳拾壹年丙子科廣西鄉試錄一卷 （清）□□輯 清嘉慶二十一年（1816）刻本 一冊

450000－2601－0005796 特綫 ±915.0156/3343（1）

[光緒]貴縣志八卷 （清）夏敬頤等修 （清）梁吉祥編簒 清光緒二十年（1894）紫泉書院刻本 五冊

450000－2601－0005797 綫 920.1/6058（1）

漢名臣傳三十二卷 （清）國史館編 清末京都正陽門琉璃廠榮錦書坊刻本 三十一冊

缺一卷（一）

450000 - 2601 - 0005798　綫 303/4424（2）

通典二百卷　（唐）杜佑纂　清同治十年
(1871)廣州學海堂刻三通本　四十冊

450000 - 2601 - 0005799　綫廿 951/7246（2）

資治通鑑外紀十卷目錄五卷　（宋）劉恕編集
（清）胡克家注補　清同治十年(1871)江蘇
書局刻本　十冊

450000 - 2601 - 0005800　綫廿 951/7246（3）

資治通鑑外紀十卷目錄五卷　（宋）劉恕編集
（清）胡克家注補　清同治十年(1871)江蘇
書局刻本　十冊

450000 - 2601 - 0005801　特綫 ± 353.21/
1269

兩廣官報第一至九期不分卷　（清）兩廣總督
署編輯　清宣統三年(1911)廣州粵東編譯公
司鉛印本　九冊

450000 - 2601 - 0005802　藏綫 D24/1725

弘簡錄二百五十四卷　（明）邵經邦著　**續弘
簡錄元史類編四十二卷**　（清）邵遠平續著
清康熙二十七年(1688)邵氏刻乾隆增修本
八十四冊

450000 - 2601 - 0005803　藏綫廿 920.1/1725

弘簡錄二百五十四卷　（明）邵經邦著　（清）
邵遠平校　清康熙刻本　五十五冊

450000 - 2601 - 0005804　藏綫 D68/4411

[乾隆]武夷山志二十四卷首一卷　（清）董天
工編集　清乾隆十六年至十九年(1751 -
1754)武夷董氏觀光樓刻本　十冊

450000 - 2601 - 0005805　藏綫廿 112.44/
7703

孟子四考四卷　（清）周廣業撰　清乾隆六十
年(1795)省吾廬刻本　二冊

450000 - 2601 - 0005806　藏綫廿 811.22/
3837

毛詩三卷　（漢）毛亨傳　（明）許初篆書　明
嘉靖五年(1526)刻本　一冊

450000 - 2601 - 0005807　藏綫 K201.3/2760

唐人試律說一卷　（清）紀曉嵐（紀昀）編　清
乾隆二十五年(1760)河間紀氏刻本　一冊

450000 - 2601 - 0005808　藏綫廿 422/0712

爾雅註疏十一卷　（晉）郭璞註　（宋）邢昺疏
（宋）熊九岳等校　明末刻本　二冊

450000 - 2601 - 0005809　藏綫廿 422/6071

爾雅翼三十二卷　（宋）羅願著　（明）胡文煥
校　明萬曆二十三年(1595)刻本　六冊

450000 - 2601 - 0005810　綫 ±915/3132（1）

讀史方輿紀要一百三十卷輿圖要覽四卷
（清）顧祖禹輯著　清嘉慶十六年(1811)四川
龍萬育敷文閣刻光緒五年(1879)蜀南薛氏家
塾補修桐華書屋湖北印本　四十八冊　缺十
一卷（一百六至一百一十二、一百二十至一百二
十三）

450000 - 2601 - 0005811　藏綫 D653/3134
（2）

咸淳臨安志一百卷附札記一卷　（宋）潛說友
纂　清道光十年(1830)錢塘振綺堂汪氏刻同
治六年(1867)補刻本　二十四冊　存九十六
卷(一至九十五、札記一卷)

450000 - 2601 - 0005812　藏綫 D653/3134
（1）

咸淳臨安志一百卷附札記一卷　（宋）潛說友
纂　清道光十年(1830)錢塘振綺堂汪氏刻同
治六年(1867)補刻本　二十四冊　存九十八
卷(一至九十七、札記一卷)

450000 - 2601 - 0005813　藏綫 D653/7533

[光緒]歸安縣志五十二卷首一卷　（清）李昱
修　（清）陸心源纂　清光緒八年(1882)刻本
十六冊

450000 - 2601 - 0005814　特綫 ± 353.03/
4779

光緒捌年舉行壬午科廣西鄉試題名錄一卷
（清）□□輯　清光緒八年(1882)刻本　一冊

450000 - 2601 - 0005815　藏綫廿 815.12/
3414

皇明百家小說一百二十種一百二十卷 （明）沈廷松輯　明末刻本　五冊　存五十五種五十五卷(皇明盛事一卷、菽園雜記一卷、客座新聞一卷、枝山前聞一卷、莘野纂聞一卷、駒陰冗記一卷、中洲野錄一卷、長安客話一卷、古穰雜錄一卷、後渠漫記一卷、懸笥瑣探一卷、南翁夢錄一卷、碧里雜存一卷、田居乙記一卷、西樵野記一卷、二酉委譚一卷、三餘贅筆一卷、聽雨紀談一卷、劉氏雜志一卷、推蓬寤語一卷、寒檠膚見一卷、肆說鈴一卷、語窺今古一卷、新知錄一卷、識小編一卷、庚巳編一卷、續巳編一卷、涉異志一卷、蘇談一卷、意見一卷、遇恩錄一卷、天順日錄一卷、今言一卷、彭公筆記一卷、琅琊漫抄一卷、震澤紀聞一卷、震澤長語一卷、病叟漫記一卷、高坡異纂一卷、豫章漫抄一卷、蓬軒別記一卷、蓬窗續錄一卷、青巖叢錄一卷、東谷贅言一卷、閒中今古錄一卷、春風堂隨筆一卷、籤曝偶談一卷、雨航雜錄一卷、甲乙剩言一卷、百可漫志一卷、見聞紀訓一卷、先進遺風一卷、擁絮迂談一卷、遼邸記聞一卷、女俠傳一卷)

450000－2601－0005816　藏綫卅 815.12/1293(1)

北夢瑣言二十卷 （宋）孫光憲纂集　清乾隆二十一年（1756）德州盧見曾雅雨堂刻本　二冊

450000－2601－0005817　藏綫卅 953/8323(2)

北魏纂五卷 （明）錢岱纂　明萬曆刻本　五冊

450000－2601－0005818　藏綫卅 953/8323(1)

北齊纂三卷 （明）錢岱纂　明萬曆刻本　三冊

450000－2601－0005819　藏綫 D98/3331

欽定西清古鑑四十卷錢錄十六卷 （清）梁詩正等纂　（清）陳孝泳等摹篆　（清）梁觀等繪圖　清光緒刻本　二十四冊

450000－2601－0005820　藏綫卅 953/0043(2)

晉書一百三十卷 （唐）太宗李世民撰　（明）鍾人傑教　明末鍾人傑刻本　十一冊　存四十四卷(帝紀一至十,志四至七、十一至十五,載記一至四、十至三十)

450000－2601－0005821　平 174/7568

簡明商務習業教科書不分卷 （清）陳昌年編輯　清光緒三十二年（1906）上海校經山房活版所益新書局木活字印本　一冊

450000－2601－0005822　特綫 D68/1060

[康熙]鼎湖山慶雲寺志八卷首一卷 （清）丁易總修　（清）釋成鷲纂述　清康熙五十六年（1717）刻乾隆遞修本　四冊

450000－2601－0005823　特綫 D651/1788

[道光]重修寶應縣志二十八卷首一卷 （清）孟毓蘭修　（清）喬載繇等纂　清道光二十一年（1841）湯氏沐華堂刻本　十冊

450000－2601－0005824　藏綫 D653/5522

[雍正]寧波府志三十六卷首一卷 （清）曹秉仁等修　（清）萬經等纂　清道光二十六年（1846）介祉堂沈琛刻本　十六冊

450000－2601－0005825　特綫 D68/1222

[嘉慶]崆峒山志二卷 （清）張伯魁纂修　清同治十一年（1872）海鹽張伯魁刻本　二冊

450000－2601－0005826　藏綫 D653/1230

武林掌故叢編二十六集一百八十六種六百二十二卷 （清）丁丙輯　清光緒八年（1882）錢塘丁氏刻本　四冊　存二種十七卷(定鄉小識十六卷、紫陽庵集一卷)

450000－2601－0005827　綫卅 952/4464(4)

後漢書九十卷續漢書志三十卷 （南朝宋）范曄撰　（唐）李賢注　（晉）司馬彪補志　（南朝梁）劉昭注補　清同治八年（1869）金陵書局刻本　十六冊

450000－2601－0005828　綫卅 952/4464(5)

後漢書九十卷續漢書志三十卷 （南朝宋）范曄撰　（唐）李賢注　（晉）司馬彪補志　（南朝梁）劉昭注補　清同治八年（1869）金陵書

局刻本　十六冊

450000－2601－0005829　平 150/4629
心理學不分卷　楊保恒編輯　清光緒三十三
年(1907)中國圖書公司鉛印本　一冊

450000－2601－0005830　特綫 D651/4718
[光緒]重修華亭縣志二十四卷首一卷末一卷
（清）楊開第修　（清）姚光發等纂　清光緒
四年至五年(1878－1879)刻本　十冊

450000－2601－0005831　藏綫 D653/7434
[光緒]諸暨縣志六十一卷　陳通聲修　（清）
蔣鴻藻纂　清宣統三年(1911)刻本　十八冊

450000－2601－0005832　平 176/1037
再版改良婚姻衛生進化新論三篇　（日本）藤
根常吉著　（清）丁福同譯　清宣統元年
(1909)上海科學書局再版鉛印本　一冊

450000－2601－0005833　特綫 D651/8063
[光緒]昆新兩縣續修合志五十二卷首一卷末
一卷　（清）金吳瀾等修　（清）汪堃等纂　清
光緒六年(1880)刻本　二十四冊

450000－2601－0005834　特綫 D68/1032
錫山景物畧十卷　（清）王永積輯　清光緒二
十四年(1898)王春驪刻本　五冊

450000－2601－0005835　特綫 D651/7120
(1)
[道光]重刊續纂宜荊縣志十卷首一卷　（清）
顧名等修　（清）吳德旋等纂　清道光二十年
(1840)刻本　四冊

450000－2601－0005836　特綫 D68/0014
水道提綱二十八卷附天度刊誤一卷　（清）齊
召南編錄　清光緒二十四年(1898)新化三味
書室刻本　六冊

450000－2601－0005837　特綫 D651/7120
(2)
[道光]重刊續纂宜荊縣志十卷首一卷　（清）
顧名等修　（清）吳德旋等纂　清道光二十年
(1840)刻本　四冊

450000－2601－0005838　特綫 D651/7124
(1)
[嘉慶]重刊宜興縣志四卷首一卷　（清）阮升
基修　（清）甯楷纂　清嘉慶二年(1797)刻本
二冊

450000－2601－0005839　特綫 D68/0022
[乾隆]南嶽志八卷　（清）高自位編　清乾隆
十八年(1753)開雲樓刻本　六冊

450000－2601－0005840　特綫 D68/1083
御覽孤山志一卷　（清）王復禮編輯　清光緒
七年(1881)錢塘丁氏嘉惠堂刻武林掌故叢編
本　一冊

450000－2601－0005841　特綫 D68/2232
[康熙]鼎湖山慶雲寺志八卷首一卷　（清）丁
易總修　（清）釋成鷟纂述　清康熙五十六年
(1717)刻乾隆遞修本　一冊　存一卷(首一
卷)

450000－2601－0005842　特綫 D68/2333
行水金鑑七十五卷圖說一卷　（清）傅澤洪撰
清雍正三年(1725)傅澤洪淮揚官署刻本
一冊　存一卷(圖說一卷)

450000－2601－0005843　特綫 D651/7124
(2)
[嘉慶]重刊宜興縣舊志十卷首一卷末一卷
(清)李先榮修　（清）阮升基增修　（清)甯
楷等增纂　清嘉慶二年(1797)刻本　十冊

450000－2601－0005844　特綫 D68/2148
重輯桑園圍志十七卷　（清）何如銓纂修　清
光緒十五年(1889)刻本　六冊

450000－2601－0005845　特綫 D651/0850
[光緒]宜興荊溪新志十卷首一卷末一卷
(清)施惠　（清)錢吉澄修　（清)吳景牆等
纂　清光緒八年(1882)刻本　八冊

450000－2601－0005846　特綫 D68/1730(1)
湖山便覽十二卷附西湖十景圖一卷　（清）翟
灝　（清）翟瀚輯　清光緒元年(1875)槐蔭堂
王維翰刻本　六冊

450000－2601－0005847　特綫 D68/1730(2)

湖山便覽十二卷附西湖十景圖一卷　（清）翟灝　（清）翟瀚輯　清光緒元年(1875)槐蔭堂王維翰刻本　六冊

450000－2601－0005848　特綫 D68/1746

莫愁湖志六卷首一卷　（清）馬士圖輯著　清光緒八年(1882)刻本　二冊

450000－2601－0005849　特綫 D68/2749

三吳水利錄四卷續錄一卷附錄一卷　（明）歸有光纂　（明）歸輔世輯　清道光十六年(1836)海昌蔣光煦別下齋刻本　一冊

450000－2601－0005850　特綫 D68/3040

滄浪小志二卷　（清）宋犖編　清光緒十年(1884)江蘇書局刻本　一冊

450000－2601－0005851　特綫 D68/3211

浙西水利備考一卷　（清）王鳳生撰　（清）胡德璐繪圖　清末抄本　四冊

450000－2601－0005852　特綫 D68/3448

五省溝洫圖說一卷　（清）沈夢蘭撰　清光緒六年(1880)江蘇書局刻本　一冊

450000－2601－0005853　特綫 D68/3404(1)

三國疆域志補注十五卷　（清）洪亮吉饌（清）謝鍾英補注　三國大事表一卷疆域表二卷疆域志疑一卷　（清）謝鍾英撰　清光緒十五年(1889)湘中刻本　八冊

450000－2601－0005854　特綫 D68/3404(2)

三國疆域志補注十五卷　（清）洪亮吉饌（清）謝鍾英補注　三國大事表一卷疆域表二卷疆域志疑一卷　（清）謝鍾英撰　清光緒十五年(1889)湘中刻本　八冊

450000－2601－0005855　特綫 D68/3404(3)

補三國疆域志二卷　（清）洪亮吉撰　清光緒十七年(1891)廣雅書局刻本　一冊

450000－2601－0005856　特綫 D68/3421

補梁疆域志四卷　（清）洪齮孫撰　清道光十五年(1835)王焯等江陰刻本　二冊

450000－2601－0005857　特綫 D68/3404(4)

東晉疆域志四卷　（清）洪亮吉學　清嘉慶元年(1796)京師刻北江全集本　二冊

450000－2601－0005858　特綫 D68/4409

增訂廣輿記二十四卷　（清）蔡方炳增輯　清乾隆、嘉慶間刻本　十二冊

450000－2601－0005859　特綫 D651/2163

[光緒]江陰縣志三十卷首一卷　（清）盧思誠等修　（清）季念詒等纂　清光緒四年(1878)刻本　二十冊

450000－2601－0005860　特綫 D68/4034

金蓋山志四卷首一卷　（清）李宗蓮編輯（清）冷雪道人　丁復仁繪　清光緒二十二年(1896)古書隱樓刻本　二冊

450000－2601－0005861　特綫 D68/4035

嘉應州陰那山志六卷　（清）李閬中增輯　清咸豐六年至同治元年(1856－1862)刻本　二冊

450000－2601－0005862　特綫 D68/4040(1)

[道光]華嶽志八卷首一卷　（清）李榕纂輯　清道光楊翼庭清白別墅刻光緒八年至九年(1882－1883)楊昌濬陳爵之三十年(1904)補刻本　四冊

450000－2601－0005863　特綫 D68/4040(2)

[道光]華嶽志八卷首一卷　（清）李榕纂輯　清道光楊翼庭清白別墅刻光緒八年至九年(1882－1883)楊昌濬陳爵之補刻本　四冊

450000－2601－0005864　特綫 D68/4040(3)

[道光]華嶽志八卷首一卷　（清）李榕纂輯　清道光楊翼庭清白別墅刻光緒八年至九年(1882－1883)楊昌濬陳爵之補刻本　四冊

450000－2601－0005865　特綫 D68/4400

西樵白雲洞志五卷　（清）黃亨纂輯　清光緒十三年(1887)沙頭陳英元刻本　一冊

450000－2601－0005866　特綫 D68/4436(1)

申江勝景圖二卷　（清）尊聞閣主人輯　（清）吳友如繪　清光緒十年(1884)上海點石齋石印本　二冊

450000－2601－0005867　特綫 D68/4436(2)

申江勝景圖二卷　（清）尊聞閣主人輯　（清）
吳友如繪　清光緒二十年(1894)上海點石齋
石印本　二冊

450000 – 2601 – 0005868　特綫 D68/4437(1)
平山堂圖志十卷首一卷　（清）趙之壁編纂
清光緒九年(1883)楚南歐陽利見刻本　四冊

450000 – 2601 – 0005869　特綫 68/4437(2)
平山堂圖志十卷首一卷　（清）趙之壁編纂
清光緒九年(1883)楚南歐陽利見刻本　四冊

450000 – 2601 – 0005870　特綫 D68/4430
[康熙]新修嶽麓書院志書八卷首一卷　（清）
趙寧纂修　清康熙二十六年(1687)鏡水堂刻
清末補刻本　八冊

450000 – 2601 – 0005871　特綫 ± 915.3434/
1033
[嘉慶]江都縣志十二卷首一卷　（清）王逢源
修　（清）李保泰纂　清光緒七年(1881)刻本
四冊

450000 – 2601 – 0005872　特綫 D68/4466
西湖百詠二卷　（宋）董嗣杲作　（明）陳贄和
清光緒七年(1881)錢塘丁丙刻本　二冊

450000 – 2601 – 0005873　特綫 D68/4730
[道光]京口山水志十八卷首一卷末一卷
（清）楊棨譔　清道光二十四年(1844)鎮江善
化書局刻本　六冊

450000 – 2601 – 0005874　特綫 D68/7720
洞霄圖志六卷　（宋）鄧牧編　（元）孟宗寶集
清乾隆、嘉慶間錢塘鮑氏刻知不足齋叢書
本　三冊

450000 – 2601 – 0005875　特綫 D651/0048
[乾隆]江都縣志三十二卷　（清）五格
（清）黃湘纂修　清乾隆八年(1743)刻本
十冊

450000 – 2601 – 0005876　特綫 D68/8030
[嘉慶]泰山志二十卷　（清）金棨輯　清嘉慶
十三年(1808)金棨刻十五年(1810)魯蕭吉補
刻本　十冊

450000 – 2601 – 0005877　特綫 D651/4436
[同治]續纂江甯府志十五卷首一卷　（清）蔣
啟勳等修　（清）汪士鐸等纂　清光緒六年至
七年(1880 – 1881)刻本　十二冊

450000 – 2601 – 0005878　特綫 D68/8041(1)
[乾隆]太湖備考十六卷首一卷　（清）金友理
纂述　湖程紀略一卷　（清）金友理撰　[光
緒]太湖備考續編四卷　（清）鄭言紹輯　清
乾隆十五年(1750)藝蘭圃刻光緒二十九年
(1903)憩園補刻本　十二冊

450000 – 2601 – 0005879　特綫 D68/7410
[康熙]南海普陀山志十五卷首一卷　（清）朱
謹等編輯　清雍正十三年(1735)刻本　四冊

450000 – 2601 – 0005880　特綫 D68/5098
[道光]重修南海普陀山志二十卷首一卷
（清）秦耀曾編輯　清道光十二年(1832)刻本
四冊

450000 – 2601 – 0005881　特綫 D651/0203
[光緒]海門廳圖志二十卷首一卷　（清）劉文
澈等修　（清）周家祿等纂　清光緒二十六年
(1900)刻本　四冊

450000 – 2601 – 0005882　特綫 D68/7454
中國江海險要圖誌正編二十二卷首一卷續編
五卷　（英國）英國海軍海圖官局輯　（清）陳
壽彭譯　中國江海險要圖誌圖五卷　（清）陳
壽彭輯　清光緒三十三年(1907)廣東廣雅書
局石印本　十三冊　缺五卷(中國江海險要
圖誌續編五卷)

450000 – 2601 – 0005883　特綫 D68/5063
中國江海險要圖五卷　（清）陳壽彭輯　清光
緒二十七年(1901)上海經世文社石印本　一
冊　存三卷(一、三、五)

450000 – 2601 – 0005884　特綫 D68/7590
山東運河備覽十二卷圖說一卷　（清）陸耀纂
清乾隆四十年至四十一年(1775 – 1776)切
問齋刻本　六冊

450000 – 2601 – 0005885　特綫 D68/7710
[康熙]曹溪通志八卷首一卷　（清）馬元修

(清)釋真朴重修　清道光十六年(1836)曲江劉學禮刻本　四册

450000－2601－0005886　特綫 D68/8041(2)

[乾隆]太湖備考十六卷首一卷　(清)金友理纂述　湖程紀略一卷　(清)金友理撰　清乾隆十五年(1750)藝蘭圃刻本　八册

450000－2601－0005887　特綫 D68/8041(3)

[光緒]太湖備考續編四卷　(清)鄭言紹輯　清光緒二十九年(1903)憩園補刻本　四册

450000－2601－0005888　特綫 D651/3394

[光緒]通州直隸州志十六卷首一卷末一卷　(清)梁悅馨等修　(清)季念詒等纂　清光緒元年至二年(1875－1876)刻本　十六册

450000－2601－0005889　特綫 D651/3364

[咸豐]重修興化縣志十卷　(清)梁園棣修　(清)鄭之僑等纂　清咸豐二年(1852)刻尊經閣印本　八册

450000－2601－0005890　特綫 D651/4734

光緒丙子清河縣志二十六卷　(清)胡裕燕修　(清)吳昆田等纂　清光緒五年(1879)刻本　六册

450000－2601－0005891　特綫 D68/8060

廣雁蕩山誌十六卷首一卷末一卷　(清)曾唯纂　清乾隆五十五年(1790)永嘉曾氏依綠園刻本　十册

450000－2601－0005892　特綫 D651/9067

[乾隆]蘇州府志八十卷首一卷　(清)雅爾哈善等修　(清)王峻纂　清乾隆十三年(1748)刻本　三十二册

450000－2601－0005893　特綫 D692.7/1220

蒙古游牧記十六卷　(清)張穆撰　清同治六年(1867)壽陽祁寯藻刻本　四册

450000－2601－0005894　綫 B311/2670(1)

伊川易傳六卷　(宋)程頤撰　清光緒三十三年(1907)湖北工業傳習所鉛印本　四册

450000－2601－0005895　特綫 D651/8038

光緒南滙縣志二十二卷首一卷末一卷　(清)

金福曾等修　(清)張文虎纂　清光緒五年(1879)刻民國三年(1914)修志籌備處印本　十二册

450000－2601－0005896　特綫 ±915.001/4441

[嘉慶]九疑山志四卷　(清)吳繩祖重編　清嘉慶元年(1796)樊在廷刻光緒九年(1883)補刻本　二册

450000－2601－0005897　特綫 D651/7124

[嘉慶]重刊荊溪縣志四卷首一卷　(清)唐仲冕修　(清)甯楷纂　清嘉慶二年(1797)刻本　二册

450000－2601－0005898　特綫 ±915.3443/3144

[同治]蘇州府志一百五十卷首三卷　(清)李銘皖等修　(清)馮桂芬纂　清光緒八年至九年(1882－1883)江西書局刻本　八十册

450000－2601－0005899　特綫 ±915.003/2610(1)

[同治]焦山志二十六卷首一卷　(清)吳雲輯　清同治四年至十三年(1865－1874)刻本　八册

450000－2601－0005900　特綫 ±915.003/2610(2)

[光緒]焦山續志八卷　(清)陳任暘輯　清光緒三十年至三十一年(1904－1905)刻本　二册

450000－2601－0005901　特綫 ±915.002/4021(1)

[雍正]西湖志四十八卷　(清)李衛等纂修　清雍正九年至十三年(1731－1735)兩浙鹽驛道庫刻本　二十四册

450000－2601－0005902　特綫 D651/4410

[咸豐]甘棠小志四卷首一卷末一卷　(清)董醇著　清咸豐五年(1855)刻本　四册

450000－2601－0005903　特綫 D651/6066

[光緒]增修甘泉縣志二十卷圖一卷首一卷　(清)徐成敟等修　清光緒十一年(1885)刻本

二十冊

450000 - 2601 - 0005904　特綫 ± 915.003/4777

黃鵠山志十二卷首一卷　（清）胡鳳丹編纂
清同治十三年(1874)永康胡鳳丹退補齋刻本
六冊

450000 - 2601 - 0005905　特綫 D651/2436

[道光]金匱縣輿地全圖不分卷附簡明冊二卷
（清）華湛思修　清光緒三十四年(1908)刻
本　六冊

450000 - 2601 - 0005906　特綫 ± 915.002/4021(2)

[雍正]西湖志四十八卷　（清）李衛等纂修
清雍正九年至十三年(1731 - 1735)兩浙鹽驛
道庫刻本　三十二冊

450000 - 2601 - 0005907　171/3334

德育鑑不分卷　梁啟超著　清宣統二年
(1910)上海廣智書局四版鉛印本　一冊

450000 - 2601 - 0005908　特綫 ± 353.3313/6035(1)

西湖游覽志二十四卷志餘二十六卷　（明）田
汝成撰　清光緒二十二年(1896)錢塘丁氏嘉
惠堂刻武林掌故叢編本　十二冊

450000 - 2601 - 0005909　特綫 D651/0203

揚州水道記四卷　（清）劉文淇撰　清道光十
八年(1838)刻本　四冊

450000 - 2601 - 0005910　特綫 D651/5630

[嘉慶]重修揚州府志七十二卷首一卷　（清）
阿克當阿修　（清）姚文田等纂　清嘉慶十五
年(1810)刻本　五十六冊

450000 - 2601 - 0005911　特綫 ± 915/3402

東晉疆域志四卷　（清）洪亮吉學　清嘉慶元
年(1796)京師刻北江全集本　二冊

450000 - 2601 - 0005912　特綫 ± 915.25/6010

[康熙]長河志籍考十卷　（清）田雯編　清康
熙三十七年(1698)刻本　一冊

450000 - 2601 - 0005913　特綫 ± 915/1040(2)

元豐九域志十卷　（宋）王存等撰　清光緒八
年(1882)金陵書局刻本　四冊

450000 - 2601 - 0005914　特綫 D651/4731

[光緒]泰興縣志二十六卷首一卷末二卷
（清）楊激雲修　（清）顧曾烜纂　清光緒十二
年(1886)刻本　九冊　缺一卷(首一卷)

450000 - 2601 - 0005915　特綫 ± 912/6644

大清中外壹統輿圖三十一卷首一卷　（清）徐
樹森等編繪　清同治二年(1863)湖北撫署景
桓樓刻本　二十四冊

450000 - 2601 - 0005916　特綫 D651/3440

[嘉慶]重修泰興縣志八卷　（清）凌坮等修
（清）張福謙纂　清嘉慶十八年(1813)刻本
八冊

450000 - 2601 - 0005917　特綫 D653/4010

[乾隆]溫州府志三十卷首一卷　（清）李琬修
（清）齊召南等纂　清乾隆二十七年(1762)
刻本　十六冊

450000 - 2601 - 0005918　特綫 D673/8730

[乾隆]杭州府志一百十卷首六卷　（清）鄭澐
修　（清）邵齊然等纂　清乾隆四十九年
(1784)刻本　四十八冊

450000 - 2601 - 0005919　特綫 D653/8013

[光緒]黃岩縣志四十卷首一卷　（清）陳寶善
等修　（清）王棻纂　（清）鄭錫滜續修
（清）王詠霓續纂　黃岩志校議一卷　（清）王
棻撰　清光緒三年(1877)刻六年(1880)補刻
本　八冊

450000 - 2601 - 0005920　特綫 D653/4435

[同治]長興縣志三十二卷　（清）趙定邦修
（清）周學濬等纂　清光緒十八年(1892)孫同
祖等增刻本　十六冊

450000 - 2601 - 0005921　特綫 D653/8322

[乾隆]鄞縣志三十卷首一卷　（清）錢維喬修
（清）錢大昕等纂　清乾隆五十三年(1788)
鄞縣衙署刻本　十二冊

450000 - 2601 - 0005922　　特綫 D653/1240

[同治]鄞縣志七十五卷　　(清)戴枚修
(清)張恕等纂　清光緒二年至四年(1876 - 1878)刻本　　三十二冊

450000 - 2601 - 0005923　　特綫 D653/1030

光緒桐鄉縣志二十四卷首四卷　　(清)嚴辰輯
　楊園淵源錄四卷　　(清)沈曰富輯　清光緒
十三年(1887)蘇州陶漱藝齋刻青鎮立志書院
印本　　二十四冊

450000 - 2601 - 0005924　　特綫 D652/1200

[宣統]建德縣志二十卷首一卷　　張贊巽等修
(清)周學銘等纂　清宣統二年(1910)湖北
官刷印局鉛印本　　十冊

450000 - 2601 - 0005925　　特綫 D652/6070
(1)

[淳熙]新安志十卷　　(宋)羅顧撰　清光緒十
四年(1888)黟邑李氏刻本　　四冊

450000 - 2601 - 0005926　　特綫 ±915.3342/
0024

光緒蘭谿縣志八卷首一卷附補遺一卷　　(清)
秦簧等修　(清)唐壬森纂　清光緒十三年至
十四年(1887 - 1888)刻十七年(1891)補刻本
　十冊

450000 - 2601 - 0005927　　特綫 D652/6070
(2)

[淳熙]新安志十卷　　(宋)羅顧撰　清光緒十
四年(1888)黟邑李氏刻本　　四冊

450000 - 2601 - 0005928　　特綫 D653/7790

[光緒]餘姚縣志二十七卷首一卷末一卷
(清)周炳麟修　(清)邵友濂等纂　清光緒二
十五年(1899)刻本　　十六冊

450000 - 2601 - 0005929　　特綫 D652/3444

[光緒]重修安徽通志三百五十卷補遺十卷
(清)吳坤修等修　(清)何紹基等纂　清光緒
四年(1878)刻本　　一百二十冊

450000 - 2601 - 0005930　　特綫 D651/8783
(1)

[光緒]常昭合志稿四十八卷首一卷末一卷

(清)鄭鍾祥等修　(清)龐鴻文纂　清光緒三
十年(1904)木活字印本　　十七冊

450000 - 2601 - 0005931　　特綫 D651/8783
(2)

[光緒]常昭合志稿四十八卷首一卷末一卷
(清)鄭鍾祥等修　(清)龐鴻文纂　清光緒三
十年(1904)木活字印本　　十六冊

450000 - 2601 - 0005932　　特綫 D654/0241

[光緒]江西通志一百八十卷首五卷　　(清)劉
坤一等修　(清)劉鐸等纂　清光緒六年至七
年(1880 - 1881)刻本　　一百二十冊

450000 - 2601 - 0005933　　特綫 D654/2530

江西全省輿圖十四卷　　(清)劉坤一等編繪
清光緒二十二年(1896)石印本　　十二冊

450000 - 2601 - 0005934　　特綫 ±915.3472/
6093

[光緒]丹徒縣志六十卷首四卷　　(清)何紹章
等修　(清)呂耀斗等纂　清光緒五年(1879)
刻本　　二十八冊

450000 - 2601 - 0005935　　特綫 ±915.3123/
0044

[同治]峽江縣志十卷首一卷　　(清)暴大儒修
(清)廖其觀纂　清同治十年(1871)刻本
八冊

450000 - 2601 - 0005936　　特綫 ±915.3138/
4232

[同治]安義縣志十六卷首一卷末一卷　　(清)
杜林修　(清)彭斗等纂　清同治十年(1871)
木活字印本　　八冊

450000 - 2601 - 0005937　　特綫 D654/2440

[同治]臨江府志三十二卷首一卷　　(清)德馨
等修　(清)朱孫詒等纂　清同治十年(1871)
刻本　　六冊

450000 - 2601 - 0005938　　特綫 D655/7733

[同治]應山縣志三十六卷首一卷　　(清)劉宗
元等修　(清)吳天錫纂　清同治十年(1871)
刻本　　十六冊

450000 – 2601 – 0005939　特綫 ±915.3116/
4136

[光緒]武昌縣志二十六卷首一卷末一卷
(清)鍾桐山修　柯逢時纂　清光緒十一年
(1885)刻本　十冊

450000 – 2601 – 0005940　特綫 D661/4749

[嘉慶]四川通志二百四卷首二十二卷　(清)
常明等修　(清)譚光祜等纂　清嘉慶二十一
年(1816)刻本　一百六十冊

450000 – 2601 – 0005941　特綫 D654/4037

[同治]興安縣志摘抄十六卷首一卷　(清)李
賓暘修　(清)趙桂林纂　(清)□□輯　清抄
本　一冊

450000 – 2601 – 0005942　特綫 D655/0093

[光緒]湖北通志凡例不分卷辨例一卷　(清)
章學誠撰　清光緒八年(1882)長洲彭祖賢武
昌官書局木活字印本　一冊

450000 – 2601 – 0005943　特綫 D661/1230
(1)

蜀典十二卷　(清)張澍編輯　清道光十四年
(1834)武威張氏安懷堂刻本　四冊

450000 – 2601 – 0005944　特綫 D661/1230
(2)

蜀典十二卷　(清)張澍編輯　清光緒二年
(1876)尊經書院刻本　四冊

450000 – 2601 – 0005945　特綫 ±915.3137/
4488

[光緒]續修江陵縣志六十五卷首一卷　(清)
蒯正昌等修　(清)胡九皋等纂　清光緒三年
(1877)刻本　二十四冊

450000 – 2601 – 0005946　特綫 D661/4233

蜀故二十七卷　(清)彭遵泗纂輯　清道光十
三年(1833)刻丹棱白鶴堂印本　六冊

450000 – 2601 – 0005947　特綫 D661/1165

[道光]德陽縣新志十二卷首一卷末一卷
(清)裴顯忠修　(清)廖家騶纂　清道光十七
年(1837)刻本　五冊

450000 – 2601 – 0005948　特綫 D661/1246

[光緒]重修彭縣志十三卷首一卷末一卷
(清)張龍甲修　(清)呂調陽等纂　清光緒四
年至六年(1878 – 1880)刻本　十冊

450000 – 2601 – 0005949　特綫 D655/5333

荊州記三卷　(南朝宋)盛宏之撰　曹元忠輯
清光緒十九年(1893)刻箋經室叢書本
一冊

450000 – 2601 – 0005950　特綫 D661/2111

[光緒]灌縣鄉土志二卷　(清)鍾文虎修
(清)徐昱等纂　清光緒三十三年(1907)灌縣
教署刻本　二冊

450000 – 2601 – 0005951　特綫 ±915.34/
7720(1)

廣湖南考古畧三十卷　(清)同德齋主人編
清光緒十四年(1888)石印本　六冊

450000 – 2601 – 0005952　特綫 ±915.62/
9011(1)

華陽國志十二卷　(晉)常璩撰　補華陽國志
三州郡縣目錄一卷　(清)廖寅撰　清嘉慶十
九年(1814)廖寅題襟館刻本　四冊

450000 – 2601 – 0005953　特綫 ±915.34/
7720(2)

廣湖南考古畧三十卷　(清)同德齋主人編
清光緒十四年(1888)石印本　六冊

450000 – 2601 – 0005954　特綫 ±915.34/
8064

[光緒]湖南通志二百八十八卷首八卷末十九
卷　(清)卞寶第等修　(清)曾國荃等纂　清
光緒十一年(1885)刻本　一百六十八冊

450000 – 2601 – 0005955　特綫 D655/4777

[同治]鸚鵡洲小志四卷首一卷　(清)胡鳳丹
編纂　清同治十三年(1874)刻本　一冊　存
二卷(三至四)

450000 – 2601 – 0005956　特綫 ±915.62/
9011(2)

華陽國志十二卷　(晉)常璩撰　清光緒七年
(1881)廣漢鍾登甲樂道齋刻函海本　五冊

450000－2601－0005957　特綫 ±915.3143/4438

[光緒]黃州府志四十卷首一卷　（清）英啟修　（清）鄧琛纂　清光緒十年(1884)刻本　四十冊

450000－2601－0005958　特綫 ±915.53/0530

[乾隆]貴州通志四十六卷首一卷　（清）鄂爾泰等修　（清）靖道謨等纂　清乾隆六年(1741)刻本　三十冊　缺三卷(四十四至四十六)

450000－2601－0005959　特綫 ±915.3402/7233

[同治]新化縣志三十五卷首二卷　（清）甘啟運　（清）關培鈞修　（清）劉洪澤等纂　清同治十一年(1872)刻本　十六冊

450000－2601－0005960　特綫 D651/7435

[嘉慶]溧陽縣志十六卷首一卷　（清）李景嶧等修　（清）史炳等纂　清光緒二十二年(1896)木活字印本　十冊

450000－2601－0005961　特綫 D656/4441

[同治]石門縣志十四卷首一卷　（清）林葆元等修　（清）申正揚纂　清同治七年(1868)刻本　十二冊

450000－2601－0005962　特綫 D656/7464

[光緒]邵陽縣鄉土志四卷　（清）陳吳萃等修　（清）姚炳奎纂　清光緒三十三年(1907)刻本　四冊

450000－2601－0005963　特綫 D663/4036

[道光]黔記四卷　（清）李宗昉撰　清道光十四年(1834)刻本　一冊

450000－2601－0005964　特綫 ±915.53/6010

黔書二卷　（清）田雯編　清康熙二十九年(1690)刻本　一冊

450000－2601－0005965　特綫 D663/6010

黔書二卷　（清）田雯編　清末刻本　一冊

450000－2601－0005966　特綫 ±912.34/4231

[光緒]湖南輿圖不分卷圖說三卷　（清）彭清瑋修　清光緒二十三年(1897)刻本　三冊

450000－2601－0005967　特綫 D663/3840

[道光]遵義府志四十八卷首一卷　（清）平翰等修　（清）鄭珍等纂　清道光二十一年(1841)刻本　二十冊

450000－2601－0005968　特綫 D656/1039(1)

[同治]瀏陽縣志二十四卷　（清）王汝惺等修　（清）鄒煥杰等纂　清同治十二年(1873)刻本　十三冊

450000－2601－0005969　特綫 ±915.14/2284

[光緒]雲南通志二百四十二卷首四卷附忠義錄三十二卷忠義備考一卷列女錄八卷　（清）岑毓英修　（清）陳燦纂　清光緒二十年(1894)刻本　二百二十冊

450000－2601－0005970　特綫 D656/1039(2)

[同治]瀏陽縣志二十四卷　（清）王汝惺等修　（清）鄒煥杰等纂　清同治十二年(1873)刻本　十三冊

450000－2601－0005971　特綫 ±915.14/1000

[光緒]續雲南通志稿一百九十四卷首六卷　（清）王文韶等修　（清）唐炯等纂　清光緒二十七年(1901)四川岳池刻本　一百冊

450000－2601－0005972　特綫 ±915.3436/7780

[光緒]永明縣志五十卷首一卷末一卷　（清）萬發元修　（清）周銑詒纂　清光緒三十三年(1907)刻永明縣尚志堂印本　十四冊

450000－2601－0005973　特綫 D656/7702

[同治]安化縣志三十四卷首五卷末一卷　（清）邱育泉修　（清）何才煥纂　清同治十年(1871)刻本　二十二冊

450000－2601－0005974　特綫 ±915.14/7188

[嘉慶]滇繫四十卷　（清）師範纂輯　清光緒十三年(1887)刻本　四十冊

450000－2601－0005975　特綫 D656/6040

[同治]臨湘縣志十三卷首一卷末一卷　（清）盛慶黻等修　（清）熊興傑等纂　清同治十一年(1872)刻本　六冊

450000－2601－0005976　特綫 D656/6004

[同治]衡陽縣志十二卷　（清）羅慶薌修　（清）彭玉麟等纂　清同治十三年(1874)刻本　七冊

450000－2601－0005977　特綫 ±915.14/4421

蠻書十卷　（唐）樊綽撰　清光緒桐廬袁氏刻漸西村舍彙刊本　一冊

450000－2601－0005978　特綫 D656/6063

[道光]永州府志十八卷首一卷　（清）呂恩湛修　（清）宗績辰纂　清宣統二年(1910)刻本　三十四冊

450000－2601－0005979　特綫 D656/0707

[同治]續修甯鄉縣志四十四卷首一卷　（清）郭慶揚修　（清）童秀春纂　清同治六年(1867)刻本　十八冊

450000－2601－0005980　特綫 D656/8520

[乾隆]衡州府志三十三卷首一卷　（清）饒佺修　（清）曠敏本纂　清乾隆二十八年(1763)刻光緒元年(1875)補刻三學公局印本　二十冊

450000－2601－0005981　特綫 D664/4321

[道光]昆明縣志十卷　（清）戴絅孫輯　清光緒二十七年至三十年(1901－1904)昆明縣呂心源等刻本　六冊

450000－2601－0005982　特綫 ±915.14/2728

[咸豐]鄧川州志十六卷首一卷末一卷　（清）鈕方圓修　（清）侯允欽纂　清咸豐三年至四年(1853－1854)楊柄鍟戎州刻五年(1855)侯允欽補刻本　八冊

450000－2601－0005983　特綫 D656/3347

[同治]茶陵州志二十四卷　（清）福昌修　（清）譚鍾麟纂　清同治十年(1871)刻本　八冊

450000－2601－0005984　特綫 ±915.1433/7730

[光緒]浪穹縣志畧十三卷首一卷　（清）周沆纂輯　清光緒二十九年(1903)周沆等刻本　六冊

450000－2601－0005985　特綫 D667/2273(1)

西藏通覽二編　（日本）山縣初男編著　（清）四川西藏研究會編譯　清宣統元年(1909)鉛印本　三冊

450000－2601－0005986　特綫 D667/2273(2)

西藏通覽二編　（日本）山縣初男編著　（清）四川西藏研究會編譯　清宣統元年(1909)鉛印本　一冊　存上編葉五十八至一百三十八

450000－2601－0005987　特綫 ±915.14/4434(1)

[光緒]西藏圖考八卷首一卷　（清）黃沛翹輯　清光緒二十三年(1897)刻本　四冊

450000－2601－0005988　特綫 D656/3193

[同治]桂陽直隸州志二十七卷首一卷　（清）汪斅灝修　王闓運纂　清同治七年(1868)桂陽州學刻本　十三冊

450000－2601－0005989　特綫 ±915.14/4434(2)

[光緒]西藏圖考八卷首一卷　（清）黃沛翹輯　（清）韓銑繪　清光緒十二年(1886)滇南李培榮刻本　四冊

450000－2601－0005990　特綫 ±915.31/2690

[道光]重纂福建通志二百七十八卷首七卷補采福建全省列女附志一卷　（清）孫華準等修　（清）陳壽祺纂　（清）程祖洛等續修

（清）魏敬中續纂　清同治十年(1871)正誼書院刻本　一百四十冊

450000－2601－0005991　特綫 D656/8034
[光緒]桃源縣志十七卷首一卷末一卷　（清）余良棟修　（清）劉鳳苞纂　清光緒十八年(1892)刻本　二十冊

450000－2601－0005992　特綫 D656/0225
[同治]長沙縣志三十六卷首一卷　（清）劉采邦等修　（清）張延珂等纂　清同治十年(1871)刻本　二十冊

450000－2601－0005993　特綫 D656/3234
[同治]巴陵縣志三十卷首一卷　（清）嚴鳴琦等修　（清）吳敏樹等纂　清同治十一年(1872)刻本　十冊

450000－2601－0005994　特綫 D656/4484
[同治]益陽縣志二十五卷首一卷　（清）姚念楊等修　（清）趙裴哲纂　清同治十三年(1874)刻本　十四冊

450000－2601－0005995　特綫 ±915.31/1213
[道光]重纂福建通志二百七十八卷首七卷補採福建全省列女附志一卷　（清）孫爾準等修　（清）陳壽祺纂　（清）程祖洛等續修　（清）魏敬中續纂　清同治十年(1871)正誼書院刻本　一百六十七冊　缺一卷(首七)

450000－2601－0005996　特綫 D656/6037
[光緒]善化縣志三十四卷首一卷　（清）吳兆熙等修　（清）張先掄等纂　清光緒三年(1877)縣志局刻本　二十冊

450000－2601－0005997　特綫 ±915.3437/0724(1)
[光緒]湘陰縣圖志三十四卷首一卷末一卷（清）郭嵩燾等纂修　清光緒六年(1880)縣志局刻本　十四冊

450000－2601－0005998　特綫 ±915.3437/0724(2)
[光緒]湘陰縣圖志三十四卷首一卷末一卷（清）郭嵩燾等纂修　清光緒六年(1880)縣志

局刻本　十四冊

450000－2601－0005999　藏綫 D656/7444
[光緒]湘潭縣志十二卷　（清）陳嘉榆等修　王闓運等纂　清光緒十五年(1889)刻本　十冊

450000－2601－0006000　特綫 D656/7413
[同治]祁陽縣志二十四卷首一卷　（清）陳玉祥修　（清）劉希關等纂　清同治九年(1870)刻本　十六冊

450000－2601－0006001　特綫 D674/2431
[嘉慶]羊城古鈔八卷首一卷　（清）仇池石輯　清嘉慶十一年(1806)刻大齋堂印本　五冊

450000－2601－0006002　特綫 D671/4042
[康熙]甯化縣志七卷　（清）祝文郁修（清）李世熊纂　清同治八年(1869)華小初刻汀城李中和軒印本　八冊

450000－2601－0006003　特綫 ±915.0503/2472
羊城古鈔八卷首一卷　（清）仇池石輯　清嘉慶十一年(1806)刻大賞堂印本　五冊

450000－2601－0006004　特綫 D663/4037
[光緒]古州廳志十卷首一卷　（清）徐澤春修　（清）余嵩慶等纂　清光緒十四年(1888)吳厚恩刻本　六冊

450000－2601－0006005　特綫 D674/8740
[宣統]南海縣志二十六卷末一卷　（清）張鳳喈等修　（清）桂坫等纂　清宣統二年至三年(1910－1911)刻本　十六冊

450000－2601－0006006　特綫 D671/1002
[道光]廣東通志三百三十四卷首一卷　（清）阮元修　（清）陳昌齊等纂　清道光二年(1822)刻本　一百二十冊

450000－2601－0006007　特綫 ±915.0503/4307
[光緒]廣州府志一百六十三卷　（清）戴肇辰等修　（清）史澄等纂　清光緒五年(1879)番秀書院刻本　五十冊

450000 - 2601 - 0006008　特綫 ± 915.05/7535

[同治]廣東圖說九十二卷首一卷　（清）毛鴻賓等纂　（清）陳澧等繪　（清）桂文燦編說　清同治九年至十年（1870－1871）廣東省城龍藏街萃文堂刻本　十八冊

450000 - 2601 - 0006009　藏綫 D674/2133

[光緒]新寧縣志二十六卷首一卷　（清）何福海等修　（清）林國賡等纂　清光緒十九年（1893）刻本　八冊

450000 - 2601 - 0006010　特綫 ± 915.05/7744

廣東新語二十八卷　（清）屈大均撰　清刻本　十二冊

450000 - 2601 - 0006011　特綫 ± 915.0192/8032

[同治]懷集縣志十卷　（清）曾浤仁纂　（清）陳之海等修　清同治十一年至光緒元年（1872－1875）刻本　六冊

450000 - 2601 - 0006012　特綫 D673/9127

[乾隆]懷集縣志十卷　（清）顧旭明修　（清）唐廷梁纂　清乾隆二十年（1755）刻本　一冊　存二卷（四至五）

450000 - 2601 - 0006013　特綫 D674/1236（1）

[光緒]廣東輿地全圖不分卷　（清）會典館廣東分館繪　清光緒二十三年（1897）廣州石經堂石印本　二冊

450000 - 2601 - 0006014　特綫 D674/1236（2）

[光緒]廣東輿地全圖不分卷　（清）會典館廣東分館繪　清光緒二十三年（1897）廣州石經堂石印本　二冊

450000 - 2601 - 0006015　綫 Z16/3138

經籍訪古志六卷補遺一卷　（日本）澀江全善　（日本）森立之撰　清光緒十一年（1885）六合徐承祖鉛印本　八冊

450000 - 2601 - 0006016　綫 + 390/5040（2）

月令粹編二十四卷首一卷　（清）秦嘉謨編　清嘉慶十七年（1812）秦嘉謨刻本　八冊

450000 - 2601 - 0006017　綫 M3/8646

閱藏知津四十四卷總目四卷　（清）釋智旭彙輯　清光緒十八年（1892）金陵刻經處刻本　十冊

450000 - 2601 - 0006018　綫 + 390/5040（1）

月令粹編二十四卷首一卷　（清）秦嘉謨編　清嘉慶十七年（1812）秦嘉謨刻本　八冊

450000 - 2601 - 0006019　綫 D238.5/8042（1）

周書五十卷　（清）令狐德棻著　清同治十三年（1874）金陵書局刻二十四史本　六冊

450000 - 2601 - 0006020　綫 F229.115/6725

欽定周官義疏四十八卷首一卷　（清）諸錦等纂修　清同治十一年（1872）江西書局刻本　三十二冊

450000 - 2601 - 0006021　綫 D238.5/8042（2）

周書五十卷　（清）令狐德棻著　清光緒二十九年（1903）五洲同文書局石印本　八冊

450000 - 2601 - 0006022　特綫 ± 915.0112/8009（2）

[光緒]平樂縣志十卷　（清）全文炳纂　清光緒十年（1884）刻本　九冊

450000 - 2601 - 0006023　綫 F229.115/7404

周禮精華六卷首一卷　（清）陳龍標編輯　清嘉慶十一年（1806）刻本　三冊

450000 - 2601 - 0006024　綫 F229.115/0041

周官指掌五卷　（清）莊有可著　清道光九年（1829）刻本　二冊

450000 - 2601 - 0006025　綫 ± 390/3532

周官精義十二卷　（清）連斗山撰　清光緒二年（1876）蘇州掃葉山房刻本　六冊

450000 - 2601 - 0006026　綫廿 952/2548

周書集訓校釋十卷逸文一卷　（清）朱右曾集訓校釋　清光緒三年（1877）湖北崇文書局刻

本　二冊

450000－2601－0006027　綫＋390/2337

欽定周官義疏四十八卷首一卷　（清）諸錦等
纂修　清同治十年(1871)湖北崇文書局刻本
二十八冊

450000－2601－0006028　綫 D68/1994

同仁祠錄二卷　（清）孫炳奎輯　清光緒二十
三年(1897)錢塘丁氏嘉惠堂刻武林掌故叢編
本　一冊

450000－2601－0006029　綫±390/1200

周禮三家佚注一卷　（清）孫詒讓校集　清光
緒二十年(1894)刻本　一冊

450000－2601－0006030　綫±390/8807

周禮政要二卷　（清）孫詒讓著　清光緒二十
九年(1903)上海書局石印本　一冊

450000－2601－0006031　綫±353.0828/
3734

同治中興京外奏議約編八卷　（清）陳弢輯
清光緒元年(1875)篋劍囊琴之室刻本　四冊

450000－2601－0006032　綫 F229.115/8700
(2)

周禮十二卷　（漢）鄭玄注　（唐）陸德明音義
清光緒十二年(1886)湖北官書處刻本
六冊

450000－2601－0006033　綫 294/6040

風憲約一卷獄政一卷　（清）呂坤撰　清光緒
十九年(1893)長沙臬署刻本　一冊

450000－2601－0006034　綫 F229.115/8700
(1)

附釋音周禮注疏並校勘記六卷　（漢）鄭玄注
（唐）陸德明音義　（唐）賈公彥疏　（清）
阮元校勘　（清）盧宣旬摘錄　清光緒石印重
刊宋本十三經註疏附校勘記本　二冊　缺二
卷(一至二)

450000－2601－0006035　綫 F229.115/1933

周禮政要二卷　（清）孫詒讓著　（清）求新圖
書館評點　清光緒二十九年(1903)上海求新

圖書館石印本　二冊

450000－2601－0006036　綫 B311/1222

周易說略四卷　（清）張爾岐著　清光緒二十
三年(1897)掃葉山房刻本　四冊

450000－2601－0006037　綫 B311/7763

周易讀本四卷　（清）魏綸先輯　清光緒二年
至三年(1876－1877)衡陽魏綸先刻本　二冊

450000－2601－0006038　綫廿 111/4215(1)

周易姚氏學十六卷首一卷　（清）姚配中撰
清光緒元年(1875)湖北崇文書局刻本　四冊

450000－2601－0006039　綫 311/4031

周易集解纂疏十卷附易筮遺占一卷　（清）李
道平箸　清光緒十七年(1891)三餘草堂刻湖
北叢書本　十冊

450000－2601－0006040　綫廿 111/7143

周易費氏學八卷敘錄一卷　（清）馬其昶學
清光緒三十年至三十二年(1904－1906)合肥
李國松集虛草堂刻本　三冊

450000－2601－0006041　綫 B311/8210

周易釋十二卷　（清）鍾晉學　清光緒三年
(1877)永康胡鳳丹退補齋刻本　二冊

450000－2601－0006042　綫＋390/8700(4)

禮記二十卷禮記考證二十卷　（漢）鄭玄註
（清）□□撰　清刻本　八冊

450000－2601－0006043　綫廿 111/2022

周易補疏二卷尚書補疏二卷　（清）焦循學
清道光八年(1828)半九書塾刻光緒二年
(1876)衡陽魏氏補修焦氏叢書本　一冊

450000－2601－0006044　綫 B311/4023

周易集解十七卷　（唐）李鼎祚集解　清姑蘇
喜墨齋張遇堯局刻本　四冊

450000－2601－0006045　綫 B311/1010

周易兼義九卷　（三國魏）王弼　（晉）韓康伯
注　（唐）孔穎達正義　**周易注疏校勘記九卷**
周易釋文校勘記一卷　（清）阮元校勘　（清）
盧宣旬摘錄　**周易音義一卷**　（唐）陸德明音
義　清同治十二年(1873)江西書局刻重刊宋

323

本十三經註疏附校勘記本　　八冊

450000－2601－0006046　　綫 B311/4094（1）

御纂周易折中二十二卷首一卷　　（清）李光地
等纂　清同治十年（1871）湖州崇文書局刻本
十二冊

450000－2601－0006047　　綫 B311/4215（1）

周易姚氏學十六卷首一卷　　（清）姚配中撰
清光緒元年（1875）湖北崇文書局刻本　　四冊

450000－2601－0006048　　綫 F229.3/3193

學治臆說二卷　　（清）汪輝祖纂　清同治七年
（1868）湖北崇文書局刻本　　一冊

450000－2601－0006049　　綫 B311/4215（2）

周易姚氏學十六卷首一卷　　（清）姚配中撰
清光緒三年（1877）湖北崇文書局刻本　　六冊

450000－2601－0006050　　綫 D953.3/3246

熙朝宰輔錄二卷　　（清）潘世恩輯　清道光十
八年（1838）思補軒刻本　　一冊

450000－2601－0006051　　綫卄 958.5/1001
（2）

重校熙朝紀政六卷　　（清）王慶雲述　清光緒
二十七年（1901）上海石印本　　六冊

450000－2601－0006052　　特綫 ±915.0133/
0162

[光緒]遷江縣志四卷　　（清）顏嗣徽纂修　清
光緒十七年（1891）桂林書局刻本　　八冊

450000－2601－0006053　　綫 ±733.1/0200
（1）

匋齋臧石記四十四卷首一卷匋齋臧甎記二卷
　（清）端方撰　況周頤等勘定　清宣統元年
（1909）涇陽端方石印本　　十二冊

450000－2601－0006054　　綫 B312/4035

學庸心解二卷　　（清）袁家泰著　清光緒三年
（1877）春暉山房刻本　　一冊

450000－2601－0006055　　綫 ±733.1/0200
（2）

匋齋臧石記四十四卷首一卷匋齋臧甎記二卷
　（清）端方撰　況周頤等勘定　清宣統元年

（1909）涇陽端方石印本　　十二冊

450000－2601－0006056　　綫 320.7/1114

問心齋學治雜錄二卷續錄四卷　　（清）張聯桂
撰　清光緒十一年（1885）刻本　　六冊

450000－2601－0006057　　綫 F95/2165

歐洲和約輯要四卷　　（俄國）伍羅束輯　（清）
黃致堯譯　清光緒二十三年（1897）上海鴻寶
齋石印本　　四冊

450000－2601－0006058　　綫 G296/2112（2）

學治一得編一卷　　（清）何耿繩輯　清同治十
三年（1874）湖北崇文書局刻本　　一冊

450000－2601－0006059　　綫 F229.3/3193
（1）

學治續說一卷　　（清）汪輝祖纂　清同治七年
（1868）湖北崇文書局刻本　　一冊

450000－2601－0006060　　綫 379.08/0014
（1）

[嘉慶]欽定學政全書八十六卷首一卷　　（清）
汪梅鼎等纂修　清嘉慶十七年（1812）刻本
十五冊　　缺五卷（六至十）

450000－2601－0006061　　綫 379.08/0014
（2）

[嘉慶]欽定學政全書八十六卷首一卷　　（清）
汪梅鼎等纂修　清嘉慶十七年（1812）刻本
十一冊　　存八十卷（七至八十六）

450000－2601－0006062　　綫卄 118.1/0088

學案小識十四卷首一卷末一卷　　（清）唐鑑撰
　清光緒十年（1884）黃膺刻本　　十四冊

450000－2601－0006063　　綫 D98/2130（1）

關中金石記八卷　　（清）畢沅撰　清道光二十
七年（1847）渭陽焦醇敬堂刻本　　八冊

450000－2601－0006064　　綫 D98/2130（2）

關中金石記八卷　　（清）畢沅撰　關中金石記
附記一卷　　（清）蔡汝霖編輯　關中金石記札
記一卷　　龔道耕輯　清光緒三十四年（1908）
渭南嚴氏成都刻民國三年至四年（1914－
1915）成都龔響農增刻本　　四冊

450000 - 2601 - 0006065　綫 D219/1210

戰國策釋地二卷 （清）張琦撰　清嘉慶二十年(1815)陽湖張氏宛鄰書屋刻本　二冊

450000 - 2601 - 0006066　綫卄 422/2504(1)

駢雅訓纂七卷首一卷 （明）朱謀㙔箸　（清）魏茂林訓纂　清光緒七年(1881)成都渝雅齋刻本　六冊

450000 - 2601 - 0006067　綫卄 952/7474(2)

戰國策去毒二卷 （清）陸隴其評定　（清）陸宸徵編次　清虞山笪雲臺刻本　一冊　存一卷(下)

450000 - 2601 - 0006068　綫卄 952/7474(1)

陸子全書十八種一百十六卷 （清）陸隴其撰　清光緒十六年(1890)宗培等刻陸子全書本　二冊　存二種五卷(古文尚書考一卷、首一卷,戰國策去毒二卷、首一卷)

450000 - 2601 - 0006069　綫 D921/1223

闕里文獻考一百卷首一卷末一卷 （清）孔繼汾述　清光緒十七年(1891)湘陰李氏刻本　八冊

450000 - 2601 - 0006070　綫 D218/2120(4)

監本附音春秋公羊注疏四卷 題（戰國）公羊高撰　**春秋公羊傳注疏序校勘記四卷** （清）阮元校勘　（清）廬宣旬摘錄　清光緒十三年(1887)點石齋刻本　二冊

450000 - 2601 - 0006071　綫卄 818.8/1112

問心齋學治雜錄二卷 （清）張聯桂撰　清光緒十一年(1885)刻本　二冊

450000 - 2601 - 0006072　綫卄 422/2504(2)

駢雅訓纂七卷首一卷 （明）朱謀㙔箸　（清）魏茂林訓纂　清光緒七年(1881)成都渝雅齋刻本　八冊

450000 - 2601 - 0006073　綫卄 952.7/7227

戰國策校註十卷 （宋）鮑彪校註　（清）李錫齡校訂　清粵東雙門底登雲閣刻本　八冊

450000 - 2601 - 0006074　綫 D21/7432

竹書紀年集證五十卷首一卷 （清）陳逢衡學

清嘉慶十八年(1813)刻本　十二冊

450000 - 2601 - 0006075　綫 351.84/4662 (1)

籌濟編三十二卷首一卷 （清）楊景仁輯　清光緒四年(1878)刻詒硯齋印本　八冊

450000 - 2601 - 0006076　綫 351.84/4662 (2)

籌濟編三十二卷首一卷 （清）楊景仁輯　清光緒九年(1883)武昌書局刻本　八冊

450000 - 2601 - 0006077　綫 F229.3/8865

增修籌餉事例條款二卷籌餉事例一卷增修現行常例一卷 （清）戶部編　清末刻本　四冊

450000 - 2601 - 0006078　綫 + 336.5/8885 (1)

增修籌餉事例條款二卷籌餉事例一卷增修現行常例一卷 （清）戶部編　清末刻本　四冊

450000 - 2601 - 0006079　綫 351.84/4662 (3)

籌濟編三十二卷首一卷 （清）楊景仁輯　清光緒四年(1878)刻詒硯齋印本　六冊

450000 - 2601 - 0006080　綫 + 336.5/8885 (2)

增修籌餉事例條款二卷籌餉事例一卷增修現行常例一卷 （清）戶部編　清末刻本　三冊　存三卷(增修籌餉事例條款下、籌餉事例一卷、增修現行常例一卷)

450000 - 2601 - 0006081　綫卄 426/9913

等韻一得內篇一卷補一卷外篇一卷 勞乃宣撰　清光緒二十四年(1898)勞乃宣吳橋官廨刻民國二年(1913)淶水寓齋增刻本(內篇補為民國增刻)　三冊

450000 - 2601 - 0006082　綫 372.5/4022

簡明小學校管理法一卷 （日本）大久保介壽講授　（清）華振編錄　清光緒三十四年(1908)上海中國圖書公司鉛印本　一冊

450000 - 2601 - 0006083　綫 J254/4422

篆訣辯釋一卷 （清）甘受和撰　清光緒八年

（1882）常熟抱芳閣刻本　一冊

450000－2601－0006084　綫 F229.3/4310
（1）

[宣統元年]簡易明經通譜不分卷各行省優貢全錄不分卷　（清）龍雲齋主人輯　清宣統二年（1910）京師琉璃廠刻本　五冊

450000－2601－0006085　綫 G294/8813

第一巡警教練所講義不分卷　（清）□□編　清宣統鉛印本　一冊

450000－2601－0006086　綫 F229.3/4310
（2）

[宣統元年]簡易明經通譜不分卷各行省優貢全錄不分卷　（清）龍雲齋主人輯　清宣統二年（1910）京師琉璃廠刻本　四冊

450000－2601－0006087　綫 ±041.1/4094
（3）

欽定篆文六經四書十種四十卷　（清）李光地等校閱　清光緒九年（1883）上海同文書局石印本　十冊

450000－2601－0006088　綫 D21/4400

懷芳記一卷　（清）蘿摩庵老人譔　（清）麋月樓主附注　清光緒五年（1879）雲居山人刻本　一冊

450000－2601－0006089　綫 371.3/4045

小學教授法要義二編　（日本）木村忠治郎（清）于沈編纂　蔣維喬校訂　清光緒三十三年（1907）上海商務印書館鉛印本　一冊

450000－2601－0006090　綫廿 958.1/2840

小腆紀年坿攷二十卷　（清）徐鼒譔　清光緒四年（1878）刻本　二十冊

450000－2601－0006091　綫 910.8/1083（1）

小方壺齋輿地叢鈔十二帙　（清）王錫祺輯　清光緒十七年（1891）上海著易堂鉛印本　六十三冊

450000－2601－0006092　綫 910.8/1083（2）

小方壺齋輿地叢鈔續編十二帙　（清）王錫祺輯　清光緒二十年（1894）上海著易堂鉛印本

四冊

450000－2601－0006093　綫廿 920.1/2840

小腆紀傳六十五卷　（清）徐鼒譔　（清）徐承禮編輯　**小腆紀傳補遺六卷**　（清）徐承禮譔　清光緒十三年（1887）金陵王佑之刻本　十六冊

450000－2601－0006094　綫廿 753/2899

懷古田舍梅統十三卷　（清）徐榮輯　清咸豐二年（1852）刻本　四冊

450000－2601－0006095　綫 F229.9/3549
（1）

[□□至同治]省例□□卷　（清）□□輯　清刻本　十二冊　存十一卷（二十一至三十一）

450000－2601－0006096　綫 F229.9/3549
（2）

[光緒]省例□□卷　（清）□□輯　清刻本一冊　存一卷（三十五）

450000－2601－0006097　綫 F229.9/3549
（3）

[□□至同治]省例□□卷　（清）□□輯　清刻本　三冊　存三卷（三十二至三十四）

450000－2601－0006098　綫 F229.9/3549
（10）

[道光]省例□□卷　（清）□□輯　清刻本四冊　存四卷（一百三十四至一百三十七）

450000－2601－0006099　綫 F229.5/3549
（4）

[道光]省例□□卷　（清）□□輯　清刻本四冊　存五卷（一百五十一至一百五十五）

450000－2601－0006100　綫廿 952/1044

尚書商誼三卷　（清）王樹枏撰　清光緒十一年（1885）王樹枏文莫室刻本　二冊

450000－2601－0006101　綫廿 952/4243

尚書誼略二十八卷敍錄一卷　（清）姚永樸學　清光緒三十一年（1905）集虛草堂刻本四冊

450000－2601－0006102　綫 F229.9/349（5）

[光緒福建]省例四十卷　（清）□□輯　清刻本　二十四冊

450000－2601－0006103　綫 F229.9/3549（6）

[道光]省例□□卷　（清）□□輯　清刻本　三冊　存一卷(一百三十一)

450000－2601－0006104　綫 D212/4742

尚書詳解十三卷　（宋）宋士行編　清刻本　三冊

450000－2601－0006105　綫 F229.9/3549（7）

[道光]省例□□卷　（清）□□輯　清刻本　五冊　存一卷(一百三十)

450000－2601－0006106　綫 F229.9/3549（8）

[道光]省例□□卷　（清）□□輯　清刻本　五冊　存三卷(一百二十七至一百二十九)

450000－2601－0006107　綫 F229.9/3549（9）

[清□□]省例□□卷　（清）□□輯　清刻本　六冊　存六卷(十五至二十)

450000－2601－0006108　綫 ±353.092/3442（1）

光緒政要三十四卷　（清)沈桐生輯　清宣統元年(1909)南洋官書局石印本　三十冊

450000－2601－0006109　綫 F229.9/3549（11）

[道光]省例□□卷　（清）□□輯　清刻本　十冊　存十卷(一百三十八至一百四十七)

450000－2601－0006110　綫 F229.9/3549（19）

[光緒福建]省例四十卷　（清）□□輯　清刻本　三冊　存三卷(一、八、十四)

450000－2601－0006111　綫± 920.3/0077

校正尚友錄二十二卷　（明）廖用賢編　校正尚友錄續集二十二卷　（清）退思主人編纂　清光緒二十五年(1899)上海益記書莊石印本

四冊　缺十五卷(校正尚友錄一至七、校正尚友錄續集八至十五)

450000－2601－0006112　綫 ±353.092/3442（2）

光緒政要三十四卷　（清)沈桐生輯　清宣統元年(1909)南洋官書局石印本　三十冊

450000－2601－0006113　綫 ±353.092/3442（3）

光緒政要三十四卷　（清）沈桐生輯　清宣統元年(1909)南洋官書局石印本　三十冊

450000－2601－0006114　綫 F229.9/3549（12）

[道光]省例□□卷　（清）□□輯　清刻本　三冊　存二卷(一百三十二至一百三十三)

450000－2601－0006115　綫 F229.9/3549（13）

[□□至光緒]省例□□卷　（清）□□輯　清刻本　十四冊　存十二卷(二至十三)

450000－2601－0006116　綫 F229.9/3549（14）

[光緒]續纂省例處分酉集□□卷　（清）□□輯　清刻本　一冊　存一卷(一)

450000－2601－0006117　綫 F229.9/3549（15）

[光緒]續纂省例倉庫子集□□卷　（清）□□輯　清刻本　一冊　存一卷(一)

450000－2601－0006118　綫 F229.9/3549（16）

[光緒]續纂省例捐輸申集□□卷　（清）□□輯　清刻本　一冊　存一卷(一)

450000－2601－0006119　綫廿 920.1/0077

尚友錄二十二卷　（明）廖用贇編纂　清雍正四年(1726)三瑞堂刻本　十二冊

450000－2601－0006120　綫 F229.9/3549（17）

[光緒]續纂省例刑政丁集□□卷　（清）□□輯　清刻本　二冊　存二卷(一至二)

450000 – 2601 – 0006121　綫 F229. 9/3549
(18)

[光緒]續纂省例銓政未集□□卷　（清）□□
輯　清刻本　三冊　存三卷(一至三)

450000 – 2601 – 0006122　綫廿 958.5/2252
拳匪紀略八卷津圖一卷京圖一卷前編二卷後
編二卷　（清）僑析生等輯　清光緒二十九年
(1903)上洋書局石印本　六冊

450000 – 2601 – 0006123　綫 D34/2478
拳匪紀事六卷　（日本）佐原篤介　（清）浙西
漚隱輯　清光緒二十七年(1901)鉛印本
六冊

450000 – 2601 – 0006124　綫廿 952/8840
尚書集注述疏三十二卷首一卷末二卷讀書堂
答問一卷　簡朝亮述　清光緒三十三年
(1907)讀書堂刻本　十八冊

450000 – 2601 – 0006125　綫 D98/6043(1)
恒軒所見所藏吉金錄一卷　（清）吳大澂撰
清光緒十一年(1885)刻本　二冊

450000 – 2601 – 0006126　綫 J26/1779
類篇十五卷　（宋）司馬光等纂　清光緒二年
(1876)川東官舍刻本　十二冊

450000 – 2601 – 0006127　綫 B79/6040(1)
呂叔簡先生四禮翼不分卷　（明）呂坤撰　清
光緒二十一年(1895)湖北官書處刻本　一冊

450000 – 2601 – 0006128　綫廿 952/4441
尚書啟幪五卷　（清）黃式三學　清光緒五年
(1879)定海黃氏家塾刻儆居遺書本　四冊

450000 – 2601 – 0006129　綫 D926.66/2840
敝帚齋主人[徐鼒]年譜一卷補一卷　（清）同
里諸子編輯　（清）徐承禧等注　清光緒三年
(1877)刻敝帚齋遺書本　一冊

450000 – 2601 – 0006130　綫廿 952/1262(1)
尚書今古文注疏三十卷　（清）孫星衍撰　清
嘉慶二十年(1815)孫星衍冶城山館刻本
六冊

450000 – 2601 – 0006131　綫 D98/1213

金石文字一卷　（清）張廷濟撰　清光緒十年
(1884)四會嚴氏綠鶴齋石印本　二冊

450000 – 2601 – 0006132　綫 D98/2528
金石文字跋尾六卷　（清）朱彝尊著　清光緒
十六年(1890)新會劉氏藏修書屋刻藏修堂叢
書本　一冊

450000 – 2601 – 0006133　綫 D21/2233
尚書約注四卷末一卷　（清）任啟運約注　清
光緒十二年(1886)任道鎔刻本　二冊

450000 – 2601 – 0006134　綫廿 422/1734
金石文字辨異十二卷　（清）邢澍撰　清嘉慶
十五年(1810)徐氏刻本　八冊

450000 – 2601 – 0006135　綫 D212/2320(1)
尚書大傳四卷尚書大傳考異一卷補遺一卷續
補遺一卷　（漢）鄭玄注　（清）盧文弨學　清
光緒三年(1877)湖北崇文書局刻本　一冊

450000 – 2601 – 0006136　綫 D69/7530
入蜀記四卷　（宋）陸游著　（清）金長春輯
清刻本　二冊

450000 – 2601 – 0006137　綫 D212/2320(2)
尚書大傳四卷尚書大傳考異一卷補遺一卷續
補遺一卷　（漢）鄭玄注　（清）盧文弨學　清
光緒三年(1877)湖北崇文書局刻本　一冊

450000 – 2601 – 0006138　綫 D2/5048(1)
全史宮詞二十卷　（清）史夢蘭撰　清咸豐六
年(1856)華亭史氏家刻本　六冊

450000 – 2601 – 0006139　綫 D2/5048(2)
全史宮詞二十卷　（清）史夢蘭撰　清咸豐六
年(1856)華亭史氏家刻本　六冊

450000 – 2601 – 0006140　綫 Z12/8052
八史經籍志二十八卷　（日本）□□輯　清道
光五年(1825)日本刻光緒八年至九年(1882 –
1883)補修本　十六冊

450000 – 2601 – 0006141　綫廿 952.3/1020
尚書孔傳參正三十六卷　王先謙撰　清光緒
三十年(1904)王先謙虛受堂刻本　六冊

450000 – 2601 – 0006142　綫 D98/3717(1)

金石索十二卷首一卷　（清）馮雲鵬　（清）馮雲鵷輯　清光緒三十二年(1906)上海文新局石印本　二十四冊

450000－2601－0006143　綫 D98/6051

金石萃編校字記一卷　羅振玉撰　清光緒十一年(1885)刻本　一冊

450000－2601－0006144　綫 913.5/1038(1)

金石萃編一百六十卷　（清）王昶撰　清同治十年至十一年(1871－1872)刻本　四十冊　存四十卷(一至二十二、三十一至三十二、四十九至六十四)

450000－2601－0006145　綫廿 957.4/7547(1)

明紀六十卷　（清）陳鶴纂　（清）陳克家參訂并補纂　清同治十年(1871)江蘇書局刻本　二十冊

450000－2601－0006146　綫 D98/3717(2)

金石索十二卷首一卷　（清）馮雲鵬　（清）馮雲鵷輯　清道光元年至四年(1821－1824)紫琅馮雲鵬滋陽縣署刻十五年(1835)補刻本　十二冊

450000－2601－0006147　綫 D98/1000(1)

金石萃編補略二卷　（清）王言撰　清光緒八年(1882)刻本　四冊

450000－2601－0006148　綫 D98/1000(2)

金石萃編補略二卷　（清）王言撰　清光緒八年(1882)刻本　二冊

450000－2601－0006149　綫 913.5/1038(2)

金石萃編一百六十卷　（清）王昶撰　清同治十年至十一年(1871－1872)刻本　六十三冊

450000－2601－0006150　綫 D97/4478(2)

全地五大洲女俗通考十集二十一卷首一卷　（美國）林樂知輯譯　清光緒二十九年(1903)上海華美書局鉛印本　二十一冊

450000－2601－0006151　綫 D97/4478(1)

全地五大洲女俗通考十集二十一卷首一卷　（美國）林樂知輯譯　清光緒二十九年(1903)上海華美書局鉛印本　十六冊　缺三集五卷(八集一卷、九集二卷、十集二卷)

450000－2601－0006152　綫 D98/7593

金石續編二十一卷首一卷　（清）陸耀遹纂　（清）陸增祥校訂　清同治十三年(1874)毗陵陸氏雙白燕堂刻本　十冊

450000－2601－0006153　綫±733.1/1146

重定金石契不分卷　（清）張燕昌編　清光緒二十二年(1896)聚學軒主劉氏蔥石刻本　四冊

450000－2601－0006154　綫 J23/4746

金壺精萃五卷　（清）郝在田等撰　清光緒二年(1876)京師松竹齋刻本　二冊

450000－2601－0006155　綫 D98/7444

金石摘不分卷　（清）陳善墀撰　清同治十二年至光緒二年(1873－1876)陳善墀瀏陽縣學不求甚解齋刻本　十冊

450000－2601－0006156　綫±733.1/3425(1)

金石圖說二卷　（清）牛運震集說　（清）褚峻橅圖　劉世珩編補　清光緒十九年至二十一年(1893－1895)刻本　三冊

450000－2601－0006157　綫 D256/7871(1)

金史一百三十五卷　（元）脫脫等修　金史考證一百三十五卷欽定金國語解一卷　清同治十三年(1874)江蘇書局刻本　二十四冊

450000－2601－0006158　綫廿 952/1160(3)

前漢書一百卷　（漢）班固撰　（唐）顏師古注　清光緒十四年(1888)上海鴻文書局石印本　十四冊

450000－2601－0006159　綫 D224/1160(1)

漢書一百卷　（漢）班固撰　（唐）顏師古注　清光緒十三年(1887)金陵書局刻本　三十一冊　存九十二卷(一至二十七、三十六至一百)

450000－2601－0006160　藏綫 D256/7870

金史一百三十五卷　（元）脫脫等修　（明）李

騰芳校刊　明萬曆三十三年至三十四年（1605－1606）北京國子監刻二十一史本　二十四冊

450000－2601－0006161　綫 D224/1160(3)

前漢書附考證一百二十卷　（漢）班固撰（唐）顏師古注　清同治十年(1871)成都書局刻本　三十二冊

450000－2601－0006162　綫 D256/7871(3)

金史附考證一百三十五卷　（元）脫脫等修欽定金國語解一卷　清光緒二十八年(1902)上海文瀾書局石印本　二冊

450000－2601－0006163　綫廿 956.4/4049(1)

金史紀事本末五十二卷首一卷　（清）李有棠編纂　清光緒十九年(1893)上海同文書局石印遼金紀事本末本　六冊

450000－2601－0006164　綫廿 956.4/4049(2)

金史紀事本末五十二卷首一卷　（清）李有棠編纂　清光緒十九年(1893)上海同文書局石印遼金紀事本末本　六冊

450000－2601－0006165　綫廿 956/3145(1)

欽定金史語解十二卷　（清）□□編　清光緒四年(1878)江蘇書局刻本　二冊

450000－2601－0006166　綫 J23/1971

今韻三辨二卷　（清）孫同元編　清道光二十七年(1847)寧鄉周含萬刻本　一冊

450000－2601－0006167　綫 ±915.001/4438

今水經一卷　（清）黃宗羲學　清光緒三年(1877)湖北崇文書局刻本　一冊

450000－2601－0006168　綫 D926.61/8004

金氏世德紀二卷　（清）丁立誠輯　清光緒二十二年(1896)錢塘丁氏嘉惠堂刻本　二冊

450000－2601－0006169　綫廿 818.1/0010(1)

今古學攷一卷　廖平述　清光緒十二年(1886)成都刻四益經堂叢書本　二冊

450000－2601－0006170　綫廿 818.1/0010(2)

今古學攷一卷　廖平述　清光緒十二年(1886)成都刻本　二冊

450000－2601－0006171　綫 D224/1160(4)

前漢書一百卷　（漢）班固撰（唐）顏師古注　清光緒二十六年(1900)煥文書局石印本　十冊　存十七卷（一至十七）

450000－2601－0006172　綫廿 952/1160(1)

前漢書一百卷　（漢）班固撰（唐）顏師古注　清光緒十四年(1888)上海圖書集成局鉛印本　十九冊　存九十七卷（一至九十七）

450000－2601－0006173　綫 D224/1160(5)

前漢書附考證一百卷　（漢）班固撰（唐）顏師古注　清光緒二十八年(1902)上海文瀾書局石印本　三冊

450000－2601－0006174　綫廿 920.5/6031

弇山畢公[沅]年譜一卷　（清）史善長撰次清嘉慶三年(1798)刻本　一冊

450000－2601－0006175　綫 Z16/1010

善本書室藏書志三十八卷　（清）丁丙輯　清光緒二十七年(1901)錢塘丁氏刻本　十六冊

450000－2601－0006176　綫 ±353.6/3334

公車上書記一卷　康有為等撰　清光緒二十一年(1895)上海石印書局石印本　一冊

450000－2601－0006177　綫 D926.66/8064(1)

曾文正公[國藩]大事記四卷　（清）王定安箸清同治十三年(1874)錢寶忠齋刻本　四冊

450000－2601－0006178　綫廿 818.8/8064

曾文正公[國藩]手書日記不分卷　（清）曾國藩撰　清宣統元年(1909)上海中國圖書公司石印本　四十冊

450000－2601－0006179　綫 D207/4415(1)

分類歷史揭要十二卷　（清）蕭雨春撰　清宣統二年(1910)奉天蕭氏石印本　三冊　存九卷（一至九）

450000－2601－0006180　綫 D207/4415（2）

分類歷史揭要十二卷　（清）蕭雨春撰　清宣統二年(1910)奉天蕭氏石印本　一冊　存三卷(十至十二)

450000－2601－0006181　綫 380.7/8032

普通商業教科問答一卷　（清）公之魯著　清光緒三十二年(1906)上海文明書局再版鉛印本　一冊

450000－2601－0006182　綫 K234.66/4735（1）

青雲集分韻試帖詳註四卷　（清）楊逢春輯（清）沈品華等注　清刻本　二冊　存二卷(二、四)

450000－2601－0006183　綫 K234.66/4735（2）

分韻試帖青雲集合註四卷　（清）楊逢春輯　清光緒十一年(1885)刻本　四冊

450000－2601－0006184　綫 D929/4030（1）

合肥相國[李鴻章]七十賜壽圖不分卷坿壽言不分卷　（清）羅豐祿等輯　清光緒石印本　四冊

450000－2601－0006185　綫 D929/4030（2）

合肥相國[李鴻章]七十賜壽圖不分卷坿壽言不分卷　（清）羅豐祿等輯　清光緒石印本　六冊

450000－2601－0006186　綫廿 952/1160（2）

漢書一百卷　（漢）班固撰　（唐）顏師古注　清同治八年(1869)金陵書局刻本　十六冊

450000－2601－0006187　綫 B312/4440（3）

曾補四書異同商六卷　（清）黃鶴撰　清光緒二十九年(1903)湖南大文書局刻本　一冊　存三卷(增補學庸異同商一卷、增補論語異同商二卷)

450000－2601－0006188　綫 D929/8064

曾文正公[國藩]年譜十二卷　（清）黎庶昌編輯　（清）李瀚章審訂　清光緒二年(1876)傳忠書局刻本　五冊

450000－2601－0006189　綫 F229/1769

公民必讀二編一卷　孟昭常撰　清光緒三十四年(1908)預備立憲公會上海中新書局鉛印本　一冊

450000－2601－0006190　綫±353.0828/8064

曾文正公奏議十卷首一卷末一卷補編四卷曾文正公文鈔四卷　（清）薛福成編次　（清）張瑛編校　清同治十二年至十三年(1873－1874)蘇郡刻本　十六冊

450000－2601－0006191　綫 342.73/0031

美國憲法十五章　（清）章宗元譯　清光緒二十八年(1902)上海文明書局鉛印本　一冊

450000－2601－0006192　綫 J251/1022

鐘鼎款識不分卷　（宋）王厚之編　清嘉慶七年(1802)阮元積古齋刻本　一冊

450000－2601－0006193　綫 371.4/2435

美國教育制度二十章　（日本）納富忠一著（清）人演社譯　清光緒二十九年(1903)人演社上海大同書局鉛印本　二冊

450000－2601－0006194　綫 342.973/3812

美國憲法纂釋二十一卷附美國憲法一卷美國續增憲法一卷　（美國）海麗生著　（清）鄭昌棪筆述　（清）舒高第口譯　（清）陳洙潤色　清光緒三十三年(1907)江南製造局刻本　二冊

450000－2601－0006195　綫 J251/3102（1）

鐘鼎字源五卷附錄一卷　（清）汪立名編　清光緒二年至五年(1876－1879)洞庭秦氏平湖縣盛文萃刻字店刻一隅草堂印本　三冊

450000－2601－0006196　綫 J251/3102（2）

鐘鼎字源五卷附錄一卷　（清）汪立名編　清光緒二年至五年(1876－1879)洞庭秦氏平湖縣盛文萃刻字店刻一隅草堂印本　四冊

450000－2601－0006197　綫±353.103/1017

歷代職官表六卷　（清）王廷學重校　清光緒八年(1882)上海王氏刻本　三冊

450000－2601－0006198　綫±353.013/3013

歷代職官表七十二卷首二卷　（清）紀昀等纂（清）馮集梧等纂修　清光緒二十二年(1896)廣雅書局刻本　二十二冊

450000－2601－0006199　綫D98/3331

欽定錢錄十六卷　（清）梁詩正等編　清光緒二十二年(1896)峽州有弗學齋刻本　四冊

450000－2601－0006200　綫D204.4/0014（1）

歷代帝王年表三卷　（清）齊召南編　清光緒二十八年(1902)長沙省葊刻本　三冊

450000－2601－0006201　綫F229/8328

錢敏肅公奏疏七卷　（清）錢鼎銘撰　清光緒六年(1880)錢溯耆錢溯時存素堂刻本　四冊

450000－2601－0006202　綫H4/4434

防海論畧不分卷　（清）林之楠撰　清宣統元年(1909)木活字印本　一冊

450000－2601－0006203　綫D31/4407

防海紀略二卷　（清）王之春編　清光緒六年(1880)上洋文藝齋刻本　二冊

450000－2601－0006204　綫017.2/6688

鐵琴銅劍樓藏書目錄二十四卷　（清）瞿鏞撰　清光緒二十四年(1898)常熟瞿氏罟里家塾刻本　十冊

450000－2601－0006205　綫廿422/7281

鐵雲藏龜不分卷　（清）劉鶚輯　清光緒二十九年(1903)石印抱殘守缺齋所藏三代文字本　六冊

450000－2601－0006206　綫廿920.135/7430

歷代名將事略附演淺說一卷　（清）陸軍部鑒定　清光緒三十三年(1907)木活字印本　一冊

450000－2601－0006207　綫D2/2390（1）

御批歷代通鑑輯覽一百二十卷　（清）傅恒等總裁　（清）楊述曾等纂修　清光緒二十九年(1903)通元書局石印本　二十一冊　缺十四卷(十八至二十三、五十四至五十七、七十二至七十五)

450000－2601－0006208　綫廿920.1/2591（1）

歷代名臣言行錄二十四卷　（清）朱桓編輯　清嘉慶二年(1797)蔚齋刻本　三十六冊

450000－2601－0006209　綫廿920.1/2591（2）

歷代名臣言行錄二十四卷　（清）朱桓編輯　清末刻本　三十四冊

450000－2601－0006210　綫廿920.1/2591（3）

歷代名臣言行錄二十四卷　（清）朱桓編輯　清光緒二十六年(1900)文瀾書局石印本　八冊

450000－2601－0006211　綫D2/2440

御批歷代通鑑輯覽一百二十卷　（清）傅恒等總裁　清光緒二十八年(1902)石印本　十八冊　缺十三卷(一至六、十五至二十一)

450000－2601－0006212　綫D2/2390（2）

御批歷代通鑑輯覽一百二十卷　（清）傅恒等總裁　（清）楊述曾等纂修　清光緒二十九年(1903)上海廣益書室石印本　二十一冊　缺十六卷(六、三十至三十四、八十五至九十四)

450000－2601－0006213　綫D2/2390（3）

御批歷代通鑑輯覽一百二十卷　（清）傅恒等總裁　清光緒二十年(1894)上海書局石印本　二十四冊

450000－2601－0006214　綫D921/4441

歷代名臣傳節錄三十卷　（清）蕭培元錄訂（清）完顏崇厚增輯　清同治九年(1870)完顏崇厚雲蔭堂刻本　十冊

450000－2601－0006215　綫D921/4443

歷代名賢列女氏姓譜一百五十七卷　（清）蕭智漢纂輯　清嘉慶刻本　一百冊　缺九卷(十六至十七、四十六至四十九、六十三至六十四、七十九)

450000－2601－0006216　綫D2/2390（4）

御批歷代通鑑輯覽一百二十卷 （清）傅恒等總裁　清刻朱墨套印本　三十六冊　缺四十六卷(一至六、十九至二十、二十九至三十四、三十七至三十八、四十五至四十六、五十一至五十二、五十七至五十八、七十五至七十六、八十一至八十四、八十七至九十、九十五至九十六、一百三至一百四、一百七至一百十二、一百十七至一百二十)

450000－2601－0006217　綫 D922.53/1263

浙江忠義錄十卷續編二卷表九卷續表五卷 （清）張景祁等纂輯　清光緒元年(1875)浙江採訪忠義總局刻本　三十二冊

450000－2601－0006218　綫 D2/2390(5)

御批歷代通鑑輯覽一百二十卷 （清）傅恒等總裁　清同治十三年(1874)刻朱墨套印本　四十八冊

450000－2601－0006219　綫 D6/4033(1)

歷代沿革輿圖一卷 （清）李兆洛編　清同治九年(1870)無錫周士錦刻朱墨套印本　一冊

450000－2601－0006220　綫 D2/2390(6)

御批歷代通鑑輯覽一百二十卷 （清）傅恒等總裁　清光緒二十年(1894)湖南澹雅書局刻本　十六冊　存三十二卷(一至二、七至十六、二十一至二十二、二十五至二十八、三十三至三十六、三十九至四十二、四十五至四十六、四十九至五十、五十三至五十四)

450000－2601－0006221　綫 D6/4033(2)

歷代沿革輿圖一卷 （清）李兆洛編　清同治九年(1870)無錫周士錦刻朱墨套印本　一冊

450000－2601－0006222　綫 D2/2390(7)

御批歷代通鑑輯覽一百二十卷 （清）傅恒等總裁　清刻朱墨套印本　七冊　存十六卷(二十九至三十、三十七至三十九、五十一至五十二、六十一至六十二、七十三至七十四、九十五至九十六、一百一至一百三)

450000－2601－0006223　綫廿 951.5/2517(1)

歷代陵寢備考五十卷 （清）朱孔陽輯　清光

緒三年(1877)上海申報館鉛印本　十一冊　存四十六卷(一至四十六)

450000－2601－0006224　綫廿 951.5/2517(2)

歷代宗廟附考八卷 （清）朱孔陽輯　清光緒三年(1877)上海申報館鉛印本　二冊

450000－2601－0006225　綫廿 920/2699

歷代名人年譜十卷附存疑及生卒年月無攷一卷 （清）吳榮光撰　（清）瞿樹辰　（清）吳彌光編校　清光緒元年(1875)南海張蔭桓刻本　八冊

450000－2601－0006226　綫＋910.3/4033(1)

歷代地理志韻編今釋二十卷皇朝輿地韻編二卷 （清）李兆洛輯　清咸豐十一年(1861)憶蒼山館刻本　八冊

450000－2601－0006227　綫±915/4023

歷代地理志韻編今釋二十卷皇朝輿地韻編二卷 （清）李兆洛輯　清光緒元年(1875)馬氏集益堂刻本　十二冊

450000－2601－0006228　綫 D6/4033(3)

李氏五種合刊二十八卷 （清）李兆洛輯　清同治九年(1870)合肥李鴻章刻本　八冊　存二種二十二卷(歷代地理志韻編今釋二十卷、皇朝輿地韻編二卷)

450000－2601－0006229　綫 D2/3491(1)

歷代世系紀年編一卷 （清）沈炳震撰　清光緒十四年(1888)翠琅玕館刻翠琅玕館叢書本　一冊

450000－2601－0006230　綫 D2/3491(2)

歷代世系紀年編一卷歷代建元重號一卷 （清）沈炳震撰　（清）姚文田輯　清刻本　一冊

450000－2601－0006231　綫 D207/1133

歷代史論十六卷 （明）張溥論正　**明史論四卷** （清）谷應泰論正　**左傳史論二卷** （清）高士奇論正　清光緒十一年(1885)粵東文陞閣刻朱墨套印本　八冊

450000 – 2601 – 0006232　綫 J42/0047

日語入門一卷　（清）廣東同文館編　清光緒
十六年(1890)鉛印本　一冊

450000 – 2601 – 0006233　綫 B312/0042

日講四書解義二十六卷　（清）喇沙里等撰
清康熙十六年(1677)刻本　十六冊

450000 – 2601 – 0006234　綫 D2/4444

歷代史要三卷建都表一卷　（清）蔣蔭椿編輯
　清末山東官印書局鉛印本　三冊

450000 – 2601 – 0006235　綫 D691/3091

欽定日下舊聞考一百六十卷　（清）竇光鼐等
編纂　清刻本　四十八冊

450000 – 2601 – 0006236　綫 D204.4/1047

歷代史表五十九卷首一卷　（清）萬斯同撰
清光緒十九年(1893)上海古香閣石印本
八冊

450000 – 2601 – 0006237　綫 378.34/1071

兩廣學務處詳請會同奏諮本處選定出洋游學
生詳文一卷　（清）兩廣學務處撰　清光緒三
十一年(1905)鉛印本　一冊

450000 – 2601 – 0006238　綫 P69/4410

歷代甲子紀元表不分卷　（清）董醇輯　清咸
豐五年(1855)東皋書堂刻本　一冊

450000 – 2601 – 0006239　綫 +015.2/0043

日本書目志十五卷　康有為輯　清光緒二十
四年(1898)上海大同譯書局石印本　八冊

450000 – 2601 – 0006240　綫 H22/7423

歷代兵制八卷　（清）陳傅良撰　清光緒二十
九年(1903)湖南尚志齋刻本　二冊

450000 – 2601 – 0006241　綫 J23/5048

迻雅十三卷雙名錄一卷　（清）史夢蘭撰　清
同治四年(1865)止園刻本　四冊

450000 – 2601 – 0006242　綫#D6/8502

歷代輿地沿革險要圖一卷　楊守敬　（清）饒
敦秩撰　清光緒五年(1879)東湖饒氏刻本
一冊

450000 – 2601 – 0006243　綫 ±912/4634

歷代輿地沿革險要圖說一卷　楊守敬　（清）
饒敦秩撰　清光緒五年(1879)刻本　一冊

450000 – 2601 – 0006244　綫 D921.66/4432
(1)

墨林今話十八卷　（清）蔣寶齡撰　墨林今話
續編一卷　（清）蔣茞生撰　清咸豐二年
(1852)刻本　六冊

450000 – 2601 – 0006245　綫 D204.4/7128

歷代年號記署一卷附刻歷代國號歌帝都考輿
地沿革考直省形勝郡邑考諡法考一卷　（清）
□□撰　清木活字印本　一冊

450000 – 2601 – 0006246　綫卄 957.7/4233
(1)

蜀碧四卷附記一卷　（清）彭遵泗撰　清肇經
堂刻本　二冊　存四卷(蜀碧四卷)

450000 – 2601 – 0006247　綫 B311/2007

焦氏易林四卷　（漢）焦贛撰　清光緒元年
(1875)湖北崇文書局刻子書百家本　四冊

450000 – 2601 – 0006248　綫 B312/1214

孔子世家一卷　（漢）司馬遷撰　清末石印本
　一冊

450000 – 2601 – 0006249　綫 D69/1043

蜀道驛程記二卷　（清）王士禛撰　清康熙王
氏家刻本　二冊

450000 – 2601 – 0006250　綫 D696.1/5592

蜀中名勝記三十卷　（明）曹學佺著　清宣統
二年(1910)四川官印刷局刻本　八冊

450000 – 2601 – 0006251　綫 J23/0124(2)

匡謬正俗八卷　（唐）顏師古撰　清光緒十五
年(1889)湘南書局刻小學彙函本　一冊

450000 – 2601 – 0006252　綫 D218/5060(1)

國語二十一卷　（三國吳）韋昭解　（宋）宋庠
補音　清同治九年(1870)經綸堂刻國語國策
合註本　三冊

450000 – 2601 – 0006253　綫卄 952/4067

吳韋昭先生國語全註二十一卷　（三國吳）韋
昭解　（宋）宋庠補音　清乾隆四十九年

(1784)武林三餘堂刻本　一冊　存三卷(一至三)

450000－2601－0006254　綫 D218/5060(2)

國語二十一卷　(三國吳)韋昭解　校刊明道本韋氏解國語札記一卷　(清)黃丕烈撰　國語明道本攷異四卷　(清)汪遠孫撰　清光緒二年(1876)刻尊經書院印本　五冊

450000－2601－0006255　綫 D98/0243

長安獲古編二卷補一卷　(清)劉喜海輯　清刻本　二冊

450000－2601－0006256　綫 D218/5060(3)

國語二十一卷　(三國吳)韋昭解　清光緒二十七年(1901)上海鴻寶齋石印本　一冊　存六卷(一至六)

450000－2601－0006257　藏綫 D68/7720(1)

長江圖說十二卷首一卷　(清)馬徵麐撰繪　清同治十年(1871)湖北崇文書局刻本　一冊

450000－2601－0006258　綫廿 952/2683(1)

國語韋解補正二十一卷　吳曾祺補正　(清)朱元善校訂　清宣統三年(1911)商務印書館三版鉛印本　四冊

450000－2601－0006259　綫 D68/7720(2)

長江圖說十二卷首一卷　(清)馬徵麐撰繪　清同治十年(1871)湖北崇文書局刻本　五冊

450000－2601－0006260　綫廿 952/3131

國語校注本三種二十九卷　(清)汪遠孫輯　清道光二十六年(1846)錢塘汪氏振綺堂刻振綺堂遺書本　六冊

450000－2601－0006261　綫 I209.2/8019

長沙縣學宮志六卷首一卷　(清)余正煥編修　清咸豐元年(1851)奎文閣刻本　六冊

450000－2601－0006262　特綫 ±915.0144/1045(1)

[同治]蒼梧縣志十八卷首一卷　(清)羅勳纂修　(清)王棟續纂　清同治十三年(1874)刻本　十二冊

450000－2601－0006263　綫 379.15/7247

劉徵君南洋視學案要一卷　(清)劉士驥著　清光緒三十三年(1907)石印本　一冊

450000－2601－0006264　綫 I209.2/0240

欽定國子監則例四十四卷首六卷　(清)劉墉編纂　清嘉慶二年(1797)刻本　三冊　缺三十二卷(十三至四十四)

450000－2601－0006265　綫 D923/0240

[吉安]劉氏六修族譜十卷首一卷　(清)劉奎藻等纂修　清宣統三年(1911)雙鳳凰堂刻本　十一冊

450000－2601－0006266　綫 F229.142/7550(1)

唐陸宣公集二十二卷　(唐)陸贄撰　清乾隆五年(1740)雲林懷德堂刻本　六冊

450000－2601－0006267　綫廿 920.18/1127

國朝詩人徵略六十卷　(清)張維屏輯　清嘉慶二年(1797)西湖街超華齋刻本　十冊

450000－2601－0006268　綫 D266/7461

國朝貢舉年表三卷首一卷　(清)陳國霖　(清)顧錫中輯　清光緒十四年(1888)上海積山書局石印本　二冊

450000－2601－0006269　綫 D53/1035

國朝柔遠記十八卷附編二卷　(清)王之春編　(清)彭玉麟定　清光緒十七年(1891)廣雅書局刻本　六冊

450000－2601－0006270　綫廿 920.1/4010(1)

國朝先正事略六十卷　(清)李元度纂　清末鉛印本　四冊　存三十六卷(二十五至六十)

450000－2601－0006271　綫廿 920.1/4010(2)

國朝先正事略六十卷　(清)李元度纂　清同治五年(1866)循陔草堂刻本　二十冊

450000－2601－0006272　綫 F229.142/7550(3)

註陸宣公奏議十五卷　(唐)陸贄撰　(宋)郎曄註　清光緒四年(1878)吳興陸氏十萬卷樓

刻本　一冊　存五卷(五至九)

450000－2601－0006273　綫廿 920.1/4010
（3）

國朝先正事略六十卷　(清)李元度纂　清同
治五年(1866)循陔草堂刻本　二十四冊

450000－2601－0006274　綫廿 920.1/4010
（4）

國朝先正事略六十卷　(清)李元度纂　清同
治五年(1866)循陔草堂刻本　二十冊

450000－2601－0006275　綫 K201.3/8704

國朝名家詩鈔小傳四卷　(清)鄭方坤撰　清
光緒十二年(1886)萬山草堂刻本　二冊

450000－2601－0006276　綫 B312/7560

陸批四書十九卷　(清)陸思誠批　清光緒十
一年(1885)上海同文書局石印本　二冊

450000－2601－0006277　綫 D921.66/1099

國朝名臣言行錄十六卷　(清)王炳燮撰　清
光緒十一年(1885)津河廣仁堂刻本　六冊

450000－2601－0006278　綫 +010.2/0033

隋經籍志考證十三卷　(清)章宗源撰　清光
緒三年(1877)湖北崇文書局刻本　四冊

450000－2601－0006279　綫廿 920.1/4450

國朝名臣言行錄三十卷首一卷　(清)董壽纂
輯　清光緒二十九年(1903)上海蕊華書局石
印本　八冊

450000－2601－0006280　綫 D241/2620(1)

隋書八十五卷　(唐)魏徵等撰　清同治十年
(1871)淮南書局刻二十四史本　十三冊　缺
十三卷(十一至十四、十九至二十一、六十九
至七十四)

450000－2601－0006281　綫 D241/2620(2)

隋書附考證八十五卷　(唐)魏徵撰　清光緒
二十八年(1902)上海文瀾書局石印本　一冊
　　缺五十二卷(三十四至八十五)

450000－2601－0006282　綫 D921.66/3140

**國朝漢學師承記八卷附國朝經師經義目錄一
卷國朝宋學淵源記二卷附記一卷**　(清)江藩

篆　清光緒二十二年(1896)成都志古堂刻本
四冊

450000－2601－0006283　綫 D98/2832

隨軒金石文字九種九卷　(清)徐渭仁輯　清
同治七年(1868)徐大有補刻本　四冊

450000－2601－0006284　綫 ±041.2/3144
（1）

**國朝漢學師承記八卷附國朝宋學淵源記二卷
附記一卷國朝經師經義目錄一卷**　(清)江藩
篆　清刻本　四冊

450000－2601－0006285　綫廿 958/0057

國朝事略五卷　(清)江楚編譯官書局編　清
光緒三十三年(1907)廣東學務公所鉛印本
一冊

450000－2601－0006286　綫 G29/8043

**駁案新編三十二卷續編七卷秋審比較彙案二
卷**　(清)全士潮等纂輯　清光緒三十四年
(1908)上海集成圖書公司鉛印本　十二冊

450000－2601－0006287　綫 D97/2720

國朝四禮集成八卷　(清)彝倫編輯　清光緒
二年(1876)刻本　四冊

450000－2601－0006288　綫 D921.66/3414
（1）

**[順治三年至光緒二十年]國朝歷科館選錄不
分卷附欽定館選儀式一卷特授改補館職一卷**
　(清)沈延芳輯　(清)陸費墀等重訂　清光
緒思賢講舍刻本　二冊

450000－2601－0006289　綫 D921.66/3414
（2）

**[順治三年至道光二十五年]國朝歷科館選錄
不分卷**　(清)沈延芳輯　(清)陸費墀等重訂
　清道光刻本　二冊

450000－2601－0006290　綫 352.2/3218

奏定違警律通俗解說十章　(清)潘承鍔編輯
　清宣統三年(1911)中國圖書公司三版鉛印
本　一冊

450000－2601－0006291　綫 B36/0080(1)

學案小識十四卷首一卷末一卷 （清）唐鑑撰
清光緒十年(1884)黃膺刻粵東儒雅堂印本
十二冊

450000 – 2601 – 0006292　綫廿 920.1/7110
國史儒林二卷賢良傳二卷循吏傳一卷文苑傳
二卷 （清）阮元等撰　清末刻本　四冊

450000 – 2601 – 0006293　綫 F229.3/4033
（1）
圖民錄四卷 （清）袁守定著　清道光四年
(1824)南豐劉衡刻本　一冊　存二卷(三至
四)

450000 – 2601 – 0006294　綫 Z16/7110
四庫未收書目提要五卷 （清）阮元撰　清同
治十年(1871)雙流黃氏濟忠堂刻本　三冊

450000 – 2601 – 0006295　綫 D844.38/6014
柬埔寨以北探路記十五卷 （法國）晃西山士
加尼撰　清光緒十年(1884)鉛印本　十五冊

450000 – 2601 – 0006296　綫 Z12/3010(1)
欽定四庫全書總目二百卷首一卷 （清）永瑢
等編　清同治七年(1868)廣東書局刻本　一
百八冊

450000 – 2601 – 0006297　綫 Z12/3010(2)
欽定四庫全書總目二百卷首一卷 （清）永瑢
等編　清刻本　七十冊　缺三十卷(二十三
至二十九、四十一至六十、九十二、九十八至
九十九)

450000 – 2601 – 0006298　綫 D6/4033(4)
李氏五種合刊二十八卷 （清）李兆洛輯　清
同治九年(1870)合肥李鴻章刻本　十二冊

450000 – 2601 – 0006299　綫 ± 015.1/3013
（1）
欽定四庫全書簡明目錄二十卷首一卷 （清）
紀昀等撰　清同治七年(1868)廣東書局刻本
十二冊

450000 – 2601 – 0006300　綫 631.4/2142
東三省移民開墾意見書一卷　熊希齡撰　清
宣統鉛印本　一冊

450000 – 2601 – 0006301　綫 ± 015.1/3013
（2）
欽定四庫全書簡明目錄二十卷首一卷 （清）
紀昀等撰　清同治七年(1868)廣東書局刻本
十二冊

450000 – 2601 – 0006302　綫 ± 015.1/3013
（3）
欽定四庫全書總目二百卷首一卷 （清）紀昀
等編　清同治七年(1868)廣東書局刻本　一
百二十冊

450000 – 2601 – 0006303　綫 +011/5017
東西學書錄二卷附中國人輯著書一卷東西人
舊譯著書一卷 （清）徐維則編　清光緒二十
五年(1899)石印本　三冊

450000 – 2601 – 0006304　綫 ± 015.1/3013
（4）
欽定四庫全書總目二百卷首一卷 （清）紀昀
等編　清同治七年(1868)廣東書局刻本　一
百十八冊

450000 – 2601 – 0006305　綫 Z12/8736
欽定四庫全書總目提要四部類敘一卷 （清）
□□撰　清光緒二十一年(1895)元和江氏刻
長沙府正街博文圖書局印本　一冊

450000 – 2601 – 0006306　特綫 ± 915.0144/
1045(2)
[同治]蒼梧縣志十八卷首一卷 （清）羅勳纂
修 （清）王棟續纂　清同治十三年(1874)刻
本　十二冊

450000 – 2601 – 0006307　綫廿 426/7274
四音定切四卷首一卷 （清）劉熙載輯　清光
緒四年(1878)興化劉氏刻本　二冊

450000 – 2601 – 0006308　綫 D923/3434
四洪年譜四卷 （清）洪汝奎編輯　清宣統元
年(1909)晦木齋刻本　四冊

450000 – 2601 – 0006309　綫廿 951.6/4610
（1）
東社讀史隨筆二卷 （清）獨醒主人撰　清宣
統元年(1909)上海錦章書局石印本　一冊

337

450000－2601－0006310　綫廿 951.6/4610（2）

東社讀史隨筆二卷　（清）獨醒主人撰　清宣統上海錦章書局石印本　一冊

450000－2601－0006311　綫±353.0912/2810（1）

東漢會要四十卷　（宋）徐天麟撰　清乾隆、嘉慶間刻本　八冊

450000－2601－0006312　綫 D843.8/4037

東游紀畧二卷　李湛陽著　清光緒三十一年（1905）重慶廣益書局鉛印本　一冊　存一卷（卷上一至三冊:行程紀略附攷查日本石油紀略、日本商務紀畧、日本農工紀略）

450000－2601－0006313　綫 D840.1/7777（1）

東洋史要二卷　（日本）桑原騭藏著　樊炳清譯　清光緒二十九年（1903）鉛印本　一冊

450000－2601－0006314　綫廿 426/3130（2）

四聲切韻表一卷　（清）江永編　（清）羅有高注　清乾隆益都李文藻刻五十四年（1789）歷城周氏竹西書屋印貸園叢書初集本　一冊

450000－2601－0006315　綫 J22/3130（1）

四聲切韻表三卷首一卷末一卷　（清）江永編　清光緒三年（1877）會稽學舍刻本　二冊

450000－2601－0006316　綫 371.5/4610

養蒙書十種十卷　（清）賀瑞麟輯　清光緒蘭州官書局鉛印本　一冊

450000－2601－0006317　綫±041.2/2540

四書集注十九卷　（清）朱熹撰　清光緒八年（1882）金陵書局刻本　六冊

450000－2601－0006318　綫 B312/1075

四書經傳典考四卷　（清）王鳳威輯　清刻本　一冊

450000－2601－0006319　綫 B312/7740（1）

新訂四書補註備旨十卷　（清）鄧林著　（清）杜定基增訂　清光緒十年（1884）善成堂刻本　八冊

450000－2601－0006320　綫 B79/3074

容膝草廬集一卷　（清）卜一貞撰　清抄本　一冊

450000－2601－0006321　綫 D2/9028

東洋史要四卷附年表一卷　（日本）小川銀次郎著　（清）屠長春譯　清光緒二十七年（1901）上海普通學書室商務印書館鉛印本　一冊

450000－2601－0006322　綫 B312/7740（5）

四書補註備旨題竅匯參十卷　（清）鄧林著　（清）祁文友等增訂　（清）楊瀾等補　清末瀚文堂書局刻本　四冊　存七卷（大學一卷,中庸一卷,論語三至四,孟子一至二、四）

450000－2601－0006323　綫 D843.6/0090

東游日記一卷　（清）文愷著　清光緒三十三年（1907）鉛印本　一冊

450000－2601－0006324　綫廿 920.1/1712（1）

東南紀事十二卷　（清）邵廷采撰　清光緒十年（1884）邵武徐幹刻邵武徐氏叢書初刻本　二冊

450000－2601－0006325　綫 D926.51/4440

東坡事類二十二卷　（清）梁廷枏輯　清刻本　一冊　存三卷（六至八）

450000－2601－0006326　綫±041.1/6054

四書十一經彙合本□□種□□卷　（清）□□輯　清嘉慶至光緒刻本　四十冊　存九種一百十二卷（周易本義附音訓十二卷、首一卷、末一卷,周易程傳八卷,禮記陳氏人說十卷,尚書蔡傳六卷、首一卷、末一卷,詩經集傳八卷、詩序辨說一卷,春秋穀梁傳十二卷,春秋公羊經傳解詁十二卷、重刊宋紹熙公羊傳注附音本校記一卷,周禮六卷、首一卷,春秋左傳杜注補三十卷、首一卷）

450000－2601－0006327　綫 B312/5532

四書摭餘說七卷　（清）曹之升輯　清文華樓刻本　三冊

450000－2601－0006328　綫 B312/4408

四書貫珠講義十九卷　（清）林文竹輯　清光緒十二年(1886)同德堂刻本　十册

450000－2601－0006329　綫 D266/1020(16)

東華錄一百九十五卷　王先謙編　清光緒十三年(1887)廣百宋齋鉛印本　三十二册

450000－2601－0006330　綫 B312/4440(2)

四書異同商補訂六卷　（清）黃鶴撰　清光緒十九年(1893)新化黃氏刻本　二册　存三卷（論語異同商補訂二卷、學庸異同商補訂一卷）

450000－2601－0006331　綫 D266/1020(1)

東華錄一百九十五卷　王先謙編　清光緒十三年(1887)上海圖書集成印書局鉛印本　二十八册

450000－2601－0006332　B312/4440(1)

增補四書異同商六卷　（清）黃鶴撰　清光緒二十九年(1903)湖南大文書局刻本　一册　存三卷（增補孟子異同商三卷）

450000－2601－0006333　綫廿 958/1020(1)

東華續錄九種四百二十五卷　王先謙等編　清光緒上海圖書集成印書局鉛印本　二十八册　存六種一百九十五卷（天命朝四卷、天聰朝十一卷、崇德朝八卷、順治朝三十六卷、康熙朝一百十卷、雍正朝二十六卷）

450000－2601－0006334　綫 B312/4437

四書異同商六卷　（清）黃鶴學　清咸豐十年(1860)甯鄉學署東齋刻本　十册

450000－2601－0006335　綫廿 112.4/4447

四書異同商六卷　（清）黃鶴學　清咸豐十年(1860)甯鄉學署刻本　十册

450000－2601－0006336　綫 D266/1020(2)

[雍正朝]東華錄二十六卷　王先謙編　清光緒十三年(1887)上海圖書集成印書局鉛印本　十册

450000－2601－0006337　綫 D266/1020(3)

[順治朝]東華錄三十六卷　王先謙編　清光緒十三年(1887)上海圖書集成印書局鉛印本

二册　存十九卷（十八至三十六）

450000－2601－0006338　綫 B312/4490

四書圖考十三卷　（清）杜炳學　清光緒十三年(1887)鴻文書局石印本　一册

450000－2601－0006339　綫 D266/1020(4)

[康熙朝]東華錄一百十卷　王先謙編　清光緒十三年(1887)上海圖書集成印書局鉛印本　十三册

450000－2601－0006340　綫 B312/8030

四書味根錄三十七卷　（清）金澄輯　清末石印本　二册　存二十一卷（論語二十卷、首一卷）

450000－2601－0006341　綫 B312/4060

四書反身錄八卷　（清）李顒著　清道光十一年(1831)刻本　四册

450000－2601－0006342　綫廿 112.4/4061

四書反身錄八卷首一卷　（清）李顒著　清湘陰奎樓蔣氏小娜嬛山館刻本　四册

450000－2601－0006343　綫 D266/2740

十一朝東華錄詳節二十四卷　（清）鄔樹庭編　清光緒二十六年(1900)上海東文學堂石印本　十六册

450000－2601－0006344　綫廿 112.4/8028

增訂圖攷四書合講二十一卷　（清）翁復輯　清光緒八年(1882)刻本　六册

450000－2601－0006345　綫廿 958/1020(2)

東華續錄九種四百二十五卷　王先謙等編　清光緒十三年(1887)京都琉璃廠欽文書局刻本　一百六十三册　缺二卷（乾隆朝七十七至七十八）

450000－2601－0006346　綫廿 958/1020(3)

東華續錄九種四百二十五卷　王先謙等編　清光緒上海圖書集成書局鉛印本　三十六册　存三種二百三十卷（乾隆朝一百二十卷、嘉慶朝五十卷、道光朝六十卷）

450000－2601－0006347　綫 D266/1020(5)

東華續錄九種四百二十五卷　王先謙編　清

光緒十三年(1887)上海圖書集成書局石印本
　　三十六冊　　存三種二百三十卷(乾隆朝一
　　百二十卷、嘉慶朝五十卷、道光朝六十卷)

450000 – 2601 – 0006348　　綫 B312/2542
四書小參一卷四書問答一卷　　(明)朱斯行撰
　　清光緒三年(1877)姑蘇刻經處刻本　　一冊

450000 – 2601 – 0006349　　綫 B312/0230(1)
四書恒解十四卷　　(清)劉沅輯註　　清光緒十
　　年(1884)豫誠堂刻三十一年(1905)劉棋文補
　　刻槐軒全書本　　九冊

450000 – 2601 – 0006350　　綫廿 111/2022(2)
易話二卷易廣記三卷　　(清)焦循學　　清道光
　　八年(1828)半九書塾刻光緒二年(1876)衡陽
　　魏氏補修焦氏叢書本　　一冊

450000 – 2601 – 0006351　　綫 D266/1020(6)
[乾隆朝]東華續錄一百二十卷　王先謙編
　　清光緒五年(1879)刻本　　三十九冊　　缺二十
　　一卷(二十九至四十九)

450000 – 2601 – 0006352　　綫 D266/1020(7)
[乾隆朝]東華續錄一百二十卷　王先謙編
　　清光緒十三年(1887)廣百宋齋石印本　　二十
　　四冊　　缺九卷(八十七至九十五)

450000 – 2601 – 0006353　　綫 B311/4434
易雅一卷筮宗一卷　　(宋)趙汝楳述　　清康熙
　　十九年(1680)通志堂刻通志堂經解本　　一冊

450000 – 2601 – 0006354　　綫 D266/1020(8)
[嘉慶朝]東華續錄五十卷　王先謙編　　清光
　　緒十三年(1887)廣百宋齋鉛印本　　八冊

450000 – 2601 – 0006355　　綫 D266/1020(9)
[道光朝]東華續錄六十卷　王先謙編　　清光
　　緒十三年(1887)廣百宋齋鉛印本　　八冊

450000 – 2601 – 0006356　　綫廿 958/1020(4)
[咸豐朝]東華續錄六十九卷　　(清)潘頤福編
　　清光緒十八年(1892)上海圖書集成書局鉛
　　印續東華錄本　　十六冊

450000 – 2601 – 0006357　　綫廿 958/1020(5)
同治朝東華續錄一百卷　王先謙編　　(清)張

式恭校　　清光緒二十四年(1898)文瀾書局石
印本　　二十四冊

450000 – 2601 – 0006358　　綫 B311/4439(1)
新鐫增補周易備旨一見能解六卷　　(明)黃淳
耀撰　　(清)嚴而寬增補　　清光緒三十二年
(1906)澹雅書局刻本　　一冊　　存一卷(一)

450000 – 2601 – 0006359　　綫 B311/2540(1)
易經備旨七卷　　(宋)朱熹本義　　(清)鄒聖脈
纂輯　　(清)鄒廷猷編次　　(清)鄒景揚訂　　清
末刻本　　二冊　　存五卷(三至七)

450000 – 2601 – 0006360　　綫 B311/2540(2)
易經本義附音訓十二卷首一卷　　(宋)朱熹本
義　　(宋)呂祖謙音訓　　(清)李鴻章校刊　　清
末李光明家刻狀元閣刻本　　四冊

450000 – 2601 – 0006361　　綫 B311/8700
易緯八種十二卷　　(清)□□輯　　清刻本
二冊

450000 – 2601 – 0006362　　特綫 ±915.0144/
1045(3)
[同治]蒼梧縣志十八卷首一卷　　(清)羅勳纂
修　　(清)王棟續纂　　清同治十三年(1874)刻
本　　十二冊

450000 – 2601 – 0006363　　綫廿 111/1123
易解經傳證五卷首一卷　　(清)張步騫註　　清
同治十年(1871)養靜齋刻本　　五冊

450000 – 2601 – 0006364　　綫 B311/7748
易解拾遺七卷附周易讀本四卷　　(清)周世金
著　　清嘉慶二十四年(1819)和義堂刻本
九冊

450000 – 2601 – 0006365　　綫 B311/1281
易解簡要六卷　　(清)張矩輯解　　清嘉慶二十
三年(1818)文光堂刻本　　二冊

450000 – 2601 – 0006366　　綫 B311/3430
易憲四卷卦歌一卷圖說一卷　　(明)沈泓疏
(明)沈權之等增訂　　(清)許王猷等校正　　清
光緒十四年(1888)泉唐卓德徵刻本　　三冊

450000 – 2601 – 0006367　　綫廿 111/5045(1)

易漢學八卷　（清）惠棟學　清光緒二十二年
（1896）彙文軒刻本　二冊

450000－2601－0006368　綫廿111/5045（2）

易例二卷　（清）惠棟撰　清乾隆三十九年至
四十年（1774－1775）益都李文藻刻貸園叢書
初集本　二冊

450000－2601－0006369　綫廿111/2022（3）

易通釋二十卷　（清）焦循學　清道光八年
（1828）半九書塾刻光緒二年（1876）衡陽魏氏
補修焦氏叢書本　一冊　存二卷（十九至二
十）

450000－2601－0006370　綫廿111/1150

易義別錄十四卷　（清）張惠言輯　清刻本
二冊

450000－2601－0006371　綫370.73/3143

甲班實習教授評案不分卷　（清）江蘇通州師
範學校編　清光緒三十三年（1907）江蘇通州
師範學校翰墨林印書局鉛印本　一冊

450000－2601－0006372　綫D266/1020（10）

同治東華續錄一百卷　王先謙編　清光緒二
十四年（1898）文瀾書局石印本　二十四冊

450000－2601－0006373　綫D954/1000

圖繪寶鑑八卷補遺一卷　（元）夏文彥編纂
（明）吳麒錄　（清）馮仙湜等重訂　（明）毛
大倫增補　清刻本　四冊

450000－2601－0006374　綫D266/1020（11）

同治東華續錄一百卷　王先謙編　清光緒二
十四年（1898）文瀾書局石印本　二十四冊

450000－2601－0006375　綫F229.3/4033
（2）

圖民錄四卷　（清）袁守定著　清同治十一年
（1872）江西書局刻本　二冊

450000－2601－0006376　綫D266/1020（12）

［咸豐朝］東華續錄六十九卷　（清）潘頤福編
　清光緒二十五年（1899）上海書局石印本
十六冊

450000－2601－0006377　綫D923/6020

羅氏三修族譜□□卷　（清）□□編　清末雍
睦堂木活字印本　四冊　存四卷（三、五至
六、十一）

450000－2601－0006378　綫D266/1020（13）

［咸豐朝］東華續錄六十九卷　（清）潘頤福編
　清光緒二十五年（1899）上海書局石印本
十六冊

450000－2601－0006379　綫D266/1020（14）

［咸豐朝］東華續錄六十九卷　（清）潘頤福編
　清光緒十八年（1892）上海圖書集成印書局
鉛印本　十六冊

450000－2601－0006380　綫廿958/2547

光緒朝東華續錄二百二十卷　（清）朱壽朋編
　清宣統元年（1909）鉛印本　六十四冊

450000－2601－0006381　特綫±915.0132/
7247（2）

［光緒］富川縣志十二卷　（清）顧國誥等纂修
　清光緒十六年（1890）富江書院刻本　一冊
存一卷（一）

450000－2601－0006382　綫D266/1020（15）

光緒朝東華續錄二百二十卷　（清）朱壽朋編
　清宣統元年（1909）上海集成圖書公司鉛印
本　六十四冊

450000－2601－0006383　綫廿112.42/1037

中庸衍義十七卷　（明）夏良勝撰　清同治十
年（1871）江西刻本　十二冊

450000－2601－0006384　綫B312/5023

中庸直指一卷　（明）史德清述　清光緒十年
（1884）金陵刻經處刻本　一冊

450000－2601－0006385　綫廿950.4/6030
（1）

增批輯註東萊博議四卷　（宋）呂祖謙著
（清）劉紫山輯注　增批輯註東萊博議註釋一
卷　（清）張文炳撰　清宣統三年（1911）上海
會文堂粹記石印本　二冊

450000－2601－0006386　綫廿950.4/6030
（2）

增批輯註東萊博議四卷 （宋）呂祖謙撰 （清）劉紫山輯注 增批輯註東萊博議註釋一卷 （清）張文炳撰 清宣統三年(1911)上海會文堂粹記石印本 一冊

450000－2601－0006387 綫 D21/6033（1）
東萊博議四卷 （宋）呂祖謙著 增補虛字注釋一卷 （清）張文炳撰 清光緒三十一年(1905)上海商務印書館鉛印本 一冊 缺二卷(三至四)

450000－2601－0006388 綫 D21/6033（2）
增批輯註東萊博議四卷 （宋）呂祖謙著 （清）劉紫山輯注 增批輯註東萊博議註釋一卷 （清）張文炳撰 清光緒三十一年(1905)上海寶善齋書莊鉛印本 一冊

450000－2601－0006389 綫 D21/4080
尚史七十三卷 （清）李鍇纂 清乾隆三十八年(1773)刻本 二十四冊

450000－2601－0006390 綫 D53/3132
中西紀事二十四卷 （清）夏燮撰 清同治七年(1868)刻本 八冊

450000－2601－0006391 綫 D911/6436
中西人物通攷一百卷 （清）葉逢時編輯 清光緒二十九年(1903)杭州史學齋石印本 二十冊

450000－2601－0006392 綫 D21/6033（4）
加批硃註東萊博議四卷首一卷 （宋）呂祖謙著 （清）馮泰松點定 增補虛字注釋總目一卷 （清）張文炳撰 清光緒二十四年(1898)育才山房刻朱墨套印本 一冊 缺三卷(二至四)

450000－2601－0006393 綫 D53/8094
中外交涉類要表一卷光緒通商綜覈表一卷 錢恂著 清光緒二十年(1894)上海書局石印本 二冊

450000－2601－0006394 綫 D16/7700
中外地輿圖說集成一百三十卷首四卷 （清）同康廬主人輯 清光緒二十年(1894)同康主人上海積石書局石印本 二十四冊

450000－2601－0006395 綫廿 920.1/7522
東林列傳二十四卷末二卷 （清）陳鼎輯 （清）沈霽等校 （清）陳鼎泰參訂 清康熙五十年(1711)山壽堂刻本 六冊

450000－2601－0006396 綫 D6/7749
中外輿地全圖一卷 （清）輿地學會編譯 清光緒二十九年(1903)輿地學會石印本 一冊

450000－2601－0006397 綫 I202.2/1224（1）
東林書院志二十二卷 （清）張師載等鑒定 （清）胡廷琦等參訂 （清）高龒等增輯 清光緒七年(1881)刻本 八冊

450000－2601－0006398 綫 I202.2/1224（2）
東林書院志二十二卷 （清）張師載等鑒定 （清）胡廷琦等參訂 （清）高龒等增輯 清光緒七年(1881)刻本 八冊

450000－2601－0006399 綫 F923.1/8390（1）
中俄界約斠注七卷首一卷 錢恂編著 清光緒上海書局石印本 一冊 缺四卷(四至七)

450000－2601－0006400 綫 341.25/8397
中俄界約斠注七卷首一卷 錢恂編著 清光緒二十年(1894)蘇城謝文翰齋刻上海醉六堂印本 二冊

450000－2601－0006401 綫 I209.5/4434
泰西學校論略一卷教化議五卷 （德國）花之安著 清光緒二十三年(1897)上海商務印書館鉛印本 一冊

450000－2601－0006402 綫 F229.166/6700（1）
欽定中樞政考四十卷 （清）納蘇泰等纂修 清刻本 三十四冊 存二十四卷(一至二十四)

450000－2601－0006403 綫 F229.166/6700（2）
欽定中樞政考續纂四卷 （清）長齡等纂修 清刻本 二冊 存二卷(二、四)

450000－2601－0006404 綫廿 958.5/1099

中日戰輯六卷 （清）王炳耀輯　清光緒二十一年（1895）鉛印本　四冊

450000 - 2601 - 0006405　綫 D98/4031

括蒼金石志十二卷續志四卷 （清）李遇孫輯（清）鄒柏森校補　清光緒元年（1875）元和潘紹詒刻本　六冊

450000 - 2601 - 0006406　綫 D52/6067

中國文明小史一卷 （日本）田口卯吉著（清）劉陶譯　清光緒二十八年（1902）上海廣智書局鉛印本　一冊

450000 - 2601 - 0006407　綫 D976/0034

黑蠻風土記一卷 （英國）溫斯敦著（清）史錦鏞譯語　（清）沈定年述文　清光緒五年（1879）鉛印本　一冊

450000 - 2601 - 0006408　綫 D3/2022

中國六十年戰史十三章 （英國）愛特華斯著史悠明　（清）程履祥編校　清光緒二十九年（1903）上海美華書館鉛印本　六冊

450000 - 2601 - 0006409　綫 ± 353.6/0043（1）

南海先生戊戌奏稿一卷 康有為著　麥仲華編　清宣統三年（1911）鉛印本　一冊

450000 - 2601 - 0006410　綫 E942/6054

中國財政紀畧一卷 （日本）東邦協會纂（清）吳銘譯　清光緒二十九年（1903）廣智書局鉛印本　一冊

450000 - 2601 - 0006411　綫 +336/5024

中國財政紀畧四章 （日本）東邦協會纂（清）吳銘譯　清光緒二十九年（1903）上海廣智書局鉛印第四次本　一冊

450000 - 2601 - 0006412　綫 D926.61/5329

戚少保[繼光]年譜耆編十二卷首一卷 （明）戚祚國彙纂　清道光至光緒刻本　十二冊

450000 - 2601 - 0006413　綫 D2/1780

中國歷史問答一卷 （日本）富山房編纂　邵義譯并補纂　清光緒二十八年（1902）上海商務印書館鉛印本　一冊

450000 - 2601 - 0006414　綫廿 920.1/2510（2）

咸豐以來功臣別傳三十卷 朱孔彰撰　清光緒二十四年（1898）元和胡氏石印漸學盧叢書本　六冊

450000 - 2601 - 0006415　綫廿 920.1/2510（1）

中興將帥別傳三十卷 朱孔彰撰　清光緒二十三年（1897）江甯刻本　十冊

450000 - 2601 - 0006416　綫廿 951/4946

趙忠毅公僑鶴先生史韻四卷 （明）趙南星撰（清）陳鍾祥補注　清同治元年至三年（1862 - 1864）趙瑜刻本　二冊

450000 - 2601 - 0006417　綫 D2/1773（1）

史記一百三十卷 （漢）司馬遷撰　（南朝宋）裴駰集解　清光緒四年（1878）金陵書局刻本　十六冊

450000 - 2601 - 0006418　綫 D2/1773（2）

史記一百三十卷 （漢）司馬遷撰　（南朝宋）裴駰集解　清光緒四年（1878）金陵書局刻後印本　十六冊

450000 - 2601 - 0006419　綫 D2/1773（3）

史記附考證一百三十卷 （漢）司馬遷撰（南朝宋）裴駰集解　（唐）司馬貞索隱（唐）張守節正義　清光緒二十六年（1900）煥文書局石印本　八冊

450000 - 2601 - 0006420　綫 D68/8014

曹江孝女廟志八卷首一卷末一卷 （清）金廷棟編輯　（清）阮元鑒定　清光緒八年（1882）刻本　二冊

450000 - 2601 - 0006421　綫 D2/1773（4）

史記測議一百三十卷首一卷 （漢）司馬遷撰（南朝宋）裴駰集解　（唐）司馬貞索隱（唐）張守節正義　（明）徐孚遠　（明）陳子龍測議　明崇禎十三年（1640）綠蔭堂刻本二十七冊　缺三卷（一百二十八至一百三十）

450000 - 2601 - 0006422　綫 D2/1773（5）

史記一百三十卷首一卷 （漢）司馬遷撰

（南朝宋）裴駰集解　（唐）司馬貞索隱
（唐）張守節正義　**史記考證一百三十卷首一
卷**　（清）張照等纂修　清同治十一年（1872）
成都書局刻本　二十六冊

450000－2601－0006423　綫 B311/1044
費氏古易訂文十二卷　（清）王樹枏撰　清光
緒十七年（1891）文莫室刻本　四冊

450000－2601－0006424　綫卅 952/1773（1）
史記一百三十卷　（漢）司馬遷撰　（南朝宋）
裴駰集解　清光緒四年（1878）金陵書局刻本
二十冊

450000－2601－0006425　綫卅 952/1773（2）
史記附考證一百三十卷　（漢）司馬遷撰
（南朝宋）裴駰集解　（唐）司馬貞索隱
（唐）張守節正義　清光緒十四年（1888）上海
蜚英館石印二十一史本　十二冊

450000－2601－0006426　綫卅 952/1773（4）
史記一百三十卷補一卷　（漢）司馬遷撰
（南朝宋）裴駰集解　（唐）司馬貞補并索隱
（唐）張守節正義　清同治九年（1870）楚北崇
文書局刻本　二十四冊

450000－2601－0006427　綫卅 952/1773（5）
史記附考證一百三十卷　（漢）司馬遷撰
（南朝宋）裴駰集解　（唐）司馬貞索隱
（唐）張守節正義　清光緒十四年（1888）上海
圖書集成印書局鉛印二十一史本　十六冊

450000－2601－0006428　綫 D25/6473
契丹國志二十七卷契丹國九主年譜一卷
（宋）葉隆禮撰　（清）掃葉山房校刊　**大金國
志四十卷金國九主年譜一卷**　（宋）宇文懋昭
撰　清乾隆、嘉慶間南沙席氏掃葉山房刻本
六冊

450000－2601－0006429　綫 Y49/8710
輪輿私箋二卷　（清）鄭珍撰　**輪輿圖一卷**
（清）鄭知同繪　清光緒十七年（1891）廣雅書
局刻本　一冊

450000－2601－0006430　綫 D21/3427
史記評林一百三十卷首一卷　（明）凌稚隆輯

校　清同治十三年（1874）長沙魏氏養翮書屋
刻本　二十八冊

450000－2601－0006431　綫 J23/1069
拾雅二十卷　（清）夏味堂述　清嘉慶二十四
年（1819）刻本　十冊

450000－2601－0006432　綫 J28/2861
繪圖一萬字文一卷　（清）□□撰　清末文盛
書局石印本　一冊

450000－2601－0006433　綫 J27/5640（2）
輶軒使者絕代語釋別國方言疏證十三卷
（清）戴震疏證　**續方言二卷**　（清）杭世駿搜
集　清刻本　二冊

450000－2601－0006434　綫 J27/5640（3）
輶軒使者絕代語釋別國方言十三卷首一卷
（漢）楊雄記　（晉）郭璞注　**續方言二卷**
（清）杭世駿纂輯　**續方言補一卷**　（清）程際
盛補纂　清光緒十七年（1891）思賢講舍刻本
三冊

450000－2601－0006435　綫卅 952/1773（6）
史記附考證一百三十卷補一卷　（漢）司馬遷
撰　（南朝宋）裴駰集解　（唐）司馬貞補撰並
索隱　（唐）張守節正義　（清）張照等考證
清刻本　十一冊　存四十二卷（九十至一百
三十、補一卷）

450000－2601－0006436　綫卅 920.1/7714
楚寶四十卷外篇五卷　（明）周聖楷輯纂　清
道光九年（1829）鄧顯鶴寧鄉學署刻本　二
十冊

450000－2601－0006437　綫 F229/4443
樊山政書二十卷　樊增祥撰　清宣統二年
（1910）金陵湯明林聚珍書局木活字印本
十冊

450000－2601－0006438　綫卅 952/1060
史記毛本正誤一卷　（清）丁晏撰　清光緒十
八年（1892）廣雅書局刻本　一冊

450000－2601－0006439　藏綫卅 952/9050
篆文尚書四卷　（清）李光地等校閱　清乾隆

武英殿刻篆文六經四書本　二冊　存二卷
（商書、周書多士至秦誓）

450000－2601－0006440　綫廿 952/3312

史記志疑三十六卷　（清）梁玉繩撰　清光緒
十三年(1887)廣雅書局刻本　十四冊

450000－2601－0006441　綫 G29/8040

禁煙條例一卷　（清）善耆等擬　**秋審條款一
卷**　（清）延傑等著　清宣統元年(1909)鉛印
本　一冊

450000－2601－0006442　綫 D694/9041

滿洲旅行記二卷　（日本）小越平隆著　（清）
克齋譯　清光緒二十八年(1902)上海廣智書
局鉛印本　二冊

450000－2601－0006443　綫 D2/4246

史記菁華錄六卷　（漢）司馬遷撰　（清）姚苧
田摘錄　清刻朱墨套印刻本　一冊　存二卷
（一至二）

450000－2601－0006444　綫 +390/4422

蔡氏月令二卷　（漢）蔡邕譔　清道光四年
(1824)王氏刻本　二冊

450000－2601－0006445　綫 Z9/8040(1)

茶香室經說十六卷　（清）俞樾撰　清光緒十
四年(1888)刻　六冊

450000－2601－0006446　綫 D2/4467

史記菁華錄六卷　（漢）司馬遷撰　（清）姚苧
田摘錄　清同治十二年(1873)紅杏山房刻朱
墨套印本　二冊　存二卷（一至二）

450000－2601－0006447　綫 Z9/8040(2)

茶香室經說十六卷　（清）俞樾撰　清光緒十
八年(1892)廣東學院刻本　八冊　存十二卷
（一至十二）

450000－2601－0006448　綫廿 952/4467(1)

史記菁華錄六卷　（清）姚苧田摘錄　清道光
四年(1824)吳興姚氏扶荔山房刻朱墨套印本
三冊

450000－2601－0006449　綫廿 920.1/6058
(4)

滿洲名臣傳四十八卷　（清）國史館編　清末
京都正陽門琉璃廠榮錦書坊刻本　四十八冊

450000－2601－0006450　綫廿 920.1/6058
(5)

滿洲名臣傳四十八卷　（清）國史館編　清末
京都正陽門琉璃廠榮錦書坊刻本　四十八冊

450000－2601－0006451　綫廿 952/4467(2)

史記菁華錄六卷　（清）姚苧田摘錄　清道光
四年(1824)吳興姚氏扶荔山房刻朱墨套印本
六冊

450000－2601－0006452　綫廿 920.1/6058
(6)

滿洲名臣傳四十八卷　（清）國史館編　清末
京都正陽門琉璃廠榮錦書坊刻本　四十八冊

450000－2601－0006453　綫廿 952/2230

史記探源八卷　崔適撰　清宣統二年(1910)
歸安崔適觶廬刻本　四冊

450000－2601－0006454　綫 D926.71/6455

葉公澄衷榮哀錄不分卷　（清）□□撰　清光
緒二十八年(1902)上海懷德堂鉛印本　一冊

450000－2601－0006455　綫 D64/1040

欽定滿洲源流考二十卷首一卷　（清）麟喜等
纂修　清光緒三十年(1904)中西書局石印本
四冊

450000－2601－0006456　綫廿 951/2233

史要增註七卷　（清）任啟運輯　（清）吳兆慶
纂註　（清）任麟徵增註　清光緒十四年
(1888)上海鴻文書局石印本　四冊　存五卷
（三至七）

450000－2601－0006457　綫 B312/3436

滿漢四書六卷　（清）□□輯　清刻本　十二
冊　缺一種一卷(大學一卷)

450000－2601－0006458　綫廿 920.42/1049

[上虞]桂林夏氏宗譜十卷首一卷末一卷
（清）夏壽恒等修　清光緒三十三年(1907)上
虞夏氏明德堂木活字印本　十二冊

450000－2601－0006459　綫 D921/3145

史外八卷 （清）汪有典著　清光緒三年
（1877）刻本　八冊

450000 – 2601 – 0006460　綫 D926.51/4436
宋忠定趙周王別錄八卷 （宋）趙汝愚撰　葉
德輝編輯　清光緒三十四年（1908）長沙葉氏
刻本　四冊

450000 – 2601 – 0006461　綫卄 920.1/3145
（1）
史外八卷附錄一卷 （清）汪有典著　清光緒
三年（1877）刻本　六冊　缺二卷（四、七）

450000 – 2601 – 0006462　綫 K269/0253
藕船題跋二卷 （清）劉青連纂　清乾隆二十
年（1755）刻劉氏傳家集本　一冊

450000 – 2601 – 0006463　綫卄 951.7/2632
史案二十卷 （清）吳裕垂撰　清光緒六年
（1880）大成堂刻本　六冊

450000 – 2601 – 0006464　綫 ±915/5311
廣雅書局叢書一百五十八種二千三百六卷
（清）廣雅書局輯　清光緒廣雅書局刻本　一
冊　存二種二卷（史漢駢枝一卷、宋州郡志校
勘記一卷）

450000 – 2601 – 0006465　綫 ± 353.0828/
4462（1）
林文忠公政書三十七卷 （清）林則徐撰　清
道光刻本　八冊

450000 – 2601 – 0006466　綫 ± 353.0828/
4462（2）
林文忠公政書三十七卷 （清）林則徐撰　清
咸豐林氏家刻本　十二冊

450000 – 2601 – 0006467　綫 D923/1230
姓氏尋源四十五卷 （清）張澍纂　清刻本
三冊　存八卷（七至九、十三至十四、二十一
至二十三）

450000 – 2601 – 0006468　174/1004
成功錦囊（致富錦囊）不分卷　王建善譯　清
宣統二年（1910）上海開明書店集成印刷所鉛
印實業叢書本　一冊

450000 – 2601 – 0006469　綫 D98/3430（1）
隸釋二十七卷 （宋）洪适撰　清同治十年
（1871）皖南洪氏晦木齋刻本　五冊

450000 – 2601 – 0006470　綫 F924.45/4435
（1）
滇緬劃界圖說一卷 （清）薛福成編　清光緒
二十八年（1902）無錫傳經樓石印本　一冊

450000 – 2601 – 0006471　綫 J26/1712（1）
隸篇十五卷續篇十五卷再續十五卷 （清）翟
雲升編纂　清道光十七年至十八年（1837 –
1838）刻本　十冊

450000 – 2601 – 0006472　綫卄 920.1/6058
（2）
漢名臣傳三十二卷 （清）國史館編　清末京
都正陽門琉璃廠榮錦書坊刻本　三十二冊

450000 – 2601 – 0006473　綫卄 920.1/6058
（3）
漢名臣傳三十二卷 （清）國史館編　清末京
都正陽門琉璃廠榮錦書坊刻本　三十二冊

450000 – 2601 – 0006474　綫 +015.2/1000
漢藝文志攷證十卷 （元）王應麟撰　清光緒
浙江書局刻本　二冊

450000 – 2601 – 0006475　綫卄 422/1744
漢隸辨體四卷首一卷 （清）尹彭壽學　清光
緒二十一年（1895）尚志堂刻本　八冊

450000 – 2601 – 0006476　綫 J254/5040
漢隸字源五卷碑目一卷 （宋）婁機撰　清光
緒三年（1877）歸安姚覲元川東官舍刻蘇州振
新書社印本　六冊

450000 – 2601 – 0006477　綫 D22/3427
漢書評林一百卷 （明）凌稚隆輯校　清同治
十三年（1874）長沙魏氏養翿書屋刻本　三十
二冊

450000 – 2601 – 0006478　綫 D223/8346
漢書辨疑二十二卷 （清）錢大昭撰　清光緒
十三年（1887）廣雅書局刻本　一冊　存五卷
（一至五）

450000 - 2601 - 0006479　綫 D223/2731

漢書引經異文錄證六卷　（清）繆祐孫學　清光緒十一年(1885)刻本　二冊

450000 - 2601 - 0006480　綫廿 950.4/3340（1）

史通通釋二十卷　（唐）劉知幾撰　（清）浦起龍釋　清光緒十九年(1893)上海文瑞樓石印本　四冊

450000 - 2601 - 0006481　綫廿 950.4/3340（2）

史通通釋二十卷　（唐）劉知幾撰　（清）浦起龍釋　清光緒十一年(1885)刻本　八冊

450000 - 2601 - 0006482　綫廿 950.4/7282

史通削繁四卷　（唐）劉知幾撰　（清）紀昀刪定　清道光十三年(1833)涿州盧坤兩廣節署刻朱墨套印本　四冊

450000 - 2601 - 0006483　綫 D2/2760（1）

史通削繁四卷　（清）紀昀撰　（清）浦起龍注　清光緒元年(1875)湖北崇文書局刻本　四冊

450000 - 2601 - 0006484　綫 D98/1740

觀妙齋藏金石文考略十六卷　（清）李光暎撰　清雍正七年(1729)刻本　一冊　存三卷（八至十）

450000 - 2601 - 0006485　綫 D2/2760（2）

史通削繁四卷　（清）紀昀撰　（清）浦起龍注　清道光十三年(1833)涿州盧坤兩廣節署刻朱墨套印本　四冊

450000 - 2601 - 0006486　綫 D2/2760（3）

史通削繁四卷　（清）紀昀撰　（清）浦起龍注　清道光十三年(1833)涿州盧坤兩廣節署刻粵東省城翰墨園朱墨套印本　四冊

450000 - 2601 - 0006487　綫 D2/2760（4）

史通削繁四卷　（清）紀昀撰　（清）浦起龍注　清道光十三年(1833)涿州盧坤兩廣節署刻江右楊宏道堂朱墨套印本　四冊

450000 - 2601 - 0006488　綫廿 920.5/0070

媿室先生[高鳳岐]事略一卷　（清）高而謙（清）高鳳謙撰　清宣統元年(1909)石印本　一冊

450000 - 2601 - 0006489　綫 D2/0230（1）

史存三十卷　（清）劉沅輯　清宣統元年(1909)富順縣三多砦凝善堂刻本　十六冊

450000 - 2601 - 0006490　綫廿 920.1/3193（1）

史姓韻編六十四卷　（清）汪輝祖輯　清光緒十年(1884)慈谿馮氏耕餘樓鉛印本　十六冊

450000 - 2601 - 0006491　綫廿 920.1/3193（2）

史姓韻編六十四卷　（清）汪輝祖輯　清光緒十年(1884)慈谿馮氏耕餘樓鉛印本　十六冊

450000 - 2601 - 0006492　綫 320.4/4643

吏事識小錄四卷　（清）楊士達編　清道光二十一年(1841)刻本　二冊

450000 - 2601 - 0006493　綫 D921.69/0244

槐軒弟子記略一卷　（清）□□撰　清刻本　一冊

450000 - 2601 - 0006494　綫 D20.4.4/3481

史目表一卷　（清）洪飴孫輯　清光緒四年(1878)啟秀山房刻本　一冊

450000 - 2601 - 0006495　綫廿 951/2500

史畧八十七卷　（清）朱埜輯　清江南城狀元鏡狀元閣刻本　二十冊

450000 - 2601 - 0006496　綫廿 422/0754（1）

汗簡箋正八卷　（宋）郭忠恕撰　（清）鄭珍箋正　清光緒十五年(1889)廣雅書局刻本　六冊　存五卷（一至五）

450000 - 2601 - 0006497　綫廿 915.004/4304

揚州畫舫錄十八卷　（清）李斗著　清嘉慶二年(1797)刻本　八冊

450000 - 2601 - 0006498　綫 B311/4716（1）

楊氏誠齋先生易傳二十卷首一卷　（宋）楊萬里著　清光緒二十五年(1899)燕平延茂刻本　四冊

450000－2601－0006499　綫廿 950.8/3312

史學叢書二編四十三種三百十二卷　（清）
□□輯　清光緒二十八年（1902）上海文瀾書局石印本　三十冊　缺五種十九卷（三史拾遺五卷、補三國疆域志二卷、補三史藝文志一卷、三國志辨疑三卷、三國志攷證八卷）

450000－2601－0006500　綫 D255/5245

遼史一百十五卷　（元）脫脫等修　清同治十二年（1873）江蘇書局刻本　十五冊　缺十四卷（八十四至九十七）

450000－2601－0006501　綫 J22/3340

切音蒙引不分卷　（清）陳錦著　清光緒九年（1883）八杉齋刻本　一冊

450000－2601－0006502　綫 D255/7870

遼史附考證一百十五卷　（元）脫脫等修　**遼史國語解一卷**　（清）□□撰　清光緒二十八年（1902）上海文瀾書局石印本　一冊

450000－2601－0006503　綫廿 956/3145（3）

欽定遼史語解十卷　（清）□□編　清光緒四年（1878）江蘇書局刻本　二冊

450000－2601－0006504　綫廿 956/7167（1）

遼史拾遺補五卷　（清）楊復吉輯　清光緒三年（1877）江蘇書局刻本　二冊

450000－2601－0006505　綫廿 956/7167（1）

遼史拾遺二十四卷　（清）厲鶚撰　**遼史紀年表一卷西遼紀年表一卷**　（清）汪遠孫撰　清光緒元年（1875）江蘇書局刻本　八冊

450000－2601－0006506　綫廿 956/4624

遼史拾遺補五卷　（清）楊復吉輯　清光緒三年（1877）江蘇書局刻本　三冊

450000－2601－0006507　綫 D25/3781

欽定遼史語解十卷金史語解十二卷元史語解二十四卷　（清）□□編　清光緒四年（1878）江蘇書局刻本　十冊

450000－2601－0006508　綫廿 956.4/4049（4）

遼金紀事本末四十卷首一卷　（清）李有棠編纂　清光緒十九年（1893）同文書局石印遼金紀事本末本　四冊

450000－2601－0006509　綫廿 956.4/4049（3）

遼金紀事本末四十卷首一卷　（清）李有棠編纂　清光緒十九年（1893）同文書局石印遼金紀事本末本　四冊

450000－2601－0006510　綫 D203.5/2746（1）

史鑑節要便讀六卷　（清）鮑東里編輯　清同治十二年（1873）崇文書局刻本　三冊

450000－2601－0006511　綫 D203.5/2746（2）

史鑑節要便讀六卷　（清）鮑東里編輯　清光緒元年（1875）湖北崇文書局刻本　二冊

450000－2601－0006512　綫 J22/7430（1）

切韻考六卷　（清）陳澧撰　清番禺陳氏刻本　一冊

450000－2601－0006513　綫 F229.3/3448

清秘述聞十六卷　（清）法式善編　清嘉慶四年（1799）刻本　六冊

450000－2601－0006514　綫 D97/7130（1）

清嘉錄十二卷目錄五卷　（清）顧祿譔　清道光十年（1830）刻本　二冊

450000－2601－0006515　綫 D97/7130（2）

清嘉錄十二卷目錄五卷　（清）顧祿譔　（日本）安源寬校　清道光十七年（1837）日本知言館刻本　八冊

450000－2601－0006516　綫廿 426/4037

切韻攷四卷　（清）李鄴著　清刻本　一冊

450000－2601－0006517　綫 D98/2644

攈古錄金文三卷　（清）吳式芬撰　清光緒二十一年（1895）海豐吳氏家刻本　九冊

450000－2601－0006518　綫 J22/7430（2）

切韻考外編三卷　（清）陳澧撰　清光緒鉛印本　一冊

450000－2601－0006519　綫 +031/7234

皇朝續文獻通考三百二十卷 （清）劉錦藻纂
清光緒三十一年（1905）堅匏盦鉛印本 八十八冊

450000－2601－0006520 綫 D266.6/2474

清朝史略十一卷 （日本）佐藤楚材編輯 清光緒二十八年（1902）上海石印書屋刻本 一冊 存三卷（一至三）

450000－2601－0006521 綫卄 426/1779

切韻指掌圖一卷 （宋）司馬光撰 清光緒九年（1883）上海同文書局石印本 一冊

450000－2601－0006522 綫卄 958.1/4861

增補清史攬要八卷 （日本）增田貢著 （清）毛淦編補 清光緒二十八年（1902）上海石印本 二冊

450000－2601－0006523 綫卄 920.532/0440（1）

忠武誌十卷 （清）張鵬翮輯 清刻本 四冊 存八卷（一至八）

450000－2601－0006524 綫 920.1/4020（1）

鶴徵後錄十二卷首一卷 （清）李富孫輯 清嘉慶十六年（1811）嘉興李氏刻同治十一年（1872）桐鄉沈德溥補修漾葭老屋印本 四冊

450000－2601－0006525 綫 D266.6/4861（2）

清史攬要六卷 （日本）增田貢著 清光緒鉛印本 二冊

450000－2601－0006526 綫 920.1/4020（2）

鶴徵錄八卷首一卷 （清）李集輯 （清）李富孫 （清）李遇孫續輯 清嘉慶二年（1797）嘉興李氏刻同治十一年（1872）桐鄉沈德溥補修漾葭老屋印本 二冊

450000－2601－0006527 綫卄 920.1/4020（2）

鶴徵錄八卷首一卷 （清）李集輯 清同治十二年（1873）漾葭老屋刻本 二冊

450000－2601－0006528 綫 D266.6/4861（1）

清史攬要四卷 （日本）增田貢著 清光緒二十八年（1902）香港書局石印本 四冊

450000－2601－0006529 綫 D212/4430（1）

書經集傳六卷 （宋）蔡沈集傳 清光緒十二年（1886）湖北官書處刻本 四冊

450000－2601－0006530 綫卄 952/4434

書經集傳六卷 （宋）蔡沈集傳 清光緒元年（1875）湖北崇文書局刻本 四冊

450000－2601－0006531 綫卄 952/1012（1）

欽定書經傳說彙纂二十一卷首二卷 （清）王頊齡等彙纂 清同治十年（1871）湖北崇文書局刻本 十二冊

450000－2601－0006532 綫卄 952/1012（2）

欽定書經傳說彙纂二十一卷首二卷 （清）王頊齡等彙纂 清同治七年（1868）馬新貽李瀚章刻本 十二冊

450000－2601－0006533 綫 D212/1012

欽定書經傳說彙纂二十一卷首二卷 （清）王頊齡等彙纂 清同治十一年（1872）江西書局刻御纂七經本 十六冊

450000－2601－0006534 綫卄 426/4310（1）

貸園叢書初集十二種四十九卷 （清）周永年輯 清乾隆三十六年至四十年（1771－1775）益都李文藻刻五十四年（1789）曆城周氏竹西書屋印本 一冊 存二種六卷（聲韻考四卷、石刻鋪敘二卷）

450000－2601－0006535 綫 J22/4310

聲韻攷四卷 （清）戴震撰 清廣東潮陽縣署刻本 一冊

450000－2601－0006536 綫卄 815.12/1779

涑水記聞十六卷補遺一卷 （宋）司馬光撰 清光緒三年（1877）湖北崇文書局刻本 四冊

450000－2601－0006537 綫 D212/2714

書經備旨七卷 （清）鄒聖脈纂輯 （清）鄒廷猷編次 （清）鄒景揚訂 清刻本 三冊

450000－2601－0006538 綫 J28/4030（3）

李氏蒙求補注六卷 （唐）李瀚撰 （清）金三

俊輯　清道光九年（1829）京口敦經堂刻本
三冊

450000－2601－0006539　綫 D251/1779（4）
涑水記聞十六卷補遺一卷　（宋）司馬光撰
清光緒元年（1875）湖北崇文書局刻本　四冊

450000－2601－0006540　綫 D251/1779（3）
涑水記聞十六卷補遺一卷　（宋）司馬光撰
清光緒元年（1875）湖北崇文書局刻本　四冊

450000－2601－0006541　綫 J28/4014
增定妥註鑑略離句讀本二卷　（明）李廷機著
（清）鄒聖脈訂　清末上海昌文書局石印本
一冊

450000－2601－0006542　綫 D212/1240
書經衷論四卷　（清）張英著　清光緒二十三
年（1897）桐城張氏刻本　二冊

450000－2601－0006543　綫 D212/1931（1）
欽定書經圖說五十卷　（清）孫家鼐等纂修
清光緒三十一年（1905）石印本　十六冊

450000－2601－0006544　綫 D212/1931（2）
欽定書經圖說五十卷　（清）孫家鼐等纂修
清光緒三十一年（1905）石印本　十六冊

450000－2601－0006545　綫 21/7444
書經精華六卷　（清）陳龍標編輯　（清）紀曉
嵐鑒定　清咸豐八年（1858）光韔堂刻慶雲樓
印本　四冊

450000－2601－0006546　綫 D61/4750
都門匯纂不分卷附增補都門紀略不分卷菊部
群英二卷　（清）楊靜亭原編　（清）李靜山增
補　國朝鼎甲錄不分卷　（清）陳鍾原輯　清
光緒四年（1878）刻本　九冊

450000－2601－0006547　綫 D212/4430（3）
書經精華十卷首一卷　（宋）蔡沈編　清刻本
六冊

450000－2601－0006548　綫廿 920.1/7143
桐城耆舊傳十二卷　馬其昶譔　清宣統三年
（1911）刻本　六冊

450000－2601－0006549　綫廿 952/0072

穀梁春秋經傳古義疏十一卷　廖平學　清光
緒二十六年（1900）日新書局刻本　六冊　缺
二卷（七至八）

450000－2601－0006550　綫 B79/1040
增訂廣日記故事詳註二卷　（清）王相曾註
清末李光明莊家刻本　二冊

450000－2601－0006551　150/3192
心理學問答不分卷　汪炳台著　（日本）西谷
虎二鑒定　清宣統元年（1909）江蘇通州翰墨
林書局鉛印本　一冊

450000－2601－0006552　綫 ±041.2/2631
書古微十二卷　（清）魏源著　清光緒四年
（1878）淮南書局刻本　四冊

450000－2601－0006553　特綫 ±353.4/7624
［光緒二十九年］陽貞吉廣西鄉試墨卷不分卷
（清）陽貞吉撰　清光緒刻本　一冊

450000－2601－0006554　綫廿 754.2/4015
初拓快雪堂法帖不分卷　（清）馮銓編選　清
末上海有正書局影印本　五冊

450000－2601－0006555　綫廿 952/1272（1）
春秋經傳集解附考證三十卷　（晉）杜預撰
（唐）陸德明釋義　春秋年表附考證一卷
（□）□□撰　春秋名號歸一圖附考證二卷
（五代）馮繼先撰　清光緒二年（1876）江南書
局刻仿相臺五經本　十二冊

450000－2601－0006556　綫 D218/4736
春秋胡傳三十卷　（宋）胡安國傳　清乾隆七
年（1742）怡府明善堂刻本　八冊

450000－2601－0006557　綫 D218/4076
春秋二卷　（春秋）左丘明著　清道光三十年
（1850）種德堂刻本　二冊

450000－2601－0006558　綫 D653/2710
神州古史考一卷　（清）倪璠著　清光緒十五
年（1889）嘉惠堂丁氏刻武林掌故叢編本
二冊

450000－2601－0006559　綫 D218/2670
春秋增訂旁訓四卷　（清）張氏校　清三讓堂

刻本　二册

450000－2601－0006560　綫 379/4042

教育行政十一編　（日本）木楊貞長著　陳毅譯　清光緒二十八年（1902）日本東京三協合資會社鉛印本　二册

450000－2601－0006561　綫廿 952.7/1058

春秋詞命三卷　（明）王鏊編輯　（清）王申伯校　清宣統二年（1910）通州翰墨林書局鉛印本　一册

450000－2601－0006562　150/6455

心界文明燈不分卷　（清）時中書局編譯所譯　清光緒二十九年（1903）上海時中書局鉛印本　一册

450000－2601－0006563　綫廿 952/3235

春秋三傳十六卷首一卷　（晉）杜預等注　陸氏三傳釋文音義十六卷　（唐）陸德明音義　清同治三年（1864）浙江撫署刻本　十四册

450000－2601－0006564　綫 370.4/4416

教育家言不分卷　蔣百里編譯　清光緒二十八年（1902）上海廣智書局鉛印本　一册

450000－2601－0006565　綫 D218/4430（1）

春秋集傳十五卷　（元）趙汸輯　清康熙十九年（1680）通志堂刻通志堂經解本　二册　存九卷（一至九）

450000－2601－0006566　綫 I269.43/6051

教育世界文譯篇六十八卷　羅振玉　王國維編　清光緒二十七年至二十九年（1901－1903）世界教育社石印本　十二册

450000－2601－0006567　綫 I2/4804（1）

教育叢書初集十一種十四卷　（清）教育世界社編　清光緒二十七年（1901）教育世界出版社刻本　十册

450000－2601－0006568　綫 I2/4804（2）

教育叢書二集十五種十五卷　（清）教育世界社編　清光緒二十七年（1901）教育世界出版社石印本　十册

450000－2601－0006569　綫 I2/4804（3）

教育叢書三集十一種十六卷　（清）教育世界社編　清光緒二十七年（1901）教育世界出版社石印本　十册

450000－2601－0006570　綫 370.1/4047

教育學講義不分卷　（清）直隸留學日本速成師範生編　清光緒三十年（1904）直隸學務處鉛印本　一册

450000－2601－0006571　綫 370.1/4344

新編教育學教科書不分卷　（日本）大瀨甚太郎著　（清）鄒楫譯　清光緒三十一年（1905）江蘇通州翰墨林編譯印書局鉛印本　一册

450000－2601－0006572　綫 370.1/2008

教育學教科書不分卷　（清）李新益著　清光緒三十二年（1906）上海廣智書局鉛印本　一册

450000－2601－0006573　綫 D6/4416

小石山房叢書四十一種六十四卷　（清）顧湘輯　清同治十三年（1874）虞山顧氏刻本　一册　存三種三卷（岳陽風土記一卷、校正朝邑志一卷、吳門耆舊記一卷）

450000－2601－0006574　綫 371.3/0017

教授法原理六編　商務印書館編譯所編纂　清宣統三年（1911）上海商務印書館七版鉛印本　一册

450000－2601－0006575　綫 D218/4444

春秋集傳辨異十二卷　（戰國）公羊高等傳　（清）趙培桂集辨　清同治五年至六年（1866－1867）明德堂刻本　六册

450000－2601－0006576　綫 D218/.0038

春秋集義十二卷　（清）方宗誠述　清光緒八年（1882）桐城方氏刻柏堂經說本　四册　存九卷（四至十二）

450000－2601－0006577　綫 F79/4490（1）

救荒補遺二卷　（宋）董煟編著　（元）張光大增　（明）朱熊補遺　清同治八年（1869）楚北崇文書局刻本　二册

450000－2601－0006578　綫 F79/4490（2）

救荒補遺二卷 （宋）董煟編著 （元）張光大增 （明）朱熊補遺 清同治八年(1869)楚北崇文書局刻本 二冊

450000－2601－0006579 綫 D218/1083

春秋例表不分卷 （清）王代豐編 （清）廖震等補編 清光緒三十四年(1908)東洲刻本 二冊

450000－2601－0006580 綫 D218/4410（1）

杜注春秋左傳三十卷 （晉）杜預集解 春秋年表一卷 （□）□□撰 春秋名號歸一圖二卷 （五代）馮繼先著 清光緒三年(1877)永康退補齋胡氏刻本 十二冊

450000－2601－0006581 綫 D218/1050（1）

欽定春秋傳說彙纂三十八卷首二卷 （清）王掞等纂輯 清同治十年(1871)湖北崇文書局刻本 二十冊

450000－2601－0006582 綫 D218/1050（2）

欽定春秋傳說彙纂三十八卷首二卷 （清）王掞等纂輯 清江西書局刻本 二十四冊

450000－2601－0006583 綫 卄 952/1059

欽定春秋傳說彙纂三十八卷首二卷 （清）王掞等纂輯 清同治十年(1871)湖北崇文書局刻本 二十冊

450000－2601－0006584 綫 F229/4436

趙忠定奏議四卷 （宋）趙汝愚撰 葉德輝編輯 清宣統二年(1910)長沙葉氏觀古堂刻本 二冊

450000－2601－0006585 綫 D218/0033

春秋傳正誼四卷 （清）方宗誠述 清光緒四年至十六年(1878－1890)桐城方氏刻柏堂經說本 一冊

450000－2601－0006586 綫 D218/4040

春秋傳注四卷 （清）李塨稿 清同治八年(1869)高陽世和堂刻本 四冊

450000－2601－0006587 綫 D218/4410（2）

春秋釋例十五卷 （晉）杜預撰 清光緒二十五年(1899)傅氏集文堂刻本 八冊

450000－2601－0006588 綫 卄 952/4411（1）

春秋釋例十五卷 （晉）杜預撰 （清）莊述祖 （清）孫星衍校 清嘉慶七年(1802)蘭陵孫星衍刻岱南閣叢書本 七冊

450000－2601－0006589 綫 卄 952/4444（1）

如酉所刻諸名家評點春秋綱目左傳句解彙雋六卷 （明）孫鑛等評 （清）韓葵訂 清同治十年(1871)三盛堂刻本 六冊

450000－2601－0006590 綫 D218/1224

春秋宗朱辨義十二卷首一卷末一卷 （清）張自超箸 清光緒七年(1881)高淳書院刻本 八冊

450000－2601－0006591 綫 ＋390/7534（1）

禮記集說十卷 （元）陳澔集說 清同治十三年(1874)江西書局刻本 十冊

450000－2601－0006592 綫 D97/7430

禮記集說十卷 （元）陳澔集說 清同治七年(1868)楚北崇文書局刻本 十冊

450000－2601－0006593 綫 ＋390/2542

禮記訓纂四十九卷 （清）朱彬輯 清同治五年(1866)寶應未宜祿堂刻本 九冊 缺二卷（三至四）

450000－2601－0006594 綫 ＋390/7534（2）

禮記集說十卷 （元）陳澔集說 清同治十三年(1874)湖南書局刻本 十冊

450000－2601－0006595 綫 D97/7530

禮記集說十卷 （元）陳澔集說 清同治七年(1868)楚北崇文書局刻本 十冊

450000－2601－0006596 綫 D97/8700（2）

附釋音禮記注疏並校勘記十二卷 （漢）鄭玄注 （唐）陸德明音義 （唐）孔穎達疏 （清）阮元校勘 （清）盧宣旬摘錄 清光緒十三年(1887)點石齋石印本 四冊

450000－2601－0006597 綫 ＋390/2022

禮記補疏三卷 （清）焦循學 清嘉慶二十三年(1818)刻本 一冊

450000－2601－0006598 綫 ＋390/4039

禮記易讀二卷 （清）志遠堂主人撰 清光緒
四年（1878）三盛堂刻本 二冊

450000－2601－0006599 綫＋390/3503（1）

欽定禮記義疏八十二卷首一卷 （清）允祿等
撰 清同治十年（1871）湖北崇文書局刻本
四十八冊

450000－2601－0006600 綫 D97/6725

欽定禮記義疏八十二卷首一卷 （清）允祿等
撰 清同治十一年（1872）江西書局刻御纂七
經本 四十八冊

450000－2601－0006601 綫 D97/3140

禮記節本十卷圖說一卷 （清）汪基鈔譔
（清）江永校纂 清宣統三年（1911）上海會文
堂梓記書局石印本 六冊

450000－2601－0006602 綫 D97/4270（1）

禮記省度四卷 （清）彭頤纂 （清）彭遂邁修
較 清光緒十一年（1885）宏道堂刻朱墨套印
本 四冊

450000－2601－0006603 綫 D218/4764

春秋左傳音訓不分卷 （清）楊國楨撰 清末
刻本 四冊 存五至八

450000－2601－0006604 綫廿 952/4411（2）

春秋經傳集解三十卷 （晉）杜預撰 春秋年
表附考證一卷 （□）□□撰 春秋名號歸一
圖附考證二卷 （五代）馮繼先撰 清同治十
三年（1874）江西書局刻本 十六冊

450000－2601－0006605 綫 D218/4410（3）

附釋音春秋左傳注疏六十卷 （晉）杜預注
（唐）孔穎達撰 （唐）陸德明音義 春秋左傳
注疏校勘記六十卷 （清）阮元校勘 （清）盧
宣旬摘錄 清光緒十三年（1887）點石齋石印
本 四冊

450000－2601－0006606 綫廿 952/2022

春秋左傳補疏五卷 （清）焦循學 清末刻本
一冊

450000－2601－0006607 綫廿 952/4240

春秋左傳杜注補輯三十卷首一卷 （清）姚培

謙學 清同治十三年（1874）湖南書局刻本
十冊

450000－2601－0006608 綫 D218/4410（5）

春秋左傳杜林五十卷 （晉）杜預 （宋）林堯
叟註釋 （唐）陸德明音義 （明）孫礦等評點
清光緒二十二年（1896）經綸元記刻本 十
六冊

450000－2601－0006609 綫 D218/4410（4）

春秋左傳杜林五十卷 （晉）杜預 （宋）林堯
叟註釋 （唐）陸德明音義 （明）孫礦等評點
清江南李光明莊刻狀元閣爵記印本 十三
冊 存四十卷（一至十四、十八至四十、四十
四至四十六）

450000－2601－0006610 綫 D218/4480

春秋左傳類纂六卷首一卷末一卷 （清）桂含
章編輯 清光緒七年（1881）敦厚堂刻本
一冊

450000－2601－0006611 綫廿 952/4062（1）

春秋左氏傳賈服註輯述二十卷 （清）李貽德
學 清光緒八年（1882）江蘇書局刻本 六冊

450000－2601－0006612 綫廿 952/4062（2）

春秋左氏傳賈服註輯述二十卷 （清）李貽德
撰 清光緒八年（1882）江蘇書局刻本 六冊

450000－2601－0006613 綫廿 952/3140

春秋大事表五十卷輿圖一卷附錄一卷 （清）
顧棟高輯 （清）吳光裕參訂 清光緒十四年
（1888）陝西求友齋刻本 二十四冊

450000－2601－0006614 150/5526

記憶術不分卷 （日本）井上圓了著 梁有庚
譯 清光緒鉛印本 一冊

450000－2601－0006615 170.7/7703

倫理學教科書不分卷 （日本）服部宇之吉著
（清）商務印書館編譯所譯述 清宣統三年
（1911）上海商務印書館五版鉛印本 一冊

450000－2601－0006616 綫 D97/0230

禮記恒解四十九卷 （清）劉沅輯註 清宣統
元年（1909）刻本 八冊 存二十五卷（一至

二十五）

450000－2601－0006617　綫廿 920.42/7579

春秋世族譜一卷　（清）陳厚耀著　清道光十九年(1839)揚州寶翰樓刻本　一冊

450000－2601－0006618　綫 D218/4430（2）

春秋穀梁傳十二卷　（晉）范甯集解　（唐）陸德明音義　清光緒二十五年(1899)寶慶益元堂刻本　四冊

450000－2601－0006619　綫廿 952/8201

春秋穀梁經傳補注二十四卷首一卷末一卷　(清)鍾文烝評點　清光緒二年(1876)嘉善鍾氏信美室刻本　八冊

450000－2601－0006620　綫 D218/2609

春秋或問十卷　（元）程端學述　清刻本　二冊

450000－2601－0006621　綫廿 426/7727

附釋文互注禮部韻略五卷　（清）郭守正撰　清光緒二年(1876)歸安姚覲元川東官舍刻本　五冊

450000－2601－0006622　綫 D218/4422

春秋四傳詁經十五卷首一卷　（清）萬斛泉編輯　清光緒三十四年(1908)刻本　十四冊

450000－2601－0006623　綫廿 952.3/4422

春秋別典十五卷　（明）薛虞畿撰　清道光十一年(1831)南海伍氏粵雅堂文字歡娛室刻嶺南遺書本　一冊　存五卷(七至十一)

450000－2601－0006624　綫 D97/1747

禮經通論一卷　（清）邵懿辰著　清宣統三年(1911)上海國學扶輪社鉛印張氏適園叢書本　一冊

450000－2601－0006625　綫＋390/5511

禮經校釋二十二卷　（清）曹元弼學　清光緒十八年(1892)刻三十四年(1908)印本　十二冊

450000－2601－0006626　綫廿 952/1106

春秋屬辭辨例編六十卷首二卷　（清）張應昌學　清同治十二年(1873)江蘇書局刻本　三

十二冊

450000－2601－0006627　綫＋390/3130

禮書綱目八十五卷首三卷　（清）江永編　清嘉慶十五年(1810)刻本　二十四冊

450000－2601－0006628　綫 D218/4430（3）

春秋穀梁傳十二卷　（晉）范甯集解　（唐）陸德明音義　**春秋穀梁傳校勘記一卷**　（清）丁寶楨等校勘　清光緒八年(1882)錦江書局刻本　四冊

450000－2601－0006629　綫 D218/4430（4）

春秋穀梁注疏二十卷　（晉）范甯集解　（唐）陸德明音義　**春秋穀梁傳注疏考證二十卷**　(唐)楊士勳注疏　（清）齊召南等輯　清同治十年(1871)刻本　六冊

450000－2601－0006630　綫 D218/4430（5）

監本附音春秋穀梁注疏四卷　（晉）范甯集解　（唐）楊士勳疏　**春秋穀梁傳注疏校勘記四卷**　（清）阮元校勘　（清）盧宣旬摘錄　清光緒十三年(1887)點石齋石印本　一冊

450000－2601－0006631　綫廿 952/4498

春秋公法比義發微六卷　藍光策著　清光緒二十七年(1901)尊經書局刻本　六冊

450000－2601－0006632　綫 D218/2120（1）

春秋公羊傳十一卷　（漢）何休學　（唐）陸德明音義　**春秋公羊傳校刊記一卷**　（清）薛福寶總校　清光緒八年(1882)錦江書局刻本　四冊

450000－2601－0006633　綫 D218/2120（2）

春秋公羊傳十一卷　（漢）何休學　（唐）陸德明音義　清光緒二十五年(1899)寶慶益元堂刻本　四冊

450000－2601－0006634　綫 D218/2120（3）

春秋公羊傳十一卷　（漢）何休學　（唐）陸德明音義　清光緒二十五年(1899)寶慶益元堂刻本　四冊

450000－2601－0006635　綫 D218/4460

春秋錄要十二卷首一卷　（清）黃思誠輯　清

光緒七年(1881)岳陽昭祐堂刻本　四冊

450000－2601－0006636　綫 D223/4428

春秋繁露十七卷首一卷　(漢)董仲舒著　清光緒元年(1875)湖北崇文書局刻本　四冊

450000－2601－0006637　綫 D32/1073

湘軍志十六卷　王闓運著　清宣統元年(1909)東洲刻本　四冊

450000－2601－0006638　綫 B312/4428

春秋繁露十七卷　(漢)董仲舒撰　清同治十二年(1873)粵東書局刻古經解彙函本　三冊

450000－2601－0006639　綫廿 952/4428

春秋繁露十七卷　(漢)董仲舒撰　(清)凌曙注　清嘉慶二十年(1815)衛邊街文緣堂刻本　四冊

450000－2601－0006640　綫 D34/1073

湘軍志十六卷　王闓運著　清刻本　二冊

450000－2601－0006641　綫 D218/4428

春秋繁露義證十七卷考證一卷首一卷　(漢)董仲舒撰　(清)蘇輿學　清宣統二年至民國三年(1910－1914)長沙王先謙刻本　四冊

450000－2601－0006642　綫 B311/1779

溫公易說六卷　(宋)司馬光撰　(清)張日晜校訂　清刻本　二冊

450000－2601－0006643　綫 D218/3381

御纂春秋直解十二卷　(清)梁錫璵纂修　清乾隆二十三年(1758)刻本　八冊

450000－2601－0006644　綫 D218/0040(1)

春秋通論四卷　(清)方苞著　(清)王兆符校錄　清乾隆九年(1744)刻本　一冊

450000－2601－0006645　綫廿 952/3503

御纂春秋直解十二卷　(清)梁錫璵等纂修　清刻本　八冊

450000－2601－0006646　綫 D2/7428

史緯三百三十卷首一卷　(漢)司馬遷撰著　(唐)司馬貞補撰　(清)陳允錫刪修　清康熙三十年至三十三年(1691－1694)晉江陳氏刻本　一百十七冊　缺二十四卷(八十九至九

十一、一百三十八至一百四十一、二百一至二百十四、二百五十四至二百五十六)

450000－2601－0006647　綫廿 951.5/2544

邊事匯鈔十二卷續鈔八卷　(清)朱克敬編輯　(清)劉崐鑒定　清光緒六年(1880)長沙陳抠秀刻刷店刻本　十冊

450000－2601－0006648　綫廿 952/4014

春秋王霸列國世紀編三卷　(宋)李琪著　(清)納蘭性德校訂　清康熙十九年(1680)通志堂刻通志堂經解本　一冊

450000－2601－0006649　綫 D218/4475

春秋集傳十五卷　(元)趙汸輯　清康熙十九年(1680)通志堂刻通志堂經解本　一冊　存二卷(七至八)

450000－2601－0006650　綫廿 952/2116

左傳分國纂畧十六卷　(清)盧元昌評點　(清)盧智心編次　清康熙二十八年(1689)華亭盧元昌思美廬刻本　六冊

450000－2601－0006651　綫 D218/4411

春秋左傳杜林五十卷　(晉)杜預　(宋)林堯叟註釋　(唐)陸德明音義　(明)鍾惺等評點　清狀元閣爵記李光明莊刻本　十六冊

450000－2601－0006652　綫 D98/6043(2)

古玉圖考不分卷　(清)吳大澄著　清光緒十五年(1889)刻本　二冊

450000－2601－0006653　綫 ±733.1/2644

古玉圖考不分卷　(清)吳大澄著　清末上海同文書局石印本　四冊

450000－2601－0006654　綫 D921/0220

古列女傳八卷　(漢)劉向著　(明)黃魯曾贊　清光緒元年(1875)湖北崇文書局刻本　二冊

450000－2601－0006655　綫 ± 041.2/8208(1)

古經解匯函十六種一百二十八卷　(清)鍾謙鈞等輯　清同治十二年(1873)粵東書局刻本　十一冊　存五種三十九卷(鄭氏周易注上

中;周易集解十七卷;周易口訣義六卷;易緯:
易緯乾坤鑿度二卷,易緯稽覽圖二卷,易緯通
卦驗二卷,易緯幹元序制記一卷、易緯是類謀
一卷、易緯紳靈圖一卷;尚書大傳三卷、附序
錄一卷、辨訛一卷)

450000－2601－0006656　綫±041.3/1751
(1)
子書百家一百一種五百十一卷　(清)崇文書
局輯　清光緒元年(1875)湖北崇文書局刻本
　八十四冊　缺七十八卷(說苑十一至十五,
申鑒五卷,中論二卷,風後握奇經一卷、附握
奇經續圖一卷、八陣總述一卷,六韜三卷,孫
子三卷,吳子二卷,司馬法一卷,何博士備論
二卷,宋丞相李忠定公輔政本末一卷,晏子春
秋四至八,鄧子一卷,屍子二卷,韓非子一至
十二,叔苴子八卷,神異經一卷,海內十洲記
一卷,別國洞冥記四卷,穆天子傳六卷,拾遺
記十,莊子南華真經下,札記一卷,亢倉子一
卷,玄真子一卷,天隱子一卷,無能子一卷,胎
息經疏一卷,胎息經一卷,至游子二卷)

450000－2601－0006657　綫621/1172(1)
考工記要十七卷附圖一卷　(英國)瑪體生著
　(英國)傅蘭雅　(清)鍾天緯譯　(清)汪
振聲校訂　清光緒二十年(1894)江南製造局
刻本　七冊　缺二卷(三至四)

450000－2601－0006658　綫621/1172(2)
考工記要十七卷附圖一卷　(英國)瑪體生著
　(英國)傅蘭雅　(清)鍾天緯譯　(清)汪
振聲校訂　清光緒二十年(1894)江南製造局
刻本　八冊

450000－2601－0006659　綫Z9/8538
**古經解匯函十六種一百二十八卷小學匯函十
四種一百二十二卷**　(清)鍾謙鈞等輯　清同
治十二年(1873)粵東書局刻本　六十八冊

450000－2601－0006660　綫L2/2644
封泥考略十卷　(清)吳式芬　(清)陳介祺輯
　清光緒三十年(1904)滬上石印本　十冊

450000－2601－0006661　綫737/4027(1)
古泉匯首集四卷元集十四卷亨集十四卷利集

十八卷貞集十四卷首一卷　(清)李佐賢編輯
　清同治三年(1864)利津李氏石泉書屋刻光
緒元年(1875)印本　十八冊(與450000－
2601－0004501合函)

450000－2601－0006662　綫737/4027(2)
**古泉匯首集四卷元集十四卷亨集十四卷利集
十八卷貞集十四卷首一卷**　(清)李佐賢編輯
　清同治三年(1864)利津李氏石泉書屋刻本
二十冊

450000－2601－0006663　綫±353.24/7130
地方自治論一卷　(法國)馬賽講述　(清)汪
貢夫譯　清光緒二十八年(1902)上海廣智書
局鉛印本　一冊

450000－2601－0006664　綫D98/4370
古泉叢話三卷附錄一卷　(清)戴熙撰　清同
治十一年(1872)湝喜齋刻本　一冊

450000－2601－0006665　綫±353.24/1740
地方自治淺說一卷　(清)孟森編　清宣統三
年(1911)上海商務印書館第十一版鉛印本
一冊

450000－2601－0006666　綫I53/1243
地球韻言四卷　(清)張士瀛著　清光緒二十
七年(1901)杭州敬文齋刻本　二冊

450000－2601－0006667　綫+010.2/4279
古今偽書考一卷　(清)姚際恒著　清光緒三
年(1877)尊經書院刻本　一冊

450000－2601－0006668　綫I16/4279
古今偽書考一卷　(清)姚際恒著　清光緒二
十年(1894)廣州雅雨堂刻本　一冊

450000－2601－0006669　綫K216.6/1227
(1)
花甲閒談十六卷首一卷　(清)張維屏等輯
(清)葉夢草繪　清道光二十年(1840)粵東省
城西湖街富文齋刻本　四冊

450000－2601－0006670　綫K216.6/1227
(2)
花甲閒談十六卷首一卷　(清)張維屏等撰

（清）葉夢草繪　清光緒十年（1884）上海同文書局石印本　四冊

450000 - 2601 - 0006671　綫 ±912.34/4204
湖南全省輿圖說五卷　（清）左學呂　（清）彭清瑋輯　清光緒二十三年（1897）長沙彭言孝刻本　二冊

450000 - 2601 - 0006672　綫廿 426/4741
古今中外音韻通例不分卷　（清）胡垣撰　清光緒十四年（1888）刻本　四冊

450000 - 2601 - 0006673　綫 F229/7574
莅政摘要二卷首一卷　（清）陸隴其撰　清道光二十一年（1841）當湖陸氏刻本　一冊

450000 - 2601 - 0006674　綫 D2/1010
古今史論大觀前編十五卷　雷瑨編輯　清光緒二十七年（1901）硯耕山莊石印本　一冊存八卷（一至八）

450000 - 2601 - 0006675　綫 D921/8720
古今人物論三十六卷　（明）鄭賢輯　清同治十年（1871）岳陽劉璈養真堂刻本　十冊

450000 - 2601 - 0006676　綫廿 422/1200（1）
古籀拾遺三卷　（清）孫詒讓記　清光緒十六年（1890）刻本　一冊

450000 - 2601 - 0006677　綫 J252/1973
古籀餘論三卷　（清）孫詒讓記　清光緒二十九年（1903）籀經樓刻本　三冊

450000 - 2601 - 0006678　綫 342/7734（1）
萬國憲法志三卷　（清）周逵編著　清光緒二十九年（1903）上海廣智書局三版鉛印萬國通志本　一冊

450000 - 2601 - 0006679　綫 342/7119（2）
萬國憲法比較一卷　（日本）辰巳小二郎著　（清）戢翼翬譯　（清）出洋學生編輯所編　清光緒二十八年（1902）上海商務書局鉛印本　一冊

450000 - 2601 - 0006680　綫 D926.32/1083
右軍[王羲之]年譜一卷附叢談一卷　（清）魯一同編次　清咸豐五年（1855）刻本　一冊

450000 - 2601 - 0006681　綫 D1/3414
萬國通鑑四卷附地圖一卷　（美國）謝衛樓著　清光緒八年（1882）刻本　六冊

450000 - 2601 - 0006682　綫 K254/4430
七真傳二卷二十九回　（清）黄永亮編著　清光緒三十一年（1905）粵東刻本　一冊　存一卷十三回（卷上：一至十三回）

450000 - 2601 - 0006683　綫 I16/6469（1）
藏書紀事詩七卷　葉昌熾撰　清光緒十七年（1891）刻本　六冊

450000 - 2601 - 0006684　綫 I16/6469（2）
藏書紀事詩六卷補遺一卷　葉昌熾撰　清光緒二十三年（1897）長沙學使署刻蘇州察院場振新書社印本　十二冊

450000 - 2601 - 0006685　綫廿 920.5/4022
袁忠介公[崧]彙考錄一卷附崇祀全案一卷　（清）俞樹宏編纂　（清）俞甘棠重編　清嘉慶元年（1796）上虞袁忠介公祠刻本　二冊

450000 - 2601 - 0006686　綫 D69/0900（1）
鴻雪因緣圖記三集六卷　（清）麟慶著　清道光二十七年（1847）揚州刻本　六冊

450000 - 2601 - 0006687　綫 F229.166/2009（5）
大清高宗法天隆運至誠先覺體天立極敷文奮武孝慈神聖純皇帝聖訓三百卷　（清）高宗弘曆撰　清末鉛印本　一百十九冊　存二百十八卷（一至十八、三十九至五十七、七十八至九十七、一百三十八至二百二十二、二百二十五至三百）

450000 - 2601 - 0006688　綫 D215/1260（1）
汲冢周書十卷　（晉）孔晁注　（明）吳琯校　清嘉慶十年（1805）文畬堂刻秘書廿一種本　一冊

450000 - 2601 - 0006689　綫 F229.166/2009（8）
大清文宗協天翊運執中垂謨懋德振武聖孝淵恭端仁寬敏顯皇帝聖訓一百十卷　（清）文宗奕詝撰　清末鉛印本　四十冊　存九十四卷

（一至七十五、九十二至一百十）

450000－2601－0006690　綫 F229.166/2009
（3）
大清聖祖合天弘運文武睿哲恭儉寬裕孝敬誠
信中和功德大成仁皇帝聖訓六十卷　（清）聖
祖玄燁撰　清末鉛印本　二十四冊

450000－2601－0006691　綫 G294/0070
大清現行刑律三十六卷首一卷　沈家本等編
　清宣統二年（1910）鉛印本　十一冊

450000－2601－0006692　綫 G294/4031（1）
大清現行刑律三十六卷首一卷　沈家本等編
　清末鉛印本　一冊　存七卷（十六至二十
二）

450000－2601－0006693　綫 G294/4031（2）
大清現行刑律案語不分卷　（清）□□編　清
末鉛印本　六冊

450000－2601－0006694　綫 ±343/4032
大清重訂刑律草案不分卷　（清）□□編　清
光緒三十四年（1908）北京印刷局鉛印本
四冊

450000－2601－0006695　綫 F229.166/2009
（6）
大清仁宗受天興運敷化綏猷崇文經武孝恭勤
儉端敏英哲睿皇帝聖訓一百十卷　（清）仁宗
顒琰撰　清末鉛印本　六十一冊　存八十五
卷（一至四十七、四十九至五十二、五十七、六
十二至七十七、八十至九十六）

450000－2601－0006696　綫 D921.66/4032
（1）
大清搢紳全書四卷大清中樞備覽二卷　（清）
□□輯　清光緒三十三年（1907）京都琉璃廠
榮錄堂刻本　六冊

450000－2601－0006697　綫 G29/7770（1）
大清律例增修統纂集成四十卷附督捕則例二
卷　（清）陶駿增修　清光緒三十四年（1908）
上海文瑞樓石印本　二十四冊

450000－2601－0006698　綫 G29/7770（2）

大清律例增修統纂集成四十卷附督捕則例二
卷　（清）陶駿增修　清光緒三十年（1904）上
海通時書局石印本　二十四冊

450000－2601－0006699　綫 ±345/4030
大清律例匯輯便覽四十卷附督捕則例二卷五
軍道里表一卷三流道里表一卷　（清）湖北讞
局匯輯　清同治十一年（1872）湖北讞局刻本
　三十二冊

450000－2601－0006700　綫 F229.166/2009
（7）
大清宣宗效天符運立中體正至文聖武智勇仁
慈儉勤孝敏成皇帝聖訓一百三十卷　（清）宣
宗旻寧撰　清末鉛印本　七十二冊　存九十
二卷（十七至五十七、六十一、六十四、七十至
八十二、九十五至一百三十）

450000－2601－0006701　綫卄 112/1272
孝經一卷　（唐）玄宗李隆基注　清同治七年
（1868）金陵書局刻本　一冊

450000－2601－0006702　綫 G29/4033
大清［光緒二十七年至宣統元年］法規大全一
百五十八卷　（清）政學社編　清宣統石印本
　六十三冊

450000－2601－0006703　綫 B76/8840
孝經集注述疏一卷附讀書堂問答一卷　簡朝
亮學　清光緒三十一年（1905）讀書堂刻簡氏
四種本　三冊

450000－2601－0006704　綫 ＋390/2641
大清通禮五十四卷　（清）李玉鳴等纂修　清
光緒九年（1883）江蘇書局刻本　十二冊

450000－2601－0006705　綫 B312/0003
孝經注疏附校勘記二卷　（宋）邢昺注疏
（清）阮元校勘　（清）盧宣旬摘錄　清光緒二
十九年（1903）點石齋印書局石印本　一冊

450000－2601－0006706　綫 F229.166/2009
（1）
大清太祖承天廣運聖德神功肇紀立極仁孝睿
武端毅欽安弘文定業高皇帝聖訓四卷　（清）
太祖努爾哈赤撰　大清太宗應天興國弘德彰

武寬溫仁聖睿孝敬敏昭定隆道顯功文皇帝聖訓六卷 （清）太宗皇太極撰 清末鉛印本 十冊 缺三卷（大清太宗應天興國弘德彰武寬溫仁聖睿孝敬敏昭定隆道顯功文皇帝聖訓四至六）

450000－2601－0006707 綫 B76/0230

孝經直解附辯論一卷 （清）劉沅註釋 清宣統二年（1910）豫誠堂刻本 一冊

450000－2601－0006708 綫±912/2711

大清中外壹統輿圖三十一卷首一卷 （清）徐樹森等編繪 清同治二年（1863）湖北撫署景桓樓刻本 三十三冊

450000－2601－0006709 綫 B76/0003（1）

孝經一卷 （唐）玄宗李隆基注 （唐）陸德明音義 忠經一卷 （漢）馬融撰 （唐）鄭元注 清光緒十二年（1886）湖北官書處刻本 一冊

450000－2601－0006710 綫 B76/0003（2）

孝經一卷 （唐）玄宗李隆基注 （唐）陸德明音義 忠經一卷 （漢）馬融撰 （唐）鄭元注 清光緒十二年（1886）湖北官書處刻本 一冊

450000－2601－0006711 綫 F229.166/2009（4）

大清世宗敬天昌運建中表正文武英明寬仁信毅大孝至誠憲皇帝聖訓三十六卷 （清）世宗胤禎撰 清末鉛印本 九冊 存十八卷（十七至三十四）

450000－2601－0006712 綫 F229.166/2009（2）

大清世祖體天隆運定統建極英睿欽文顯武大德弘功至仁純孝章皇帝聖訓六卷 （清）世祖福臨撰 清末鉛印本 五冊 缺一卷（六）

450000－2601－0006713 綫卄112/5511

孝經學七卷 （清）曹元弼學 清刻本 一冊

450000－2601－0006714 綫卄112/8700（1）

孝經鄭注一卷 （漢）鄭玄注 （清）嚴可均輯 清光緒三十三年（1907）金陵江楚編譯官書局石印本 一冊

450000－2601－0006715 綫 D921.66/4032（2）

新增爵秩全覽二卷爵秩全覽四卷中樞備覽二卷 （清）□□輯 清光緒二十四年（1898）京都榮寶齋刻本 八冊

450000－2601－0006716 綫 F229.166/2330

欽定大清會典一百卷 （清）允裪等纂輯 清光緒二十七年（1901）上海文林石印本 六冊

450000－2601－0006717 綫 K231/4560

韓詩外傳十卷 （漢）韓嬰著 清光緒三年（1877）湖北崇文書局刻本 二冊

450000－2601－0006718 綫 D97/4320（1）

大戴禮記十三卷 （漢）戴德撰 （北周）盧辯注 清刻本 四冊

450000－2601－0006719 綫 D98/3234

攀古樓彝器款識二卷 （清）潘祖蔭著 清同治十一年（1872）潘氏滂喜齋刻本 二冊

450000－2601－0006720 綫 B312/7730

大學衍義補一百六十卷首一卷 （明）邱浚撰 清刻本 一冊 存四卷（一百十五至一百十八）

450000－2601－0006721 143/5526

妖怪學講義總論一卷 （日本）井上圓了著 蔡元培譯述 清光緒三十年（1904）上海商務印書館鉛印本 一冊

450000－2601－0006722 綫±915.003/6649

苗防備覽二十二卷 （清）嚴如煜著 清道光二十三年（1843）溆浦嚴氏刻本 八冊

450000－2601－0006723 綫 B312/0230（2）

大學古本質言一卷 （清）劉沅著 清末刻本 一冊

450000－2601－0006724 綫 B312/0230（3）

大學古本質言一卷 （清）劉沅箸 清末刻本 一冊

450000－2601－0006725 綫 B312/0230（4）

大學古本質言一卷 （清）劉沅著 清同治十

三年(1874)致福樓刻光緒三十一年(1905)劉根文補刻槐軒全書本　一冊

450000－2601－0006726　綫 D256/3004

大金國志四十卷金國九主年譜一卷　（宋）宇文懋昭撰　（清）埽葉山房校刊　清嘉慶二年(1797)南沙席氏掃葉山房刻本　四冊

450000－2601－0006727　綫 J253/3940（1）

藝文備覽十二集一百二十卷附補詳字義十四卷　（清）沙木集注　清嘉慶十一年(1806)刻本　四十二冊

450000－2601－0006728　綫 M3/5500

大慈恩寺三藏法師傳十卷　（唐）釋慧立述（唐）釋彥悰箋　清宣統元年(1909)刻本三冊

450000－2601－0006729　綫 J253/3940（2）

藝文備覽十二集一百二十卷附補詳字義十四卷　（清）沙木集注　清嘉慶十一年(1806)刻本　三十二冊

450000－2601－0006730　綫 D98/2700

大錢圖錄一卷　（清）鮑康著　清光緒二年(1876)歙鮑氏觀古閣刻本　一冊

450000－2601－0006731　綫廿 951/4033

廿一史提綱歌二卷　（清）李兆洛編　清道光五年(1825)刻本　一冊

450000－2601－0006732　綫 D2/3491（3）

廿一史四譜五十四卷　（清）沈炳震鈔　清刻本　十六冊

450000－2601－0006733　綫 D2/4410

廿二史劄記三十六卷　（清）趙翼撰　清光緒二十五年(1899)湖南書局刻本　十三冊　存三十四卷(一至三十四)

450000－2601－0006734　綫 +031/4424

杜氏通典二百卷附考證一卷　（唐）杜佑纂清光緒二十七年(1901)上海圖書集成局石印本　十六冊

450000－2601－0006735　綫廿 951/4409

二十四史提綱二十卷　（清）蔡麟編輯　清光緒二十九年(1903)普學書莊石印本　八冊

450000－2601－0006736　綫 D922.53/4030

杭州府節孝全錄一卷　（清）杭州府採訪節孝局纂輯　清光緒十年(1884)杭州府志局刻本一冊

450000－2601－0006737　綫 D242/0240（1）

舊唐書二百卷　（五代）劉昫撰　清同治十一年(1872)浙江書局刻二十四史本　三十八冊缺十四卷(七十九至九十二)

450000－2601－0006738　綫 D242/0240（2）

舊唐書二百卷　（五代）劉昫撰　清同治十一年(1872)浙江書局刻二十四史本　四十冊缺一卷(一百十二)

450000－2601－0006739　綫廿 954/7267

舊唐書二百卷　（五代）劉昫撰　清道光二十二年至二十三年(1842－1843)岑紹周懼盈齋刻本　四十八冊

450000－2601－0006740　綫 G294/4031（3）

校訂現行刑律不分卷　（清）憲政編查館輯清宣統元年(1909)鉛印本　一冊

450000－2601－0006741　綫 D242/0260

舊唐書附考證二百卷　（五代）劉昫撰　清光緒二十八年(1902)上海文瀾書局石印本五冊

450000－2601－0006742　綫 D248/4471（1）

舊五代史一百五十卷考證一百五十卷　（宋）薛居正等撰　（清）四庫館臣考證　清同治十一年(1872)湖北崇文書局刻本　十六冊

450000－2601－0006743　綫 D248/4471（2）

舊五代史附考證一百五十卷　（宋）薛居正等撰　清光緒二十八年(1902)上海文瀾書局石印本　二冊

450000－2601－0006744　綫 D2/2500

批點校正史略十二卷　（清）朱堃輯　清光緒三十一年(1905)申江廣益書局石印五次本五冊　缺一卷(十二)

450000－2601－0006745　綫 372/3032（1）

初等小學教育講習記一卷講習所匯記一卷
（清）直隸學校司普通處編　清光緒三十年
(1904)直隸學校司排印局鉛印本　一冊

450000－2601－0006746　綫372/3032(2)

初等小學教育講習記一卷講習所匯記一卷
（清）直隸學校司普通處編　清光緒三十年
(1904)直隸學校司排印局鉛印本　一冊

450000－2601－0006747　綫廿952/1102

校刊史記集解索隱正義札記五卷　（清）張文
虎撰　清同治十一年(1872)金陵書局刻本
二冊

450000－2601－0006748　綫廿952/2237

十六國春秋一百卷　（北魏）崔鴻撰　（清）汪
日桂訂　清光緒十二年(1886)湖北官書處刻
本　十二冊

450000－2601－0006749　綫D235/2230

十六國春秋一百卷　（北魏）崔鴻撰　（清）汪
日桂訂　清光緒元年(1875)湖北崇文書局刻
本　十二冊

450000－2601－0006750　綫D215/2548(3)

逸周書集訓校釋十卷周書逸文一卷　（清）朱
右曾集訓校釋　清光緒三年(1877)湖北崇文
書局刻本　一冊　存五卷(一至五)

450000－2601－0006751　綫K236/2680

有正味齋詞集八卷　（清）吳錫麒撰　清宣統
元年(1909)上海掃葉山房石印本　三冊

450000－2601－0006752　綫370.2/4429

教育統論四篇　（日本）槙山榮次著　（清）陸
鏊譯述　（日本）北村澤吉等校脩　清光緒二
十九年(1903)直隸學務處排印局鉛印本
二冊

450000－2601－0006753　綫±041.1/4664

十一經音訓六十六卷　（清）楊國楨撰　清光
緒三年(1877)湖北崇文書局刻本　二十六冊

450000－2601－0006754　綫E64/3702

通商各國條約不分卷　（清）□□輯　清末鉛

印本　二十四冊

450000－2601－0006755　綫E64/1035

通商始末記二十卷　（清）王之春撰　（清）彭
玉麟定　清光緒二十七年(1901)上海申昌社
石印本　六冊

450000－2601－0006756　綫382/9913

通商緣起一卷西教源流一卷　勞乃宣著　清
光緒二十一年(1895)廣州新甯明善社刻本
一冊

450000－2601－0006757　綫±353.012/3722

通行條例不分卷　（清）□□編　清光緒十四
年(1888)江蘇書局刻本　四冊

450000－2601－0006758　綫670.6/1124

通州興辦實業章程十五卷　張謇編　清光緒
三十一年(1905)通州翰林墨林編譯印書局再
版鉛印本　二冊

450000－2601－0006759　綫338.7/4022

通州興辦實業章程大生紗廠大生分廠章程一
卷　（清）大生紗廠編　清末鉛印本　一冊

450000－2601－0006760　綫303/8740(2)

通志二百卷　（宋）鄭樵撰　清咸豐九年
(1859)崇仁謝氏刻三通本　八十冊　存一百
二十六卷(十五至三十七、八十五至九十八、
一百十二至二百)

450000－2601－0006761　綫廿112.4/3149

標孟七卷　（清）汪有光評　（清）汪能承編
清光緒十三年(1887)黟縣李輝亭刻本　二冊

450000－2601－0006762　綫D98/7741

荊南萃古編不分卷　（清）周懋琦　（清）劉瀚
輯　清光緒二十年(1894)鴻寶署齋刻本
二冊

450000－2601－0006763　綫D26/7437

荊駝逸史五十八種九十七卷　（清）陳湖逸士
輯　清道光古槐山房木活字印本　一冊　存
八種八卷(永歷紀事一卷、偽官據城記一卷、
懿安事畧一卷、江陵紀事一卷、孫愷陽先生殉
城論一卷、劉公旦先生死義記一卷、李仲達被

逮紀畧一卷、攻渝紀事一卷）

450000 – 2601 – 0006764　綫＋011/4399

式古堂目錄十七卷　（清）尤瑩編　清光緒十
九年（1893）石印本　二冊

450000 – 2601 – 0006765　170.95/4444

中國倫理學史不分卷　蔡振（蔡元培）編纂
清宣統二年（1910）上海商務印書館鉛印本
一冊

450000 – 2601 – 0006766　綫 K278/4430（1）

越諺三卷膡語二卷　（清）范寅輯　清光緒八
年（1882）谷應山房刻本　三冊

450000 – 2601 – 0006767　綫 Z7/8064（1）

求闕齋日記類鈔二卷　（清）曾國藩撰　清光
緒二年（1876）傳忠書局刻本　二冊

450000 – 2601 – 0006768　綫 376.07/7121

女子應用教科書一卷　（清）馬為瓏　鬱應穌
編　清光緒三十四年（1908）上海普及書局東
京翔鸞社井上印刷工場鉛印本　一冊

450000 – 2601 – 0006769　綫廿 951/1713

支那通史四卷　（日本）那珂通世編　清光緒
二十五年（1899）上海東文學社三版石印本
五冊

450000 – 2601 – 0006770　綫＋370.952/2632

東游叢錄四編四卷　（清）吳汝綸輯　清光緒
二十八年（1902）日本三省堂書店鉛印本　一
冊　存二編二卷（文部所講一卷、摘鈔日記一
卷）

450000 – 2601 – 0006771　綫 D2/1713

支那通史四卷　（日本）那珂通世編　清光緒
二十八年（1902）湖南書局刻本　五冊

450000 – 2601 – 0006772　綫 370.952/4289

東瀛學校舉概一卷　（清）姚錫光撰　清光緒
二十四年（1898）漢上石印本　一冊

450000 – 2601 – 0006773　綫 H4/4030

李文忠公海軍函稿四卷　（清）吳汝綸編輯
清光緒二十八年（1902）蓮池書社鉛印本
二冊

450000 – 2601 – 0006774　綫 K269/4030

李文忠公朋僚函稿二十四卷　（清）吳汝綸編
輯　清光緒二十八年（1902）蓮池書社鉛印本
六冊

450000 – 2601 – 0006775　綫 F92/4428

李傅相歷聘歐美記二卷　（美國）林樂知匯譯
蔡爾康纂輯　清光緒二十五年（1899）上海
廣學會鉛印本　一冊　存一卷（上）

450000 – 2601 – 0006776　綫 D929/4030

李鴻章（中國四十年來大事記）一卷　梁啟超
著　清光緒二十七年（1901）上海商務印書館
鉛印本　一冊

450000 – 2601 – 0006777　綫 D926.75/2733

李鴻章（中國四十年來大事記）一卷　梁啟超
著　清光緒二十七年（1901）上海商務印書館
鉛印本　一冊

450000 – 2601 – 0006778　綫廿 426/4031

李氏音鑑六卷　（清）李汝珍撰　清同治七年
（1868）寶善堂刻木樨山房印本　四冊

450000 – 2601 – 0006779　綫廿 426/4041

李氏音鑑六卷　（清）李汝珍撰　清同治七年
（1868）寶善堂刻木樨山房印本　三冊

450000 – 2601 – 0006780　綫 D923/2590

南海九江朱氏家譜十二卷　（明）朱學懋輯
（明）朱昌瑤　（清）朱宗琦續脩　清同治八年
（1869）南海九江朱氏刻本　十二冊

450000 – 2601 – 0006781　綫廿 920.4/4429

南海學正黃氏家譜節本十二卷首一卷末一卷
黃任恒編　清宣統三年（1911）南海黃氏保
粹堂刻本　二冊　缺四卷（三至六）

450000 – 2601 – 0006782　綫 D697.4/7420

南越游記三卷　（清）陳徽言撰　清咸豐七年
（1857）章門刻本　一冊

450000 – 2601 – 0006783　綫廿 953.7/3434

南朝史精語十卷　（宋）洪邁輯　**南朝史精語
札一卷**　繆荃孫撰　清光緒三十一年（1905）
江陰繆氏對雨樓朱印對雨樓叢書本　一冊

450000－2601－0006784　綫 D98/3140

十二硯齋金石過眼錄十八卷　（清）汪鋆撰
清光緒元年(1875)儀徵汪氏刻本　四冊

450000－2601－0006785　綫 D237/4015(1)

南史八十卷　（唐）李延壽撰　清同治十一年
(1872)金陵書局刻本　十六冊

450000－2601－0006786　綫 D237/4015(2)

南史八十卷　（唐）李延壽撰　清同治十一年
(1872)金陵書局刻本　十二冊

450000－2601－0006787　綫 J253/1058

十三經集字摹本不分卷　（清）彭玉雯篆　清
道光三十年(1850)江右彭玉雯刻本　八冊

450000－2601－0006788　綫 F229.3/3308

南省公餘錄八卷　（清）梁章鉅撰　清嘉慶十
年(1805)刻本　二冊

450000－2601－0006789　綫廿 818.8/3308

南省公餘錄八卷　（清）梁章鉅撰　清嘉慶十
年(1805)刻本　二冊

450000－2601－0006790　綫 ±041.2/0111

十三經客難九種五十二卷附四種十六卷
（清）龔元玠著　清道光二十六年(1846)南昌
縣學文昌祠考棚公局刻本　十六冊

450000－2601－0006791　綫 D237/4416

南齊書五十九卷　（南朝梁）蕭子顯撰　清同
治十三年(1874)金陵書局刻本　七冊

450000－2601－0006792　綫 D249/7530

南唐書十八卷　（宋）陸游撰　南唐書音釋一
卷　（元）戚光撰　清初汲古閣刻本　二冊

450000－2601－0006793　綫 ±041.1/2504

十三經札記十二種二十二卷　（清）朱亦棟學
清光緒四年(1878)武林竹簡齋刻本　六冊
缺二種五卷(禮記札記二卷、論語札記三
卷)

450000－2601－0006794　綫 D249/7780

南唐書合刻二種四十九卷　（清）蔣國祥輯
清康熙蔣國祥刻同治十三年(1874)盱南三餘
書屋補刻本　八冊

450000－2601－0006795　綫 D664/4790

增訂南詔野史二卷　（明）楊慎輯　（清）胡蔚
訂正　清光緒六年(1880)雲南書局刻本
二冊

450000－2601－0006796　綫 ±915.14/4694

南詔野史二卷　（明）楊慎輯　（清）胡蔚訂正
清光緒六年(1880)雲南書局刻本　二冊

450000－2601－0006797　綫 D15/1062

十九世紀外交史十八章　（日本）平田久著
（清）張相譯　清光緒二十八年(1902)杭州史
學齋刻本　四冊

450000－2601－0006798　綫 D265/3622

南疆繹史勘本三十卷首一卷　（清）溫睿臨撰
（清）李瑤勘定　清道光十年(1830)琉璃廠
半松居士木活字印本　十二冊

450000－2601－0006799　綫廿 950.4/1065
(1)

十七史商榷一百卷　（清）王鳴盛譔　清光緒
十九年(1893)廣雅書局刻本　十四冊

450000－2601－0006800　綫廿 950.4/1065
(3)

十七史商榷一百卷　（清）王鳴盛述　清乾隆
五十二年(1787)東吳王氏洞涇草堂刻本　二
十冊

450000－2601－0006801　綫 D23/3424

南北史識小錄二十八卷　（清）沈名蓀　（清）
朱昆田輯　（清）張應昌補正　清同治十年
(1871)武林吳氏清來堂刻本　十冊

450000－2601－0006802　綫 D2/6033

十七史詳節十種一百七十六卷　（宋）呂祖謙
撰　清光緒二十八年至二十九年(1902－
1903)崇新書局石印本(東萊先生東漢詳節三
十卷補配清光緒二十八年上海書局石印本)
三十二冊

450000－2601－0006803　綫廿 954.7/7748
(1)

南北史捃華八卷　（清）周嘉猷輯　清同治四
年(1865)鑑止水齋刻本　二冊

450000－2601－0006804　綫廿 954.7/7748
（2）

南北史捃華八卷　（清）周嘉猷輯　清同治四
年(1865)鑑止水齋刻本　四册

450000－2601－0006805　綫廿 812.83/8346
（1）

十駕齋養新錄二十卷餘錄三卷　（清）錢大昕
撰　清光緒二年(1876)浙江書局刻本　七册

450000－2601－0006806　綫廿 812.83/8346
（2）

十駕齋養新錄二十卷餘錄三卷　（清）錢大昕
撰　清嘉慶十六年(1811)刻本　六册

450000－2601－0006807　綫廿 953/3148（1）

南北史補志十四卷附贊一卷　（清）汪士鐸撰
　清光緒四年(1878)淮南書局刻本　八册

450000－2601－0006808　綫廿 953/3148（2）

南北史補志十四卷附贊一卷　（清）汪士鐸撰
　清光緒四年(1878)淮南書局刻本　六册

450000－2601－0006809　綫廿 953.1/7748

南北史年表一卷世系表五卷帝王世系表一卷
　（清）周嘉猷撰　清光緒十八年(1892)廣雅
書局刻本　四册

450000－2601－0006810　綫 ±353.081/3543

十朝聖訓九百二十二卷　（清）太宗皇太極等
撰　清光緒石印本　一百册

450000－2601－0006811　綫 D249/3314（1）

南漢書十八卷考異十八卷南漢文字略四卷南
漢叢錄二卷　（清）梁廷枏撰　清光緒二十一
年(1895)順德梁用弧刻本　八册

450000－2601－0006812　綫 D249/3314（2）

南漢書十八卷考異十八卷南漢文字署四卷南
漢叢錄二卷　（清）梁廷枏撰　清道光九年
(1829)順德梁廷枏藤花亭刻本　八册

450000－2601－0006813　綫廿 958/1020（6）

十朝東華錄六百二十五卷（天命朝至同治朝）
　王先謙輯　清光緒十三年(1887)廣百宋齋
石印本　五十七册　存四種二百九十三卷(乾

隆朝一至六十二、六十九至一百二十,嘉慶朝五
十卷,道光朝六十卷,咸豐朝一至六十九)

450000－2601－0006814　綫廿 954/7200

南漢春秋十三卷　（清）劉應麟編輯　清道光
七年(1827)含章書屋刻本　二册

450000－2601－0006815　綫 D249/0200

南漢春秋十三卷　（清）劉應麟編輯　清道光
三十年(1850)刻本　四册

450000－2601－0006816　綫 D26/1023

十朝東華錄六百二十五卷（天命朝至同治朝）
　王先謙編　清光緒二十五年(1899)石印本
三十八册　缺一百卷(同治朝一百卷)

450000－2601－0006817　綫廿 958/1020（7）

十朝東華錄六百二十五卷（天命朝至同治朝）
王先謙編　清光緒十三年(1887)廣百宋齋石印
本　八册　存四種五十九卷(天命朝四卷、天聰
朝十一卷、崇德朝八卷、順治朝三十六卷)

450000－2601－0006818　綫 303/8740（3）

通志二百卷　（宋）鄭樵撰　清光緒二十七年
(1901)上海圖書集成局石印本　三十九册
存一百三十四卷(一至十八、二十一至六十
二、六十五至一百三十八)

450000－2601－0006819　綫 303/8740（1）

通志二百卷　（宋）鄭樵撰　欽定通志考證三
卷　（清）□□撰　清光緒二十八年(1902)上
海鴻寶書局石印九通本　三十九册　存一百
九十六卷(通志一至一百八十九、一百九十六
至二百,通志考證一至二)

450000－2601－0006820　綫 ±041.1/2445

通志堂經解一百三十八種一千八百四十四卷
　（清）納蘭成德輯　清同治十二年(1873)粵
東書局刻本　四百八十册

450000－2601－0006821　綫 303/4424（1）

通典二百卷　（唐）杜佑纂　清咸豐九年
(1859)崇仁謝氏刻三通本　四十册

450000－2601－0006822　綫 ±041.2/2831

通介堂經說三十七卷　（清）徐灝學　清咸豐

四年(1854)番禺徐氏刻學壽堂叢書本　十冊

450000－2601－0006823　綫 D2/1719

通鑑論三卷稽古録論一卷　（宋）司馬光撰
（清）伍耀光輯録　（清）梁式英校訂　（清）
區柏年初校　清光緒二十四年(1898)廣州菁
華閣刻本　一冊

450000－2601－0006824　藏綫卄 915.
004/7227

帝京景物略八卷　（明）劉侗　（明）于奕正修
　明崇禎八年(1635)刻本　八冊

450000－2601－0006825　146.7/4412

教育應用兒童心理學不分卷　（德國）赫爾維
著　（日本）桑野禮治譯　（日本）元良勇次郎
閱　（清）徐有成　鍾觀光覆譯　清光緒二十
八年(1902)科學館上海中西書局鉛印本
一冊

450000－2601－0006826　藏綫卄 915.01/
0031

[康熙]廣西通志四十卷　（清）廖必強等纂修
　清康熙二十二年(1683)刻本　三十冊

450000－2601－0006827　藏綫 K21/3340

古文眉詮七十九卷首一卷　（清）浦起龍論次
　（清）程鍾等彙　（清）陳宏謀等鑒定　清乾
隆九年(1744)三吳書院靜寄東軒刻本　二
十冊

450000－2601－0006828　綫 D249/6027

十國春秋一百十六卷　（清）吳任臣譔　（清）
牛奐閱　（清）周昂校刊　清咸豐元年(1851)
常熟珍藝堂刻本　十冊

450000－2601－0006829　藏綫 K21/6080

小窗艷紀十四卷　（明）吳從先批選　明末刻
本　六冊

450000－2601－0006830　綫＋390/1200（1）

九旗古義述一卷　（清）孫詒讓撰　清光緒二
十八年(1902)刻本　一冊

450000－2601－0006831　藏綫 K21/7528（1）

古文奇賞二十二卷　（明）陳仁錫選評　明萬

曆四十六年(1618)刻本　十六冊

450000－2601－0006832　綫 Z9/7210（1）

九經三傳沿革例一卷　（宋）岳珂撰　清光緒
元年(1875)湖北崇文書局刻本　一冊

450000－2601－0006833　藏綫卄 422/2640

六書精蘊六卷　（明）魏校著　明嘉靖十九年
(1540)魏希明刻本　六冊

450000－2601－0006834　綫 Z9/7210（2）

九經三傳沿革例一卷　（宋）岳珂撰　清光緒
元年(1875)湖北崇文書局刻本　一冊

450000－2601－0006835　綫 Z9/7210（3）

九經三傳沿革例一卷　（宋）岳珂撰　清光緒
三年(1877)湖北崇文書局刻本　一冊

450000－2601－0006836　藏綫 K211/3240

古逸書三十卷首一卷後一卷　（明）潘基慶選
注　明萬曆四十年(1612)刻本　十冊

450000－2601－0006837　藏綫 K21/7528（2）

續古文奇賞三十四卷　（明）陳仁錫選評　明
天啟元年(1621)刻本　十二冊

450000－2601－0006838　藏綫 K212.3/2120

兩漢文選不分卷　（明）衛勳選　（明）衛拱宸
校註　明萬曆三十七年(1609)古吳衛拱宸刻
本　四冊

450000－2601－0006839　綫卄 957.7/3428

野獲編三十卷補遺四卷首一卷　（明）沈德符
著　（清）錢枋輯　清道光七年(1827)錢塘姚
祖恩扶荔山房刻同治八年(1869)姚德恒補刻
本　二十冊

450000－2601－0006840　綫卄 951/4424（1）

皇朝文獻通考三百卷　（清）嵇璜等纂　清光
緒八年(1882)浙江書局刻九通本　一百六
十冊

450000－2601－0006841　綫卄 952.3/6033
（1）

**重訂路史前紀九卷後紀十四卷國名紀八卷發
揮六卷餘論十卷**　（宋）羅泌輯　清嘉慶六年
(1801)西山堂刻本　三冊

450000－2601－0006842　綫 F229.1/3181

九通分類總纂二百四十卷　汪鍾霖纂　清光緒二十八年(1902)文瀾書局石印本　六十四冊　缺四十六卷(一至四十六)

450000－2601－0006843　綫廿 951.4/2509

歷朝紀事本末九種六百六十卷　(清)陳如升(清)朱記榮輯　清光緒二十九年(1903)文林書局石印本　二十二冊

450000－2601－0006844　綫 D98/6048

九鐘精舍金石跋尾甲編一卷　吳士鑑學　清宣統二年(1910)刻本　二冊

450000－2601－0006845　綫 ±915/2250(1)

太平寰宇記二百卷目錄二卷　(宋)樂史撰清光緒八年(1882)金陵書局刻本　三十六冊

450000－2601－0006846　綫 ±915/2250(2)

太平寰宇記二百卷目錄二卷　(宋)樂史撰清嘉慶八年(1803)紅杏山房刻本　三十二冊缺三十九卷(七至二十四、三十五至四十四、九十五至一百五)

450000－2601－0006847　綫 ±915/2250(3)

太平寰宇記補闕六卷　(宋)樂史撰　清光緒九年(1883)遵義黎氏日本東京使署刻古逸叢書本(原宋刻太平寰宇記卷一百十三至一百十八)　一冊

450000－2601－0006848　綫廿 951/7246(1)

資治通鑑外紀十卷目錄五卷　(宋)劉恕編集(清)胡克家注補　清同治十年(1871)江蘇書局刻本　十冊

450000－2601－0006849　綫 L34/7730(4)

昭代名人尺牘續集二十四卷　(清)陶湘輯清宣統三年(1911)天寶石印局石印本　二十四冊

450000－2601－0006850　綫 D207/1230

太倉史論一編四卷　(明)張溥撰　清末江夏劉問堯霽園刻本　二冊

450000－2601－0006851　綫廿 920.5/4033

太常袁公[昶]行畧一卷　(清)袁允楣等識

清光緒三十一年(1905)商務印書館石印本一冊

450000－2601－0006852　綫 I16/4411(1)

士禮居藏書題跋記六卷續錄二卷　(清)黃丕烈著　清光緒十年(1884)潘氏滂喜齋刻本六冊

450000－2601－0006853　綫 I169/4411

士禮居藏書題跋記六卷　(清)黃丕烈著　清光緒十年(1884)潘氏滂喜齋刻本　四冊

450000－2601－0006854　綫廿 952/4090

左傳通釋十二卷首一卷　(清)李惇著　清道光九年(1829)刻本(卷十二原缺)　二冊

450000－2601－0006855　綫 D218/0203(1)

左傳舊疏考正八卷　(清)劉文淇撰　清光緒三年(1877)湖北崇文書局刻本　四冊

450000－2601－0006856　綫廿 952/7175

左傳事緯十二卷字釋一卷　(清)馬驌編論(清)潘霨校訂　清光緒四年(1878)敏德堂潘氏刻蘇州振新書社印本　九冊　缺一卷(五)

450000－2601－0006857　綫廿 952/2613

左傳人名辨異三卷　(清)程廷祚撰次　(清)傅春官校刊　清光緒江甯傅春官晦齋刻金陵叢刻本　一冊

450000－2601－0006858　綫 D218/3747

左繡三十卷首一卷　(清)馮李驊等評輯　**春秋左傳集解三十卷**　(唐)陸德明音釋　(宋)林堯叟附註　(清)馮李驊增訂　清刻本　十二冊

450000－2601－0006859　綫廿 920.5/4093

左忠毅公[光斗]年譜二卷附中庸篇義一卷馬其昶纂　清光緒三十年(1904)集虛草堂刻本　一冊

450000－2601－0006860　綫 D218/5540

左氏條貫十八卷　(清)曹基編次　(清)張兼等參訂　清康熙五十一年(1712)致和堂刻本六冊

450000－2601－0006861　綫 D218/6024

左氏蒙求註解二卷　（元）吳化龍纂　（清）倪
陳疇註解　清光緒十九年（1893）樂東倪氏刻
本　二冊

450000－2601－0006862　144/8022

催眠術講義不分卷　會稽山人（陶成章）編
清光緒三十二年（1906）上海商務印書館鉛印
本　一冊

450000－2601－0006863　綫 D218/0064

左錦四卷附讀史綴冒一卷歷代帝王姓氏一卷
　（清）唐曜藻編　清光緒十二年（1886）星沙
寄傲書舍刻本　四冊

450000－2601－0006864　綫 F229/4039

左恪靖伯奏稿三十八卷　（清）左宗棠撰　清
同治七年（1868）刻本　十九冊

450000－2601－0006865　綫廿 951.1/1000

通鑑地理通釋十四卷　（元）王應麟著　清光
緒九年（1883）浙江書局刻玉海本　三冊

450000－2601－0006866　綫 D2/1000

通鑑地理通釋十四卷　（元）王應麟著　（明）
毛晉閱　明崇禎虞山毛氏汲古閣刻津逮秘書
本　六冊

450000－2601－0006867　綫＋010.1/7551
（1）

直齋書錄解題二十二卷　（宋）陳振孫撰　清
光緒九年（1883）江蘇書局刻本　四冊

450000－2601－0006868　綫＋010.1/7551
（2）

直齋書錄解題二十二卷　（宋）陳振孫撰　清
光緒九年（1883）江蘇書局刻本　六冊

450000－2601－0006869　綫＋390/0036

直省釋奠禮樂記六卷首一卷末一卷　（清）應
寶時輯　清光緒十七年（1891）廣東藩署刻本
　四冊

450000－2601－0006870　藏綫廿 854.2/7772

唐書二百二十五卷　（宋）歐陽脩等撰　明崇
禎二年（1629）刻清順治五年（1648）補刻十七
史本　三十六冊

450000－2601－0006871　綫 Z7/3087（1）

過庭錄十六卷　（清）宋翔鳳撰　清末石印本
六冊

450000－2601－0006872　綫 F229/4030

資治新書十四卷二集二十卷　（清）李漁編輯
清天祿堂刻本　十九冊　缺一卷（資治新
書一）

450000－2601－0006873　綫 D2/1779（1）

資治通鑑二百九十四卷釋文辯誤十二卷
（宋）司馬光編集　（元）胡三省音註　清長沙
佚老堂刻本　九十五冊　缺十六卷（十七至
三十二）

450000－2601－0006874　綫 D2/1779（2）

資治通鑑二百九十四卷釋文辯誤十二卷
（宋）司馬光撰　（元）胡三省音註　清光緒二
十八年（1902）上海積山書局四次石印本　二
十三冊　存二百三十卷（一至一百四十、一百
五十一至二百四十）

450000－2601－0006875　綫 D2/1779（3）

資治通鑑二百九十四卷　（宋）司馬光編集
（元）胡三省音註　清光緒二十六年（1900）圖
書集成局鉛印本　三十九冊　缺九卷（一百
三十六至一百四十四）

450000－2601－0006876　綫廿 951/1779（3）

資治通鑑注二百九十四卷釋文辯誤十二卷
（宋）司馬光編集　（元）胡三省音注　清同治八
年（1869）鄱陽胡氏刻江蘇書局補修本　一百冊

450000－2601－0006877　綫廿 951/5097（1）

資治通鑑釋文三十卷　（宋）史炤撰　清光緒
五年（1879）歸安陸心源刻本　四冊

450000－2601－0006878　綫 D2/2510

御撰資治通鑑綱目三編四十卷　（清）朱珪等
纂修　清同治十一年（1872）劉坤一江西書局
刻本　十二冊

450000－2601－0006879　綫 D2/1779（4）

資治通鑑補二百九十四卷　（宋）司馬光編集
　（元）胡三省音注　（明）嚴衍補　（明）談
允厚參　清光緒二年（1876）武進盛氏思補樓

木活字印本　八十冊

450000 – 2601 – 0006880　綫 L34/4734

激素飛青閣摹刻古碑五十八種　楊守敬輯
清同治九年至光緒三年(1870 – 1877)宜都楊
氏刻本　二十五冊

450000 – 2601 – 0006881　綫 D879.26/2314

游歷巴西國圖經十卷　(清)傅雲龍述　清光
緒二十七年至二十八年(1901 – 1902)石印本
二冊

450000 – 2601 – 0006882　綫 Z154.1/3225

海山仙館藏真目錄一卷　(清)潘仕成編　清
咸豐三年(1853)潘仕成刻本　一冊

450000 – 2601 – 0006883　綫 325.3/4035(1)

海參崴公董局城治章程一卷　(清)李家鏊譯
清光緒二十九年(1903)上海商務印書館鉛
印本　一冊

450000 – 2601 – 0006884　綫 910/2631(5)

海國圖志一百卷首一卷　(清)魏源撰　清光
緒二十一年(1895)上海積山書局石印本　六
冊　缺十三卷(八十八至一百)

450000 – 2601 – 0006885　藏綫 K231/4714

詩集傳附錄纂疏二十卷詩序附錄纂疏一卷詩
傳綱領附錄纂疏一卷　(宋)朱熹集傳　(元)
胡一桂附錄纂疏　語錄輯要一卷　(元)胡一
桂輯　元泰定四年(1327)翠巖劉氏家塾刻本
六冊　存十二卷(一至七、十三至十七)

450000 – 2601 – 0006886　藏綫廿 811.22/
4279

詩經通論十八卷前一卷　(清)姚際恒著
(清)王篤校訂　清道光十七年(1837)鐵琴山
館刻本　八冊

450000 – 2601 – 0006887　藏綫廿 811.42/
1048

王荊公唐百家詩選二十卷　(宋)王安石編
清康熙三十九年至四十三年(1700 – 1704)山
陽丘迥雙清閣刻本　四冊

450000 – 2601 – 0006888　藏綫廿 811.22/

0013

詩經原始十八卷首二卷　(清)方玉潤撰　清
同治十年(1871)寶甯方玉潤隴東分署刻鴻濛
室叢書本　十冊

450000 – 2601 – 0006889　藏綫廿 810.72/
4434

詩瀋二十卷　(清)范家相學　清乾隆三十九
年(1774)會稽范氏刻墨潤堂印本　四冊

450000 – 2601 – 0006890　藏綫廿 811.22/
6627

詩緝三十六卷　(宋)嚴粲述　明嘉靖趙府味
經堂刻本　十二冊

450000 – 2601 – 0006891　藏綫 K231/2390
(2)

御纂詩義折中二十卷　(清)傅恒等纂　清乾
隆二十年(1755)東昌文英堂刻本　六冊

450000 – 2601 – 0006892　綫 D33/3893(1)

逆黨禍蜀記一卷　(清)汪堃輯　清同治五年
(1866)不懼元悶齋刻本　二冊

450000 – 2601 – 0006893　綫 D69/7732

游志續編一卷　(明)陶宗儀編　清光緒十二
年(1886)新陽趙氏刻本　一冊

450000 – 2601 – 0006894　040/3193

新爾雅不分卷　汪榮寶　(清)葉瀾編纂　清
光緒二十九年(1903)上海國學社明權社日本
東京並木活版所鉛印本　一冊

450000 – 2601 – 0006895　綫 D879.86/2314
(1)

游歷秘魯圖經四卷　(清)傅雲龍述　清光緒
二十七年至二十八年(1901 – 1902)石印本
二冊

450000 – 2601 – 0006896　綫 D879.86/2314
(2)

游歷秘魯圖經四卷　(清)傅雲龍述　清光緒
二十七年至二十八年(1901 – 1902)石印本
二冊

450000 – 2601 – 0006897　藏綫 Z3/1211

韻府拾遺一百六卷 （清）汪灝等纂修 清康熙五十九年（1720）內務府刻本 二十冊

450000－2601－0006898 綫 D873.6/2314（2）

游歷加納大圖經八卷 （清）傅雲龍述 清光緒二十八年（1902）石印本 二冊

450000－2601－0006899 綫 D873.6/2314（1）

游歷加納大圖經八卷 （清）傅雲龍述 清光緒二十八年（1902）石印本 二冊

450000－2601－0006900 藏綫 ±353.3/1111

詞林典故八卷 （清）張廷玉等纂修 清乾隆十二年至十三年（1747－1748）武英殿刻本 八冊

450000－2601－0006901 藏綫廿 422/0894

說文解字十五卷標目一卷 （漢）許慎著 （宋）徐鉉等校定 （清）徐瀚校字 清乾隆三十八年（1773）朱筠椒華吟舫刻本 十六冊

450000－2601－0006902 藏綫 ±353.6/7722

兩漢策要十二卷 （宋）陶叔獻編 （清）張朝樂較閱 清乾隆五十三年（1788）如皋張朝樂吳門近文齋穆氏局刻本（卷三原缺） 十二冊

450000－2601－0006903 綫廿 950.8/4456

啓東錄六卷 （清）林壽圖撰 清光緒五年（1879）閩林壽圖歐齋刻本 二冊

450000－2601－0006904 藏綫廿 953/0043（1）

晉書一百三十卷晉書音義三卷 （唐）太宗李世民撰 明正德十年（1515）司禮監刻嘉靖九年（1530）、嘉靖三十七年（1558）、萬曆三年至五年（1575－1577）、萬曆七年（1579）、萬曆十年（1582）南京國子監天啓二年（1622）、崇禎七年（1634）、清順治十六年（1659）、康熙二十年（1681）、康熙三十九年（1700）、乾隆二年

（1737）、乾隆五十五年（1790）遞修本（帝紀卷三葉一、志卷九葉三十五、列傳卷十八葉十、列傳卷六十四葉二十六、載記卷二十九至三十清光緒二十年贛室主人抄配） 三十七冊

450000－2601－0006905 特綫 ±353.03/1782

[光緒二十三年]廣西鄉試同年齒錄一卷 （清）□□輯 清光緒二十三年（1897）刻本 一冊

450000－2601－0006906 特綫 ±915.0156/3343（2）

[光緒]貴縣志八卷 （清）夏敬頤等修 （清）梁吉祥編纂 清光緒二十年（1894）紫泉書院刻牟以文堂印本 三冊 存五卷（一、五至八）

450000－2601－0006907 特綫 ±353.24/2722

[廣西]鄉規條約一卷 （清）□□撰 清道光元年（1821）刻本 一冊

450000－2601－0006908 070/3504（1）

清議報全編二十六卷 （清）新民報社輯 清光緒二十八年（1902）日本橫濱新民社清議報館鉛印本 四冊

450000－2601－0006909 070/3504（2）

清議報全編二十六卷 （清）新民報社輯 清光緒二十八年（1902）日本橫濱新民社清議報館鉛印本 三冊

450000－2601－0006910 ±915.005/1048

最新中等地理教科書不分卷 粟培鈞編輯 清宣統三年（1911）上海文明書局鉛印本 一冊

450000－2601－0006911 ±915.005/2132

高等小學地理書四卷 經家齡著 清光緒三十三年（1907）上海普及書局日本東京並木活版所鉛印本 一冊 存一卷（二）

書名筆畫字頭索引

九畫

375

十一畫

十三畫

十五畫

書名筆畫索引

一畫

二畫

388

三畫

391

四畫

395

五畫

400

405

六畫

408

411

七畫

八畫

九畫

十畫

十一畫

444

445

452

453

十三畫

461

十四畫

463

十六畫

475

十七畫

十八畫

十九畫

二十畫

二十二畫

二十三畫

二十四畫

二十五畫

二十六畫

二十八畫

二十九畫

其他